Schriften des Vereins für Reformationsgeschichte

IM AUFTRAG DES VEREINS
FÜR REFORMATIONSGESCHICHTE
HERAUSGEGEBEN VON JOHANNES SCHILLING

BAND 199

GÜTERSLOHER VERLAGSHAUS

Die frühe Reformation in Deutschland als Umbruch

WISSENSCHAFTLICHES SYMPOSION
DES VEREINS FÜR REFORMATIONSGESCHICHTE 1996

IN GEMEINSCHAFT MIT STEPHEN E. BUCKWALTER
HERAUSGEGEBEN VON BERND MOELLER

GÜTERSLOHER VERLAGSHAUS

Die Deutsche Bibliothek – CIP-Einheitsaufnahme

Die frühe Reformation in Deutschland als Umbruch :
wissenschaftliches Symposium des Vereins für
Reformationsgeschichte 1996 / hrsg. von Bernd Moeller. In Gemeinschaft
mit Stephen E. Buckwalter. – Gütersloh : Gütersloher Verl.-Haus,
1998
(Schriften des Vereins für Reformationsgeschichte ; Bd. 199)
ISBN 3-579-01702-0

ISBN 3-579-01702-0

Satz: Weserdruckerei Rolf Oesselmann GmbH, Stolzenau
Druck und Bindung: Hubert & Co., Göttingen
Gedruckt auf chlorfrei gebleichtem Werkdruckpapier
Printed in Germany

Inhaltsverzeichnis

ARG	Archiv für Reformationsgeschichte
CR	Corpus Reformatorum
EA var arg	D. Martini Lutheri Opera latina varii argumenti, Vol. 1-7, Frankfurt und Erlangen 1865-1873.
GWU	Geschichte in Wissenschaft und Unterricht
HZ	Historische Zeitschrift
LThK	Lexikon für Theologie und Kirche, 2. Auflage
LuJ	Luther-Jahrbuch
RE	Realencyklopädie für protestantische Theologie und Kirche, 3. Auflage
RGG	Die Religion in Geschichte und Gegenwart, 3. Auflage
TRE	Theologische Realenzyklopädie
VD 16	Verzeichnis der im deutschen Sprachbereich erschienenen Drucke des XVI. Jahrhunderts, hg. v. d. Bayerischen Staatsbibliothek München in Verb. mit der Herzog August Bibliothek Wolfenbüttel, 22 Bde., Stuttgart 1983-1995.
VRG	Verein für Reformationsgeschichte
WA	Martin Luther, Werke. Kritische Gesamtausgabe, Weimar 1883ff.
WA Br	Martin Luther, Werke. Abt. Briefwechsel, Weimar 1930-1985.
WA TR	Martin Luther, Werke. Abt. Tischreden, Weimar 1912-1921.
ZHF	Zeitschrift für historische Forschung
ZKG	Zeitschrift für Kirchengeschichte
ZThK	Zeitschrift für Theologie und Kirche

Vorwort

In diesem Buch wird ein wissenschaftliches Symposion dokumentiert und öffentlich gemacht, das der Verein für Reformationsgeschichte vom 25.-28. September 1996 in Reinhausen bei Göttingen veranstaltet hat. Der Verein setzte mit dieser Veranstaltung sein seit 1975 unternommenes Bemühen fort, Historiker der verschiedenen Arbeitsrichtungen zur Erörterung von Grundfragen der Geschichte des Reformationszeitalters zusammenzuführen. Das Reinhäuser Symposion war das neunte in der Reihe dieser Tagungen und das fünfte an diesem Ort. Es wurde erneut von der Gerda Henkel-Stiftung in Düsseldorf durch einen großzügig bemessenen Zuschuß gefördert.

Das Thema von Reinhausen war in gewisser Hinsicht durch die frühere Geschichte dieser Symposien programmiert. Dreimal - 1985, 1988 und 1993 - hatten wir dem Problem der Konfessionalisierung des 16. Jahrhunderts unsere Aufmerksamkeit gewidmet*; der VRG kann sich maßgeblichen Anteil daran zuschreiben, daß die Deutungskategorie »Konfessionalisierung« inzwischen einen festen Platz in der Historiographie erlangt hat. Dieses Themenfeld ist damit nun einigermaßen ausgeschritten - gewiß nicht abgetan, aber doch in seinen Ausmaßen abgesteckt und hinreichend beschrieben. Daher erschien es uns als folgerichtig, den Blick erneut rückwärts zu lenken und der Frage Raum zu geben, wie es denn mit dem Ursprung und der Herkunft der Konfessionen, die miteinander die Konfessionalisierung und das Konfessionelle Zeitalter bestritten haben, bestellt sei. Zur Konfessionalisierung braucht's die Konfessionen. So erschien eine Erörterung dar-

* Vgl. *Heinz Schilling*, Hg., Die Reformierte Konfessionalisierung in Deutschland – Das Problem der »Zweiten Reformation«. Wissenschaftliches Symposion des Vereins für Reformationsgeschichte 1985 (Schriften des Vereins für Reformationsgeschichte Bd. 195), Gütersloh 1986; *Hans-Christoph Rublack*, Hg., Die Lutherische Konfessionalisierung in Deutschland. Wissenschaftliches Symposion des Vereins für Reformationsgeschichte 1988 (Schriften des Vereins für Reformationsgeschichte Bd. 197), Gütersloh 1992; *Wolfgang Reinhard – Heinz Schilling*, Hg., Die Katholische Konfessionalisierung. Wissenschaftliches Symposion der Gesellschaft zur Herausgabe des Corpus Catholicorum und des Vereins für Reformationsgeschichte 1993 (Schriften des Vereins für Reformationsgeschichte Bd. 198), Gütersloh 1995.

über aktuell, welche Dimension die Veränderung, die mit der Reformation eintrat, gehabt habe, wie groß die Reichweite und die Tragweite dieser Veränderung gewesen sei, deren Radikalität und deren Dauerhaftigkeit. Gewissermaßen war dem Titel der Tagung ein Fragezeichen beigegeben, das nur deshalb nicht hineingedruckt wurde, weil es sich von selbst verstand. Die frühe Reformation in Deutschland *in ihrer Eigenschaft* als Umbruch stand zur Debatte.

Den Veranstaltern war bewußt, daß mit dem Stichwort »Umbruch« ein durchaus pauschaler Begriff gebraucht wurde, der auf den geschichtlichen Komplex Reformation in sehr verschiedener Weise angewendet werden kann; diese Unbestimmtheit war beabsichtigt. In der Tat läßt sich ja bereits fragen, inwiefern das, was Luther und seine Anhänger vertraten, überhaupt Neuerung und Umbruch war, weiterhin, in welchem Maß es rezipiert und damit gesellschaftlich wirksam wurde, sodann, ob und wieweit der Bereich des Kirchlich-Religiösen dabei überschritten worden ist, endlich, welche räumlichen und zeitlichen Dimensionen der Umbruch etwa gehabt hat. Für keine dieser Fragen existiert eine verbindliche und schlüssige Antwort, sie alle wurden in Reinhausen erörtert.

Allerdings war das Thema in zweifacher Hinsicht eingegrenzt. Der Blick blieb im großen und ganzen auf Deutschland, d. h. das deutsche Sprachgebiet, beschränkt, dies aber geschah deshalb, weil es um die frühe Reformation gehen sollte, also im wesentlichen die Vorgänge im zweiten und dritten Jahrzehnt des 16. Jahrhunderts, von denen in erster Linie Deutschland betroffen war. Als eine Konsequenz der Themenstellung ergab sich, daß mit der Frage nach dem reformatorischen Umbruch vor allem zwei große historiographische Fragenkomplexe zur Verhandlung standen, die Zusammenhänge des Kirchlich-Religiösen mit Gesellschaft und Politik im frühen 16. Jahrhundert und die Bedeutung der Reformation für die Geschichte Deutschlands - mehr als einmal wurde Ranke zitiert, erläutert und in Zweifel gezogen.

Im folgenden sind von den insgesamt 24 Referaten, die während der Tagung gehalten worden sind, 21 abgedruckt**. In den meisten Fällen handelt es sich um die in Reinhausen vorgetragenen Texte, einige sind für den Druck erweitert worden, in jedem Fall wurden Anmerkungen hinzugefügt. Die Reihenfolge der Referate wurde beim Abdruck gegenüber der Tagung an einigen Stellen verändert.

Wie schon bei unseren früheren Symposien waren ein Hauptbestandteil auch diesmal die ausgedehnten, lebhaft und engagiert geführten und ergebnisreichen Diskussionen. Sie sind auf Band aufgenommen worden, doch haben wir uns nicht dazu entschließen können, sie hier im Wortlaut zu veröffentlichen. Stattdessen werden sie in der Form eines ausführlichen Diskussionsberichts wiedergege-

** Drei Vorträge wurden von ihren Verfassern zurückgehalten: *Thomas A. Brady, Jr.*, Die Reformation als frühbürgerliche Revolution: lebendiger Begriff oder überholte Hypothese?; *Kaspar Elm,* Einige Mönchshumanisten und die Reformation; *Martin Staehelin,* Musiktheorie der frühen Reformationszeit zwischen Beständigkeit und Umbruch.

ben, in dem der Herausgeber, in redlichem Bemühen, den Versuch unternommen hat, alle wichtigen Standpunkte und Argumente, die zur Sprache gekommen sind, zu erfassen und mitzuteilen.
Das Buch ist ein Gemeinschaftswerk. Starken Anteil an ihm hat Stephen E. Buckwalter, der schon an der Organisation und Vorbereitung des Symposions maßgeblich beteiligt war und der nun auch die Betreuung des Drucks in die Hand genommen hat. Wichtige Verdienste hat sich ferner Frau Anke Retter erworben, der es vor allem zu verdanken ist, daß die Diskussionen festgehalten werden konnten. Die mühsame Arbeit, diese Tonbandtexte abzuschreiben, lag in den Händen von Frau Rita Friedrichs und Frau Regine Pfau. An der Druckvorbereitung schließlich hat außer Anke Retter auch Harriet Maczewski mitgewirkt. Allen diesen Helferinnen und Helfern gebührt der herzliche Dank nicht nur des Herausgebers, sondern aller, die das Buch nun zur Kenntnis nehmen und, wie wir hoffen, Gewinn aus ihm ziehen werden.

Göttingen, den 14. Juli 1997 *Bernd Moeller*

Heinz Schilling

Reformation – Umbruch oder Gipfelpunkt eines Temps des Réformes?*

I.

»Die frühe Reformation als Umbruch« – dieses Thema, das der Verein für Reformationsgeschichte seinem 9. Wissenschaftlichen Symposion gestellt hat, trägt auf der Einladung und dem Programm kein Frage- und auch kein Ausrufezeichen, sondern – so muß man die dudenübliche endzeichenlose Überschrift wohl lesen – einen schlichten Punkt. Damit konstatiert das Tagungthema ein Faktum und einen Auftrag – die Reformation soll »als Umbruch« untersucht und dargestellt werden. Das Untersuchungsfeld ist zeitlich auf die frühen Jahre und räumlich auf Deutschland eingeschränkt. Eine sachliche oder gar geschichtstheoretische Einschränkung bedeutet das aber nicht. Denn es war ja stets eben diese deutsche Reformation, die als universalgeschichtlicher Umbruch verstanden wurde, und Umbruch bleibt Umbruch, gleichgültig ob seine Wirkungen im Zeitraum weniger Jahre oder in der Langzeitperspektive der Neuzeit untersucht werden. – Das »erste Wort«, das mir zugefallen ist, nehme ich als Gelegenheit, gegen diesen Stachel eines Faktizität signalisierenden Punktes zu löcken. Ein Blick auf das Programm und die Titelformulierungen der ersten Vorträge zeigt übrigens, daß diese Einstellung offensichtlich von allen Rednern des heutigen Vormittags geteilt wird. Es ist der Vormittag der Fragezeichen.
So sei gleich zu Beginn die Umbruch-These durch eine Gegenthese in Frage gestellt: »Uns ist die Reformation abhanden gekommen!« – Nicht jeder möchte den Sachverhalt so provokativ formuliert sehen. Zudem stehen hinter dieser These einstweilen noch eher Tendenzen der jüngeren Forschung als ausdiskutierte Tatsachen. Gleichwohl benennt sie einen historiographischen Sachverhalt. Das zeigt nicht zuletzt dieses Wissenschaftliche Symposion, das ja darauf zurückgeht, daß der für Themenstellung und Programm Verantwortliche in der gegenwärtigen Deutung der Reformation durch die Historiker offensichtlich ein Problem sieht. Wie in den vorangegangenen Symposien behandelt der Verein für Reformati-

* Im folgenden kommt der Text meines Vortrages weitgehend unverändert zum Abdruck. Die Anmerkungen, die angesichts der Weite des Themas leicht ins Uferlose führen, sind auf das wichtigste beschränkt.

onsgeschichte auch diesmal ein Thema, das den Historikern auf den Nägeln brennt, und zwar nicht nur den Reformationshistorikern, wie die Zusammensetzung der Teilnehmer zu erkennen gibt. Daß wir heute die Frage nach dem Umbruchcharakter der Reformation neu stellen und diskutieren, ist in gewisser Weise das Werk des Vereins für Reformationsgeschichte selbst, seiner letzten drei Symposien nämlich, die sich mit den Konfessionalisierungen des späten 16. und des frühen 17. Jahrhunderts befaßt und damit zur Akzentverlagerung weg von der Reformation beigetragen haben.

Es ist davon auszugehen – so verstehe ich jedenfalls das Programm des Symposions –, daß in den nächsten Tagen einerseits der gegenwärtige Stand von Einzelforschungen und Syntheseüberlegungen über Charakter und historische Stellung der Reformation resümiert werden. Andererseits ist aber wohl doch auch die Aufgabe gestellt, Perspektiven zu eröffnen und zu erproben, in denen die Reformation zukünftig neu verortet werden kann. Das darf und kann nicht nur für die deutsche, sondern muß für die europäische Geschichte geschehen. Denn beides läßt sich für unser Thema noch weniger trennen als für irgendein anderes historisches Thema der frühen Neuzeit.

Ich formuliere im folgenden eine bewußt dezidierte und subjektive Position – so wie sich mir das Problem auf dem gegenwärtigen Lektüre- und Überlegungsstand darstellt. Ob, wie weit und in welchen Punkten diese Position zu revidieren ist, wird sich dann zeigen, vielleicht bereits in der Schlußdiskussion.

II.

Die eingangs formulierte These geht zurück auf den Beitrag »Die Reformation – ein revolutionärer Umbruch oder Hauptetappe eines langfristigen reformierenden Wandels?«, der im vorigen Herbst in der Festschrift für den Gießener Historiker Helmut Berding erschienen ist, die den epocheübergreifenden Titel »Konflikt und Reform« trägt.[1] Da man bei einem Thema wie dem vorliegenden nicht alle paar Monate neue Ergebnisse oder neue Meinungen »produzieren« kann, muß ich auch heute von den dort formulierten Ergebnissen ausgehen.

»Ist damit« – so lautet dort die den gegenwärtigen historiographischen Befund resümierende Frage – »die Reformation abhanden gekommen, zerrieben zwischen vorreformatorischer ›gestalteter Verdichtung‹ des späten Mittelalters einerseits und nachreformatorischem ›eigentlichen‹ Formierungs- und Modernisierungsschub im konfessionellen Zeitalter andererseits?« Und nach einem vergleichenden Blick auf die historiographische Wende, die jüngst in der Bewertung der Französischen Revolution zu verzeichnen ist, wird konstatiert, daß »in gewis-

1. *Wilfried Speitkamp/Hans-Peter Ullmann* (Hg.), Konflikt und Reform. Festschrift für Helmut Berding, Göttingen 1995. Der genannte Beitrag befindet sich S. 26-40.

ser Weise ... den Historikern auch diese Revolution abhanden gekommen« sei, »eine historiographische Parallelität, die mir keineswegs zufällig erscheint. Damit gilt für Anfang wie für Ende jenes seit einigen Jahrzehnten als frühe Neuzeit bezeichneten Zeitalters, daß man heute statt einer revolutionären Qualität die Langfristigkeit des Grundsatzwandels betont. ... Mit der neuen Sicht von Reformation und Französischer Revolution ist eine jahrhundertelang unbestrittene Interpretationslinie zu Ende gegangen, die das Werden des neuzeitlichen bzw. modernen Europa als Produkt eines revolutionären Geschehens deutet.[2]

Dieser Befund, der – wenn er denn richtig ist – es nötig macht, sich von einem jahrhundertelang kaum ernsthaft bestrittenen Interpretationsmuster zu verabschieden, stützt sich einerseits auf die jüngere *Spätmittelalterforschung*. Deren Ergebnisse lassen immer deutlicher hervortreten, daß der qualitative Wandel, der die europäische Neuzeit hervorbrachte, in den Jahrhunderten vor der Reformation mit einer »gestaltenden Verdichtung« einsetzte, um das klassische Wort von Peter Moraw zu variieren.[3] Andererseits ist die nicht zuletzt durch die genannten Symposien des VRG intensivierte *Konfessionalisierungsforschung* heranzuziehen, die die Aufmerksamkeit auf die tiefen Wandlungsvorgänge der zweiten Hälfte des 16. Jahrhunderts lenkte und damit die in der deutschen Historiographie verständlicherweise ausgeprägte Fixierung der »Seiziëmisten« auf die engere Reformationszeit aufhob.[4]

Die »gestaltende Verdichtung« des späten Mittelalters läßt sich auch und gerade für Religion, Theologie und Kirche beobachten: Der »monde des religieuses«, so

2. Zitate, a.a.O., S. 36 und 38f.
3. *Peter Moraw*, Von offener Verfassung zu gestalteter Verdichtung. Deutsche Geschichte 1250 bis 1490, Berlin 1985. Zur Neubewertung des späten Mittelalters vgl. auch *Hartmut Boockmann*, Das 15. Jahrhundert in der deutschen Geschichte, in: *Michael Borgolte* (Hg.), Mittelalterforschung nach der Wende 1989, München 1995 (=Beiheft HZ, 20), S. 485-511.
4. Zuletzt *Wolfgang Reinhard/Heinz Schilling* (Hg.), Katholische Konfessionalisierung. Wissenschaftliches Symposion der Gesellschaft zur Herausgabe des Corpus Catholicorum und des Vereins für Reformationsgeschichte, Gütersloh/Münster 1995; *Heinz Schilling*, Confessional Europe: Bureaucrats, La Bonne Police, Civilizations, in: Handbook of European History in the Late Middle Ages, Renaissance and Reformation 1400 – 1600, hg. von *Th. A. Brady / H. A. Oberman / J. D. Tracy*, Bd. II, Leiden 1995, S. 641-681. – Eine ausführliche Würdigung der internationalen Konfessionalisierungsforschung findet sich in den Literaturberichten »Konfessionsbildung und Konfessionalisierung – ein Literaturbericht«, in: GWU 42 (1991), S. 447-463, 779-794, sowie »Konfessionelles Zeitalter«, in: GWU 48 (1997). Klug von theologiegeschichtlicher Seite zusammenfassend und kommentierend: *Thomas Kaufmann*, Die Konfessionalisierung von Kirche und Gesellschaft. Sammelbericht über eine Forschungsdebatte, in: Theologische Literaturzeitung 121 (1996), Sp. 1008-1025 und 1112-1121.

lesen wir bei Gérald Chaix, war im 15. Jahrhundert »en plein bouleversement«.[5] In der Frömmigkeit und bei den Ordensreformen sieht Kaspar Elm ganz Neues aufbrechen.[6] Und vor allem ist inzwischen unbestritten, daß in der Kirche und im Verhältnis zwischen Kirche und Staat seit dem 14. Jahrhundert grundlegende rechtliche, organisatorische und institutionelle Neuerungen einsetzten, die vieles vorwegnahmen, was lange als Kern der protestantischen Neuorganisation galt. So bewertet man heute spätmittelalterliches, landesherrliches Kirchenregiment und Nationalkirchenbewegung mit den sie konstituierenden National- bzw. Territorialkonkordaten, die als solche ja altbekannt sind, nicht mehr als unvollendete Vorstufe für den entsprechenden reformatorischen Umbruch, sondern sieht den entscheidenden Umbruch bereits durch diese selbst angebahnt.[7] Auch in

5. Vgl. hierzu *Gérald Chaix*, De la cité chrétienne à la metropole catholique. Vie religieux et conscience civique à Cologne au XVIe siècle, Habilitationsschrift Universität Straßburg 1994, S. 167. In dieser großen Fallstudie zum religiösen und kirchlichen Wandel in der Reichsstadt Köln sieht Chaix die spätmittelalterlichen Frömmigkeits- und Kirchenreformen als Resultate von vier spezifischen Kräften, nämlich der bischöflichen Autorität, die bemüht war, ihre Gewalt über die Stadt den neuen Rahmenbedingungen und Anforderungen anzupassen; des städtischen Magistrats, der dasselbe Ziel verfolgte und begierig war, die städtische Einheit und den bürgerlichen Frieden in der Heiligkeit der Stadt und ihrer Einwohner zu verankern; der Kleriker selbst, die ebenfalls ihre sakrale Gewalt sichern wollten; schließlich des Christenvolkes, das entschlossen war, seiner Stimme Gehör zu verschaffen.
6. *Kaspar Elm*, in: *ders.* (Hg.), Reformbemühungen und Observanzbestrebungen im spätmittelalterlichen Ordenswesen, Berlin 1989, S. 14.
7. Zum spätmittelalterlichen Kirchenregiment jetzt zusammenfassend *Michael Borgolte*, Die mittelalterliche Kirche, München 1992 (=Enzykl. deutscher Geschichte, Bd. 17), S. 28f, 136 und passim. Leider verhindert es die Anlage der im Prinzip verdienstvollen Reihe hier wie in anderen Bänden, nach Kontinuitäten und Verbindungen zwischen Mittelalter und Neuzeit zu fragen. Die Enzyklopädie ist damit ein weiterer Beleg für die Selbstzementierung inhaltlich längst nicht mehr zwingender Epochengrenzen durch das Schächtelchendenken des Wissenschaftsbetriebes. Vgl. dagegen die das 15. und 16. Jh. bewußt zusammen behandelnden Bemerkungen über »Säkularisation« und Umwidmen geistiger Vermögensmassen (etwa bei Universitätsgründungen des 15. Jhs.) bei *Irene Crusius*, Vorwort zu *dies.* (Hg.), Zur Säkularisation geistlicher Institutionen im 16. und im 18./19. Jahrhundert, Göttingen 1996, S. 7-11, hier S. 9. – Von den jüngeren Monographien zum spätmittelalterlichen und frühneuzeitlichen Kirchenregiment in Deutschland seien genannt: *Peter Michael Hahn*, Kirchenschutz und Landesherrschaft in der Mark Brandenburg im späten 15. und frühen 16. Jahrhundert, in: Jb. f. die Gesch. Mittel- und Ostdeutschlands 28 (1979), S. 179-280; *Jörn Sieglerschmidt*, Territorialstaat und Kirchenregiment. Studien zur Rechtsdogmatik des Kirchenpatronats im 15. und 16. Jahrhundert, Köln 1987; *Manfred Schulze*, Fürsten und Reformation. Geistliche Reformpolitik weltlicher Fürsten vor der Reformation, Tübingen 1991; *Dieter Stievermann*,

dieser kirchenpolitischen und staatskirchenrechtlichen Perspektive stehen die spezifisch reformatorischen Neuerungen also am Ende eines weit früher einsetzenden Wandels und sind somit kein Umbruch im strengen Sinne. Und unsere Kenntnisse vom umbrechenden bürokratischen »Gestaltwandel, (den in Italien) Kurie und Papsttum seit der ... Mitte des 15. Jahrhunderts erlebt (hatten und) der nicht nur nördlich der Alpen Verstörung und Befremden erregt hatte«, lassen das im kargen und zurückgebliebenen Ostelbien einsetzende reformatorische Lauffeuer nicht mehr primär als Modernisierung, sondern als »Reaktion auf eine Modernisierungskrise« erscheinen.[8] Selbst die umstürzende Lehre vom Priester-

Die Württembergischen Klosterreformen des 15. Jahrhunderts. Ein bedeutendes landeskirchliches Strukturelement des Spätmittelalters und ein Kontinuitätsträger zum ausgebildeten Landeskirchentum der Frühneuzeit, in: Zeitschrift für Württembergische Landesgeschichte, Bd. 44 (1985), S. 65-104; *ders.*, Gründung, Reform und Reformation des Frauenklosters zu Offenhausen. Der Dominikanerinnenkonvent Gnadenzell im Spannungsfeld zwischen Stifterfamilie und Landesherrschaft, in: Zeitschrift für Württembergische Landesgeschichte, Bd. 47 (1988), S. 149-202; *ders.*, Landesherrschaft und Klosterwesen im spätmittelalterlichen Württemberg, Sigmaringen 1989. – Bei der Bearbeitung des Manuskripts kommt mir zur Kenntnis die magistrale Untersuchung der Entwicklung des Kirchenregiments in einem Kleinterritorium vom 15. bis 18. Jahrhundert: *Frank Konersmann*, Kirchenregiment und Kirchenzucht im frühneuzeitlichen Kleinstaat. Studien zu den herrschaftlichen und gesellschaftlichen Grundlagen des Kirchenregiments der Herzöge von Pfalz-Zweibrücken, 1410-1773, Speyer 1996. Ohne die Epochenfrage eigens zu diskutieren, setzt Konersmann mit der Einführung einer protestantischen Kirchenordnung 1533 eine neue Phase des landesherrlichen Kirchenregiments ein. Das ist plausibel, insofern im vorliegenden Fall – typisch für Kleinterritorien generell? – das spätmittelalterliche Kirchenregiment nur geringfügig ausgeprägt war (vgl. a.a.O., S. 661). *Eike Wolgast*, Hochstift und Reformation, Stuttgart 1995, sieht sogar die Funktion eines »Notbischofs«, die Luther bekanntlich den Landesherren zusprach, bereits im spätmittelalterlichen Kirchenregiment vorgebildet, betont dann aber dahingehend den Unterschied, daß die weltlichen Fürsten vor 1517 »keinerlei Befugnisse in dogmatischen Fragen« beansprucht hätten (S. 25f.) Das gesamtgeschichtliche Gewicht dieses Unterschiedes wäre zu diskutieren. Dabei müßten auch die protestantischen, darunter auch lutherische, Stimmen beachtet werden, die den weltlichen Obrigkeiten genau dieses Recht zu Lehrentscheidungen im eigentlichen Sinne nicht zugestanden. Allerdings waren die Rahmenbedingungen für unabhängige Lehrentscheidungen innerhalb der protestantischen Landeskirchen insofern schlecht, als die Pfarrer einschließlich der Superintendenten quasi-beamtenhaft an die Territorialverwaltung angebunden waren. Zu Luthers »Mitverantwortung«, der es versäumt habe, den Landesfürsten die notbischöfliche Funktion zugunsten evangelischer Bischöfe wieder zu nehmen, vgl. *Eike Wolgast*, Luthers Beziehungen zu den Reichsbischöfen, in: Wartburg-Jahrbuch (Sonderband 1996), S. 176-206, hier S. 205.

8. *Volker Reinhardt*, Der Primat der Innerlichkeit und die Probleme des Reiches. Zum deutschen Nationalgefühl der frühen Neuzeit, in: *Bernd Martin* (Hg.), Deutschland in Europa, München 1992, S. 88-104, hier S. 90.

tum aller Gläubigen hatte nach Klaus Schreiner spätmittelalterliche Wurzeln. Der Weg war bereits angebahnt, wo nicht zum Lutherschen Priestertum aller Christen, so doch zu einer allen Christen – Priestern wie Laien – gemeinsamen Frömmigkeit und Spiritualität.[9] In ähnlicher, von den herkömmlichen Epochengrenzen nicht beengter Perspektive zeigt der Schreiner-Schüler Norbert Schnitzler, wie der reformatorische Bildersturm faktisch bereits im 15. Jahrhundert einsetzte.[10] Hartmut Boockmann sieht sogar in den spätmittelalterlichen Altaristen – für die protestantische Kirchengeschichtsschreibung lange Zeit Inbegriff einer ausweglosen Fehlentwicklung im altkirchlichen Klerus – keineswegs mehr disziplin- oder gar nutzlose Gesellen, sondern »fast schon so etwas ... wie jene städtischen Geistlichen, die von einem protestantischen Rat abhängig waren«.[11] Und nach Heiko Oberman waren weder »die ›innerweltliche Askese‹ noch die damit einhergehende, sogenannte protestantische Arbeitsethik ... neuartig«[12], wie überhaupt entscheidende Weichenstellungen für Zivilisationsprozeß und Sozialdisziplinierung immer häufiger bereits für das späte Mittelalter angesetzt werden.[13]

9. *Klaus Schreiner*, Laienfrömmigkeit – Frömmigkeit von Eliten oder Frömmigkeit des Volkes? Zur sozialen Verfaßtheit laikaler Frömmigkeitspraxis im späten Mittelalter, in: *ders.* (Hg.), Laienfrömmigkeit im späten Mittelalter, München 1992, S. 1-78, v. a. S. 27 f., 30, 51, 54. Eine Vielzahl von Beobachtungen, die im vorliegenden Zusammenhang von Interesse sind, findet sich jetzt auch in der Festgabe von Kollegen und Schülern zu Schreiners 65. Geburtstag: *Andrea Löther* u.a. (Hg.), Mundus in imagine. Bildersprache und Lebenswelten im Mittelalter, München 1996.
10. *Norbert Schnitzler*, Ikonoklasmus – Bildersturm – Theologischer Bilderstreit und ikonoklastisches Handeln während des 15. und 16. Jahrhunderts, München 1996. – Wenigstens im Vorübergehen sei nochmals auf die bereits anderwärts erwähnten Kontinuitäten in der Kunst selbst hingewiesen, vgl. *Heinz Schilling*, Nochmals »Zweite Reformation« in Deutschland, in: ZHF 23 (1996), S. 500-524, dort S. 522f.
11. *Hartmut Boockmann*, Spätmittelalterliche Altäre, in: Ora pro nobis. Bildzeugnisse spätmittelalterlicher Heiligenverehrung, Karlsruhe 1994, S. 37-53, hier S. 40. Auf einen ähnlichen Zusammenhang zwischen spätmittelalterlichen Priestereiden gegenüber ihren Patronatsherren und Dienstverpflichtung der protestantischen Geistlichkeit hat bereits vor Jahren *Gottfried Krodel* hingewiesen: State and Church in Brandenburg-Ansbach-Kulmbach, 1524-1526, in: Studies in Medieval and Renaissance History 5 (1968), S. 138-213, v.a. S. 150 mit Anm. 23 und S. 161ff.
12. *Heiko Oberman*, Via Calvini. Zur Enträtselung der Wirkung Calvins, in: Zwingliana 21 (1994), S. 37-48, Zitat S. 48.
13. *Dilwyn Knox*, Erasmus de Civilitate and the Religious Origins of Civility in Protestant Europe, in: ARG 86 (1995), S. 7-55; ders., »Disciplina«. Le origini monastiche e clericali della civiltà delle buone maniere in Europa, in: Annali dell' Istituto storico italo-germanico in Trento 18 (1992), S. 335-370; *Pierangelo Schiera*, Disciplina, disciplinamento, ebda, S. 315-334; *Werner Buchholz*, Anfänge der Sozialdisziplinierung im Mittelalter, in: ZHF, Bd. 18 (1991), S. 129-147; *Gérald Chaix*, Die schwierige Schule der Sitten – Christliche Gemeinden, bürgerliche Obrigkeit und Sozial-

Komplementär zur zeitlichen Vorverlagerung wesentlicher Wandlungen durch die Mediävisten wies die *Konfessionalisierungsforschung* nach, daß gerade die politisch und gesellschaftlich wichtigsten Formierungsprozesse sich nicht in der Reformationsepoche, sondern beschleunigt seit dem letzten Drittel des Jahrhunderts durchsetzten und daß diese Formierung auch katholische Gesellschaften erfaßte. Modernisierend war dieser Forschungsrichtung zufolge nicht der Protestantismus, sondern die Konfessionalisierung in ihren jeweiligen Ausformungen. Denn in deren Verlauf veränderte sich seit Mitte des 16. Jahrhunderts das Christentum, das seit Anbeginn Europa geprägt hatte, in seiner rechtlichen und institutionellen Grundordnung ebenso wie in seiner Spiritualität, Frömmigkeit und Sozialkonfiguration.[14] Nicht die Reformation als Umbruch, sondern die Konfessionalisierung in enger zeitlicher und sachlicher Verschränkung mit der frühmodernen Staatsbildung brachte demnach für die europäischen Gesellschaften einen kräftigen Modernisierungsschub, der die Jahrzehnte auf der Wende des 16. Jahrhunderts als eine Art Vor-Sattelzeit der Moderne erscheinen läßt.[15]

Der hier kurz resümierte Befund läßt sich unschwer durch weitere Beobachtungen und Argumente ergänzen: Da sind zunächst die jüngsten Handbücher, Überblicks- und Gesamtdarstellungen, in denen in der Regel die Reformation nicht mehr oder nur noch abgeschwächt als Umbruch erscheint. Das gilt vor allem für die große »Geschichte des Christentums« aus der Feder französischer Historiker, wo bei den im vorliegenden Zusammenhang interessierenden Bänden die Reformation, und zwar gerade die frühe Reformation, bereits als Moment der Gliederung aufgegeben ist – der siebte Band führt »Von der Reform zur Reformation, 1450-1530«, und der achte Band behandelt »Die Zeit der Konfessionen, 1530-1620/30«.[16] Das

disziplinierung im frühneuzeitlichen Köln, etwa 1450-1600, in: *Heinz Schilling* (Hg.), Kirchenzucht und Sozialdisziplinierung im frühneuzeitlichen Europa, Berlin 1994, S. 11-40; *Martin Ohst*, Pflichtbeichte – Untersuchungen zum Bußwesen im Hohen und Späten Mittelalter, Tübingen 1995.

14. Neben dem oben Anm. 4 Genannten jetzt die große Handbuchdarstellung *Marc Venard* (Hg.), Die Zeit der Konfessionen, deutsche Ausgabe bearbeitet von Heribert Smolinsky, Freiburg 1992, die zwar nicht explizit durch das Konfessionalisierungsparadigma strukturiert ist, in der zur Debatte stehenden Epochenfrage aber durchaus denselben Befund zeigt. Vgl. auch die ausführliche Besprechung durch *Wolfgang Reinhard*, Konfession und Konfessionalisierung. »Die Zeit der Konfessionen (1530-1620/30)« in einer neuen Gesamtdarstellung, in: Historisches Jahrbuch 114 (1994), S. 107-124.
15. Begriff in Anlehnung an Reinhard Kosellecks These von einer Sattelzeit der Moderne im ausgehenden 18. Jahrhunderts bei *Heinz Schilling*, Aufbruch und Krise, 2. Aufl., Berlin 1994, S. 313ff.
16. Bd. 7, hg. v. *Marc Venard*, deutsche Ausgabe besorgt von Heribert von Smolinsky, Freiburg i. Br. 1995; Bd. 8, (wie Anm. 14).

von Thomas A. Brady, Heiko A. Oberman und James D. Tracy herausgegebene »Handbook of European History, 1400-1600«, das gegenwärtig als das führende Produkt der amerikanischen Reformationsforschung zum 15. und 16. Jahrhundert gelten darf, sitzt geradezu rittlings auf der reformatorischen Epochenschwelle.[17] Demgegenüber ist die etwa gleichzeitig erschienene, von Hans J. Hillerbrand organisierte »Oxford Encyclopedia of the Reformation« – wenn ich recht sehe – noch stark von der emphatisch protestantischen Epochenthese bestimmt, allerdings »gereinigt« von der Germanozentrik.[18] Dahinter steht das bekannte amerikanische »Western-Civilisation«-, »Western-Heritage«-Modell, demzufolge die Reformation und die Zeit um 1500 als Wasserscheide die Moderne von den älteren Zeiten trennt. Dennoch betont auch hier der Herausgeber im Vorwort: »The chronological parameters of 1517 and 1555, once deemed sacrosanct, have been challenged by two generations of scholars.«[19]
Ähnlich wie bei den Handbüchern ist die Tendenz in der Reformationsgeschichtsschreibung einzelner europäischer Länder. Die deutsche Konzentration auf die engere Reformationszeit gibt es in Frankreich allenfalls bei der im engeren Sinne protestantischen Kirchengeschichtsschreibung, während die großen allgemeingeschichtlichen Darstellungen zur Kirchen-, Theologie- und Frömmigkeitsgeschichte seit langem von einem Spätmittelalter und 16. Jahrhundert umfassenden »temps des Réformes« ausgehen. Angebahnt durch die älteren Untersuchungen von John Bossy und Jack Scarisbrick hat sich in England jüngst mit den großen revisionistischen Studien von Eamon Duffy und Christopher Haigh, die für das englische 16. Jahrhundert eine lange Kontinuität spätmittelalterlicher Verhältnisse und Wandlungprozesse aufzeigen, nachgerade so etwas wie eine Anti-Reformations-Geschichtsschreibung etabliert.[20] Dabei sind im internationalen historiographischen Vergleich die Ergebnisse von Eamon Duffy um so faszinierender, als sie einerseits nur Altbekanntes formulieren – nämlich die ja von Bernd Moeller schon vor Jahrzehnten ausgesprochene Erkenntnis, daß die spätmittelal-

17. 2 Bde., Leiden 1994 und 1995.
18. 4 Bde., Oxford 1996. – Die Ausrichtung auf das 16. Jahrhundert und das protestantische »Umbruch«-Modell, die auch Wolfgang Behringer in einer Besprechung in der FAZ (19.9.96, S. 15, Neue Sachbücher) hervorhebt, geht auch aus der Zusammensetzung des Editorial Board hervor, in dem einerseits Vertreter protestantischer Kirchengeschichtsschreibung oder Anhänger einer säkularen Revolutions-These dominieren und in dem andererseits Mediävisten kaum vertreten sind, mit der prominenten Ausnahme von Francis Rapp unter den nicht-amerikanischen »advisers«.
19. Bd. I, Preface, S. X.
20. *Eamon Duffy*, The Stripping of the Altars: Traditional Religion in England, 1400-1580, New Haven und London 1992; *Christopher Haigh*, English Reformations. Religion, Politics, and Society under the Tudors, Oxford 1993. – *John Bossy*, The English Catholic Community 1570-1850, London 1975; *Jack Scarisbrick*, The Reformation and the English people, Oxford 1984.

terliche Kirche florierte[21] –, andererseits diesem Altbekannten aber einen revisionistischen Dreh geben, indem Duffy nämlich »the vitality and popularity of traditional religion« plausibel »up to the middle years of Elizabeth's reign« ansetzt und auf der Ebene der Pfarreien auch weitgehend nachweisen kann.[22]
Auch in manchen der großen, akzentsetzenden Arbeiten der Nachbarwissenschaften ist die Neubewertung der Reformation und ihrer angeblich epochesetzenden Qualität unverkennbar. Selbst in der Soziologie, die angesichts des Einflusses ihrer großen Gründungsväter aus dem 19. Jahrhundert traditionell besonders stark auf die Reformation-als-Umbruch-These fixiert ist[23], treten diese letztlich im Geschichtsbild des 19. Jahrhunderts wurzelnden Orthodoxien – die Marxsche ebenso wie die Webersche – zunehmend in den Hintergrund zugunsten einer Spätmittelalter und frühe Neuzeit umfassenden Langzeitperspektive des Wandels. So stellt Michael Mann expressis verbis heraus, daß seines Erachtens die herkömmlichen protestantischen Ansätze eines neuzeitlichen Epochenwandels »viel zu spät ansetzen«.[24] Und der Berliner Soziologe Hans Joas wendet sich emphatisch gegen »das unerträglich selbstgefällige und protestantisch-parteiliche Geschichtsbild eines sich aus Renaissance und Reformation ergebenden linearen Aufschwungs des Handels, der Städte, des Buchdrucks, der Philosophie, der Naturwissenschaft, der nationalen Souveränität«. Er selbst propagiert dann allerdings kaum weniger selbstgefällig und arrogant das Geschichtsbild der Aufklärung, das die Frühneuzeit von Kräften »des religiösen Fanatismus und der ›Gegen-Renaissance‹« beherrscht sieht.[25] Auch die Volkskundler und Historiker der Volksreligion oder der Volkskultur arbeiten immer häufiger Kontinuitäten vom späten Mittelalter zur Neuzeit heraus.[26] In diesen Zusammenhang gehören

21. Vgl. den inzwischen »klassischen« Aufsatz »Frömmigkeit in Deutschland um 1500« (ARG, 1965), Wiederabdruck in: *Bernd Moeller*, Die Reformation und das Mittelalter. Kirchenhistorische Aufsätze, hg. v. Johannes Schilling, Göttingen 1991, S. 73-85.
22. *Duffy*, a.a.O., S. 5f.
23. Das wird etwa noch deutlich in den großen entwicklungsgeschichtlichen Entwürfen von Niklas Luhmann, die allesamt mit dem 16. Jahrhundert einsetzen.
24. *Michael Mann*, The Sources of Social Power, Cambridge 1986; dt. Übersetzung, Frankfurt 1991, Bd. II, S. 340-354, Zitat S. 398.
25. *Hans Joas*, Die Modernität des Krieges, in: Leviathan 24 (1996), S. 13-27, hier S. 24.
26. Ein schönes Beispiel: *Wolfgang Brückner*, Christlicher Amulett-Gebrauch der frühen Neuzeit. Grundsätzliches und Spezifisches zur Popularisierung des Agnus Dei, in: Forschungshefte, hg. v. Bayerischen Nationalmuseum München, Bd. 13, München 1993, S. 89-134. Kontinuitäten zeigt auch *Siegfried Hoyer* für das Kernland der Reformation auf: »Volksreligiosität im Wandel. Ein Beitrag zu volkstümlichem Glaubensverständnis und Predigt im 16. Jahrhundert, in: *Hans R. Guggisberg / Gottfried G. Krodel* (Hg.), Die Reformation in Deutschland und Europa, Gütersloh 1993, S. 242-255. Vgl. jetzt auch den ebenso materialreichen wie analytisch präzisen Beitrag von *Werner Troßbach*, Volkskultur und Gewissensnot, in: ZHF 23 (1996), S. 473-500, zur Kontinuität v. a. S. 491.

auch der Synkretismus zwischen den Konfessionen, der sich teilweise in den kirchlichen Riten selbst bis Mitte des Reformationsjahrhunderts behauptete, nachgewiesen etwa für den Niederrhein, sowie auch der nicht zuletzt aus dieser volksreligiösen Kontinuität gespeiste populäre »Antiklerikalismus«, der im lutherischen Württemberg ebenso manifest war wie in den calvinistischen Niederlanden.[27]

Ähnlich verhält es sich mit einer ganze Reihe weiterer Wandlungsvorgänge, die im Rahmen des traditionellen Umbruchmodells der Reformation zugeordnet werden: So relativiert die jüngere Bildungsgeschichte deutlich die schul- und bildungspolitischen Leistungen der Reformation, indem sie einerseits die grundlegende Voraussetzung der spätmittelalterlichen Differenzierungsvorgänge betont[28] und andererseits tiefgreifende inhaltliche Impulse oder institutionelle Veränderungen durch die Reformation verneint.[29] Ebenso verhält es sich mit der Geschichte der Armenfürsorge, bei der jüngst einerseits der Einfluß der Reformation relativiert, teilweise sogar negativ beurteilt wird und andererseits immer deutlicher hervortritt, daß die katholische Konfessionalisierung funktional wie sachlich und hinsichtlich der sozialen Trägerschaft ganz ähnliche Lösungen und Entwicklungen hervorbrachte.[30] Und auch für die Ehe wurde

27. *Tom Scott*, in: Historical Journal 37 (1994), S. 443; *Heinz Schilling*, Afkeer van domineesheerschappij: Ein neuzeitlicher Typus von Antiklerikalismus, in: Anticlericalism in Late Medieval and Early Modern Europe, hg. von *Peter A. Dykema / Heiko A. Oberman*, Leiden 1993, S. 655-668, wo allerdings die These vertreten wird, der niederländische Antiklerikalismus des 17. Jahrhunderts habe im Vergleich zum mittelalterlichen Antiklerikalismus einen neuen Charakter angenommen.
28. *Rudolf Stichweh*, Der frühmoderne Staat und die europäische Universität. Zur Interaktion von Politik und Erziehungssystem im Prozeß ihrer Ausdifferenzierung (16.-18. Jahrhundert), Frankfurt a.M. 1991. Titel und Aufbau des Buches sind allerdings deutlich von Niklas Luhmann geprägt, der bekanntlich noch der älteren Historiker- und Soziologentradition folgt und bei seinen Überlegungen zur gesellschaftlichen Differenzierung der Neuzeit nicht oder doch kaum die Zeit vor dem 16. Jahrhundert beachtet.
29. Vgl. *Notker Hammerstein*, Universitäten und Reformation, in: HZ 258 (1994), S. 340-357, sowie den von *dems.* unter Mitwirkung von *August Buck* hg. Bd. I des Handbuchs der deutschen Bildungsgeschichte, 15. bis 17. Jahrhundert. Von der Renaissance und der Reformation bis zum Ende der Glaubenskämpfe, München 1996.
30. Zusammenfassend *Wolfgang von Hippel*, Armut, Unterschichten, Randgruppen in der frühen Neuzeit, München 1995, vor allem S. 106. – Ich selbst arbeite gegenwärtig an einem Struktur- und Entwicklungvergleich städtisch-bürgerlicher Kultur in protestantischen und katholischen Städten, der unter anderem eingeht auf die funktionale Äquivalenz in der Armen-, Alten- und Krankenfürsorge – greifbar etwa auch in der bildenden Kunst, wo dem vielbeachteten Bildtypus der Armen- oder Waisenhausvorsteher aus dem calvinistischen Bürgertum, vor allem der niederländischen Republik, ein ganz ähnlicher, im sozial- und mentalitätsgeschichtli-

jüngst die Kontinuität vom 13. bis zum 17. Jahrhundert herausgestellt, insofern diese Basisinstitution der Vergesellschaftung ungeachtet der Tatsache, daß die Reformatoren sie für ein »weltlich ding« erklärten, faktisch »weiterhin eine kirchliche Angelegenheit« blieb und erst durch das Naturrechtsdenken des 18. Jahrhunderts in ein neues, modernes Umfeld gerückt wurde.[31] Es ließen sich noch weitere Beispiele dafür anführen, daß der reformatorische Wandel eingebettet war in einen zeitlich nach beiden Seiten hin viel breiteren Strom geistig-religiöser wie institutioneller und sozialer Veränderungen.[32] Ich begnüge mich mit dem abschließenden Hinweis, daß selbst bei der zentralen theologischen Lehre der Reformation, dem »sola fide« und der Errettung allein durch die göttliche Gnade, nicht mehr ganz ohne Einschränkungen von einem allein von Luther gedachten und nur von seinen Anhängern nachvollziehbaren Umbruch gesprochen werden kann. Bekanntlich hat bereits vor Jahrzehnten Hubert Jedin auf ganz ähnliche Überlegungen hingewiesen, die vor und unabhängig von Luther Gasparo Contarini (1483-1542) anstellte, der als Kurienkardinal und päpstlicher Legat später dann 1541 auf dem Reichstag von Regensburg eine Einigung über die Rechtfertigungslehre zustande brachte, ohne damit allerdings in Rom oder in Wittenberg auf Gegenliebe zu stoßen.[33] Zu ergänzen sind gleichgerichtete Beobachtungen vom anderen Ende der damaligen Welt, aus Schottland nämlich, wo der zunächst reformkatholische, später

chen Zusammenhang jedoch wenig beachteter Bildtypus im katholischen Umfeld entspricht, etwa das Tafelbild »De Zeven Werken van Barmhartigheid« in der Antwerpener Sint-Pauluskerk, in dessen Mittelpunkt Angehörige genau derselben Kaufmanns- und Großbürgerschichten wie bei den genannten protestantischen Gruppenporträts stehen. Vgl. *Dirk Verhelst* (Hg.), Arm in Antwerpen – geschiedenis van de armenzorg en de soziale politiek te Antwerpen, Ausstellungskatalog OCMW Antwerpen 1993, und *ders*, Omtrent het Schilderij »De Zeven Werken van Barmhartigheid«, in: Sint-Pauls-Info, Tijdschrift van de Sint-Pauluskerk, Nr. 60 (1995), S. 1154-1159; *Marc Martens*, Werken van Barmhartigheid de Middelburg en in Antwerpen, ebda, Nr. 57 (1993), S. 1012-1022.

31. *Uwe Sibeth*, Eherecht und Staatsbildung. Ehegesetzgebung und Eherechtsprechung in der Landgrafschaft Hessen(-Kassel) in der frühen Neuzeit, Darmstadt und Marburg 1994, v.A. S. 16f., 127ff., 220ff.
32. Ich verweise auf die ausführlichere Zusammenstellung in meinem oben Anm. 1 genannten Aufsatz, S. 32f., S. 36ff. – Auch Gottfried Krodel weist nachdrücklich auf die Kontinuität und Langfristigkeit des gesellschaftlichen Wandels hin, der lange vor dem 16. Jahrhundert einsetzte und innerhalb dessen die Reformation plaziert war. Vgl. seine kenntnisreiche Auseinandersetzung mit Gerald Strauss' Buch zum Römischen Recht in Deutschland: *Gottfried Krodel*, The opposition to Roman Law and the Reformation in Germany, in: The Journal of Law and Religion X (1993/94), S. 221-266, v.a. S. 260ff.
33. Zu Contarini jetzt die große Biographie von *Elisabeth Gleason*, Gasparo Contarini. Venice, Rome, and Reform, Berkeley u.a. 1993.

dann militant gegenreformatorische Erzbischof von St. Andrews, John Hamilton, noch 1552 einen Katechismus veröffentlichte, der eindeutig die Rechtfertigung allein aus dem Glauben lehrte.[34]

III.

Die Reformation erscheint gegenwärtig, so lassen sich unsere Beobachtungen bildlich zusammenfassen, in einer Sandwichlage – zwischen »gestalteter Verdichtung« des späten Mittelalters und eigentlicher frühneuzeitlicher Formierung im Zeichen des Konfessionalismus seit dem ausgehenden 16. Jahrhundert. Somit sind ihre Qualität und ihr Stellenwert für die deutsche und europäische Geschichte neu zu bestimmen. Auch die Epochendiskussion – per se eine unendliche Geschichte – ist wieder zu eröffnen. Hierzu liegen gegenwärtig allerdings noch kaum Äußerungen vor,[35] von einer auch nur annähernd konsensfähigen neuen Konvention ganz zu schweigen. Das hängt vor allem mit der Zählebigkeit solcher Konventionen zusammen, ist aber sicherlich auch eine Folge der Gliederung des Wissenschaftsbetriebes in Mediävistik und Neuzeit.[36] Hinzu kommt

34. *Gordon Donaldson*, The Scottish Reformation, London 1960; *I.B. Cowan*, The Scottish Reformation: Church and Society in Sixteenth Century Scotland, London 1982; *T.C. Smout*, A History of the Scottish People, 1560-1830, 2. Aufl. Bungay 1973, S. 53ff.; *J. Wormald*, Court, Kirk and Community: Scotland, 1470-1625, London 1981, S. 106.
35. Indirekt geschieht das jetzt in dem Aufsatz *Paul Nolte*, Gibt es noch eine Einheit der neueren Geschichte?, der in der ZHF 24 (1997) erscheint. In ganz ähnlicher Weise wie im vorliegenden Aufsatz zur epochalen Neubewertung der Reformation plädiert Nolte dort für einen Epochenbegriff, der sich als »*eine* analytische Perspektive auf Geschichte neben anderen« versteht. Wenn er für eine Beibehaltung einer einheitlichen »Neuzeit« eintritt, so schließt er »keineswegs aus, ... daß um und nach 1500 ... Kontinuitäten (bestanden, und damit) »gewichtige Argumente für einen Zusammenhang der spätmittelalterlichen und frühneuzeitlichen Geschichte Alteuropas vor der ›Moderne‹«. – Zuzustimmen ist Nolte auch in der Diagnose, daß solche Epochendebatten, die in der internationalen Geschichtswissenschaft kaum eine Rolle spielen, aufgrund der historiographischen Tradition und spezifischer Ereignisse der deutschen Geschichte für deutsche Historiker besonders wichtig seien. Er verweist auf den Nationalsozialismus, der das Interesse überproportional auf das 20. Jahrhundert konzentriere und auf das »Fortwirken historiographischer Paradigmata des 19. Jahrhunderts« (Zitate alle aus Abschnitt III). Wie im vorliegenden Text dargelegt, ist die Reformation als »deutsches Ereignis« eine weitere Ursache für die in Deutschland stets präsente Epochendiskussion.
36. Ich erinnere an die Bemerkung zum Aufbau der Enzyklopädie deutscher Geschichte oben Anm. 7. Ganz unabhängig von der wissenschaftlichen Diskussion über Kontinuitäten oder Brüche um 1500 wird dieses große, Mittelalter und Neuzeit umfassen-

ein weitverbreiteter Hang zur »Romantik«, der die Herzen bei »Umbruch« oder gar »Revolution« höher schlagen läßt, während bei komplizierteren Mustern historischen Wandels die Ohren weghören.[37]

Auch unser Symposion wird keine allseits akzeptierte Lösung hervorbringen. Dessenungeachtet muß sich jeder, der das 15. oder 16. Jahrhundert in Forschung und Lehre traktiert, Klarheit darüber verschaffen, wie er es mit dem evidenten Problem halten will. Es wäre verfehlt, bereits zu Beginn des Symposions eine Bilanz aufzumachen, das kann allenfalls am Ende geschehen. Ich trage lediglich einige Überlegungen vor, die teils an eigene ältere Ausführungen anknüpfen,[38] teils Beobachtungen anderer Historiker aufnehmen, etwa Berndt Hamms These zu den »Zentrierungsschüben« des 15. und 16. Jahrhunderts.[39] Ausgangspunkt kann auch in unserem Zusammenhang die Begriffsgeschichte sein, die Konrad Repgen im Artikel »Reform« der bereits erwähnten »Oxford Encyclopedia of the Reformation« kurz zusammengefaßt hat: Danach wurde der Begriff »Reform« ursprünglich »in both secular and ecclesiastical contexts« gebraucht, und zwar »with a broad spectrum of meaning that was not tied to any specific religious tradition«. Die Verengung von dieser allgemeinen zur kirchengeschichtlichen Bedeutung begann erst im späten 17. Jahrhundert, und erst vom späten 18. Jahrhundert an wurde »in this narrower meaning ... the *Reformation* ... interpreted from the perspective of universal history as the most significant event of the sixteenth century«.[40] Zu Ende des 20. Jahrhunderts, nachdem die konfessionelle

de, aber streng zwischen beiden trennende Gesamtwerk zur deutschen Geschichte dazu beitragen, die konventionelle Epochengrenze für eine weitere Generation zu zementieren, besonders offensichtlich bei den Bänden zur Kirche und zu den Städten.

37. Als ich 1995 in einem Festvortrag anläßlich der Vierhundertjahrfeier der sogenannten »Emder Revolution« den revolutionären Charakter der Ereignisse von 1595 in Abrede stellte, bekundete mir ein in der Geschichte ebenso wie in der gegenwärtigen Politikkultur Ostfrieslands bewanderter Mediävist, daß er meine Argumente völlig überzeugend fände, es aber für ebenso gewiß halte, daß ich damit die Rede von der Emder *Revolution* nicht aus der Welt schaffen werde, und das sei auch gut so.
38. Vgl. etwa *Heinz Schilling*, Alternative Konzepte der Reformation und Zwang zur lutherischen Identität. Möglichkeit und Grenzen religiöser und gesellschaftlicher Differenzierung zu Beginn der Neuzeit, in: Wegscheiden der Reformation. Alternatives Denken vom 16. bis zum 18. Jahrhundert, hg. v. *Günter Vogler*, Weimar 1994, S. 277-308; *ders.*, Luther, Loyola, Calvin und die europäische Neuzeit, in: ARG 85 (1994), S. 5 -31.
39. *Berndt Hamm*, Reformation als normative Zentrierung von Religion und Gesellschaft, in: Jahrbuch für Biblische Theologie, Bd. 7, 1992, S. 241-279, Zitate S. 251, 279; *ders.*, Das Gewicht von Religion, Glaube, Frömmigkeit und Theologie innerhalb der Verdichtungsvorgänge des ausgehenden Mittelalters und der werdenden Neuzeit, in: ARG 84 (1993), S. 7-82.
40. The Oxford Encyclopedia of the Reformation, Bd. 3, Oxford 1996, S. 392-395, hier S. 392.

Polarisierung der Geschichtswissenschaft, von Randerscheinungen abgesehen, endgültig überwunden ist und der Historismus des 19. Jahrhunderts nicht mehr alleiniger Wegweiser sein kann, erscheint mir die Überlegung angezeigt, ob zukünftig für den wissenschaftlichen Gebrauch der Begriffe »Reform« und »Reformation« diese Universalisierung bei gleichzeitiger Verengung auf die deutsche Kirchenreform wieder rückgängig gemacht werden sollte und damit auch die hauptsächlich auf Leopold von Ranke zurückzuführende Konvention, den Begriff »Reformation« als ein Konzept zur Einteilung der Geschichte in Epochen einzusetzen.

Entscheidend dafür, daß aus einer abgelegten traditionellen Orthodoxie keine neue Orthodoxie wird, ist allerdings, daß man sich über den Status solcher Erörterungen Rechenschaft ablegt. Die Bedeutung der Reformation für die deutsche und europäische Geschichte neu zu bestimmen, begreife ich nicht als eine geschichtsphilosophische Aufgabe. Und nach der inzwischen vollzogenen Entkonfessionalisierung und sonstigen Entideologisierungen der Geschichtsbilder sollte diesem Problem heute auch keine ontologische oder für eigene religiöse oder politische Lebensentwürfe existentielle Qualität mehr zukommen.[41] Vielmehr geht es mir primär um eine pragmatische und forschungsstrategische Entscheidung. Dabei sind die Vorteile und die Kosten einerseits der Umbruch- beziehungsweise Revolutionsthese und andererseits des von mir favorisierten Modells eines langfristigen Wandels gegeneinander abzuwägen. Von besonderem Gewicht erscheint mir die Frage, inwieweit das jeweilige Konzept Erkenntnisse fördert oder verstellt und inwieweit es geeignet ist, historische Abläufe und Strukturen begreifbar und verständlich zu machen, oder ob es sie im Gegenteil verwischt und verdunkelt. Um Mißverständnisse zu vermeiden, sei schließlich noch auf ein sprachliches und begriffliches Problem hingewiesen: Wenn die beiden so auf den Prüfstand gestellten Konzepte über den historischen Prozeß, der in Europa die Neuzeit hervorbrachte, vereinfacht als »Umbruch-« versus »Kontinuitäts-These« bezeichnet werden, wie in den auf meinen Vortrag bezogenen Diskussionen des Reinhäuser Symposions wiederholt geschehen, dann ist zu beachten, daß die »Kontinuitäts-These« nicht Kontinuität der Verhältnisse, Zustände oder Strukturen meint, sondern eine langfristige Kontinuität des *Wandels* im Gegensatz zu einem zeitlich auf wenige Jahre oder gar auf einen einzigen Moment anzusetzenden Umbruch.

Was die Kosten der Reformation-als-Umbruch-Perspektive anbelangt, so ist zunächst die darin implizierte generelle Unterbewertung der nachweislich tiefgreifenden Wandlungsimpulse des späten Mittelalters in Kirche, Staat, Gesellschaft und Mentalität zu nennen. Besonders gravierend erscheinen mir zwei konkrete

41. Das hat das hier erörterte Problem gemeinsam mit einer anderen, weit jüngeren und kurzlebigeren Diskussion, nämlich den Debatten um die »frühbürgerliche Revolution«, deren Tendenz zur ontologischen Verdichtung, ja Hypostasierung bereits in den frühen 1970er Jahren feinsinnig ironisiert wurde.

Kosten, vor allem insofern die Umbruch- These auf die »deutsche Reformation« zugespitzt wird: *Erstens* wird dadurch der gesamteuropäische Prozeß kirchlich-religiöser Erneuerung und deren Verkopplung mit dem gesellschaftlichen und politischen Wandel unsachgemäß zertrennt, der mit Wiclif und vor allem Hus und der Mobilisierung der frühen tschechischen Nationalidentität begann und mindestens bis zur katholischen Erneuerung vor allem des romanischen Europa seit Mitte des 16. Jahrhunderts reicht. Das gilt nicht nur zeitlich, sondern vor allem auch qualitativ, nämlich durch die begriffliche und inhaltliche Unterscheidung zwischen einer noch nicht vollwertigen »Vorreformation« einerseits von der eigentlichen, deutschen Reformation andererseits.[42] *Zweitens* und nicht weniger gravierend in europäisch vergleichender Sicht, werden durch die »Umbruch-These« alle von der Reformation unberührten oder sich ihr entgegenstellenden Kräfte als per se unmodern, statisch und unwandelbar kategorisiert. Im Lichte der Konfessionalisierungsforschung erscheint das immer fragwürdiger. Denkt man zum Beispiel an das gewaltige Bauprogramm der katholischen Orden, voran der Jesuiten, das den katholischen Städten innerhalb einer Generation einen topographischen und stadtarchitektonischen Vorsprung vor den meisten protestantischen Städten sicherte, oder an die Erziehungs- und Bildungsinitiativen der Jesuiten und ihrer Marianischen Kongregationen, die Kranken- und Sozialprogramme etwa eines Johann von Gott, Johann Grande und ihres Ordens der Barmherzigen Brüder. Jeder Zeitgenosse im Antwerpen, Köln oder München des frühen 17. Jahrhunderts hätte die These moderner Religionssoziologen, er lebe in einer altmodischen, statischen, unwandelbaren Gesellschaft, schlicht und einfach lächerlich gefunden.[43]
Dem stehen andererseits die Kosten der Langzeitperspektive gegenüber, die die Leistung Luthers und der anderen Reformatoren zwangsläufig nivelliert. Dem hat besonders energisch Horst Rabe in einer Auseinandersetzung mit der – wie auch ich meine – irrigen Frühdatierung der Konfessionalisierung auf das Jahr 1525 widersprochen und auf die damit verbundene Gefahr einer Geschichtsfälschung aufmerksam gemacht: »Die historiographische Zerreißung oder überhaupt Leugnung der Reformation als eines wesentlichen historischen Geschehenszusammenhangs dürfte mit der insoweit überwältigenden Evidenz der historischen Quellen in einem unausräumbaren Widerspruch stehen. ... Die Deutung Luthers wie überhaupt der Reformatoren als wenig origineller und im Grunde nicht sehr wirkungskräftiger Repräsentanten spätmittelalterlicher Reformbewegungen dürfte die geistige Innovationskraft der Reformatoren, vor allem Martin Luthers, gewaltig unterschätzen«.[44] Man wird dieses Monitum ernstzunehmen

42. Auch diese Kosten des Umbruch-Modells sind besonders hoch in der Frühbürgerliche-Revolution-Variante, in der die Reformation und der Bauernkrieg zu *dem* deutschen Beitrag zum universellen Revolutionsprozeß stilisiert wurden.
43. Hierzu demnächst Näheres in der oben Anm. 30 angekündigten Untersuchung.
44. In: ZHF 20 (1993), S. 401-405, hier S. 403.

haben, auch wenn man angesichts der erwähnten Ergebnisse der jüngeren englischen Reformationsforschung den altbekannten Quellen über die Wirkung der Reformation nicht mehr ganz so unbesehen trauen mag, jedenfalls nicht außerhalb der deutschen Geschichte.

Angesichts gravierender Kosten sowohl des Umbruch- als auch des Langfristiger-Wandel-Modells ist nach einem Denkmuster zu suchen, das einerseits die Langfristigkeit der religiös-kirchlichen wie allgemein der gesellschaftlichen Wandlungsvorgänge, die die europäische Neuzeit hervorbrachten, berücksichtigt, andererseits aber auch der Innovationsleistung der Refomatoren, voran Luthers, und der Reformation gerecht wird. Damit wäre zugleich die notwendige Balance zwischen zwei Grunderfahrungen des Historikers gewahrt – zwischen der Erkennntis, daß die Geschichte keine Sprünge macht, und dem Wissen, daß sie dennoch prinzipiell offen und kontingent ist. Das ist im vorliegenden Zusammenhang besonders wichtig, weil gerade bei den Reform- und Modernisierungsbewegungen innerhalb der mittelalterlichen Kirche ganz evident ist, daß es sich um alles andere als um »Selbstläufer« bzw. um einen sich selbst erhaltenden Prozeß des Wandels handelte, der Luther und die Reformation letztlich als eine Art Betriebsunfall erscheinen läßt. Vieles, wenn nicht das meiste an den spätmittelalterlichen Reformen war um 1500 im Sande verlaufen oder hatte seine Kräfte am Beharrungsvermögen der Reformgegner erschöpft. Erst die Reformation brachte wieder Dynamik in das Geschehen und rettete dadurch auch und gerade die altkirchlichen Reformen selbst. Aber auch der Reformation war nicht bereits all das nach Art einer DNS-Kodierung einprogrammiert, was sich in den folgenden drei, vier Jahrhunderten als Profil und Charakter zunächst der europäischen Neuzeit, dann der Moderne herausbildete. Und schließlich waren auch noch die allgemeingeschichtlichen Wirkungen der einzelnen Konfessionalisierung prinzipiell offen. Denn ganz anders als Max Weber es für den Calvinismus beschreibt, waren weder die calvinistische noch die lutherische oder die katholische Konfessionalisierung in die eine oder andere politische, gesellschaftliche oder kulturelle Richtung festgelegt, sondern vieles hing von dem historischen Umfeld und den jeweiligen historischen Umständen ab, innerhalb derer sie sich im 16., 17. und 18. Jahrhundert entfalteten.

Diesem Sachverhalt sowie der notwendigen Verbindung von Langzeitperspektive und Durchbruchcharakter der Reformation kann man m.E. am ehesten mit dem challenge-response-Modell historischer Prozesse oder mit der Vorstellung von Vorreiter- und Nachfolgeentwicklung beikommen: Die mittelalterlichen Wandlungen waren Antwort auf die religiösen, theologischen, kulturellen, gesellschaftlichen etc. Herausforderungen der nach dem Einbruch des Schwarzen Todes, um es bei dieser Chiffre zu belassen, in Europa veränderten Welt. Und zwar waren es – darin ist Tom Scott recht zu geben, wenn er die spätmittelalterliche Christianisierung der Gemeinde als tragfähige Alternative zur späteren protestantischen Gemeindereformation reklamiert[45] – adäquate und im Prinzip überlebensfähige Antworten und keineswegs nur »unreife«, unvollständige Versuche im Sinne der Vor-Reformations-Perspektive. Luther und das, was wir herkömmlich »die Reformation« nennen, reagierten auf die Herausforderung, der sie sich angesichts der Stokkung der spätmittelalterlichen Reform- und Wandlungsvorgänge gegenüber sahen, wobei ihr »response« die älteren Impulse und Lösungselemente im dialektischen Sinne »aufhob«. Ab Mitte des 16. Jahrhunderts treten dann »katholische Reform« und katholische Konfessionalisierung als Nachfolgeentwicklung auf, die den protestantischen Vorreitergesellschaften nacheifert[46] und dabei sowohl den »challenge« der Reformation aufnimmt als auch direkt an die spätmittelalterlichen Wandlungsprozesse in Kirche, Staat und Gesellschaft anknüpft, die ins Stocken geraten, nun aber durch den Luther-Schock entblockiert worden waren.

In einer solchen challenge-response-Perspektive läßt sich die Reformation als eine »Hauptetappe« innerhalb einer langgestreckten »Zeit der Reformen« oder auch Reformationen begreifen, einem »Temps des Réformes« nach Art der Franzosen,[47] den ich aber im Gegensatz zu diesen nicht Mitte des 16. Jahrhunderts enden lassen, sondern bis in die Konfessionalisierung des darauffolgenden Jahrhunderts verlängern möchte. In dieser breiten Schwellenzeit wurde die *societas christiana* umgewandelt in die in sich differenzierte, multikonfessionelle Gesellschaft der frühen Neuzeit, die dann ihrerseits in einem ähnlich langfristigen Wandel die säkularen pluralistischen Gesellschaften der Moderne hervorbrachte. In einer solchen

45. *Tom Scott*, The Communal Reformation between Town and Country, in: *Hans R. Guggisberg / Gottfried Krodel* (Hg.), Die Reformation in Deutschland und Europa. Interpretationen und Debatten, Gütersloh 1993, S. 175-192, v.a. S. 192. Die spätmittelalterliche Gemeinde sei in derselben Weise wie die reformatorische »auf dem Weg zum Heil« gewesen, und man müsse daher die Frage stellen, ob nicht zumindest einige dieser Menschen zuversichtlich waren, daß sie »mit der ›Christianisierung‹ ihrer Gemeinde in der Tat sich eine Perspektive des Heils eröffnet hatten, ohne auf die Theologie der Reformation warten zu müssen«.
46. Dieses hier strukturgeschichtlich gemeinte Verhältnis spiegelt sich auch im Bewußtsein der Handelnden. Besonders deutlich ist das bei den Jesuiten. So strich Petrus Canisius 1576 nachdrücklich den Bildungsvorsprung der Protestanten und die Notwendigkeit für die Katholiken, hier aufzuholen, heraus. Vgl. etwa seinen Brief, abgedruckt bei *Burkhart Schneider*, S.J. (Hg.), Petrus Canisius, Briefe, Salzburg 1959, S. 211: »Es ist ja wirklich traurig, daß die Katholiken in Deutschland nun mehr so wenig und noch dazu ganz armselige Universitäten haben.«
47. Ich erinnere nur an die Arbeiten von *Pierre Chaunu*, vor allem Le temps de Réformes. La Crise de la chrétienté. L'Eclatement (1250-1550), Paris 1975, oder auch an die großen Analysen Jean Delumeaus, etwa: Le péché et la peur. La culpabilisation en Occident (13e- 18e siècles), Paris 1983, oder: L'aveu et le pardon. Les difficultés de la confession 13e-18e siècles, Paris 1990; vgl. auch *Bernard Chevalier/Robert Sauzet* (Hg.), Les Réformes. Enracinement socioculturel, Paris 1985.

Perspektive eines mehrstufigen, religionssoziologisch keineswegs ausschließlich vom Protestantismus ermöglichten Wandels vom Mittelalter zur modernen Welt ist dann auch – das kann ich nur noch andeuten – die Distanz zwischen der Epoche der Reformationen einerseits und der Moderne andererseits hinreichend gewahrt, auf die Thomas Nipperdey bereits vor Jahren nachdrücklich hingewiesen hat.[48] Für die Zeit vor dem Pietismus und der Aufklärung könne es nur um »roots of our own modernity« (S. 539), nicht um diese selbst gehen. Bei der Untersuchung dieser Wurzeln setzt er dann aber die universalgeschichtlich verstandene Epochenschwelle »Reformation« stillschweigend voraus und engt die Suche nach den theologischen und religiösen Wurzeln der Moderne ganz und gar auf die Reformatoren ein. Damit bleibt er der Weber-Orthodoxie verbunden, die er in diesem großen Essay und in seinen anderen religionssoziologischen Betrachtungen vor allem zur deutschen Geschichte des 19. Jahrhunderts zur reifsten Entfaltung brachte, jedenfalls in geschichtswissenschaftlicher Hinsicht.

Bedeutung und Stellenwert des Ereignisses »Reformation« und die damit zusammenhängende Epochenfrage sind nur die eine Seite unseres Themas. Die andere Seite, das sei abschließend wenigstens noch angedeutet, bezieht sich auf die Rezeption dieser Tatsache und auf die Bedeutung, die nachfolgende Generationen ihr zugeschrieben haben. Diese Trennung zwischen den Tatsachen und ihren Wirkungen findet in der jüngeren Geschichtswissenschaft immer größere Beachtung. Die klassische Frage des Historismus, wie es gewesen ist, wird ergänzt durch die Frage nach den Interpretationstraditionen, die sich an das Ereignis anschlossen und das Geschichtsbild oder die Geschichtsbilder bestimmten. Diese neue Forschungsperspektive ist bereits für eine Reihe großer Themen der Geschichtswissenschaften fruchtbar gemacht worden – für die Französische Revolution, deren Wirkungsgeschichte das eigentliche Thema der Diskussionen im Umfeld der Zweihundertjahrfeiern war, ebenso wie für die Arbeiterbewegung und den Klassenkampf oder für den Westfälischen Frieden, dessen realgeschichtliche Folgen für die internationale Politik nicht anders als für den Aufstieg einer säkularen Rechtsordnung im Innern der Staaten heute eher gering eingeschätzt werden, während die Wirkung seines »Geistes« oder seiner Vision einer allein auf das Recht gegründeten politisch-staatlichen Ordnung Europas weiterhin unbestritten sind.[49] Es scheint mir

48. *Thomas Nipperdey*, The Reformation and the Modern World, in: *E.I. Kouri /Tom Scott* (Hg.), Politics and Society in Reformation Europe, Essays for Sir Geoffrey Elton, London 1987, S. 535-552.
49. Näheres dazu in den Akten eines wissenschaftlichen Kongresses, der im Herbst 1996 aus Anlaß der bevorstehenden 350-Jahrfeier des Friedensschlusses in Münster tagte. *Heinz Duchhardt* (Hg.), 350 Jahre Westfälischer Friede. Entscheidungsprozesse, Weichenstellung und Widerhall eines europäischen Ereignisses, Münster 1997. Explizit erörtert ist das Mythos-Problem in *meinem* Beitrag »Der Westfälische Friede und das neuzeitliche Profil Europas«.

an der Zeit, daß auch die Reformationshistoriker, die bezeichnenderweise international zu einer der kohärentesten Gruppen zählen, ähnlich den Revolutionshistorikern oder Historikern der Arbeiterbewegung, diese neuen Frageansätze unseres Faches aufgreifen und deutlicher als bisher zwischen der Tatsächlichkeit ihres Gegenstandes einschließlich seiner unmittelbaren realgeschichtlichen Wirkungen und den Bedeutungen, die diesen zugeschrieben wurden, unterscheiden.
Nachdem wir eingangs konstatiert haben, den Historikern sei die Reformation abhanden gekommen, so ist abschließend festzustellen, daß sie unter dieser bedeutungsgeschichtlichen Perspektive die Reformation wieder neu gewonnen haben. Es geht, um auch hier zugespitzt zu formulieren, um den *Mythos*charakter von »Reformation« als einem zentralen Gegenstand der Reformationsforschung. »Mythos« ist in diesem Zusammenhang, das sei zu Vermeidung von Mißverständnissen betont,[50] nicht im alltagssprachlichen, negativen Sinne als unwahr, irreal oder in ideologischer Absicht erlogen verstanden. Gemeint ist vielmehr die Aneignung der Reformation durch die Nachwelt – als wissenschaftliche Rezeption und vor allem als Vision einer spezifischen religiösen und geistigen Existenz sowie der historisch-politischen Kultur allgemein.[51] Im Gegensatz zum alltägli-

50. Die auf den Mythoscharakter der Reformation bezogenen Passagen meines Vortrages wurden in Reinhausen besonders lebhaft diskutiert – bis hin zur totalen Ablehnung des »Begriffes Mythos als ein Mißgriff« (Thomas Kaufmann – Herr Kaufmann hat inzwischen seine Gegenposition »elaboriert«, und zwar in dem oben Anm. 4 genannten Literaturbericht, dort S. 1117-1121. Es ist zu hoffen, daß die dort angekündigte Diskussion unter protestantischen Theologen und mit den Geschichtswissenschaftlern tatsächlich erfolgt.) Es wurde auf die rasch einsetzenden Gegenmythen durch das Tridentinum hingewiesen. Das bestreite ich natürlich nicht. Ich bleibe aber dabei, daß der protestantische Mythos von ungleich größerer Wirkung und Prägekraft für das Selbstverständnis der europäischen Neuzeit war, und zwar keineswegs nur im deutschen Kontext.
51. Ein besonders sprechendes Beispiel für die Fortarbeit am Mythos »Reformation« ist der Aufsatz von *Christian Albrecht*, Freiheit zur Sachlichkeit. Protestantische Lebensgestaltung am Beispiel der Ulmer »Hochschule für Gestaltung«, Vortrag auf einem Tübinger Kolloquium zu »Protestantismus als neuzeitliche Bildungsbewegung. Deutungskulturen moderner Lebenswelten als Nötigung zu Praktischer Theologie«, am 23. November 1996. Ohne Bezug auf die Geschichte und auch weitgehend abgehoben von der sozialen Wirklichkeit – daß die Ulmer Hochschule real in einem von Katholiken wie Romano Guardini zumindest mitgeprägten Bildungsumfeld entstand, hindert nicht, sie als Ausdruck »genuin protestantischen (Bildungs)Erbguts« zu deuten – erscheint hier »Protestantismus« als Chiffre für dasjenige, was aktuell dem auf der Höhe der Zeit befindlichen Menschen als »Lebensgestaltung« aufgegeben scheint – gestern die Modernität, heute die »aufklärerische Kulturgeschichtsschreibung«: »Freilich« – so zieht Albrecht das Fazit seiner Überlegungen zur Leistung des »bildungsbewußten Protestantismus unserer Tage (und) der ihm eigenen permanenten Selbstdisziplinierung« – »verlangt diese urprotestantische Bildung des Menschen *auch*

chen Mythosbegriff, der Denkmuster bezeichnet, die als überholt, simplifizierend und dem eigenen aktuellen Bewußtseinsstand unterlegen gelten, meint dieser wissenschaftlich-analytische »Mythosbegriff« gerade umgekehrt eine in die Zukunft gerichtete geistige Verarbeitung und Aneignung historischer Ereignisse und politischer Sachverhalte.[52] Wie nicht selten bei großen historischen »Ereignissen«, so scheint mit auch in bezug auf die Reformation unübersehbar, daß ungeachtet aller notwendigen Relativierung der unmittelbaren realgeschichtlichen Bedeutung und Wirkungen der Ereignisse der 1520er und 1530er Jahre der Mythos »Reformation« bei der Gestaltung der Neuzeit in Deutschland und den protestantischen Teilen Europas – indirekt aber auch des Kontinents und seiner Weltzivilisation insgesamt – eine mächtige und nachhaltige Rolle gespielt hat. Dazu trug nicht zuletzt wesentlich bei, daß dieser Mythos bereits von den Zeitgenossen selbst konstruiert wurde und daß es den Protestanten gelang, auf lange Sicht, in Deutschland faktisch bis in die Gegenwart hinein, die Dominanz

zur Gestaltung der Alltagskultur aus sich selbst heraus dann auch wieder eine spezifische Begleitung: Der Beitrag des Protestantismus zu dieser alltagskulturellen Gestaltung besteht hier – wie auch anderswo – in aufklärerischer Kulturgeschichtsschreibung, die nun ergänzt ist um die Geschichtsschreibung der *Alltagskultur*. Jedenfalls wird im Verlaufe solcher Alltagskultur-Geschichtsschreibung der Protestantismus dann weiteren unbewußten Entäußerungsgestalten seiner selbst begegnen – und so die ihm aufgegebene permanente Selbstmodifikation um einen signifikanten Parameter ergänzen können. In einer solchen Kulturgeschichtsschreibung, die in Wahrheit immer auch Selbstgeschichtsschreibung ist, betreibt der Protestantismus dann also genau jene Aufklärung durch Sinnrekonstruktion in der Mannigfaltigkeit diffuser, disparater kultureller Erscheinungen, der seine Entäußerungsgestalten – wie etwa die Ulmer Hochschule für Gestaltung – sich ebenfalls verpflichtet wissen: eine Aufklärung also, die jenen Geist atmet, den Otl Aicher, einer der Gründer der HfG, mit einer an biblische Schriftsteller gemahnenden Emphase beschrieben hat als ›den Geist der Weltoffenheit, der Freiheit und der schlichten Schönheit, nicht den des Zwangs und der Furcht‹«.

52. Die beschriebene Funktion von Mythos und Mythen für die Politik und das individuelle wie kollektive Bewußtsein ist seit einigen Jahren Forschungsgegenstand für Historiker, Ethnologen, Literaturwissenschaftler und Politologen, die hierfür speziell das Feld »Politische Kultur«-Forschung entwickelt haben. Vgl. etwa *Andreas Dörner*, Politischer Mythos und symbolische Politik. Der Hermann-Mythos: Zur Entstehung des Nationalbewußtseins der Deutschen. Reinbek bei Hamburg 1996; *Helmut Berding* (Hg.), Mythos und Nation. Studien zur Entwicklung des kollektiven Bewußtseins in der Neuzeit III. Frankfurt/Main 1996; *Wolfgang Frindte / Harald Pätzold* (Hg.), Mythen der Deutschen. Deutsche Befindlichkeiten zwischen Geschichte und Geschichten. Opladen 1994; *Herfried Münkler*, Politische Bilder. Politik der Metaphern. Frankfurt /M. 1994; ders., Odysseus und Kassandra. Politik und Mythos. Frankfurt/M. 1990; *Karl-Heinz Bohrer* (Hg.), Mythos und Moderne. Begriff und Bild einer Rekonstruktion, Frankfurt/M. 1983.

ihres Deutungsmusters sowohl für die spätmittelalterliche als auch für die neuzeitliche Geschichte sicherzustellen.[53]

53. Zum Mythos »Luther« bzw. »Reformation« bietet die Wittenberger Lutherhalle zahllose Beispiele bis hin zur Geschichte des Museums und seiner Sammlung selbst. Vgl. Katalog der Ausstellung Martin Luther, 1483-1546, in der Staatlichen Lutherhalle Wittenberg, Wittenberg 1984; *Hartmut Boockmann*, Die Lutherhalle in Wittenberg heute. Probleme einer historischen Ausstellung, in: ARG 85 (1994), S. 287-303. – Natürlich gehören auch die Lutherdenkmäler des 19. Jahrhunderts in diesen Zusammenhang. Vor allem das von Albrecht Ritschl entworfene Wormser Denkmal – »eine Mischung von Weltbühne und dem Söller einer (»altdeutschen«, H. Sch.) Burg« – ist als versteinerter deutscher Reformationsmythos des 19. Jahrhunderts zu lesen, demzufolge die europäische Neuzeit mit Luther und der deutschen Reformation beginnt: In der Mitte »steht Luther überlebensgroß auf einem hohen Postament. ... Auf den kleinen Postamenten an den Ecken ... sitzen vier *Vor*reformatoren. Um die Weltbedeutung Luthers zu betonen, sind ein tschechischer, ein italienischer, ein englischer und ein französischer Reformator wiedergegeben« – eine kaum zu übertreffende Vereinnahmung der Reformation durch die nationale Idee des 19. Jahrhunderts, und damit nicht Wirkung der Tatsache, sondern des Mythos »Reformation«. Zu den Denkmälern vgl. *Christian Tümpel*, Zur Geschichte der Lutherdenkmäler, in: *Bernd Moeller* (Hg.), Luther in der Neuzeit, Gütersloh 1983, S. 227-247, Zitate dort S. 241 und 242. Zur Widerspiegelung in Amerika vgl. *Hartmut Lehmann*, The Reformation and America: The Luther Statues in Washington and Baltimore, in: *Hans R. Guggisberg / Gottfried G. Krodel* (Hg.), Die Reformation in Deutschland und Europa: Interpretationen und Debatten, Gütersloh 1993, S. 647-664. – Schöne Beispiele aus der Lutherzeit selbst und den unmittelbar anschließenden Generationen im Ausstellungskatalog »Luther mit dem Schwan. Tod und Verklärung eines großen Mannes« – Katalog zur Ausstellung in der Lutherhalle Wittenberg anläßlich des 450. Todestages von Martin Luther vom 21. Februar bis 10. November 1996. Ebenfalls der engeren Reformationszeit zugehörig ist die aus vier großen Gemälden bestehende biographische Bilderfolge zum Leben Johann Friedrichs des Großmütigen von Sachsen, die seit einigen Monaten im Deutschen Historischen Museum im Berliner Zeughaus zu sehen ist. Vgl. die ausführliche Beschreibung durch *Elke Anna Werner*, Vier Gemälde mit Szenen aus dem Leben Johann Friedrichs des Großmütigen von Sachsen, Magazin, DHM, Heft 16, Winter 1995/96, Berlin 1996. Diese Bilder, deren Erwerb zweifellos einer der großen Glücksgriffe war, die die Dauerausstellung des DHM heute zieren, ja sie überhaupt erst ermöglichten, sind zugleich ein sprechendes Beispiel für die Gefahr, Mythos und Tatsächlichkeit der Reformation fälschlicherweise in eins zu setzen. Denn diese Bilderfolge ist kaum geeignet – wie in der gegenwärtigen Plazierung in der vorläufigen Dauerausstellung »Bilder und Zeugnisse deutscher Geschichte« –, die Reformation selbst zu dokumentieren. Vielmehr ist es ein frühes und daher außerordentlich aussagefähiges Zeugnis für die Herausbildung – und zwar einer gewollten und aktiv betriebenen – des *Mythos* »Reformation«. Geboten wird eine gezielte Interpretation des Geschehens, eine ganz frühe Bedeutungszuschreibung im Sinne des jungen neuzeitlichen Herrscher- und Staatsbildes

Wenn wir in den nächsten beiden Tagen unter dem Generalthema unseres Symposions »Die Reformation als Umbruch« einen Bestandsaufnahme der deutschen und europäischen Reformationsforschung versuchen, dann sollten wir beides tun – Umfang und Grenzen der Tatsächlichkeiten der »frühen Reformation in Deutschland als Umbruch« erkunden und die Geschichte des Mythos »Reformation als Umbruch« reflektieren einschließlich der Position der Reformationshistoriker in diesem fast fünfhundert Jahre alten Bild.

des frühmodernen sächsischen Territorialstaates. Ins Bild gesetzt sind damit weniger die realen Folgen der Reformation als deren politische, gesellschaftliche und kulturelle Inanspruchnahme durch die wettinische Dynastie zugunsten der Formierung ihres frühmodernen Fürstenstaates.

Peter Blickle

Reformation und Freiheit

Was heißt Reformation? Was darf man heute darunter verstehen, nach zwei bis drei Jahrzehnten intensiv betriebener Reformationsforschung. Vieles deutet darauf hin, daß als theologisches, theoretisches und ideologisches Zentrum *das reine Evangelium* gelten muß. Historikern ist schon seit langem aufgefallen, daß unter Zeitgenossen das reine Evangelium schlagwörtlich jenen Sachverhalt umschreibt, den wir heute als Proprium der Reformationstheologie verstehen.[1] Das »catchword« der reformatorischen Bewegung heißt »the pure Word of God«, instruiert Robert Scribner seine Studentinnen und Studenten in Harvard.[2] Aus der Analyse des neuen Mediums, dessen sich die reformatorische Bewegung zu ihrer Artikulation und Propaganda bediente, der Flugschrift, hat sich ergeben, wie Hans-Joachim Köhler schon vor 15 Jahren festgestellt hat, »das meistdiskutierte Thema ist das Schriftprinzip«[3], und Mark Edwards hat das neulich selbst für Luthers auflagenstärkste Schriften bestätigt.[4] Die von der Theologie herkommende Reformationsforschung nimmt teilweise eine ähnliche Position ein. Berndt Hamm hat kürzlich »die Heilige Schrift als alleinige Normquelle« herausgehoben und das mit dem einprägsamen Satz verdeutlicht, »nicht die Kirche hat die Hl. Schrift auszulegen ..., sondern die Hl. Schrift hat die

1. Zusammenfassende Überblicke: *Rainer Wohlfeil*, Einführung in die Geschichte der deutschen Reformation, München 1982, S. 102 – 111. – *Thomas A. Brady, Jr.*, Protestant Politics: Jacob Sturm (1489 – 1553) and the German Reformation, New Jersey 1995, S. 371 – 382. – *Robert W. Scribner*, Popular Culture and Popular Movements in Reformation Germany, London-Ronceverte 1987. – *Peter Blickle*, Die Reformation im Reich, Stuttgart ²1992, S. 69 – 121.
2. *Robert W. Scribner*, The German Reformation, Basingstoke-London 1986, S. 17.
3. *Hans-Joachim Köhler*, Erste Schritte zu einem Meinungsprofil der frühen Reformationszeit, in: *Volker Press – Dieter Stievermann* (Hgg.), Martin Luther. Probleme seiner Zeit, Stuttgart 1986, S. 244 – 281, das Zitat 259. Köhler macht plausibel, daß zwischen 1520 und 1526 70% aller Flugschriften von der Heiligen Schrift bzw. dem reinen Evangelium handeln.
4. *Mark U. Edwards, Jr.*, Printing, Propaganda and Martin Luther, Berkeley-Los Angeles-London 1994.

Kirche auszulegen«.[5] Auch Martin Brecht räumt ein, »das Schriftprinzip« habe für die Reformation, zumindest »formal«, konstitutive Funktion besessen, freilich ohne damit seine Überzeugung von der »zentrale[n] Bedeutung der Rechtfertigungslehre für die reformatorische Theologie« hintanzustellen.[6]

Die *Theologie der Rechtfertigung* wird heute in den weiten Mantel des *reinen Evangeliums* gekleidet. Und korrespondierend umfassend wird die Gesellschaft verstanden, die sich diesem Evangelium zuwendet. Reformationsgeschichte war in den letzten 20 bis 30 Jahren in hohem Maße *Sozialgeschichte* der Reformation mit dem Ergebnis, daß als Träger nicht mehr nur Humanisten, Intellektuelle, Bürger und Fürsten, sondern vor allem Handwerker und Bauern gelten, zum Teil auch Kleriker und kleine Adelige.[7]

Daß deren Verständnis von Reformation nicht als Mißverständnis erklärt werden darf, sollte heute unstrittig sein. Denn die Zentrierung der theologischen Arbeit der Reformatoren auf das reine Evangelium war nur dadurch zu gewinnen, daß man die Dogmatisierung der theologischen Arbeit durch Papst und Kirche verwarf. Folglich verbietet der reformatorische Ansatz jede Interpretationshoheit über das reine Evangelium.[8] Jeder Gläubige vesteht mit Hilfe des Hei-

5. *Berndt Hamm*, Einheit und Vielfalt der Reformation – oder: was die Reformation zur Reformation machte, in: *Ders. – Bernd Moeller – Dorothea Wendebourg*, Reformationstheorien. Ein kirchenhistorischer Disput über Einheit und Vielfalt der Reformation, Göttingen 1995, S. 79 f. – Mehrheitlich vertreten lutherische Theologen freilich die Unabdingbarkeit der Rechtfertigungslehre, um von reformatorischer Theologie sprechen zu können.
6. *Martin Brecht*, Theologie oder Theologien der Reformation?, in: *Hans R. Guggisberg – Gottfried G. Knodel* (Hgg.), Die Reformation in Deutschland und Europa: Interpretationen und Deutungen, Heidelberg 1993, S. 99 – 177, hier 101, 116.
7. Speziell für die Städte: *Heinrich Richard Schmidt*, Reichsstädte, Reich und Reformation. Korporative Religionspolitik 1521 – 1529/30, Stuttgart 1986. Zuletzt zusammenfassend *Berndt Hamm*, Bürgertum und Glaube. Konturen der städtischen Reformation, Göttingen 1996. – Speziell für das Land: *Franziska Conrad*, Reformation in der bäuerlichen Gesellschaft. Zur Rezeption reformatorischer Theologie im Elsaß, Stuttgart 1984. – *Peter Blickle*, Gemeindereformation. Die Menschen des 16. Jahrhunderts auf dem Weg zum Heil, München 1985, besonders S. 110 – 114, und *Ders.* (Hg.), Zugänge zur bäuerlichen Reformation, Zürich 1987. Für eine Gewichtung der verschiedenen gesellschaftlichen Schichten *Hans-Jürgen Goertz*, Pfaffenhaß und groß Geschrei. Die reformatorischen Bewegungen in Deutschland 1517 – 1529, München 1987. – *Ders.*, Antiklerikalismus und Reformation. Sozialgeschichtliche Untersuchungen, Göttingen 1995. Ihre letzte Zuspitzung hat diese Position in der These gefunden, im Bildersturm drükke sich die Theologie des Volkes aus; so *Lee Palmer Wandel*, Voracious Idols and Violent Hands: Iconoclasm in Reformation Zurich, Strasbourg and Basel, Cambridge-New York 1995.
8. Vgl. etwa *Euan Cameron*, The European Reformation, Oxford 1991, S. 136 – 144.

ligen Geistes das Evangelium idealiter *richtig.* Da sich diese Annahme in der Praxis eher als Hoffnung erwiesen hat und, von dem gleichen Schriftverständnis ausgehend, Theologen sich über das Wesen des Abendmahls und Luther und Bauern sich über die Deutung des göttlichen Rechts überwerfen konnten, ist erst neulich gefolgert worden, die Einheit der Reformation sei eine Fiktion beziehungsweise ein Konstrukt der Gegenreformation.[9]

Reines Evangelium und *gemeiner Mann* (um den Begriff *Volk* zu meiden) machen die Reformation aus, und zwar in einem fundamentalen Sinn. Die katholische Kirche gewann die Überzeugung, das Evangelium richtig zu interpretieren, aus der Tradition der Jahrhunderte, »the community's consensus expressed through time«, um mit den Worten Gillian R. Evans zu sprechen, die protestantische mußte eine vergleichbare Dignität erst suchen und fand sie im Konsens aufgrund von Gefolgschaft. Insofern war die Akklamation des Gemeinen Mannes für die Theologen wesentlich. Gefolgschaft bestärkte sie in der Zuversicht, ein »mandatum Dei« wahrzunehmen.[10]

Am Ende des 20. Jahrhunderts stellt sich die Reformation dar als gesellschaftlich schier unbegrenztes Streitgespräch um das angemessene Verständnis des *reinen Evangeliums.* Die Reformation ist selbst zu einer großen Disputation geworden. In seine Mitte gehört *die Freiheit.*

Es gehört zum Selbstverständnis der lutherischen Kirchen, die Freiheit befördert zu haben. Nicht nur für Thomas Mann, der wahrlich wenig dazu beigetragen hat, ein positives Luther-Bild seinen Lesern zu vermitteln, hat der Reformator »der Freiheit der Forschung, der Kritik, der philosophischen Spekulation gewaltigen Vorschub geleistet«[11], selbst moderne, vom Selbstverständnis her konfessionell ganz ungebundene Wörterbücher wie die »Geschichtlichen Grundbegriffe« sehen in der »These von der Freiheit des allein an Gottes Wort gebundenen Gewissens« und in der »Forderung des Dienstes am Menschen im Zeichen der christlichen Freiheit ... Gedanken, die über die mittelalterliche Gesellschaftsordnung und ihre geistigen Grundlagen hinausführen und das Freiheitsverständnis der Moderne vorbereiten«.[12] Als das Profil der reformatorischen Bewegung erst in Umrissen zu erkennen war, haben scharf analysierende Zeitgenossen wie Thomas Murner sie schon 1522 mit drei Bannerträgern emblematisch abgebildet, die Fahnen schwen-

9. *Dorothea Wendebourg,* Die Einheit der Reformation als historisches Problem (wie Anm. 5), S. 31 – 51.
10. *Gillian R. Evans,* Problems of Authority in the Reformation Debates, Cambridge-New York-Port Chester 1992, das Zitat S. 285.
11. *Thomas Mann,* Reden und Aufsätze, 3. Bd., Frankfurt a. M. 1960, S. 1126 – 1148, Zitat 1133 f.
12. *Gerhard May,* Freiheit, in: *Otto Brunner – Werner Conze – Reinhart Koselleck* (Hgg.), Geschichtliche Grundbegriffe. Historisches Lexikon der politisch-sozialen Sprache in Deutschland, 2. Bd., Stuttgart 1975, S. 446.

ken mit der Aufschrift *Evangelium, Freiheit* und *Wahrheit.*[13] In der diplomatischen Korrespondenz zwischen Karl V. und Heinrich VIII. wird »liberté« zur Abbreviatur für den Bauernkrieg und die reformatorische Bewegung.[14]

Freiheit ist in der deutschen Geschichte – so wird man unwidersprochen sagen können – bis zur Revolution von 1848 nie mehr so leidenschaftlich diskutiert worden wie in der frühen Reformationszeit. Nur wo das »Pathos des Neubeginns vorherrscht und mit Freiheitsvorstellungen verknüpft ist, haben wir das Recht, von Revolution zu sprechen«, hat Hannah Arendt meine Generation gelehrt.[15]

In den 1520er Jahren sind im Reich zwei Freiheitsbegriffe im Umlauf, die sich auf den ersten Blick scharf unterscheiden – ein theologischer und ein laikaler, einer, der schließlich mit dem Attribut *christlich* ausgestattet und in der Figur der *Freiheit eines Christen* von Martin Luther ausgestaltet wird, und ein zweiter, der gegen *Leibeigenschaft* oder *Eigenschaft* konzipiert wird, also *personal* gedacht ist, als solcher politische und rechtliche Folgen einschließt und von Bauern, Bürgern, Juristen und Obrigkeiten entwickelt worden ist. Ich werde diese beiden Freiheitsbegriffe zunächst analytisch behandeln[16], und zwar getrennt (1), und sie in einem zweiten Argumentationsschritt auf ihre gemeinsame Mitte hin synthetisieren (2). Das Ergebnis ist – und war es auch für mich – etwas ungewöhnlich und irritierend, weil ein für Deutschland neuer Freiheitsbegriff[17] zutage kommt, der auch die Bedeutung der deutschen Reformation in der Geschichte Europas neu gewichten kann (3).

13. *Thomas Murner*, Von dem großen Lutherischen Narren, Straßburg 1522. Kritische Ausgabe von *Paul Merker* (Thomas Murners Deutsche Schriften IX), Straßburg 1918; die Abbildungen S. 181 (Evangelium), 183 (Freiheit), 185 (Wahrheit).
14. *Albert Hollaender*, Articles of Almayne. An English Version of German Peasants' Gravamina, 1525, in: *J. Corway Davies* (Hg.), Studies presented to Sir Hilary Jenkinson, Oxford 1957, S. 164 – 177, Zitat S. 169. – *Karl Lanz* (Hg.), Correspondenz des Kaisers Karl V., aus dem königlichen Archiv und der Bibliothèque de Bourgogne zu Brüssel, 1. Bd.: 1513 – 1532, Leipzig 1844, S. 155 f.
15. *Hannah Arendt*, Über die Revolution, München-Zürich 1963, S. 41 f.
16. Das Problem beschäftigt mich bereits länger und hat zwei vorläufige Annäherungen erfahren in den Aufsätzen: Freiheit. Ein Problem der Deutschen und Martin Luthers, in: *Stefan Oehmig* (Hg.), 700 Jahre Wittenberg. Stadt, Universität, Reformation, Weimar 1995, S. 79 – 94, sowie: Freiheit und Gerechtigkeit. Ethische Fragen der Deutschen an die Theologen der Reformation, in: LuJ 62 (1995), S. 83 – 103.
17. Für die perspektivische Weite des Freiheitsbegriffs im Mittelalter: *Johannes Fried* (Hg.), Die abendländische Freiheit vom 10. zum 14. Jahrhundert. Der Wirkungszusammenhang von Idee und Wirklichkeit im europäischen Vergleich, Sigmaringen 1991, und *Ders.*, Über den Universalismus der Freiheit im Mittelalter, in: HZ 240 (1985), S. 313 -361. In der Neuzeit: *Renate Blickle*, Leibeigenschaft. Versuch über Zeitgenossenschaft in Wissenschaft und Wirklichkeit, durchgeführt am Beispiel Altbayerns, in: *Jan Peters* (Hg.), Gutsherrschaft als soziales Modell, München 1995, S. 53 – 79.

I. Ein Evangelium – zwei Freiheiten

1. Christliche freyheyt gantz fleysschlich machen – Martin Luther

Luthers Freiheitsvorstellung ergibt sich aus seinem Verständnis der Rechtfertigung.[18] Freiheit wird dem Gläubigen durch die Gnade Gottes zuteil, sie ist also eine Befreiung des Christen. Deswegen spricht Luther immer wieder, eigentlich und streng genommen ausschließlich von einer *christlichen Freiheit.*

Aus dem Glauben und dem Evangelium »sollen wir mutig und frey werden, unnd den geyst der freyheit (wie yhn Paulus nennt) nit lassen mit ertichten wortten der Bepst abschrecken«.[19] Die Freiheit, die man in der Welt verwirklichen muß, ist eine solche, die sich über die verkehrten Gebote des Papstes und der Kirche hinwegsetzt. Die hochelaborierte mittelalterliche Kanonistik wird einer Verträglichkeitsprüfung durch das *reine Evangelium* unterworfen. Den Priestern soll die »freyheit, ehlich zuwerden«, zugestanden werden, »die weil sie got selb nit vorpunden hat«, und folglich »sol und mag sie niemant vorpindenn, ob er gleich ein engel vom hymel were, schweyg dan bapst, und was da gegen ym geistlichen recht gsetzt, sein lautter fabeln und geschwetz«.[20] Die Freiheit ist auf alles auszudehnen, was das Evangelium nicht verbietet und nicht gebietet, und es gebietet nichts anderes »denn gleuben und lieben«.[21] Erst das Gerechtfertigtsein durch die Gnade aus dem Glauben stattet die Freiheit mit einer Qualität aus, die sich im Alltagshandeln in Form des Dienstes am Nächsten ausdrückt.

Selbst wenn Luthers Freiheitsbegriff sich dem Politischen nähert, wird er mit Papsttum und Kanonistik in Verbindung gebracht. Die »freyheit« des Reiches hat der Papst zerstört. Er »lasz unser land frey von seinen unertreglichen schetzen und schinden, geb widder unszer freyheit, gewalt, gut, ehre, leyb und seele, und lasz ein keyszertumb sein, wie einem keyszertumb gepurt«.[22]

Weiter darf Luthers Freiheitsbegriff nicht ausgedehnt werden. Die christliche Freiheit schließt die Freiheit des Willens nicht ein, denn »der frey wille nach dem fal Ade odder nach der gethanen sund ist eyn eytteler name, und wenn er thut das seine, szo sundigt er todlich«.[23] Aus der Freiheit des Christen folgt keine

18. Vgl. stellvertretend für die umfassende Literatur *Martin Brecht*, Martin Luther, 3. Bd., Stuttgart 1987, S. 445 – 469. Ich rekapituliere und modifiziere hier nur geringfügig meine Ausführungen unter dem Titel Freiheit (wie Anm. 16), besonders S. 85 – 88.
19. WA 6, 412,28 ff.
20. WA 6, 441,26 – 30.
21. WA 18, 110,20 ff.
22. WA 6, 464,36 – 39.
23. WA 7, 445,31 ff. – Für die Diskussion über das Freiheitsproblem zwischen Luther und den Humanisten vgl. *Martin Brecht*, Martin Luther, 2. Bd., Stuttgart 1986, S. 210 – 234.

solche des Menschen, das zu verlangen hieße, »christliche freyheyt gantz fleysschlich machen«.[24] Das war nicht nur Erasmus von Rotterdam ein fremder Gedanke, sondern vielen Humanisten, bezogen sie doch gerade aus der *virtú* als willentlicher Verwirklichung des freien Menschen ihr Selbstbewußtsein und ihren Optimismus.

Aus dem *Evangelium* läßt sich ein anderer als der Begriff der *christlichen Freiheit* nicht herausziehen. Das ist Luthers Auffassung, und sie wird, um das im Vorbeigehen zu sagen, von den meisten[25], wenn auch nicht allen Reformatoren, am wenigsten von Huldrich Zwingli[26] geteilt. Gänzlich andere Schlußfolgerungen zogen aus der Bibel die Laien.

2. Es »erfindt sich mit der geschryfft das wir frey seyen« – die Laien

Freiheit gehört zu den Schlüsselbegriffen der politischen Rhetorik in der Phase der frühen Reformation. Üblicherweise assoziiert man das Wort mit den Zwölf Artikeln der oberschwäbischen Bauern von 1525, deren dritter ausdrücklich die Freiheit fordert und darunter die Aufhebung der Leibeigenschaft oder, wie es in der Quelle selbst heißt, der *Eigenschaft* versteht. Die Drucke der Zwölf Artikel in Augsburg und Magdeburg, Regensburg und Straßburg, Speyer und Breslau, Würzburg und Konstanz, Erfurt und Nürnberg beweisen zur Genüge die Durchschlagskraft der Freiheitsforderung bei den deutschen Bauern.[27]

24. WA 18, 326,14 – 327,10 [im größeren Begründungszusammenhang].
25. Für Melanchthon vgl. sein Gutachten für den pfälzischen Kurfürsten bei *Günther Franz* (Hg.), Quellen zur Geschichte des Bauernkrieges, Darmstadt 1963, S. 184 f. – *Hellmut Zschoch*, Reformatorische Existenz und konfessionelle Identität. Urbanus Rhegius als evangelischer Theologe in den Jahren 1520 bis 1530, Tübingen 1995, S. 109 – 119.
26. Zwingli gab mit den Leutpriestern in Zürich für den städtischen Rat die Empfehlung, »dass wir [der Rat, P.B.] unsere libeigen Lüt sölicher eigenschaft fry sagend« mit der Begründung, als »Kinder Gottes« sollten alle »brüederlich einander leben«. Zitiert bei *Walter Müller*, Wurzeln und Bedeutung des grundsätzlichen Widerstandes gegen die Leibeigenschaft im Bauernkrieg 1525, in: Schriften des Vereins für die Geschichte des Bodensees und seiner Umgebung 93 (1975), S. 1 – 41; Zitate S. 15 und 21. – Zwinglis Freiheitsbegriff ist im Gegensatz zu dem Luthers in Grenzen operationalisierbar für den weltlichen Bereich. Vgl. *Berndt Hamm*, Zwinglis Reformation der Freiheit, Neukirchen-Vluyn 1988.
27. Vgl. *Helmut Claus*, Der deutsche Bauernkrieg im Druckschaffen der Jahre 1524 – 1526, Gotha 1975, S. 24 – 29. – Auch wo die Zwölf Artikel möglicherweise noch nicht bekannt waren, läßt sich die Freiheitsforderung mit naturrechtlicher Begründung nachweisen. »Wiewol von recht ain jeder anfengklich frey geporn ... wellent vnsere herrschaft vnß für eigen leut haben, halten und vermeinen, das wir inen alles

Das Pathos der Freiheit beschränkte sich aber keineswegs auf die ländliche Gesellschaft, sondern avancierte zu einem Politicum allerersten Ranges. Die Vertreter der Kurfürsten, Fürsten und Städte diskutierten im Großen Ausschuß des Reichstags in Speyer 1526 die Frage, »ob nit Mittel zu finden weren, wie sich die Leibeigenen abkaufen mochten«[28], nachdem schon ein Jahr zuvor die Eidgenössische Tagsatzung in Luzern ihren Mitgliedern empfohlen hatte, den Freikauf zu fördern.[29] Jetzt fand die Freiheit erstmals auch Eingang in die wissenschaftliche Debatte unter Juristen, nämlich durch Ulrich Zasius, der, für die weitere Rechtsentwicklung in Deutschland bis ins 18. Jahrhundert wegweisend, die Leibeigenen zwischen Sklaven und Freien zu lokalisieren suchte und schließlich zu der Einschätzung kam, »homines proprii in paucis quibusdam cum servis participant, et plus ad libertos respiciunt«.[30] Zasius begründete die Nähe der deutschen *Eigenleute* zu den Freien mit dem Umstand, daß sie Eigengüter besäßen, ihren Besitz vererbten, Testamente machten, Verträge mit ihren Herren schlössen und im Gericht als Urteiler Einsitz nähmen [»in iudicio stare«].[31] Ein Jahrzehnt zuvor hatte Ulrich Tengler »Aygen leüt« als solche definiert, die »wider das natürliche Recht frömbder oberkait oder herrschung ... vnderworfen« werden. Daß Untertanen ihrer *libertas naturalis* beraubt seien, so Tengler, werde begründet mit »landts gewonhaiten, die, mit erlaubnuß zů reden, billich vnd vil ee für vnrecht vnd ungötlich mißbrauch weder rechtlich gewonhaiten mögen zu achten sein«.[32] Teng-

thun sollen, was sy vns heißen, als weren wir geporn knecht«, heißt es in den Artikeln der Stühlinger. *Franz Ludwig Baumann* (Hg.), Akten zur Geschichte des deutschen Bauernkrieges aus Oberschwaben, Freiburg i. Br. 1877, S. 206 f. – Vgl. weitere Belege bei *Müller*, Wurzeln (wie Anm. 26), S. 17 f. und die grundsätzlicheren Überlegungen bei *Peter Bierbrauer*, Das Göttliche Recht und die naturrechtliche Tradition, in: Bauer, Reich und Reformation. Festschrift für Günther Franz zum 80. Geburtstag, Stuttgart 1982, S. 210 – 234, besonders 226 ff.

28. *Franz*, Quellen Bauernkrieg (wie Anm. 25), S. 595.
29. Der Abschied gedruckt in: Der Geschichtsfreund. Mitteilungen des Historischen Vereins der Fünf Orte Luzern, Uri, Schwyz, Unterwalden ob und nid dem Wald und Zug 33 (1878), S. 52 – 63.
30. *Ulrich Zasius*, Intellectus singulares et novi in nonnulla loca Juris civilis ... diligenter, et ex veritate collecti, Basel o. J. [1526], S. 33. – Zur Wirkungsgeschichte der definitorischen Festlegung von Zasius vgl. *R. Blickle*, Leibeigenschaft (wie Anm. 17).
31. Zur Einordnung *Helmut Coing*, Europäisches Privatrecht, 1.Bd.: Älteres Gemeines Recht (1500 bis 1800), München 1985, S. 206 – 211.
32. *Ulrich Tengler*, Der neü Layenspiegel, Augsburg 1511, fol. XIII'. Hinsichtlich der Eigenschaftsfragen argumentiert Tengler ähnlich wie der weitverbreitete Schwabenspiegel, wo es unter anderem heißt, »nv ist in gesait das wir in der hailigen schrift niht vindin. daz ieman des andern aigen svlle sin. nv habent es die herren mit gewonhait dar zv̊ braht. das si ez mit rehte haben wellent«. Zitiert nach *Karl August Eckhardt* (Hg.), Studia Iuris Suevici I. Urschwabenspiegel, Aalen 1975, S. 525 Nr. 314.

lers Leistung für das Recht hat Sebastian Brant mit den Entdeckungsreisen des Kolumbus verglichen, unter der deutsch geschriebenen, populären Rechtsliteratur des 15. und 16. Jahrhunderts gilt sein Werk als »das erfolgreichste«.[33]
Die Freiheit, das sollten diese wenigen Belege zunächst nur andeuten, ist *ein Thema* im Heiligen Römischen Reich deutscher Nation. Als rechtliches Statusproblem allein ließ es sich offenbar schwer behandeln. Nicht nur Tengler bemühte die Religion als Kriterium zur angemessenen ständischen Lokalisierung von Menschen, auch die Eidgenossen warben für die Freiheit mit dem Argument, daß die »Ee ein sacrament ist und jedermann in disem fal fry sol sin«[34], und der Große Ausschuß des Reichstags mahnte die Reichsstände, sie sollten im Umgang mit ihren Eigenleuten »irer Selen Heil selbst bedenken«.[35]
Den engsten Bezug zum *reinen Evangelium* stellten freilich die Bauern in ihren Zwölf Artikeln her.[36] Das Dokument teilt mit der englischen Magna Charta Libertatum von 1215 und dem eidgenössischen Bundesbrief von 1291 die angenehme Eigenschaft, daß sich ihm immer noch neue Varianten für die Interpretation des Freiheitsproblems entlocken und abpressen lassen.
»Zům dritten«, heißt es dort, »Ist der brauch byßher gewesen das man vns für jr aigen leüt gehalten haben, wölchs zů erbarmen ist, angesehen das vns Christus all mitt seynem kostparlichen plůtvergüssen, erlößt vnnd erkaufft hat, Den Hyrtten gleich alls wol alls Den höchsten, kain außgenommen«. Die Begründung der Freiheit mit dem Erlösertod Christi wird ergänzt durch die Hoffnung der Bauern, sie »seyen auch onzweyfel jr [die Herren, P.B.] werdendt vnß der aigenschafft als war vnnd recht Christen geren endtlassen oder vns jm Euangeli des berichten dz wirß seyen«. Unterstellt wird hier erstens, unter Christen verbiete sich die Leibeigenschaft[37], und zweitens, das Evangelium kenne keine Leibeigenschaft, also widerspreche sie der göttlichen Rechtsordnung.[38]
Die dreifache Begründung der Freiheit mit dem Erlösertod Christi, der von Gott in die Welt gelegten Rechtsordnung des Naturrechts und der christlichen Nächstenliebe, legitimiert sich mit und aus dem *reinen Evangelium*. Der Zusammenhang mit der christlichen Freiheit der Reformatoren kommt darin zum Aus-

33. Vgl. *Hans Rupprich*, Die deutsche Literatur vom späten Mittelalter bis zum Barock, 1. Teil: Das ausgehende Mittelalter, Humanismus und Renaissance 1370 – 1520, München 1970, S. 371.
34. Wie Anm. 29.
35. Wie Anm. 28.
36. Die Belege werden zitiert nach dem vermutlich ältesten Augsburger Druck, nachgedruckt bei *Peter Blickle*, Die Revolution von 1525, München ^{3}1993, S. 323 f.
37. Vgl. dazu die gleichen Argumente von Huldrich Zwingli und den Zürcher Leutpriestern bei *Müller*, Wurzeln (wie Anm. 26), S. 21.
38. Dieses Argument wird schon zuvor einmal in der Phrase verwendet, »darumb erfindt sich mit der geschryfft das wir frey seyen und wöllen sein«.

druck, daß die Laien sie um Gutachten über ihre Artikel, also auch den Leibeigenschaftsartikel, baten. Was heute Richter am Bundesverfassungsgericht zu beurteilen hätten, sollten in den 1520er Jahren die Reformationstheologen entscheiden – nahezu alle prominenten Theologen von Martin Luther in Wittenberg bis Huldrich Zwingli in Zürich werden namentlich aufgeführt.[39]
Freiheit, so läßt sich zusammenfassen, gewinnt in der frühen Reformationsphase eine bislang unbekannte Verbreitung und Prominenz im Reich, und zwar in den zwei semantischen Bedeutungen von *christlicher Freiheit* und *persönlicher Freiheit.* Ihr gemeinsamer Bezugpunkt ist das *reine Evangelium,* aus dem heraus sie entwickelt und folglich als unverzichtbar erklärt werden. Welche Funktion haben die Freiheitsbegriffe?

II. Freiheit als politischer Ordnungsbegriff

Beide Freiheitsbegriffe – so möchte ich als These ihre Gemeinsamkeit festlegen – erfüllen eine Ordnungsfunktion in rechtlich-politischer Hinsicht. Sie konvergieren, um genauer zu sein, in einem gemeinsamen Gesetzes- und Rechtsverständnis, dem eigentümlich ist, daß es die Definitionshoheit über das Recht dem Menschen als Christen und als Bürger zuspricht.
Die *christliche Freiheit* in der von Luther ausformulierten Definition beseitigte das Kirchenrecht und alle mit seiner Durchsetzung befaßten Gerichte. Das protestantische Kirchenrecht[40], bekanntermaßen eine Parodoxie an sich, unterscheidet sich material und formal vom kanonischen Recht insofern, als es Verkündigungsordnung ist und folglich auf den Bekenntnisschriften fußt und damit wieder im *reinen Evangelium* wurzelt. Die gemeinte Definitionshoheit über das Recht drückt sich besonders deutlich in der kirchlichen Gerichtsbarkeit aus, deren Träger, anders als in der katholischen Kirche, nicht Papst und Bischöfe, sondern wie in den reformierten Kirchen die Gemeinden beziehungsweise deren bestellte Repräsentanten wurden, soweit nicht der Landesherr die ehemals episkopalen Rechte übernahm.[41]

39. Es waren offenbar mehrere Listen im Umlauf. Vgl. *Franz,* Quellen Bauernkrieg (wie Anm. 25), S. 149 ff., und *Gottfried Seebaß,* Artikelbrief, Bundesordnung und Verfassungsentwurf. Studien zu drei zentralen Dokumenten des südwestdeutschen Bauernkrieges, Heidelberg 1988, S. 114 f.
40. Vgl. *Erik Wolf,* Artikel Kirchenrecht, in: RGG 3, Sp. 1506 – 1510.
41. *Walther Köhler,* Zürcher Ehegericht und Genfer Konsistorium, 2 Bde., Leipzig 1932/42 [behandelt deutsche Schweiz, Genf, süddeutsche Reichsstädte und Herzogtum Württemberg]. Als neueste, exemplarische Studie für das Funktionieren pfarrgemeindlicher Kirchengerichte in der reformierten Schweiz vgl. *Heinrich Richard Schmidt,* Dorf und Religion. Reformierte Sittenzucht in Berner Landgemeinden der Frühen Neuzeit, Stuttgart-Jena-New York 1995, S. 41 – 58. – Für die Strukturen der Kir-

Die Ordnungsfunktion der *persönlichen Freiheit* zu beschreiben erfordert, nochmals auf Begriff und Inhalt der *Leibeigenschaft* zurückzukommen.[42] Selbstverständlich wurden mit der Freiheit auch Freizügigkeit, Ehefreiheit und Erbrecht der Kinder eingeklagt, die den Untertanen mit Verweis auf ihre Eigenschaft von den Herren und Obrigkeiten oft verweigert wurden. Dieser kränkende Zustand erklärt mühelos, daß in der bäuerlichen Welt immer wieder naturrechtliche Argumente gegen die Eigenschaft zu hören waren[43], die sich mit dem reinen Evan-

chenorganisation *Heinrich R. Schmidt*, Konfessionalisierung im 16. Jahrhundert, München 1992, S. 14 – 21. – Speziell für Kontinuitätsfragen zum kanonischen Recht *Jörn Sieglerschmidt*, Das kanonische Recht und seine Überlieferung in den weltlichen Territorien um 1600, in: *Christine Roll* (Hg.), Recht und Reich im Zeitalter der Reformation. Festschrift für Horst Rabe, Frankfurt a.M. u.a. 1996, S. 333 – 356.

42. Das Wort selbst ist nicht alt und begann erst um 1500 auf breiter Front, soweit ich das Quellenmaterial überblicke, den älteren und verbreiteteren Terminus *Eigenschaft* zu ersetzen. Freilich laufen eine Zeitlang beide Bezeichnungen begrifflich nicht scharf geschieden nebeneinander her. Vgl. *Hannah Rabe*, Das Problem Leibeigenschaft. Eine Untersuchung über die Anfänge einer Ideologisierung und des verfassungsrechtlichen Wandels von Freiheit und Eigentum im deutschen Bauernkrieg, Wiesbaden 1977.

43. Man weiß heute, aus welch verzweigtem Wurzelwerk die Zwölf Artikel entstanden sind. Überall kann man lokale und regionale Traditionen ausmachen, die darauf schließen lassen, daß die Bauern grundsätzlicher über ihren persönlichen Rechtsstand reflektierten.
Die Untertanen des Fürstabts von Kempten stellen fest, daß »von allen rechten vermut vnd geacht wurdet, das ain jede person vnd gut frey vnd vnuerpunden sey« [*Baumann*, Akten (wie Anm. 27), S. 338]. Durch freiwillige Kommendation seien sie Zinser des Klosters geworden, nicht aber dessen Leibeigene. – Eines jeden Menschen Rechtsstatus, so äußerte sich der Führer des Baltringer Haufens, Huldrich Schmid, gegenüber den Gesandten des Schwäbischen Bundes, bestimme »das gottlich recht, das jedem stand ußspricht, was im geburt zu thůn oder ze lassen« [*Ernst Goetzinger* (Hg.), Johannes Kessler Sabbata, 1. Teil, St. Gallen 1866, S. 325]. Der Satz könnte bei Thomas von Aquin geborgt sein oder aus dem Corpus Iuris Civilis entlehnt, wo fast wörtlich gleichlautend zu lesen ist, »iustitia est constans et perpetua voluntas ius suum cuique tribuens« [*Okko Behrends* (Hg.), Corpus Juris Civilis, 1. Bd., Institutionen, Heidelberg 1990, S. 1]. – Wenn die Schussenrieder Bauern sich vehement wehrten, Leibeigene genannt zu werden und darauf bestanden, *freie Gotteshausleute* zu sein [Saarbrücker Arbeitsgruppe, Die spätmittelalterliche Leibeigenschaft in Oberschwaben, in: Zeitschrift für Agrargeschichte und Agarsoziologie 22 (1974), S. 9 – 33, bes. 23], konnten sie eine solche Forderung aus dem Schwabenspiegel bezogen haben, der sie lehrte, Jesu »machot ... nieman aigen« mit seiner Anweisung, man soll dem Kaiser geben, was des Kaisers ist. Die Erörterungen über Statusfragen beginnt der Schwabenspiegel programmatisch mit dem Satz: »[G]ot hat den menschen nach im selben gebiltet des sol im der mensche gnade sagen ...« Der verbreiteten Begründung der Eigenschaft aus dem Alten Testament widerspricht der Schwabenspiegel mit dem Satz, »in der altvn schrifte vin-

gelium katalytisch auf die Forderung nach *persönlicher Freiheit* zuspitzen ließen. Doch mit dieser, bis heute geläufigen und gängigen Umschreibung wäre der Freiheitsbegriff ganz verkürzt verstanden.

Im Entstehungsgebiet der Zwölf Artikel, in Oberschwaben, wurde es um 1500 Mode, bei der Übergabe von Höfen an Bauern nicht nur, wie üblich, im Lehensbrief die ordentliche Bewirtschaftung des Gutes zu verlangen und die schuldigen Abgaben zu verzeichnen, sondern ein Treueversprechen für den Lehensherrn zu inserieren und das mit einer scharfen Gehorsamsverpflichtung zu überhöhen. Dem Herrn und seinen »nachkomen gerichtbar, botmeßig, dinstber und verpflicht [zu] sein« und »dehain andern schirm noch herren dann uns oder unser nachkomen nit annemen noch süchen«, mußten jetzt die Lehensbauern urkundlich versprechen, und zwar mit der Begründung, das als »gehorsam hindersäßen und aigen lütt irem herren von pilichait schuldig [zu] sein«.[44] Die Leibeigenschaft verlangt Unterwerfung unter die Gebote des Herrn, sie ist der Rechtsgrund, sich der herrschaftlichen Gesetzgebung widerspruchslos zu beugen.

Der hier namhaft gemachte Sachverhalt gewinnt an Plausiblität durch die Verbreitung, mit der die obrigkeitliche Gesetzgebung über die Leibeigenschaft legitimiert wird. Die Markgrafen von Baden inserieren der Landesordnung von 1495 unter dem Titel »Globen und Schweren [der P.B.] leibaigen Leute« einen Huldigungseid, der verlangt, »unseren Geboten und Verboten gehorsam zu sind«. Nur Leibeigene werden uneingeschränkt der markgräflichen Gebots- und Verbotsgewalt unterworfen, während andere Einwohner lediglich den älteren, herkömmlichen Eid leisten, »unsern Nutz und Frommen [zu] fürdern [und] unsern Schaden [zu] warnen«.[45] In Württemberg werden 1495 die »leibaigen leuth«

den wir niht das ieman dez andern aigen sie ... Do man ze erst reht saste do waren die lv̓te alle vri. ...« In Wahrheit könnten nur Schutz und Schirm Dienstverhältnisse im Sinne von *Eigenschaft* stiften. »Wir sv̓ln den herren dar vmbe dienen das si v̓ns beschirment. vnd als sie die lv̓te niht beschirmend. so en ist man in ŏch dienstes niht gebunden ...« [*Eckhardt*, Schwabenspiegel (wie Anm. 32), S. 523 ff. Nr. 314]. Vom Schwabenspiegel sind 350 Handschriften überliefert, die meisten aus dem 15. Jahrhundert datierend [Vgl. *K. Nehlsen-von Stryk*, Artikel Schwabenspiegel, in: Lexikon des Mittelalters, 7. Bd., München 1995, Sp. 1603 ff.].

44. Standard-Formular für die Klosterherrschaft Ochsenhausen. Druck *Peter Blickle – André Holenstein* (Hgg.), Agrarverfassungsverträge. Eine Dokumentation zum Wandel in den Beziehungen zwischen Herrschaften und Bauern am Ende des Mittelalters, Stuttgart 1996, S. 70. Vgl. ähnlich auch für Kempten (ebd., S. 110 f.) und für Lehensträger von Stadt und Spital Memmingen (Stiftungsarchiv Memmingen 58/3 und 58/4). Zur Einordnung auch *P. Blickle*, Revolution (wie Anm. 36), S. 40 – 50.
45. Die Landesordnung abgedruckt bei *Gustaf Klemens Schmelzeisen* (Hg.), Polizei- und Landesordnungen, Weimar 1968, S. 141 f. [Der Text verwendet in einer Reihung mit Burgern und Hintersassen auch »Leibangehörige«, die von »leibaigen Leuten« offenbar geschieden werden. Die Differenz läßt sich ohne weitere Forschungen nicht aufklären.]

eidlich verpflichtet, »sich vsser vnser Oberkait oder gebott nit [zu] ennpfrembden«, widrigenfalls wird ihr liegendes und fahrendes Vermögen eingezogen.[46] Im Erbhuldigungseid von 1515 wird die Leibeigenschaft mit dem Satz markiert, Leibeigene und deren Frauen und Kinder dürften das Land nicht verlassen und hätten als Untertanen »seiner gnaden, dero reten vnd verordneten amptleuten gebotten vnnd verbotten von seiner gnaden wegen gehorsam und gewartig zu sind«.[47] Diese Formel geht ohne nennenswerte Modifikationen auch in die Dritte Landesordnung von 1521 ein.[48] In verschiedenen Zenten (Ämtern) von Kurpfalz ist die Eidformel üblich, »ihrer churfurstl. gnaden ... solcher leibaigenschaft halben dero selben und der chur erben, getreu, gehorsam und gewertig zu sein«.[49]
Wieweit die Leibeigenschaft räumlich auf diese Weise instrumentalisiert wurde, kann ich ohne Archivstudien nicht sagen. In der Literatur wird der Mechanismus Leibeigenschaft – Gesetzesunterworfenheit nicht thematisiert[50], weil er bislang nicht aufgedeckt worden ist. Folglich wären zum jetzigen Zeitpunkt alle Grenzziehungen vergleichsweise spekulativ. Immerhin zeigen eher zufällige Quellenfunde eine merkliche Ausdehnung. Die Untertanen der Stadt Solothurn hat-

46. *A. L. Reyscher* (Hg.), Vollständige, historisch und kritisch bearbeitete Sammlung der württembergischen Gesetze, 12. Bd., Tübingen 1841, S. 9 f. [Erste Landesordnung 1495]. – Zur Ausbildung einer territorial bezogenen Leibeigenschaft in der Grafschaft Württemberg vgl. *Hans-Martin Maurer*, Masseneide gegen Abwanderung im 14. Jahrhundert, in: Zeitschrift für württembergische Landesgeschichte 39 (1980), S. 30 – 99.
47. *A. L. Reyscher*, Sammlung der württembergischen Gesetze (wie Anm. 46), S. 26 [Zweite Landesordnung 1515].
48. Ebd., S. 56. Bemerkenswerterweise wird die Formel später wieder auf *Nutzen mehren und Schaden warnen* zurückgenommen. So nach der Landesordnung von 1621. Druck bei *Schmelzeisen*, Polizei- und Landesordnungen (wie Anm. 45), S. 432 f.
49. Kellereiweistum Eberbach (zu 1599, aber vermutlich erheblich älter). Druck bei *Karl Kollnig* (Hg.), Die Weistümer der Zenten Eberbach und Mosbach, Stuttgart 1985, S. 43. Ähnliche Belege ebd., S. 146 [Kellerei Lohrbach zum Jahr 1602], 153 [Kellerei Neckarelz zum Jahr 1576]. Für freundliche Hinweise und kollegiale Hilfe danke ich Herrn *Meinrad Schaab*.
50. Vgl. den kompakten Überblick bei *Hans-Werner Goetz*, Artikel Leibeigenschaft, in: Lexikon des Mittelalters, 5. Bd., München 1991, Sp. 1845 – 1848. In meinen früheren regionalen Fallstudien habe ich lediglich den Zusammenhang zwischen Leibeigenschaft und Gerichtsbarkeit wahrgenommen, nicht jedoch den zwischen Leibeigenschaft und Gesetzgebung. Vgl. *Peter Blickle*, Leibherrschaft als Instrument der Territorialpolitik im Allgäu. Grundlagen der Landeshoheit der Klöster Kempten und Ottobeuren, in: *Heinz Haushofer – Willi A. Boelcke* (Hgg.), Wege und Forschungen der Agrargeschichte. Festschrift zum 65. Geburtstag von Günther Franz, Frankfurt a.M. 1967, S. 51 – 66. Vgl. auch *Claudia Ulbrich*, Leibherrschaft am Oberrhein, Göttingen 1979, besonders S. 286 – 290.

ten »von libeygenschafft wågen« den städtischen »gebotten gehorsam« zu sein[51], wie die »gebundene underthanen«, ein begriffliches Surrogat für Leibeigene, im Herzogtum Preußen »was ihnen der verordnung und billigkeit nach befohlen wirdt ohne widderrede zu thun und zu leisten schuldig sind«.[52] Soweit die Obrigkeiten im Reich um 1500 an der Leibeigenschaft entschieden festhielten, so wird man zumindest vermuten dürfen, taten sie es auch deswegen, weil sie zur Stabilisierung eines umfassenderen legislatorischen Anspruchs dienen konnte. Der *Leibeigenschaftsgürtel* reicht, soweit man heute weiß, von Bayern über Schwaben, Württemberg, die Pfalz, Hessen, Trier bis nach Westfalen.[53]

51. Zitiert aus einem Buch der Solothurner Eide, gefertigt um 1500. Unter dem Begriff »Lybeigenheitt« wird den Bewohnern der Solothurner Landschaft folgender Eid abverlangt: »Du wirst schweren zů Gott und den helgenn, der statt von Soloturn unnd der herschafft nutz unnd ere zůfürderen, ir schaden zů warnen und zůwenden nach allem dinem vermogen, ir gebottenn gehorsam zů sind unnd ire sturen, so sie uff uich liggen, alle jar iren weyblen ußrechte unnd ze bezalen, unnd keinen andern schirm sůchen, noch an dich nemmen, und alles das zetůn, das ein libeygenner von libeygenschafft wågen sinen naturlichen herren schuldig unnd pflichtig ist«. *Charles Studer* (Hg.), Rechtsquellen des Kantons Solothurn, 2. Bd.: Mandate, Verordnungen, Satzungen des Standes Solothurn von 1435 bis 1604, Aarau 1987, S. 108.
52. Der Beleg stammt erst von 1642. Es liegt eine Anweisung an den Amtmann vor, die Bauern zur Landeshuldigung nicht aufzubieten, weil sie »gebundene unterthanen« seien, »die keine Freyheit zu votiren oder zu stimmen haben, sondern was ihnen der verordnung und billigkeit nach befohlen wirdt ohne widerrede zu thun und zu leisten schuldig seind«. Die Abgrenzung erfolgt gegenüber den sonst unter den Huldigungspflichtigen genannten Herren, Rittern, Städten, Freien, Schulzen und Krügern. Nach dem Zitat bei *André Holenstein*, Die Symbolik des Rechts in Herrschaftsbeziehungen. Untertanenhuldigungen in Gutsherrschaften, in: *Jan Peters* (Hg.), Gutsherrschaft als soziales Modell, München 1995, S. 81 – 100, Zitat S. 84. – *Holenstein* hat (ebd., S. 87) auch unter vier definitorischen Merkmalen der Huldigung in Gutsherrschaftsgebieten (neben pünktlicher Leistung der Abgaben, Fluchtverbot und Verzicht auf Widerstand) die »ausdrückliche Gehorsamspflicht der Untertanen auf die Befehle der Amtleute« ausgemacht. – In den Zusammenhang von Gutsherrschaft gehören auch späte Belege aus dem 18. Jahrhundert aus Schleswig-Holstein. Verwiesen sei vorgreifend auf Untersuchungen, die *Jan Klußmann* demnächst veröffentlichen wird.
53. *Karl-Heinz Spieß*, Zur Landflucht im Mittelalter, in: *Hans Patze* (Hg.), Die Grundherrschaft im späten Mittelalter I, Sigmaringen 1983, S. 157 – 240, hier 190 f., und *Theodor Knapp*, Über Leibeigenschaft in Deutschland seit dem Ausgang des Mittelalters, in: *Ders.*, Gesammelte Beiträge zur Rechts- und Wirtschaftsgeschichte vornehmlich des deutschen Bauernstandes, Tübingen 1902 [Neudruck Aalen 1964], S. 346 – 388. – Eine Fallstudie für die komplizierten Verhältnisse in der Pfalz liefert *Kurt Andermann*, Leibeigenschaft im pfälzischen Oberrheingebiet während des späten Mittelalters und der frühen Neuzeit, in: ZHF 17 (1990), S. 281 – 303 [für die Huldigung bes. 299 f.]. In der Kurpfalz wurzelt die Huldigung offenbar in

Leibeigenschaft, das ist die übereinstimmende Aussage aller zitierten Belege, ist der Rechtsgrund für die Gebots- und Verbotshoheit des Herrn, also dessen Gesetzgebungsrecht. Über den Huldigungseid wird diesem Recht Verfassungsrang im Territorium eingeräumt, weil Eide die bestehende Ordnung als legitim bestätigen.[54] Theoretisch besteht, wo kein Eid geleistet ist, kein Herrschaftsverhältnis, vielmehr herrscht ohne Eid Anarchie.[55] Auf dem (verfassungsrechtlich so über den Eid gesicherten) Gesetz entwickelt sich der frühmoderne Staat. Das Gesetz, das zunächst etwas Konkretes bewirken oder verhindern soll, jedenfalls immer und ausschließlich utilitaristisch und zweckrational ausgestaltet ist – Eigenschaften, die dem Recht abgehen –, ist der Motor des frühmodernen Staates. Es handelt sich um ein Verständnis von Gesetz, dem die Verwaltung verschwistert ist. Die Zeitgenossen haben dafür als Integrationsbegriff das Wort *gute Policey* entwickelt. Im Unterschied zum Reich, das seine Legitimität immer aus Friedewahrung und Rechtsicherung zog, gewann der Territorialstaat die seine aus dem Gesetz.[56]

Wenn *Gesetze* nur *Leibeigenen* gegenüber erlassen werden konnten, dann muß *Freiheit* als Forderung bedeuten, diesen Mechanismus zu durchbrechen. In der Tat läßt sich diese Vermutung empirisch erhärten. Die ausschließlich aus der

der Leibeigenschaft. Vgl. *Meinrad Schaab*, Geschichte der Kurpfalz, 1.Bd.: Mittelalter, Stuttgart-Berlin-Köln-Mainz 1988, S. 204 f. – Allerdings gibt es Ausnahmen. So beruht im Rheingau (Kurmainz) das Gesetzgebungsrecht des Erzbischofs auf einem allgemeinen *Untertanenstatus* der Einwohner, der es gleichwohl verbietet, daß fremde Leibeigene zuziehen. Druck der einschlägigen Landesordnung bei *Wolf-Heino Struck*, Der Bauernkrieg am Mittelrhein und in Hessen. Darstellung und Quellen, Wiesbaden 1975, S. 266 – 275. – Eine hilfreiche erste Übersicht, um die gemeinten Zusammenhänge über Landesordnungen zu erschließen, liefert jetzt *Karl Härter* (Hg.), Repertorium der Policeyordnungen der Frühen Neuzeit, 1. Bd.: Deutsches Reich und geistliche Kurfürstentümer (Kurmainz, Kurköln, Kurtrier), Frankfurt a. M. 1996. [Die Leibeigenschaftsbelege sind besonders zahlreich für Kurmainz, allerdings vornehmlich erst ab dem 17. Jahrhundert; so nach den Registern.]

54. Vgl. grundlegend *André Holenstein*. Die Huldigung der Untertanen. Rechtskultur und Herrschaftsordnung (800 – 1800), Stuttgart-New York 1991, besonders S. 226 – 230.
55. *Peter Blickle*, Landschaften im Alten Reich. Die staatliche Funktion des gemeinen Mannes, München 1973, besonders S. 334 f.
56. *Hans Maier*, Die ältere deutsche Staats- und Verwaltungslehre, München ^{2}1980, S. 291. – Eine Würdigung dieser Pionierarbeit bei Peter Blickle, Gute Polizei oder Sozialdisziplinierung, in: *Theo Stammen – Heinrich Oberreuter – Paul Mikat* (Hgg.), Politik – Bildung – Religion. Hans Maier zum 65. Geburtstag, Paderborn-München-Wien-Zürich 1996, S. 97 – 107. Einen Überblick der möglichen Generalisierbarkeit für Europa jetzt bei *Michael Stolleis* (Hg.), Policey im Europa der Frühen Neuzeit, Frankfurt a.M. 1996.

Bauernschaft kommenden Richter[57] des Gerichts der Klosterherrschaft Ochsenhausen in Oberschwaben klagten, Abt und Konvent würden ihre Satzungen im Gericht hinterlegen und sie mit Verweis auf ihren Amtseid zwingen, sie durch Urteilssprüche rechtskräftig zu machen. Die Satzungen zu befolgen, hatten die Bauern als Leibeigene nach dem zitierten Lehensbrief bereits mit Brief und Siegel bekräftigt. Sie wüßten aber nicht, gaben die Richter zu bedenken und meldeten damit ihren Widerspruch an, ob solche Satzungen »gründt im rechte sy oder nit«. Sie könnten aber nur rechtskonforme Satzungen zur Anwendung bringen, und was rechtskonform sei, entscheide entweder ihr Gewissen, dem zu folgen sie sich mit dem Richtereid verpflichtet hätten[58], oder der Konsens »von der gemein zů Ochsenhusen oder merertail der selbigen«.[59] In unklaren, für die Richter schwer entscheidbaren Rechtsfällen gingen sie zu den Ratsherren nach Ulm, um sich ein Urteil zu holen, was ihnen vom Abt verboten wurde mit der Auflage, letztinstanzlich entscheide ab jetzt er in seinem Hof.[60]

Die Gegenprobe bestätigt, daß Freiheit die Menschen zur Ausgestaltung des Rechts legitimiert. Im Landrecht von Schwyz, aufgezeichnet um 1500, steht unter der Überschrift »Der allt klein Eynung«, der Landamann und »ouch wier die Lanndtlütte gemeinlich des selben Lanndtz zu Schwytz« seien »einhellenklich Vnnd mitt gemeinen Ratt« hinsichtlich der Bestrafung von Friedbruch übereingekom-

57. Den Begriff übernehme ich aus der Quelle. In Wirklichkeit handelt es sich um Urteiler.
58. *Blickle – Holenstein*, Agrarverfassungsverträge (wie Anm. 44), S. 75 und 81 [Die Gegenposition des Klosters ebd., S. 78].
59. Ebd., S. 91 [Position der Bauern, ausgedrückt in der Terminologie des von ihnen bestellten Rechtsbeistandes, eines Tübinger Professors].
60. Diese Verfahren sind weiter verbreitet, meines Wissens aber systematisch noch nicht aufgearbeitet. Die Gemeinde Obergünzburg klagt, daß der Fürstabt von Kempten ihrem Gericht verbiete, Urteile in der Reichsstadt Kempten zu holen. *Blickle – Holenstein*, Agrarverfassungsverträge (wie Anm. 44), S. 142. Die hessische Gemeinde Menzingen beschwerte sich 1524 bei ihrem Oberlehensherrn, Landgraf Philipp, ihr Ortsherr habe »etliche eynung« bezüglich des Waldes, die »durch unsere voreltern als richter zum dorf Menzingen« gemacht und »alle offen gerichtstag von denselben unsern ältern usgerufen ... worden« seien, ihnen »entwert und [sie, P.B.] davon gedrungen«. *Einungen*, so belehrt dieser Beleg, macht die Gemeinde, und zwar im Rahmen gerichtlicher Versammlungen. Genau besehen werden also gemeindliche Setzungen im Rahmen gerichtlicher Verfahren beraten und beschlossen. Das, so klagen die Menzinger weiter, hätte ihnen ihr Herr verboten und ihnen gleichzeitig befohlen, wie es altem Herkommen entsprach, schwer entscheidbare »sachen gen Bretten an unsern oberhoffe nit mer zu weysen«. Satzungen, so darf man vielleicht die Episode aus Menzingen deuten, sollen aus dem Gericht heraus erwachsen und sich damit durch einen breiten Konsens ausweisen. Druck *Günther Franz* (Hg.), Der deutsche Bauernkrieg. Aktenband, Darmstadt ²1968, S. 134 – 140, Nr. 22 a.

men. »Vnnd soll dißer Eynung ... weren, vnntz das In der merteyll der Landlütten ... ablatt«.[61]

Einung (um noch schnell einen Blick in die Städte zu werfen) heißt in Luzern, das längst keine Eigenleute mehr in seinen Mauern beherbergte, die von allen Bürgern beschworene und damit aktiv konsentierte, vielleicht auch beratene Satzung.[62] Einungen und Statuten erlassen in der Reichsstadt Leutkirch »die burger gemainlich«, »der rat und die gemaind«, »der rat und die zwaintzig« und »der burgermaister, der rat und die zwaintzig und die gemaind«.[63]

Recht wurde, um summarisch zu argumentieren, um 1500 im Reich im gerichtlichen Verfahren positiviert als Weisung oder Öffnung durch die Gerichtsgemeinde oder ihre Repräsentanten, die Richter oder Urteiler.[64] Das Geschäft der Obrigkeit war nicht die Auslegung des Rechts, sondern der Schutz des Rechts, wie die mittelalterliche Verfassungsfigur von *Schutz und Schirm* belegt[65], die homolog und latinisierend auch *Vogtei* genannt wurde. *Gesetze*, verstanden als utilitaristische Maßnahmen zur Erreichung bestimmter Zwecke, waren vergleichsweise neu. Wer über sie die Definitionshoheit erlangte, entschied über den Charakter des modernen Staates, der sich wesentlich aus der Gesetzgebung entwickelt hat.[66]

61. *Martin Kothing* (Hg.), Das Landbuch von Schwyz in amtlich beglaubigtem Text, Zürich-Frauenfeld 1850, S. 11 f. [Einung wird oft und auch hier in der doppelten Bedeutung von gemeindlicher Satzung einerseits und Strafen, die bei Übertretung der Satzung zu entrichten sind, andererseits verwendet.] Für den interpretatorischen Zusammenhang vgl. *Peter Blickle*, Das Gesetz der Eidgenossen. Überlegungen zur Entstehung der Schweiz 1200 – 1400, in: HZ 255 (1992), S. 561 – 586.
62. Belege bei *Peter Xaver Weber* (Hg.), Luzerns ältetes Ratsbüchlein, in: Der Geschichtsfreund. Mitteilungen des Historischen Vereins der Fünf Orte Luzern, Uri, Schwyz, Unterwalden ob und nid dem Wald und Zug 65 (1910), 2, 13, 75, 191, 243, 260 [Auswahl].
63. *Karl Otto Müller* (Hg.), Oberschwäbische Stadtrechte, 1. Bd.: Die älteren Stadtrechte von Leutkirch und Isny, Stuttgart 1914, Nrr. 1, 35, 57, 61, 68, 82, 87, 97, 104, 107, 115, 131, 174, 180, 211, 219 [Auswahl].
64. Für die Problematik illuminierend *Jürgen Weitzel*, Dinggenossenschaft und Recht. Untersuchungen zum Rechtsverständnis im fränkisch-deutschen Mittelalter, Köln-Wien 1985. – Für die Zeit um 1500 wegweisend (allerdings ohne Bezug auf den personenrechtlichen Status der dem Gesetz Unterworfenen) *Karl Heinz Burmeister*, Genossenschaftliche Rechtsfindung und herrschaftliche Rechtssetzung. Auf dem Weg zum Territorialstaat, in: Revolte und Revolution in Europa, München 1975, S. 171 – 185.
65. *Otto Brunner*, Land und Herrschaft. Grundfragen der territorialen Verfassungsgeschichte Österreichs im Mittelalter, Darmstadt ^{6}1970, besonders S. 263 – 269. – Kritisch und innovatorisch, nach meiner Einschätzung allerdings *Brunner* noch nicht zwingend widerlegend, Gadi Algazi, »Sie würden hinten nach so gail«. Vom sozialen Gebrauch der Fehde im 15. Jahrhundert, in: *Thomas Lindenberger – Alf Lüdtke* (Hgg.), Physische Gewalt. Studien zur Geschichte der Neuzeit, Frankfurt a.M. 1995, S. 39 – 77.
66. *Wilhelm Ebel*, Geschichte der Gesetzgebung in Deutschland, Göttingen 1988 [um

Dem *gemeinen Mann* ging es in den 1520er Jahren darum, seinen Anteil an der Definition des Gesetzes zu wahren, nicht aber Obrigkeit ihrer vogteilichen Funktion zu berauben. »Nit dz wir gar frey woͤllen seyn, kain oberkait haben wellen, Lernet vnß Gott nit«, sagt der dritte der Zwölf Artikel und entschlüsselt damit die Freiheitsforderung in ihrem wahren Kern. »Gegen vnser erwelten vnd gesetzten oberkayt (so vns von Got gesetzt) [wollen wir, P.B.] jn allen zimlichen vn(-) Christlichen sachen geren gehorsam sein«, wird weiter versichert.[67] Die Einschätzung Luthers, die Bauern nähmen der Obrigkeit »yhre gewallt«[68], war richtig dann, wenn man *Gewalt* mit fürstlicher Gesetzgebungskompetenz als Ausdruck ordnungsstiftender Tätigkeit gleichsetzte. So aber definierte Luther die Obrigkeit[69], woraus folgt, daß er die Konsequenzen der Freiheitsforderung scharf erkannt hat.

III. Die republikanische Freiheit des reinen Evangeliums

Die Laien konzeptualisieren in der frühen Phase der Reformation einen emphatischen Begriff von Freiheit. Freiheit kommt dem Menschen zu, erstens durch den Erlösertod Christi, zweitens durch den Akt der göttlichen Schöpfung als natürliche Rechtsordnung und drittens aufgrund der Nächstenliebe unter Christen. Diese Freiheit entfaltet sich voluntaristisch im Gesetz, und weil das Gesetz den Staat ausmacht, materialisiert sich die Freiheit in politischer Ordnung.
Wie läßt sich dieser Freiheitsbegriff einordnen? Mit Sicherheit ist es nicht der angelsächsisch-amerikanische, der Freiheit und Staat nur über das *Eigentum* vermitteln kann.[70] Die Freiheit, so heißt die Botschaft von John Locke, drückt sich

Nachträge erweiterter Nachdruck der 2. Auflage 1958]. Auch *Ebel* unterscheidet (ganz in Übereinstimmung mit dem hier untersuchten Quellenmaterial) 1. Gesetz als herrschaftliches Gebot, das seinen Ursprung im Willen der Obrigkeit hat, 2. Weisung und Rechtsbesserung und 3. Satzung durch Einung. *Ebel* weist auch nachdrücklich auf die Zeit um 1500 als Ansatzpunkt für die Ausbildung der Gesetzgebung hin.

67. *P. Blickle*, Revolution (wie Anm. 36), S. 323 f.
68. WA 18, 305, 30 – 306, 27 [mit Kontext].
69. Luther leitet Herrschaft in ihrer Letztbegründung aus Sündenfall und göttlicher Schöpfungsordnung her, macht damit den Vater und das von ihm regierte Haus zum Urbild von Obrigkeit. Die wichtigsten Belege entwickelt im Großen Katechismus. WA 30/I, 152f. Ergänzend auch WA 26, 504f. – Vgl. *Reinhard Schwarz*, Luthers Lehre von den drei Ständen und die drei Dimensionen der Ethik, in: LuJ 45 (1978), S. 15 – 34.
70. Freiheit drückt sich aus als des Menschen »Eigentum an seiner Person«. »Die Arbeit seines Körpers und das Werk seiner Hände sind, so können wir sagen, im eigentlichen Sinn sein Eigentum«. *John Locke*, Zwei Abhandlungen über die Regierung, hg. und eingleitet von *Walter Euchner*, Frankfurt [4]1989, S. 216 f. Dieser Eigentumsbe-

in Arbeit aus, Arbeit materialisiert sich in Eigentum, und um Eigentum zu gewährleisten wird der Staat geschaffen.

Der personale Freiheitsbegriff der Reformation weist eine frappierende Nähe zum römischen *libertas*-Begriff auf. Während der römischen Republik bezeichnet libertas zunächst die Verfügungsgewalt über die eigene Person (*personale Freiheit*), was Sklaverei gedanklich und real voraussetzt. Libertas verbietet aber auch, und damit wird der Begriff politisch, die Einherrschaft des rex, tyrannus und dominus, vielmehr äußert sie sich im politischen Willen des Bürgers, und damit sie das kann, werden Institutionen und Kontrollmechanismen ausgebaut, die das gewährleisten. Den engen Zusammenhang von Freiheit und Gesetz bringt der Satz zum Ausdruck »libertas in legibus constitit«.[71]

Eine ähnliche Verknüpfung von Freiheit und Gesetz hat auch Jean-Jacques Rousseau in seinem *Contrat social* vorgenommen. Die Freiheit drückt sich im Zustand der Vergesellschaftung in Gesetzen aus. Das Kardinalproblem ist für Rousseau, die Gesetze so auszugestalten, daß sie gleichermaßen die Freiheit sicherstellen und dem Zweck des Gesetzes, nämlich der Nützlichkeit und dem Gemeinwohl (*bien commun*), entsprechen. Rousseau hat dazu die *volonté générale* (Gemeinwille) erfunden, die von den Interessen der Individuen (*volonté particulière*) immer nur jene Teile zur Geltung kommen läßt, die gesellschaftlich verallgemeinerungsfähig sind. Das Verfahren, aus der Summe aller Einzelinteressen (*volonté de tous*) die volonté générale herauszufiltern, sind periodisch stattfindende Versammlungen mit Diskussionen und Abstimmungsverfahren, durch die aus einer Agglomeration von Menschen erst ein moralischer Körper (*corps moral*) wird. Was schließlich in Gesetzen festgelegt ist, hat die Regierung nur zu vollziehen, und so ist »jede rechtmäßige Regierung ... republikanisch«.[72]

Der Freiheitsbegriff der Laien in Deutschland erweist sich so, eingebettet in europäische Bezüge, als republikanisch, genauer als *kontinentalrepublikanisch*. Politisch ausgestalten konnte sich dieser republikanische Freiheitsbegriff nicht unmittelbar, was er vielleicht gekonnt hätte, wäre es zu einer Konvergenz von

griff muß mitreflektiert werden, wenn *Locke* »the liberty of Man in Society« als eine solche definiert, »unter keiner anderen gesetzgebenden Gewalt [*legislative Power*] zu stehen, als der, die durch Übereinkunft [*by consent*] in dem Gemeinweisen [*Common-wealth*] eingesetzt worden ist, noch unter der Herrschaft eines Willens oder der Beschränkung eines Gesetzes zu stehen als lediglich derjenigen, die von der Legislative auf Grund des in sie gesetzten Vertrauens beschlossen werden«. Ebd., S. 213 f. Die englischen Belege nach *John Locke*, Two Treatises of Government. A critical edition with an introduction and apparatus criticus by *Peter Laslett*, Cambridge 1964, S. 301.

71. Vgl. *Jochen Bleicken*, Artikel Freiheit, in: *Brunner – Conze – Koselleck*, Geschichtliche Grundbegriffe (wie Anm. 12), 2. Bd., Stuttgart 1975, S. 430 – 435.
72. Die einschlägigen Belege bei *Jean-Jacques Rousseau*, Du contrat social. Écrits politiques (Oeuvres complètes, tome III), Paris 1964, I/6, II/3, II/6, II/11.

christlicher Freiheit und *politischer Freiheit* gekommen. Insofern bleibt die Freiheit eingeschlossen in die Verfassungsstrukturen des Reiches wie die reformatorische Bewegung selbst auch. Verfassung stifte in Deutschland (anders als in Teilen Westeuropas) politisch mehr *sense of community* als Religion, gehört zu den bedenkenswerten Thesen, mit denen THOMAS A. BRADY seine Trilogie über die Reformation im Reich jüngst beschlossen hat.[73] Auch in Deutschland ist in den folgenden Jahrhunderten eine Annäherung an die persönliche Freiheit schrittweise erfolgt, sie allerdings stellt sich dar als Verwirklichung von Freizügigkeit, Ehefreiheit und Erbrecht der Kinder.[74]

73. *Brady*, Protestant Politics (wie Anm. 1), S. 377. Weniger explizit in der deutschen, gekürzten Ausgabe: Zwischen Gott und Mammon. Protestantische Politik und deutsche Reformation, Berlin 1996, S. 292 – 295.
74. *R. Blickle*, Leibeigenschaft (wie Anm. 17). – *Dies.*, Scharwerk in Bayern. Fronarbeit und Untertänigkeit in der Frühen Neuzeit, in: Geschichte und Gesellschaft 17 (1991), S. 407 – 433. – *Peter Blickle*, Von der Leibeigenschaft in die Freiheit. Ein Beitrag zu den realhistorischen Grundlagen der Freiheits- und Menschenrechte in Mitteleuropa, in: *Günter Birtsch* (Hg.), Grund- und Freiheitsrechte im Wandel von Gesellschaft und Geschichte, Göttingen 1981, S. 25 – 40.

Georg Schmidt

Luther und die frühe Reformation – ein nationales Ereignis?

»Von ganz Deutschland wäre Luther nicht bloß begünstigt, sondern geradezu angebetet worden, hätte er sich auf seine ersten Aufstellungen beschränkt und nicht in offenbare Irrtümer bezüglich des Glaubens verwickelt.«[1] Mit diesen Worten trennte Herzog Wilhelm IV. von Bayern scharf zwischen dem Luther, der die Vorstellungen von einer deutschen Nationalkirche beflügelt, und dem Luther, der Papst und Konzilien des Irrtums bezichtigt und sich auf den Ketzer Hus berufen hatte. Gemein machen mit dem Häretiker wollte sich der Bayernherzog nicht, doch er versuchte, dem venetianischen Gesandten Contarini zu erklären, warum ein von der Kirche verdammter Ketzer so populär geworden war. Als Luther mit freiem Geleit und enormem Aufsehen zum Wormser Reichstag zog, galt der Jubel zwar auch dem Seelsorger und Theologen, in erster Linie jedoch dem Wortführer einer stände- und regionenübergreifenden Bewegung, die der politische Widerstand gegen Rom und große Teile des Klerus einte.

Der frühe Luther wurde – wie zu zeigen sein wird – in einem »deutschen« Kontext rezipiert. Begriffe wie ›Deutschland‹, ›deutsche Nation‹ oder ›deutsche Lande‹ finden sich nicht nur bei ihm, sondern in den zeitgenössischen Quellen in großer Zahl: Sie weisen auf gewisse Vorstellungen »deutscher Eigenart im Unterschied zu anderen Nationen«[2] und auf die Bereitschaft, bestimmte Entwicklungen in einem als national gedachten Zusammenhang zu deuten. Das Wortfeld ›deutsch‹ transportierte zwar viele Bedürfnisse, doch daß es zur Unterscheidung von Anderem und Fremden diente und ein über ›Kaiser und Reich‹, Sprache, Herkunft und Erinnerung vermitteltes übergreifendes Zugehörigkeitsgefühl ausdrückte, läßt sich kaum bestreiten. Die »deutsche Nation« ist keine Erfindung der Sattelzeit um 1800. Die bis dahin offene Kategorie, die in der frühen Neuzeit stets auch regionale und ethnische Vielfalt einschloß, wurde nun lediglich mit neuen Hoffnungen auf staats-

1. Herzog Wilhelm IV. von Bayern an Contarini, Augsburg, 1521, Apr. 9. Zit. n. *Johannes Janssen*, Geschichte des deutschen Volkes seit dem Ausgang des Mittelalters, Freiburg, Br. 19/20 1915, Bd. 2, S. 333, Anm. 1.
2. *Werner Conze*, »Deutschland« und »deutsche Nation« als historische Begriffe, in: *Otto Büsch, James J. Sheehan* (Hgg.), Die Rolle der Nation in der deutschen Geschichte und Gegenwart, Berlin 1985, S. 21-38, Zitat S. 27.

bürgerliche Gleichheit und umfassende Partizipationsrechte aufgeladen, vor allem aber in Richtung auf einen mächtigen Nationalstaat verfestigt. Die Gemeinsamkeit ›deutsch‹ prägte jedoch schon lange vorher stände- und regionenübergreifend Zugehörigkeitsempfindungen und Teilhabewünsche der Menschen – wenn auch nicht ausschließlich und mit ungenauen Vorstellungen darüber, welches gemeinsame Substrat diesem Begriff zugrunde lag.

Das Themenfeld »Luther und die deutsche Nation« ist in der Historiographie der zweiten Hälfte des 20. Jahrhunderts etwas in den Hintergrund getreten.[3] Zum einen schienen nationale Fragestellungen in Deutschland angesichts des Holocausts und der Katastrophe, die die Nazis über Europa gebracht hatten, obsolet, zum anderen richtete sich das Forschungsinteresse stärker auf sozialgeschichtliche Probleme. Hinzu kam, daß die protestantisch-preußisch-kleindeutsche Geschichtsschreibung gerade Luther in kühnen teleologischen Konstruktionen zum Vorläufer und Vorkämpfer Bismarcks bzw. eines evangelischen deutschen Reiches gemacht hatte.[4] Erinnert sei an Treitschke, der 1883 das neue Kaiserreich als Folge der Reformation in Preußen sah: »Aus diesem der alten Kirche geraubten Lande ... ist in unvergeßlichen Kämpfen die streitbare Großmacht unserer neuen Geschichte hervorgegangen und endlich, als die Zeiten sich erfüllten, der neue Staat der Deutschen ...«[5] Nach Friedrich von Bezold hat die Reformation »spät, aber überreich ... in ihrem Vaterland Früchte gebracht ... Ohne Luther hätten wir keinen Kant und Goethe, ohne die protestantische und antikaiserliche Herkunft des preußischen Staates nicht unser neues Deutsches Reich.«[6] Max Lenz sah nach dem Ersten Weltkrieg die Einheit der Epoche von Luther zu Bismarck. »Was der Reformator begonnen, hatte Preußens Staatsmann ausgeführt: auf den Fundamenten, welche jener in den Boden der Nation gesenkt hatte, ruhte das Haus, in dem, so schien es uns, der Genius unseres Volkes fortan sicher wohnen sollte.«[7] Gerhard Ritter machte Luther 1925 zum »ewige(n)

3. Dagegen *Heinz Thomas*, Die Deutsche Nation und Martin Luther, in: Historisches Jahrbuch 105, 1985, S. 426-467; *A. G. Dickens*, The German Nation and Martin Luther, London 1974; *Joseph Lortz*, Die Reformation in Deutschland, Freiburg Br. [6]1982, S. 237-251. Vgl. auch die neueren zusammenfassenden Darstellungen: *Peter Blickle*, Die Reformation im Reich, Stuttgart [2]1992; *Bernd Moeller*, Deutschland im Zeitalter der Reformation, Göttingen [3]1988; *Horst Rabe*, Reich und Glaubensspaltung. Deutschland 1500-1600, München 1989; *Luise Schorn-Schütte*, Die Reformation, München 1996.
4. *Karl Filser*, Luther – Symbolfigur der Deutschen? in: *Wolfgang Reinhard* (Hg.), Fragen an Luther, München 1983, S. 147-169, Zitat S. 162.
5. *Heinrich von Treitschke*, Luther und die deutsche Nation. Vortrag, Berlin 1883, S. 19.
6. *Friedrich von Bezold*, Geschichte der deutschen Reformation, Berlin 1890, S. 872.
7. *Max Lenz*, Kleine historische Schriften, Bd. 2: Von Luther zu Bismarck, München/Berlin 1922, S. V.

Deutsche(n)«.[8] Nach 1945 tauchte daher auch die Vorstellung »von Luther zu Hitler« auf. Allen Ernstes fragte man, ob Luther auf die Nürnberger Anklagebank gehöre.[9] Wurde Luther im 19. Jahrhundert als historische Identifikationsfigur für das neue preußisch-protestantische Deutschland benötigt, so machte er im 20. die deutsche Misere historisch personalisierbar, erschien als Ausgangspunkt illiberalen und antidemokratischen Denkens.

Dieser Luther, die teleologische Konstruktion eines deutschen Nationalheros – sei es in legitimierender oder denunzierender Absicht –, der Luther, der gute und weniger gute Deutsche trennt, ist eine Fiktion der Historiker, mit allerdings kaum zu überschätzenden Wirkungen für die deutsche Geschichte des 19. und 20. Jahrhunderts. Der wissenschaftliche Luther wurde inzwischen entpolitisiert und historisiert. Das neue Lutherbild taugt »nicht mehr ... zum politischen und gesellschaftlichen Leitbild, das nutzbar ist für die öffentlichen Ziele eines deutschen Staates ...«[10] Der ›preußische‹ Luther ist Vergangenheit und gehört zur Arbeit am Mythos. Doch Geschichtsschreibung geht nicht in der Re- und Dekonstruktion von Deutungen auf. Sie benötigt als Gegenstand die vergangenen Wirklichkeiten, die Quellen, die sie hinterlassen haben und – wenigstens als regulative Idee – die Sache selbst bzw. einen objektivierbaren Zugang zu ihr. Der Historiker beschäftigt sich nun einmal mit dem Vergangenen, und er muß seine Sinngebungen so gestalten, daß sie nachvollziehbar bleiben und angesichts gegenwärtiger Befindlichkeiten – welcher sonst? – »stimmig« erscheinen. Eine konsequente Historisierung Luthers könnte auch heute – mit Blick auf die Wahrnehmung und das Verständnis der Zeitgenossen – für manche Überraschung gut sein. Angesichts gegenwärtiger Diskussionen um nationale Identitäten und angesichts der Adelsschrift Luthers scheint die Frage dringlich, ob Luther nicht im Bestreben, die teleologischen Deutungen und die mit seiner Person verbundenen Mythen zu destruieren, möglicherweise zu radikal entpolitisiert wurde. Daß er auch politisch verstanden wurde und gewirkt hat, und daß er die deutsche (Stände-)Nation als Forum und Plattform zur Durchsetzung seiner Vorstellungen nutzen wollte, soll im folgenden gezeigt werden.

Waren Luther und die frühe Reformation ein nationales Ereignis? Wurden sie, wenn ja von wem, als solches wahrgenommen? Projizierten Fürsten und Humanisten, Politiker und der gemeine Mann die antipapalistischen, antiklerikalen und patriotischen Zeitstimmungen auf Luther, und verbanden sie diese mit seinem Namen? Wurde er mit der Adelsschrift und den provozierenden Titeln seiner weiteren Reformschriften des Jahres 1520 zum Sprecher der deutschen Na-

8. *Gerhard Ritter*, Luther. Gestalt und Tat, München [4]1947, S. 10.
9. *William M. McGovern*, From Luther to Hitler. The History of the Fascist-Nazi Philosophy, London 1946; *Peter Clarkson Matheson*, Luther and Hitler: a controversy reviewed, in: Journal of Ecumenical Studies 17, 1980, S. 445-453.
10. *Heinz Schilling*, Aufbruch und Krise. Deutschland 1517-1648, Berlin 1988, S. 88.

tion? Füllte er die Leerstelle aus, die der Tod Kaiser Maximilians 1519 hinterlassen hatte, weil sein Nachfolger Karl V. im Reich nicht präsent und in katholische Zusammenhänge eingebunden war?

Die mit diesen Fragen angedeutete Diskrepanz zu Bernd Moellers Beobachtung, daß Luther nicht als Kirchenrebell oder Theologe, sondern »als Seelsorger und als Reformator des geistlichen Lebens Bekanntschaft und Interesse fand«[11], erklärt sich nur teilweise mit den unterschiedlichen Fragestellungen des Profan- und des Kirchenhistorikers. Selbst wenn man berücksichtigt, daß Moeller sich nur auf die Schriften bis 1520 bezieht und hier die Adelsschrift Dreh- und Angelpunkt der Interpretation ist, bleibt der Unterschied zwischen den seelsorgerisch-reformerischen Inhalten der Schriften Luthers und der Wahrnehmung seiner Texte durch die Zeitgenossen mit einer zumindest auch nationalen Zentrierung. Die Annahme, daß »Geschriebenes« mit Bekanntem assoziiert und möglicherweise anders verstanden wurde, ist nicht neu und kann auch nicht den schnellen Erfolg der Reformation und schon gar nicht diese selbst erklären, hilft aber, die Wahrnehmung Luthers in einem politischen und nationalen Sinne zu begreifen. Er selbst wurde erst in der Adelsschrift 1520 deutlich: »Wie kommen wir Deutschen dartzu, das wir solch reuberey, schinderey unserer guter von dem bapst leyden mussen? hat das kunigreich zu Franckreich sichs erweret, warumb lassenn wir Deutschen uns alszo narren und effenn?«[12]

Gesucht wird ein Luther, der in Deutschland Erfolg hatte, weil er zum einen als Seelsorger den bedrängten Zeitgenossen in ihrer Sprache Trost spendete, und weil er zum anderen die von Kaiser, Fürsten und Adel geäußerten, von den deutschen Humanisten akzentuierten und auch im Volk offensichtlich populären nationalen Stimmungen wirkungsmächtig transportierte. Läßt sich Luthers Kampf um einen gnädigen Gott und seine (ver)öffentlichte Kritik an der Institution Kirche von den zeittypischen humanistischen Konzepten einer deutschen Nation trennen? Die These sei gewagt: Der frühe Luther war ein nationales Ereignis, weil sich in ihm Traditionslinien bündelten und durch ihn neue Horizonte öffneten. Seine später im nationalen Sinne gedeutete Standhaftigkeit in Glaubensfragen ließ ihn jedoch als nationale Integrationsfigur scheitern.

11. *Bernd Moeller*, Die Rezeption Luthers in der frühen Reformation, in: LuJ 57, 1990, S. 57-71, Zitat S. 63; *ders.*, Das Berühmtwerden Luthers, in: ZHF 15, 1988, S. 65-92; *ders.*, Die Reformation als Kommunikationsprozeß, in: *Hartmut Boockmann* (Hg.), Kirche und Gesellschaft im Heiligen Römischen Reich des 15. und 16. Jahrhunderts, Göttingen 1994, S. 148-164.
12. *Martin Luther*, An den christlichen Adel deutscher Nation: Von des christlichen Standes Besserung, in: WA 6, 404-469, Zitat S. 417. – Ganz ähnlich argumentiert Luther in seinem Schreiben an Lucas Cranach gegen Ende der Wormser Verhandlungen: »O wir blinden Deutschen, wie kindisch handeln wir und lassen uns so jämmerlich die Romanisten äffen und narren«. WA Br 2, Nr. 400.

Staatsbildungen, Konkordate und die vor allem auf Sprache und Entfernung basierenden »nationalen« Differenzierungen und Zuordnungen an Universitäten, Konzilien sowie als (Selbst-)Kennzeichnung Fremder ließen im späten Mittelalter den Universalismus von ›Papst und Kaiser‹ auch in Mitteleuropa zum hohlen Anspruch werden. Die Diskussion der Gravamina der deutschen Nation führte zwar zu keinem entsprechenden Konkordat[13], doch das Substrat ›deutsch‹ erfuhr ebenso wie ›Kaiser und Reich‹ einen »Verdichtungsschub«.[14] Im Reich entwickelte sich ein kompliziertes Staatengefüge, bei dem sich die Staatlichkeit auf unterschiedlichen Ebenen – Ländern, Kreisen, Bündnissen, Reich – so ergänzte, daß der von ›Kaiser und Reich‹ gebildete komplementäre Reichs-Staat handlungsfähig blieb, ohne die Autonomie seiner Mitglieder mehr als notwendig einzuengen. Diese ersten Ansätze zur Staatswerdung des Reiches blieben auf Oberdeutschland unter Einschluß der mitteldeutschen Kurfürsten beschränkt.[15] Während die Rezeption der Reformation in den europäischen Ländern zu unterschiedlich organisierten evangelischen Kirchentümern führte[16], hat Heinz Schilling gezeigt, welch wichtige Rolle die Konfessionen für die Festigung der deutschen Territorialstaaten, aber auch für die Ausbildung nationaler Identitäten in Europa spielten.[17] Darüber geriet fast in Vergessenheit, daß das Verfassungsgefü-

13. Vgl. auch zum folgenden: *Annelies Grundmann*, Die Beschwerden der deutschen Nation auf den Reichstagen der Reformation. Erläuterung und Begründung der Sonderedition, in: *Heinrich Lutz, Alfred Kohler* (Hgg.), Aus der Arbeit an den Reichstagen unter Kaiser Karl V., Göttingen 1986, S. 69-129. Vgl. auch *Hans-Christoph Rublack*, Gravamina und Reformation, in: *Ingrid Batori* (Hg.), Städtische Gesellschaft und Reformation, Stuttgart 1980, S. 292-313; *Eike Wolgast*, Gravamina nationis germanicae, in: TRE 14, S. 131-134; *Manfred Rudersdorf*, Gravamina, in: LThK 4, 1995, Sp. 992.
14. *Peter Moraw*, Von offener Verfassung zu gestalteter Verdichtung. Das Reich im späten Mittelalter 1250 bis 1490, Berlin 1985.
15. *Georg Schmidt*, Deutschland am Beginn der Neuzeit: Reichs-Staat und Kulturnation? in: *Christine Roll* (Hg.), Recht und Reich im Zeitalter der Reformation, Frankfurt, M. 1996, S. 1-30.
16. *Geoffrey R. Elton*, Die europäische Reformation: mit oder ohne Luther, in: *Volker Press, Dieter Stievermann* (Hgg.), Martin Luther. Probleme seiner Zeit, Stuttgart 1986, S. 43-57; *Bob Scribner u.a.* (Hgg.), The Reformation in National Context, Cambridge 1994.
17. *Heinz Schilling*, Nationale Identität und Konfession in der europäischen Neuzeit, in: *Bernhard Giesen* (Hg.), Nationale und kulturelle Identität, Frankfurt a. M. 1991, S. 192-252. Zu den Problemen der Konfessionalisierung vgl.: *Heinz Schilling*, Die Konfessionalisierung im Reich, in: HZ 246, 1988, S. 1-45; *Heinrich R. Schmidt*, Konfessionalisierung im 16. Jahrhundert, München 1992.

ge Reich auch weiterhin den politischen Zusammenhalt über Konfessions- und Landesgrenzen hinweg erstaunlich erfolgreich organisierte.[18] Die Reformation erhielt mit dem Reichstag eine politische Plattform, die den Autoritätsverfall des Papsttums verdeutlichte und das Vorgehen der Reichsstände wenigstens formal legitimierte.[19] Selbst Kurfürst Johann von Sachsen oder Landgraf Philipp von Hessen warteten mit der Einführung der Reformation, bis sie sich 1526 auf einen Reichstagsbeschluß stützen konnten.

Obwohl das Reich deutscher Nation zielgerichtet handlungsfähig blieb, überschrieb Leopold von Ranke das Kapitel seiner Reformationsgeschichte, das sich vorwiegend mit dem Jahr 1524 beschäftigt: »Ursprung der Spaltung in der Nation«. Seines Erachtens resultierte diese aus den Regensburger Absprachen altgläubiger Fürsten, deren Verbindung mit dem Papst sowie der Verhinderung des Nationalkonzils.[20] Nicht Luther hatte die Nation geteilt, sondern die ihm entgegenstehenden Mächte – namentlich Papst, Kaiser und der Herzog von Bayern – hatten die Einführung der Reformation in ganz Deutschland und damit die Basis einer neuen Einheit verhindert.

Generationen vorwiegend protestantischer Historiker haben – bei allen Differenzen im einzelnen – die Folgen der Reformation im Sinne Rankes gedeutet. Sie gingen von einer vorgegebenen Nation und einem ursprünglichen Volk aus, die vom Glaubensstreit derart zerrissen wurden, daß darüber die Entwicklungsperspektive zu einem deutschen Nationalstaat verlorenging. Doch Nationen sind keine anthropologischen Grundkonstanten. Ethnogenese entsteht als Folge politischer Herrschaft: Einer regierungsnahen Eliteformation gelingt es dabei, gentil-dynastisch geprägte Vorstellungen über Einheits- und Gemeinsamkeitsappelle sowie mit Hilfe eines Rechtssystems auf ein Land zu übertragen.[21] Dies gilt

18. *Georg Schmidt*, Integration und Konfessionalisierung, in: ZHF 21, 1994, S. 1-36; *Ders.*, Konfessionalisierung, Reich und deutsche Nation, in: *Anton Schindling, Walter Ziegler* (Hgg.), Die Territorien des Reichs im Zeitalter der Reformation und der Konfessionalisierung, Münster 1997.
19. *Volker Press*, Die Reformation und der deutsche Reichstag, in: *Horst Bartel u.a.* (Hgg.), Martin Luther. Leistung und Erbe, Berlin 1987, S. 202-215; *Georg Schmidt*, Diet, in: The Oxford Encyclopedia of the Reformation, Vol. 1, New York, Oxford 1996, S. 482-484.
20. *Leopold von Ranke*, Deutsche Geschichte im Zeitalter der Reformation, hg. v. *Paul Joachimsen*, Bd. 2, München 1925, S. 124f. Vgl. *Heinrich Lutz*, »Ursprung der Spaltung in der Nation«, in: Festschrift für Hermann Heimpel, Göttingen 1971, S. 140-160.
21. *Frantisek Graus*, Die Nationenbildung der Westslawen im Mittelalter, Sigmaringen 1980, bes. S. 138ff. Vgl. zusammenfassend *Joachim Ehlers*, Die Entstehung der Nationen und das mittelalterliche Reich, in: GWU 43, 1992, S. 264-274; *ders.*, Die deutsche Nation des Mittelalters als Gegenstand der Forschung, in: d*ers.* (Hg.), Ansätze und Diskontinuität deutscher Nationsbildung im Mittelalter, Sigmaringen 1989, S. 11-58.

auch für die »deutsche Nation«, selbst wenn sie um 1500 noch eine »undeutliche Angelegenheit« gewesen sein mag.[22] Sie konnte funktional-korporative Zuordnung ausdrücken wie im Falle der Universitäts-, Konzils- und Kaufmannsnationen oder als Ständenation das vor allem in Oberdeutschland wirksame politische System ›Kaiser und Reich‹ meinen. Mit ›deutscher Nation‹ ließ sich der geographisch nur vage bestimmte Raum Deutschland oder ein auf Sprache, Erinnerung, Kultur und Ethnie basierendes Vorstellungsbündel beschreiben, das auf Integration zielte und Solidarisierung forderte.[23] Ohne die politische Formation ›Kaiser und Reich‹ scheint die Herausbildung eines wie auch immer gearteten deutschen Eigenbewußtseins undenkbar.[24] Das Beispiel der Eidgenossen zeigt zwar, daß man politisch eigene Wege gehen und sich dennoch der deutschen Nation zugehörig fühlen konnte, doch auch in diesem Falle bleiben Kaiser und Reich wichtige Bezugspunkte.[25]
Nationen sind – so hat Ernest Renan vor über hundert Jahren definiert – geistige Ordnungsgrößen, getragen von einem reichen Erbe an Erinnerungen und dem Wunsch zusammenzuleben.[26] Seit der Französischen Revolution verbinden sich damit demokratisch-egalitäre Hoffnungen. Darin unterscheiden sich moderne und vormoderne Nationen. Doch die strikte Trennung ist viel zu statisch.[27] Die auf Herrschaft bezogenen nationalen Vorstellungen des Adels wurden als Identi-

22. *Hagen Schulze*, Staat und Nation in der europäischen Geschichte, München 1994, S. 115.
23. Vgl. *Karl Ferdinand Werner, Bernd Schönemann*, Art. Volk, Nation (Mittelalter, Frühe Neuzeit, 19. Jahrhundert), in: Geschichtliche Grundbegriffe, Bd. 7, S. 171-380; *Alfred Schröcker*, Die deutsche Nation. Beobachtungen zur politischen Propaganda des ausgehenden 15. Jahrhunderts, Lübeck 1974; *Eberhard Isenmann*, Kaiser, Reich und deutsche Nation am Ausgang des 15. Jahrhunderts, in: *Joachim Ehlers* (Hg.), Ansätze und Diskontinuität deutscher Nationsbildung im Mittelalter, Sigmaringen 1989, S. 145-246; *Heinrich Lutz*, Die deutsche Nation zu Beginn der Neuzeit, in: HZ 234, 1982, S. 529-559. Vgl. auch *Karl Zeumer*, Heiliges Römisches Reich deutscher Nation, Weimar 1910; *Ulrich Nonn*, Heiliges Römisches Reich deutscher Nation, in: ZHF 9, 1982, S. 129-142; *Hermann Weisert*, Der Reichstitel bis 1806, in: Archiv für Diplomatik 40, 1994, S. 441-513; *Reinhard Stauber*, Nationalismus vor dem Nationalismus? in: GWU 47, 1996, S. 139-165; *Dieter Langewiesche*, Nation, Nationalismus, Nationalstaat: Forschungsstand und Forschungsperspektiven, in: Neue Politische Literatur 40, 1995, S. 190-236, hier bes. S. 192ff.
24. Vgl. *Barbara Hoen*, Deutsches Eigenbewußtsein in Lübeck, Sigmaringen 1994.
25. *Claudius Sieber-Lehmann*, Spätmittelalterlicher Nationalismus. Die Burgunderkriege am Oberrhein und die Eidgenossenschaft, Göttingen 1995; *ders.*, »Teutsche Nation« und Eidgenossenschaft, in: HZ 253, 1991, S. 561-602.
26. *Ernest Renan*, Was ist eine Nation? in: Grenzfälle. Über alten und neuen Nationalismus, hg. v. *Michael Jeismann, Henning Ritter*, Leipzig 1993, S. 290-311, hier S. 308.
27. *Schulze*, Staat (wie Anm. 22), S. 117f. Vgl. *Langewiesche*, Nation (wie Anm. 23), S. 199.

fikations- und Abgrenzungsmerkmale zunächst von den geistigen Eliten, schließlich aber auch vom Volke aufgegriffen und teilweise umgedeutet. Ob mit der nationalen Identifikation – etwa ein Deutscher in Frankreich – nicht bereits Teilhabe- und Partizipationsvorstellungen mitschwingen, muß sicherlich noch genauer untersucht werden.

Die moderne Nation erschöpft sich jedoch nicht in politischer Partizipation, sondern beinhaltet stets den Rekurs auf eine gemeinsame Vergangenheit und die Vorstellung gemeinsamer Interessen in Gegenwart und Zukunft. Sie basiert auf einem Konstruktionsprozeß, der erst nationales Empfinden weckt. Insbesondere die Tradiertes aufgreifende, sprachlich wie inhaltlich vereinheitlichende Geschichtsschreibung mit der Hervorhebung von Kriegen und Führergestalten sorgt für kollektive Erinnerung und »imagined communities«.[28] Als frühes Beispiel für Deutschland darf Jakob Wimpfeling gelten, der ganz bewußt nationale Sinnstiftung betrieb. »Alle Deutsche sollen in diesem Abriß die Vergangenheit Deutschlands vor Augen haben, das Leben unserer Kaiser lesen und der Deutschen Ruhm, Geist, Kriege und Triumphe, Erfindungsgabe, Adel, Glaube, Standhaftigkeit und Wahrhaftigkeit erfahren.«[29] Dem Fehlen einer Nationalhistoriographie, das die Humanisten für das geringe Ansehen der Deutschen in Europa verantwortlich machten, galt es abzuhelfen: Es mangele nicht an großartigen Taten, sondern an Berichten darüber.[30]

Die Humanisten schufen auf diese Weise eine Erinnerungsgemeinschaft, die sich bald als Erfahrungsgemeinschaft verstand und sich in einem langen Prozeß zur Nation im heutigen Sinne fortentwickeln konnte. Zwar sind die damit verbundenen Vorstellungen festumgrenzter Staatsnationen mit einem definierten Staatsvolk für die Zeit um 1500 anachronistisch, doch der Begriff »Nation« rekurriert bereits zu dieser Zeit auf Zuordnung, Teilhabe und Zugehörigkeitsempfindungen sowie auf die Abgrenzung von Fremdem und Anderen. Er verweist auf Zusammmengehörigkeitsgefühle in einer wie auch immer definierten übergreifenden »Wir«-Gruppe.[31]

28. *Benedict Anderson*, Imagined Communities: Reflections on the Origin and Spread of Nationalism, London 1983 (dt.: Die Erfindung der Nation, Frankfurt, New York ²1993).
29. *Jacob Wimpfeling*, Epitome Germanorum, Basel 1532, S. 315. Übersetzung nach *Winfried Trillitzsch* (Hg.), Der deutsche Renaissancehumanismus, Frankfurt a. M. 1981, S. 401. Vgl. *Hans Kloft*, Die Idee der deutschen Nation zu Beginn der frühen Neuzeit, in: *Rainer Wiegels, Winfried Woesler* (Hgg.), Arminius und die Varusschlacht, Paderborn u.a. 1995, S. 197-210, hier S. 208.
30. *Herfried Münkler*, Nation als politische Idee im frühneuzeitlichen Europa, in: *Klaus Garber* (Hg.), Nation und Literatur im Europa der Frühen Neuzeit, Tübingen 1989, S. 56-86, hier S. 71.
31. *Michael Maurer*, »Nationalcharakter« in der frühen Neuzeit. Ein mentalitätsgeschichtlicher Versuch, in: *Reinhart Blomert u.a.* (Hgg.), Transformationen des Wir-Gefühls, Frankfurt a. M. 1993, S. 45-81.

Burgunderkriege und Türkenbedrohung hatten am Ausgang des Mittelalters das durch Kaiser und Sprache vermittelte Zusammengehörigkeitsgefühl vor allem in Oberdeutschland weiter verstärkt.[32] Die Gebete gegen die Erbfeinde der Christenheit oder der Gemeine Pfennig brachten auch das Volk unmittelbar mit den Problemen des Reiches in Berührung. Die Kriege in Oberitalien, an denen viele Söldner aus Oberdeutschland teilnahmen, und die Situation in Burgund sorgten dafür, daß die Unterscheidung zwischen »Deutschen« und »Welschen« populär wurde. Hinzu kam die Kritik an der Kirche als Institution sowie an den unnützen Klerikern, die dem Volk zur Last fielen. Die – wie inzwischen nachgewiesen – falsche Vorstellung, daß Deutschland das verkommene Papsttum finanziere, prägte die Wahrnehmungen des gemeinen Mannes und der Fürsten.

Parallel zu den staatlichen Verdichtungsprozessen in Oberdeutschland und gestützt auf eine eher fragwürdige Interpretation der wieder aufgefundenen Germania des Tacitus schufen die Humanisten der deutschen Nation eine lange ehrwürdige, sprachlich-kulturell begründete Tradition. Sie konstruierten eine den romanischen Ländern scheinbar überlegene Erinnerungsgemeinschaft, indem sie die deutsche Nation auf die Germanen zurückführten und das Bild einer ursprünglichen und unverdorbenen Nation zeichneten.[33]

Man darf den Einfluß eines Bebel, Wimpfeling, Celtis, Aventin oder Cochläus nicht überschätzen, doch ihre Bemühungen um eine »Germania illustrata«, um ein – ihrer Ansicht nach nur gegen den Papst zu erreichendes – stärkeres und geeintes Deutschland[34], wurden rezipiert. Um 1500 existierte eine ständeübergreifende Grundstimmung, die sich gegen die Kirche im allgemeinen und gegen Rom im besonderen richtete und in der die »Wir«-Gruppe deutsche Nation als Mobilisierungs- und Identifizierungsfaktor eine tragende Rolle zu spielen begann.[35] So

32. Kriege und die an sie angelagerten Erinnerungen gehörten überhaupt zu den entscheidenden Konstitutionsbedingungen von Nationen und modernen Nationalstaaten. Vgl. *Langewiesche*, Nation (wie Anm. 23), bes. S. 192-197.
33. *Ludwig Krapf*, Germanenmythos und Reichsideologie, Tübingen 1979; *Hans Kloft*, Die Germania des Tacitus und das Problem eines deutschen Nationalbewußtseins, in: Archiv für Kulturgeschichte 72, 1990, S. 93-114. *Hermann Ehmer*, Reformatorische Geschichtsschreibung am Oberrhein: Franciscus Irenicus, Kaspar Hedio, Johannes Sleidanus, in: *Kurt Andermann* (Hg.), Historiographie am Oberrhein im späten Mittelalter und in der frühen Neuzeit, Sigmaringen 1988, S. 227-245, bes. 230f. Vgl. auch *Herfried Münkler, Hans Grünberger*, Nationale Identität im Diskurs der deutschen Humanisten, in: *Helmut Berding* (Hg.), Nationales Bewußtsein und kollektive Identität, Frankfurt a. M. 1994, S. 211-248.
34. *Kurt Stadtwald*, Patriotism and Antipapalism in the Politics of Conrad Celti's »Vienna Circle«, in: ARG 84, 1993, S. 83-102.
35. *Peter Moraw*, Bestehende, fehlende und heranwachsende Voraussetzungen des deutschen Nationalbewußtseins im späten Mittelalter, in: *Joachim Ehlers* (Hg.), Ansätze und Diskontinuität deutscher Nationsbildung im Mittelalter, Sigmaringen 1989, S. 99-120.

forderte Aventin seinen Herzog in der Vorrede zum ersten Buch seiner Bayerischen Chronik auf, »E. F. G. wellen diese historien von wegen gemains nutzes allen Teutschen zu ere ausgen lassen«.[36] Selbst eine Stammesgeschichte gewann ihren Stellenwert im nationalen Kontext. Der englische Historiker Dickens sieht den entstehenden deutschen Nationalismus neben seinen angeblich imperialen Tendenzen und seinen antifranzösischen Aspekten dadurch charakterisiert, daß er die gesamte deutsch sprechende Bevölkerung (»all the German-speaking populations«) in seinen Bann zog.[37]

Die nationalen Stimmungen führten auf dem Augsburger Reichstag 1518 zur neuerlichen Beratung der »Gravamina der deutschen Nation gegen den Stuhl zu Rom«. Einleitend wurde vermerkt, »das die land und lewt Teutscher nacion nun etwevil iar mergklich beschwerung und nachteil an leib und gut in mancherley weyß emphangen ...« – vor allem durch Krieg und Aufruhr, Krankheiten und Mißwuchs. Der gemeine Mann lasse sich hören, »wie grosse sum gelts durch gelegte cruciat, indulgencien und anders auß Teutschen landen verschiner zeit bracht weren und noch wurden, dardurch und anders Teutschland an gelt gantz erschopfft weren und wurden«.[38] Der Zusatz »Land und Leute« weist darauf hin, daß mit der deutschen Nation hier nicht die Ständenation, sondern ein bestimmter Raum mit seinen Bewohnern gemeint war – ein Gebiet, dessen vorrangiges Abgrenzungsmerkmal »deutsch« ist, das aber eine Gruppe wie die Sorben einschließt. Man dachte an die von den Reichsständen beherrschten Gebiete, an das Reich nördlich der Alpen, ohne daß mit einer solchen Zuweisung exakte Grenzen verbunden sein mußten.

Die »Gravamina« wurden 1518 jedoch nicht zum Ausgangspunkt eines nationalen Kirchensystems, weil die Reichsstände lediglich defensiv agierten, auf die unerträglichen Lasten verwiesen und sich nur in der Abwehr römischer Forderungen einig waren. Martin Luther, dessen 95 Thesen vor dem Hintergrund einer ins öffentliche Bewußtsein gerückten scheinbaren Ausbeutung Deutschlands durch Rom populär werden konnten, ging es bei seinem Augsburger Verhör durch Cajetan um theologisch-dogmatische Fragen und um die Schlüsselgewalt des Papstes. Daß Luther nicht widerrief, sondern an einen besser informierten Papst appellierte und floh[39], wurde kaum registriert: 1518 war Luther noch keine nationale Symbolfigur.[40] Dies sollte sich bis 1521 ändern, als seine Reise nach Worms einem Triumphzug glich.

36. Zit. n. *Ulrich Paul*, Studien zur Geschichte des deutschen Nationalbewußtseins im Zeitalter des Humanismus und der Reformation, Berlin 1936, S. 76.
37. *Dickens*, Nation (wie Anm. 3), S. 40.
38. *Johannes Janssen* (Hg.), Frankfurts Reichscorrespondenz nebst andern verwandten Aktenstücken von 1376-1519, Bd. 2, Freiburg, Br. 1872, S. 979f.
39. *Martin Brecht*, Martin Luther, Bd. 1, Stuttgart 1981, S. 249; WA 2, 28-33.
40. Daß Luther unter den Theologen schon 1518 bekannt war, ist in diesem Zusammenhang unerheblich. Zum Berühmtwerden Luthers: *Helmar Junghans*, Der junge Luther und die Humanisten, Weimar 1984, S. 288-304.

II. Die Bündelung des Disparaten: Luther als nationales Ereignis

Anfang des Jahres 1519 starb Kaiser Maximilian. Es folgte ein Wahlkampf um die römische Königskrone, der mit dem Geld der Fugger und Welser[41] und einer neuartigen nationalen Propaganda geführt wurde. Aus der Sicht der Kurfürsten sprach für König Karl von Spanien die Tradition der Habsburger und das Gewicht ihrer Hausmacht – gegen ihn: seine Machtfülle und damit die Gefahr einer Monarchisierung des Reichs. Mit dem Hinweis auf die deutsche Abstammung Karls gelang der habsburgischen Partei der Durchbruch. Zugleich wurde der alte Vorwurf neu akzentuiert, der französische König wolle sich des Kaisertums bemächtigen, das die Deutschen mit Blut und Tapferkeit im Kampf gegen die Feinde der Christenheit von den Franzosen errungen hätten.[42]
Der englische Gesandte Richard Pace berichtete wiederholt, daß das Volk bereit sei, sich der Wahl des französischen Königs gewaltsam zu widersetzen.[43] Die Grafen drohten den zur französischen Partei gerechneten Kurfürsten unverblümt mit Gewalt.[44] Der Mainzer Erzbischof Albrecht von Brandenburg brachte die augenfälligen Vorteile König Karls auf den Punkt: »Item vor allen dingen must je der konig, so man keinen Teutschen kurfursten oder fursten haben kan, von seinem stam und herkomen ein Teutscher sein, domit die ere von unser nacion nit entwendt, auch der gemein man derhalben gesetigt wurde, der dann itzonder zu entporungen und bosen ufruren leichtlich zu bewegen ist«.[45]
Im Vorfeld der Königswahl artikulierte sich 1519 ein zwar noch diffuser, aber nicht mehr nur dynastisch, sondern ethnisch unterlegter Anspruch, der in eine neuartige Ablehnung des »Ausländers« mündete. Die Parteigänger der französischen Krone galten als unzuverlässig und willens, das Reich einer fremden Macht auszuliefern – im Europa der Dynasten und bei einem Kandidaten, der als König von Spanien der (hoch-)deutschen Sprache nur passiv mächtig war, ein frühes und bemerkenswertes Beispiel wirkungsvoller Propaganda.
Karl V. wurde jedoch auf eine umfangreiche Wahlkapitulation verpflichtet, um der Monarchisierung und Entfremdung des Reiches vorzubeugen. Er mußte zusagen, »die Teutsch nation, das heilig Römisch reiche und die churfursten, als die

41. *Götz Freiherr von Pölnitz*, Jacob Fugger. Quellen und Erläuterungen, Tübingen 1951, S. 422.
42. Deutsche Reichstagsakten (= RTA) j. R., Bd. 1, S. 254, S. 478 und 704; *Eberhard Isenmann*, Integrations- und Konsolidierungsprobleme der Reichsordnung in der zweiten Hälfte des 15. Jahrhunderts, in: *Ferdinand Seibt, Winfried Eberhardt* (Hgg.), Europa 1500, Stuttgart 1986, S. 115-149, hier S. 118. Vgl. auch die Werbung Karls V. vom Juni 1519: *Alfred Kohler* (Hg.), Quellen zur Geschichte Karls V., Darmstadt 1990, S. 46ff.
43. RTA j. R., Bd. 1, S. 777, S. 783 und 834.
44. Heinrich von Nassau an die Statthalterin Margarete, 1519, März 11. Ebd., S. 411.
45. Bedenken des Kardinals von Mainz, 1519, ca. Juni 27. Ebd., S. 843f., Zitat S. 844.

vordristen gelider desselben, auch ander fursten, grafen, herren und stende bei iren hochisten wirden, recht und gerechtigkaiten« bleiben zu lassen. Der Abschluß von Bündnissen »mit frömbden nationen noch sonst im reiche«, der Beginn von Kriegen und die Verpfändung von Reichseinkünften wurden an die Zustimmung der Kurfürsten geknüpft. Der Kaiser sollte möglichst bald ins »reich Teutscher nation« kommen und hier residieren, die Reichs- und kaiserlichen Hofämter mit »kainer andern nation dan geborn Teutschen« besetzen, im deutschen Reichsgebiet nur die lateinische oder die deutsche Sprache benutzen, keinen Reichstag außerhalb des Reiches einberufen, fremdes Kriegsvolk nur mit Zustimmung der Kurfürsten ins Reich holen und niemanden »on ursach, auch unverhort in die acht und aberacht« bringen.[46] Die Wahlkapitulation versuchte, die Grenzen der kaiserlichen Regierungsgewalt im komplementären Reichs-Staat zu definieren. Mit ihrem numerus clausus gegenüber ausländischen Räten förderte sie dessen Nationalisierung. Das Reich wurde als zusammenhängendes Ganzes von der Person des Kaisers so weit als möglich gelöst, um es aus dessen weltweiten Konflikten herauszuhalten.

Walther Köhler hat die Erfahrung des Augsburger Reichstags 1518 und die Ablehnung der Türkenhilfe durch die Stände dafür verantwortlich gemacht, »Luther aus traditionell-kirchlichem auf national-politischen Boden gestellt zu haben.«[47] Doch vor 1520 wird dies in Luthers Schriften nicht recht deutlich. Die Leipziger Disputation mit Johannes Eck sorgte 1519 zwar für Aufsehen, weil Luther erstmals die unfehlbare Autorität des Papstes und der Konzilien leugnete und sich auf Hus bezog, unmittelbar politische oder gar »nationale« Einlassungen sind jedoch nicht bekannt. Während Humanisten und einzelne Ritter Kontakt zu ihm suchten, prallten seine Vorstellungen an der Institution »Kirche« ab. Der aus politischen Gründen unterbrochene römische Ketzerprozeß endete mit der Bannandrohungsbulle »Exsurge Domine« vom 15. Juni 1520. Luther und seine Anhänger sollten binnen 60 Tagen widerrufen. Von »Rom« durfte Luther nichts mehr erwarten. Die etablierte Kirche trennte sich von einem Häretiker, dem daraufhin nichts anderes übrigblieb, als voll und ganz auf eine nationalkirchliche Entwicklung ohne Rom zu setzen.

Dieser Wandel des Jahres 1520 läßt sich im Bildprogramm des Wittenberger Hofmalers Lukas Cranach verfolgen.[48] Nachdem 1519 erstmals eine Abbildung Luthers erschienen war, schuf Cranach 1520 zwei unterschiedliche Luther-Stiche – einen konturenstarken, als authentisch geltenden Kopf und einen eher

46. Die Wahlkapitulation: Ebd., S. 864-876.
47. *Walther E. Köhler*, Die Quellen zu Luthers Schrift »An den christlichen Adel deutscher Nation«, Halle 1895, S. 194.
48. Vgl. zum folgenden *Martin Warnke*, Cranachs Luther. Entwürfe für ein Image, Frankfurt, M. 1984; *Ernst Ullmann*, Die Luther-Bildnisse Lukas Cranachs d. Ä., in: *Günter Vogler* (Hg.), Martin Luther, Berlin 1986, S. 45-52.

sanften Luther in einer Nische sitzend. Während die erste Variante heute die mit Abstand bekanntere ist, trat sie in der frühen Reformationszeit völlig hinter die zweite zurück. Martin Warnke hat glaubhaft gemacht, daß der Wittenberger Hof 1520/21 dem Wormser Reichstag einen »mild und friedlich gestimmten gesprächsfähig gehaltenen frommen Mann«[49] präsentieren wollte.

Doch Luther zielte auf eine Reform der Kirche. Die Reformschriften des Jahres 1520 beschäftigen sich mit dem allgemeinen Priestertum, der Freiheit eines Christenmenschen und der Rechtfertigung allein durch den Glauben. Da der Bruch mit Rom endgültig war, benötigte er einen anderen politischen Rahmen, um seine Vorstellungen zu verwirklichen. Luthers Antipapalismus paarte sich daher 1520 mit einer demonstrativen Betonung des Deutschen – am markantesten in seiner an den »allerdurchleuchtigisten, Großmechtigisten keyserlichen Majestet und Christlichem Adel deutscher Nation« gerichteten Schrift[50], die am 18. August erschien. Lukas Cranach schuf 1521 einen dritten Luther-Stich, der den Reformator im Profil zeigt – so wie vor allem Kaiser, Könige und Fürsten dargestellt wurden. Warnke sieht den Reformator hier »von der geistigen Sphäre in die politisch-staatliche« entrückt.[51]

Man muß nicht unbedingt annehmen, daß Cranach ein bestimmtes Luther-Image schaffen wollte. Er orientierte sich an den Erwartungen seiner Auftraggeber und Rezipienten – zumal auf der Inschriftenplatte ausdrücklich von einem Bild der sterblichen Gestalt Luthers die Rede ist, während er das ewige Bild seines Geistes selbst präge.[52] Doch ließ sich der Luther der Adelsschrift überhaupt anders als politisch und national verstehen?

Aus dem allgemeinen Priestertum folgt nach Ansicht Luthers die Pflicht weltlicher Obrigkeiten, gegen Mißstände in der Kirche einzuschreiten. Seine Vorschläge zielten nicht mehr nur auf theologische Reformen, sondern auf politische Konsequenzen: die Entmachtung des Papstes und die Einberufung des Konzils. »Darumb lassit uns auff wachen, lieben Deutschen, und got mehr den die menschen furchten, das wir nit teylhafftig werdenn aller armen seelen, die szo kleglich durch das schendlich, teuffelisch regiment der Romer verloren werden...«[53] Nachdem Italien ausgebeutet worden sei, komme nun Deutschland an die Reihe. Warum sollten es sich die Deutschen gefallen lassen, daß jährlich mehr als 300.000 Gulden nach Rom flössen? »Hie solte nw deutsche Nation, Bischoff und Fursten, ... das volck ... schutzenn ... und ... yhr landt und leut szo jemerlich, on allis recht, schinden und vorterben nit zu lassenn, sondern durch ein keyszerlich odder gemeyner Nation gesetz die Annaten heraussen behalten odder widderumb abe-

49. *Warnke*, Cranachs Luther (wie Anm. 48), S. 30.
50. WA 6, 405.
51. *Warnke*, Cranachs Luther (wie Anm. 48), S. 45.
52. Ebd., S. 36.
53. WA 6, 415.

thun.«[54] Auch müsse Karl V. unmittelbar nach seiner Krönung ein Gesetz erlassen, »durch gantz deutsche landt keyn lehen unnd pfrund mehr gen Rom lassenn kummenn durch das Bapsts Monat ...«[55] Zudem forderte Luther, »das ein yglich Furst, Adel, Stat, in yhren unterthanen frisch an vorpiet, die Annaten genn Rom zugeben, und sie gar abethue: dan der bapst hat den pact brochen unnd ein reuberey gemacht ausz den Annaten, zu schaden und schanden gemeyn deutscher Nation ...«[56] Der christliche Adel solle verbieten, Lehen nach Rom zu ziehen, damit das »arm volck deutscher Nation« nicht länger auf gute, gelehrte Prälaten verzichten müsse.[57] Durch kaiserliches Gesetz sei überdies zu untersagen, kirchliche Würden in Rom bestätigen zu lassen. Keine weltliche Angelegenheit dürfe dort mehr verhandelt werden und der Papst keine Gewalt über den Kaiser besitzen.[58]

Doch Luther forderte auch »ein gemeyn gebot und bewilligung deutscher Nation« gegen Kleiderluxus und Kreditwesen, »das grossist ungluck deutscher Nation«, und den Mißbrauch des »fressens und sauffens«.[59] Er griff damit Themen auf, die den Reichstag ebenfalls beschäftigten. Geistliche und weltliche Reformen fließen ineinander, auch wenn deswegen die Kirchenreform nicht »automatisch in eine Reichsreform« mündet.[60] Die Adelsschrift schließt mit der Aufforderung: »Got geb uns allen einen Christlichen vorstand, und szonderlich dem Christlichen Adel deutscher Nation einenn rechtenn geystlichen mut, der armen kirchen das beste zuthun, Amen.«[61]

Auch Luther operiert nicht mit einer einheitlichen Vorstellung von der deutschen Nation. Die Erläuterungen »Adel«, »armes Volk«, »Land und Leute« verdeutlichen, welcher Zusammenhang jeweils gemeint ist. Sein Aufruf richtet sich jedoch ausdrücklich nicht an das Volk und auch nicht an den unruhigen niederen Adel[62], sondern an Kaiser, Fürsten und Bischöfe.[63] Luthers Reformanliegen

54. Ebd., 419.
55. Ebd., 420.
56. Ebd., 427f.
57. Ebd., 428.
58. Ebd., 429-435.
59. Ebd., 465ff.
60. *Heinz Angermeier*, Reichsreform und Reformation in der deutschen Geschichte, in: *Ders.* (Hg.), Säkulare Aspekte der Reformationszeit, München 1983, S. 1-26, hier S. 9.
61. WA 6, 469.
62. Dazu zuletzt *Horst Carl*, Landfriedenseinung und Standessolidarität – der Schwäbische Bund und die »Raubritter«, in: *Christine Roll* (Hg.), Recht und Reich im Zeitalter der Reformation, Festschrift für Horst Rabe, Frankfurt a. M. u.a. 1996, S. 471-492.
63. Vgl. *Theodor Pauls*, Luthers Auffassung von Staat und Volk, Halle ^{2}1927, S. 126-131; *Thomas*, Nation (wie Anm. 3), S. 448.

wurden erst mit der Adelsschrift zur national(kirchlich)en Bewegung: »los von Rom«. Er forderte für Deutschland einheitliche Regelungen, und er zeigte sich informiert über die neuere Verfassungsentwicklung, das Zusammenwirken von ›Kaiser und Reich‹.[64] Sein Adel und der Adressat seiner Schrift war die Ständenation in Gestalt der auf dem Reichstag vertretenen Stände.[65] Nur hier konnte die Trennung vom Papst und eine nationalkirchliche Entwicklung in Gang gebracht werden. Die von Luther angestrebte Nationalkirche war – und er hat die Hoffnung auf eine Verwirklichung dieses Ideals nie aufgegeben – eine deutsche, keine sächsische, hessische oder gar nürnbergische. Während der Leipziger Disputation hatte er bereits das Reich deutscher Nation mit Frankreich und England verglichen und den universalen Führungsanspruch des Kaisers zugunsten einer Staatenpluralität zurückgewiesen.[66]

Unter Bezug auf die Gravamina fand Luther in der deutschen Nation eine neue Handlungseinheit für die Durchsetzung seiner Reformanliegen. Er wurde dadurch »zu ihrem Sprecher«.[67] An die Stelle des gelehrten Dialogs trat nun phasenweise die offene Agitation. »Deutsche Nation« wurde zum mobilisierenden Signalbegriff, der dies und jenes bedeuten konnte, in erster Linie aber mit Reformbereitschaft und der Lösung vom Joch des Papstes identifiziert wurde. Die Bereitschaft für diese neu akzentuierten Botschaften war bei Luthers Lesern und Hörern vorhanden. Sie deuteten auch seine bisherigen Einlassungen in diesem neuen Kontext. Daß sich Luther hier an den »Zeitgeist« anhängte, ist unerheblich. Er trieb die diffusen nationalen Strömungen voran, indem er sie bündelte.

Im Gegensatz zum »wehleidigen« Ton der Gravamina[68] zeichnet sich Luthers Adelsschrift durch Selbstbewußtsein aus. Die Misere wird nicht verschleiert, sondern zielgerichtet nach außen gewendet: Schuld an allen Übeln ist der Papst, dem als Antichrist der Gehorsam grundsätzlich zu verweigern ist. Er muß aus Deutschland hinausgedrängt werden, um Seelenheil, Wohlstand und Einigkeit zu fördern. Dies ist Aufgabe aller Obrigkeiten. Wer nicht mithilft, wird mitschuldig.

Der alten Botschaft von der Ausbeutung durch Rom gab Luther nicht nur eine eindeutige und offensive Stoßrichtung, sondern er forderte die deutsche Nation

64. Vgl. *Wolfgang Günter*, Martin Luthers Vorstellungen von der Reichsverfassung, Münster 1976.
65. Diese Deutung legt auch Luthers Schrift »An die gantze geistlichkeit zu Augsburg versamlet auff den Reichstag Anno 1530. Vermanung Martini Luther« nahe. Luther erinnert die Altgläubigen daran, daß der »deutsche Adel« vierhundert Punkte gegen seine Bedrückung durch die Geistlichen dem Kaiser vorgelegt habe. WA 30/II, 268-356, hier S. 277f.
66. *Günter*, Vorstellungen (wie Anm. 64), S. 33ff.
67. *Brecht*, Luther (wie Anm. 39), Bd. 1, S. 354; *Wolgast*, Gravamina (wie Anm. 13), S. 132.
68. *Thomas*, Nation (wie Anm. 3), S. 449.

auf, die Abhängigkeit sofort und einseitig zu beenden. Der Papst sollte nicht länger gebeten werden, auf bestimmte Rechte und Leistungen zu verzichten, sie waren ihm durch die Obrigkeiten einfach zu entziehen. Im Lichte dieser unmittelbaren Handlungsanweisung wird der enorme Erfolg der Adelsschrift verständlich. Es war ein im Sommer 1520 bewußt kalkulierter Schritt Luthers, seine seelsorgerischen wie theologisch-dogmatischen Reformvorstellungen an das aktive Handeln von Kaiser und Reichsständen zu binden, den Reichstag als Bühne seiner Reformanliegen zu suchen. Die Adelsschrift wurde zu einer Art Proposition der deutschen Nation für den ersten Reichstag Kaiser Karls V. Die nationale Focussierung der älteren Gravamina wie der theologischen Reformen ließen Luther und die frühe Reformation zum nationalen Ereignis werden.

Es bleibt die Frage, ob Luther ohne Rekurs auf die nationalen Strömungen Erfolg hätte haben können. Bei aller Popularität seiner seelsorgerischen Traktate, der breite öffentliche Durchbruch erfolgte erst mit den Schriften des Jahres 1520. Die in einer Erstauflage von 4.000 Stück erschienene Adelsschrift war binnen weniger Tage vergriffen.[69] In einer Modellrechnung geht Moeller von etwa einer halben Million verkaufter Lutherschriften bis zum Ende des Jahres 1520 aus.[70] Luther war ein »Medienstar«. Die Drucker rissen ihm seine Schriften aus den Händen.

Luthers Rezipientenkreis ist zwar nicht genau zu ermitteln, doch die deutschen Schriften besaßen einen deutlich höheren Verbreitungsgrad als die lateinischen. Wie der gemeine Mann seine Schriften wahrnahm, deutet sich vielleicht im Bauernkrieg an. Es scheint zweifelhaft, ob das Volk seine theologischen Positionen, auch wenn ihm diese in deutscher Übersetzung vorlagen, begreifen konnte. Was Luthers Schriften entnommen wurde, waren sein Kampf gegen Rom und die Kleriker, der Fortfall der Werkgerechtigkeit, die – offensichtlich falsch verstandene – Freiheit eines Christenmenschen und die Pfarrerwahl durch die Gemeinden, die zumindest weitergehende politische Partizipationsvorstellungen begründen halfen.[71] Zusammen mit dem zunächst bloß assoziierten und erst 1520 von Luther dezidiert aufgegriffenen nationalen Horizont war dies das Gemisch, das ihn in aller Munde brachte – noch vor seinem Wormser Auftritt 1521.

Die Forschung hat die nationale Aufladung im Umfeld Luthers bisher nicht als eine Voraussetzung seiner Wirkung, sondern als mögliche Perspektive seines Wirkens wahrgenommen. 1520 erlebten aber nicht nur die Lutherdrucke eine vorher unbekannte Verbreitung, auch von der Flugschriftenliteratur insgesamt erschien erstmals die Mehrheit in hochdeutscher Sprache – ihre Inhalte wurden

69. *Dickens*, Nation (wie Anm. 3), S. 111.
70. *Bernd Moeller*, Deutschland im Zeitalter der Reformation, Göttingen 1977, S. 62.
71. *Peter Blickle*, Gemeindereformation. Der Mensch des 16. Jahrhunderts auf dem Weg zum Heil, München 1985, bes. S. 165-215.

massenwirksam.[72] Druck und hohe Auflagen erzwangen Standardisierungen – nicht zuletzt der Sprache. Luther hat dies erkannt und sich der »gemeinen deutschen Sprache« bedient. Er habe – wie er selbst sagt – diese nicht erfunden, sondern eine Sprache benutzt, die Kaiser Maximilian und Kurfürst Friedrich von Sachsen gesprochen hätten, »daß mich beide, Ober- und Niderländer, verstehen mögen.«[73] Es war die Sprache Luthers, die das Niederdeutsche, das um 1500 im Norden des Reiches eine Hochsprache war, binnen eines Jahrhunderts zum Dialekt werden ließ und die Einheit und Eintracht in der deutschen Nation dauerhaft förderte.

Am Aufschwung deutschsprachiger Texte hatten aber auch andere Anteil – vor allem Ulrich von Hutten[74], Ritter und Humanist und damit eine Art Schnittpunkt der beiden Gruppen, von denen Luther den größten Zuspruch erfuhr. Als sich Hutten in deutscher Sprache an das Vaterland wandte, meinte er alle Stände, nicht nur den Hochadel[75]: Bisher habe er in Latein geschrieben, um Aufruhr zu vermeiden, doch damit sei nun Schluß:

> »Jetzt schrei ich an das Vaterland
> Teutsch Nation in ihrer Sprach,
> Zu bringen diesen Dingen Rach.«[76]

Hutten zielte weit direkter als Luther auf die »deutsche Nation« als ständeüberwindendes gemeinsames »Vaterland« und auf die »Freiheit« von der römischen Unterdrückung.[77] Die Bewohner Deutschlands werden ihm zur umfassenden

72. *Hans-Joachim Köhler*, Erste Schritte zu einem Meinungsprofil der frühen Reformationszeit, in: *Volker Press, Dieter Stievermann* (Hgg.), Martin Luther. Probleme seiner Zeit, Stuttgart 1986, S. 244-281, hier S. 251.
73. WA TR 1, Nr. 1040.
74. *Volker Press*, Ulrich von Hutten. Reichsritter und Humanist, in: Nassauische Annalen 85, 1974, S. 71-86; *Georg Schmidt*, Ulrich von Hutten, der Adel und das Reich um 1500, in: *Johannes Schilling, Ernst Giese* (Hgg.), Ulrich Hutten und seine Zeit, Kassel 1988, S. 19-34.
75. *Ulrich von Hutten*, Clag und vormanung gegen dem übermäßigen unchristlichen gewalt des Bapsts zu Rom ... (1520), in: *Hutten*, Deutsche Schriften, Bd. 2, Leipzig 1974, S. 36-81.
76. Ebd., S. 44, Vers 264-266.
77. *Barbara Könneker*, Germanenideologie und die Anfänge deutschen Nationalbewußtseins in der Publizistik Ulrich von Huttens, in: Ulrich von Hutten. Ritter, Humanist, Publizist 1488-1523 (= Ausstellungskatalog), Kassel 1988, S. 279-291; *Wolfgang Hardtwig*, Ulrich von Hutten. Überlegungen zum Verhältnis von Individuum, Stand und Nation in der Reformationszeit, in: GWU 35, 1984, S. 191-206; *Günter Vogler*, Ulrich von Hutten und sein ›Vaterland‹, in: Zeitschrift für Geschichtswissenschaft 36, 1988, S. 410-427; *Wilhelm Kreutz*, Die Deutschen und Ulrich von Hutten, München 1984.

Appellationsinstanz. Er schuf ihnen mit »Arminius«, der die Römer auf dem Höhepunkt ihrer Macht besiegt hatte, eine zukunftsträchtige Heldenfigur.[78] Hutten wollte Luther unterstützen, denn er sah sich wie dieser verfolgt, weil sie beide – wie er Kurfürst Friedrich von Sachsen schrieb – »nitt haben leyden mögen, (daß, G. S.) unser vatterland Teütsch Nation, der doch vor anderen allen freyheit gebürt, in gefengnüß und dienstbarkeyt gesatzt werden.«[79] Doch Hutten dachte auch an den bewaffneten Kampf, Luther vertraute auf das Wort.[80] Bezeichnenderweise ignorierten die wirklich Mächtigen im Reich Luther auch dann noch, als er in den Städten und beim niederen Adel bereits viele Anhänger gefunden hatte: Sylvester von Schaumburg sprach von »hundert vom Adel«, die Luther Schutz bieten wollten[81], und Hutten sorgte dafür, daß Franz von Sickingen – bei dem er selbst Unterschlupf gefunden hatte – Luther auf die Ebernburg einlud. Wie Luther richtete auch Hutten seine Hoffnungen auf den jungen Kaiser Karl V., den – wie er 1519 schrieb – »widerbringer der teütschen freyheit«.[82] Die Chance schien groß, mit ihm an der Spitze die römische Kurie und die Kirche zu reinigen und das mittelalterliche Reich mit Deutschland als Zentrum wiederentstehen zu lassen: »Got hat uns ein jungs edlisz blut zum heubt geben, damit viel hertzen zu groser guter hoffnung erweckt ...«[83] Doch Karl V. mußte alle Hoffnungen enttäuschen. Ihm blieb die Reformation als ein »deutsches Ereignis« fremd.[84] Er stand fest an der Seite der alten Kirche und konnte den ihm zugedachten Heldenpart nicht spielen. Diese Rolle fiel kurzfristig einem anderen zu – Martin Luther. Er erscheint auf einem Holzschnitt Hans Holbeins d. J. als »Hercules Germanicus«, der die anerkannten Autoritäten vernichtet. Doch dieses wohl nach dem Vorbild eines Einblattholzschnittes, der Maximilian als Hercules Germanicus zeigt[85], und mit Ironie gezeichnete Blatt sieht Luther eben auch als einen im Reich des Geistes wütenden Vertreter roher Gewalt.[86]

78. *Hans-Gert Roloff*, Der Arminius des Ulrich von Hutten, in: *Rainer Wiegels, Winfried Woesler* (Hgg.), Arminius und die Varusschlacht, Paderborn 1995, S. 211-238.
79. *Hutten*, Deutsche Schriften (wie Anm. 75), Bd. 2, S. 99.
80. *Brecht*, Luther (wie Anm. 39), Bd. 1, S. 400.
81. 1520, Juni. WA Br 2, Nr. 298.
82. *Hutten*, Deutsche Schriften (wie Anm. 75), Bd. 1, S. 85.
83. WA 6, 405.
84. *Volker Press*, Reformatorische Bewegung und Reichsverfassung. Zum Durchbruch der Reformation – soziale, politische und religiöse Faktoren, in: *Volker Press, Dieter Stievermann* (Hgg.), Martin Luther. Probleme seiner Zeit, Stuttgart 1986, S. 11-42, Zitat S. 20.
85. *Jörg Jochen Berns*, Maximilian und Luther. Ihre Rolle im Entstehungsprozeß einer deutschen National-Literatur, in: *Klaus Garber* (Hg.), Nation und Literatur im Europa der frühen Neuzeit, Tübingen 1989, S. 640-668, hier S. 641ff.
86. *Brecht*, Luther (wie Anm. 39), Bd. 1, S. 410; *Warnke*, Cranachs Luther (wie Anm. 48), S. 55f.

Obwohl gebannt, wurde Luther vor den Wormser Reichstag geladen. Daß er noch nicht in die Reichsacht erklärt worden war, war ohne Beispiel – ein Akt des Mißtrauens gegenüber dem römischen Ketzerprozeß, eine Geste gegenüber seinem hoch angesehenen Landesherrn, Kurfürst Friedrich dem Weisen von Sachsen, eine Folge der Spannungen in der abendländischen Christenheit und der Papstkritik. Es bezeugt die von Luthers Schriften ausgehende Wirkung und ist Zeichen einer selbstbewußt gewordenen deutschen (Stände-)Nation. Die geschickte Regie Karls V. verhinderte jedoch, daß er sein in der Adelsschrift skizziertes nationalkirchliches Reformprogramm vertreten konnte.[87]
Luthers Standhaftigkeit imponierte jedoch der Nachwelt weit mehr als vielen Reichsständen, denn sie blockierte die auch von ihnen gewünschten nationalkirchlichen Lösungsansätze. Dies zeigen vor allem die Nachverhandlungen und das Angebot, nur seine »Lehrirrtümer« zu widerrufen. Zumindest ein Teil der Stände wollte offensichtlich Luthers Popularität im Kampf um die Beschwerden der deutschen Nation auch weiterhin als Druckmittel nutzen, scheute aber den offenen Bruch mit Rom.[88] Mit seiner Weigerung zerriß Luther diesen wirkungsmächtigen Zusammenhang von »causa Lutheri« und »Gravamina«.[89]
Karl V. datierte das Wormser Edikt auf den 26. Mai: Luther und seine Anhänger waren in der Reichsacht, verboten war die Verbreitung seiner Bildnisse, Meinungen und Lehren, seine Schriften sollten verbrannt werden.[90] Davon unabhängig ging die Gravamina-Diskussion weiter. Ein Ständeausschuß trug die Klagen der deutschen Nation in 102 Artikeln zusammen. Gregor Scheifelin, Mitglied der Pfälzer Reichstagsgesandtschaft, berichtet: »in dem wirt Luthers und Huttens schreiben des babst und ander gaistlich unordnung halb, ausgenomen was den heiligen cristenlich glauben betrifft, das es dannoch bei den stenden etwas gewurkt hat, vermerkt ...«[91] Hier tritt einmal mehr der rezipierte Luther hervor – ein ganz und gar politischer Luther, dessen theologische Anliegen den Handelnden als unliebsames Hindernis in ihrem Kampf gegen das Papsttum erschienen. Selbst Humanisten wie Vadian oder Ziegler sahen in Luther lediglich den Kämpfer gegen Rom und für ein starkes Deutschland.[92] Die frühe reformatorische Bewegung wurde »fast zu einer nationalen Identifi-

87. *Rainer Wohlfeil*, Der Wormser Reichstag von 1521, in: *Fritz Reuter* (Hg.), Der Reichstag zu Worms von 1521, Worms 1971, S. 59-154; *Heinz Scheible*, Die Gravamina, Luther und der Wormser Reichstag 1521, in: Blätter für pfälzische Kirchengeschichte und religiöse Volkskunde 39, 1972, S. 167-183.
88. Vgl. *Horst Rabe*, Reich und Glaubensspaltung. Deutschland 1500-1600, München 1989, S. 159ff.; *Schilling*, Aufbruch (wie Anm. 10), S. 205ff.
89. *Wilhelm Borth*, Die Luthersache (Causa Lutheri) 1517-1524, Lübeck, Hamburg 1970.
90. RTA j. R., Bd. 2, S. 640-661.
91. Ebd., S. 898f.
92. *Stadtwald*, Patriotism (wie Anm. 34), S. 101.

kationsformel der Deutschen«.[93] Anonyme Flugschriften wie »Beclagung Tütscher Nation« oder »Lamentationes germanicae nationis« sind in dieser Hinsicht eindeutig.[94]

Nuntius Aleander berichtete am 8. Februar nach Rom: »Jetzt aber ist ganz Deutschland in hellem Aufruhr; neun Zehnteile erheben das Feldgeschrei: ›Luther!‹ und für das übrige Zehntel, falls ihm Luther gleichgiltig ist, lautet die Losung wenigstens: Tod dem römischen Hofe!«[95] Einen Monat später schrieb er über Hutten: Der Kaiser habe ihm nahegelegt zu schweigen, doch im kaiserlichen Rat überlege man, Hutten in Dienst zu nehmen »und ihn auf diese Weise zum schweigen zu bringen, denn einen deutschen Edelmann zu bestrafen, ist ein schwieriges Unternehmen ..., besonders wenn er über einen mächtigen Anhang von Mitschuldigen verfügt wie Hutten, der auch mit Franz von Sickingen verschworen ist und sich gegen die Kirche aufgelehnt hat, denn das klingt in deutschen Ohren gar lieblich«.[96] Mitte März zeichnet er dann ein beinahe »humanistisches« Deutschlandbild: »diese tollen Hunde, die Deutschen, sind ausgerüstet mit den Waffen des Geistes und des Armes und wissen sich trefflich zu rühmen, daß sie nicht mehr die dummen Bestien sind wie ihre Vorfahren, daß sie das Wasser des Tiber in ihren Rhein herübergeleitet, daß Italien ihnen den Schatz seiner Wissenschaften habe abtreten müssen.«[97] Der englische Gesandte Tunstal wollte von Gattinara erfahren haben, daß hunderttausend Deutsche bereit stünden, ihr Leben für Luther zu opfern.[98] Die Stände erklärten derweil dem Kaiser, daß der gemeine Mann »aus des Lutters predig, lere und schriften ime allerlei gedenke, fantasei, furnemen und willen genomen...«[99] »Luther hatte eine fundamentale Strömung ausgelöst, eine neuartige Bewegung im deutschen Raum, die sich mit nationalen und sozialen Emotionen verband und die unterschiedlichsten Kräfte zusammenfaßte ...«[100]

III. Ausblick

Für Luther markierte die ernüchternde Bilanz des Wormser Reichstags einen weiteren Wendepunkt. Gegenüber Hartmut von Kronberg äußerte er im März 1522: »yhr wist, das die sund zu Wurmbs, da die gotlich warheytt szo Kyndisch

93. *Press*, Bewegung, (wie Anm. 84), S. 13.
94. Vgl. *Dickens*, Nation (wie Anm. 3), S. 121.
95. Die Depeschen des Nuntius Aleander vom Wormser Reichstag 1521, übers. und eingel. von *Paul Kalkoff*, Halle 1886, S. 43.
96. Ebd., S. 88f.
97. Ebd, S. 102.
98. RTA j. R., Bd. 2, S. 783.
99. Ebd., S. 515f.
100. *Press*, Bewegung (wie Anm. 84), S. 15.

verschmacht, szo offentlich ... unverhört verdampt wardt, freylich eyn sund gantzer gemeyner teutscher Nation ist, darumb das die hewbter sollichs thetten ...«[101] Die deutsche Nation sind nun nicht mehr nur die Häupter und Führungsschichten, sondern die Gesamtheit der Deutschen, ihr fühlte sich Luther verpflichtet, wenn er 1524 erklärte, er suche »alleyn des gantzen Deutschen lands glück und heyl«.[102] Trotz seiner negativen Erfahrungen mit der auf dem Reichstag versammelten Ständenation verzichtete Luther darauf, das Volk, die Nation im Sinne Huttens, gegen »Rom« zu mobilisieren. Das Fehlen eines solchen Mobilisierungsprogramms und den Rückzug auf die Wartburg hat Meißinger Luther vorgeworfen. »Kein Landesfürst hätte sich der nationalen Bewegung widersetzen können, ohne seinen Thron zu wagen...«[103] Luther wollte jedoch eine geordnete Reform, und dafür kamen, da sich Kaiser und Reich verweigert hatten, nur die weltlichen Reichsstände in Frage. Der Bauernkrieg bestärkte ihn in seiner Haltung: Er setzte auf Fürsten und städtische Magistrate als zuständige weltliche Obrigkeiten.
Der Wormser Reichstag hat – gerade weil er Luther zurückwies – die »nationale Kristallisation« wenigstens im evangelischen Deutschland verstärkt.[104] Er wurde über Jahrhunderte hinweg wegen der Standhaftigkeit Luthers als »nationaler Focus« der Reformation wahrgenommen. Doch nicht dies, sondern die durch Luther erreichte Bündelung und Popularisierung des disparaten nationalen Denkens und Handelns lassen eine solche Einschätzung vertretbar erscheinen. Der Part des Helden einer im »Aufbruch« befindlichen Nation überstieg hingegen Luthers Integrationsvermögen. Ein reichseinheitliches Verhalten gegenüber seinen Reformanliegen war nicht konsensfähig. Das Scheitern des Nationalkonzils und die Partikularreformen des Regensburger Konvents beendeten 1524 die Aussichten auf eine deutsche Nationalkirche, der Bauernkrieg wenig später Luthers Rolle des integrativen nationalen Helden. »Der Heros nahezu aller Deutschen wurde am Ende der Vater der deutschen Landeskirche.«[105]
Waren Luther und die frühe Reformation dennoch ein nationales Ereignis? Sie waren es, weil Luther die zeitgenössischen antipapalistischen und nationalen Stimmungen bündelte. Er machte seine Papstkritik zur nationalen Frage und wurde

101. Eyn missive allen den, szo von wegen des wort gottes verfolgung leyden an Hartmutt von Cronberg geschrieben 1522. WA 10/II, 53-60, hier S. 57.
102. An die Burgermeyster und Radherrn allerley stedte ynn Deutschen landen 1524. WA 15, 27-53, hier S. 53.
103. *Karl August Meißinger*, Luther. Die deutsche Tragödie 1521, München 1953, bes. S. 179-187, Zitat S. 183.
104. *Heinrich Lutz*, Das Ringen um deutsche Einheit und kirchliche Neuerung, Frankfurt, Berlin, Wien 1983, S. 219.
105. *Volker Press*, Martin Luther und die sozialen Kräfte seiner Zeit, in: *Erwin Iserloh, Gerhard Müller* (Hgg.), Luther und die politische Welt, Stuttgart 1984, S. 189-217, Zitat S. 202.

weit über die adligen und geistigen Eliten hinaus in diesem Sinne verstanden. Die Adelsschrift gab auch den vorherigen Luthertexten eine neue, einfach zu deutende politische Stoßrichtung. Luther wurde dadurch kurzfristig zur nationalen Symbolgestalt. Im Kontext einer Diskussion, die den Nationsbegriff an umfassende Partizipationsverheißungen bindet, könnte man sogar davon sprechen, daß der falsch verstandene Luther zum nationalen Helden seiner Zeitgenossen wurde. Obwohl sich Luther mit dieser und anderen falschen Inanspruchnahmen in seinen späteren Schriften immer wieder auseinandergesetzt hat, bleibt der entpolitisierte Luther eine Konstruktion der Theologen und Historiker. Er selbst wollte auch politisch wirken, und er hat in diesem Sinne gewirkt, wenn auch phasenweise anders als von ihm beabsichtigt.

Dieser politisch agierende und verstandene Luther ist zeitbedingt und keineswegs »Vorgeschichte«, schon gar nicht ist er für irgendwelche Folgen verantwortlich oder gar haftbar zu machen. Daß es Luther um theologische Reformen ging, ignorierte oder verdrängte ein Teil seiner einflußreichen Mitstreiter. Als er aber auf seinen Glaubensgrundsätzen beharrte, verlor er diese wieder, weil sie aus unterschiedlichen Gründen mit einem Häretiker nichts zu tun haben wollten. Im Bauernkrieg mußte er sich dann derjenigen erwehren, die das Evangelium wörtlich nahmen und ihre Teilhabevorstellungen verwirklichen wollten. Luther und die frühe Reformation waren ein nationales Ereignis, weil sie neue Horizonte für die deutsche Nation öffneten: gerade nicht im Sinne einer Antizipation des preußisch-protestantischen Bismarckreiches, sondern eines religiösen Nebeneinanders, das in Toleranz einübte und eine komplementäre Staatlichkeit festzuschreiben half, die nach außen nicht expansiv werden konnte, und die im Inneren auch für die Untertanen erstaunlich viele Rechte und Freiheiten bereithielt.[106]

106. Vgl. *Georg Schmidt*, »wo Freiheit ist und recht ..., da ist der deutsche Untertan« ? in: *Klaus Manger* (Hg.), Jenaer Universitätsreden, Bd. 2, Jena 1997, S. 99-117.

Bernd Moeller

Die frühe Reformation in Deutschland als neues Mönchtum

Die Überschrift meines Referates deutet die Pointe dessen, was ich Ihnen darlegen möchte, bereits an. Ich folge mit ihr, vergröbernd und zuspitzend, einer Formulierung von Johannes Schilling[1], dem ich ebenso wie einigen anderen hier anwesenden Kollegen für wichtige Anregungen zu danken habe. Was ich vorlege, ist eine kirchenhistorische Untersuchung, d. h. eine solche, die vorwiegend nach den in Kirche und Christentum selbst gegebenen Strukturelementen und Lebensgesetzen fragt und sie als produktive Kräfte des allgemeinen geschichtlichen Wandels nicht unterschätzt. Meine Untersuchung hat drei Teile: Ich werde zunächst von den Voraussetzungen der Reformation im Bereich des Mönchtums sprechen, sodann von Luther als Mönch und schließlich von der frühen Reformation in Deutschland als ganzer.

I.

Es ist eine Trivialität festzustellen, daß wir, wenn wir vom Mönchtum reden, von einem Hauptfaktor des kirchlichen Lebens und einer zentralen Erscheinung der Gesellschaft im ausgehenden Mittelalter reden. Mönche und Nonnen hatten an der Allgegenwart des Kirchlichen in diesem Zeitalter gewichtigen Anteil. Es gab viele Hunderte von Klöstern in Deutschland – Walter Ziegler rechnet mit ca. 360 Prälatenklöstern und ca. 300 Bettelordensklöstern um 1500, eine wie ich glaube zu niedrig gegriffene Zahl, abgesehen davon, daß die vielen Gemeinschaften und Institutionen halbklösterlicher Art nicht mitgezählt sind.[2] Entsprechend gab es, in Stadt und Land, Tausende und Abertausende von Mönchen und Nonnen, von denen jedenfalls die männlichen Angehörigen der Bettelorden in die Öf-

1. *Johannes Schilling*, Gewesene Mönche. Lebensgeschichten in der Reformation, München 1990, 28: »So könnte man sagen, daß die Reformation sich selbst gleichsam als ein neues Mönchtum verstand oder doch so verstanden werden konnte.«
2. *Walter Ziegler*, Reformation und Klosterauflösung. Ein ordensgeschichtlicher Vergleich, in: *K.Elm*, Hg., Reformbemühen und Observanzbestrebungen im spätmittelalterlichen Ordenswesen, Berlin 1989, 585-614 (587).

fentlichkeit geradezu hineindrängten. Wenn erwogen wird, ob nicht in manchen Städten mit einem Anteil der Geistlichen an der Bevölkerung in der Größenordnung von 10 % zu rechnen sei[3], dann sind da jeweils Hunderte von Religiosen einbezogen. Einiges spricht dafür, daß auch in diesem Bereich die letzten Jahrzehnte des Mittelalters zugleich die extensivsten und intensivsten Phänomene des Mittelalters zeigten.

Das heißt, es bestand und blühte wie seit mehr als einem Jahrtausend diese Institution der Frömmigkeit, deren Zugehörige sich für ein Leben in christlicher Vollkommenheit entschieden hatten oder doch jedenfalls in dem Ruf standen, dies getan zu haben, die dadurch von den Laien, den normalen Christen, abgehoben waren und die für die geistlichen Anstrengungen der letzteren sei es eine Vorbild-, sei es eine Substitutionsfunktion innehatten. Damit war das Mönchtum nach wie vor virulent als offenbar notwendiger Bestandteil des Corpus christianum und hielt innerhalb der Sakraments- und Jedermannskirche etwas von den absoluten Kategorien der christlichen Ursprünge wach. Noch immer konnten Klöster »Ausstrahlungszentren für christliche Kultur« sein, konnten Mönche »Sprengstoff für alle sozialen Probleme« bieten, um Formulierungen von Ernst Troeltsch zu gebrauchen[4], und es konnte also scheinen, daß dieses Instrument, das der Kirche zur Integration oder Abwehr neuer geschichtlicher Herausforderungen seit eh und je zur Verfügung stand, wie eh und je intakt war.

Dieser Anschein konnte insbesondere deshalb entstehen, weil das Mönchtum in Deutschland ja soeben erst eine Periode intensiver Reformen durchlaufen hatte, die in Teilbereichen auch noch fortdauerte.[5] Auch dies war ein von alters her gewohnter Vorgang: Die ganze Geschichte des Mönchtums im abendländischen Mittelalter war durchzogen gewesen von Wellen der Reform, und nicht bloß die Klöster selbst, die Mönche und Nonnen, die Orden, waren hiervon immer neu ergriffen und verwandelt worden, sondern das Mönchtum hatte immer neu auch für die ganze Kirche, ja die ganze Gesellschaft maßgebende Reformimpulse geliefert.

Die Reformbewegung, die seit dem späten 14. und zumal im 15. Jahrhundert so gut wie alle Bereiche des Mönchtums erfaßt hatte, unterschied sich von früheren

3. So rechnet z.B. *Hildegard Eberhardt*, Die Diözese Worms am Ende des 15. Jahrhunderts, Münster 1919, 51f., für die Bischofsstadt Worms. In der Nicht-Bischofsstadt Erfurt ist nach *Stefan Oehmig*, Mönchtum – Reformation – Säkularisation. Zu den demographischen und sozialen Folgen des Verfalls des Klosterwesens in Mitteldeutschland (Zs.f.Gesch. des Feudalismus 10, 1986, 209-249) 215, mit einem Bevölkerungsanteil der Geistlichen von 5,5 – 6 % zu rechnen.
4. *Ernst Troeltsch*, Die Soziallehren der christlichen Kirchen und Gruppen, Tübingen 1922 (ND Aalen 1977), 122; 177.
5. Der Vorgang hat in letzter Zeit in der Forschung lebhafte Aufmerksamkeit gefunden und wichtige Klärungen erfahren. Repräsentativ hierfür ist der in Anm.2 genannte Sammelband.

Vorgängen durchaus nicht in der Intensität und Ausrichtung und ebensowenig in der Wirksamkeit, sondern allenfalls – wenn man es wagen darf, den ganzen vielschichtigen Sachverhalt jetzt einmal produktiv zusammenzufassen – in der Rolle, die die Laien in ihr gespielt hatten und spielten. Auch jetzt war es vorwiegend um die Wiederbelebung der alten Mönchsideale – Rückzug aus der Welt und Verstärkung der Spiritualität, des Regelgehorsams und der monastischen Zucht – gegangen, dazu um die Verbesserung von Verwaltung und Wirtschaft der Klöster. Was jedoch diese Reform in den alten wie neuen Orden auffällig machte, war die Art und Weise, in der die weltlichen Gewalten, vor allem weltliche Fürsten und städtische Räte, an der Einführung und Gestaltung der klösterlichen Neuerungen Anteil nahmen, sowie die Ausstrahlung dieser Entwicklungen in das Frömmigkeitsleben der Laien hinein, ihre Mitwirkung an dem Vorgang der »laicization of religion«[6], der das ausgehende Mittelalter kennzeichnete. In manchen Regionen und Städten ist die Klosterreform durch die Obrigkeiten in einer offenkundigen Vereinigung politischer und spiritueller Motive regelrecht verordnet, ja manchmal unter Zwang durchgesetzt worden[7], und es bildeten sich da und dort neue Formen halbmonastischer Existenz, zwischen Kloster und Welt, am deutlichsten in Gestalt der von den Niederlanden her ausstrahlenden, weitläufigen Bewegung der sog. Devotio moderna.[8]
All dies läßt den Schluß zu, daß aufs Ganze gesehen das Mönchtum am Ende des Mittelalters zumindest in Deutschland zu den anerkannten kirchlichen Institutionen gehörte, zu jenen, an denen die Gesellschaft sich orientierte und von denen sie Hohes erwartete. Daß Mönche das geistliche Leben definierten, daß Laien die Heilsmöglichkeiten der Mönche hochschätzten und ihnen nacheiferten, sich ihren Weisungen aussetzten und ihre Gebete suchten, war sozusagen selbstverständlich. Mönche und Nonnen wurden zwar vielleicht nicht immer in ihrer konkreten Erscheinung, wohl aber als Gesamtheit, als Stand, in aller Regel geachtet und geehrt, sie hatten gewissermaßen das Vorurteil der Ehrwürdigkeit auf ihrer Seite.

6. *Paul L. Nyhus* in dem oben Anm.2 genannten Sammelband, 217. Vgl. hierzu aus letzter Zeit den wichtigen Aufsatz von *Klaus Schreiner*, Laienfrömmigkeit – Frömmigkeit von Eliten oder Frömmigkeit des Volkes?, in: *Ders.*, Hg., Laienfrömmigkeit im späten Mittelalter, München 1992, 1-78. Lehrreich auch: *R.Emmet McLaughlin*, University, Scholasticism, and the Origins of the German Reformation (History of Univ. 9, 1990, 1-43).
7. Hierzu neuerdings: *Dieter Stievermann*, Landesherrschaft und Klosterwesen im spätmittelalterlichen Württemberg, Sigmaringen 1989; *Manfred Schulze*, Fürsten und Reformation. Geistliche Reformpolitik weltlicher Fürsten vor der Reformation, Tübingen 1991, sowie nunmehr *Johannes Schilling*, Klöster und Mönche in der hessischen Reformation, Gütersloh 1997.
8. Wichtig hierzu: *Kaspar Elm*, Die Bruderschaft vom gemeinsamen Leben. Eine geistliche Lebensform zwischen Kloster und Welt, Mittelalter und Neuzeit (Ons geestelijk erf 59, 1985, 470-496).

Wo es Verfall im Klosterleben gab – und daran fehlte es, wenn man den zeitgenössischen Quellen folgt, allerdings nicht –, wurde er doch zumeist als Ungehörigkeit registriert, die es zu beseitigen galt. Grundsätzlich ist, den Forschungen von Bernhard Lohse[9] zufolge, der mönchische Sonderweg als solcher vor Luther nur ein einziges Mal in Zweifel gezogen worden, und zwar von John Wyclif nach 1381, mit dem Argument, die Bibel wisse von dieser Existenzform nichts, Mönchtum und Evangelium stünden in einem klaren Widerspruch zueinander. Im übrigen traf man an Mönchskritik im Grunde immer nur ein Infragestellen von Details oder Symptomen an. Kirchliche und weltliche Politiker, die die Reform betrieben, konnten das Zurückbleiben einzelner Personen oder Konvente hinter ihren Ansprüchen bemängeln[10], die Gravamina nationis Germanicae kritisierten Hypertrophien und Übertreibungen im monastischen Bereich[11], und selbst noch ein so vehementer Mönchskritiker wie der einstige Mönch Erasmus von Rotterdam blieb zumindest bis 1521, bis zu der merkwürdigen Schrift *De contemptu mundi*[12], in diesem Rahmen, auch wenn er schon in einem berühmten Abschnitt der *Laus stultitiae* mit dem Vergleich zwischen der mönchischen Lebensweise und dem Liebesgebot Christi ein neues Urteilskriterium eingeführt hat, das überaus anspruchs-

9. Zum folgenden *Bernhard Lohse*, Mönchtum und Reformation. Luthers Auseinandersetzung mit dem Mönchsideal des Mittelalters, Göttingen 1963, 176ff.
10. Zahlreiche Belege in dem Buch von *Schulze* (wie Anm.7) passim.- Für die englische Literatur des Spätmittelalters wird eine bis auf den Pariser Mendikantenstreit des 13. Jahrhunderts zurückgehende Tradition der Bettelordenskritik behauptet von *Penn R. Szittya*, The Antifraternal Tradition in Middle English Literature (Speculum 52, 1977, 287-313); *Ders.*, The Antifraternal Tradition in Medieval Literature, Princeton/N.J. 1986.
11. In der Fassung des Wormser Reichstags von 1521 (102 Artikel, Deutsche Reichstagsakten Jüngere Reihe Bd.2, Gotha 1896, Nr.96) vor allem der umfangreiche Artikel 72 über die Bettelorden.
12. Unter diesem Titel veröffentlichte Erasmus 1521 eine mehr als dreißig Jahre zuvor abgefaßte *Epistola*, in der er einstmals, als er selbst im Begriff stand, Mönch zu werden, oder es eben geworden war, das klösterliche Leben verherrlicht hatte: Opera omnia Bd.V/1, Amsterdam 1977, 1-86. Dieser *Epistola* fügte er jedoch, offenbar erst für die Druckausgabe und zu diesem brisanten Zeitpunkt, ein XII. Kapitel hinzu, in dem er mit dem zeitgenössischen Mönchtum scharf ins Gericht ging und das auf die Pointe hinauslief, das Leben des frommen Christen in der Welt sei das wahre Mönchsleben: *Mature oportet esse Christianum, sero monachum, quanquam abunde monachus est quisquis pure Christianus est* (84, 207-209). *Proinde tu sic mundum fac relinquas vt innocentissimis quibusque te adiungas, et in monasterio te esse puta vbicunque versaberis inter eos qui veritatem, qui pudicitiam, qui sobrietatem, qui modestiam amant ... Nec imagineris tibi quicquam in votis deesse, si votum quod Christo professus es in baptismo praestiteris* (85, 228-233). Die Schrift endete mit dem Satz: *Neque tibi displiceas, si non sis de grege Dominicalium aut Carmelitarum, modo sis de grege vere Christianorum* (86, 235f.).

voll war und später höchst wirksam werden sollte.[13] Wenn man bei Erasmus lesen konnte: *Monachatus non est pietas*[14], dann sollte das heißen, daß Mitgliedschaft in einem Orden keine Garantie für Frömmigkeit bedeute. Daß der mönchische Heilsweg ganz verfehlt, daß er geradezu ein Hindernis für den Glauben und daher zu meiden und zu fliehen sei, das hat niemand vor Luther gesagt.

II.

Luther hat gelegentlich von sich behauptet, er habe in seiner Klosterzeit zu den besten Mönchen gehört.[15] Von seinen 63 Lebensjahren nahm diese Klosterzeit ungefähr das mittlere Drittel ein, die wichtigen Jahre des jungen Mannes zwischen dem 22. und dem 42. Lebensjahr. Sie endete in mehreren Etappen, die sich in einzelnen Ereignissen erfassen lassen: das Zerbrechen der theologischen Theorie und der religiösen Evidenz des Mönchsstandes läßt sich auf die kaum mehr als zehn Tage datieren, in denen Luther im November 1521 die umfangreiche und tiefgründige Abhandlung *De votis monasticis iudicium* herunterschrieb, eine der wohl geradezu rauschhaften literarischen Tätigkeiten seiner Wartburgzeit[16]; die öffentliche Erscheinung des Reformators als Mönch ging zu Ende mit dem ersten Auftreten auf der Kanzel *indutus veste communi*, also dem Ablegen der Mönchskutte, am 9. Oktober 1524[17]; und in seiner Heirat am 13. Juni 1525, also mit dem Bruch des Keuschheitsgelübdes, dehnte Luther den Abschied vom Mönchtum schließlich auch auf seine private Existenz, auf den eigenen Lebensvollzug aus.[18]

13. Erasmus von Rotterdam, *Laus Stultitiae* (1511), Kap.54, bei *Werner Welzig*, Hg., Erasmus von Rotterdam, Ausgewählte Schriften Bd.2, Darmstadt 1975, 142-157.
14. Im Schlußwort des *Enchiridion militis Christiani: Welzig* (wie Anm.12), Bd. 1, 370. Kommentiert bei *Erika Rummel*, Erasmus and his Catholic Critics Bd.1, Nieuwkoop 1989, 189, sowie zuletzt bei *ders.*, Monachatus non est pietas, in: *Hilmar M. Pabel*, Hg., Erasmus' Vision of the Church, Kirksville, Miss. 1995, 41-55.
15. WA 40/I, 685, 20-24 (Großer Gal.-Komm., 1535, zu Gal. 4,30): *Et loquor iam non de Monachis impiis, qui Deum ventrem coluerunt et horribilia peccata, quae non libenter nomino, commiserunt, sed de optimis, qualis ego unus fui et multi alii, qui sancte vixerunt et summo labore ac studio conati sunt per observationem Ordinis placare iram Dei et mereri remissionem peccatorum ac vitam aeternam.*
16. WA 8, 573-669. Zur Datierung ebd. 564.
17. WA 15, 408; vgl. ebd. 713,2; WA Br 3, S.301 Anm.6. Eine Woche später, am 16.10., trug er die Kutte noch einmal (ebd.). Bis dahin hatte er sie, wie er einige Monate zuvor behauptete, *ad sustentationem infirmorum et ad ludibrium pape* beibehalten: WA Br 3, Nr.148, 23-25.
18. Ähnlich pointiert *Ulrich Köpf* in seinem lehrreichen Aufsatz »Martin Luthers Lebensgang als Mönch«, in: *G.Ruhbach – K.Schmidt-Clausen*, Hg., Kloster Amelungsborn 1135-1985, Hannover 1985, 187-208 (195f.).

Luthers Abschied vom Mönchtum war langwierig, und er hat damit offenkundig Mühe gehabt, was auch der Öffentlichkeit vermittelt wurde. Er hatte einstmals ja gemeint, *der welt reine abgestorben* zu sein[19], und hat gelegentlich auch in späteren Jahren noch mit dem Gedanken, daß er Mönch geblieben wäre[20], gespielt.
Trotz alledem ist eindeutig, daß es Luther ist, auf den die spezifisch reformatorische Kritik am Mönchtum zurückgeht, er hat diese Kritik gewissermaßen erfunden.[21] Und zwar indem er das Problem der Rechtfertigung in den Diskurs einbrachte, also die Auffassung von der Verdienstlichkeit des monastischen Lebens und von dessen religiöser Höherwertigkeit bestritt und den theologischen Fehler, den er an dieser Stelle sah, bei der Theorie und Praxis der mönchischen Gelübde lokalisierte. Luther zog nicht die Unbedingtheit der göttlichen Forderung in Zweifel, erklärte aber die Frage nach der Erfüllbarkeit dieser Forderung für abwegig und ließ allein den Glauben als Medium der Gottesbeziehung gelten. So stellte er die monastische Existenzweise nicht so sehr durch Ablehnung, sondern durch Ausdehnung auf alle Christen in Frage, griff damit aber dem Mönchtum in einer Weise an die Wurzeln, wie das niemand zuvor getan hatte, nämlich religiös – was schon völlig ungewöhnlich war – und darüber hinaus auch noch sozial.
Luther hat diese im eigentlichen Sinn radikale Position erst relativ spät erreicht. Auch wenn man mit Recht sagen kann, seine gesamte theologische Neubesinnung, der gesamte reformatorische Umbruch stehe von Anfang an mit seiner Mönchsexistenz in einem Zusammenhang und sei durch sein Scheitern an dem mönchischen Vollkommenheitsanspruch ausgelöst worden, so hat er selbst doch die neu gewonnene Rechtfertigungserkenntnis zunächst längere Zeit nur partiell auf das Mönchtum angewendet. Ohnehin fällt auf, daß vom monastischen Leben in Luthers frühen theologischen Äußerungen, vor 1521, nicht sehr häufig die Rede ist. Erst in *De votis monasticis* trat die umstürzende Einsicht, dieser

19. WA TR 4, Nr.4707 (1539).
20. Z.B. WA Br 4, Nr.1228, 36-38 (an Heino Gottschalk, Abt von Oldenstadt, 28.2.1528): *...et ego sic* (im Kloster) *aliquamdiu vixi, vixissemque diutius et adhuc hodie, si fratres et conditio monasterii passi fuissent.*
21. Die wichtigste monographische Arbeit zum Thema »Luther und das Mönchtum« ist nach wie vor das oben Anm.9 genannte Buch von *Bernhard Lohse*; vgl. zuletzt von *dems.* Vf.: Luther und Bernhard von Clairvaux, in: *Kaspar Elm*, Hg., Bernhard von Clairvaux. Rezeption und Wirkung im Mittelalter und in der Neuzeit, Wiesbaden 1994, 271-301.- Das Verstehen Luthers wird ebenfalls besonders gefördert durch: *René H. Esnault*, Kontinuität von Kirche und Mönchtum bei Luther, in: *I.Asheim*, Hg., Kirche, Mystik, Heiligung und das Natürliche bei Luther, Göttingen 1967, 122-142; *Reinhard Schwarz*, Luthers unveräußerte Erbschaft an der monastischen Theologie, in: *Ruhbach-Schmidt-Clausen* (wie Anm.18) 209-231. Einiges läßt sich auch dem Buch von *Heinz-Meinolf Stamm*, Luthers Stellung zum Ordensleben, Wiesbaden 1980, entnehmen, das jedoch insgesamt in eine andere Richtung zielt.

Stand sei durch die ewigen Gelübde zur Werkgerechtigkeit gewissermaßen prädisponiert, in den Vordergrund, erst von da an gehörte auch das Mönchtum, so wie es war, für ihn zu jenen Einrichtungen der herkömmlichen Kirche, die im Licht des neu erkannten Evangeliums keinen Bestand haben konnten.

Daß Luther das Mönchtum selbst von innen her und in besonders vollkommener Ausprägung kennengelernt und durchlebt hatte, war offenbar eine der Bedingungen für diese seine Kritik.[22] Es machte sie authentisch und nachvollziehbar und förderte ihre Radikalität. »Das Mönchtum selbst (hat) ihn über das Mönchtum (hinausgetrieben)«, so hat Karl Holl formuliert.[23] Auch daß der Reformator für ein recht verstandenes Mönchtum gleichwohl einen Platz freihielt, für ein solches nämlich, in dem die Gelübde *in libertate spiritus* gehalten wurden[24], ist in diesem Zusammenhang festzuhalten. *Wir sind Bettler, das ist wahr,* Luthers berühmtes »letztes Wort«[25], kann auch als die Lebensbilanz eines einstigen Bettelmönchs gewürdigt werden.

III.

Die aus der Reformation hervorgegangenen Kirchen sind diejenigen, in denen es kein Mönchtum gibt. Dies ist ein fundamentaler und beinahe eindeutiger Sachverhalt – ein Sachverhalt von einer Eindeutigkeit, die den Historiker geradezu bestürzen kann. Auch ist er nach dem, was wir zuvor festgestellt haben, erstaunlich. Denn offenbar hat weder die von uns registrierte hohe kirchlich-gesellschaftliche Bedeutung des Mönchtums vor der Reformation noch Luthers Offenheit für die Fortdauer eines recht verstandenen Klosterlebens diesen radikalen Schnitt gegenüber der Kirche und Gesellschaft des Mittelalters verhindern können. Kaum jemand wird bezweifeln wollen, daß die Reformation sich in diesem Bereich tatsächlich als ein Umbruch darstellt.

In der bisherigen Forschung sind die Zusammenhänge, um die es hier geht, nur ganz unzulänglich wahrgenommen und gewürdigt worden. Hierfür ist, wenn ich recht sehe, der Hauptgrund, daß das Thema »Reformation und Mönchtum« im Zeichen der konfessionell ausgerichteten Reformationshistorie in beiden konfessionellen Lagern durch Vorurteile belastet war. Auf katholischer Seite, wo die

22. Luther selbst hebt das in der Vorrede zu *De votis monasticis* hervor: WA 8, 574, 26-30.
23. *Karl Holl*, Die Entstehung von Luthers Kirchenbegriff, in: *Ders.*, Gesammelte Aufsätze zur Kirchengeschichte Bd.1, Tübingen ^{6}1932, 288-325 (300).
24. Dies wird z.B. in dem oben Anm.20 genannten Brief an den Abt von Oldenstadt ausgeführt. Vgl. dazu *Stamm* (wie oben Anm.21) 71; 156f., der diesen Aussagen allerdings übermäßiges Gewicht gibt.
25. WA TR 5, Nr.5677; vgl. WA 48, 241.

monastischen Institutionen anerkannt blieben, konnte deren reformatorische Eliminierung nur auf Unverständnis stoßen; für Johannes Janssen etwa, dem viele sich angeschlossen haben, sind die aus dem Mönchtum hervorgegangenen Reformatoren jeweils »ausgesprungene« Mönche[26], und er schreibt über Luther: »Nur durch plötzlichen, gewaltsamen Entschluß in Folge eines krankhaften Zwiespalts in seinem Innern, nicht aus wahrem Beruf war Luther in's Kloster getreten«.[27] Auch auf protestantischer Seite, wo das Mönchtum verworfen und verschwunden war, brachte man dem Problem lange Zeit nur wenig tieferes Interesse entgegen, ja bis zu Karl Holl wurde es selbst im Blick auf Luther kaum beachtet.[28]

In Wahrheit jedoch gehört das Thema, wie ich denke, zu den großen Themen der Reformationsgeschichte. Ich möchte Ihnen das im restlichen Teil meines Referats nun noch vor Augen führen, indem ich in der gebotenen Kürze die drei Linien durchzuzeichnen suche, die hier m. E. vor allem zu beachten sind. Ich möchte sprechen über die Aufhebung von Klöstern, über den Übertritt von Mönchen und Nonnen und schließlich über die Folgen des Ganzen für den Protestantismus.

Daß ich die Aufhebung der Klöster an erster Stelle bespreche, geschieht nur deshalb, weil hier, wie ich glaube, die wenigsten Fragen bestehen. Seit 1524 gehörte dies zur Reformierung einer Stadt oder eines Territoriums mehr oder weniger regelmäßig und konsequent dazu: Die bestehenden Klöster wurden unter obrigkeitliche Verfügung gestellt, Neueintritte wurden untersagt, der Austritt freigestellt, die Vermögen inventarisiert, die verbleibenden Insassen versorgt. Manchmal galten diese Maßnahmen geradezu als Hauptsache des reformatorischen Umbaus, wie 1526 bei der Homberger Synode in der Landgrafschaft Hessen, wo unter der Federführung eines einstigen Franziskanerobservanten, des Franzosen François Lambert, mit der Devise *Exterminet Deus omnes sectas perditionis*[29] zugleich der Weg für ganz neue Verwendungen dieser Institutionen freigemacht wurde, für die Dotierung des Gemeinen Kastens, Einrichtung von Schulen, die Gründung der Universität Marburg sowie von zwei sog. »Hohen Hospitälern«, also in der Sprache der Zeit zur Förderung des Gemeinen Nutzens. *Ante prophanus erat, nunc sacer iste locus*, so kommentierte mit spitzer Feder der neulateinische Dich-

26. *Johannes Janssen*, Geschichte des deutschen Volkes seit dem Ausgang des Mittelalters Bd.2, Freiburg [13]1886, 182 u.ö.
27. Ebd. 68.
28. Von *Holl* sind außer dem oben Anm.23 genannten Aufsatz vor allem zwei große Abhandlungen zu nennen: Was verstand Luther unter Religion? (Ges. Aufsätze [wie Anm.23] 1-110); Der Neubau der Sittlichkeit (ebd. 155-287).
29. *Emil Sehling*, Hg., Die evangelischen Kirchenordnungen des XVI. Jahrhunderts Bd.8, Tübingen 1965, 65. Vgl. zum folgenden die oben Anm.7 genannte Göttinger Habilitationsschrift von *Johannes Schilling*.

ter Euricius Cordus den Einzug der Universität in das einstige Franziskanerkloster in Marburg.[30]
Diese Vorgänge konnten radikaleren oder auch gemäßigteren Zuschnitt haben, geordneter oder tumultuarischer, in kürzerer oder längerer Frist ablaufen – in jedem Falle hatten sie gewichtige Bedeutung. Sie dürften in der Regel populär gewesen sein und ließen damit erkennen, daß die bisherige Hochschätzung der Klosterleute, das Vorurteil der Ehrwürdigkeit, das sie besaßen, weithin verlorengegangen war.[31] Ebenso zerbrach mit ihnen das alte, soeben noch in den Ordensreformen so wirksam gewesene Bündnis zwischen dem Mönchtum und den weltlichen Obrigkeiten. Hingegen erhielten nunmehr das neue Kirchenwesen sowie die von diesem ausgehenden sozialen und kulturellen Neuerungen ihre materielle Basis, eine der Bedingungen dafür, daß in den der Reformation zugefallenen Gebieten der Hoheitsbereich der weltlichen Regierungen ausgeweitet wurde. Auch hatte das Verschwinden der Klöster erheblichen Anteil an dem »Ruck in der demographischen Struktur«[32], der zumal in vielen Städten mit der Reformation eintrat: Die Rechnung von Robert Kingdon für das reformatorische Genf, wonach es dort vor der Reformation 400, nach der Reformation nur noch 10 bis 20 geistliche Personen gab[33], darf man ja auf den deutschen Protestantismus übertragen – in Straßburg, in Nürnberg, in Rostock dürfte es nicht sehr anders gewesen sein. Mit der Verringerung des religiösen Personals vereinfachten sich die Strukturen des neuen Kirchenwesens drastisch, ein Institut, in dem Frömmigkeit vorgelebt oder Defizite an Frömmigkeit ersetzt und ergänzt wurden, gab es nicht mehr.[34]

30. Zit. bei *Schilling*, Klöster und Mönche (wie Anm.7) 219. – Über den Gesamtvorgang dieser Klosteraufhebungen vgl. zuletzt den Überblick von *Harm Klueting*, Enteignung oder Umwidmung? Zum Problem der Säkularisation im 16. Jahrhundert, in: *I. Crusius*, Hg., Zur Säkularisation geistlicher Institutionen im 16. und 18./19. Jahrhundert, Göttingen 1996, 57-83, vor allem 65ff.
31. Das ist bei der Zerstörung von Klöstern im Bauernkrieg besonders deutlich zu bemerken. Dazu zuletzt: *Manfred Straube, ufrur* und *emporung* im Nordharzgebiet im Zeichen von Reformation und Bauernkrieg, in: *M.Puhle*, Hg., Hanse – Städte – Bünde. Die sächsischen Städte zwischen Elbe und Weser um 1500. Ausstellungskatalog Magdeburg – Braunschweig Bd.1, Magdeburg 1996, 633-653.
32. *Oehmig* (wie Anm.3) 249.
33. *Robert M. Kingdon*, La Réforme protestante vue comme révolution sociale: Le cas de Genève, in: *B.Chevalier – R.Sauzet*, Hg., Les Réformes – enracinement socio-culturel. XXVe colloque internat. d'études hum. Tours, 1er-13 juillet 1982, Paris 1985, 169-174 (170); vgl. auch *Gabriella Cahier-Buccelli*, Dans l'ombre de la Réforme: Les membres de l'ancien clergé demeurés à Genève (1536-1558) (Bull. de la Soc. d'hist. et d'archéol. de Genève 18, 1987, 367-389).- Ähnliche Überlegungen bei *Oehmig* (wie oben Anm.3).
34. Die wichtigste soziale Neuschöpfung, die die Reformation im Bereich des Kirchenwesens hervorgebracht hat, das evangelische Pfarrhaus, hatte nicht hierin ihre

Die Reformation hat das Mönchtum nun aber nicht bloß durch die obrigkeitlich verfügte Aufhebung von Klöstern in die Krise geführt. Noch viel nachhaltiger dürfte gewirkt haben, daß das Selbstverständnis vieler Klosterleute selbst in die Krise geriet. Seit etwa 1522 wurde der Austritt von Mönchen und Nonnen aus ihren Konventen zur Massenerscheinung. Insbesondere in Städten mußten viele Klöster gar nicht geschlossen werden, sondern verschwanden von allein oder wurden von ihren Insassen selbst übergeben. Vergleichbares spielte sich auch außerhalb der reformatorisch regierten Gebiete ab – die Einbußen, die das Klosterwesen erlitt, waren enorm.

Auch wenn es an verläßlichen übergreifenden Untersuchungen dieser Vorgänge noch empfindlich fehlt, ist doch *ein* Sachverhalt schon jetzt klar zu erkennen: Am stärksten waren von dieser Krise die Angehörigen der Bettelorden betroffen, wobei die großen Orden der Augustiner-Eremiten und der Franziskaner die Spitze bildeten.[35] Hier stand die Fortexistenz ganzer Ordensprovinzen auf dem Spiel. Des weiteren scheint es, daß die Klosterreformen des 15. Jahrhunderts in den Schicksalen der Klöster des 16. verhältnismäßig wenig Spuren hinterlassen haben, wiederum jedenfalls bei den Bettelorden, wo Observanten und Konventuale sich in gleichem Maße sowohl für den Aufbruch ins Neue wie für das Verbleiben beim Alten entschieden.[36]

Monch und nonnen verschmeltzen und verseychen quemadmodum nix ante solem, so stellte sich der Vorgang für Luther in einer Tischrede von 1532 dar[37]. Kein Zweifel, daß er maßgeblich durch die von Luther, wie wir sagten, erfundene reformatorische Kritik am Mönchtum ausgelöst worden ist.[38] Vielleicht hat der Reformator mit keiner anderen seiner Reformschriften so unmittelbar und konkret gewirkt wie mit *De votis monasticis*, diesem doch keineswegs unkomplizierten Buch, das gebildete Leser verlangte und speziell auf Bettelmönche zugeschnit-

Bedeutung, jedenfalls nicht vorrangig. Auch entwickelte sie sich erst im Laufe der Zeit. Vgl. dazu nun: *Luise Schorn-Schütte*, Evangelische Geistlichkeit in der Frühneuzeit, Gütersloh 1996, vor allem 287ff.

35. Hierzu und zum folgenden die Abhandlung von *Ziegler* (wie oben Anm.2), der als einziger bisher einen Gesamtüberblick und eine Gesamteinschätzung der Klostergeschichte in der Reformation versucht hat.
36. *Ziegler* (wie Anm.2) 604ff.
37. WA TR 2, Nr.2359.
38. Nicht bestritten werden soll, daß bei diesem Umsturz der Evidenzen andere mönchskritische Stimmen der Zeit, z. B. diejenige des Erasmus, gleichfalls ihre Wirkung getan haben. Freilich ist zu bedenken, daß dessen schärfste, öffentlich bekanntgewordene Äußerung zur Sache, die oben Anm.12 beschriebene Schrift *De contemptu mundi* von 1521 mit ihrer komplizierten, fast hermetischen Gedankenführung, nur mäßigen publizistischen Erfolg hatte und auch nicht, wie so viele andere kirchenkritische Schriften des Erasmus, ins Deutsche übersetzt worden ist; vgl. die Nachweise in Opera omnia (wie Anm.12) 35f.

ten war.[39] Es gibt zahlreiche Selbstzeugnisse aus Klöstern, die diesen Einfluß ausdrücklich benennen oder in ihrer Argumentation deutlich erkennen lassen.[40] Zwar ist festzuhalten, daß der Erfolg Luthers unter Mönchen und Nonnen immer nur partiell gewesen ist, und daß die geschilderten Maßnahmen gegen die Klöster auch erbittertem Widerstand begegnen konnten. Was mir im jetzigen Zusammenhang jedoch vor allem hervorhebenswert erscheint, sind Bedeutung und Gewicht der Klosteraustritte. Denn sie setzten ja, auch wenn sie zur Massenerscheinung wurden, gewissermaßen in jedem Fall einen schwerwiegenden und höchst persönlichen Entschluß voraus. Sie brachten dort, wo sie ohne obrigkeitliche Absicherung blieben, ein fast uneinschätzbares wirtschaftlich-soziales Risiko mit sich; auf Massen heimatloser Mönche und Nonnen war die Gesellschaft nicht eingestellt.[41] Vor allem aber bedeuteten sie für die Klosterperson selbst, als Individuum, eine Konversion, und zwar nach Lage der Dinge die jeweils zweite im Leben. Nicht das sog. Ausspringen, sondern der Bruch mit den bisherigen Denkgewohnheiten und Lebenszielen war der Grundvorgang. Ein solcher Bruch wurde zwar beim Übergang zur Reformation im Grunde jedem zugemutet, jedoch niemandem deutlicher als den Klosterleuten. Ideale und Hoffnungen, die einstmals den Einsatz des ganzen Lebens wert gewesen waren, galten nun als obsolet, ja der Kampf gegen sie konnte als neue Lebensaufgabe erscheinen.
Ihn haben im Gefolge des Mönches Luther, gewissermaßen in Nachahmung seines Lebensweges, sehr viele ehemalige Mönche und auch Nonnen aufgenommen. Daß die Reformation, wie wir heute sehen, maßgeblich ein Werk von Geistlichen gewesen ist[42], schloß ehemalige Klosterpersonen ein, ja diese waren zu-

39. Es dürfte sich nachweisen lassen, daß das in dem Buch vorausgesetzte Modell des mönchischen Lebens nicht an der Existenzform der alten Orden, der Klostermönche, sondern an der der Bettelorden, Luthers eigener Klostererfahrung, orientiert ist.
40. Vgl. *Schilling*, Gewesene Mönche (wie Anm.1) 10-13; ebd. 8 eine Zusammenstellung von Flugschriften mit solcher Tendenz, über die *Antje Rüttgardt* in Kiel eine Dissertation vorbereitet. Zuletzt *Geoffrey Dipple*, Antifraternalism and Anticlericalism in the German Reformation, Torquay/Devon 1996.- Eine Zusammenstellung mönchskritischer Äußerungen ehemaliger Mönche in reformatorischen Predigten bei *Bernd Moeller – Karl Stackmann*, Städtische Predigt in der Frühzeit der Reformation, Göttingen 1996, 329f.
41. Über ehemalige Mönche in gewerblichen Berufen und die entsprechenden Notstände *Oehmig* (wie Anm.3) 238f.; 246ff.
42. *Robert W. Scribner*, Preachers and People in the German Towns, in: Reformation Principle and Practice. Essays Presented to A.G.Dickens, London 1980, 97-117 = *R.W.Scribner*, Popular Culture and Popular Movements in Reformation Germany, London 1987, 123-143, der jedoch den Anteil der Mönche unterschätzt; ferner: *Bernd Moeller*, Die frühe Reformation als Kommunikationsprozeß, in: *H.Boockmann*, Hg., Kirche und Gesellschaft im Heiligen Römischen Reich des 15. und 16. Jahrhunderts, Göttingen 1994, 148-164.

mindest an manchen Orten die eigentlichen Protagonisten des Neuen. In der Stadt Erfurt etwa kam in den 1520er Jahren die Hälfte aller evangelischen Pfarrer oder Prediger aus Klöstern, acht von sechzehn, unter ihnen waren sieben ehemalige Bettelmönche.[43] In der Landgrafschaft Hessen zählt Schilling in der ersten Generation der Reformation 76 ehemalige Mönche unter den evangelischen Pfarrern[44], darunter zwei der vier Superintendenten von 1531.[45] Mit ähnlichen Zahlen und Zahlenrelationen dürfte auch anderswo zu rechnen sein – übrigens, wie ich hier in Parenthese hinzufüge, nicht nur in Deutschland, sondern nach dem neuen Buch von Robert Sauzet ebenso in Frankreich.[46]
Es ist nicht zufällig, daß viele ehemalige Mönche und Nonnen sich gedrängt fühlten, ihre Abwendung vom Kloster und ihre Hinwendung zur Sache Luthers öffentlich zu rechtfertigen. In solchen Selbstzeugnissen werden oft bewegte Schicksale geschildert, doch lassen sie mit ihren lapidaren Aussagen überall erkennen, daß die Plausibilität des monastischen Heilsweges für ihre Verfasser gänzlich dahin war. *Der frümst münch* (kann) *vor den augen gottes nit mer sein .. / dann ain frummer christ*, so heißt es 1523 bei dem einstigen Benediktiner Ambrosius Blarer.[47]
Die Literatur der Zeit ist voll von Äußerungen, die die Schärfe der Konfrontation und die Radikalität des Umdenkens, die hier gegeben waren, in Worte faßten. *Christus te vocavit de mundo et tu reversus es ad illum tanquam canis ad vomitum suum*, so prangerte im Erfurter Flugschriftenkrieg Bartholomäus Arnoldi von Usingen, der altgläubige Pamphletist, Augustinermönch und einstige Lehrer Luthers, den Klosteraustritt seines Ordensbruders Johannes Lang an.[48] *Exuit Langus monstrosam vestem, tandem homo factus*, so kommentierte Euricius Cordus denselben Vorgang.[49] In den zahlreichen Selbstzeugnissen ehemaliger Mönche und Nonnen, die sich gedrängt fühlten, ihre Abwendung vom Kloster und ihre Hinwendung zur Sache Luthers vor anderen zu rechtfertigen und die uns in literarischer Form überliefert sind, begegnen immer wieder ähnlich lapidare Aussagen. Als *eyn tyrannisch, babylonisch gefencknis, beyder, unser gewyssen, seel und*

43. Errechnet nach *Ulman Weiß*, Die frommen Bürger von Erfurt, Weimar 1988, 316ff.
44. *Schilling*, Klöster und Mönche (wie Anm.7) 228ff..
45. *Schilling*, Gewesene Mönche (wie Anm.1) 33.
46. *Robert Sauzet*, Mendiants et Réformes. Les réguliers mendiants acteurs du changement religieux dans le royaume de France (1480-1560), Tours 1994.
47. *Ambrosius Blarer, Warhafft verantwortnng (!) ... / an aynen ersamen // weysen Rat zů Costentz / anzaygend // warüber er auß dem kloster gewich//en ...* (Augsburg: Simprecht Ruff) 1523, Bl. E 3 v. Dazu *Bernd Moeller*, Ambrosius Blarer als Alpirsbacher Mönch (demnächst). Der Satz ist ebenso Luther verpflichtet wie Erasmus (s.o. Anm.12).
48. Libellus F. Bartho=//lomei de Vsingen Augustiniani de // falsis prophetis .., Erfurt (Matthes Maler) 1525, Bl. K 1 r.
49. Zit. bei *Stephen E. Buckwalter*, Die Priesterehe in Flugschriften der frühen Reformation, Gütersloh 1998, 154 Anm. 92.

leybs, beschreiben z. B. Dominikanerinnen des Klosters Cronschwitz in Sachsen 1525 ihren Konvent[50]; er habe sich *auß dem kloster widderumb / ynn gemeyn Christlich leben gewent*, so schildert der Franziskanerobservant Johannes Schwan seine große Entscheidung.[51] Der Schritt *in* die Welt bot für solche Klosterleute gewissermaßen die Erfüllung dessen, was einstmals der Schritt *aus* der Welt hatte bieten sollen, nämlich die Gelegenheit zum vollkommenen Gehorsam gegenüber dem Gotteswillen.

Die frühe Reformation in Deutschland als neues Mönchtum – diese Überschrift meines Referats mag Ihnen angesichts dessen, was ich Ihnen vortrage, vielleicht seltsam erscheinen, doch kann ich, was ich meine, an eben dieser Stelle anschließen: Ich denke, der starke Anteil ehemaliger Klosterpersonen an der Gestaltung der frühen Reformation ist nicht ohne spezifische Folgen geblieben. Im Blick auf Luther ist das gelegentlich schon erwogen worden, muß aber nach meiner Meinung über diese enge Perspektive hinausgeführt werden. Vielleicht kann ich dem Satz zustimmen, den Ulrich Köpf kürzlich formuliert hat: »Ich bin der Meinung, daß man Luthers Reformation in gewisser Hinsicht als Höhepunkt und Vollendung der monastischen Reformen des Mittelalters betrachten kann.«[52] Bei solcher Zustimmung wäre aber unbedingt die starke Resonanz mitzubedenken, die Luther in den Klöstern fand, wobei doch wohl – Johannes Janssen zum Trotz – die Unterstellung erlaubt ist, den Mönchen und Nonnen, die er zur Mitwirkung an der Ausbreitung der Reformation zu gewinnen vermochte, sei es zuvor mit ihrem Klosterleben ernst gewesen. Eine Folge war, daß sich die neue Bewegung an vielen Orten geradezu unter mönchischer Führung vorstellte, sie bot sich vielen Laien als etwas dar, was für Klosterpersonen besonders attraktiv war – freilich für solche, die aus dem Kloster herausgeführt und in die Gesellschaft neu aufgenommen wurden. Die religiöse Glaubwürdigkeit der Sache Luthers dürfte von dieser Zustimmung der Klosterleute profitiert haben; daß die »laicization of religion«, von der ich anfangs sprach[53], nunmehr einen neuen Schub erlebte, wurde hiervon begünstigt.

Dies ist zunächst eine Außenansicht der Sache. Ich denke, darüber hinaus dürfte die Herkunft so vieler Protagonisten der Reformation aus dem Mönchtum auch die Reformationsbewegung selber, deren inneres Gefüge und deren Selbstverständnis, nicht unbeeinflußt gelassen haben. Diese Mönche und Nonnen führten ja ihre Frage nach dem Christsein, nach dem, worauf es im christlichen Le-

50. Bei *Helmut Thum*, Das Dominikaner-Nonnenkloster Cronschwitz bei Weida, Jena 1942, 86.
51. Zit. bei *Schilling*, Gewesene Mönche (wie Anm.1) 10.
52. *Ulrich Köpf*, Heilige und Modelle des Verhaltens in der protestantischen Gesellschaft, in: *G.Barone* u.a., Hg., Modelli di santità e modelli di comportamento, Turin 1994, 243-262 (246).
53. S.o. bei Anm.6.

ben ankommt, gewissermaßen mit sich, wenn sie das Kloster verließen. So mag der von Max Weber geprägte[54], von Troeltsch mit Inhalt erfüllte Begriff der »innerweltlichen Askese« als Inbegriff der ethischen Normierungen des Protestantismus an dieser Stelle eine Beleuchtung erfahren. Wenn Troeltsch von der »innerweltlichen Askese der Überwindung der Welt in der Welt«[55] spricht, dann ist damit die Hauptlinie der reformatorischen Position dem Mönchtum gegenüber nicht unzutreffend wiedergegeben, nämlich die Abweisung der christlichen Sonderwege mit dem Ziel, der Universalität des Gotteswillens Geltung zu verschaffen – wenn auch das bewegende Motiv hierfür, die neue Wahrnehmung der vollkommenen Heilszusage, unterbelichtet bleibt.[56] Der rechte, Gott gefällige christliche Orden ist gute Ordnung, Friede, Liebe und Einigkeit, so knüpft beispielsweise die Württembergische Klosterordnung von 1535, die den ehemaligen Benediktiner Ambrosius Blarer zum Autor hat[57], das reformatorische Verständnis des christlichen Lebens an die mönchische Ethik des Mittelalters an, nicht ohne sich freilich zugleich in fundamentalen Widerspruch zu ihr setzen.

Hiermit hängt eine weitere Neuerung der frühen Reformation zusammen, die nicht zufällig gerade von ehemaligen Mönchen unter den Reformatoren besonders herausgestellt worden ist – die Gestaltung der Kirche als Gemeinde.[58] Daß die *ecclesia* Gemeinschaft der Glaubenden sei und *daher* als Gemeinde zu gestalten, unterschied die evangelische Kirchenorganisation deutlich von derjenigen des Mittelalters, auch wenn sie die herkömmliche Parochialordnung fortführte. Dem Protestantismus ist seither in jeder seiner Spielarten ein kongregationalistischer Zug zu eigen, in der Regel mit antihierarchischen Tendenzen, vom Antipapalismus ganz zu schweigen. In dieser Vergeistlichung der konkreten Gemeinschaft der Christen dürfte ebenfalls monastisches Erbe enthalten sein, so sehr andere Motive mit hineinspielten – ich will mit diesen Feststellungen den Begriff »Gemeindereformation« im Verständnis Peter Blickles keineswegs bestreiten, sondern nur ergänzen und erweitern. Entsprechend wurde in der ersten Generation

54. Hierzu *Ernst Troeltsch*, Die Bedeutung des Protestantismus für die Entstehung der modernen Welt, München-Berlin 1911, 42 Anm.1.
55. *Troeltsch*, Soziallehren (wie Anm.4) 444.
56. Bei *Weber* und *Troeltsch* sind diese Aussagen jeweils mit der Vorstellung einer Dichotomie von Luthertum und Calvinismus verbunden, die in der gegebenen Form fragwürdig sein dürfte. *H.-Chr.Rublack* spricht treffend davon, *Weber* habe »die initia reformationis verpaßt«: Reformation und Moderne. Soziologische, theologische und historische Ansichten, in: *H.R.Guggisberg – G.G.Krodel*, Hg., Die Reformation in Deutschland und Europa, Gütersloh 1993, 17-38 (21).
57. Bei *Theodor Pressel*, Ambrosius Blaurer's des schwäbischen Reformators Leben und Schriften, Stuttgart 1861, 362. Vgl. dazu *Werner-Ulrich Deetjen*, Studien zur Württembergischen Kirchenordnung Herzog Ulrichs 1534-1550, Stuttgart 1981, 217.
58. Wichtige Anregungen zum folgenden verdanke ich dem oben Anm.21 genannten Aufsatz von *Reinhard Schwarz*.

der Reformation die Volks- und Jedermannskirche immer neu zu einem Problem. Man kann eine Reihe aufmachen von Luthers zeitweiligem Liebäugeln mit einer Sammlung derjenigen, *die mit ernst Christen zu seyn begerten*[59], über François Lamberts Versuch, in der Homberger Kirchenordnung hierfür Organisationsstrukturen zu schaffen[60], bis zu Martin Bucers Experiment mit den sog. »Christlichen Gemeinschaften« in der Spätphase seiner Amtstätigkeit in Straßburg.[61] Die Reihe zeigt dreimal ehemalige Mönche auf der Suche nach einer Lösung, die allerdings nicht wirklich gefunden wurde – noch Luthers Flucht aus Wittenberg im Sommer 1545 war so etwas wie Flucht vor der Jedermannskirche, eine Art von Weltflucht.[62]

Ich möchte mein Referat abschließen mit einem verwegenen Sprung in die Gegenwart. Kürzlich erhielt ich eine Einladung zu einem Gottesdienst, der am 6. Oktober d. J. in der Augustinerkirche in Erfurt stattfinden wird. Dort sollen vier Frauen durch den evangelischen Propst von Erfurt-Nordhausen kirchlich eingesegnet werden zur Errichtung einer Außenstation der Communität Casteller Ring Schloß Schwanberg in Luthers einstigem Kloster. Ich muß Ihnen gestehen, daß diese Einladung bei mir als evangelischem Theologen eine Anzahl einander widerstreitender Gefühle erweckt hat: Verblüffung, Unbehagen, Skepsis, verhaltene Sympathie. Ich weiß nicht, ob die heute an nicht wenigen Stellen unternommenen Versuche, ein evangelisches Klosterwesen einzurichten, hinreichend fundiert sind, ich weiß auch nicht, ob das bei dem besonders spektakulären Erfurter Projekt der Fall ist. Doch gehört die Beantwortung dieser Frage nicht in mein Referat, wohl aber möglicherweise eine andere Erwägung. Es könnte sein, daß die Zeiten, in denen man die Kirchen der Reformation als diejenigen bezeichnen konnte, in denen es kein Mönchtum gibt, nun tatsächlich vergangen sind. Vielleicht werden Klostergemeinschaften zunehmend im Bilde des Protestantismus erscheinen. Heißt das, daß er eine grundlegende Wandlung erfährt? M. E. kommt die kirchenhistorische Untersuchung zu einem differenzierten Resultat. Die bitteren Absagen der frühen Reformation an das Mönchtum und die bleibenden Differenzen von Reformation und Mönchtum gehören in dem Sinn zu den Fundamenten des Protestantismus, daß die Abscheidung von der Welt und die Aufrichtung einer Gegenwelt der Frommen und Heiligen ihm wohl in der Tat wesensfremd sind. Doch gibt es auch so etwas wie eine Affinität der

59. WA 19, 75, 17f. (Deutsche Messe, 1526).
60. Die Homberger Kirchenordnung bei *Sehling* (wie oben Anm.29), vor allem 52ff. (Kap. 15ff.).
61. Die Texte dazu sind in Band 17 der Ausgabe der Deutschen Schriften Bucers vereinigt (Gütersloh 1981), 153-345. Dazu zuletzt *Gottfried Hammann*, Die ekklesiologischen Hintergründe zur Bildung von Bucers »Christlichen Gemeinschaften« in Straßburg (1546-1448) (ZKG 105, 1994, 344-360).
62. Dazu *Martin Brecht*, Martin Luther Bd. 3, Stuttgart 1986, 261-263.

ursprünglichen Reformation zum Mönchtum – dem Ernst der monastischen Existenzweise hat sie keine Absage erteilt, ja ihn nahm sie wohl regelrecht in sich auf. Ich denke, in ihren dynamischen Utopien war die frühe Reformation ein neues Mönchtum.

Klaus Ganzer

Einflüsse der Reformation auf Reformbewegungen innerhalb des italienischen Mönchtums

Im Italien des ausgehenden 15. und des beginnenden 16. Jahrhunderts gab es viele Aufbrüche einer religiösen Erneuerung, auch im Bereich des Mönchtums.[1] Zu erwähnen ist etwa bei den Benediktinern das Aufblühen der Kongregation von Santa Giustina in Padua im 15. Jahrhundert, einer Gruppe von Klöstern, die die alten Ideale wieder erneuern wollten, und der sich 1505 auch das Mutterkloster Montecassino anschloß.[2] Berühmte Gestalten des 16. Jahrhunderts, wie etwa Gregorio Cortese, Abt und später Kardinal[3], kamen aus diesem Umfeld.
Der Augustinerorden war durch das Auftreten seines Ordensbruders Martin Luther namentlich in Deutschland in eine schwere Krise geraten. Aber auch bei den italienischen Mitgliedern kam es teilweise zu Irritationen. Girolamo Seripando, der berühmte Theologe und spätere Kardinal, setzte sich als Ordensgeneral tatkräftig für eine innere Reform des Ordens ein. Er stand verschiedenen Persönlichkeiten des italienischen Evangelismo geistig nahe. Das führte ihn zur Beschäftigung mit Paulus und Augustin und zur Auseinandersetzung mit den theologischen Positionen Luthers. Beeindruckt von Gedankengängen der lutherischen Rechtfertigungslehre glaubte er diese bei Augustin wiederzufinden. Er kam zur Überzeugung, der Glaube sei der Angelpunkt des ganzen Rechtfertigungsgeschehens. Die Herausforderung der Reformatoren wollte er annehmen und dem reformatorischen Gedankengut eine katholische Deutung Paulus' und Augustinus' entgegenstellen.[4]

1. Vgl. allgemein: *Klaus Ganzer*, Aspekte der katholischen Reformbewegungen im 16. Jahrundert, Stuttgart 1991, 6-11.
2. Vgl. *Philibert Schmitz – Raimund Tschudy*, Geschichte des Benediktinerordens, Bd. 3, Einsiedeln-Zürich 1955, 151-166. *Klaus Ganzer*, Monastische Reform und Bildung, in: Reformatio Ecclesiae. Festgabe für Erwin Iserloh, hg. von *Remigius Bäumer*, Paderborn u.a. 1980, 181-199. *Barry Collett*, Italian Benedictine Scholars and the Reformation. The Congregation of Santa Giustina of Padua, Oxford 1985.
3. Vgl. zu ihm: *Gigliola Fragnito*, Il cardinale Gregorio Cortese nella crisi religiosa del Cinquecento, in: Benedictina 30 (1983), 129-171, 417-459; 31 (1984) 79-134. Dizionario Biografico degli Italiani 29, 733-740.
4. Vgl. *Hubert Jedin*, Seripando. Sein Leben und Denken im Geisteskampf des 16.

Bei den Franziskanern setzte sich die Observanzbewegung im 15. Jahrhundert immer stärker durch. Das führte 1517 zur Trennung der beiden Zweige der Observanten und der Konventualen in zwei selbständige Orden.[5] Zahlreiche andere Beispiele reformerischer Impulse bei den spätmittelalterlichen Orden ließen sich nennen.

Wir wollen im folgenden zwei Orden kurz vorstellen, auf deren frühe Entwicklung das reformatorische Geschehen um Martin Luther von Einfluß gewesen ist, und zwar in einem entgegengesetzten Sinn. Es sind dies die Kapuziner und die Theatiner.

I. Die Kapuziner

Die inneren Spannungen um die möglichst getreue Verwirklichung der Ideale des Franz von Assisi, die zu einer Spaltung des Ordens führten, wurden bereits erwähnt. Dazu kam, daß sich so etwas wie eine apokalyptische Stimmung im italienischen Raum in den zwanziger/ dreißiger Jahren des 16. Jahrhunderts breit machte. Die kriegerischen Auseinandersetzungen der zwanziger Jahre, in die Kaiser Karl V., Frankreich und der Papst verwickelt waren, führten zu den Ereignissen des sogenannten Sacco di Roma von 1527, der in Italien und darüber hinaus wie ein Schock wirkte. Die allgemeine Beunruhigung äußerte sich in immer häufiger wiederkehrenden eschatologischen Prophezeiungen, die das Gefühl einer unaufhaltsam nahenden Katastrophe verbreiteten.[6] Papst Clemens VII. beauftragte unter diesem Eindruck Michelangelo, das Letzte Gericht in der Sixtinischen Kapelle zu malen, um dieser Katastrophe symbolischen Ausdruck zu geben.[7] Wanderpropheten durchzogen das Land, und riefen zur Buße auf. Von einem mächtigen Häretiker war die Rede, der in Deutschland aufgestanden sei, was die Angst vor katastrophalen Ereignissen verstärkte.

Jahrhunderts, 2 Bde, Würzburg 1937. *A.Forster*, Gesetz und Evangelium bei Girolamo Seripando, Paderborn 1963. *Alfredo Marranzini*, Dibattito Lutero Seripando su »Giustizia e libertà del cristiano«, Brescia 1981. *Ders.*, Il cardinale Girolamo Seripando, arcivescovo di Salerno, legato pontificio al Concilio di Trento, Salerno 1994. *Klaus Ganzer*, Girolamo Seripando, in: Katholische Theologen der Reformationszeit 2, Münster 1985, 115-123.

5. Leo X.: Ite vos in vineam meam vom 15.5.1517.
6. Vgl. *Ottavia Niccoli*, Prophecy and the People in Renaissance Italy, Princeton 1990. *Pierluigi de Vecchi*, Das Jüngste Gericht Michelangelos in der Sixtinischen Kapelle, in: Der Neue Michelangelo, Bd. 4, Luzern 1995, 8 f..
7. Vgl. *de Vecchi*, Das Jüngste Gericht (Anm. 6) 5-16, 27-30, 237-242. *Deoclecio Redig de Campos*, Drei Bedeutungen des Jüngsten Gerichts Michelangelos, in: Römische Quartalschrift 59 (1964) 231-234.

Das alles war der Hintergrund, auf dem die Entstehung der kapuzinischen Observanz gesehen werden muß.[8]
Der eigentlich unfreiwillige Initiator der Kapuziner war Matteo da Bascio, ein Bruder der Franziskaner-Observanten in den Marken, der sein Kloster Montefalcone verließ, um radikal in den Fußspuren des hl. Franziskus völlige Armut und Wanderpredigt zu verwirklichen.[9] Er wurde jedoch von seinem Oberen als Abtrünniger gefangengesetzt. Die Idee griffen zwei andere Brüder, P. Ludovico da Fossombrone und Br. Raffael, auf, und nach anfänglichen enormen Schwierigkeiten gelang es ihnen, durch die Bulle »Religionis zelus« vom 3. Juli 1528 die päpstliche Anerkennung als neue franziskanische Gemeinschaft zu erlangen. Der neue Orden breitete sich rasch aus, geriet aber einige Male infolge des Neides der Franziskaner-Observanten, von denen zahlreiche zu den Kapuzinern überwechselten, in tödliche Existenzkrisen.[10] Die Bedrängnisse des jungen Ordens wurden noch verstärkt durch die Ereignisse um die Person Bernardino Ochinos. Dieser um 1487 in Siena geborene Mönch war 1503/04 bei den Franziskaner-Observanten eingetreten.[11] Er genoß hohes Ansehen und bekleidete verschiedene Ordensämter. 1534 trat er in den neuen Orden der Kapuziner über. Bereits 1535/36 und wiederum 1541 wurde er zum Generaldefinitor des Ordens gewählt und stand damit an der Spitze der jungen Gemeinschaft. Ochino wurde einer der berühmtesten Prediger in ganz Italien.[12] Papst Paul III. und Kaiser Karl V. schätzten ihn sehr. Im Jahre 1536 predigte Ochino in Neapel und wurde beim dortigen Vizekönig beschuldigt, er verbreite lutherische Irrtümer. Seine Gegner sind jedoch nicht auszumachen.[13] In der Fastenzeit 1539 hielt er Predigten in San Marco in Venedig. Auch hier erregte er bei gewissen Leuten Anstoß wegen einiger Äußerungen, die angeblich einen häretischen Anklang hätten. Der päpstliche Nuntius untersagte die Fortsetzung der Predigten, mußte aber nach Protesten des Volkes und des Senates das Verbot zurücknehmen. Doch informierte er den Papst über die Geschehnisse.[14]

8. Vgl. *Elisabeth G. Gleason*, The Capuchin Order in the Sixteenth Century, in: Religious Orders of the Catholic Reformation In Honor of John C.Olin on his Seventy-Fifth Birthday, edited by *Richard L. De Molen*, New York 1994, 31-57, hier besonders 32.
9. Vgl. *Mariano d'Alatri*, Il primo secolo (1525-1619). Quadro storico, in: I Cappuccini. Fonti documentarie e narrative del primo secolo (1525-1619) a cura di Vincenzo Criscuolo, Roma 1994, 19 ff..
10. Vgl. zum Ganzen: *M.d'Alatri*, Il primo secolo (Anm. 9) 29 ff..
11. Vgl. zu Ochino: *M. d'Alatri*, Il primo secolo (Anm. 9) 43-45. *Massimo Firpo*, Riforma protestante ed eresie nell' Italia del Cinquecento, Roma-Bari 1993, passim.
12. I Cappuccini, ed. Criscuolo (Anm. 9) 572-615 sind 3 Predigten Ochinos veröffentlicht.
13. Vgl. *Karl Benrath*, Bernardino Ochino von Siena. Ein Beitrag zur Geschichte der Reformation, 2. Aufl., Braunschweig 1892, 67.
14. *M. d'Alatri*, I Cappuccini (Anm. 9) 44.

Die venezianischen Predigten Ochinos bewegen sich noch durchaus auf dem Boden der Lehren der alten Kirche. Selbst Emidio Campi, ein Autor, der Ochino und die italienischen Spirituali sonst mit leichter Hand in die Nähe reformatorischer Positionen rückt, muß gestehen, man könne die Predigten Ochinos schwerlich außerhalb der traditionellen Glaubensinhalte ansiedeln, doch seien sie der Ausdruck eines Denkens, das sich in die Richtung der reformatorischen Strömungen bewege, auf jeden Fall nicht gegen sie. Es wird darauf hingewiesen, Ochino habe die Rechtfertigung nicht mehr im augustinischen Sinn verstanden, d.h. als Eingießung der Gnade in die Seele, sondern im lutherischen Sinne, d.h. imputativ. Wie Luther verwende auch Ochino die Allegorie der geistlichen Ehe Christi mit der sündigen Seele. Und schließlich erweise auch folgende Ausführung Ochinos, daß er ganz auf dem Boden der Rechtfertigung allein aus dem Glauben stehe: »Ich mißtraue mir in allem und gebe jedes Vertrauen in die Geschöpfe auf; alle meine Hoffnung setze ich auf Gott. Von nun an geht mein Sinnen dahin, daß alles von ihm abhängt und daß ich nur auf ihn vertraue und alles Gute nur von der göttlichen Güte durch die Verdienste Christi erwarte und ihr zuschreibe.«[15] Auch Benrath muß in seiner Biographie Ochinos feststellen, Ochino habe noch bis 1541 die Grenze zwischen den katholischen Lehren und Bräuchen und den neuen Lehren wenigstens äußerlich nicht überschritten.[16] Ochino selbst wertet nach seiner Flucht ins reformatorische Genf seine vorhergehende Predigttätigkeit folgendermaßen: Ich predigte, wir würden durch die Gnade und durch Christus gerettet. Er habe für uns Genugtuung geleistet und die Seligkeit erworben. Es ist wahr, daß ich nicht ausdrücklich von der Gottlosigkeit des Reiches des Antichristen sprach. Ich habe nicht gesagt, es gibt keine anderen Verdienste, Genugtuungen, Ablässe als diejenigen Christi noch ein anderes Purgatorium. Derartige Schlußfolgerungen überließ ich denen, die durch Gottes Gnade ein lebendiges Gespür für die große Wohltat Christi hatten. Derartige Wahrheiten konnte ich nicht offen darlegen. Ich verschwieg sie in der Erwartung, Christus würde mir zeigen, was ich tun solle. Doch ist es wahr, daß ich die Wahrheit heimlich vielen dargelegt habe.[17] In der

15. *Emidio Campi,* Michelangelo e Vittoria Colonna. Un dialogo artistico-teologico ispirato da Bernardino Ochino, Torino 1994, 22-32, besonders 28-30. Das Zitat Ochinos: »… al tutto di me stessa diffidandomi e delle creature perdendo ogni confidentia, tutta la mia speranza pongo in Dio; hora per sempre intendo tutta da lui solo pendere et solo in lui sperare et tutto, tutto il bene aspettarlo e riconoscerlo solo dalla divina bontà per mezzo delli meriti di Christo«. *Bernardino Ochino,* »Dialoghi sette« e altri scritti del tempo della fuga, a cura di Ugo Rozzo, Torino 1985, 112, zit. nach *Campi,* Michelangelo, 29.
16. Bernardino Ochino (Anm. 13) 69.
17. »predicavo che per gratia et per Christo siamo salvi, che lui ha satisfatto per noi et ch'el ci ha aquistato il paradiso. Vero è che non scoprivo esplicatamente l'impietà del regno d'Antechristo. Non dicevo: »adunque non ci sonno altri meriti, satisfationi, indulgentie, che quelle di Christo, ne altro purgatorio« – lassavo simili illationi farle

Vita Pauls IV. von seinem Ordensbruder Antonio Caraccioli ist zu lesen, zwei heilige Väter des Theatiner-Ordens, Don Gaetano und Don Giovanni, hätten bei Ochinos venezianischen Predigten von 1539 als erste bemerkt, daß der Kapuziner sich gegen das Purgatorium, gegen die Ablässe, gegen die kirchlichen Gesetze über das Fasten und gegen die Autorität des Papstes und der Prälaten gewandt habe. Das Schlimmste aber sei gewesen, daß er das Wort Augustins: »Qui fecit te sine te, non salvabit te sine te« mit einem Fragezeichen versehen und in dem Sinn umgedeutet habe, der Glaube allein genüge, und Gott schenke uns das Heil ohne daß wir durch irgendein Werk mit Gott mitwirkten.[18] Von diesen Kreisen also scheint die Anzeige gegen Ochino 1539 gekommen zu sein. Die Theatiner waren von ihrer Ordensregel her verpflichtet, der Ketzerei in jeder Form nachzuspüren.[19]

1542 soll Ochino aufs Neue von seiten der Theatiner in Rom angezeigt worden sein.[20] Im Juli dieses Jahres erhielt er eine Aufforderung durch Kardinal Farnese, in Rom zu erscheinen. Er hielt sich um diese Zeit in Verona auf, wo Giberti, ein Mann aus dem Kreis der Spirituali, Bischof war.[21] Am 15. August 1542 machte sich Ochino auf den Weg, besuchte zunächst den sterbenskranken Kardinal Contarini in Bologna und traf dann in Florenz mit Pietro Martire Vermigli zusammen. Hier faßte Ochino definitiv den Entschluß, der während seiner Reise herangereift war, aus Italien zu fliehen und sich ins Exil in die prote-

a quelli che da Dio per gratia havevano vivo sentimento del gran benefitio di Christo [...]. Non potevo esplicare simili verità; ma le tacevo espettando che Christo mi mostrasse quello che voleva fare di me. È ben vero che in secreto esplicai el vero a molti...« *Bernardino Ochino*, Dialoghi sette e altri scritti del tempo della fuga, a cura di Ugo Rozzo, Torino 1985, 132, zitiert nach *Campi*, Michelangelo e Vittoria Colonna (Anm. 15) 31 f..

18. »Pure vi fu alcuno, che se ne accorse, e frà gli altri, anzi i primi (per quanto ho inteso da' nostri vecchi) furono li nostri santi Padri Don Gaetano e Don Giovanni, li quali poi più chiaramente se ne accorsero nel 1539, quando l'Occhino predicando nel pulpito del Duomo, andara spargendo molte cose contro il Purgatorio, contra le indulgenze, contra le leggi ecclesiastiche del digiuno e contra l'autorità del Papa, e de' Prelati della Chiesa; e quello, che fu pessimo, soleva talhora l'empio Frate proferire interrogative quel, che S. Agostino dice negative: Qui fecit te sine te, non salvabit te sine te? dando in questo modo ad intendere tutto il contrario di quello, che insegna S. Agostino, cioè, che sola fides sufficit; e che Iddio ci salva senza che noi facciamo opera alcuna per cooperare con Dio« Vita e Gesti di Gio. Pietro Caraffa cioè di Paolo IV Pont. Mass. Raccolti dal P. D.Antonio Caraccioli, in Roma 1613, Parma, Biblioteca Palatina, Ms. Pal. 638, fol. 109 v, zitiert bei *Gigliola Fragnito*, Gasparo Contarini. Un magistrato Veneziano al servizio della Christianità, Città di Castello 1988, 253 Anm. 7.
19. Vgl. *Benrath*, Ochino (Anm. 13) 68.
20. Vgl. *Fragnito*, Contarini (Anm. 18) 253 Anm. 7.
21. Vgl. *M. d'Alatri*, I Cappuccini (Anm.9) 44. *Fragnito*, Contarini (Anm.16) 254..

stantische Schweiz zu begeben, um der römischen Inquisition zu entgehen.[22] Am 31. August 1542 meldete er sich aus Morbegno in Graubünden[23], im Herbst 1542 war er in Genf.

Der Grund für die Flucht des Kapuziners ist klar. Seit dem Regensburger Religionsgespräch von 1541 mit der von Contarini gebilligten, von Rom aber abgelehnten Einigungsformel über die Rechtfertigung, und seit der Errichtung der römischen Inquisition am 21. Juli 1542 war die Atmosphäre angeheizt.[24] Der Inquisitor Gian Pietro Carafa – der spätere Papst Paul IV. – betrieb eine wahre Verdächtigungskampagne gegen zahlreiche Persönlichkeiten, auch Bischöfe und Kardinäle, wie etwa Contarini und Pole, des Inhalts, sie würden in der Rechtfertigung der lutherischen Lehre zuneigen.

Bernardino Ochino brach endgültig mit der alten Kirche und wandte sich der Reformation zu, doch blieb er auch in der Folgezeit der ruhelos Umhergetriebene. Wir wollen seinen weiteren Lebensweg und seine theologische Entwicklung nicht mehr im einzelnen verfolgen. Von Genf aus ging er als Prediger der italienischen Gemeinde nach Augsburg. Hier trat er mit Schwenckfeld in Verbindung. Auf Einladung Th. Cranmers begab er sich 1547 nach London. Nach der Übernahme des Thrones durch Maria die Katholische floh er über Genf und Basel nach Zürich. Der dortige Rat warf ihm jedoch vor, antitrinitarische und polygamistische Lehren zu vertreten. So wurde er 1563 auch von dort vertrieben. Er begab sich darauf nach Polen und anschließend nach Mähren, wo er vereinsamt 1564 starb.[25]

Die theologische Neuorentierung Ochinos vom strengen Mönch nach den Idealen des Franz von Assisi zum Vertreter reformatorischer Theologie läßt sich nicht im einzelnen verfolgen. Hatte er doch in den Jahren vor seiner Flucht eine sogenannte nikodemitische Haltung in seinen theologischen Äußerungen eingenommen. In einem Brief vom 22. August 1542 an Vittoria Colonna schreibt er »Was soll ich weiterhin in Italien machen? Zweideutigkeiten predigen und Christus verkleidet in einer Geheimsprache verkündigen?«[26] Girolamo Muzio gegenüber

22. Vgl. zu den näheren Umständen der Flucht *Fragnito*, Contarini, Cap. IV: Gli »Spirituali« e la fuga di Bernardino Ochino (Anm. 18) 251-303.
23. Brief an Bischof Giberti in Verona: *Benrath*, Bernardino Ochino (Anm. 13) 243. Vgl. *Fragnito*, Contarini (Anm. 18) 259.
24. Vgl. dazu die Zusammenfassung bei *Ganzer*, Aspekte der katholischen Reformbewegungen (Anm. 1) 16 ff..
25. Vgl. *Delio Cantimori*, Eretici italiani del Cinquecento e altri scritti, a cura die Adriano Prosperi, Torino 1992, 128-134, 247-259.
26. »Dapoi che farei più in Italia? Predicar sospetti et predicar Christo mascarato in gergo?« Vittoria Colonna, Carteggio a cura di Ermanno Ferrero e Giuseppe Müller, 2. Aufl. Torino 1892, 247-249, zitiert nach *Paolo Simoncelli*, Evangelismo italiano del Cinquecento. Questione religiosa e Nicodemismo politico, Roma 1979, 51.

äußerte er sich 1542 von Venedig aus über seinen inneren Umschwung: Ich war noch nicht lange unter den Kapuzinern, als der Herr anfing mir die Augen zu öffnen. Er ließ mich dreierlei erkennen: Erstens, daß Christus für seine Erwählten genug getan und ihnen das Paradies erworben hat, daß er allein unsere Gerechtigkeit ist. Zweitens, daß die Gelübde der menschlichen Orden nicht allein unverbindlich, sondern geradezu unsittlich sind. Drittens, daß die Römische Kirche, obwohl von außen glänzend für das leibliche Auge, nichtsdenstoweniger ein Greuel vor den Augen des Herrn ist. Alles das hat mir der Herr klar gezeigt.[27]
Ochino war von Juan Valdés, dem spanischen Theologen, der sich in Neapel niedergelassen hatte, beeinflußt.[28] Valdés, hat – das haben die Forschungen der letzten Jahre erwiesen – eine eigenständige Theologie entwickelt, die zwar von reformatorischen Gedanken beeinflußt, aber nicht einfach lutherisch oder calvinistisch war.[29] Doch Ochino war auch bei Martin Luther in die Schule gegangen. Das zeigen bereits seine Predigten vor der Flucht und das wird offenkundig in seinen Äußerungen unmittelbar nach seiner Übersiedelung in die Schweiz, wo er auf Luther Bezug nimmt.[30]
Der Übertritt Ochinos zur reformatorischen Lehre brachte den jungen Kapuzinerorden, der gerade unter der Leitung Ochinos eine Zeit ruhiger Entwicklung und Konsolidierung erlebt hatte, in seine schwerste Krise.[31] Doch der Schock über die Flucht des Kapuziners ging weit über den Orden hinaus und erfaßte vor allem die Vertreter der sogenannten Spiritualen unter den italienischen Reformern die sich insgesamt kompromittiert sahen. Die Gegner des jungen Ordens, deren es noch immer eine Anzahl gab, fühlten sich in ihren Vorurteilen bestärkt. Die Kapuziner wurden nun insgesamt verdächtigt, durch ihre Predigten lutherische Ideen zu verbreiten. Wenn derartiges am grünen Holze – sprich beim Haupt des Ordens – geschah, wie sah es dann in den Reihen der Brüder aus? Paul III. dachte daran, den Orden überhaupt zu verbieten. Auf einer Reise von Perugia nach Rom – so wird berichtet – habe er von der Apostasie Ochinos erfahren, und als er dann einen Kapuziner am Straßenrand gesehen habe, habe er geäußert: Bald wird es keine Kapuziner und keine Kapuzinerklöster mehr geben.[32] Vitto-

27. Brief an Muzio: *Benrath*, Ochino (Anm. 13) 289-294. Vgl. auch ebd. 83.
28. Vgl. *Massimo Firpo*, Tra Alumbrados e »Spirituali«. Studi su Juan Valdés e il Valdesianesimo nella crisi religiosa del'500 italiano, Firenze 1990.
29. Vgl. die gute Darstellung von *Massimo Firpo* in der Edition zu: Juan Valdés, Alfabeto cristiano. Domande e Risposte. Della Predestinatione. Catechismo, a cura di Massimo Firpo, Torino 1994, VII – CL.
30. Vgl. *Simoncelli*, Evangelismo italiano (Anm. 26) 91 ff..
31. Vgl. *M. d'Alatri*, I Cappuccini (Anm. 9) 45. *Gleason*, The Capuchin Order (Anm. 8).
32. *Father Cuthbert*, The Capuchins: A contribution to the History of the Counter-Reformation, 2 Bde., New York und Toronto 1929, 1, 138. *Melchior a Pobladura O.F.M.Cap.*, Historia generalis Ordinis Fratrum Minorum Capuccinorum, 4 Bde., Roma 1947-1951, 1,80: »Paulus III qui Perusiae ochinianam fugam didicerat, de

ria Colonna, die italienische Dichterin, die eine große Gönnerin der Kapuziner war und die von Ochino geistlich betreut worden war, setzte sich beim Papst für das Fortbestehen des Ordens ein, ebenso Kardinal Antonio Sanseverino. Nach einer eingehenden Untersuchung, ob tatsächlich häretische Strömungen im Orden vorhanden seien, konnte der Papst umgestimmt werden und ließ den Orden weiter bestehen.[33] Wenige Jahrzehnte später finden wir die Kapuziner neben den Jesuiten an vorderster Front als Promotoren der Gegenreformation. Kommt das von ungefähr, oder hat vielleicht das Schicksal Ochinos auch einen gewissen Einfluß ausgeübt? Die protestantische Bewegung in Italien verlor durch den Weggang Ochinos und Vermiglis ihre hervorragensten Stützen.[34]

II. Die Theatiner

Ein anderer Orden, für dessen Frühzeit im 16. Jahrhundert das reformatorische Geschehen in Deutschland von Einfluß war – allerdings in einem anderen Sinn – sind die Theatiner.[35] An der Wiege dieses Ordens standen zwei recht unterschiedliche Männer: Gaetano Thiene und Gian Pietro Carafa. Thiene trat in Rom dem Oratorium der Göttlichen Liebe bei, einer losen Bruderschaft, die zwischen 1514 und 1517 entstanden war und sich neben religiös-asketischen Übungen karitativen Tätigkeiten widmete.[36] Gian Pietro Carafa war ursprünglich weniger von karitativen Werken angetan, suchte vielmehr seinen Lebensinhalt in einer hierarchischen Karriere. Er wurde Bischof von Chieti (1505)[37] und Erzbischof von Brindisi (1518)[38]. 1522/23 trat er dem Oratorium von der Göttlichen Liebe bei. Das brachte seinem Leben eine neue Ausrichtung. Mit Gaetano Thiene zusammen gründete er 1524 den neuen Orden der Theatiner (nach seinem Bistum Chieti benannt). Dieser war vor allem seelsorglich ausgerichtet. Je länger desto mehr prägte Carafa – noch vor seiner päpstlichen Zeit – dem Orden seine Denk- und Handlungsweise auf. Carafa wollte durchgreifende kirchliche

extinguenda sodalitate capuccina deliberaverat.« Vgl. auch *Gleason*, The Capuchin Order (Anm. 8) 38.

33. Vgl. *Gleason*, The Capuchin Order (Anm. 8) 38 f..
34. Vgl. *Benrath*, Ochino (Anm. 13) 137.
35. Vgl. zu ihrer Entstehung und frühen Geschichte: *Pio Paschini*, S. Gaetano Thiene, Gian Pietro Carafa e le origini dei Chierici Regolari Teatini, Roma 1926. *Kenneth J. Jorgensen*, The Theatines, in: Religious Orders of the Catholic Reformation (Anm. 8) 1-29.
36. Vgl. *Pio Paschini*, Le Compagnie del Divino Amore e la beneficenza pubblica nei primi decenni del Cinquecento, in: *Pio Paschini*, Tre ricerche sulla storia della chiesa nel Cinquecento, Roma 1945, 1-88.
37. Eubel 3, 311.
38. Eubel 3, 141.

Reformen, aber er entwickelte sich zu einem autoritären Zeloten. Vor allem war er in fast hysterischer Weise darauf fixiert, echte oder vermeintliche Einfiltrierungen lutherischer Gedanken abzuwehren. In einer Denkschrift zur Reform der Kirche, die er im Oktober 1532 an Papst Clemens VII. richtete, forderte er ein unerbittliches Vorgehen gegen alle der Häresie Verdächtigen, besonders im italienischen Raum.[39] Wie weit sein Fanatismus ging zeigt seine Äußerung von 1557 dem venetianischen Botschafter gegenüber: »Wenn mein Vater Häretiker wäre, ich würde das Holz zusammentragen, um ihn zu verbrennen«.[40]
Nach der Errichtung der römischen Inquisition am 21. Juli 1542 begann Carafa, als Großinquisitor – wie bereits erwähnt – eine Verfolgungsjagd gegen alle in ihrer Haltung zur Rechtfertigungsfrage Verdächtigen. Den Höhepunkt seiner Maßnahmen erreichte er während seines Pontifikates 1555-1559.[41] Seinen Zelotismus prägte Carafa immer stärker auch dem Orden der Theatiner auf[42], sodaß der Name Teatino für eine ganze Partei stand. Es wurde bereits erwähnt, daß es einige Theatiner waren, die 1539 und wieder 1542 Bernardino Ochino als der lutherischen Lehre Verdächtigen angezeigt hatten. Auch die Anzeige von Pietro Martire Vermigli wegen seiner neapolitanischen Predigten 1540 ging auf das Konto der Teatini[43], und in dem Prozeß um die Rechtgläubigkeit des Ignatius von Loyola berichtet ein Zeuge, daß er vom Cardinale Teatino, also von Carafa, aufgefordert worden sei, die Predigten der Jesuiten zu bespitzeln.[44] So sehr war der Ruf Carafas wegen seiner inquisitorischen Aktivitäten geschädigt, daß sein Biograph, der Theatiner Antonio Caracciolo, im beginnenden 17. Jahrhundert sich veranlaßt sah, den Inquisitor Carafa zu verteidigen, da sich in den dreißiger und vierziger Jahren des 16. Jahrhunderts die lutherische Lehre so sehr in Italien ausgebreitet hätte, sei es notwendig gewesen, daß Carafa so energisch eingeschritten sei.[45]

39. Denkschrift: Concilium Tridentinum, ed. Societas Goerresiana, Bd. 12, Freiburg[2] 1966, 67-77.
40. »...were our father a heretic, we woud carry the faggots to burn him (perchè se nostro padre fusse heretico portassamo le fascine per abruciarlo)«: Calendar of State Papers and Manuscripts relating to English Affairs existing in the Archives and Collections of Venice and in other Libraries of Northern Italy, Bd. 6 pars 2, ed. *Rawdon Brown*, London 1881, 1350.
41. Vgl. die zusammenfassende Darstellung bei *Ganzer*, Aspekte der katholischen Reformbewegungen (Anm. 1) 21 ff.
42. Vgl. *Jorgensen*, The Theatines, Religious Orders (Anm. 8) 16-19.
43. Vgl. *Ph. McNair*, Peter Martyr in Italy. An Anatomy of Apostasy, Oxford 1967, 164 ff..
44. Vgl. *M. Del Piazzo – C. De Dalmases*, Il processo sull'ortodossia di S. Ignazio e dei suoi compagni svoltosi a Roma nel 1538. Nuovi documenti, in: Archivum historicum Societatis Jesu 38 (1969) 448. Vgl. auch *Fragnito*, Gasparo Contarini (Anm.18) 253.
45. Vgl. *Massimo Firpo*, Il processo inquisitoriale del cardinal Giovanni Morone. Edizione critica, Bd. 1, Roma 1981, 91 ff..

III. Folgerungen

Die reformerischen Aufbrüche im Italien des 15. und 16. Jahrhunderts, eine »evoluzione collettiva del sentimento religioso«, wie es ein italienischer Historiker nennt[46] waren vor allem gekennzeichnet von einem Bemühen um vertiefte Innerlichkeit. Bei den Vertretern des Evangelismo bzw. der Spirituali taucht neben Fragen der äußeren Kirchenreform und der moralischen Erneuerung von Klerus und Kirchenvolk ein Problem immer wieder auf: Die Frage nach dem persönlichen Heilsweg des Menschen.[47] Bezeichnend ist die Erfahrung des jungen Venezianers Gasparo Contarini, dem am Karsamstag 1511 die Erleuchtung zuteil wurde, keine menschliche Bußleistung könne vor Gott Genugtuung bewirken und den Zugang zu ihm verschaffen. Allein der Sohn Gottes leiste durch sein Leiden Genugtuung für unsere Sünden. Gott verlange nur den Glauben an Christi Sühneleiden, die Hoffnung auf ihn und einen Anfang der Liebe, um den Menschen in Gnaden anzunehmen.[48] Aus dieser Erfahrung heraus war Contarini von der Rechtfertigungslehre Luthers beeindruckt. Am 7. Februar 1523 schrieb er an einen Freund: Das ist mir durch innere Erfahrung zur Gewißheit geworden: Keiner kann sich durch seine Werke rechtfertigen; man muß vielmehr zur göttlichen Gnade seine Zuflucht nehmen, die man durch den Glauben an Jesus Christus erlangt, wie St. Paulus sagt: Glückselig, dem der Herr die Sünde nicht anrechnet ohne die Werke.[49] Contarini war übrigens 1521 als venezianischer Gesandter bei Karl V. auf dem Wormser Reichstag, ohne jedoch mit Luther zusammengetroffen zu sein.[50] Die religiöse Erfahrung Contarinis ist bezeichnend auch für andere aus dem Umfeld des italienischen Evangelismo. In dem religiösen Bestseller des damaligen Italien und weit darüber hinaus. »Trattato utilissimo del beneficio die Giesu Cristo crocifisso verso i cristiani« der in seiner Urfassung von dem Benediktinermönch Benedetto Fontanini oder da Mantova verfaßt wurde, wird in immer neuen Variationen die Rechtfertigung des Christen durch den Glauben behandelt. Die Gerechtigkeit Christi ist ausreichend, um uns zu Gerechten und zu Söhnen der Gnade zu machen, ohne irgendwelche guten Werke.

46. *Carlo Morandi*, Problemi storici della Riforma, in: *Carlo Morandi*, Scritti storici a cura di Armando Saitta, Roma 1980, 113.
47. Vgl. die Zusammenfassung bei *Ganzer*, Aspekte der katholischen Reformbewegungen (Anm. 1) 6-16.
48. Brief Contarinis an Paolo Giustiniani vom 24. April 1511: *Hubert Jedin*, Contarini und Camaldoli, in: Archivio italiano per la storia della pietà 2 (1953) 12-15. *Ders.*, Ein »Turmerlebnis« des jungen Contarini, in: Historisches Jahrbuch 70 (1951) 115-130. Wiederabgedruckt in: Kirche des Glaubens. Kirche der Geschichte, Bd. 1, Freiburg 1966, 167-180.
49. Contarini an Giustiniani: *Jedin*, Contarini und Camaldoli (Anm. 48) 67. *Ders.*, Ein Turmerlebnis (Anm. 48) 176 ff.
50. Vgl. *Jedin*, Ein Turmerlebnis (Anm. 48) 176 f.

Diese können niemals gut sein, wenn wir nicht zuvor durch den Glauben gerecht gemacht worden sind. So ist darin zu lesen.[51]
Die Frage des persönlichen Heilsweges oder theologisch gesprochen der Rechtfertigung des Menschen, war also ein Problem, das viele innerlich umtrieb, auch im Bereich des italienischen Mönchtums. In dieser Suche traf man sich mit dem Denken verschiedener theologischer Vertreter, mit Augustin, mit Juan Valdés, aber auch mit dem deutschen Reformator Martin Luther. Und man war beeindruckt von den Lehren, die man jeweils fand, zum Teil als Bestätigung der eigenen Erfahrungen, zum Teil als Inspiration und Einfluß auf die Bewältigung des eigenen Fragens und Suchens. Oft hat man die weitgehenden ecclesiologischen oder sakramentalen theologischen Folgerungen Luthers nicht mitvollzogen, sondern sich auf die Rechtfertigungsfrage beschränkt. Andere traten ganz auf die Seite der reformatorischen Lehren, wie etwa der Kapuziner Bernardino Ochino mit seinem spektakulären Schritt oder der Augustiner-Chorherr Pietro Martire Vermigli.[52] Das theologische Denken Martin Luthers, vor allem seine Rechtfertigungslehre, hat in vielfältiger Weise auch monastische Kreise in Italien beeindruckt und beeinflußt, wobei es oft schwer ist, genaue Einzelheiten anzugeben. Exemplarisch haben wir das – im positiven wie im negativen Sinn – an den beiden Protagonisten gesehen: Bernardino Ochino im jungen Kapuziner-Orden auf der einen Seite, und Gian Pietro Carafa, den Mitbegründer des Theatiner-Ordens, der dieser Gemeinschaft seine strikt antireformatorische Haltung aufgeprägt hat, auf der anderen Seite.

51. *Benedetto da Mantova*, Il Beneficio di Cristo con le versioni del secolo XVI. Documenti e testimonianze, a cura di Salvatore Caponetto (Corpus Reformatorum Italicorum), Firenze-Chicago 1972, 21. Vgl. die Literaturangabe zum Beneficio di Cristo bei *Ganzer*, Aspekte (Anm. 1) 14 f., sowie neuestens: *Marcantonio Flaminio*, Apologia del Beneficio di Cristo e altri scritti inediti, a cura di Dario Marcatto, Firenze 1996.
52. Vgl. zu ihm: *Cantimori*, Eretici italiani del Cinquecento (Anm. 25) passim. *Simoncelli*, Evangelismo italiano (Anm. 26) passim. *Massimo Firpo*, Riforma protestante ed eresie nell'Italia del Cinquecento, Roma-Bari 1993 passim.

Berndt Hamm

Warum wurde für Luther der Glaube zum Zentralbegriff des christlichen Lebens?

Die Zentralstellung des Glaubensbegriffs verbindet bekanntlicherweise die unterschiedlichen Reformationsströmungen miteinander.[1] Allenthalben begegnen wir in Flugschriften und auf Flugblättern der programmatischen Parole: ›Allein aus Glauben und nicht aus Werken wird der Mensch gerechtfertigt!‹ – Glaube verstanden als unmittelbarer Zugang zu Gottes Wort und so als vertrauendes Empfangen des Heils.[2] Die Frage, wie es zu dieser typisch reformatorischen Programmatik des ›sola fide‹ kommen konnte, führt uns zu den Wurzeln der Reformation und konfrontiert uns damit, wie elementar die Reformation in ihren Anfängen ein Geschehen von Theologie und Frömmigkeit war, verwurzelt im Lehrbetrieb der mittelalterlichen Theologie und im Erfahrungskontext eines observanten Klosters. Das heißt: Die Frage führt uns zu den Anfangsgründen einer neuen Theologie des jungen Augustinermönchs Martin Luther in Erfurt und Wittenberg, wie sie von seiner eigenen Hand für die Jahre 1509 bis 1516 dokumentiert ist: in den Randbemerkungen zum Lombarden der Jahre 1509/10[3] sowie besonders in den Aufzeichnungen zur Ersten Psalmenvorlesung 1513-1515[4] und zur Römerbriefvorlesung 1515/16.[5]

Wie konnte es, so möchte ich fragen, vom Mittelalter her gesehen überhaupt zu dieser frappierenden Gewichtsverlagerung auf die Seite des Glaubens kommen, nachdem doch für das Mittelalter spätestens seit dem 12. Jahrhundert die Liebe und nicht der Glaube als die für das Heil entscheidende Lebensform des Christen gegolten hat? Ich betone die Fragerichtung ›vom Mittelalter her‹ – nicht

1. Für manche Anregungen zum folgenden Vortrag danke ich den Studierenden, die an meinem Erlanger Hauptseminar über ›Luthers Entdeckung des Glaubens‹ im Sommersemester 1996 teilgenommen haben, und meiner Assistentin Dr. Petra Seegets.
2. Vgl. zuletzt *Thomas Hohenberger*, Lutherische Rechtfertigungslehre in den reformatorischen Flugschriften der Jahre 1521-22, Tübingen 1996 (mit Literatur).
3. WA 9, 28-94; vgl. zum gleichen Zeitraum auch die Randbemerkungen Luthers zu Augustin: ebd., 2-27.
4. Erstausgabe der Dictata super Psalterium: WA 3 und 4 (1885 und 1886); Neuausgabe: WA 55/I (1993) = Vollständige Ausgabe der Psalmglossen Luthers, und WA 55/II/1, 1. Lieferung (1963) = Ausgabe der Scholien Luthers zu Psalm 1-15.
5. WA 56 (1938).

nur, weil ich den Umbruch im Auge habe, was ja in der Lutherforschung das Übliche ist, sondern vor allem auch deshalb, weil ich, über den Stand der Forschung hinausgehend, die Kontinuität zu bestimmten Aspekten des mittelalterlichen Glaubensverständnisses hervorhebe. Meine These möchte ich vorweg so formulieren: Ohne die positive Anknüpfung Luthers an die ihm vertraute spätmittelalterliche Schul- und Frömmigkeitstheologie ist die neue Zentralstellung des ›sola fide‹ in seiner Theologie nicht zu verstehen. Es gab bestimmte Züge des mittelalterlichen Glaubensbegriffs, die für Luther wichtig waren, als er erstmals in seiner Psalmenvorlesung 1513-15 die Begriffe fides, fidelis und credere zu den entscheidenden Schlüsselbegriffen der christlichen Existenz und des kirchlichen Lebens machte.[6] Zugleich aber hat Luther (in dieser Kontinuität) dem Glauben jene neue inhaltliche Bestimmung gegeben, die ihn dazu befähigte, die mittelalterliche Zentralstellung der caritas und ihrer opera abzulösen.
Wie aber vollzog sich dieser für die Reformation grundlegende Ablösungsvorgang? Um ihn zu beschreiben, muß ich, wenigstens knapp skizzierend, zunächst auf das Gemeinsame des hoch- und spätmittelalterlichen Glaubensbegriffs zu sprechen kommen, wobei ich selbstverständlich von solchen Autoren ausgehe, die dem studierenden Augustinermönch besonders vertraut waren. Das Glaubensverständnis, wie es ihm z.B. durch Gabriel Biel[7] und Johann von Staupitz[8] vermittelt wurde, hat folgende charakteristische Züge:

6. Zur Zentralstellung des Glaubensbegriffs in Luthers Dictata super Psalterium vgl. die grundlegende Untersuchung von *Reinhard Schwarz*, Fides, spes und caritas beim jungen Luther, unter besonderer Berücksichtigung der mittelalterlichen Tradition, Berlin 1962, S. 212 (im Verhältnis zur caritas) und S. 227 (im Verhältnis zur spes). Gelegentlich, aber noch nicht formelhaft verwendet Luther auch bereits die Wortverbindung »sola fides«, z.B. WA 4, 380,19f. Zum wichtigen Vergleich mit der exegetischen Tradition der mittelalterlichen Psalmenauslegungen vgl. unten Anm. 36.
7. *Gabriel Biel:* Canonis misse expositio I-IV, hg. von *Heiko Augustinus Oberman, William J. Courtenay*, Wiesbaden 1963-1967; Collectorium circa quattuor libros Sententiarum, hg. von *Wilfrid Werbeck, Udo Hofmann*, 5 Bde, Tübingen 1973-1984, mit Indices von *W. Werbeck*, Tübingen 1992. Biel zeigt sich in seinem Meßkommentar (Erstdruck 1489) und Sentenzenkommentar (Erstdruck 1501) nicht nur als entschiedener Parteigänger der ockhamistischen Lehrrichtung, sondern repräsentiert mit seinen Zitaten auch eine gewisse Breite und ›Ernte‹ der mittelalterlichen Schultraditionen – und in dieser Hinsicht dient er mir als Quelle für gemeinsame Züge des hoch- und spätscholastischen Glaubensverständnisses in den verschiedenen Lehrrichtungen. So ist z.B. Thomas von Aquin im Sentenzenkommentar Biels die am häufigsten zitierte theologische Autorität des Mittelalters; vgl. Indices, S. 140-144. Zu Biels fides-Begriff vgl. *Heiko Augustinus Oberman*, Spätscholastik und Reformation, Bd. 1: Der Herbst der mittelalterlichen Theologie, S. 68-87 (Kap. 3).
8. *Johann von Staupitz*, Tübinger Predigten, hg. von *Richard Wetzel*, Berlin – New York 1987 = J.v.S., Sämtliche Schriften, hg. von *Lothar Graf zu Dohna, Richard Wetzel:* Lateinische Schriften I, S. 552f. und 564f. (Sachregister s.v. ›credere‹ und ›fides‹).

1. Glaube ist – in Verbindung mit der Taufe – auch im Mittelalter das Fundamentale des Christseins, die Basishaltung, durch die sich der Christ vom Nicht-Christen unterscheidet. Er ist das Fundamentale, aber – so muß man gleich hinzufügen – damit auch das Geringste des Christseins, das zur Erlangung des Heils noch völlig Ungenügende.
2. Glaube hat immer einen konstitutiven Wahrheitsbezug zur offenbarten Wahrheit Gottes. Er ist in diesem Sinne ›Wahr-nehmen‹ durch Hören dessen, was der Mensch sich nicht selbst sagen und nicht intuitiv betrachten kann, sondern was ihm durch die Autorität der Heiligen Schrift und der Kirche vermittelt wird.
3. Daraus ergibt sich der grundlegende Wortbezug des Glaubens: Sein Hören und Gehorchen gilt dem autoritativen Wort der göttlichen Wahrheit.[9]
4. Bezogen auf die verbindliche Lehre von der Wahrheit Gottes, ist Glaube immer ein Erkennen, Wissen und Zustimmen des Verständnisvermögens, des intellectus. Glaube ist also in seinem Wesen kognitiv bestimmt.[10]

Selbstverständlich hat Luther diese nur in Staupitz' Autograph überlieferten Hiobpredigten, die zwischen 1495 und 1500 entstanden sein dürften, nicht gekannt. Doch zeigen sie, welche Art von spätmittelalterlicher Frömmigkeitstheologie jener Mann vertreten hat, der mit dem jungen Mönch Luther als Ordensvorgesetzter, Lehrer und Seelsorger einen besonders intensiven persönlichen Kontakt pflegte. Zwar tritt Staupitz in dem Predigtzyklus als profilierter Augustinschüler hervor, zugleich aber vergegenwärtigt er ein breites Spektrum theologisch reflektierter Spiritualität, hinsichtlich der Ortsbestimmung des Glaubens schließt er sich z.B. eng an Formulierungen Johannes Gersons an, so daß auch Staupitz – wie in anderer Weise Biel – als Repräsentant eines gewissen theologischen Konsenses im Bereich des hoch- und spätmittelalterlichen Glaubensverständnisses gelesen werden kann.

9. Die mittelalterliche Theologie konnte, wie mir scheint, nie deutlich machen, was das sog. gnadenhafte Eingegossen- und Geformtwerden des Glaubens (zur fides infusa und formata) für die Eigenart des Glaubens selbst – als eigener Tugend des Christen im Unterschied zu Hoffnung und Liebe – über die Grundstufe des durch Hören erworbenen Glaubens hinaus wirklich austrägt. Das Geformtsein des Glaubens wurde qualitativ stets über die formende caritas bestimmt, aber nicht als Charakter der Glaubenstugend selbst beschrieben. Daher war für die Beschreibung der spezifischen Wesensart der virtus fidei die »fides ex auditu« (Röm. 10,17) und ihr elementarer Wortbezug ausschlaggebend, während die Steigerungsform des eingegossenen und geformten Glaubens als fides eigentümlich blaß blieb und ihren ganzen Farbenreichtum von der Liebe her übernahm.

10. Ohne Abstriche gilt: Glaube hat seinen Sitz in jenem Erkenntnis- und Verständnisvermögen des Menschen (intellectus), das sich auf geistige Wahrheiten richtet. Zwar ist am Glauben – in unterschiedlichen Bestimmungsmöglichkeiten, die nach Lehrrichtungen divergieren – stets auch der Wille beteiligt, sofern der Glaubende dem Erkannten willentlich zustimmt, d.h. es für sich als wahr gelten läßt. Doch sind diese Willensakte des assensus unmittelbar an die Vernunftnatur des intellectus gebunden; es geschieht damit keine Verlagerung des Glaubens auf die Ebene der Gemüts-

5. Glaube ist ein festes Anhangen an der Wahrheit (wie Biel in Einklang mit der Tradition formuliert[11]) und hat so in seinem Erkennen eine untrügliche Gewißheit, certitudo und securitas, der Glaubensinhalte.
6. Glaube ist stets rezeptiv: ein Empfangen und Annehmen der gelehrten und verkündigten Wahrheit, kein Herstellen, keine Aktivität, kein Werk – im Unterschied zur mittelalterlichen caritas, die in ihrer Wirkungsdimension stets operativ bestimmt ist.
7. Glaube ist daher in erster Linie ein Beziehungsbegriff ad extra, der die empfangende Relation des Menschen zur Kirchenwahrheit bezeichnet, während die Liebe in dominierender Weise Qualitätsbegriff für das Innere des Herzens ist. Glaube ist die Weise, wie der Mensch zu einem festen Wissen von Gott kommt, Liebe ist die Weise, wie Gott Wohnung in seinem Herzen nimmt.
8. Das bedeutet zugleich: Unter allen Begriffen der mittelalterlichen Theologie, die eine geistliche Veränderung und Einstellung des inneren Menschen bezeichnen, ist ›Glaube‹ derjenige Begriff, der am wenigsten qualitativ bestimmt ist. Nur in eingeschränktem Sinne ist Glaube moralische Tugend[12], wie er ja auch primär rezeptiv und nicht aktiv ist. Während die Lebensform der caritas den Sünder und die Sünderin in eine innere Beziehung zur Güte Gottes versetzt, sie aus ihrer Ichsucht herauslöst und ihre Lebensrichtung qualitativ verändert, ist für den Glauben gerade nicht der existentielle Bezug zur Güte Gottes, sondern der kognitive Bezug zur Wahrheit Gottes konstitutiv, nicht das Gutwerden, son-

kräfte (Affekte) des ›Herzens‹. Der Hinweis auf die voluntas unterstreicht den Freiheitscharakter des Glaubens, dessen Subjekt allein der intellectus und seine ratio bleiben. Glauben ist daher die freiwillige Bewegung vom Erkennen des Glaubensinhalts über seine Kenntnis und Anerkenntnis zum rationalen Verstehen des Geglaubten. – Vgl. Lehrverurteilungen – kirchentrennend?, Bd. I: Rechtfertigung, Sakramente und Amt im Zeitalter der Reformation und heute, hg. von *Karl Lehmann, Wolfhart Pannenberg*, Freiburg i.Br./Göttingen 1986, S. 56: »Die Trienter Konzilsväter denken mit der mittelalterlichen Tradition bei dem *Wort* »Glaube« (in der semantischen Spannung von »fides« uund »credere«!) zunächst an die Zustimmung des Verstandes zum geoffenbarten Wort Gottes einerseits und an den »objektiven« Glauben andererseits, wie er in Bekenntnis und Lehrverkündigung der Kirche niedergelegt ist.«

11. Vgl. *Gabriel Biel*, Collectorium circa quattuor libros Sententiarum III (hg. von *Wilfrid Werbeck, Udo Hofmann*, Tübingen 1979), dist. 23, q. 2, art. 1, not. 1 (S. 407, Z. 3-5): »Fides est notitia adhaesiva certa et firma veritatis ad religionem pertinentis per revelationem accepta.« Vgl. auch ebd. S. 408,18f. (»intellectus adhaesio«), 410,3 (»firmitas adhaesionis«), 411,9 (»apprehensio credibilis, id est veritatis credendae«) und 424,23f. (die »fides acquisita« als »intellectualis virtus seu habitus derelictus ac causatus ab actibus intellectus apprehensivis vel adhaesivis, inclinans intellectum ad obiecti cognitionem aut ad veri adhaesionem«).
12. Vgl. *Biel*, ebd. art. 3, dub. 4 (S. 424,1-425,38); dazu *Schwarz*, Fides, spes und caritas (wie Anm. 6), S. 44f.

dern das Irrtumsloswerden. Gläubigsein bedeutet also nicht eo ipso Gutsein und Guthandeln. Glaube *an sich* – als ungeformter, nackter Glaube – ist durchaus mit Lieblosigkeit und Heillosigkeit vereinbar. Auch Judas Ischariot hat geglaubt.

9. Daher ist Glaube der unterste Grad im stufenweise zum Paradies emporsteigenden Leben der Christen. Zwar nimmt die fides am Aufstieg teil; es gibt daher verschiedene Arten und Stufen des Glaubens, den Weg vom erworbenen zum eingegossenen oder vom ungeformten zum geformten Glauben. Doch liegt das perfektionierende Prinzip nicht im Glauben selbst, sondern in der Form der in den Sünder einströmenden rechtfertigenden Gnade und Liebe. Erst das Formprinzip der gnadenhaften Liebe hebt den Glauben auf jene Stufe geistlicher Qualität und Moralität, die den Heilsgewinn ermöglicht. Das Letztgültige im christlichen Leben ist daher für die mittelalterliche Theologie und Frömmigkeit nicht die fides, sondern die caritas und die durch sie motivierten verdienstvollen und genugtuenden guten Werke des Gerechtfertigten.[13]

Soweit zur Verortung des Glaubens im Vergleich mit dem Spitzenbegriff der Liebe. Um Luthers Neuansatz zu verstehen, ist aber über die genannten neun Punkte hinauszugehen. Ist doch für das mittelalterliche Glaubensverständnis nicht nur die Unterscheidung und das Miteinander von Glaube und Liebe, sondern auch die Spannung zwischen Glaube und Hoffnung konstitutiv. Ich denke dabei vor allem an die Frömmigkeitstheologie des 15. Jahrhunderts, die – wie man am Beispiel Johann von Staupitz' sehen kann[14] – besonders durch Johannes Gerson geprägt wurde.[15] In dieser seelsorgerlichen Theologie gewinnt die Hoffnung (spes) ein verstärktes Gewicht. Ihren Platz hat sie im Gegenüber zum Glauben auf der

13. Bezeichnend ist etwa folgende Formulierung *Johann von Staupitz'* über den – mit Hoffnung und Liebe eng verbundenen – geistgewirkten Heilsglauben des Menschen: »Vitam autem gloriae non vidimus, sed speramus et cognovimus per fidem, movemur autem ad eam per caritatem; ipsa namque caritas pondus est quo coelum attingimus. Caritas autem non consentit malo, ideo simul cum peccato mortali non stat.« Tübinger Predigten (wie Anm. 8), Sermo 24, Zeile 191-195 (S. 368).
14. Zu *Staupitz'* Gerson-Rezeption vgl. ebd. S. 517f. (Register der Autoritäten und Quellen s.v. Gerson) und speziell die Verhältnisbestimmung der fides zu spes und caritas in Sermo 24, Zeile 287-315 (S. 371-373): größtenteils wörtlich aus *Gerson.*
15. Zwar hat es jede Theologie irgendwie mit Frömmigkeit zu tun, doch ist im Spätmittelalter nur jener Typus von Theologie, den ich *Frömmigkeitstheologie* nenne, ganz auf Frömmigkeit, d.h. auf fromme (rechte) Lebensgestaltung, bezogen – und zwar so ausschließlich, daß alle nicht unmittelbar frömmigkeitsrelevanten Themen und Reflexionsweisen der Theologie aus dem Programm der Frömmigkeitstheologie herausfallen oder entsprechend umgeformt werden. Vgl. *Berndt Hamm*, Von der spätmittelalterlichen reformatio zur Reformation: der Prozeß normativer Zentrierung von Religion und Gesellschaft in Deutschland, in: ARG 84 (1993), S. 7-82: 18-41, besonders S. 19f. Anm. 26 (das Verhältnis der Frömmigkeitstheologie zur scholastischen und ›monastischen‹ Theologie des 15. Jahrhunderts).

Seite der Liebe, denn wie die caritas ist auch die spes nach allgemein mittelalterlichem Verständnis nicht im Erkenntnisvermögen, sondern im Willensvermögen und Gemütsleben des Menschen verankert, nicht im kognitiven, sondern im affektiven Bereich der höheren Geistseele.[16] Während Glaube Aufnahme einer Lehr- und Denkform ist und so den intellectus und die ratio für Gottes Wahrheit in Anspruch nimmt, ist die Hoffnung wie die Liebe eine Lebensform, die das Gemüt des Herzens auf die Güte Gottes und das Gut seiner paradiesischen Seligkeit ausrichtet. Damit aber tritt eine Unterscheidung hervor, die für die Theologie und Frömmigkeit des ausgehenden Mittelalters bis hinein in die fromme Kunst[17] von größter Bedeutung ist. Es wird eine Art von Spaltung erkennbar, die ich so charakterisieren möchte:

Glaube und Hoffnung werden unterschiedlichen Aussageebenen zugeordnet, was zugleich bedeutet: unterschiedlichen Dimensionen von Gewißheit und Sicherheit. Der christliche Glaube bewegt sich in seiner Erkenntnis und seinem Bekenntnis auf einer verobjektivierenden und verallgemeinernden Aussageebene, d.h. auf der überindividuellen Wahrheits- und Gewißheitsebene der lehrenden Kirche. Stellt sich der glaubende Mensch auf diese Ebene, dann weiß er, daß sein Verhältnis zu Gott durch bestimmte, in der göttlichen Heilsoffenbarung kundgegebene, allgemeingültige Regeln festgelegt ist, etwa durch die Regel: Nur diejenigen Menschen kommen zum Heil, die frei von Todsünde und im Stand der rechtfertigenden Gnade sterben, d.h. die Gott aus ganzem Herzen lieben und mit wahrer Reue Schmerz über ihre Sünden empfinden. Die Kenntnis dieser Regel gehört zur festen Gewißheit des Glaubens. Was die konkrete glaubende Person allerdings nicht wissen kann, ist die Antwort auf die für sie persönlich entscheidende Frage: ob sie selbst im Stand der Gnade und Liebe und damit Anwärterin auf das Heil ist. Auf der allgemeinen Ebene des Wahrheitswissens und seiner Sicherheit, wie sie mit dem Glauben geschenkt wird, kann es keine persönliche, individuelle Gnaden- und Heilsgewißheit geben, allenfalls eine vermutende Annahme, im Stand der Gnade zu sein.[18]

16. Vgl. z.B. *Gerson*, De consolatione theologiae, ed. *Palémon Glorieux*, Jean Gerson: Oeuvres complètes, Bd. 9, Paris 1973, S. 196 oben. Vgl. auch *Thomas v. Aquin*, Summa theologiae II/II, q.18, art.1 (die voluntas als subiectum der spes) und q.24, art.1 (die voluntas als subiectum der caritas) im Vergleich mit q.4, art.2 (der intellectus als subiectum der fides). Zur Lehre von der Hoffnung (und ihrer Gewißheit) bei Thomas und anderen scholastischen Theologen vgl. die unten Anm. 23 zitierte Arbeit von *Basse*.
17. Zu denken ist besonders an Texte, vor allem Spruchbänder, auf Frömmigkeitsbildern des Jahrhunderts vor der Reformation. Solche Bildtexte, z.B. lehrhafte Formulierungen oder kurze Gebete, sind genau den verschiedenartigen Aussageebenen zuzuordnen, die ich im folgenden unterscheide.
18. Zu diesem ›coniecturaliter‹ vgl. z.B. *Thomas v. Aquin*, Summa theologiae I/II, q. 112, art. 5, corpus.

Ganz anders hingegen verhält es sich auf der Aussageebene der Hoffnung, die – so ist sofort hinzuzufügen – stets zugleich die Aussageebene der Demut, der humilitas, ist. Spes und humilitas sind für Gerson, wie auch für die anderen Lehrer des geistlichen Lebens vor und nach ihm, zwei Seiten der gleichen affektiven Haltung des Christen.[19] Demut und Hoffnung aber artikulieren sich im Unterschied zum Glauben auf einer subjektiv-existentiellen Aussageebene, nicht auf der Lehr-, sondern auf der Gebetsebene. Es ist die persönliche Gebetshaltung, in der ein Mensch demütig-furchtsam seine Sünden vor dem gerechten und richtenden Gott bekennt und seine ganze Hoffnung vertrauensvoll auf den barmherzigen und rettenden Gott wirft. Hier verflüchtigt sich nun sowohl das feststehende Wahrheitswissen des Glaubens als auch seine spezifische Ungewißheit. In der Demutshaltung nämlich wird das Bewußtsein von der regelhaften Heilsnotwendigkeit der inneren Liebesqualität im eigenen Herzen und der daraus hervorgehenden Genugtuungen und Verdienste gleichsam ausgeschaltet. Die Sünder haben dann vor Gott nur noch ihre eigene Nichtigkeit vor Augen, klagen sich selbst an und verzweifeln – wie Gerson es fordert – an ihren eigenen Möglichkeiten, das Heil verdienend zu erlangen.[20] Als Demütiger macht sich der Mensch also kleiner, als er tatsächlich ist; er bekennt, wie man es auszudrücken pflegt, auch da Schuld, wo keine Schuld ist.[21] Das bedeutet: In der Selbstverdammung der Demut blendet er die Wahrheit aus, die Realität seiner tatsächlichen Stellung vor Gott; ist doch gerade eine solche Demut de facto höchste geistliche Qualität und verdienstvoll.[22] Ganz analog überspringt die Hoffnung,

19. Vgl. z.B. *Gerson*, De consolatione theologiae, ed. Glorieux (wie Anm. 16), Bd. 9, S. 195 unten; vgl. auch *Staupitz*, Tübinger Predigten (wie Anm. 8), Sermo 11, Zeile 21-27 (S. 186).
20. Vgl. z.B. *Gerson*, De vita spirituali animae, ed. Glorieux (wie Anm. 16), Bd. 3, Paris 1962, S. 126: »Denique perspicuum est, quanta necessitate desperare debeamus de viribus nostris ... nec confidere in homine, sed projicere totam spem nostram in Deum, ne confundamur, sed liberemur et nutriamur et glorificemur.« *Ders.*, De praeparatione ad missam, ed. Glorieux, Bd. 9 (wie Anm. 16), S. 50: »Deum time, de te desperans, in se fidens, et mandata eius observa, quod in te est non omittens; hoc est omnis homo.« Mit diesen prägnant zusammenfassenden Worten schließt Gersons Schrift.
21. Entsprechend einer vielverwendeten Sentenz *Gregors d. Gr.:* »Bonarum mentium est ibi culpam agnoscere, ubi culpa non est.« Vgl. Epist. XI, 64 (Migne PL 77, 1195 B). In typischer Weise wird dieses Diktum von *Gerson* (in der zitierten Textversion) rezipiert, indem er dazu anleitet, daß der Sünder als sein eigener Ankläger, Zeuge und Richter sein Schuldbewußtsein ins Übermaß steigern soll (»exaggerans quantum potest«); De consolatione theologiae, ed. *Glorieux* (wie Anm. 16), Bd. 9, S. 232f. Vgl. *Sven Grosse*, Heilsungewißheit und Scrupulositas im späten Mittelalter. Studien zu Johannes Gerson und Gattungen der Frömmigkeitstheologie seiner Zeit, Tübingen 1994, S. 54 und 122.
22. Vgl. *Grosse*, ebd. S. 113-118 (Verdienst und Gnade).

die Schwester der Demut, die für den Glauben charakteristische Ungewißheit. In der Haltung des reinen Vertrauens löst sich die Hoffnung vom Unsicherheitsfaktor der eigenen Qualität, klammert sich allein an Gottes gütige Verheißungen und gewinnt so eine persönliche Heilsgewißheit, die auf der Ebene der Wahrheitserkenntnis des intellectus nicht möglich ist.[23]
In der mittelalterlichen Theologie und Frömmigkeit gibt es somit eine höchst aufschlußreiche Unterscheidung zwischen Wahrheitswissen und Ungewißheit des Glaubens einerseits und blinder Demut und Hoffnungsgewißheit andererseits. Man kann darin die Spaltung zwischen einer theoretisch verobjektivierenden, stark rationalen Lehrform und der existentiellen Lebensform der persönlichen Stellung vor Gott sehen, die Polarität zwischen einer intellektualisierten Religion des Hörsaals[24] und einer affektiven Religion des monastischen Gebets. Diese wuchs in Gestalt einer verinnerlichten, mystisch gestimmten Gebetsfrömmigkeit schon bald über die spezifisch monastische Sphäre hinaus und wurde im späten Mittelalter zu einer Spiritualität nicht nur für Ordensleute aller Zweige, sondern auch für devote Säkularkleriker und Laien. Institutionsgeschichtlich läßt sich das Auseinandertreten der Sprach- und Gewißheitsebenen bis ins 12. und 13. Jahrhundert zurückverfolgen, als der Lehrbetrieb der Kathedralschulen und entstehenden Universitäten dem neuen Geist einer rationalen und philosophischen Durchdringung der Theologie Raum gab und so in Spannung zur Lebens-

23. Vgl. z.B. *Gerson*, De consolatione theologiae, ed. Glorieux (wie Anm. 16), Bd. 9, S. 195f.; dazu *Grosse*, ebd. S. 106-111 (Hoffnungsgewißheit) und zur Thematik ferner *Michael Basse*, Certitudo Spei. Thomas von Aquins Begründung der Hoffnungsgewißheit und ihre Rezeption bis zum Konzil von Trient als ein Beitrag zur Verhältnisbestimmung von Eschatologie und Rechtfertigungslehre, Göttingen 1993 (ohne Berücksichtigung Gersons und der mittelalterlichen Frömmigkeitstheologie und mit einer nur minimalen Berücksichtigung der Spätscholastik – kurz gesagt: eine der systematisch-theologischen Thomas-Luther-Arbeiten alten Stils). Zur persönlichen Hoffnungsgewißheit bei *Staupitz* vgl. die unten in Anm. 27 zitierten Texte.
24. Der Begriff ›Hörsaal‹ ist einseitig-zuspitzend und meint als pars pro toto den gesamten Bereich der akademischen und katechetischen Wissensvermittlung der Kirche in Belehrung und Anleitung. Ebenso ausschnitthaft ist die folgende Bezeichnung ›Religion des monastischen Gebets‹, mit der ich die gesamte Aussagedimension der Gebetshaltung vor Gott anspreche. Die lectio im Hörsaal und die oratio im Chor und in der Klosterzelle repräsentieren in besonders typischer Weise den Unterschied zwischen der verobjektivierten Form der Glaubenslehre und dem existentiellen Vollzug des Glaubens in Demut und Hoffnung. Zum entsprechenden existentiellen Aussagetypus in der Trosttheologie Gersons, der auf Akzentuierung der Demut und Hoffnungsgewißheit zielt, vgl. *Sven Grosse*, Existentielle Theologie in der vorreformatorischen Epoche am Beispiel Johannes Gersons. Historische Überlegungen zum ökumenischen Disput, in: Kerygma und Dogma 41 (1995), S. 80-111.

formung durch Gebetspraxis in geistlichen Gemeinschaften geriet.[25] Im spätmittelalterlichen Glaubensbegriff hat dieser wissenschaftliche Aufbruch der Scholastik seinen Niederschlag gefunden; in ihm verdichtet sich das lehrhaft-kognitive Verständnis kirchlicher Wahrheit, die eine allgemeingültige certitudo vermittelt. In Demut und Hoffnung dagegen konzentriert sich das Leitbild innigster affektiver Gemeinschaft mit Gott, die den Sünder aus der Nichtigkeit zur tröstenden Heilsgewißheit emporhebt. Es war das gleiche 12. Jahrhundert, in dem die Theologen Westeuropas sowohl eine neue Intellektualität der Glaubensbegründung als auch eine neue Gefühlsinnerlichkeit der Liebe einschließlich ihrer Bußaffekte Demut und Hoffnung entdeckten.[26] Damit wurden theologie- und frömmigkeitsgeschichtlich die Weichen für eine neuartige Polarität von Wissen und Fühlen im abendländischen Christentum gestellt.

Das Gegenüber von Glaube und Demut-Hoffnung verdeutlicht nochmals, warum im Mittelalter der Glaube nicht der Zentralbegriff des christlichen Lebens sein konnte, da im Wahrheitsbezug des Glaubens allein noch nicht die Demut und Hoffnung eines geistlichen Lebens enthalten war. Erst die Liebe konnte nach mittelalterlichem Verständnis die innere Beziehung des Herzens sowohl zur Wahrheit als auch zur Güte Gottes eröffnen und so das demütige Vertrauen der Hoffnung ermöglichen.

Sobald man freilich den Glauben als ›durch die Liebe geformten Glauben‹ verstand und damit in enger Verbindung mit Demut und Hoffnung sah, konnte

25. Bezeichnend ist, wenn *Petrus Comestor* (gest. 1179) feststellt: »Sunt qui orationi magis operam dantes lectioni minus insistunt, et hi sunt claustrales. Sunt alii qui lectioni invigilant, rarius orantes, et hi sunt scholares.« Sermo 9 (Migne PL 198,1747A). Zit. bei *Arnold Angenendt*, Geschichte der Religiösität im Mittelalter, Darmstadt 1997, S. 50; vgl. den gesamten Abschnitt über das Hochmittelalter (S. 44-68), der den wissenschaftsgeschichtlichen Umbruch des 12. und 13. Jahrhunderts knapp und treffend charakterisiert (mit Literatur).

26. Vgl. *Peter Dinzelbacher*, Über die Entdeckung der Liebe im Hochmittelalter, in: Saeculum 32 (1981), S. 185-208. Theologisch wichtig ist im Rahmen dieser Umorientierung ›nach innen‹ vor allem die Schwerpunktverlagerung von den äußeren Bußwerken der Satisfaktion auf die innere Bußgesinnung der Reue (des demütigen Schmerzes über die Sünden) und der Hoffnung (die zu Gottes Vergebung Zuflucht nimmt). Diese neue Sicht der Buße, wie sie vor allem in der Schule Anselms von Laon (gest. 1117) und bei Abaelard (gest. 1142) hervortritt, versteht die wahre Reue und Zerknirschung des Herzens als Regung der Liebe zu Gott. Seit dem 12. Jahrhundert wird die aus dem Motiv der Gottesliebe entstehende ›vera contritio‹ zur entscheidenden Bedingung im Moment des Todes für die Zulassung des Menschen zu Fegefeuer und/oder Paradies. Vgl. Artikel ›Buße‹, in: Lexikon des Mittelalters, Bd. 2 (1983), Sp. 1123-1141: 1137-1139 (*Ludwig Hödl*); *Hödl*, Die Geschichte der scholastischen Literatur und der Theologie der Schlüsselgewalt, 1. Teil, Münster 1960, passim.

der Glaubensbegriff durchaus ohne Abstriche die Heilsbeziehung des geheiligten Menschen zu Gott artikulieren. Wiederholt stößt man daher vor der Reformation auf Predigttexte, die einen in dieser Weise gefüllten Glaubensbegriff verwenden, der die intensive Vertrauensbeziehung zur Barmherzigkeit Gottes und bergenden Gerechtigkeit Christi zum Ausdruck bringt.[27] So konnte – vor allem im Modus der Frömmigkeitstheologie, die den Lebenszusammenhang der vita spiritualis im Blick hatte – die Spannung zwischen intellectus und affectus überbrückt, allerdings nicht die Divergenz zwischen den beiden Aussageebenen des Christseins aufgehoben werden.
In der für das geistliche Leben des späten Mittelalters typischen Anfechtungsproblematik zeigt sich – besonders bei den skrupulösen Religiosen – die Schwierigkeit, ja Unmöglichkeit, diese Divergenz psychisch und seelsorgerlich in den Griff zu bekommen.[28] Wie soll einem Menschen die reine, demütige und feste Hoff-

27. Vgl. z.B. die Art und Weise, wie der Franziskaner *Stephan Fridolin* in seinen Predigten über die Komplet gegen Ende des 15. Jahrhunderts das »allein durch den glauben« in Beziehung zur Passionsgerechtigkeit Jesu Christi setzt; zit. bei *Hamm*, Von der spätmittelalterlichen reformatio (wie Anm. 15), S. 39 mit Anm. 98 und *Petra Seegets*, »Das alles menschlich heyl an dem leiden Cristi steet«. Stephan Fridolin – ein spätmittelalterlicher Frömmigkeitstheologe zwischen Kloster und Stadt, Diss. theol. masch., Erlangen 1994, besonders S. 70 und 228-231. Auch *Staupitz* verwendet in seinen Tübinger Hiobpredigten (wie oben Anm. 8) den Glaubensbegriff häufig im soteriologischen Vollsinn der ›fides caritate formata‹, ohne die selbstverständlich vorausgesetzte ›eingegossene‹ Liebesqualität eigens zu erwähnen – eine abgekürzte Redeweise, die auch sonst gerade in frömmigkeitstheologischen Texten ganz üblich zu sein scheint; vgl. etwa ebd. Sermo 22, Zeile 108-111 (S. 341): »Tertium fundamentum in bonitate collocatur. Et secundum hoc sic imbuendi pueri sunt, quod deus optimus dedit nobis sua bonitate fidem rectam, in qua sperantes salvi erimus. Cuius fidei fundamentum positum in Christo.« Ein Vergleich mit anderen Stellen zeigt, wie sorgfältig Staupitz im Sinne der Tradition zwischen fides, spes und caritas differenziert, insbesondere zwischen der allgemeinen Gewißheit und persönlichen Ungewißheit des Glaubens einerseits und der persönlichen Heilsgewißheit der Hoffnung andererseits sowie insbesondere im Blick auf die entscheidende Schlüsselstellung der Liebe, die allein rettet und die Lebensform für Glaube und Hoffnung bildet; vgl. ebd. Sermo 4, Zeile 194-203 (S. 83), Sermo 24, Zeile 203-212. 300-315 (S. 368f. 372f.), Sermo 27, Zeile 219f. (S. 403) und Sermo 28, Zeile 113-118 (S. 408f.) sowie den Anfang 1517 publizierten Traktat von *Staupitz:* Libellus De exsecutione aeternae praedestinationis, hg. von *Lothar Graf zu Dohna, Richard Wetzel*, Berlin – New York 1979 = J.v.S., Sämtliche Schriften, hg. von *dens.:* Lateinische Schriften II, § 51 (S. 138), § 171 (S. 236), § 228 (S. 278), § 237 (S. 284) und § 238-240 (S. 286-288). In der Staupitz-Literatur wird, soweit ich sehe, das Verhältnis von fides, spes und caritas nicht mit der wünschenswerten Klarheit dargestellt.
28. Vgl. *Wilfrid Werbeck*, Voraussetzungen und Wesen der scrupulositas im Spätmittelalter, in: ZThK 68 (1971), S. 327-350; *Grosse*, Heilsungewißheit und Scrupulositas (wie Anm. 21).

nungsgewißheit gelingen, wenn er gemäß dem verbindlichen Glaubenswissen der Kirche im Bewußtsein haben soll, daß ohne die Heiligungsqualität der rechtfertigenden Liebe und ihre Verdienstmöglichkeiten niemand gerettet wird, und wenn ihm zugleich ein sicheres Wissen über den eigenen Gnaden- und Liebeszustand verwehrt ist? Wie kann man den Trost der Hoffnung allein im Leiden Christi (pro nobis) finden, wenn man zugleich erforschen soll, ob Christus durch die Kraft der Liebe im eigenen Herzen (in nobis) wohnt? Das erste ohne das zweite nennt Staupitz ein »tzu unbescheidenes vortrawen in gottes barmhertzigkeit«, weil das ›pro nobis‹ nur über das ›in nobis‹ zum Heil führt.[29] Damit deutet er das ganze Dilemma der spätmittelalterlichen Seelsorge im Spannungsfeld von angestrengter Gewissenserforschung und getröstetem Vertrauen auf Gottes Barmherzigkeit an.

Wenn wir uns nun wieder dem frühen Luther zuwenden, so ist zunächst bemerkenswert, aber auch nicht verwunderlich, wie stark er in seinen Randbemerkungen zu den Sentenzen des Petrus Lombardus 1509/10 und dann ab 1513 in seinen beiden ersten Vorlesungen über die Psalmen und den Römerbrief jenen mittelalterlichen Glaubensbegriff aufnimmt, wie ich ihn anfangs in neun Punkten skizziert habe. Besonders wichtig war ihm, daß Glaube von der theologischen Tradition her nicht als operative virtus, nicht als moralische Aktivität definiert war, sondern als rezeptives Geschehen, als verstehendes und zustimmendes Empfangen der Wahrheit Gottes, die in seinem autoritativen Offenbarungswort laut wird.[30] Auch dieser Wahrheits- und Wortbezug bleibt für Luthers Glaubensverständnis konstitutiv[31], ebenso wie er betont an der kognitiven und lehrhaften

29. *Johann von Staupitz*, Von der Nachfolgung des willigen Sterbens Christi (1515), cap. 7, in: Johann von Staupitzens sämmtliche Werke, hg. von Joachim Karl Friedrich Knaake, Bd. 1: Deutsche Schriften, Potsdam 1867, S. 66; vgl. dazu *Heiko Augustinus Oberman*, Werden und Wertung der Reformation. Vom Wegestreit zum Glaubenskampf, Tübingen 1977, S. 106-108.

30. Vgl. *Luthers* Randbemerkungen zu den Sentenzen des Petrus Lombardus: WA 9,91,4-6: »Videt quisque intellectualiter fidem suam certissima scientia, hoc est non actu secundo, sed actu primo, id est intellectus habet eam praesentem sibi certissime, sed non per opera etc.« Vgl. auch ebd. 92,13-36, besonders die Näherbestimmung der ›fides ex auditu‹ (Röm. 10,17) als »sensus seu intellectus, id est qui recipit sensum illorum (scil. verborum sonantium, d.h. des verbum Christi), ille habet fidem; assensus enim ad istum sensum est fides, licet non videat, quomodo sensus ille verus sit« (Z. 23-27) – »fides, id est assensus, fit ex auditu, id est apprehensione [darüber: perceptione] significationis seu sensus verborum« (Z. 28-30). Eine Verschiebung gegenüber der Tradition deutet sich bei Luther darin an, daß er den Inhalt des Glaubens pointiert im Begriff des »verbum Christi« zusammenfaßt; vgl. *Schwarz*, Fides, spes und caritas (wie Anm. 6), S. 51-54.

31. Für Luther gehören die Begriffe veritas, intellectus und fides zusammen, wobei er mit der Tradition betont, daß der Wahrheitsbezug des glaubenden Wahr-nehmens kein *Sehen* der Wahrheit ist (vgl. oben Anm. 30: »non videat«), sondern ein »firmiter

Basis des Glaubensbegriffs festhält: Glaube ist grundlegend ein Hören und Verstehen von verbaler Wahrheit, ein wahrnehmendes cognoscere und intelligere.[32]

credere« dessen, was der Heilige Geist offenbart (WA 9, 92,13-17). Vgl. ebd. 38,12-15: »Veritas est intellectio activa/passiva rei, sicut se habet. Bonitas est amatio activa/passiva amabilis sive rei.« Mit der Zugehörigkeit des Glaubens zu veritas und intellectio hängt unmittelbar zusammen, daß Glaube der Predigt- und Lehrebene zugeordnet wird und so eine Reihenfolge fides, spes und actio entsteht: »Spes enim servat, quae fides praedicat et docet« – »sine qua [scil. fide] nemo potest sperare et per consequens bene agere« (ebd. 91,12.33). Diese ganz traditionellen Differenzierungen von veritas und bonitas bzw. von fides und spes spiegeln Luthers theologisches Denken zur Zeit der Randbemerkungen zum Lombarden. Zugleich sind diese Randbemerkungen Zeugnis dafür, was ihm am mittelalterlichen Glaubensverständnis so wichtig war, daß er es in eigenen Formulierungen reproduzierte, um es dann in den folgenden Jahren nicht einfach preiszugeben, sondern in ein sich stark wandelndes Glaubensverständnis zu integrieren.

32. Diese Linie eines kognitiv-intellektiven Glaubensverständnisses setzt sich bei Luther über die Sentenzenkommentierung hinaus in der Psalmenvorlesung fort (vgl. unten Anm. 47: »solum intellectu et fide«, und WA 3, 507,35: »solo intellectu et fide«) – wobei freilich (wie wir sehen werden) zu beachten ist, daß es damit keineswegs rational und intellektuell eingeengt ist; vielmehr weitet sich das cognoscere und intelligere des Glaubens in das gesamte Gemütsleben des menschlichen ›Herzens‹ hinein aus. Wie stark das wahrnehmende Erkennen für Luther die Basis des Glaubensbegriffs bleibt – in der Verbindung von Erkennen, Kennen, Anerkennen und Bekennen –, zeigt z.B. überdeutlich seine Auslegung von Vulgata-Ps. 95,6 (der Worte »confessio et pulchritudo«), wenn er in der Art Gersons den Glauben als Licht der Seele ihrer intelligentia und deren intellectus, ratio und speculativa virtus zuordnet, während er den geistlichen amor als schönheitsverleihende Farbe der Seele ihrer voluntas und deren affectus, practica virtus und vis appetitiva zuschreibt; WA 4, 109,12-31. Vgl. *Bernhard Lohse*, Ratio und fides. Eine Untersuchung über die ratio in der Theologie Luthers, Göttingen 1958, S. 38-41 (Glaube als Erkennen und Verstehen von intellectus und ratio); *Albert Brandenburg*, Gericht und Evangelium. Zur Worttheologie in Luthers Erster Psalmenvorlesung, Paderborn 1960, S. 73-76; *Schwarz*, Fides, spes und caritas (wie Anm. 6), S. 134-153 (Der intellectus fidei). Das spezifische Erkennen und Verstehen des Glaubens ist kein natürliches Vermögen des Menschen, sondern wird durch die biblische Christusoffenbarung geschenkt und brüskiert daher alle Erkenntnisfähigkeit des Menschen aufs schärfste. Sie erweist sich als blind für die göttliche Wahrheit, d.h. für die Erkenntnis Christi (vgl. WA 4, 356,23f.: »Sic enim fides non intellectum illuminat, immo excecat«). Anders als mittelalterliche Theologen wie Gerson und Biel deutet Luther in seinen Dictata super Psalterium den intellectus fidei gerade nicht in philosophischer Weise vom Seelenvermögen des homo intelligens, sondern ausschließlich von der erkenntniseröffnenden Christuswahrheit her (vgl. WA 3, 176,3f.: »›Intellectus‹ in scripturis sanctis potius ab obiecto quam potentia nomen habet, contrario quam in philosophia«); vgl. *Gerhard Ebeling*, Lutherstudien, Bd. I, Tübingen 1971, S. 39f. Diese exklusive Gnadenbestimmtheit

Dabei war für Luther wesentlich, daß dieses glaubende Aufnehmen der Wahrheit nach mittelalterlichem Verständnis nicht ethisch qualifiziert sein muß, also auch ohne die Qualität und Aktivität der Liebe möglich ist, so daß auch derjenige glauben kann, der noch in Lieblosigkeit und Todsünde befangen ist. Daß Glaube an sich im Unterschied zur Liebe keine Bezeichnung frommer Qualität, sondern außenorientierter Relationsbegriff ist, gekennzeichnet durch sein rezeptives und apprehensives Verhältnis zum absolut sicheren und gewißmachenden Wort der Offenbarungswahrheit[33] – das ist sozusagen die spätmittelalterliche Mitgift im Glaubensbegriff der Frühtheologie Luthers. Es gab, von der spätmittelalterlichen Theologie und Frömmigkeit her gesehen, keinen anderen Begriff, der ihm so geeignet erscheinen konnte, um das Entscheidende in der Beziehung zwischen Gott und Mensch auszudrücken, wie gerade dieser so vorgeprägte Glaubensbegriff. Wie aber konnte der Glaube plötzlich in Luthers Erster Psalmenvorlesung seine neue soteriologische Zentralstellung gewinnen, nachdem er doch jahrhundertelang, während einer großen Ära wiederentdeckter und weitergebildeter augustinischer Religiosität, gegenüber der entscheidenden Bedeutung der Liebe nur einen untergeordneten Platz eingenommen hatte?

Dieser Umbruch war nur möglich, weil Glaube, Liebe und die anderen Begriffe des geistlichen Lebens sozusagen in den Strudel einer in ihrer Radikalität neuartigen Erfahrung von Unwahrheit und Wahrheit gerieten und so ihre Positionen grundlegend veränderten. Mit dem Stichwort ›Erfahrung von Unwahrheit‹ meine ich jene Anfechtungskrise des jungen Theologen und Mönchs, die in der Psalmenvorlesung theologisch verarbeitet wird.[34] Luther hatte in erschütternder Weise die tiefe Kluft zwischen der Wirklichkeit Gottes und der Wirklichkeit des Menschen erfahren, d.h. er war persönlich an das Ende seiner humanen Möglichkeiten vor Gott geraten – in jeder Hinsicht: als erkennender und moralisch agierender Mensch. Unwahr ist in seinen Augen alles menschliche Spekulieren, Reden und Urteilen über Gott, so wie er der Menschennatur auch jede Möglich-

des intellectus fidei schließt freilich nicht aus, daß auch Luther das theologische cognoscere/intelligere ebenso wie das theologische velle dem anthropologischen Ort des intellectus mit seiner ratio bzw. der voluntas zuordnet (siehe oben) – aber nur, sofern es ihm dabei um das existentielle Ergriffenwerden der menschlichen Seele sowie ihr aktuales Erkennen und Wollen geht, nicht weil er ein psychologisches Interesse an den diversen Seelenbereichen hätte.

33. Vgl. oben Anm. 30: »apprehensione«, »perceptione«; dazu Anm. 11 (fides als apprehensio bei Biel).

34. Die wichtigste Literatur zu Luthers ›Dictata super Psalterium‹ ist zusammengestellt bei *Karl Heinz zur Mühlen*, Art. ›Luther II‹, in: TRE 21 (1991), S. 562 (zu 1.2); *Reinhard Schwarz*, Luther, 1. Aufl., Göttingen 1986, S. 24f.; *Bernhard Lohse*, Luthers Theologie in ihrer historischen Entwicklung und ihrem systematischen Zusammenhang, Göttingen 1995, S. 61. Vgl. auch *Jared Wicks*, Man Yearning for Grace. Luther's Early Spiritual Teaching, Wiesbaden 1969, S. 41-94.

keit einer wahren, echten Gottes- und Nächstenliebe abspricht. Er sieht den Menschen zeitlebens (semper!) in der radikalen Ursünde der Verblendung und Selbstsucht befangen.[35]

Das bedeutet aber – und damit kommen wir zum Nerv eines neuen theologischen Grundansatzes –, daß Luther schon während seiner Dictata super Psalterium nicht mehr in den Kategorien einer qualitativen, habituellen und operativen Beschaffenheit des Menschen denkt – und wenn schon, dann nur so, daß die Qualität des Menschen nur Unqualität vor Gottes Gericht und Erbarmen sein kann. Heil und Verdammnis des Menschen entscheiden sich nicht an seiner Qualität, weil dieser Zustand seines Seins und Tuns theologisch gesehen stets nur Sünde sein kann. Damit aber kann die Liebe als qualitativer und operativer Begriff für Luther nicht länger der Zentralbegriff eines zum Heil kommenden christlichen Lebens sein. Ausschlaggebend ist nun nicht mehr die Frage der Qualität, sondern die Perspektive der Urteilsbeziehung zwischen Gott und Mensch: wie Gott mich beurteilt und wie ich mich selbst vor Gott beurteile. Luther verlagert also die Wahrheitsproblematik von der Qualitäts- auf die Relations- und Urteilsebene und findet so, wie wir gleich sehen werden, einen ersten Ausweg aus der quälenden Frage, wie in die zutiefst unwahrhaftige, perverse Existenz des Menschen heilvolle Wahrheit kommen kann. Damit macht er die Heilsfrage zur Glaubensfrage, denn durchaus im Sinne der traditionellen Terminologie verwendet er für das Beziehungsverhältnis des Menschen zur göttlichen Wahrheit den Relationsbegriff des Glaubens. Und indem nun alles auf die Beziehungsfrage zugespitzt wird, gewinnt der Glaubensbegriff seine neue Dominanz.[36]

35. Zum lutherischen ›semper‹ siehe – außer unten Anm. 37 (Zitat aus dem Brief an Johannes Braun) – z.B. WA 3, 289,5-7: »Quare verum est nos esse in peccatis coram illo semper, ut scilicet ipse in pacto suo et testamento, quod nobiscum pepigit, iustificator sit.« Die Begriffe ›pactum‹ und ›testamentum‹ weisen auf die – gleich näher darzustellende – Vorstellung Luthers, daß die rechtfertigende Neuorientierung der sündigen menschlichen Existenz nicht durch eine naturhaft-qualitative Veränderung, sondern durch eine neue Bestimmung von außen her, durch die Anrede der göttlichen Bundesworte, geschieht; vgl. *Berndt Hamm*, Promissio, pactum, ordinatio. Freiheit und Selbstbindung Gottes in der scholastischen Gnadenlehre, Tübingen 1977, S. 377-389. Zur Sünden- und Wahrheitsproblematik, wie sie im folgenden weiter entfaltet wird, vgl. besonders WA 3, 287,20-293,21; 4, 266,1-4 und 266,22-273,23 (mit der intensiven Kombination von veritas und fides bis zu ihrer Gleichsetzung 266,25-27 = WA 55/I, 756: »q.d.: Vidi, quod qui credere nolunt et resistunt verbo propter ipsum me humiliantes, sunt mendaces; et solum qui credunt sunt veraces, quia fides est veritas. Sed hec fides, in qua omne bonum tenetur, donum dei est.«); dazu *Berndt Hamm*, Martin Luthers Entdeckung der evangelischen Freiheit, in: ZThK 80 (1983), S. 50-68: 54-56.
36. Vgl. oben Anm. 6. Die Zentralstellung des Glaubens wird von Luther wiederholt thematisiert, so z.B. in der Scholie zu Vulgata-Ps. 83,6f. (WA 3, 648,23-651,22), wenn er die fides Christi als Quellgrund des gesamten geistlichen Lebens und Fun-

Wie das geschieht, wird aber erst deutlich, wenn man sich dieses Beziehungsverhältnis zwischen Glaube und Wahrheit genauer in der Psalmenvorlesung anschaut. Wahrheit findet Luther inmitten der radikalen Krise des Humanum allein dort, wo der Mensch zu reden aufhört und Gott zu reden beginnt. Er reduziert also, ansatzweise schon seit 1509 erkennbar, die Wahrheitsbegegnung des Sünders mit Gott ausschließlich auf die glaubende Beziehung zum *biblischen* Gotteswort, genauer gesagt: zum Wort von Christus.[37] Mit dieser kritischen, auch eminent kirchenkritischen Reduktion ist zugleich eine wesentliche Ausweitung des Wahrheits- und Glaubensverständnisses verbunden. Denn Luther bezieht die Wahrheit des Gotteswortes nicht nur auf den kognitiven Bereich des Menschen, auf intellectus und ratio. Als unmittelbar anredendes Wort setzt es die gesamte Existenz des Menschen in Bewegung; seine Wahrheit ergreift gerade auch das affektive Gefühlsleben der Seele.[38]

dament der Kirche charakterisiert, etwa in der Formulierung: »Siquidem fides, que ex gratia dei donatur impiis, qua et iustificamur, est substantia, fundamentum, fons, origo, principium, primogenitum omnium spiritualium gratiarum, donorum, virtutum, meritorum, operum.« 649,17-20. – Die neue Dominanz des Glaubensbegriffs in Luthers Theologie kann eindrucksvoll unterstrichen werden, wenn man seine Psalmenauslegung an den zahlreichen Stellen, an denen er von fides, fidelis oder credere spricht, ohne daß der Psalmtext selbst diese Begriffe vorgibt, mit der exegetischen Tradition der Psalmenausleger vergleicht. Man wird dann feststellen, daß in der Mehrzahl der Fälle Luther mit der Verwendung des Glaubensbegriffs gegen die Tradition steht. Vgl. den kommentierenden Apparat zu Luthers Glossenauslegung der Psalmen 1-30: WA 55/I,1-288; ferner *Gerhard Ebeling*, Lutherstudien, Bd. I, Tübingen 1971, S. 143-145.167-175.181.

37. Vgl. bereits die Bibel- und Wortzentriertheit des Glaubens in Luthers Randbemerkungen zu den Sentenzen des Petrus Lombardus: WA 9, 45,2-7 (»veritas scripturae et fidei«); 46,16-20; 62,19-24 (»quicquid supra fidem – scil. an das biblische Gotteswort – additur, certissimum est figmentum esse humanum«); 65,11-22; 66,9f.; 84,6-8 (»credere oportet et verbis scripturae fidem profiteri et linguam illis aptare et non econtra«). Inhaltlich bedeutet dies schon damals die glaubende Beziehung zum »verbum Christi«: WA 9, 92,24.30-33. Vgl. auch Luthers Brief an Johannes Braun vom 17. März 1509 mit dem Satz: »Sed deus est deus; homo saepe, imo semper fallitur in suo iudicio.« WA Br 1, 17,44f., Nr. 5. Zum Ganzen vgl. *Heiko Augustinus Oberman*, Luther – Mensch zwischen Gott und Teufel, Berlin 1981, S. 170f.

38. Vgl. z.B. WA 3, 649,1-5: Das Wort von Christus und der Glaube daran haften im Herzen: »in corde, id est in affectu sunt«. WA 4, 313,29 (»›Vivifica‹, scilicet veritate fidei«) kombiniert mit 314,7 (»›Revela‹, scilicet a cecitate primi peccati in intellectu, sicut ›vivifica‹ in affectu«). Zum Affektverständnis Luthers in seinen Dictata super Psalterium vgl. *Günther Metzger*, Gelebter Glaube. Die Formierung reformatorischen Denkens in Luthers erster Psalmenvorlesung, dargestellt am Begriff des Affekts, Göttingen 1964; *Schwarz*, Fides, spes und caritas (wie Anm. 6), S. 172-191, ferner unten Anm. 48.

Dies geschieht, wie Luther in immer neuen Anläufen entfaltet, auf zweifache Weise: indem das Reden Gottes, das biblische Christuswort, die Sünder als richtendes und verheißendes Wort, als iudicium und promissio trifft.[39] Auf beide Arten der göttlichen Anrede antwortet der Mensch im Glauben. Das Gerichtswort entlarvt und verurteilt ihn in seiner abgrundtiefen Bosheit. Glaube heißt dann, daß der Mensch diesem Urteil Gottes recht gibt, seinen desolaten Zustand vor Gott erkennend wahrnimmt und im Gebet des Sündenbekenntnisses Gott gegenüber ausspricht, indem er sich in der Übernahme des göttlichen Urteils selbst anklagt, richtet und verdammt.[40] Erkennen, Anerkennen, Bekennen und Selbstverurteilung – all das bündelt Luther in den Begriff der Demut (humilitas). Glaube fällt also nun begrifflich mit der Demut zusammen.[41] Dies ist mög-

39. Iudicium und promissio, Gericht und Verheißung, sind unterschiedliche Begegnungsweisen Gottes mit den Menschen in seinem biblischen Wort. Da aber, wie Luther in den Dictata super Psalterium kontinuierlich darlegt, die heilvolle Gegenwart Gottes für den Menschen auf Erden immer unter der Gegensatzgestalt des Kreuzes Christi verborgen ist, begegnet den Sündern das heilvolle Wort des Evangeliums und seiner Verheißung der künftigen Herrlichkeit stets als Botschaft vom Kreuz und darum auch immer als demütigendes Gericht über alle Herrlichkeit der Welt und der Menschen, so wie umgekehrt im richtenden Wort für den, der sich demütigen läßt, auch die Rettungszusage verborgen ist. Iudicium und promissio sind also in ihrem Charakter deutlich zu unterscheiden, zugleich aber im geistlichen Verständnis des Christuswortes eng miteinander verquickt – in der gleichen Weise, in der auch, wie wir sehen werden, innerhalb der fides Christi humilitas und spes miteinander verwoben sind. So kann Luther in der Scholie zu Vulgata-Ps. 118,43 den bedrängten Beter bitten lassen: »... ne sinas verbum fidei taceri a me propter adversariorum resistentiam, sed eo magis adiuva me illud loqui et predicare, quia in iudiciis tuis etc., id est in ipsis verbis promissionis tue, futurorum spem habui. Vel secundo et melius: quando sum in iudiciis tuis, id est passionibus et crucibus tuis, tunc non tantum spero, sed et super spero, id est abundantius spero quam alias, cum sum extra ... Nam iudicia sunt ipse passiones Christi, que in nobis abundant, et calix domini, quem bibi oportet.« WA 4, 330,21-32. Zum doppelseitigen Kreuzesverständnis Luthers (Gericht und Friede) vgl. WA 3, 652,24-27: »Quia Sacra Scriptura secundum spiritalem intelligentiam est nidus; ibi enim Christus latet requirendus et inveniendus. Et eadem est Altare; quia est crux, in qua affigitur caro cum concupiscentiis suis, sicut Christus in sua cruce. Carne enim crucifixa sequitur requies et pax anime.« Vgl. dazu *Brandenburg*, Gericht und Evangelium (wie Anm. 32), besonders S. 33-42 und 86-88.
40. Vgl. Luthers Scholien zu Vulgata-Ps. 50: WA 3, 287,20-293,21.
41. Vgl. z.B. Luthers Scholie zu Vulgata-Ps. 70,2 (In iustitia tua libera me): Gott richtet »primo tropologice. Quia condemnat opera carnis et mundi. Ostendit enim, quod omnia, que sunt in nobis et in mundo, coram Deo sunt abominabilia et damnabilia. Et ita qui ei per fidem adheret, necessario sibi vilis et nihil, abominabilis et damnabilis efficitur. Que est vera humilitas.« WA 3, 462,27-30; vgl. auch unten Anm. 53. Das Verständnis des Glaubens als humilitas setzt sich ungebrochen in die Römerbriefvorlesung Luthers hinein fort (z.B. mit Formulierungen wie »humilis fidei ge-

lich, weil Luther die Demut in unmittelbare Beziehung zur Wahrheit setzt.[42] In der Demut macht der Mensch sich nicht kleiner, als er wirklich ist, sondern wendet er die Wahrheit des urteilenden Gotteswortes auf sich selbst an und realisiert, daß er als Kreatur und Sünder vor Gott real nichts ist.[43] Damit aber fällt für Luther die allgemeine Lehr- und Wahrheitsebene der Kirche mit der persönlich-existentiellen Gebetsebene des einzelnen Sünders zusammen.
Vergleichbares geschieht, wenn der Mensch, der an das Ende seiner Möglichkeiten des Heilsgewinns gekommen ist, durch das göttliche Verheißungswort aufgerichtet und getröstet wird. Die Wahrheit der promissio liegt in der Wahrhaftigkeit Gottes, d.h. in seiner Treue, mit der er hält, was er versprochen hat: daß er um Christi willen dem sündigen Menschen seine Schuld vergibt und ihn aus reinem Erbarmen zum ewigen Leben bringen wird.[44] Dieses fest verbürgte Ver-

mitus« oder »humilitas fidei«: WA 56, 276,34 und 282,12); vgl. *Matthias Kroeger*, Rechtfertigung und Gesetz. Studien zur Entwicklung der Rechtfertigungslehre beim jungen Luther, Göttingen 1968, S. 41-85. Wichtig aber scheint mir: Luther integriert die humilitas völlig in die fides, doch geht die fides keineswegs in der Dimension der humilitas auf, wie aus den folgenden Ausführungen über die spes-Dimension des Glaubens deutlich wird.

42. Zum grundlegenden Wahrheitsbezug von fides als humilitas bemerkt *Kroeger* (ebd., S. 45) treffend, daß es Luther in der Psalmen- und Römerbriefvorlesung wesentlich darum gehe, »Gott selber nur überhaupt als Wirklichkeit zu gewinnen, und sei es in Zorn und Unheil, d.h. im Bekenntnis der Sünde und in der Rechtfertigung Gottes allein«: »Dieses Wiedergewinnen von Gottes Wirklichkeit, das nur im Bekennen der Wahrheit und im Glauben geschieht, ist der erschütternde und leidenschaftliche Sinn dieser frühen Theologie. Darum ist fides iustificans durchweg als confessio und humilitas verstanden.«
43. Vgl. z.B. Luthers Scholie zu Vulgata-Ps. 115,11 (Ego dixi in excessu meo: omnis homo mendax): »Ergo in excessu isto, id est conturbatione, dixi et expertus sum, quod homo solus non staret, sed fieret mendax, nisi desursum adiutus verax permaneret in confessione fidei. Vel quia dixit: ›humiliatus sum nimis‹, in ea afflictione didicit, quod omnis homo sit mendax et nihil, quia non stat in tentatione, sed cadit a veritate et consentit falso, nisi dominus iuverit.« WA 4, 267,29-33; vgl. ebd. 272,32-38. Vgl. auch den von Luther über das Mendikantentum hinaus ins Allgemeinchristliche ausgeweiteten zentralen Gedanken, daß die Glaubenden (die »pauperes Christi«) arm *sind* und sich als Arme *bekennen*: WA 3, 87,12-88,14 = WA 55/I, 80,7-84,5.
44. Vgl. z.B. Luthers Scholie zu Vulgata-Ps. 118,111 (Hereditate acquisivi testimonia tua in eternum; quia exultatio cordis mei sunt): »Felix autem hec hereditas, quia eterna; dicit enim: ›hereditate acquisivi in eternum‹. Promissa enim dei cor letificant eorum, qui credunt et sperant in ipsa. Igitur interim exultamus in fide et spe futurorum, que nobis promisit deus; ideo autem exultamus, quia certi sumus, quod non mentitur, sed faciet quod promisit et aufert a nobis omne malum corporis et anime, conferet autem omne bonum et hoc sine fine. Quis enim non exultet, si certus est, quod induetur corpus eius gloria et immortalitate, claritate et virtute etc.?

heißungswort weckt im Menschen die helle, freudige Seite seines Glaubens. Der Glaube wird so identisch mit der vertrauensvollen Hoffnung, mit spes und fiducia.[45] Wie in der Tradition sind Demut und Hoffnung eng miteinander verbunden, aber nun innerhalb des Glaubens.[46] Damit aber findet nicht nur die zutiefst verunsichernde Verzweiflung an sich selbst, sondern auch die persönliche Heilsgewißheit der Hoffnung Eingang in den Wahrheitsbezug des Glaubens.[47] Den

Certus autem est, si credit; tantum est, ut expecto, quia sine dubio fiet, quod expectat.« WA 4,3 60,5-13. Zum Zusammenhang von promissio und veritas vgl. z.B. auch ebd. 287,1-9 = WA 55/I, 776 (»Haec me consolata est spes, quia certa est, deus enim verax est in promissis, in humilitate mea«) und WA 4, 17,4-18,4. Zu Luthers Verheißungsverständnis in den frühen Vorlesungen vgl. *James Samuel Preus*, From Shadow to Promise. Old Testament Interpretation from Augustin to the Young Luther, Cambridge/Mass. 1969; *Oswald Bayer*, Promissio. Geschichte der reformatorischen Wende in Luthers Theologie, Göttingen 1971; *Hamm*, Promissio, pactum, ordinatio (wie Anm. 35), S. 377-389.

45. Vgl. z.B. WA 3, 640,11-641,10 = WA 55/I, 584 (»Beati fideles omnes, qui habitant per fixam spem ... in domo tua«); WA 4, 332,26-33 (der Zusammenhang von fides, spes, certificari, consolari und gaudium mit dem »verbum evangelii tui«); ebd. 264,14-16.31-35 = WA 55/I, 754 (das »certe credere« schafft eine »certa spes«); WA 4, 314,10 (»fac me confidere et certificari«); ebd. 380,33-382,24 (über die Freude der Glaubenden/Hoffenden am Verheißungswort Gottes) sowie oben Anm. 44. Was für die humilitas gilt (vgl. oben Anm. 41), trifft auch für die spes zu: Luther integriert sie in den Vollzug des Glaubens, ohne daß der Glaube in der Hoffnung aufgeht; das vertrauensvolle und des Heils gewisse Hoffen ist eine der wesentlichen Dimensionen des Glaubens, oder anders formuliert: der Glaube ist die Basis der Hoffnung (wie Luther vor allem im Anschluß an Hebr. 11,1 betont). Vgl. *Schwarz*, Fides, spes und caritas (wie Anm. 6), S. 112f.163-169.227-240. Zu Christus als Vertrauens- und Gewißheitsgrund der Hoffnung vgl. z.B. WA 3, 56,31-42.
46. Vgl. z.B. WA 3, 566,36-39 (Kombination von fides mit »de se et mundo desperare« und »nudus in domino sperare«) und WA 4, 207,7-12 = WA 55/I, 718 (»humiliati ... desperantes de se et in deum sperantes«).
47. Vgl. die Textbelege oben in Anm. 44 und 45. Im Blick auf Luthers Vorstellung von der festen Glaubens- und Hoffnungsgewißheit in seinen beiden ersten Vorlesungen ist freilich stets zu bedenken, daß auch der Charakter der Heilsgewißheit von der Gegensatzgestalt der Offenbarung Gottes – »sub contrario« – bestimmt ist (vgl. oben Anm. 39). Das erklärt die eigentümliche Gebrochenheit seiner Auffassung von der Heilsgewißheit des Glaubens, die manche Forscher zur Meinung verleitet hat, Luther kenne in der Psalmen- und Römerbriefvorlesung noch nicht die persönliche Heilsgewißheit des Glaubenden. Er legt größten Wert auf diese feste certitudo, verbindet sie aber unmittelbar mit dem völligen Verzweifeln des Sünders an allem Eigenen und Verfügbaren. Ebenso wie die Heilsbotschaft des Evangeliums als Gericht über alles ›Fleisch‹ und sein Rühmen widerfährt, ist auch die Hoffnungsgewißheit des Glaubenden, die sich an Gottes Verheißung festmacht, eng mit jener existentiellen Verunsicherung und Anfechtung verquickt, die das demü-

mittelalterlichen Theologen blieb verständlicherweise eine solche Art von Glaubensgewißheit fremd. Sie schoben, wie wir sahen, die Gewißheit und Sicherheit des Glaubens auf eine allgemeine Wahrheitsebene; mußte doch der Glaube in der Unsicherheit verharren, wie es um die innere Tugendqualität des einzelnen Menschen bestellt war. Weil Luther dagegen die Heilsfrage von dieser Frage der qualitativen und moralischen Beschaffenheit des Menschen löste, konnte er die Gewißheit der Hoffnung zur Gewißheit des Glaubens machen. Auch hier fällt also die allgemeine Wahrheitsdimension des Glaubens mit der existentiellen Gebetshaltung der Sünder vor Gott zusammen.

Ich komme zu folgenden Ergebnissen und Folgerungen:

1. Glaube ist bei Luther wie in der theologischen Tradition auf die verbalisierte Offenbarungswahrheit bezogen, aber nun ausschließlich auf das biblische Wort Gottes. In diesem Sinne bilden Wort und Glaube eine für den Glauben konstitutive Einheit, so daß mit dem neuen Pathos der göttlichen Anrede auch das des wahren Glaubens mitgesetzt ist.

2. Indem Luther die biblische Wahrheit als Gerichts- und Heilswort Gottes auf die gesamte kognitive und affektive Existenz des Menschen bezieht, gewinnt auch der Glaubensbegriff eine integrative Weite und Fülle.[48]

3. Glaube ist – gut mittelalterlich, könnte man hinzufügen – in grundlegender Weise ein erkennendes Wahrnehmen der Offenbarung, ein festes Ergreifen und Anhangen an der Wahrheit, gerade so aber – sehr unmittelalterlich – begrifflich identisch mit humilitas und spes, mit verzweifelnder Selbstanklage und persönlicher Heilsgewißheit.

4. Präziser noch muß man sagen: Der Glaubensbegriff nimmt nicht nur Demut und Hoffnung in sich auf, sondern auch umgekehrt gleichen sich humilitas und spes dem fides-Begriff an. Sie werden nicht mehr von einer innerlich formenden Liebesqualität her verstanden, sondern sind nun reine Relationsbegriffe, die ein

tigende Gerichtswort bewirkt, indem es ihn mit der Realität seines desolaten Zustandes und mit dem Zorn des deus iudex konfrontiert. So bleibt die Situation des glaubenden Sünders durch ein Oszillieren zwischen Gewißheit und Ungewißheit, zwischen spes und timor gekennzeichnet. Dem entspricht die in der Psalmenvorlesung wiederholt vorkommende (aus Augustin übernommene) Formulierung, daß der Gläubige Gnade und Heil ›nur‹ in der Hoffnung, noch nicht aber in der vorfindlichen Wirklichkeit hat: »tota vita fidelium est tantummodo in spe et nondum in re« (WA 4, 259,2f. = WA 55/I, 752); »omnis nostra letitia est in spe futurorum et non in re presentium« (WA 4, 380,35f.); »opera enim dei sunt intelligibilia, id est solum intellectu et fide perceptibilia in spe, non in re« (WA 3, 367,34-36); vgl. dazu *Lohse*, Luthers Theologie (wie Anm. 34), S. 74.

48. Zum Verhältnis von intellectus und affectus in Luthers Glaubensverständnis vgl. z.B. WA 4, 107,31-34; dazu *Karl-Heinz zur Mühlen*, Art. ›Affekt II‹, in: TRE 1 (1977), S. 607, und Art. ›Luther II‹, in: TRE 21 (1991), S. 546; vgl. auch oben Anm. 38.

passives Ergriffenwerden des Herzens durch die Anrede der göttlichen Wahrheit und Güte zum Ausdruck bringen.[49]

5. Ebenso verhält es sich mit dem Liebesbegriff, wie Luther ihn in seiner Psalmenvorlesung verwendet. Auch die Liebe assimiliert er dem Glauben, seinem Wahrnehmen und Urteilen, sofern er caritas, dilectio oder amor als Außenbeziehung der Sünder zur Güte und Gnade Gottes, als Durchwärmtwerden des Herzens durch die Kraft des Heiligen Geistes versteht. In diesem Sinne ist Liebe Glaube, mit Demut und Hoffnung zusammenfallend.[50] Anders hingegen die aktiv-operative Seite der Liebe, ihre Werkdimension, die Luther als Folgewirkung des Glaubens aus dem rechtfertigenden Heilsbezug des Menschen herausverlagert[51], während er das qualitativ-habituelle Verständnis der caritas im Sinne der theologischen Tradition überhaupt preisgibt.[52]

6. Der gesamte Heilsbezug des Menschen liegt nun im Glauben. Er ist rechtfertigender Glaube.[53] Das bedeutet für Luther, wie die Forschung zur Psalmenvorlesung in vielen Arbeiten gezeigt hat, daß der Glaube die Sünder in eine grundlegende Christusbeziehung stellt, d.h. in eine kognitive und affektive Beziehung zur Gerechtigkeit Christi, die ihnen im Gerichts- und Heilswort existentiell nahegebracht wird.[54] Glaube wird so – in seiner Verbundenheit mit dem biblischen

49. Vgl. *Schwarz*, Fides, spes und caritas (wie Anm. 6), S. 169-172 (zur humilitas, in kritischer Wendung gegen Ernst Bizer) und 231-233 (zur spes, besonders zu Luthers Formulierung der »nuda spes«, die sich an die »nuda verba« Gottes halten solle).
50. Zur Einheit von Glaube, Hoffnung und Liebe vgl. z.B. WA 4, 380,35-37: »Ideo enim gaudemus, quia promissionibus divinis credimus, et que promittit, speramus atque diligimus.« Ebd. 8,10f.: Deus »unitur spiritualiter spiritui nostro per fidem et caritatem«. Zum Verständnis von Glaube als Liebe in der Kraft des Hl. Geistes vgl. *Schwarz*, ebd. S. 112f.187.191.253f.
51. Der glaubende, Gott liebende und auf ihn hoffende Mensch tut, wie Luther es formuliert, die Werke der Liebe auf der »Rückseite« (»posteriora dorsi«, Vulgata-Ps. 67,14) seines Lebens: WA 3, 396,14-397,2. Daß die guten Werke für Luther nicht mehr die Kontaktstelle zwischen dem Menschen und seinem Heil bilden, schließt nicht aus, daß Luther gleichwohl die Werke noch als ›merita‹ bezeichnen kann, z.B. WA 3, 396,39 und 4, 389,39; vgl. dazu *Hamm*, Promissio, pactum, ordinatio (wie Anm. 35), S. 382 Anm. 177.
52. Vgl. *Schwarz*, Fides, spes und caritas (wie Anm. 6), S. 210-213.
53. Vgl. z.B. die Textbelege oben Anm. 36 und unten Anm. 55; zum spezifischen humilitas-Charakter der fides iustificans derer, die aus Gottes Wort ›geboren‹ werden, vgl. WA 3, 345,26-30.
54. Die Rechtfertigung als Kommunikationsgeschehen zwischen der iustitia Christi und der fides Christi durch das Medium von iudicium und evangelium/promissio besteht im Gedemütigtwerden des Glaubenden mit dem erniedrigten Christus und im Aufgerichtetwerden mit dem erhöhten Christus; vgl. z.B. WA 3, 431,40-432,25 und 458,1-7. Vgl. dazu *Schwarz*, Fides, spes und caritas (wie Anm. 6), S. 188-190.

Wort – zum christozentrischen Beziehungsbegriff der Anteilhabe an Christus schlechthin.[55]

7. Damit aber übernimmt der Glaube die soteriologische Zentralstellung und eschatologische Letztgültigkeit der mittelalterlichen Liebe, jene Spitzenposition, die bislang an die formende und operative Qualität der Liebe gebunden war. Nun ist es so: Die Liebe formt nicht mehr den Glauben, sondern der Glaube selbst ist zur Lebensform geworden, die der Kompaß der Liebe ist.[56]

8. Die neue Zentralstellung des Glaubens hängt also unmittelbar damit zusammen, daß Luther die mittelalterliche Unterscheidung, ja Spaltung zwischen der verobjektivierenden Lehrform für das Erkenntnisvermögen und der subjektiven Lebensform eines affektiven geistlichen Lebens verwirft. Im Glaubensbegriff verbindet er die allgemeine Aussageebene der kirchlichen Wahrheit und Lehre mit der subjektiv-existentiellen Aussageebene des Gebets.

Auffallend ist, so möchte ich abschließend bemerken, daß Luther dieses neue Glaubensverständnis erstmals in einer Vorlesung über den Psalter entfaltete, daß er, der Professor der Hl. Schrift und observante Augustinermönch, als Lehrtext gerade den Gebetstext des Stundengebets wählte. Die Psalmen hat er in hohem Maße zugleich christologisch und existentiell verstanden, als Worte Christi und über Christus[57], die in tropologischer Schriftauslegung auf die wahrnehmend-nachvollziehende Lebensform des Glaubens zu beziehen sind.[58] Ja man wird sa-

55. Vgl. WA 3, 369,4; 3, 458,8-11; 3, 466,26f. (»Iustitia dei ... tropologice est fides Christi«); WA 4, 19,37-39 (»Christus non dicitur iustitia ... in persona sua nisi effective; sed fides Christi, qua iustificamur, pacificamur, per quam in nobis regnat«). Vgl. *Erich Vogelsang*, Die Anfänge von Luthers Christologie nach der ersten Psalmenvorlesung, insbesondere in ihren exegetischen und systematischen Zusammenhängen mit Augustin und der Scholastik dargestellt, Berlin-Leipzig 1929, sowie unten Anm. 57 und 58.
56. Für einen Formbegriff im Sinne der aristotelischen forma ist freilich in Luthers relationalem Glaubensverständnis kein Platz mehr.
57. Vgl. besonders Luthers »Praefatio Ihesu Christi« zur Ersten Psalmenvorlesung, die eine hermeneutische Grundlegung seines christozentrischen Psalmenverständnisses darstellt: WA 3, 12,11-13,32 = WA 55/I, 6-11; dazu *Gerhard Ebeling*, Lutherstudien, Bd. I, Tübingen 1971, S. 109-131. Vgl. auch Luthers Vorstellung, daß alle Werke der Schöpfung und des Alten Bundes als Zeichen auf Christus hinweisen, der ihre Erfüllung ist: »ideo Christus finis omnium et centrum, in quem omnia respiciunt et monstrant«; WA 3, 368,18-24.
58. Die Vorgehensweise seiner tropologischen Psalmenauslegung hat Luther so charakterisiert: »Immo pro tropologia hec regula est. [Canon:] Quod ubicunque Christus in Psalmis conqueritur et orat in afflictione corporali ad literam, sub eisdem verbis queritur et orat omnis fidelis anima in Christo genita et erudita et in peccatum se tentatam vel lapsam agnoscens. Quia Christus usque hodie conspuitur, occiditur, flagellatur, crucifigitur in nobis ipsis. Item insidiatur ei usque modo sine intermissione caro sum sensibus, mundus cum voluptatibus suis et diabolus cum suggestionibus

gen können: Erst diese Konzentration Luthers auf den Konnex von christologischem und tropologischem – auf die persönliche Zueignung Christi zielenden – Schriftsinn der Psalmen läßt verstehen, in welchem Sinne er die Wahrheit des Gotteswortes in Kommunikation zur gesamten kognitiven und affektiven Existenz des glaubenden Menschen treten läßt.[59] Wohl eher als jeder andere Bibeltext erlaubte es ihm der so gedeutete und aktualisierte Psalter zu bekunden, um welche Art von Theologie es ihm damals, 1513, entscheidend ging: um eine Art integrativer biblischer Theologie, die den modus loquendi des universitären Hörsaals mit dem der klösterlichen Gebetshaltung zusammenfallen läßt, eine Theologie, die lectio und oratio, intellectus und affectus, Denken und Fühlen, Wahrheit und Erfahrung verbindet.[60] Dieses integrative theologische Programm verdichtet sich in Luthers neuem Glaubensverständnis, das nicht nur Erkenntnis und Gemüt, sondern auch die Dunkelheit des Schmerzes und die Helligkeit der Freude integriert.[61]

suis et tentationibus, sicut Christo Iudei secundum carnem.« WA 3, 167,20-28; vgl. 458,8-11; dazu *Ebeling*, Lutherstudien (wie Anm. 57), S. 1-68. Vgl. oben Anm. 55.

59. Zu diesem Christussinn von iudicium und promissio Gottes vgl. oben Anm. 39.

60. Vgl. bereits den Brief Luthers an Johannes Braun vom 17. März 1509; dem oben in Anm. 37 zitierten Satz geht folgende Charakterisierung einer echten Theologie, der er nachstreben möchte, voraus: »... ea inquam theologia, quae nucleum nucis et medullam tritici et medullam ossium scrutatur.« (Zeile 43f.) Luthers Theologie bewegt sich daher aufgrund ihres integrativen Charakters sowohl auf der »existentiellen« als auch auf der »objektivierenden« oder »sapientialen« Aussageebene; gegen *Otto Hermann Pesch* (Theologie der Rechtfertigung bei Martin Luther und Thomas von Aquin, Mainz 1967, S. 937-941), der den Unterschied zwischen Luther und Thomas von Aquin im wesentlichen als »Unterschied zwischen existentieller und sapientialer Theologie« deutet.

61. Vgl. *Heiko A. Oberman*, Simul gemitus et raptus: Luther und die Mystik, in: *ders.*, Die Reformation: von Wittenberg nach Genf, Göttingen 1986, S. 45-89 (erstmals 1967). So bemerkenswert es ist, daß in Luthers Glaubensverständnis – vor allem seit 1515 – auch mystische Terminologie Eingang findet, so deutlich ist doch andererseits, daß er nicht von der mittelalterlichen Mystik her zu seinem spezifischen Glaubensbegriff kommt, sondern sich von seinem neuen Glaubensbegriff (der Ersten Psalmenvorlesung) her bestimmte mystische Traditionen und Begriffe erschließt. Dies zeigt sich z.B. bei den mystischen Begriffen ›raptus‹ und ›exstasis‹, die er gerade nicht im traditionell mystischen Sinne als Entrücktwerden über die Sphäre des Nur-Glaubens versteht (vgl. *Oberman* ebd. S. 74-79), sondern als erleuchtete Erkenntnis des Glaubens – so in der Glosse zu Vulgata-Ps. 115,11: »Exstasis illa ... est raptus mentis in claram cognitionem fidei, et ista est proprie exstatis.« WA 4, 265,32f. = WA 55/I, 756. Vgl. dazu *Wolfgang Böhme* (Hg.), Von Eckhart bis Luther. Über mystischen Glauben, Karlsruhe 1981 (= Herrenalber Texte 31), besonders die Beiträge von *Heiko A. Oberman, Reinhard Schwarz* und *Karl-Heinz zur Mühlen* (dieser zu Luthers Ekstase-Verständnis S. 46f.).

Luther blieb bei diesem Glaubensbegriff nicht stehen. Er entwickelte ihn in der Folgezeit so stark weiter,[62] daß in der modernen Forschung umstritten ist, ob das Glaubensverständnis der Psalmen- und Römerbriefvorlesung schon als reformatorisch gelten kann.[63] Ich begnüge mich mit der Feststellung, daß eine wesentliche Zäsur, vielleicht sogar die wichtigste Veränderung gegenüber dem mittelalterlichen Glaubensverständnis, bereits in der Ersten Psalmenvorlesung Luthers zu beobachten ist. Denn bereits in ihr übernimmt der Glaubensbegriff die heilsvermittelnde Zentralstellung im Leben des Christen, die im Mittelalter die Liebe innehatte. Zugleich aber tritt auch die Kontinuität zum mittelalterlichen Glaubensbegriff deutlich hervor. Von seiner theologischen Schulung her bot sich für Luther gerade der Glaubensbegriff an, um das zum Ausdruck zu bringen, was ihm 1513-15 und auch später wichtig war: ein neues, grundlegendes Verhältnis des inneren Menschen zur göttlichen Wahrheit, das nicht Wirken, sondern Empfangen ist.

Am Ende sei noch eine kurze Antwort auf eine naheliegende Anfrage gegeben: Warum überhaupt der Rekurs auf das Mittelalter? Ist nicht der Bibeltext selbst mit seinem Sprachgebrauch Erklärung genug dafür, warum der Glaube in der Ersten Psalmenvorlesung Luthers zum Zentralbegriff des christlichen Lebens wurde? Verschiedene Gründe sprechen gegen eine so simple Erklärung, vor allem die Tatsache, daß im Psalmtext der Vulgata der Glaubensbegriff nur selten vorkommt[64] und Luthers Glaubensverständnis in seiner Vorlesung nicht ohne

62. Diese Weiterentwicklung beginnt bereits in der zweiten Hälfte der Römerbriefvorlesung; vgl. *Kroeger*, Rechtfertigung und Gesetz (wie Anm. 41), S. 152-163. Vgl. auch *Jared Wicks*, Luther's Reform. Studies on Conversion and the Church, Mainz 1992, S. 15-42.

63. Auffallend ist, daß solche Forscher, die den reformatorischen Charakter dieses Glaubensverständnisses bestreiten, in der Regel nicht von einem Vergleich mit spätmittelalterlichen Texten her immanent historisch argumentieren, sondern sich von einer Vorentscheidung innerhalb der Systematischen Theologie und einer systematisch-theologischen Lutherdeutung leiten lassen. Der historiographische Wert einer so offenkundig dogmatischen Geschichtsinterpretation ist entsprechend begrenzt. Vgl. bereits den Interpretationsansatz von *Lennart Pinomaa*, Der existentielle Charakter der Theologie Luthers. Das Hervorbrechen der Theologie der Anfechtung und ihre Bedeutung für das Lutherverständnis, Helsinki 1940; Pinomaa sichtet das »hervorbrechende Neue« bei Luther (S. 143) erst in den Texten zwischen Frühjahr 1515 und Frühjahr 1518, ohne überhaupt mittelalterliche Texte zum Vergleich heranzuziehen. Die gleiche Problematik zeigt sich dann bei *Ernst Bizer* (Fides ex auditu, 1. Aufl. Neukirchen 1958) und den von ihm beeinflußten Vertretern einer Spätdatierung der reformatorischen Wende.

64. Von Gewicht ist immerhin die Vulgata-Formulierung von Ps. 115,10: »Credidi, propter quod locutus sum«; dazu die wichtige Scholie WA 4, 266,23-268,28. Aufs Ganze gesehen ist freilich der Befund auffallend, daß an den zahlreichen Stellen, an de-

weiteres biblisch und vor allem nicht einfach paulinisch ist.[65] Der Bibeltext selbst erklärt also nicht die Art seiner Auslegung.[66] Entscheidend ist auch in diesem Fall, durch welche Brille welcher Ausleger welche Bibeltexte liest, welcher Auslegerhorizont sich also mit welchem Texthorizont verbindet. Der Schlüssel für die neue Stellung des Glaubensbegriffs bei Luther ist also darin zu finden, wie sich der persönliche Horizont der theologischen Ausbildung und existentiellen Anfechtung Luthers mit der Herausforderung der Texte verband.

Postscriptum:

Im Blick auf die Gesamtthematik der Reinhausener Tagung und die immer wieder diskutierte Frage, ob die Reformation im Vergleich mit der Welt des Spätmittelalters eher als Geschehen des Umbruchs oder als Vorgang der Kontinuität zu verstehen sei, hat, denke ich, mein Vortrag am Paradigma der theologischen initia reformationis zeigen können, wie sehr die Reformation beides ist: Umbruch im Sinne von Traditionsabbruch und rapider Umwertung ebenso wie Kontinuität im Sinne von Weiterführung und -entwicklung des Traditionellen.

nen Luther bei seiner Psalmenauslegung die Begriffe fides, fidelis oder credere verwendet, der Psalmtext selbst diese Begriffe so gut wie nie vorgibt. Zwar kann man schon für die Zeit der Psalmenvorlesung von einem spezifischen Paulinismus Luthers sprechen, doch zitiert er dort, wo er in den Dictata den Glaubensbegriff thematisiert, vergleichsweise selten einschlägige Paulustexte. Es wäre also höchst kurzschlüssig, wollte man die neue Zentralstellung des Glaubensbegriffs in Luthers Erster Psalmenvorlesung einfach aus seiner intensivierten Bezugnahme auf den biblischen Text erklären. Auffallend ist z.B., daß Luther in sieben von zehn Fällen, in denen der Vulgata-Psalmtext von ›intellectus‹ spricht, in seinen Glossen und/oder Scholien den Glaubensbegriff einführt – ohne sich auf Paulus zu beziehen –, etwa in der Scholie zu Ps. 118,73 (WA 4, 342,4f.): »›Da mihi intellectum‹, id est spiritualem intelligentiam veritatis et fidei in litera latentis«. Die Kombination intellectus, veritas und fides weist auf den Horizont der theologischen Ausbildung Luthers.

65. Das Gewicht, das im frühen Glaubensbegriff Luthers auf die demütige Selbsterkenntnis, das Selbstgericht, die Selbstverdammnis und das Sündenbekenntnis fällt, ist dem paulinischen Glaubensverständnis fremd, ebenso die Art und Weise, wie Luther Glaube und Liebe gegenüberstellt.
66. Für solche spätmittelalterlichen Theologen, die sich – wie etwa Johann von Staupitz – mit ganzem Eifer auf Paulusstudium und -auslegung einließen, war es um 1513, als Luther mit seiner Arbeit an den Psalmen begann, völlig naheliegend, die paulinische fides im Sinne der ›fides caritate formata‹ des gängigen Lehrsystems zu verstehen, so wie auch Augustin als Bibelausleger in diesem Sinne rezipiert wurde. Weder die Intensität der Arbeit am Bibeltext noch die Bedeutung eines intensivierten Paulinismus kann also – für sich genommen – eine hinreichende Erklärung für die neue Art, wie Luther den Glaubensbegriff zur Geltung bringt, bieten.

Je nachdem, in welche historische Gesamtperspektive man das 15. und 16. Jahrhundert einbezieht und mit welchen Interessen man die Quellen auswählt und befragt, wird man eher den Eindruck plötzlichen Wandels oder den des Beharrens und der langsamen Veränderung haben. Dies gilt wohl für alle epochalen Zäsuren innerhalb einer Generation, so z.B. auch für die deutsch-europäischen Schwellenjahre des 20. Jahrhunderts 1918, 1945 und 1989. Da die Generation, die den Umbruch erlebt, noch in den Denk- und Gefühlskategorien der ›guten‹ bzw. ›bösen‹ alten Zeit großgeworden ist, ist mit dem plötzlich aufbrechenden Neuen stets auch das weiterfließende und sich wandelnde Alte verbunden. Genau das ist auch bei Luther zu beobachten, der z.B. das Lehrsystem der Spätscholastik ebenso wie die um 1500 übliche Frömmigkeitsformung mit allen Fasern seiner Existenz in sich aufgenommen hatte und daher mit allem, was er theologisch neu entdeckte, im Kontinuitätsstrom des sog. Spätmittelalters blieb. Dabei ist freilich stets zu bedenken, daß dieses späte Mittelalter des 15. und beginnenden 16. Jahrhunderts auch als frühe Neuzeit gesehen werden kann, in der sich charakteristische Entwicklungen des 16. und 17. Jahrhunderts bereits ankündigen. Auf diese Doppelgesichtigkeit eines Zeitalters will auch mein Forschungsbegriff der ›normativen Zentrierung‹ von Religion und Gesellschaft hinweisen.[67] In jenem Zentrierungsgeschehen kommt der neuen Zentralstellung des Glaubens, wie sie bei Luther erstmals 1513-1515 erkennbar wird, eine wesentliche Rolle zu. Was ich in meinem Vortrag beschrieben habe, ist der Klärungsprozeß Luthers, der ihn zu dieser neuen Ortsbestimmung des Glaubens im ausstrahlenden Mittelpunkt des christlichen Lebens führte. Auf einer anderen Ebene liegt dann die öffentliche Erfolgsgeschichte Luthers und seines Glaubensbegriffs seit 1518/19.[68] Beides, die Klärung des Bibelauslegers in Kloster und Hörsaal und der Erfolg des Flugschriftenautors, hängt freilich unlösbar miteinander zusammen.[69]

67. Vgl. *Berndt Hamm*, Reformation als normative Zentrierung von Religion und Gesellschaft, in: Jahrbuch für Biblische Theologie 7 (1992), S. 241-279; *ders.*, Von der spätmittelalterlichen reformatio zur Reformation (wie Anm. 15).
68. Vgl. *Bernd Moeller*, Das Berühmtwerden Luthers, in: ZHF 15 (1988), S. 65-92.
69. Vgl. *Berndt Hamm*, Die Reformation als Medienereignis, in: Jahrbuch für Biblische Theologie 11 (1996), S. 137-166.

Reinhard Schwarz

Die Umformung des religiösen Prinzips der Gottesliebe in der frühen Reformation
Ein Beitrag zum Verständnis von Luthers Schrift »Von der Freiheit eines Christenmenschen«

I. Glaube und Nächstenliebe – eine Elementarformel der Reformation

Die religiöse Wurzel der Reformation ist daran zu erkennen, daß Glaube und Nächstenliebe zum Inbegriff christlicher Religiosität erklärt wurden. Beides gehört zusammen. Glaube und Nächstenliebe sind unvertauschbar aufeinander bezogen mit dem Vorrang des Glaubens vor der Liebe. Allein der Glaube versetzt den Menschen in das Heil, und erst der im Glauben befreite Mensch vermag in der Nächstenliebe Gottes Willen zu erfüllen. Um es mit Luther zu sagen: »glaub und liebe mus man also [unter]scheiden, das der glaub auff die person und die liebe auff die werck gericht sey. Der glaube vertilget die sund und macht die person angeneme und gerecht [vor Gott]. Wenn aber die person angenem und gerecht worden ist, so wird yhr der heylige geyst und die liebe gegeben, das sie guts thut mit lust.«[1] Mit der Liebe meint Luther hier die Nächstenliebe, und nur sie.

Durch Glaube und Liebe kommt Gott am Menschen und durch den Menschen zu seinem Ziel. Empfängt der Mensch durch den Glauben alles, was ihm Gott an Heil zukommen lassen will, so ist der Glaubende veranlaßt, selber dem Nächsten mit Taten der Liebe Gutes zu tun: »Nach dem glauben durffen [bedürfen] wir nichts und haben volle genůge. Nach der liebe dienen wyr yderman. Durch den glauben empfahen wyr gůter von oben von Gott. Durch die liebe lassen wyr sie aus von unten zum nehisten. Gleich wie Christus nach der Gottheyt nichts bedörffte, aber nach der menscheyt yderman dienete, der seyn bedůrffte.«[2]

In der Sicht Luthers wiederholt sich also am Christen in Glaube und Liebe durch Übertragung, was Christus selber in seiner Person ist und in seinem Werk vollbringt. In mehrfacher Wendung spricht Luther in einer Predigt von diesem Geschehen: »...durch den glauben můssen [sollen wir als] Gottis kinder und götter, herrn und könige geporn werden, gleich wie Christus ynn ewigkeyt vom Vater eyn warer Gott geporn wird. Und widderumb [sollen wir] durch die liebe eraus brechen [heraustreten], dem nehisten mit wolthat helffen, gleich wie Christus mensch worden ist, uns allen zu helffen. Und gleich wie Christus nicht durch

1. WA 17/II, 97,7-11, Fastenpostille 1525, 4. Stg. n. Epiph., zu Röm. 13,8ff.
2. WA 17/II, 74,30-34, Fastenpostille 1525, 3. Stg. n. Epiph., zu Mt 8,1ff.

werck zuvor verdient odder durch seyn mensch werden erworben hatt, das er Gott ist, Sondern hatt dasselbig [Gottsein] von der gepurt on alle werck und zuvor, ehe er mensch ward. Also haben wyr auch die kindschafft gottis, das uns sund vergeben werden, tod und hell nicht schaden, nicht durch werck odder liebe verdient, sondern on werck und fur der liebe durch den glauben ym Euangelio aus gnaden empfangen. Und wie Christus allererst nach dem er ewig Got ist, mensch worden ist, uns zu dienen, So thůn wyr auch gutt und lieben den nechsten hernach, wenn wyr schon zuvor durch glauben frum [gerecht], on sunde, lebendig, selig und Gottis kinder sind.«[3] Wie Glaube und Liebe in dieser Entsprechung zu Christus zusammengehören, kann Luther in einem knappen Satz zusammenfassen; Gott habe es in Christus darauf abgesehen, »das wir Gőtlich lebenn durch den glaubenn unnd Christlich durch die liebe; das sind die zway stuck, darinne unnser leben stehen soll.«[4]

Da Luther seit 1520 häufig in Schriften und Predigten den Christen durch Glaube und Liebe charakterisiert hat, schuf er damit ein griffiges Verständnis vom Christenmenschen. Diese reformatorische Orientierung wurde mancherorts schnell verstanden. So haben die Nürnberger für ihre Stadt im Jahr 1522 eine Armenordnung geschaffen, die von diesem reformatorischen Verständnis des Christseins getragen ist.[5] Einleitend erklären die Nürnberger prägnant, »Glauben und lieben« seien »die zwai hauptstuck eines rechten christlichen wesens«[6], und verweisen dazu auf die Evangelienstelle (Mt 22,37-40) vom Doppelgebot der Gottes- und Nächstenliebe, als sei es völlig selbstverständlich, jetzt vom Glauben statt von der Gottesliebe zu reden. Die Armenordung fährt dann erläuternd fort: »Denn Christum zu lieben, ihm allein zu vertrauen und dem Nächsten zu tun, wie ich glaube, daß mir Christus getan hat, das ist der einige rechte [einzig richtige] Weg, fromm [gerecht] und selig zu werden ... Durch den Glauben wird ein Mensch gerecht, lebendig und selig. Ihm ist auch nichts mehr nötig als solchen Glauben zu beweisen. Ja, wo der Glaube im Menschen ist, da kann er nicht verborgen bleiben, sondern bricht offentlich [offen, erkennbar] heraus und alles, was er lebt, wirkt und tut, das richtet er in des Nächsten Nutz, demselben rätlich und hilflich zu sein, wie er sieht, daß ihm Christus getan hat. Und wo die Liebe und Werke nicht herausbrechen, da ist der Glaube gewißlich nicht gerecht. Denn die Werke der Liebe sind Gezeugnis des Glaubens ... Und diese Werke der Liebe

3. WA 17/II, 74,35 – 75,11, wie Anm. 2.
4. WA 17/II, 253,24-26, Festpostille 1527, St. Andreas, zu Mt 4,18ff.
5. Evangelische Kirchenordnungen des 16. Jahrhunderts, hg. von *Emil Sehling*, Bd. 11 (1961), S. 23-32; zur Entstehung vgl. ebd. S. 17.
6. Der Text beginnt, Evangelische Kirchenordnungen (wie Anm. 5), S. 23: Glauben und lieben, wie Christus im evangelium sagt, Mat. am 22. [V. 37 – 40] sind die zwai hauptstuck eines rechten christlichen wesens, darin alle andere gepot Gottes beschlossen werden, in denen auch alles gesetz und die propheten hangen.

sind wie Früchte, die aus einem rechten, lebendigen Glauben erwachsen, und heißen darum gut, daß sie aus einem wahrhaften Vertrauen in Gott fließen und dem Nächsten zu Nutz und Gut reichen sollen ... Deshalb ein jeglich Christenmensch alles sein Leben, Tun und Lassen zu diesem Ende [darauf] richten soll, in Gott beständiglich und unzweifenlich zu vertrauen und denselben seinen Glauben gegen seinem Nächsten mit aller brüderlicher Liebe, Hilfe und Guttat um Christus willen zu beweisen.«[7]

Das ist genuin reformatorische Theologie. Präziser konnte sich ein Anhänger der Wittenberger Reformation damals kaum ausdrücken. Es war Lazarus Spengler, der die Nürnberger Armenordnung verfaßte und gleichzeitig – ebenfalls anonym – in einem kleinen Traktat den reformatorischen Grundgedanken von Glaube und Nächstenliebe entwickelte: »Ein kurzer Begriff und Unterrichtung eines ganzen wahrhaften christlichen Wesens.«[8]

Alle sozialen Maßnahmen, die die Nürnberger Armenordnung verfügt, werden daraus abgeleitet, daß der christliche Glaube Taten der Nächstenliebe hervorbringen will, nicht um den Christen vor Gott gerecht zu machen, sondern weil er durch den Christusglauben vor Gott schon gerecht geworden ist. Die Frucht dieses Glaubensverständnisses soll nun in der ganzen städtischen Gemeinschaft der Christen erkennbar werden. Es ist zu beachten, wie dieses ganze Unternehmen der Nürnberger Christen mit der reformatorischen Definition des christlichen Lebens durch Glaube und Liebe begründet wird. Die Reformation hat das Wesen des Christseins neu bestimmt. In unpolemischer Form hat Luther in der Schrift »Von der Freiheit eines Christenmenschen« die Bestimmung des christlichen Lebens durch Glaube und Nächstenliebe vorgetragen. Ehe das im Folgenden (IV.) durch den Vergleich mit einem dafür besonders aufschlußreichen spätmittelalterlichen Traktat beleuchtet werden soll, muß kurz auf Augustins Interpretation des Doppelgebots der Gottes- und Nächstenliebe (II.) und auf die mittelalterliche Lehre von der Gottesliebe als dem Prinzip der christlichen Religiosität (III.) eingegangen werden.

II. Augustins Rangordnung von Gottes-, Selbst- und Nächstenliebe

Augustin definiert die christliche Religiosität durch die Verbindung von Gottes-, Selbst- und Nächstenliebe.[9] Den Ausgangspunkt bildet für ihn natürlich das biblische Doppelgebot von Gottes- und Nächstenliebe (Mt 22,37-40 parr.). Er

7. Evangelische Kirchenordnungen (wie Anm. 5), S. 23.
8. *Lazarus Spengler*, Schriften, Bd. 1, hg. von *Berndt Hamm, Wolfgang Huber*, Gütersloh 1995, S. (280) 283 – 297; dort S. 283 die Parallele zu der oben zitierten Passage aus der Nürnberger Armenordnung.
9. *Augustin*, De doctrina christiana 1 c. 26f., CChr.SL 32, S. 21f.

projiziert das Doppelgebot auf eine Rangordnung von mehr oder weniger liebenswerten Gütern, an deren oberster Stelle Gott steht als das absolut höchste Gut. Es folgt die menschliche Seele, die zur Gemeinschaft mit Gott bestimmt ist. Darunter liegt alles vergänglich Irdische, wozu auch der menschliche Leib gehört. Da jeder Mensch von Natur aus sich selbst liebt, muß ihm, so meint Augustin, nur die Gottes- und Nächstenliebe geboten werden. Die Gottesliebe muß jedoch gegenüber der Selbst- und Nächstenliebe einen beherrschenden Vorrang haben. Denn Gott ist um seiner selbst willen vor und über allem anderen zu lieben. Auch die menschliche Selbst- und Nächstenliebe muß auf Gott bezogen werden, muß also von der Gottesliebe umklammert werden. Überhaupt muß die Gottesliebe alles menschliche Denken und Wollen umspannen, damit alles Sündhafte ausgeschieden und alle guten Denk- und Willensakte auf Gott hin orientiert werden. Darin liegt die religiöse Prägekraft der Gottesliebe. Wegen des abgestuften Wertes von Seele und Leib werden die Selbst- und die Nächstenliebe noch einmal aufgespalten. An zweiter Stelle nach Gott soll der Mensch sich selbst lieben, insofern er mit seiner Seele bei Gott sein ewiges Heil finden soll. So ist die Selbstliebe als Streben nach dem eigenen Seelenheil geradezu geboten, schließt aber für den Menschen die Pflicht mit ein, nach Kräften die Sünde zu meiden und die Seele auf das ewige Heil vorzubereiten. An nächster Stelle rangiert die Nächstenliebe dergestalt, daß sie das ewige Seelenheil des Nächsten fördern soll. Erst an nachgeordneter Stelle soll der Mensch das leibliche Wohl seiner selbst und seines Nächsten lieben, und zwar so, daß der Leib von der Seele beherrscht wird, die ihr Heil in Gott sucht. In dieser augustinischen Interpretation wurde das Doppelgebot der Liebe zur Grundstruktur der mittelalterlichen Religiosität.

In der bündigsten Form hat Augustin seine Interpretation des Doppelgebots der Gottes- und Nächstenliebe in De doctrina christiana (396/97) vorgetragen. Er hat sie jedoch schon früher in seiner Schrift De moribus ecclesiae catholicae et de moribus Manichaeorum (388/90) entwickelt, als er nach seiner Taufe und unmittelbar vor seiner Rückkehr nach Afrika seine theologische Kritik am Manichäismus eröffnete. Unter der Überschrift De moribus ecclesiae catholicae[10] ist hier das erste der beiden Bücher dem religiösen Leben der Kirche gewidmet, auf dem Fundament von Gottes-, Selbst- und Nächstenliebe. Augustins Unterscheidung dieser Formen der Liebe ist von Anfang an verklammert mit der Unterscheidung von Seins- und Wertstufen, an deren höchster Spitze Gott als das höchste Gut steht. Von ihm, dem Schöpfer, ist alles geschöpfliche Sein unterschieden, so sehr es in sich nach Wertstufen differiert. Dementsprechend kennt die wahre Gottesliebe nichts Höheres als Gott, sie liebt Gott um seiner selbst willen im Akt

10. *John Kevin Coyle*, Augustine's De moribus ecclesiae catholicae. A study of the work, its composition and its sources, Fribourg 1978, S. 267-302 bietet den Text in einer gegenüber Migne etwas verbesserten Gestalt.

des frui Deo. Alle Akte der Liebe, die sich auf geschöpfliche Güter richten, müssen sich der Gottesliebe unterordnen und dürfen diese Güter nicht um ihrer selbst willen lieben. Sonst würde das Gebot der Gottesliebe übertreten, ein geschöpfliches Gut würde an Stelle Gottes geliebt und götzendienerisch verehrt. So muß auch das Verlangen nach dem Glück der Seele sich der Gottesliebe unterordnen; erst recht gilt das vom Umgang mit den materiellen Gütern der Welt. Nur durch die Referenz auf die Gottesliebe ist die Liebe zu geschöpflichen Gütern religiös legitimiert. In dieser Referenz auf das frui Deo begreift Augustin den Umgang mit allem geschöpflichen Sein als ein uti, ein Gebrauchen.
Bei seiner objektbezogenen Unterscheidung der Liebesakte hat Augustin den Vollzug des religiösen Lebens im Blick. Das ist in De moribus ecclesiae daran zu erkennen, daß er nach den Kapiteln über die Liebe nacheinander von den Lebensformen der Mönche, der Priester und der bewußt nach Heiligung strebenden Laien spricht, allerdings auch die Zugehörigkeit schlechter Christen zur Kirche rechtfertigt.[11] Innerhalb der ecclesia catholica kann also die Gottesliebe das Leben der Christen in abgestufter Stärke erfassen. In dieser Sicht erweist die Gottesliebe ihre Kraft am stärksten im mönchischen Leben der Weltentsagung.

III. Die mittelalterliche Rezeption der augustinischen Caritas-Lehre

1. Die Gottesliebe als Prinzip der christlichen Religiosität.

Augustins Lehre von der Hierarchie der von Gott gebotenen Liebesakte lieferte – vor allem durch die Ausführungen in De doctrina christiana – dem Mittelalter eine reflektierte Interpretation des Doppelgebotes der Liebe (Mt 22,37-40). Mit der Gottesliebe war das fundamentale religiöse Prinzip festgelegt. Denn in dem Gesamtgefüge von Liebesakten, dem ordo caritatis, muß die Gottesliebe die beherrschende Stellung einnehmen; sie allein gibt den anderen Liebesakten und allen menschlichen Akten schlechthin religiösen Wert. Wenn die mittelalterliche Theologie von der caritas als der höchsten Tugend des religiösen Lebens spricht, dann sind darin gebündelt die verschiedenen Akte der Liebe, wie sie im ordo caritatis differenziert werden, jedoch immer unter dem Primat der Gottesliebe zu stehen haben. Diese umfassende, von der Gottesliebe beherrschte Tugend der caritas ist für die mittelalterliche Kirche ausschlaggebend im Vorgang der Rechtfertigung (iustificatio) des Gläubigen. Darum ist nach scholastischer Terminologie die in der Gottesliebe gipfelnde caritas die Wesensform des Glaubens; erst durch die caritas wird ein der kirchlichen Rechtgläubigkeit genügender Glaube zum vollgültigen Heilsglauben, zur fides caritate formata. Die Formel »Glaube

11. In Buch 1 sind c. 3 bis 29 der Theorie der Liebe gewidmet, nach einem überleitenden Kapitel handeln dann die Kapitel 31 bis 35 von den kirchlichen Lebensformen.

und Liebe« meint deshalb in der mittelalterlichen Kirche stets das Hinzutreten der Gottesliebe – mit allem, was sie im menschlichen Subjekt umgreift – zu einem an sich vollgültigen Glauben. Anders in der reformatorischen Theologie, wo die Formel »Glaube und Liebe« besagt, daß der echte, Gottes Rechtfertigungshandeln wahrnehmende Glaube sich in der Nächstenliebe äußert. So muß die Formel »Glaube und Liebe« jeweils in ihrem Kontext verstanden werden, das eine Mal ist die Gottesliebe – mit ihrer Dominanz im ordo caritatis – als das religiöse Prinzip der Rechtfertigung gemeint; das andere Mal ist die Nächstenliebe gemeint als die Frucht des rechtfertigenden Glaubens. Es ist ein Unterschied, ob in dem einen oder dem anderen Kontext von Liebe die Rede ist. Das wird leicht übersehen oder verwischt. Ebenso erhält der Glaubensbegriff im Kontext der reformatorischen Theologie einen neuen Gehalt dadurch, daß er zum religiösen Prinzip im spezifischen Sinne wird.

2. Die Gottesliebe als Thema der theologischen Literatur.

Die Lehre vom ordo caritatis gehört zu den unverzichtbaren Themen der theologischen Literatur des Mittelalters. Sie hat in den Systemen der scholastischen Theologie ihren festen Ort. Petrus Lombardus (gest. 1160) kommt im 3. Buch seines Sentenzenwerkes auf das christliche Leben zu sprechen, nachdem er in diesem Buch vorher die Lehre von Christus und dessen Heilswerk abgehandelt hat. Das christliche Leben wird vor allem unter dem Begriff der Tugend thematisiert; es sind Glaube, Hoffnung und Liebe als die drei theologischen Tugenden[12] – wenn dieser Begriff nicht traditionell festgelegt wäre, spräche man besser von den religiösen Tugenden – und die vier Kardinaltugenden unter den vorchristlich antiken Begriffen der iustitia, fortitudo, prudentia, temperantia, von denen der Lombarde nur kurz summarisch spricht.[13] Ergänzend treten noch die sieben Gaben des heiligen Geistes (nach Jes 11,2) hinzu.[14] Die Gesamttugend der caritas beansprucht nicht nur unter den theologischen Tugenden den meisten Raum; von ihr ist auch die Rede, wenn am Schluß dieses ganzen Komplexes nach der Einheit aller Tugenden im christlichen Leben gefragt wird.[15] Diese Erörterung wird abgeschlossen mit einem Zitat aus Augustin, De doctrina christiana, demzufolge alles, was Gott nach der heiligen Schrift vom Menschen fordert,

12. Petrus Lombardus, Sent.3 d. 23 – 25 haben die fides, d. 26 hat die spes und d. 27 bis 31 haben die caritas zum Thema, anhangsweise geht es in d. 32 um Gottes Liebe zum Menschen. Selbstverständlich ist auch zu berücksichtigen, was Sent. 2 d. 16 bis 44 über den Menschen, die Sünde und die Gnade gesagt wird.
13. Sent. 3 d. 33.
14. Sent. 3 d. 34 – 35.
15. Sent. 3 d. 36.

im Doppelgebot der Liebe zusammengefaßt sei.[16] Damit hat der Lombarde die Überleitung gefunden zur Behandlung des Dekalogs[17], mit der er das Thema des christlichen Lebens beendet.[18] Innerhalb dieses Aufrisses diskutieren die scholastischen Theologen in ihren Sentenzenkommentaren die Probleme des religiösen Lebens.

In der Summa Theologiae des Thomas von Aquin bringt der ganze mittlere, zweite Teil das religiöse Leben zur Sprache, und zwar zunächst (in der ersten Hälfte) die allgemeinen Bedingungen, sodann (in der zweiten Hälfte) die konkrete Gestaltung durch die Tugenden und durch die speziellen Anforderungen in gewissen »Ständen« des religiösen Lebens. Unter den Tugenden – den theologischen Tugenden einerseits und den Kardinaltugenden andererseits – nehmen zwar quantitativ die Kardinaltugenden der iustitia und der temperantia den breitesten Raum ein[19], doch hat die theologische Tugend der caritas das größte Gewicht, weil sie Gottes-, Selbst- und Nächstenliebe[20] umfaßt und das religiöse Wesensprinzip aller Tugenden[21] darstellt. In dieser Einschätzung der caritas, verstanden als eine Gottes-, Selbst- und Nächstenliebe umspannende Tugend, sind sich alle scholastischen Theologen einig, welcher Schulrichtung sie auch folgen mögen.

Auch in separaten theologischen Traktaten hat man die Gesamttugend der caritas oder speziell die Gottesliebe thematisch behandelt. Eine bedeutende Tradition solcher Traktate begann im 12. Jahrhundert, exemplarisch genannt seien nur Hugo von St. Viktor (gest. 1141) mit De laude caritatis[22] und Bernhard von

16. Sent. 3 d. 36 c. 3 n. 254: Omnium igitur haec summa est, ut intelligatur Legis et omnium divinarum Scripturarum plenitudo esse dilectio Dei et proximi. Bei *Augustin*, De doctrina christiana 1 c. 35 n. 39 CChr.SL 32, S. 28f. lautet der zitierte Satz: Omnium igitur, quae dicta sunt ..., haec summa est, ut intelligatur legis et omnium divinarum scripturarum plenitudo et finis esse dilectio rei, qua fruendum est, et rei, quae nobiscum ea re frui potest; quia, ut se quisque diligat, praecepto non opus est. Das Objekt der Liebe, die res, ist zum einen Gott und zum anderen der Nächste.
17. Sent. 3 d. 37 – 40.
18. Sent. 4 d. 1 – 42 kommen im Zusammenhang der Sakramentenlehre noch die entsprechenden speziellen Gesichtspunkte des christlichen Lebens zur Sprache.
19. Bei Thomas von Aquin, STh 2 II umfaßt die iustitia q. 57 – 122, die temperantia q. 141 – 170; dem Umfang nach folgen: die caritas q.23 – 46, die temperantia q. 123 bis 140, die fides q. 1 – 16, die prudentia q. 47 – 56, die spes q. 17 – 22. Die sieben Gaben des heiligen Geistes (vgl. o. Anm. 14) hat Thomas einzelnen Tugenden zugeordnet, z. B. das donum timoris der spes (q. 19) und das donum sapientiae der caritas (q. 45).
20. Vgl. STh 2 II q. 25 De obiecto caritatis, q. 26 De ordine caritatis.
21. Von der caritas als religiösem Wesensprinzip der Tugenden und meritorischem Prinzip des christlichen Lebens spricht Thomas in verstreuten Kontexten, z. B. STh 1 II q. 65 und q. 114 a. 4.
22. Vgl. Deutsche Literatur des Mittelalters. Verfasserlexikon, 2. Aufl. (= VerLex^2), Bd. 4 (1983), Sp. 282 – 292.

Clairvaux (gest. 1153) mit seinem Liber de diligendo Deo[23], sie stehen am Anfang der damals aufblühenden Spiritualität der Augustinerchorherren von St. Viktor in Paris zum einen und des jungen Zisterzienserordens zum andern. Mancher ursprünglich lateinisch geschriebene Traktat des 12. und 13. Jahrhunderts wurde im Laufe seiner mittelalterlichen Tradition auch in volkssprachlicher Übersetzung rezipiert. Am Ausgang des Mittelalters behandeln das Thema der Gottesliebe in deutscher Sprache zum Beispiel Thomas Peuntner (gest. 1439) in seinem »Büchlein von der Liebhabung Gottes«[24] und Johannes von Staupitz (gest. 1524) in seiner Schrift »Von der Liebe Gottes«.[25]
In der katechetischen Literatur des späten Mittelalters wird im Zusammenhang der Dekalog-Auslegung nicht selten auf das Doppelgebot der Liebe zurückgegriffen und auf die traditionelle Lehre vom ordo caritatis. Der Wiener Theologe Nikolaus von Dinkelsbühl (gest. 1433)[26] hat seinen lateinischen Predigten über den Dekalog eine Reihe von Predigten über die Gottes- und Nächstenliebe vorangestellt.[27] Aus ihnen schöpft Thomas Peuntner in seinem »Büchlein von der

23. Vgl. *Bernhard von Clairvaux*, Sämtliche Werke, lateinisch/deutsch, hg. von *Gerhard B. Winkler*, Bd. 1, Innsbruck 1990, S. 57 – 71: Einleitung zu De diligendo Deo, S. 72 – 151: Text und Übersetzung der Schrift.
24. *Bernhard Schnell*, Thomas Peuntner, Büchlein von der Liebhabung Gottes, Edition und Untersuchung, München 1984, bietet S. 286 – 348 die Edition des Textes. Von der Schrift gibt es 5 Drucke aus dem 15. und 2 aus dem frühen 16. Jahrhundert (1508 und 1518, beide Augsburg), vgl. *B. Schnell* ebd., S. 56. Zu Peuntner vgl. VerLex[2] (wie Anm. 22), Bd. 7 (1989), Sp. 537-544.
25. Die Schrift geht auf Predigten zurück, die Staupitz in München gehalten hat, und muß gegen Ende 1517 in den Druck gegangen sein. Die ersten Drucke tragen an der Spitze des Titels einen Neujahrswunsch, und zwar für das Erscheinungsjahr 1518; das sind die Drucke: Leipzig, Melchior Lotther – VD 16: S 8708 – und [München, Hans Schobser] – VD 16: S 8709. In zwei weiteren zeitgenössischen Drucken fehlt der Neujahrswunsch, dafür enthält der Titel nun den Zusatz: »bewert vnd approbiert durch D. Martinum Luther«; das sind die Drucke [Augsburg, Johann Schönsperger d. J.] 1518 (?) – VD 16: S 8707 – und Basel, Adam Petri, 1520 – VD 16: S 8710. Ein anerkennendes Urteil Luthers über diese Schrift seines Ordensvorgesetzten ist uns nur aus einem Brief an Christoph Scheurl/Nürnberg vom 5. 3. 1518, WA Br 1, Nr. 62,30f. bekannt, wo er den Wunsch äußert, diese jüngst erschienene Schrift sollte in Nürnberg nachgedruckt werden. Vermutlich stützt sich der Hinweis auf Luther im Titel des Augsburger und des Baseler Druckes auf eine uns nicht bekannte Äußerung. Die Schrift liegt leider noch nicht in der neuen Staupitz-Ausgabe vor, so daß wir immer noch angewiesen sind auf die Ausgabe: *Johann von Staupitz*, Sämtliche Werke, hg. von *J. K. F. Knaake*, Bd. 1 Deutsche Schriften, Potsdam 1867, S. (88) 92 – 119.
26. Vgl. VerLex[2] (wie Anm. 22), Bd. 6 (1987), Sp. 1048 – 1062.
27. Unter der Überschrift De dilectione Dei et proximi stehen in dem Druck von 1516 (s. u. Anm. 28) elf Sermones , von denen Sermo 1 – 3 die Gottesliebe, Sermo 5 – 7 die Nächstenliebe, Sermo 9 den ordo caritatis (De ordine diligendorum) und Sermo

Liebhabung Gottes«. Bei Nikolaus von Dinkelsbühl ist die Auslegung des Doppelgebots der Liebe und des Dekalogs Bestandteil eines umfangreichen, achtteiligen Werkes der katechetischen Theologie.[28] Theologisch weniger anspruchsvoll, aber für die kirchliche Praxis höchst aufschlußreich ist das katechetische Werk des Stephan von Landskron (gest. 1477) mit dem Titel »Hymelstraß«.[29] Der Dekalog-Auslegung geht hier ein eigenes Kapitel über das Gebot der Gottesliebe voran[30], während ein Kapitel über das Gebot der Nächstenliebe der Auslegung der zweiten Dekalogtafel vorgeschaltet ist.[31]
Ein katechetisches Werk völlig anderer Art lieferte Erasmus von Rotterdam (gest. 1536) mit seinem in Hexametern geschriebenen und für den gehobenen Schulgebrauch gedachten Katechismus (1512/1513): Christiani hominis institutum.[32] Er behandelt zunächst das apostolische Glaubensbekenntnis mit der üblichen Aufzählung von zwölf nicht zu bezweifelnden Lehrpunkten. Dann erläutert er die sieben Sakramente der Kirche. Und anschließend entwickelt er im dritten Hauptteil das dreifache Gefüge von Gottes-, Selbst- und Nächstenliebe. Unter dem Stich-

10 und 11 die Gesamttugend der caritas behandeln. Sermo 1 – 3 hat *Bernhard Schnell*, Thomas Peuntner (wie Anm. 22), S. (349) 356 – 383 ediert.

28. Das Werk wurde, herausgegeben von Jakob Wimpheling, 1516 von Johann Schott in Straßburg gedruckt; der Titel nennt – ohne Haupttitel – die acht »Tractatus hoc volumine contenti« (vgl. VD 16: N 1531 und N 1532): 1. De dilectione Dei et proximi (s. o. Anm. 27), 2. De praeceptis decalogi, 3. De oratione dominica, 4. De tribus partibus poenitentiae, 5. De octo beatitudinibus, 6. De septem peccatis mortalibus et septem virtutibus illis oppositis, 7. Confessionale. Der 8. Traktat De quinque sensibus stammt nicht von Nikolaus von Dinkelsbühl, sondern von Thomas Ebendorfer (gest. 1464), einem anderen Wiener Theologen, vgl. VerLex² (wie Anm. 22), Sp. 253 – 266. Von dem Traktat De oratione dominica existiert eine neuere Ausgabe, hg. von *Rudolf Damerau*, Der Herrengebetskommentar des Nikolaus von Dinkelsbühl, Gießen 1971.
29. Stephan von Landskron war seit 1430 Mitglied des regulierten Augustinerchorherrenstiftes St. Dorothea in Wien und von 1458 bis zu seinem Tod 1477 dessen Propst. Die »Hymelstrasz« wurde erst nach seinem Tod gedruckt, und zwar dreimal und ausschließlich in Augsburg: 1484 (Anton Sorg), 1501 (Lucas Zeysenmair), 1510 (Johann Ottmar). Einen Nachdruck der Ausgabe von 1484 besorgte *Gerardus Johannes Jaspers*, Stephan von Landskron, Die Hymelstrasz. Mit einer Einleitung und vergleichenden Betrachtungen zum Sprachgebrauch in den Frühdrucken (Augsburg 1481, 1501 und 1510), Amsterdam 1979. Zu Leben und Werk des Stephan von Landskron vgl. ebd. S. 4 – 36 und VerLex² (wie Anm. 22), Bd. 9 (1995), Sp. 295 – 301.
30. Stephan von Landskron (wie Anm. 29), c. 9, Bl. 33v – 39r.
31. Ebd. c. 13, 53r – 56v , der Sache nach gehört noch c. 14, Bl. 56v – 58r hinzu.
32. *Erasmus von Rotterdam*, Opera omnia, Leiden 1703ff. (= Hildesheim 1961f.), Bd. 5, Sp. 1357 – 1359; danach, ebenfalls ohne Erläuterungen, in: Evangelische Katechismen der Reformationszeit vor und neben Martin Luthers Kleinem Katechismus, hg. von *Ernst-Wilhelm Kohls*, Gütersloh 1971, S. 21 – 26.

wort Selbstliebe wird hier der Mensch angewiesen, die Sünden zu meiden und sich um die Werke der Frömmigkeit wie Gebet und Fasten zu bemühen. In diesem Katechismus kommt Erasmus überhaupt nicht auf den Dekalog zu sprechen. Die Ethik des christlichen Lebens konnte, wie dieses Beispiel zeigt, direkt in das augustinische Gefüge von Gottes-, Selbst- und Nächstenliebe eingebaut werden.

3. Der ordo caritatis in den drei Gattungen religiöser Werke.

Wie wird der ordo caritatis zu den verschiedenartigen Werken der Frömmigkeit in Beziehung gesetzt? Drei Gattungen religiöser Werke kennt die mittelalterliche Kirche im Anschluß an die altkirchliche und schon frühjüdische Tradition, wie sie uns in Mt 6 begegnet: die Werke des Gebets (V.5-15), des Fastens (V.16-18) und des Almosens (V.1-4). Praktisch alle religiösen Werke können diesen drei Gattungen zugewiesen werden. Und alle drei Gattungen werden auf die drei Arten der Liebe im ordo caritatis verteilt. Das geschieht z.B., wenn auch nicht in voller begrifflicher Präzision, in dem bereits erwähnten »Compendium spätmittelalterlicher Volksunterweisung«[33], der »Hymelstrasz« des Stephan von Landskron. Der Autor rechnet zur Gattung »Gebet« »alle außwendige werck, die da gehören zů dem anbitten got [Anbeten Gottes] und die darczů geordnet seind, das dem menschen damit geholffen werd, das er sein gemüt erheb zů gott mit hymelspehen [Kontemplation, s. S. 121], als ist das gesang der psalm, ymnuß, müntlichs bet, opffer und der gleich.«[34] Zu den Werken des Fastens zählt Stephan von Landskron Werke oder Verhaltensweisen des Gläubigen in Beziehung zu seiner eigenen Leiblichkeit. Einerseits sind es Werke aktiver Selbstdisziplinierung, wie Fastenübungen in Essen und Trinken , harte Arbeit, Tragen von rauher Kleidung, Wallfahrten. Andererseits gehört dazu die Bereitschaft zum Leiden, der Wille, sich zu schicken in »alle beschwärung, laidigung [Beleidigung] und verschmähung oder widerwertigkeit, die uns widerfaren, von wem das sey.«[35] Die Almosenwerke bestehen nicht nur für Stephan von Landskron, sondern generell für die mittelalterliche Kirche praktisch in allem, womit aus Liebe – aus »Barmherzigkeit« – einer geistigen oder leiblichen Not anderer Menschen abgeholfen wird. Das wird von der kirchlichen Tradition in sieben geistlichen und sieben leiblichen Werken der Barmherzigkeit exemplifiziert.[36]

33. *Egino Weidenhiller*, Untersuchungen zur deutschsprachigen katechetischen Literatur des späten Mittelalters, München 1965, S. 190.
34. Stephan von Landskron (wie Anm. 29), c. 46, Bl. 172r/v.
35. Ebd. c. 46, Bl. 173v; der folgende Text Z. 12 ist in den Drucken verderbt, s. S. 168 der Nachdruckausgabe.
36. Ebd. c. 46, Bl. 173v: alle gůte werck, mit den wir unsern nachsten zehilff kommen oder auß barmherczikeit und mitleydung in [ihnen] zů nůcz thůn, als denn sind alle

Was die Gottesliebe betrifft, so ist zu beachten, was bei Stephan von Landskron fast nur andeutungsweise ausgesprochen wird, daß die Gestaltwerdung der Gottesliebe in der oratio in einem weiten Sinne zu begreifen ist. Es ist nicht nur an das private Gebet des einzelnen zu denken. Wer die Religiosität der mittelalterlichen Kirche von ihren Grundlagen her erfassen will, muß zuallererst an das Gebet des geistlichen Standes denken, also an das Stundengebet und an das Meßgebet. Das sind die fundamentalen Formen, in denen die Gottesliebe der Kirche Gestalt gewinnt.[37]

Die mittelalterliche Kirche ist gleichzeitig beides: umfassende Rechtsgemeinschaft und Gebetsgemeinschaft. Das Fundament bildet in beidem der Geistliche Stand. Er verkörpert institutionell die Gemeinschaft des geistlichen Rechts, wie er auch professionell die Gebetsgemeinschaft praktiziert. Die Laien unterstehen nicht mit ihrer ganzen Lebenswirklichkeit dem geistlichen Recht der Kirche, und sie können sich auch nicht im vollen, professionellen Maß der betenden Gottesliebe widmen. Sie sind darauf angewiesen, daß ihnen der Gebetsdienst des geistlichen Standes zugute kommt. Mit ihren Stiftungen können sie jedoch den Gebetsdienst des geistlichen Standes tatkräftig unterstützen. Für die materiellen Werte ihrer Stiftungen erhalten sie immaterielle geistliche Gegenleistungen des geistlichen Standes. Auf diese Weise dienen auch ihre Stiftungen indirekt der Gottesliebe.

Für die Auswirkung der Gottesliebe auf die religiöse Praxis ist noch ein weiterer Punkt zu berücksichtigen. Die Gottesliebe ist ein innerer Akt des Willens; so besteht er nach Thomas Peuntner darin, daß wir »Gott, dem Herren, Gutes wollen und gönnen und uns seiner Güter freuen und darin einen Wohlgefallen haben.«[38] Dieser innere Akt der Gottesliebe kann und will sich in äußeren Werken

werck der barmherczikeit.- Das anschließende Zitat stammt aus Thomas von Aquin, STh 2 II q. 32 a. 1 co: eleemosyna est opus quo datur aliquid indigenti ex compassione propter Deum. Im Kontext bezeichnet Thomas als Almosenwerk ausdrücklich einen von misericordia motivierten Akt der caritas: dare eleemosynam est actus caritatis, misericordia mediante.

37. Vgl. *Ludolf von Sachsen*, Vita Jesu Christi p.1 c. 36 n. 4 (zu Mt 6,6): sciendum quod duplex est oratio. Quaedam publica, quae fit a ministris ecclesiae, et ista non debet fieri in occulto, sed magis in publico, et in ecclesia coram populo, quia pro tota offertur communitate, et populus in hoc conformare se debet ministris ecclesiae, ipsum Deum deprecando, secundum modum congruum et sibi possibilem. Alia est oratio privata, et talis magis debet fieri in secreto.

38. Thomas Peuntner (wie Anm. 24) c. 2, Z. 55 -57, S. 294f.: das wir [got sullen] lieb haben, so bedeut das als vil das wir sullen got dem herren guts wellen vnd gunen, vnd vns seiner gueter frewen vnd darinen ain wolgeuallen haben. Vgl. ebd. Z. 3f., S. 293. In einer lateinischen Predigt Peuntners von 1432 über Mt 22, 34-46, die Bernhard Schnell (wie Anm. 25), S. (383) 384 – 392 herausgegeben hat, lautet die entsprechende Definition, Z. 83f., S.386: diligere proprie est alicui bonum velle, et sic dilectio est in voluntate et actus voluntatis. Et sic cum alicui bonum volo, tunc diligo eum.

zu erkennen geben. Auf diese Unterscheidung legt Peuntner Wert: »Wenn ein Mensch jemandem äußerlich Gutes erweist oder erzeigt, so heißt das nicht eigentlich liebhaben, aber es heißt ein Zeichen oder ein Werk der Liebhabung oder der Liebe; denn gute Dinge, die ich dir erweise, die bezeichnen dies, daß ich dir gegenüber einen guten Willen habe, daß ich dir Gutes will und gönne und so dich lieb habe.«[39] In der Anwendung auf die Gottesliebe des Gläubigen ergibt sich daraus eine Interpretation von Joh 14,11 in dem Sinne, daß die Gottesliebe sich in äußeren Akten des Gehorsams gegenüber den Geboten Gottes erweist.[40] Nach kirchlichem Selbstverständnis schließen sich die Gebote, mit denen die Kirche die Religiosität der Gläubigen gesetzlich vorschreibt, bruchlos an die Gebote des natürlichen Sittengesetzes, des Dekalogs und des Doppelgebots der Liebe an. Der Dominikaner Alphonsus Ricius, der unter Ludwig XII. (1498 – 1515) am Pariser Hof Beichtvater war[41], hat in seinem katechetischen Werk »Eruditiones christianae religionis«[42] nach einer allgemeinen Definition des Begriffes

39. Peuntner (wie Anm. 25) c. 2, Z. 47 – 52, S. 294: So aber ain mensch etwem auswendigkleichen guecz erpewt oder erzaigt, das haist nicht aigentleichen lieb haben, aber es haist ain zaichen oder ain werich der liebhabvng oder der lieb; wenn guttew ding die ich dir erpeut, die bezaichen das, das ich gegen dir hab ainen guten willen, das ich dir guz will vnd wolgan vnd also dich lieb hab. Dazu die lateinische Parallele in der bereits zitierten (Anm. 39) Predigt, Z.84 – 88, S. 386: Cum autem alicui ab extra bona ostendo uel exhibeo, ista ostensio non dicitur proprie diligere, sed dicitur signum dilectionis. Per exteriora enim beneficia ego designo tibi, quod in me habeam bonam voluntatem, qua tibi bonum volo et perconsequens diligo.
40. Peuntner (wie Anm. 25), c. 2, Z. 58 – 63, S. 295: Auch die vnterschaid zwischen dem inwendigen lieb haben vnd den auswendigen zaichen, berurt vnser lieber herr durich Johannem den ewangelisten, do er also spricht [Joh 14,11]: »Wer mich lieb hat der wehalt meinew gepott«. Das ist als vil gesprochen, als ob der herr sprech: »Wer mir jn seinen willen guts wil vnd gan vnd sich meiner gueter erfrewt vnd also mich lieb hat, der selbig pezaichent das mit dem das er behalt meinew gepot«. Dazu wieder (wie Anm. 39) die Parallele in Peuntners lateinischer Predigt, Z. 88 – 92, S. 386: Istam differentiam inter dilectionem interiorem seu affectiuam et inter exteriora signa tangit Christus met Iohanne 14° dice[n]s [Joh 14,11]: si quis diligit me, mandata mea servat. Hoc est tantum ac si dicat: si quis mihi voluntate sua bonum wult et sic diligit, iste illud declarat per hoc, quod adimplet precepta mea.
41. Zu Alphonsus Ricius vgl. *Johann Heinrich Zedler*, Großes vollständiges Universal-Lexikon, Bd. 31, 1742 (Nachdruck 1961), Sp. 1505.
42. *Alphonsus Ricius*, Eruditiones christianae religionis, Paris 1512, p.1 c. 2 (im Druck fehlen bei den katechetischen Fragen die Fragezeichen): Quid est igitur operari bonum? Servare mandata, per horum nempe observationem ad vitam ingredimur [cf. Mt 19,17], mandata autem sunt secundum aliquam legem. Quid est lex? Est dictamen rectae rationis sive regula ad bene agendum vel malum vitandum. Quotuplex est? Naturae, divina, quae dividitur in Mosaicam et evangelicam, et positiva, quae dividitur in ecclesiasticam et saecularem sive civilem. Auf das positive weltliche oder

lex die verschiedenen Gesetze mit ihren Geboten aufgezählt, es sind erstens die lex naturae mit dem Gebot der Goldenen Regel in der positiven Fassung nach Mt 7,12 und in der korrespondierenden negativen Fassung[43], zweitens die lex Mosaica, d. h. der Dekalog, der unter der lex gratiae seine Verbindlichkeit behält[44], drittens die lex evangelica oder lex gratiae, das ist das Doppelgebot der Liebe, dem gleich noch weitere christliche Grundgebote angefügt werden[45], viertens die im kanonischen Recht festgelegten Kirchengebote.[46] Der Gläubige war

zivile Gesetz geht der Autor im Folgenden (c. 3) nur kurz summarisch ein. Eine parallele Aufzählung der religiös verpflichtenden Gesetze enthält als Anhang der offensichtlich von Johannes von Staupitz verfaßte Traktat: Decisio quaestionis de audientia missae in parochiali ecclesia ... Cum ceteris annexis, [Nürnberg, Johann Weißenburger, 1502], Bl. B2v unter der Überschrift: Sequentia cuilibet Christiano summe fore notanda. Vgl. zu diesem Druck VD 16: S 8699 und ebd. S 8700f. zwei weitere Drucke desselben Druckers von 1503 und 1505. Der Erstdruck [Tübingen, Johannes Othmar, 1500] enthält noch nicht den Anhang.

43. *Alphonsus Ricius* ebd.: Quot sunt praecepta legis naturae? Duo; primum: omnis quae secundum rectam rationem vultis, ut faciant vobis homines, et vos eadem illis facite (a. R.: Mt 7 [V.12]). Secundum: quid tibi secundum rectam rationem nolueris fieri, alteri ne feceris unquam. Vgl. Johannes von Staupitz, Decisio quaestionis (wie Anm. 42): Legis naturae duo existunt praecepta. Omnia quaecunque vultis, ut homines vobis faciant, vos eadem facite et illis. Quod tibi nolueris fieri, alteri ne feceris aliquando.

44. *Alphonsus Ricius* ebd.: Quot praecepta legis Mosaicae, quae in lege gratiae obligationem habent? Decem quae et moralia dicuntur, per quae homo ad alterum et in se ordinatur (a. R. Ex 20) ...(folgt der Dekalog in der kirchlichen Fassung). Ebenso nennt Johannes von Staupitz, Decisio quaestionis (wie Anm. 42) an zweiter Stelle: Legis scriptae praecepta decem.

45. *Alphonsus Ricius* ebd.: Quot legis evangelicae? Primum: Diliges Dominum Deum tuum ex toto corde tuo, tota mente, tota anima et fortitudine tua (a. R. Mc 12 [V. 30]) ...Es folgen noch sieben Gebote des religiösen Lebens, für die auf verschiedene neutestamentliche Stellen verwiesen wird, und zwar: Credere et baptizari. Sperare et orare. Oboedire superioribus et illos honorare. Eucharistiam sumere. Confiteri. Errantem fratrem corripere fraternaliter. Operibus misericordiae intendere, dum proximi necessitas id expostulat. Die Parallele bei Johannes von Staupitz (wie Anm. 42) nennt unter der Überschrift Legis gratiae praecepta. nur das Doppelgebot der Liebe.

46. *Alphonsus Ricius* ebd.: Quot iuris positivi ecclesiastici? Die Antwort zählt sieben Kirchengebote auf mit Verweis auf entsprechende Stellen im kanonischen Recht. Eine etwas abweichende Aufzählung ohne Verweise auf das kanonische Recht bietet Johannes von Staupitz, Decisio quaestionis (wie Anm. 42), Legis canonicae praecepta: De ieiuniis observandis. De festis colendis. De missis audiendis. De decimis solvendis. Quod omnis homo utriusque sexus, postquam ad discretionis annos pervenerit, proprio sacerdoti omnia sua peccata confiteatur. Quod communicet semel in anno, saltem in pasca. Quod non comedat carnes certis diebus. Quod diebus ieiuniorum a quibusdam cibariis abstineat. De temporibus quibus sint nuptiae interdictae. Quod debitum coniugale non petatur certis diebus vel temporibus.

also gehalten, die Gebote der kirchlichen Frömmigkeit zu befolgen, nicht nur weil die Kirche das forderte, sondern auch weil er in diesen religiösen Werken den inneren Willensakt der Gottesliebe bezeugen sollte. Denn was die Kirche etwa in Gestalt des Fastens an Werken der Selbstliebe oder in Gestalt der Barmherzigkeitswerke oder des Almosens an Werken der Nächstenliebe forderte, das hatte sich innerhalb des ordo caritatis der Gottesliebe unterzuordnen.
Der Gläubige wurde darüber belehrt, wie er in seiner eigenen Intention den Bezug aller seiner Willensakte und Werke auf die Gottesliebe herstellen sollte. Welche Probleme dabei aufbrachen und wie sie in der katechetischen Literatur laiengemäß gelöst wurden, kann hier nicht dargelegt werden.[47] In diesem Rahmen kann auch nicht der andere Fragenkreis angeschnitten werden, der damit zusammenhängt, daß sich dem Gläubigen die Frage stellte, wie er gewiß sein könnte, sich in seiner Frömmigkeit des ewigen Lebens würdig zu erweisen.[48]

IV. Der Traktat »De spiritualibus ascensionibus« des Gerhard Zerbolt von Zütphen und Luthers Schrift »Von der Freiheit eines Christenmenschen«

Warum lohnt sich ein Vergleich von Luthers Freiheitstraktat gerade mit einer relativ wenig bekannten Schrift aus dem Kreis der Devotio moderna, dem Traktat De spiritualibus ascensionibus des Gerhard Zerbolt von Zütphen (gest. 1398)?[49] Luther hat diesen Traktat gekannt! Er erwähnt ihn je einmal in der 1.Ps.-Vorlesung[50]

47. *Stephan von Landskron*, Hymelstraß (wie Anm. 29), um nur ein Beispiel anzuführen, leitet die Behandlung dieser Fragen folgendermaßen ein, c. 9, Bl. 35r/v: Und da ist mit allem fleiß zemercken, Das kein inwendigs oder außwendigs werck des menschen Ist wa̍rlich gu̍t noch tugenthafft oder verdienlich, es geschech denn auß der lieb gottes und darzů entlich durch gottes willen, Also das der mensch got lieb hab uber alle ding, und so̍liche lieb gottes sey im [ihm] ein ursach oder u̍b in [ihn] darzů, das er etwas thů oder laß entlich durch gottes willen.
48. Als Beispiel sei *Johannes von Staupitz*, Von der Lieb Gottes (wie Anm.25) zitiert, c. 21, S. 118: Das hertz des waren liebhabers gotes uber alle ding wirt ler aller creaturen, wenn es in sein volkommene lieb gestigen ist, Also das nichtz den[n] got, frey eynig, in seinem geist bleybet, sonst alle creaturenn darauß getribenn werdenn. Solang aber das nicht geschicht, sind alle wartzeichen der gotlichen wonung in uns ungewiß, Suspect oder verdechtig ... den[n] die weyl du an einem ding hafftest das nit got ist, bistu und bleybst ungewiß, ob got in dir sey, oder nicht.
49. Die recht zahlreichen Drucke des 15. und 16. Jahrhunderts verzeichnet *J. van Rooy*, Gerard Zerbolt van Zutphen, I. Leven en geschriften, Nimègue 1936, S.358ff. Ich stütze mich auf den Druck *Gerardus Zutphaniensis*, Opuscula duo...I. De reformatione interiori, II. De spiritualibus ascensionibus, Köln, Melchior Novesianus 1539.
50. WA 3, 648,23-26, Schol zu Ps 83,6.7a, dem thematischen Leittext von Zerbolts Traktat.

und in der Röm.-Vorlesung.[51] Daß Zerbolts Schrift noch nie zum Vergleich mit Luthers Freiheitstraktat herangezogen worden ist, mag aus dem Titel »De spiritualibus ascensionibus« zu erklären sein, der in der zeitgenössischen deutschen Fassung »Eyn Tractat von den geystlichen vffstigungen« lautet.[52] Daraus ist der vollständige Inhalt nicht zu erkennen. Auch die jüngste Monographie, die dem theologischen Denken Zerbolts gewidmet ist[53], verschweigt das Gesamtkonzept der Schrift. Doch gerade in ihrer Architektur ist Zerbolts Schrift mit Luthers Freiheitstraktat verwandt. Das Hauptinteresse Zerbolts liegt bei den ausführlichen Anweisungen zu drei Formen eines geistlichen Aufstiegs. Ein kürzerer, gleichwohl nicht bedeutungsloser Teil belehrt darüber, wie der Christ auch einen geistlichen Weg nach unten gehen soll, einerseits in bezug auf sich selbst, andererseits in bezug auf den Nächsten.[54] In dieser Belehrung wird der konkrete monastische Lebenskontext der Schrift besonders deutlich. Präzis müßte Zerbolts Schrift also heißen: Von den geistlichen Wegen des Aufstiegs und Abstiegs. Zeigt Zerbolts Traktat einerseits in seiner Anlage eine auffällige Nähe zu Luthers Schrift »Von der Freiheit eines Christenmenschen«, so ist er andererseits in seinem geistigen Gehalt der traditionellen Lehre vom ordo caritatis verpflichtet. Ein Vergleich der beiden Schriften läßt erkennen, an welchem Punkt Luthers reformatorische Theologie mit dem grundlegenden Prinzip der mittelalterlichen Religiosität, wie es im augustinischen ordo caritatis enthalten ist, gebrochen hat.

Die strukturelle Verwandtschaft von Luthers Freiheitstraktat mit Zerbolts Schrift liegt auf der Hand. Luther faßt seinen Traktat am Schluß zusammen als Beschreibung eines geistlichen Aufstiegs und Abstiegs: »eyn Christen mensch lebt nit ynn yhm selb, sondern ynn Christo und seynem nehstenn, ynn Christo durch den glauben, ym nehsten durch die liebe: durch den glauben feret er uber sich yn gott, auß gott feret er widder unter sich durch die liebe.«[55] Luther spricht im zweiten Teil seiner Schrift jedoch nicht nur von der Nächstenliebe, sondern zunächst von dem Verhältnis des Menschen zu sich selbst in seiner eignen Leiblich-

51. WA 56, 313,13-16, Schol zu Röm 5,12ff.: Hanc originalis peccati apud nullum Inueni tam claram resolutionem quam apud Gerardum Groot in tractatulo suo »Beatus vir« [Ps 83,6], Vbi loquitur non vt temerarius philosophus, Sed vt sanus theologus. Daß Luther hier Gerhard Zerbolt von Zütphen mit Gerhard Grote (gest. 1384) – vgl. TRE 14 (1985), S. 274 – 279 – verwechselt, ist leicht erklärlich.
52. Vgl WA 3, 648 Anm. 3.
53. *G. H. Gerrits*, Inter timorem et spem. A Study of the Theological Thought of Gerard Zerbolt of Zutphen (1367-1398), Leiden 1986.
54. Dieser Teil umfaßt c. 64 – 70 ; in der Überschrift zu c. 64 heißt es: de descensionibus spiritualibus, quae sunt in duplici differentia, videlicet ad seipsum et ad proximum.
55. WA 7, 38,6-9; vgl. WA 7, 69,12-15: Concludimus itaque, Christianum hominem non vivere in seipso, sed in Christo et proximo suo, aut Christianum non esse, in Christo per fidem, in proximo per charitatem: per fidem sursum rapitur supra se in deum, rursum per charitatem labitur infra se in proximum.

keit: »Ob wol der mensch ynwendig nach der seelen durch den glauben gnugsam rechtfertig ist, und alles hatt was er haben soll ..., So bleybt er doch noch ynn dißem leyplichen lebenn auff erdenn, und muß seynen eygen leyp regiern und mit leuthen umbgahen. Da heben sich nu die werck an, hier muß er nit müßsig gehen, da muß furwar der leyb mit fasten, wachen, erbeytten und mit aller messiger zucht getrieben und geübt sein, das er dem ynnerlichen menschen und dem glauben gehorsam und gleychformig werde, nit hyndere noch widderstreb, wie sein art ist.«[56]

Nur in ihrem groben Aufriß entsprechen einander die beiden Schriften. Im Hintergrund beider Schriften ist die formale Struktur des ordo caritatis zu erkennen, bei Luther jedoch entscheidend modifiziert durch den Umbruch im spezifisch religiösen Prinzip, da er die Aufwärtsbewegung des geistlichen Lebens ausdrücklich dem Glauben und nicht der Gottesliebe im traditionellen Sinne zuschreibt. Aus dieser Differenz resultieren dann auch alle anderen inhaltlichen Veränderungen, auf die ich hier nicht eingehen kann..

Es ist noch zu erweisen, daß in Zerbolts Schrift das religiöse Prinzip der Gottesliebe die bestimmende Kraft des geistlichen Aufstiegs bildet. Das kann hier nicht in einer genaueren Analyse geschehen, zumal die drei Formen des geistlichen Aufstiegs mit mancherlei Verästelungen beschrieben werden. Jede dieser drei Formen des Aufstiegs ist auf eine Grundform der Sünde bezogen. Darum liegt das Ziel des dreifachen geistlichen Aufstiegs darin, die Unschuld, die innere Lauterkeit und die Tugendhaftigkeit wiederzuerlangen, die der Mensch vor dem Sündenfall besessen hat. Das ursprüngliche Gottesverhältnis soll wiederhergestellt werden, von Zerbolt beschrieben als ein voluntativ-affektives An-Gott-Hängen, ein adhaerere Deo, d. h. als ein Verhältnis der Gottesliebe.[57] Die zentrale mittlere Form des geistlichen Aufstiegs, die auch am stärksten vom Geist der Devotio moderna geprägt ist, besteht in der Reinigung der Seelenkräfte von der erbsündlichen Verunreinigung, die traditionell als concupiscentia bezeichnet wird.[58] Diese Reinigung der Seele oder des Herzens bewirken in aufsteigender Folge die religiösen Affektionen timor, spes und amor, die Furcht vor Verlust des ewigen Heils, die Hoffnung auf das himmlische Heil und die zu Gott hinstrebende Liebe. Das Gewicht der Gottesliebe zeigt sich darin, daß Zerbolt das Endziel dieses affektiven Aufstiegs in dem Doppelausdruck puritas cordis et caritas zusammenfaßt; er denkt dabei eindeutig an die Gottesliebe, das affektive Hinstreben zu Gott. Die drei genannten aufwärtsstrebenden Affektionen (timor, spes,

56. WA 7, 30,11-19; vgl. WA 7, 59,37 – 60,6.
57. Zerbolt beschreibt die urständliche Verfassung des Menschen in Bezug auf die kognitiven wie auf die voluntativ-affekiven Seelenkräfte (c. 2), in der Durchführung seines Traktates liegt jedoch der Nachdruck auf den voluntativ-affektiven Kräften.
58. Diese Form des Aufstiegs behandelt Zerbolt in c. 15 – 46, vgl. die Überschrift zu c. 15: Incipit secunda ascensio ..., qua reditur ad cordis puritatem.

amor) sollen durch geeignete Meditationsstoffe gespeist werden, die Gottesfurcht durch die Betrachtung des Todes, des jüngsten Gerichts und der Höllenstrafen, die Hoffnung zum einen durch Betrachtung der himmlischen Gottesherrschaft, zum andern durch Erinnerung an Gottes Wohltaten. Die Gottesliebe schließlich soll dadurch entzündet werden, daß der Gläubige die Menschwerdung Gottes in Jesus Christus und besonders das Heilswerk Gottes in der Passion Christi meditiert.[59]

Ich meine die These vertreten zu können, daß in Zerbolts Traktat der Affektion der Gottesliebe die tragende Funktion zufällt. Denn die beiden anderen Formen des geistlichen Aufstiegs stehen flankierend neben der affektiven Aufwärtsbewegung, die in der Gottesliebe gipfelt. In den beiden ergänzenden religiösen Verhaltensweisen soll der Gläubige sich einerseits in contritio, confessio, satisfactio, also in den Akten der Bußfrömmigkeit, von seinen Todsünden lösen; andererseits soll er im Kampf gegen die vitia capitalia bei sich die Tugenden aufbauen, durch welche die Seelenkräfte auf Gott hin stabilisiert werden.[60] Alle drei Formen des geistlichen Aufstiegs haben ihren gemeinsamen Gipfel in der Reinigung des Herzens durch die Gottesliebe. Denn dadurch wird die Voraussetzung geschaffen für die Gottesgemeinschaft in der himmlischen Vollendung. Demnach behandelt Zerbolt im Duktus der mittelalterlichen Tradition das Thema des ordo caritatis in einer bemerkenswerten Weise, indem er die affektive Seite der Gottesliebe hervorkehrt und die rational-voluntative Komponente zurücktreten läßt.[61] Wohl deshalb liegt für Zerbolt das Gewicht darauf, daß die Gottesliebe aus konkreter geistlicher Meditation erwächst und nicht so sehr aus der Reflexion über Gott als höchstes liebenswertes Gut, obwohl er im Grunde an dem augustinischen Gedanken festhält, daß Gott höchster Gegenstand der affektiv-voluntativen Seelenkraft sein soll.

Die Sachdifferenz zwischen den beiden Traktaten Zerbolts und Luthers liegt beim primär bewegenden religiösen Prinzip. Die geistliche Aufwärtsbewegung wird bei Zerbolt von der Gottesliebe getragen[62], hingegen bei Luther vom Glauben. Befindet sich Zerbolt im vollen Einklang mit der mittelalterlichen Tradition, so erhält der Glaube bei Luther eine neue Funktion. Er wird zum tragenden Prinzip der Religiosität; in dieser Eigenart wird der Glaube zu einem affektiv bestimmten Gottvertrauen, das durch den Christusglauben vermittelt und geprägt wird.

59. In c. 27 gibt Zerbolt grundsätzliche Richtlinien für diese Christus-Meditation; c. 32 bis 38 sind speziell der Passionsmeditation gewidmet.
60. Vgl. einerseits c. 12 – 14 und andererseits c. 47 – 63.
61. Dem korrespondiert Zerbolts Sündenverständnis, das Luther – siehe oben Anm. 51 – anerkennend dem »philosophischen«, d. h. scholastischen, Sündenverständnis entgegenhält.
62. In Zerbolts Traktat begegnet der Begriff fides nur an ganz wenigen Stellen, ohne Gewicht für die Behandlung des Themas.

Wie ist dieser Wechsel im tragenden religiösen Prinzip zu erklären und zu bewerten? Es wäre m. E. verfehlt, vorschnell den Freiheitsgedanken als das ausschlaggebende Novum ins Feld zu führen. Um Freiheit von der Sünde, also um das Gerechtwerden der Menschen, geht es auch Zerbolt, der damit fest in der mittelalterlichen Tradition verwurzelt ist. Daß der Freiheitsgedanke bei Luther noch andere Akzente aufweist, hängt aber damit zusammen, daß bei ihm jetzt der Glaube anders als bisher verstanden wird und darum an die Stelle der Gottesliebe treten kann. Versehen mit einer starken affektiven Komponente, enthält der Glaube in sich selber die Affektion der Gottesliebe. Der Mensch gelangt in das volle lebendige Gottesverhältnis nicht erst, wenn zu einem wesenhaft kognitiven Glauben die Gottesliebe als bewegende Kraft hinzutritt.

Nicht zufällig soll nach Zerbolts Meinung der Weg des geistlichen Lebens den Menschen in die Integrität vor dem Sündenfall zurückführen. Obgleich das in diesem Leben – abgesehen von den wenigen Ausnahmen wirklich heiliger Menschen – nicht vollkommen gelingen kann, so wird doch das geistliche Leben auf dieses Ziel hin ausgerichtet. Davon ist nicht zu trennen die Art der Gotteswahrnehmung, die der Gottesliebe zugrunde liegt. Gott wird geliebt als das höchste Gut, als ein Objekt allerhöchsten Wertes, im Besitz unübertrefflicher Qualitäten.[63] Und doch wird er in dieser Unübertrefflichkeit verglichen mit anderen, minder wertvollen Objekten der Liebe. Auch bei Zerbolt dient die Christus-Meditation dem Zweck, die voluntativen und affektiven Kräfte auf Gott als das höchste Gut hinzulenken.[64]

63. So auch bei *Johannes von Staupitz*, Von der Liebe Gottes (wie Anm. 25), c. 1, S. 93f.: Ob yemandt gedecht wie er antzaygenn mocht, das got vber alle dinng lieblich [liebenswert] sey, Des frag ist verantwort, So er allein zu hertzen nymbt, das got got ist, vnd also nit alleinn aller volkommenheit vol, sunder die volkommenheit selbst, inn welcher, durch die, aus der alle volkommenheit ist, fleust, vnnd außgehet. Das ehr auch selbst die liebe ist, der nichtz lieblichers mag begriffen werdenn. Ja das ehr die lieb ist die alles lieblich mache auff das sy felt. ... Es begreyfft auch ein yetzlichs hertz, das diser lieb sonderlich nichts lieblichers ist, vnnd nichts vnlieblichs aus yre fliessen kun, Darumb das sye die selbst bestendige wesenliche lieb ist, die in ihr selbst gut ist. Vnsere lieb nymbt yrer guethe mass von des geliebten guete, Ist gut wann sy etwas guts liebt, Pesser, so sy einn bessers liebt, Allerbest wen[n] sy das hochst guet liebt, vnd ist boß wenn sy liebt was nit gut ist.
64. *Gerhard Zerbolt*, De spiritualibus ascensionibus (wie Anm. 49), c. 27 über die höchste Stufe der Christus-Meditation: Tertius ascensus est iam per humanitatem Christi ad spiritualem affectum assurgere, et iam ipsum Deum per speculum in aenigmate [cf. 1 Cor 13,12] mentalibus oculis intueri, et sic ex humanitate ad notitiam et amorem divinitatis pervenire. Et hic maxime abiicitur tertia mentis impuritas per adhaesionem Dei. Et per huiusmodi mentis intuitum et adhaesionem et transformationem incipit quodammodo homo unus spiritus cum deo fieri [1 Cor 6,17], et extra seipsum transgredi et ipsam veritatem intueri et ad unionem et adhaesionem habilitari.

Die Differenz, die den beiden Schriften Zerbolts und Luthers zugrunde liegt, ist letztlich eine Differenz in der Gotteswahrnehmung. Zerbolt teilt die augustinisch-mittelalterliche Auffassung, daß Gott wahrzunehmen sei als das höchste Gut, das summum bonum, an der Spitze alles Seienden und aller Güter.[65] Hingegen hat Luthers reformatorische Theologie – und so auch sein Freiheitstraktat – zur Voraussetzung, daß Gott in seinem Wort dem Menschen begegnet, im Wort seines Gesetzes einerseits und im Wort des Evangeliums andererseits. Das Mittel, das dem Menschen als Person Leben, Gerechtigkeit und Freiheit vermittelt und ihn zum Christen macht, nennt Luther in seiner Freiheitsschrift das Evangelium, und zwar dem unpolemischen Tenor der ganzen Schrift entsprechend so, als sage er etwas Selbstverständliches: »Hatt die seele keyn ander dinck, widder yn hymel noch auff erden, darynnen sie lebe, frum, frey und Christen sey, den[n] das heylig Evangely, das wort gottis von Christo geprediget. ... So mussen wir nu gewiß seyn, das die seele kann allis dings emperen on des worts gottis ...Wo sie aber das wort hatt, ßo darff [bedarf] sie auch keyneß andern dings mehr, sondern sie hat in dem wort ... gerechtickeyt, warheyt, weyßheyt, freyheit und allis gutt ůberschwenglich.«[66] Nachdem Luther im Fortgang seines Traktats davon gesprochen hat, daß einzig der Glaube unter Ausschluß der Werke das Evangelium angemessen wahrnehmen kann, begründet er das mit der Unterscheidung von Gesetz und Evangelium als den beiden Weisen, in denen Gott dem Menschen begegnet: »Und ist zu wissen, das die gantze heylige schrifft wirt yn zweyerley wort geteyllet, wilche seyn Gebot oder gesetz gottis und vorheyschen oder zusagunge. Die gebot leren und schreyben uns fur mancherley

65. Die neuplatonische Ontologie, auf die sich Augustin und ihm folgend die mittelalterliche Tradition stützt, wird zwar ergänzt durch die Unterscheidung zwischen Schöpfer und Geschöpf; doch bleibt die ontologische Relation problematisch. Kennzeichnend wird die Sünde – im Gegensatz zur Gottesliebe – definiert als Liebe zur etwas Kreatürlichem in der Abkehr von Gott, dem Schöpfer und höchstem Gut.
66. WA 7, 22,3-14. In der lateinischen Fassung beginnt dieser Passus mit einer kritischen Wendung nicht nur gegen Spekulationen, sondern auch Meditationen, so daß man versucht ist, hier an Zerbolts meditativen Aufstiegsweg zu denken, zumindest sind Aufstiegsmethoden auf der Basis neuplatonischer Ontologie gemeint, ebd., 50,32 – 51,3: Et ut omnia reiiciamus, etiam speculationes, meditationes et quicquid per animae studia geri potest nihil prodest. Una re eaque sola opus est ad vitam, iustitiam et libertatem Christianam. Ea est sacrosanctum verbum dei, Euangelium Christi ... Certum ergo habeamus ac firmiter positum, Animam posse omnibus rebus carere excepto verbo dei ... Habens autem verbum dives est, nullius egens, cum sit verbum vitae, veritatis, lucis, pacis, iustitiae, salutis, gaudii, libertatis, sapientiae, gratiae, gloriae et omnis boni inaestimabiliter. Wenn Luther hier noch von der Seele spricht, so zeigt sich im Fortgang des Traktats, daß der Mensch als Person gemeint ist. Das ist letztlich die Folge dessen, daß der Mensch in seinem Gottesverhältnis bestimmt ist durch die Wahrnehmung des doppelten Gotteswortes von Gesetz und Evangelium.

gutte werck, aber damit seyn sie noch nit geschehen. Sie weyßen wol, sie helffen aber nit, leren was man thun soll, geben aber keyn sterck dartzu.«[67] Gottes Gesetz, im strengen Sinne genommen, verlangt Erfüllung, nur so kann der Mensch in seiner Verantwortung vor Gott bestehen. Dem Menschen, der seine unablösbare Verantwortung vor Gott erfährt, begegnet Gott noch in der zweiten Gestalt seines Wortes: »ßo kumpt das ander wort, Die gottlich vorheyschung und zusagung, und spricht: wiltu alle gepott erfullen, deyner bößen begirde und sund loß werden, wie die gebott zwyngen und foddern, Sihe da, glaub in Christum, yn wilchem ich dir zusag alle gnad, gerechtickeyt, frid und freyheyt, glaubstu, so hastu, glaubstu nit, so hastu nit.«[68] Das ganze Heil liegt darin, dem Evangelium zu vertrauen und Gott nicht dahinter und darüber hinaus als ein an sich liebenswertes Objekt menschlichen Willens und religiöser Affektion zu suchen. Darum ist die Sache des Glaubens nicht Belehrung über den unübertrefflichen Wert Gottes an sich. Glauben heißt vielmehr, sich vertrauensvoll der Botschaft des Evangeliums hingeben. In der Bindung an das Evangelium erfährt der Glaube nicht nur Freiheit von der Sünde durch das Wort der Vergebung, sondern auch Freiheit vom Gesetz, auch vom religiösen Gesetz. Der Glaube im Sinne Luthers ist nicht nur die Vorstufe einer sich höher aufschwingenden Gottesliebe. Er ist selber affektive Hingabe an Gott, an Gottes Wort. Aus diesem Grunde liebt es Luther, die Worte »glauben« und »trauen« oder »vertrauen« miteinander zu verbinden[69]; dadurch wird das Mißverständnis verhindert, der Glaube sei ein kognitives Fürwahrhalten. In seiner affektiven Eigenart schließt das Gottvertrauen in sich selber auch Gottesliebe ein und muß nicht zusätzlich noch durch liebende Hinwendung zu Gott ergänzt, angereichert und vollendet werden.

Mit der Definition der christlichen Religiosität durch Glaube und Nächstenliebe hat Luther den augustinischen Komplex von Gottes-, Selbst- und Nächstenliebe aufgebrochen. Wie es dazu kam, daß das Kernstück der mittelalterlichen Religiosität sich für ihn gewandelt hat, muß ich hier auf sich beruhen lassen. Das war jedenfalls kein abruptes Geschehen, schon gar nicht war es das Ergebnis einer theologischen Theorie von christlicher Religiosität. Kontinuität und Bruch waren ineinan-

67. WA 7, 23,29-33. Lateinische Fassung, ebd., 52,24-27: Interim signandum, Vniversam scripturam dei in duo partiri, Praecepta et promissa. Praecepta docent quidem bona, sed non statim fiunt quae docta sunt: ostendunt enim, quid facere nos oporteat, sed virtutem faciendi non donant.
68. WA 7, 24,9-13. Lateinische Fassung ebd., 53,3-7: Hic altera scripturae pars adest, Promissa dei, quae annunciant gloriam dei et dicunt: Si vis legem implere, non concupiscere, sicut lex exigit [cf. Rom 7,7], En tibi, Crede in Christum, in quo promittuntur tibi gratia, iustitia, pax, libertas et omnia, si credis, habebis, si non credis, carebis.
69. Z. B. im Freiheitstraktat WA 7, 22,32 – 23,1: ...ßo setzt er dir fur seynen lieben ßon Jhesum Christum, und leßsit dir durch seyn lebendigs trostlichs wort sagen: Du solt ynn den selben mit festem glauben dich ergeben, und frisch ynn yhn vortrawen.

der verschränkt in einem komplizierten Umwandlungsprozeß. Es ereignete sich ein Wandel im Verständnis der christlichen Religion. In der Christentumsgeschichte ist dieser Umformungsprozeß am ehesten vergleichbar mit dem Wandel, den Augustin selber bei der Religiosität der lateinischen Christenheit bewirkt hat.

Zusammenfassung

Luthers Theologie präsentierte sich in der Zeit des großen Aufbruchs der reformatorischen Bewegung mit der schlagwortartigen Formel »Glaube und Liebe« oder »Glaube und Nächstenliebe«. Dafür steht repräsentativ Luthers Schrift »Von der Freiheit eines Christenmenschen«, deren erster Teil vom Glauben und deren zweiter Teil von der Nächstenliebe handelt. In ihrer Struktur ist diese Schrift Luthers verwandt mit einer Schrift aus dem Kreis der spätmittelalterlichen Devotio moderna, dem Traktat Gerhard Zerbolts von Zütphen (gest. 1398) »De spiritualibus ascensionibus«. Im theologischen Ansatz besteht jedoch eine einschneidende Differenz. Denn Zerbolt ist der augustinischen Tradition verpflichtet, für die das beherrschende Prinzip der christlichen Religiosität in der Tugend der caritas liegt, deren Akte sich primär auf Gott zu richten haben und des weiteren in einem seinsmäßig bestimmten ordo auch die Selbst- und Nächstenliebe einbeziehen. Bei Luther zerbricht dieser ordo, an die Stelle der caritas tritt der Glaube, der auf das Evangelium bezogen ist. Dieser Umbruch hängt damit zusammen, daß Gott in seinem Wort, und zwar in der Doppelgestalt von Gesetz und Evangelium, wahrgenommen wird und nicht im Kontext einer neuplatonisch grundierten Ontologie der Güter, an deren Spitze Gott als das absolut höchste Gut rangiert.
Um verständlich zu machen, welche Differenz im Vergleich der beiden Schriften von Zerbolt und Luther zutage tritt, wird zunächst Augustins Lehre von der religiösen Ordnung der Liebesakte kurz beschrieben. Daran anschließend wird skizziert, wie im Mittelalter der augustinische ordo caritatis zur entscheidenden religiösen Tugend der caritas ausgeformt wird, und welche zentrale Stelle dieser Tugend im System der scholastischen Theologie zukommt, vor allem aber welchen hohen Rang das Thema der Gottesliebe im religiösen Schrifttum seit dem 12. Jahrhundert einnimmt. Das religiöse Leben und dessen Werke – hauptsächlich repräsentiert durch Gebet, Fasten und Almosen – werden auf den inneren Akt der Gottesliebe bezogen; denn das Doppelgebot der Gottes- und Nächstenliebe wird nicht nur durch die Gebote des Dekalogs, sondern auch durch die ebenso verpflichtenden religiösen Kirchengebote interpretiert. Dieser Lebenskontext ist in der katechetischen Literatur des ausgehenden Mittelalters deutlich zu greifen. Der vorliegende Beitrag kann im gegebenen Rahmen nur darauf hinweisen, daß Luthers reformatorische Theologie einen Umbruch im Prinzip der christlichen Religiosität enthält. Das bedeutet nicht, daß dieser Umbruch auf der ganzen Linie der reformatorischen Bewegung in gleichem Maße verstanden wurde.

Kurt-Victor Selge

Mittelalterliche Traditionsbezüge in Luthers früher Theologie

Es heißt zwar im Jahr 1996 Eulen nach Athen tragen, wenn man darauf hinweist, daß Luther sein Neues in einer Sprache entwickelt, die er erlernt hat. Dennoch hapert es auch heute noch unvermeidlich bei der Identifikation der Traditionsstücke, und man sollte sich darüber auch nicht wundern. Denn volle Kompetenz für Luthers Theologie und volle Kenntnis der mittelalterlichen Theologie, Exegese, Kanonistik sind schwer in einem Forscherleben unterzubringen. Der Texte sind zu viele. Man kann sagen, daß Luthers theologischer Hintergrund, was die Spätscholastik betrifft, weitgehend aufgehellt ist. Nicht ganz so gut steht es für Kirchenrecht und vor allem Bibelauslegung, obwohl auch hier eine Reihe von Fortschritten zu verzeichnen sind. So sind die apokalyptischen Elemente in Luthers Denken ja nicht erst von H. Oberman ins allgemeinere Bewußtsein gehoben worden, sondern Greschat z. B. hat schon vor langen Jahren auf solche Aspekte in den Bauernkriegsschriften hingewiesen[1], und ich habe es mir auch angelegen sein lassen, die Antichristtopik in Traditionsbezug und eigener Prägung durch Luther nicht allzu schnell in Vergessenheit geraten zu lassen zugunsten des existentiell immer noch gegenwärtigen Luthers der Lutherrenaissance, der auch ökumenisch besser vermittelt werden kann – bis zur Behauptung der Einigkeit in der Rechtfertigungslehre.[2] Ich verrate einigen auch nichts Neues, wenn ich sage, daß das Studium der frühen vorreformatorischen Luthertexte, also besonders der ersten Psalmenvorlesung, mich dazu gebracht hat, mich um die Vorgeschichte des »Fortschrittsdenkens« im Mittelalter zu küm-

1. *Martin Greschat,* Luthers Haltung im Bauernkrieg, in: ARG 56 (1965), 31-47; von Heinrich Bornkamm als »richtig, aber einseitig« bezeichnet: Martin Luther in der Mitte seines Lebens, Göttingen 1979, 352, Anm. 160.
2. So im wesentlichen schon 1972 im sogenannten Malta-Bericht »Das Evangelium und die Kirche«, der aus 1967 begonnenen Gesprächen zwischen Vertretern des Lutherischen Weltbundes und des Vatikans hervorging; er war der Ausgangspunkt für weitere Gespräche, deren letztes Ergebnis 1994 eine Erklärung einer »Gemeinsamen Römisch-Katholischen, Evangelisch-Lutherischen Kommission« ist: Kirche und Rechtfertigung: das Verständnis der Kirche im Licht der Rechtfertigungslehre, Paderborn, Frankfurt/Main 1994; sie ist zugleich englisch und französisch erschienen und liegt nun den beteiligten Kirchen zur Stellungnahme vor.

mern, also um die Erkenntnis von Dogmenentwicklung, Verfassungsentwicklung und auch um das innerkirchliche endgeschichtliche Drama, wie es in der joachitischen Tradition bei den Franziskanerspiritualen gesehen worden ist. Nicht daß ich Luther für einen Joachimiten hielte – er hat von Joachim wohl nur die Verurteilung seiner Trinitätsdeutung durchs 4. Laterankonzil gekannt –, aber daß die Kirche in Babylon sein kann und ist - daß Babylon also nicht augustinisch nur die Welt draußen ist – und daß ein beständiges Gericht sich in der Kirche selbst vollzieht, ein Gericht auch mit historischen Entwicklungsschritten, das gehört zu einem Traditionsbestand mittelalterlicher biblischer Kirchenkritik und »Frömmigkeitstheologie«, den Luther bei Augustin und selbst bei Bernhard von Clairvaux so noch nicht vorfand.[3]
Zur Entwicklungsgeschichte von Dogma und Kirchenverfassung ist schon in Köstlins Theologie Luthers zu finden[4], aber von mir selbst kräftig unterstrichen worden, daß Luther schon in den Dictata super Psalterium 1513/14 weiß, daß nicht nur Mariens unbefleckte Empfängnis ein neuer und dennoch wahrer Glaubenssatz ist, sondern daß im 4. Jahrhundert auch der Trinitätsartikel dies war und irgendwann im Mittelalter, nach Gregor dem Großen, der Prinzipat des Papstes, also der Jurisdiktionsprimat. All das hat der Heilige Geist die Kirche gelehrt, natürlich mit der Absicht und Bedingung, daß es fromm und nicht unfromm geglaubt und praktiziert würde. Eine Art päpstlichen Absolutismus hat sich auch der früheste Luther nicht vorstellen können, dafür war Bonifaz VIII. das abschreckende Beispiel, und Luther dürfte hierfür auf einen Mehrheitskonsens haben rechnen können. Ebenso hat er sicher Ansätze einer Infallibilitätslehre nicht rezipiert, sondern nur mit der Tradition angenommen, daß die römische Kirche de facto nie als ganze und dauernd in Irrtum gefallen sei, daß man also an ihr das sehen könne, was für die Gesamtkirche gilt, auch wenn Luther dann im Konflikt schon 1518 das gängige Beispiel von der Kirche, die im Extremfall auch in einer einzigen Frau bestehen könne, herangezogen hat: wie im Fall von Maria unter dem Kreuz, als alle Jünger geflohen waren, auch St. Petrus. Auf den großen Kanonisten Panormitanus, auf den Luther sich 1518 hierfür beruft, ist er zwar wohl von juristischer Kollegenseite hingewiesen worden, aber der *Gedanke* von

3. Insofern ist, meine ich, *Heiko A. Obermans* Sicht zu modifizieren, die Luthers endgeschichtliche Auffassung allein aus Augustin und Bernhard von Clairvaux ableitet: Luther - Mensch zwischen Gott und Teufel, Berlin 1981, 74-76; *K.-V. Selge,* Die eschatologisch-apokalyptische Dimension in der Theologie Luthers, in: Storia e figure dell'Apocalisse fra '500 e '600. Atti del 4° Congresso internazionale di studi gioachimiti, San Giovanni in Fiore 14-17 settembre 1994, a cura di *Roberto Rusconi,* Rom 1996, 127-144.
4. *Julius Köstlin,* Luthers Theologie in ihrer geschichtlichen Entwicklung und ihrem inneren Zusammenhang dargestellt, I, 2. Aufl. Stuttgart 1901 (Nachdruck Darmstadt 1968), 91; vgl. zum spätscholastischen Hintergrund *H. A. Oberman,* Spätscholastik und Reformation, Zürich 1965, 338-347.

der Kirche, die unter dem Kreuz nur noch in einer einzigen Frau »geblieben war«, ist, wie Congar gezeigt hat[5], älter und verbreitet - so verbreitet, daß der päpstliche Palasttheologe Prierias 1518 wegwerfend sagt, Luther solle nicht mit den alten Frauen kommen[6]: was für Maria erbaulich nicht geleugnet werden kann, kommt als Modell für heute und gar für den Fall Luther doch wohl nicht in Frage.

Soweit das erste, das bekannte mittelalterliche Beispiel. Ich schließe eine Bilddarstellung und einige weitere Beispiele aus der Exegese an. Das erste ist ein beiläufiges, das mir bei der Besprechung von Brechts 3. Lutherband aufgefallen ist. Luther hat den Titelholzschnitt zur deutschen Ausgabe des »Consilium de emendanda ecclesia« der römischen Reformkardinalskommission 1537 entworfen.[7] Da putzen drei Kardinäle mit Besen, die je 4-5 buschige Schwänze als Fegewerkzeuge tragen, Gewölbe und Boden einer Kirche, auf deren geöffnetem Flügelaltar über Kelch und wohl Hostienbrett zwischen zwei Teufeln der bärtige Träger einer dreireifigen Krone zu sehen ist, und der Sinn wird durch das Sophisma Chrysipps deutlich, das als Motto darunter steht: »Si mentiris, etiam quod verum dicis, mentiris.« Lügst du, so wird auch das untermischte Wahre zur Lüge. Die Papstkirche kann nicht an Symptomen kuriert werden; das unfehlbare Papsttum selbst ist der danielische und matthäische »Greuel der Verwüstung« mitten im Heiligtum. Das Bild enthält aber viel direktere Bezüge mittelalterlicher Kirchenrechtssprache mit biblischen Bildern: der Antichrist ist nach Daniel 8,23 in Luthers Übersetzung[8] der rex potens faciebus. Verschiedene facies, Gesichter haben nach den Ketzergesetzen die Ketzereien[9], aber sie haben »zusammengebundene Schwänze« wie die Füchse der Simsonerzählung (Ri. 15,4), die Simson mit Brandfackeln in die Felder und Weinberge der Philister jagte. »Fangt uns die kleinen Füchse, die unsere blühenden Weinberge verderben« sagt das Hohelied (2,15), das nach allgemeiner Anschauung von der Kirche handelt. Der Weinberg ist das Haus Israel, die Kirche (Jes. 5, 1-7; Matth. 20, 1-6). Die schönsten und treffendsten Reformgedanken werden zu verknoteten ketzerischen Fuchsschwänzen und sind untauglich zur Erneuerung der Kirche, solange das antichristliche Prinzip des unfehlbaren Schrift-

5. *Yves M.-J. Congar,* Incidence ecclésiologique d'un thème de dévotion mariale, in: Mélanges de science religieuse 8 (1951), 277-292.
6. »Ab extremis terrae omnes vetulas convocemus, ne illae desint apud quas est vera fides«; Prierias, Replica ad Fratrem Martinum Lutherum (November 1518), in: Dokumente zur Causa Lutheri I, Münster 1988, 122; auch WA 2, 53,29.
7. Tafel 8 in *Martin Brecht,* Martin Luther Bd. 3, Stuttgart 1987, dazu auf S. 192; vgl. meine Besprechung in LuJ 56 (1989), 148-155.
8. Adversus Ambrosium Catharinum (1521); WA 7, 728,36. Vermeintliche Korrektur der Vulgataübersetzung nach dem Hebräischen.
9. »Facies habentes diversas, sed caudas adinvicem colligatas«; c. 3 des 4. Laterankonzils 1215, in: Conciliorum Oecumenicorum Decreta, [3]1973; 233,13f.

auslegungsrechtes in ihr regiert. Wahrheiten werden Unwahrheiten. Das Strukturprinzip des Gedankens ist dasselbe wie in Luthers verurteiltem Paradox: »Das beste Werk ist nur eine läßliche Sünde«[10], ja »wahrscheinlich ist es, so glänzend es auch aussieht, eine Todsünde«.[11] Der mit fliegenden Fahnen zu Luther übergegangene 22jährige Melanchthon nahm den Satz 1519 doch nur mit verlegener Vorsicht auf: »Wenn all unsere Gerechtigkeit auf Gottes unverdienter Zurechnung beruht, so ist es nicht unwahrscheinlich, daß auch gute Werke Sünden sind«.[12] Es liegt doch nicht nur an Melanchthons sanftem und Luthers hitzigem Temperament, daß diese Stildifferenz zwischen beiden sich auch im Verhältnis zum Papsttum durchhält[13], sondern an der durch und durch mittelalterlich-kirchlichen Forma mentis Luthers, dieser jedenfalls den Gegnern gegenüber dualistischen und kompromißlosen Geistesprägung, die es auch der Kirche des päpstlichen Kirchenrechts nicht erlaubt hatte, an Ketzereien etwas Gutes zu sehen.

Das nächste Beispiel hat mit Luthers berühmtem Kanon im Kanon zu tun, »was Christum treibet«, der ihm die so erstaunliche und unter den Reformatoren einzigartige Freiheit gegenüber »Unevangelischem« auch im Neuen Testament gab, z. B. gegenüber der Werkfrömmigkeit der Apokalypse und des Jakobusbriefes oder der Verweigerung der zweiten Buße für Abgefallene im Hebräerbrief. Karlstadt, Melanchthon und Calvin erfanden das Schriftprinzip[14], Luther hatte immer nur ein Wort-Gottes-«Prinzip«, sprach freilich in diesem Sinn oft genug auch von »der Schrift« allgemein. Andererseits verbot derselbe christologische Auslegungskanon es Luther, das Alte Testament den Grammatikern und Rabbinen zu überlassen. »Wer nicht Christum sucht oder siehet in der Bibel oder hebräischer Sprache, der siehet nichts.«[15]

10. Resolutiones disputationum de virtute indulgentiarum (1518), Nr.58; WA 1, 608,10; als 32. Satz verurteilt in »Exsurge Domine« (1520).
11. Heidelberger Disputation (1518), 3. theologische These; WA 1, 353,19; vgl. »Exsurge Domine«, Nr. 35.
12. Baccalaureatsthesen vom 9.5.1519, Nr. 10 und 11: »non absimile vero«; Melanchthons Werke in Auswahl, hg. von Robert Stupperich, I (1951), 24. Dazu *Adolf Sperl,* Melanchthon zwischen Humanismus und Reformation, München 1959, 73-78.
13. Vgl. Melanchthons Zusatz zu seiner Unterschrift unter Luthers Schmalkaldische Artikel 1537: »De pontifice autem statuo, si evangelium admitteret, posse ei propter pacem et communem tranquillitatem christianorum, qui jam sub ipso sunt et in posterum sub ipso erunt, superioritatem in episcopos, quam alioqui habet jure humano, etiam a nobis permitti.« Die Bekenntnisschriften der ev.-luth. Kirche, 4. Aufl. Göttingen 1959, 464,13-15.
14. Melanchthons 16. Baccalaureatsthese 1519 (s. Anm. 12) lautet: »Catholicum praeter articulos, quorum testis est Scriptura, non est necesse alios credere.« Zu Karlstadt vgl. *Ulrich Bubenheimer,* Consonantia Theologiae et Iurisprudentiae, Tübingen 1977, 160f.
15. WA Br 10, Nr. 3943 (461,14), 3.12.1543 an Kurfürst Johann Friedrich (bei *M. Brecht,* Martin Luther Bd. 3, 121).

Ich könnte an die berühmte hermeneutische »Vorrede Jesu Christi« zum Psalter in Luthers 1. Psalmenvorlesung erinnern. Sie enthält zweifellos ein uraltes, altkirchlich-mittelalterliches Auslegungsprinzip, das unmittelbar in den christologischen Kanon im Kanon übergeht. Alle Weissagung ist auf Christus zu deuten, wo der Wortsinn dies nicht ausschließt. Dies Schriftverständnis hat Christus selbst den Jüngern eröffnet.[16] Der christologische Sinn des Alten Testaments strahlt im Sinne der paulinisch-augustinischen Leib-Christi-Ekklesiologie aus in ein korporatives und individuelles Gesamtverständnis der christlichen Kirche auf ihrem Weg durch die Zeiten – bis in die gegenwärtige eschatologische Winterzeit des erkalteten Namenschristentums, deren Ende mit geweissagter Notwendigkeit das verführerische Auftreten des Antichrist in naher Zukunft sein wird.[17] Das beständige Gericht der Scheidung von Geist und Buchstaben kommt in der Gegenwart und nahen Zukunft auf einen Höhepunkt. So ausgelegt, eröffnet sich das sonst versiegelte Buch und wird zur geistlichen Nahrung: es sind danielische und apokalyptische Anspielungen schon in der Vorrede zur 1. Psalmenvorlesung. Ich kenne Parallelen zur hermeneutischen Verwendung dieser Bibelstellen bei Joachim von Fiore, aber er hat sie gewiß nicht erfunden. Eine schöne Äußerung mittelalterlich-hermeneutischer Tradition habe ich in Luthers Auseinandersetzung mit Eck in Leipzig 1519 identifizieren können, bei der Luther bemerkt: »der Herr Doktor dringt in die Schrift so tief ein wie eine Spinne, die auf dem Wasser läuft. Immo, richtiger gesagt: er scheut sie wie der Teufel das Kreuz«.[18] Schon dieser Doppelsatz ist aufschlußreich, er besagt: 1. Eck hat keine Auslegungsmethode, keine anständige Hermeneutik. Er versteht nichts. 2. Er verweigert sich damit dem Kern, dem Geist, der geistlichen Mitte, dem Erlösungsmysterium. Das ist nicht »natürlich«, sondern eigentlich teuflisch. Hier ist das noch spielerisch gesagt, aber aus dem Spiel wird Ernst. Prinzipiell aber spricht Luther sich dann in traditionellster Exegetensprache aus: »Es ist keine glückliche Methode der Schriftauslegung, wenn einzelne Wort herausgezogen werden, ohne auf Wortfolge oder Wortvergleich zu achten. So wird es leider viel gemacht; das ist die Regel falscher Auslegung. Ein Theologe, der nicht fehlgehen will, muß

16. In dem Zitat von Joh. 5,39 klingt für mittelalterliche Ohren zugleich das Wort aus der Emmausgeschichte Luk. 24,27 an; auch das Wort vom mit 7 Siegeln verschlossenen Buch klingt an (Apoc. 3,7; 5,1ff.).
17. Hierzu bedarf es nicht der kaum ausgeführten »anagogischen« Auslegung, sondern es ist in der »Allegorie« enthalten; vgl. meinen Aufsatz: Ekklesiologisch-heilsgeschichtliches Denken beim frühen Luther, in: *Kenneth Hagen* (Hg.), Augustine, the Harvest, and Theology (1300-1650). Essays Dedicated to H. A. Oberman in Honor of his Sixtieth Birthday, Leiden 1990, 259-285.
18. WA 59, 602,5341; vgl. *K.-V. Selge,* Die Kirchenväter auf der Leipziger Disputation, in: *Leif Grane, A. Schindler, M. Wriedt* (Hgg.), Auctoritas Patrum. Contributions on the Reception of the Church Fathers in the 15th and 16th Century, Mainz 1993, 197-212 (202f.).

sich die ganze Schrift (tota scriptura) vor Augen stellen, die widersprüchlichen Worte vergleichen und wie die zwei goldenen Cherube an beiden Seiten der Bundeslade, die einander anblicken, die Übereinstimmung des Verschiedenen im Versöhnungswerk (Christi) finden.« Die Lade mit den einander anblickenden goldenen Cheruben ist Exodus 25, 16-22 beschrieben. In der Lade liegt das Gesetz Gottes. Zwischen den beiden Cheruben will Gott Mose seinen Willen kundtun. Die Lade zwischen den Cheruben heißt das »Propitiatorium«: Gnadenthron, übersetzt Luther. Der Hebräerbrief (9,5ff.) zitiert die Stelle und erklärt sie als schattenhafte Vorabbildung des Opfers des ewigen Hohenpriesters Christus. Auch der berühmte Visionentext des Propheten Hesekiel (Kap. 10) von dem mehrfach geräderten Cherubenwagen, der in die verschiedenen Richtungen fahren kann, spricht vom Tempel und von der Erscheinung der Herrlichkeit des Herrn über den Cheruben. Mittelalterliche Parallelen liegen auf der Hand; ich kenne sie wiederum nur von Joachim von Fiore, Durchforstung der Texte mit neuen technischen Hilfsmitteln wird wohl ein breites Dossier erbringen.
Methodische theologische Auslegung führt zur Erkenntnis des Sinnes der tota scriptura im Sinne nicht eines toten und dann in Wahrheit tötenden Wissens, das Satanswerk ist, sondern einer Nahrung für den geistlichen Menschen, den Christenmenschen. Das ist mittelalterliche Hermeneutik: christologisch, vom Buchstaben ausgehend, vom klaren Wort über das Heilswerk Gottes aus, der ganzen Schrift dann ein einheitlich-vielstimmiges Aussegen verleihend. Es ist ja bekannt und ad nauseam in der Diskussion über die reformatorische Wende zitiert worden, wie Luther 1545 beschreibt, von einer grammatischen Einsicht über den Sinn der Iustitia Dei aus habe »die ganze Schrift« für ihn ein anderes Aussehen bekommen.[19]
Ich will schließlich auf zwei andere frühe Belegtextsammlungen Luthers für gesamtbiblische Einsichten hinweisen, die die erste »reformatorische Entdeckung« vertiefen. Es sind vielleicht die einzigen ihrer Art.
1) Die eine stammt aus der Römerbriefvorlesung 1515 und beweist die Universalität der Sünde als Lehre der ganzen Schrift: von Mose über Salomo, Hiob, David, Jesaja (»unsere Gerechtigkeit ein beflecktes Gewand«: alter scholastischer Belegtext der Erbsünde!) zu Paulus, Jakobus, Johannes. Als Siegel der Tradition hierauf zitiert Luther zum Schluß Augustin an Hieronymus (zu Rö 4,7: Selig die, denen die Ungerechtigkeiten vergeben sind).[20] Die anthropologische Kehrseite

19. »Alia mihi facies totius Scripturae apparuit«. Vorrede zum 1. Band der Lateinischen Schriften; WA 54, 186,9.
20. WA 56, 287,25-289,15. Die Stellenliste ist Teil eines »Korollars«, das den biblischen Begriff der »Ungerechtigkeit« entsprechend dem früher erkannten der »Gerechtigkeit« entfaltet (287,15f.). Sie endet mit der Anwendung dessen, was Augustin über die Taufvergebung sagt, auf Buße und Ablaß. Das Korollar folgt auf Luthers erste direkte Ablehnung der scholastischen Verdienstlehre; alle früheren Äußerungen seit

der Glaubensgerechtigkeit, die Ungerechtigkeit menschlicher Güte und Gerechtigkeit, wird als Lehre »der Schrift« nachgewiesen. Das Verständnis der Glaubensgerechtigekeit wird in dieser Richtung entfaltet, und der Gegensatz zur Scholastik wird eben an dieser Stelle erstmals explizit gemacht. Die Verdienstlehre, bis dahin als leere Hülse festgehalten, wird preisgegeben.

2) Der andere Autoritätenzettel steht im Brief an den Kardinal Cajetan vom 14. Oktober 1518 und beweist, daß der zur Rechtfertigung geforderte feste persönliche Promissionsglaube (nicht zu zweifeln, daß man persönlich die zugesagte Gnade erlange) keine »neue falsche Lehre« sei, wie Cajetan aristotelisch-thomistisch behauptet hatte (»Wissen gibt es nur vom Allgemeinen und Wahren, nicht vom kontingenten Einzelnen«), sondern alte Lehre der ganzen Schrift: 15 Worte aus Evangelien und Aposteln und einige Beispiele aus dem Alten Testament belege diese; abschließend wird dasselbe durch die Tradition belegt, nämlich aus Augustin und Bernhard.[21] »Diese und viele andere Autoritäten, die so deutlich und so reichlich sind, führen und nötigen mich zur genannten Lehre und halten mich in ihr gefangen.« Wiederum ist es nichts anderes als die Einsicht von der Glaubensgerechtigkeit, die 1518 in eine weitere Richtung hin entfaltet worden ist: der Glaube muß dem Absolutionswort im Bußsakrament aufgrund der »Promissio« Christi trauen und darf es nicht in Reflexion über die Zulänglichkeit der eigenen Reue bezweifeln. Luther ist überzeugt, damit nichts anderes auszusagen als die biblische Lehre von der Glaubensgerechtigkeit. Die Promissionsgewißheit tritt 1518 neu zutage, aber nicht als eine neue Erkenntnis, sondern als etwas, was in der Erkenntnis der Glaubensgerechtigkeit enthalten ist.[22] Daß »Gerechtigkeit

1513 sprechen nur unspezifisch vom Unterschied biblischer und scholastischer Sprache, behalten deren Begriffe aber bei. Die enge sachliche Zusammengehörigkeit von Kritik der scholastischen Verdienstlehre und des Ablasses, die in den beiden Disputationen 1517 gipfelt, ist schon hier deutlich.

21. WA 2, 9,16-16,21; die Belegsammlung 13,12-16,5.

22. Luthers Thesen »Pro veritate« von 1518, die *Oswald Bayer* den »ersten reformatorischen Text« nennt, weil sie die Vergebung und ihre Gewißheit auf den Glauben an die Gewißheit des Promissionswortes, nicht auf die Reue gründen, geben sich als Auslegung von Röm. 1,17: »Summa summarum: Iustus non ex operibus neque ex lege, sed ex fide vivet. Ro. 1.« WA 1, 633,11. Cajetan kannte nicht diesen Text, aber die Resolutio zur 7. Ablaßthese, und fand in ihr dieselbe »neue Lehre«. Es ist also auch historisch bedenklich, die 7. Ablaßresolution noch als Übergangstext vom vorreformatorischen Denken zum reformatorischen, die Thesen Pro Veritate aber als Zeugnis der vollzogenen Wende auszulegen. Es ist auch literarkritisch bedenklich: die »Thesen« haben ihre begründenden Gedankengänge (Resolutionen) nicht bei sich; es sind Spitzensätze zur Disputation, die der Reue ihren Platz anweisen müßte. Der von Cajetan vor allem gelesene »Sermo de poenitentia« enthält die entsprechenden Argumente (WA 1, 317-324). Anders *Oswald Bayer,* Promissio. Die Geschichte der reformatorischen Wende in Luthers Theologie, Göttingen 1971 (2. Aufl. Darmstadt 1989, 182ff.).

und Friede (Gewissensfrieden) einander küssen«, die Glaubensgerechtigkeit also gewiß ist, hat Luther schon 1514 dem Psalmwort entnommen.[23] Wenn er behauptet, der Kardinal habe von ihm 1518 Widerruf dessen gefordert, »was mich zum Christen gemacht hat«, meint er nicht eine erst 1518 von ihm gewonnene Erkenntnis, sondern die Erkenntnis, die sich ihm seit 1514 in ihren Dimensionen erschlossen hat. Aber wieso wurde Luther erst 1514, 1515 oder 1518 »zum Christen«? Werden wir für die Begründung evangelischen Christentums wiederum auf höchst persönliche Erkenntnisse und Bekenntnisse eines Einzelnen verwiesen? Luther hat nicht eine private, sondern eine kirchliche Erkenntnis über das Christentum überhaupt gewonnen; sie drückt das aus, was »die ganze Schrift« sagt, und die subjektive Formulierung ist von Augustins gegen Pelagius gerichteter Unterscheidung der »Gnade, durch die wir Christen sind« von der Gnade des freien Willens, »durch die wir Menschen sind« inspiriert. Die 1515 erfolgte Lektüre von Augustins »De spiritu et litera« hat seine bibeltheologische Erkenntnis bestätigt[24]; die offene Wendung gegen die scholastische Willens- und Verdienstlehre erhebt den Anspruch, die biblische und kirchliche Lehre wiederherzustellen, die vom uneingestandenen Pelagianismus »unterwanderte« Kirche[25] zum Verständnis ihres eigenen Christentums zurückzuführen, und die 1518 formulierte Lehre von der Notwendigkeit des persönlichen Vergebungsglaubens beim Empfang der Absolution zielt auf nichts anderes als den allgemeinen christlichen Glauben, wie die »Schrift« ihn lehrt. Wir stehen in Augsburg 1518 schon bei Worms 1521: die angeführten biblischen Worte müssen überzeugend anders ausgelegt werden, sonst ist eine Meinungsänderung unmöglich. Nicht ein alternativer philosophischer Denkansatz, wie er der Widerrufsforderung des Thomisten Cajetan zugrundelag, sondern eine andere theologische Grammatik ist verlangt. Die neue Lehre bedient sich der alten Hermeneutik, die eine einhellige Heilslehre aus der Schrift entwickelt und zwar vom Wortsinn aus - so aber, daß das Widerstrebende und Widersprüchliche auf alle Fälle im Sinne des Gnaden- und Versöhnungswerkes Christi seine Vermittlung findet. Auch die Stellensammlungen für Universalität der Sünde und persönlichen Vergebungsglauben sind nicht Ausdruck eines theoretischen Schriftprinzips und gar bloß grammatischer Exegese, sondern sie sind theologische Gesamtauslegung der Schrift als eines Christusbuches, und dies in der Tradition mittelalterlicher theologischer Schriftauslegung auf der Basis der Hermeneutik Augustins.

23. Ps. 85 (Vulgata 84), 11; WA 4, 19,37-39. Vgl. hierzu kurz auch meinen oben Anm. 17 angeführten Aufsatz, 281.
24. De spiritu et littera XIX, 32: »Nemo Christianorum aberret ab hac fide, quae sola christiana est«, nämlich der von der »iustitia Dei, non qua ipse iustus est, sed qua nos ab eo facti«. XVIII, 31); Corpus Script. Eccl. Lat. 60, 185,18-22.
25. »Inde enim tota Ecclesia pene subversa est«, zu Röm. 14,1; WA 56, 503,4.

Gustav Adolf Benrath

Die sogenannten Vorreformatoren in ihrer Bedeutung für die frühe Reformation

Das »Zeitalter vor der Reformation« oder auch die »Vorreformation« ist ein bleibender Forschungsgegenstand der Reformationsgeschichte. M.E. wird daher auch die – zugegeben: personalistisch verengte – Frage nach den sogenannten Vorreformatoren lebendig bleiben, die mit ihren oppositionellen Lehren die von der spätmittelalterlichen Kirche gezogenen Grenzen nach der einen oder anderen Richtung überschritten und dabei – von später her gesehen – Reformatorisches vorweggenommen haben. So viel sei vorausgeschickt, denn der Begriff »Vorreformatoren« steht in der neueren kirchen- und dogmengeschichtlichen Forschung nicht mehr im Kurs; er wird hier umgangen oder relativiert oder ausdrücklich eliminiert.[1] Von »Reformatoren vor der Reformation«, wie vor 150 Jahren Carl Ullmann, spricht ohnehin niemand mehr. Mein Thema enthält daher schon in der Formulierung zwei kleine einschränkende Akzente:
(1) Das Wörtlein »sogenannte« vor dem Begriff »Vorreformatoren« betont, daß es sich bei den unter dieser Bezeichnung zusammengefaßten Theologen um einen historiographischen Begriff handelt, der vorwiegend theologiegeschichtlichen Überlegungen seine Entstehung verdankt – um einen Begriff, der im Bereich der subjektiven Einschätzung angesiedelt ist und dementsprechend der kontroversen Diskussion ausgesetzt bleiben wird. Ohne nun hier und jetzt in die Diskussion einzutreten, welcher Theologe unter welchen Gesichtspunkten zu den sogenannten Vorreformatoren gezählt werden kann, stütze ich mich im folgenden positivistisch auf den alten Leitfaden von Friedrich Loofs (1.Aufl.1889), der, in 7.Auflage von Kurt Aland besorgt, zuletzt vor 30 Jahren (1968) erschienen ist.[2] Nach Loofs gehören zu den »sogenannten Vorreformatoren« die folgenden sechs Theologen: Wyclif, Hus,

1. Z.B. *Alfred Adam*, Lehrbuch der Dogmengeschichte, Bd. 2, 3. Aufl. Gütersloh 1978, S. 145: »Wyclif als einen ›Vorreformator‹ zu betrachten, ist gleichwohl unberechtigt.« – *Wolf-Dieter Hauschild*, Lehrbuch der Kirchen- und Dogmengeschichte, Bd. 1, Gütersloh 1995, S. 628 über Wyclif: »Das ihm früher im Protestantismus verliehene Würdeprädikat eines ›Vorreformators‹ ist mit seinen Lehren kaum zu begründen.«
2. *Friedrich Loofs*, Leitfaden zum Studium der Dogmengeschichte, hg. von *Kurt Aland*, 7., ergänzte Auflage, Tübingen 1968, § 72, S. 525-546. – Frühere Erwägungen zum Begriff »Vorreformatoren« und »vorreformatorisch« z.B. bei *Reinhold Seeberg*, Lehrbuch der Dogmengeschichte, Bd. 3, 4. Aufl., 1930, ND Darmstadt 1959, S. 760f. – *Adolf von Harnack*, Lehrbuch der Dogmengeschichte, 4.Aufl., 1910, ND Darmstadt 1964, S. 489f. und Register s.v.

Pupper von Goch, Johann von Wesel (= Johann Ruchrath von Oberwesel bei Bacharach), Wessel Gansfort aus Groningen und Girolamo Savonarola. Es gibt gute Gründe für diese Auswahl.
(2) Der zweite einschränkende Akzent verstärkt den ersten; er ruht auf dem Wort »Bedeutung«. Es soll nicht von »Einfluß« oder »Einwirkung« der sogenannten Vorreformatoren auf die Reformation oder gar von einem Abhängigkeitsverhältnis der Reformatoren die Rede sein, sondern von einer »Bedeutung« der Vorreformatoren für sie. Es wird damit auf die Untersuchung einer realen geschichtlichen Kausalbeziehung zwischen ihnen verzichtet.[3] Statt dessen werden aber gewisse, wie auch immer zu beschreibende ideelle, ideengeschichtliche Beziehungen behauptet. Diese doppelte Einschränkung vorausgesetzt, wird das Thema in dreifacher Hinsicht erläutert:
1. im Hinblick auf Luther in den Jahren 1519-1523,
2. mit einem kurzen Seitenblick auf den Abendmahlsstreit 1524/25,
3. im Blick auf das historische Selbstverständnis der Reformation im ganzen; dabei ist allerdings über die ersten Jahre der Reformation hinauszugreifen.
Die das Ergebnis zusammenfassenden 7 Thesen am Schluß (4.) sind als Anstoß für die Diskussion gedacht.

I.

Von John Wyclif (†1384)[4], dem ältesten der sog. Vorreformatoren, der als scholastischer Theologe von Rang mit Ockham zu vergleichen ist, hatte Luther bis 1525 keine unmittelbare Kenntnis.[5] Was Luther über Wyclif erfuhr, hat er im Zusammenhang mit Hus und mit den Konstanzer Konzilsakten erfahren. Einigermaßen erstaunlich ist es, daß Luther von der scholastischen Bestreitung des Ablasses durch Johann von Wesel (†1481) nichts wußte. Denn er erinnerte sich aus seiner Studienzeit sehr wohl daran (1539), »wie M.Johannes Wesalia ... zuvor zu Erfford die hohe Schule mit seinen büchern regirt, aus welchen ich daselbs auch bin Magister worden.«[6] Der Ketzerprozeß in Mainz (1479), der für diesen knorrigen Oppositio-

3. Eine Kausalbeziehung wurde neuerdings – ohne Nachweise aus den Quellen – noch einmal behauptet: »daß Luther Anfang 1520 unter dem Eindruck der Schrift von Hus und damit der Ideen Wyclifs mit der alten Kirche innerlich gebrochen hatte« und »daß Luther seine gesamte Sakramentenlehre unter dem Eindruck von Wyclifs Ideen konzipiert hat.« *Ludwig Borinski*, Wyclif, Erasmus und Luther, Hamburg 1988, S. 32 und 30.
4. Über Wyclif ist die neue Monographie von *Anne Hudson*, The Premature Reformation, Oxford 1988 zu vergleichen.
5. *Williel R. Thomson*, The Latin Writings of John Wyclyf. An Annotated Catalog, Toronto 1983, S. 79. – Treffend *Walther Köhler* (s. Anm. 8) S. 223: »Gelesen hat er [Luther] von Wiklif sicher nichts.«
6. Von den Konziliis und Kirchen, WA 50, 600,30 – 601,6.

nellen, weil er dann schließlich doch widerrief, mit der Verurteilung zu lebenslanger Klosterhaft und mit der Verbrennung seiner Schriften endete, hat die Verbreitung seines Traktats gegen den Ablaß auf ein Minimum reduziert; es sind nur drei Handschriften davon überliefert[7], eine davon besaß Flacius. Erstaunlich bleibt aber noch immer, daß Luther von der Ablaßkritik Johanns von Wesel nichts erfuhr, obwohl er von dem Ketzerprozeß gegen ihn Kenntnis hatte.

Jan Hus hingegen hat für Luther große, andauernde Bedeutung erlangt. Luthers Stationen auf der zwischen 1519 und 1521 rasch durchlaufenen Strecke von der anfänglichen katholischen Verwerfung des böhmischen Ketzers bis hin zu der keineswegs floskelhaft gemeinten Hochschätzung von Hus als »Sanctus Martyr Christi« sind in den letzten Jahrzehnten mehrfach nachgezeichnet worden[8]: (1) Luthers bekannte, ihm von Eck abgedrungene Erklärung bei der Leipziger Disputation (1519), viele Artikel von Hus seien »plane Christianissimi et evangelici«; (2) Luthers überraschende Entdeckung anhand der Lektüre von »De ecclesia« von Hus (Anfang 1520), hinsichtlich des spirituellen Kirchenbegriffs mit Hus übereinzustimmen: »Breviter: sumus omnes Hussitae ignorantes«; (3) Luthers auftrumpfende Behauptung in der »Assertio omnium articulorum« (1520), sämtliche vom Konzil von Konstanz verurteilten Artikel von Hus seien »evangelisch und christlich«.[9] Zur gleichen Zeit war sich Luther aber auch seiner Selbständigkeit und Überlegenheit bewußt: er selbst, Luther, müsse wohl ein zehnfacher Ketzer sein, denn Hus habe (an Ketzereien) nur »Geringfügiges« (»minora«) und weit weniger (»pauciora«) vorgebracht als er, Hus sei wie einer gewesen, der erst damit begann, dem Licht der Wahrheit Eingang zu verschaffen.[10] Klarer als dieses letztere quantifizierende Urteil von 1521 lautet das spätere, qualifizierende und unterscheidende Urteil Luthers von 1533: Wyclif und Hus hätten gegen das verkehrte Leben in der Kirche gekämpft, sein Beruf sei es hingegen, gegen die (falsche) Lehre vorzugehen.[11] Von einem Abhängigkeitsverhältnis zwischen Luther und Hus, das etwa dem unbestreitbaren starken Einfluß von Wyclif auf Hus gerade im Hinblick auf »De ecclesia« vergleichbar wäre, kann aber keine Rede sein. Zu seinem spirituellen

7. Art. Rucherat, Johann, von Wesel, in: Die deutsche Literatur des Mittelalters. Verfasserlexikon 8 (1992), S. 298-304; 303.
8. Besonders ausführlich: *Walther Köhler*, Luther und die Kirchengeschichte, Erlangen 1900, ND Hildesheim 1984, S. 162-236; später: *Bernhard Lohse*, Luther und Huß, in: Luther 36 (1965), S. 108-122 (wieder in: Ders., Evangelium in der Geschichte, Göttingen 1988, S.65-79), sowie *Walter Delius*, Luther und Huß, in: LuJ 38 (1971), S. 9-25.
9. (1) WA 2, 279,11ff.; (2) WA Br 2, Nr. 254,24; (3) WA 7, 135,20; hierzu *Scott W. Hendrix*, »We Are All Hussites«? Hus and Luther Revisited, in: ARG 65 (1974), S. 134-161.
10. WA 7, 431,23-30; 7, 612,7-13.
11. WA TR 1, Nr. 624.

Kirchenbegriff ist Luther selbständig und unabhängig hingelangt; er war dabei von anderen Voraussetzungen ausgegangen und zog andere Konsequenzen.[12]
Auf die Dauer war für Luther am wichtigsten, daß Hus als Zeuge für die »evangelische Wahrheit« (veritas evangelica) eingetreten und als »Märtyrer Christi« in den Tod gegangen war. Hus gewann dadurch für Luther die Bedeutung eines wahren Heiligen – eine ernsthafte, feste Überzeugung, die er auch späterhin bei fortschreitender theologischer Einsicht nicht irgendwie eingeschränkt hat.[13] Ja, Luther hat i.J. 1531 sich und seine Sendung mit Hus in die engste Verbindung gebracht, indem er aus der bei Hus selbst angelegten[14], unter den Böhmischen Brüdern verbreiteten Prophezeiung jene Typologie von Gans und Schwan ausdrücklich auf sich bezog und damit Hus zu seinem Vorläufer erklärte: »Sanct Johannes Hus hat von mir geweissagt ... Sie werden itzt eine gans braten (denn Hus heißt eine gans), Aber uber hundert jaren werden sie einen schwanen singen horen, Den sollen sie leiden. Da sols auch bey bleiben, ob Gott wil.«[15] Man kann daher drei Momente benennen, die für die Bedeutung von Hus für Luther wesentlich sind: (1) die Bestätigung des spirituellen Kirchenbegriffs, die er bei Hus vorfand (2) die Exemplarität des Wahrheitszeugen und heiligen Märtyrers Hus und (3) die positive Aufnahme der von Hus durch seine »Weissagung« begründeten suggestiven Typologie vom (geringeren, unglücklichen) Vorläufer und vom (größeren, erfolgreichen) Nachfolger.
Verglichen mit Hus, reichen die positiven Eindrücke, die Luther um dieselbe Zeit den Schriften von Wessel Gansfort, Johann Pupper von Goch und Savonarola entnahm, nicht in dieselbe Tiefe. Doch auch sie wirkten auf Luther ausgesprochen erfreulich und bestärkend: »Mihi vero et gaudium et robur augescit«, wie er in der Vorrede zur Ausgabe der Briefe von Wessel Gansfort schrieb (1522). Zunächst sei er sich in seinem Kampf gegen Rom wie alleingelassen vorgekommen – entmutigt wie einst Elia, der nicht wußte, daß dem Herrn noch 7000 treu

12. *Köhler* (wie Anm. 8), S. 228-236; vgl. *Karl Holl*, Die Entstehung von Luthers Kirchenbegriff (1915), in: Ders., Gesammelte Aufsätze, Bd. 1, 6. Aufl., Tübingen 1932, S. 288-325.
13. »vere martyr Christi«, Luther an Brunfels (17.10.1524), WA Br 3, 359, 5; »ein grosser Martyr Christi« (1537), WA 50, 38,30; »Sanctus Martyr Christi Ioannes Hus« in der Supputatio annorum mundi (1541), WA 53,167.
14. *Frantisek Palacký*, Documenta Magistri Ioannis Hus, Prag 1869, ND Osnabrück 1966, Nr. 17 und Nr. 52f.
15. WA 30/III, 387,6-10. – Dazu *Hubert Herkommer*, Die Geschichte vom Leiden und Sterben des Jan Hus als Ereignis und Erzählung, in: *Ludger Grenzmann, Karl Stackmann* (Hgg.), Literatur und Laienbildung im Spätmittelalter und in der Reformationszeit, Stuttgart 1984, S. 114-146, bes. S. 129, dazu Anm. 75. – Zur dogmengeschichtlichen Vorläufer-Konzeption vgl. man *Alister E. McGrath*, Forerunners of the Reformation? A Critical Examination of the Evidence for Precursors of the Reformation Doctrines of Justification, in: Harvard Theological Review 75 (1982), S. 219-242.

geblieben waren, die ihre Knie vor dem Baal nicht gebeugt hatten (1 Kön 19). Jetzt aber hatte er nachträglich in Wessel Gansfort einen Gleichgesinnten gefunden, so daß seine Gegner wohl hätten meinen können, er, Luther, habe alles aus Wessel geschöpft! Luther sah sich durch Gansfort in seiner evangelischen Lehre umso mehr bestärkt, als er seine Übereinstimmung mit diesem »Christianissimus author« trotz des beträchtlichen Unterschiedes der Zeit, des Ortes und der näheren Umstände so vollkommen fand. Obgleich sich Luther der Verschiedenheit ihres Stils und Tons bewußt war, wünschte er sich doch noch »viele andere wie Wessel« als Helfer an seiner Seite.[16] Der Spiritualismus Gansforts bildete vorerst noch keinen Gegenstand seiner Kritik.

In seinem Vorwort zur Ausgabe der »Fragmente« von Johann Pupper von Goch (1522) rühmte Luther dann eine ganze Reihe von Vertretern einer »reineren Theologie«: Tauler, die Theologia deutsch, Gansfort und eben Pupper von Goch. Er hoffte, durch sie und ihresgleichen würden in Zukunft die Scholastiker aller Richtungen vom Erdboden verdrängt.[17]

In seinem Vorwort zu Savonarolas Auslegung von »De profundis« (1523) schließlich empfahl Luther den hingerichteten Dominikaner als reines und schönes Vorbild »evangelischer Lehre und christlicher Frömmigkeit« (Evangelicae doctrinae et Christianae pietatis purum et pulchrum exemplum) und insbesondere als Zeugen für das notwendige völlige Vertrauen des Gläubigen auf Gottes Barmherzigkeit. Darüber hinaus war ihm Savonarola eines jener vielen Opfer des päpstlichen Antichrists, die ihren Einsatz für die Reinigung Roms mit dem Leben hatten bezahlen müssen. Daß auch der Staub der scholastischen »Menschentheologie« (»humana theologia«) an seinen Füßen klebte, verschwieg Luther zwar nicht; aber er entschuldigte das sogleich: Wie hätte denn damals jemand ganz davon frei sein können![18]

Die Bedeutung der zuletzt genannten – soll man sagen: »kleineren«? – Vorreformatoren[19] lag für Luther demnach darin, daß sie ihm in den wichtigen Jahren 1521-1523 die »Wahrheit« und »Richtigkeit« (»vere et recte docuisse«) seiner eigenen evangelischen Lehre – die er hier jedoch nicht im einzelnen umschrieb – nachträg-

16. WA 10/II, 316f., bes. 317,13-18: Hic si mihi antea fuisset lectus, poterat hostibus meis uideri Lutherus omnia ex Vvesselo hausisse, adeo spiritus utriusque conspirat in unum. Mihi uero et gaudium et robur augescit, iamque nihil dubito me recta docuisse, quando tam constanti sensu peneque eisdem uerbis, tam diuerso tempore, alijs coelo et terra, alioque casu, sic ille mihi per omnia consentit.
17. WA 10/II, 329f.
18. WA 12, 248.
19. Zum historischen Hintergrund und Zusammenhang vgl. *Gerhard Ritter,* Romantische und revolutionäre Elemente in der deutschen Theologie am Vorabend der Reformation, in: Deutsche Vierteljahrsschrift für Literaturwissenschaft und Geistesgeschichte 5 (1927), S. 342-830.

lich bestätigten. Seinen Abstand von ihnen verkannte er nicht. Aber es kam ihm in diesen Jahren auf das Verbindende und Gemeinsame an, nicht auf die Unterschiede; er integrierte, er differenzierte nicht.

II.

Mitte 1524 veröffentlichte Otto Brunfels[20] den ersten von vier Bänden mit Schriften von Hus, die er auf Umwegen aus der Hinterlassenschaft von Hutten hatte an sich bringen können. Er widmete diesen Band Luther, da es, wie er schrieb, Luther doch um dieselbe Sache zu tun sei wie Hus vor ihm und da Luther doch dieselbe Verfolgung erleiden müsse wie einstmals Hus. Alle Gutwilligen könnten nun erkennen, wie es den früheren »evangelici viri« ergangen sei. Aus dem Vorbild von Hus sollten sie daher einen ähnlichen Geist und Mut schöpfen.[21] »Vir evangelicus«, »viri evangelici« waren bei Wyclif und den Lollarden, die ihren Meister mit dem Prädikat »doctor evangelicus« ehrten, und ebenso im Hussitentum häufig gebrauchte Begriffe.[22]
Im Krisenjahr 1525 brachte Brunfels, der mit Karlstadt sympathisierte, auch den Trialogus Wyclifs in Worms zum Druck.[23] Dabei rühmte er Wyclif als »verus Christi testis et pius«, der keine »Christologias«, kein bloßes Gerede über Christus, sondern den festen Grund der christlichen Wahrheit verbreite (»veritatis Christianae soliditatem spargens«). Brunfels bat den Leser aber gleichzeitig um Nachsicht angesichts der schwierigen scholastischen Sprache Wyclifs.[24] In der heißen Phase des Abendmahlsstreits waren die Straßburger Theologen, vor allem wohl Capito, an der spiritualisierenden Abendmahlslehre Wyclifs interessiert[25], auch wenn eine förmliche Rezeption seiner Argumente in ihren Streitschriften bisher nicht nachgewiesen ist. Immerhin waren jetzt zum ersten Mal einige der so lange unterdrückten

20. Über Brunfels vgl. *Joachim Telle*, Art. Brunfels, in: *Walther Killy* (Hg.), Literatur-Lexikon 2 (1989), S. 260f.
21. WA Br 3, Nr. 770.
22. *Gotthard Lechler*, Johann von Wiclif und die Vorgeschichte der Reformation, Bd. 1, Leipzig 1873, S. 478, 600.
23. WA Br 3, Nr. 858.
24. Joannis Wiclif Trialogus hg. von *Gotthard Lechler*, Oxford 1869, S. 13ff.: »Hic Wiclifus, mitissime lector, partim operis ingressu ob saeculi sui sterilitatem aspere perplexeque videtur loqui, crudis pro tempore suo Dialecticorum vocabulis uti, ne rem ipsam ob stili asperitatem ac lexeos salebrosos contextus exhorrescas, sed potius animo constanti progredere...« (S. 14). Und am Ende des Widmungsgedichts, in dem Brunfels Wyclif selbst sprechen läßt, heißt es (S. 15): »Cui si non omnis plaudendus forte videbor,/ Non etiam totus forte premendus ero.«
25. *Thomas Kaufmann*, Die Abendmahlstheologie der Straßburger Reformatoren bis 1528, Tübingen 1992, S. 267f.

Werke dieser beiden bekanntesten der sogenannten Vorreformatoren jedem zugänglich gemacht, der Latein lesen konnte. Ob Luther daraufhin Wyclif gelesen hat, ist nicht bekannt und eher unwahrscheinlich. Inzwischen waren Luther verschiedene Varianten einer spiritualisierenden Abendmahlslehre begegnet, die eine in Gestalt der vereinfachten wyclifitischen Lehre der Böhmischen Brüder, die nach der Leipziger Disputation mit ihm in Verbindung getreten waren. An ihr übte Luther bereits in seiner Schrift »Von Anbeten des heiligen Sakraments« deutliche Kritik. Sodann die andere Variante im Brief des Cornelis Hoën, der ihm im Winter 1520/21 aus den Niederlanden zusammen mit den Briefen von Wessel Gansfort durch Hinne Rode überbracht worden war.[26] Luther lehnte Honius ab, Zwingli hingegen übernahm bekanntlich aus dem Honiusbrief die tropische, signifikative Auslegung der Einsetzungsworte. Nun ist es zwar sicher, daß beide, Cornelis Hoën und Hinne Rode, von dem frommen und zugleich romkritischen Spiritualismus Wessel Gansforts inspiriert waren, und indem sie für die Veröffentlichung seiner Schriften sorgten, verhalfen sie ihrem niederländischen »Vorreformator« zur Mitsprache im Meinungsstreit zwischen Straßburg, Basel, Zürich und Wittenberg.[27] Ein neuerer Vergleich zwischen dem Abendmahlstraktat von Gansfort und dem Honiusbrief, den, Thomas Kaufmann zufolge, nicht etwa Zwingli, sondern Bucer ediert hat und der immerhin fünf Auflagen erlebte, hat aber keine stringente textliche Abhängigkeit von Gansfort nachweisen können[28], so daß sich als Ergebnis nur festhalten läßt, was im allgemeinen seit jeher bekannt war: Im Honiusbrief kommen einprägsam zugespitzt Argumente der alten und verbreiteten, durch das Dogma von der Transsubstantiation niemals völlig unterdrückten spiritualisierenden Deutung des Abendmahls zum Vorschein[29] und gelangen in der heißen Phase der strittigen Neuformulierung der evangelischen Abendmahlslehre vorübergehend zu katalytischer und diakritischer Wirkung. In diesem Zusammenhang wird man von einem allgemeinen Einfluß vorreformatorischer spiritualisierender Traditionen auf die Reformatoren sprechen dürfen, jedoch ohne daß bisher einer der sechs genannten Vorreformatoren als Autor namhaft gemacht werden könnte. Wer in diesem Fall letztlich auf einen nicht näher bestimmten »Augustinismus« verweist, geht nicht fehl, denn die entsprechenden spiritualisierenden Aussagen Augustins zur Sakramentslehre kehren in jenen Traditionen überall wieder.

26. Neue Erkenntnisse über den Honiusbrief bei *Kaufmann*, ebd., bes. S. 292-302.
27. vgl. *Kaufmann*, ebd., S. 267f.
28. *B.J.Spruyt*, Wessel Gansfort and Cornelis Hoen's Epistola christiana, in: *F.Akkerman, G.C.Huisman, A.J.Vanderjagt* (Hgg.), Wessel Gansfort (1419-1489) and Northern Humanism, Leiden 1993, S. 122-141, bes. S. 132-139.
29. Im Blick auf die Auslegung des »est« als »significat« schreibt Zwingli an Krautwald und Schwenckfeld (17.4.1526): »nolite isto sermone offendi; trivialis est ac de vulgo sumptus, sed ideo assumptus est tam ab Honnio quam a nobis, ut omnibus esset expositissimus.« *Spruyt*, ebd., S. 136.

III.

Mit der Ermutigung und Bestätigung Luthers in den Anfangsjahren und mit der vorübergehenden Wirkung der spiritualisierenden Argumente im Abendmahlsstreit hat sich die Bedeutung der sog. Vorreformatoren für die Reformation nicht erschöpft. Ja, beides hätte, weil situationsbedingt und von den späteren Ereignissen und Erkenntnissen bald überholt und überdeckt, im Lauf der Jahre leicht in Vergessenheit geraten können. Es mußte ein Theologe und Historiker kommen, der die Vereinzelung dieser Gestalten und ihre punktuelle Wirkung aufhob, indem er sie in einen übergreifenden historischen Zusammenhang stellte. Die einzelnen Elemente lagen dafür zwar bereit. Aber es bedurfte auch des zeitlichen Abstands und eines Standpunktes, von dem aus das Reformationsgeschehen rückblickend im ganzen betrachtet werden konnte. Dies war, nach Luthers Tod, in den 1550er Jahren der Fall. Einen ersten dahingehenden Versuch des Lutherschülers Ludwig Rabus in Straßburg und Ulm[30] (1556) übertraf bald darauf Matthias Flacius Illyricus[31], Schüler Luthers und Melanchthons, mit seinem »Catalogus testium veritatis qui ante nostram aetatem reclamarunt Papae« (Basel 1556). Um dem katholischen Altersbeweis und dem polemischen Vorwurf entgegenzutreten, die evangelische Kirche sei ja erst 30 Jahre alt und könne daher die wahre Kirche nicht sein, führte Flacius über 350 Wahrheitszeugen ins Feld, die »auf irgendeine Weise« (aliquo modo) für die Wahrheit Christi gegen die Irrtümer und Gewalttaten (errores et furores) des Antichrists Zeugnis abgelegt hatten[32]: vom Apostel Petrus – »apostolus, non papa« – angefangen über Augustin, Bernhard und Tauler bis auf Savonarola. Dabei behauptete er, auch Hieronymus, Ambrosius, Hilarius, Chrysostomus »und andere« hätten, von einigen unvorsichtigen Äußerungen abgesehen, in den meisten Artikeln mit der evangelischen Lehre übereingestimmt. Auf diese Weise in die Kette der Überlieferungsträger eingereiht, erhielten die Vorreformatoren über ihre ursprüngliche, kurze und begrenzte aktuelle Bedeutung hinaus einen erhöhten, fortdauernden Rang zugesprochen, der sie auf der einen Seite selbst mit einigen der großen Kirchenväter, auf der anderen Seite aber, und noch mehr, mit der Sendung und der Person des Reformators und mit dem Reformationsgeschehen verband, dem hervorragende, geradezu heilsgeschichtliche Qualität zuerkannt wurde. Flacius war selbstverständlich nicht der Schöpfer, aber er war als gelehrter Geschichtsschreiber einer der wichtigsten Gestalter des historischen Selbstbewußt-

30. Der Heiligen außerwöhlten Gottes Zeugen Bekennern und Martyrern ... warhafftige Historien Bd. 1 (1552) – 8 (1558); vgl. *Bernhard Appenzeller*, Art. Rabus, Ludwig, in: Biographisch-bibliographisches Kirchenlexikon 7 (1994), Sp. 1177-1180.
31. Kurzbiographie: *Heinz Scheible*, Art. Flacius Illyricus, Matthias, in: *Walther Killy* (Hg.), Literatur-Lexikon 3 (1989), S. 404f.
32. Text der Vorreden (abgekürzt) bei *Heinz Scheible* (Hg.), Die Anfänge der reformatorischen Kirchengeschichtsschreibung, Gütersloh 1966, S. 48-54.

seins der Reformation.[33] Flacius hat es mit seinem Catalogus erreicht, die sog. Vorreformatoren mit der Geschichte der Reformation so eng zu verbinden und ihre Bedeutung für die Reformation dem Geschichtsverständnis des Luthertums so nachhaltig einzuprägen, daß sie von nun an einfach zur Reformation hinzugehörten und daß diese ihre Verbindung mit der Reformation, solange dieses Geschichtsverständnis Bestand hatte, unauflöslich blieb.

IV. Sieben Thesen

1. Die Bedeutung der sog. Vorreformatoren für die frühe Reformation liegt – abgesehen von der dreifachen außerordentlichen Bedeutung von Hus für Luther – darin, daß sich Luther in seiner evangelischen Lehre durch sie bestätigt sah. Dabei wird von ihm der Inhalt ihrer und seiner »veritas evangelica« nicht im einzelnen beschrieben, so daß darunter sowohl die Evangeliums- und Schriftgemäßheit der Lehre im allgemeinen – das im 19.Jahrhundert sog. formale Schriftprinzip – als auch die Rechtfertigungslehre, das später sog. materiale Schriftprinzip, als auch einzelne evangeliums- und schriftgemäße Lehren verstanden werden können.
2. Im Abendmahlsstreit hat die spiritualisierende Abendmahlslehre der sog. Vorreformatoren auf seiten der evangelischen Gegner Luthers vorübergehend lebhaftes Interesse gefunden und eine gewisse, bisher nicht systematisch und im einzelnen untersuchte Bedeutung gewonnen. Einen direkten positiven Einfluß hat dabei auf Zwingli und die Oberdeutschen der von Luther abgelehnte Honiusbrief ausgeübt, der in einem allgemeinen Sinn aus dem Spiritualismus Wessel Gansfortscher Richtung geschöpft ist. Beide Seiten im Streit bemühten sich aber mehr um die Argumente der anerkannten altkirchlichen Theologen als um die der spätmittelalterlichen sog. Vorreformatoren.
3. Die vorübergehende aktuelle Bedeutung der sog. Vorreformatoren für die frühe Reformation wurde von Flacius in seinem Catalogus testium veritatis (bis ins 13.Jahrhundert breit fundiert durch die Magdeburger Zenturien) zu einer Theorie von großer, lange nachwirkender ideeller Bedeutung für den Protestantismus ausgestaltet.
4. Diese seine Theorie von den Zeugen der (evangelischen) Wahrheit (Zeugentheorie) bildete das komplementäre positive Gegenstück zu der negativen Anschauung vom Verfall der christlichen Kirche seit dem 7.Jahrhundert (Verfallstheorie).
5. Im Vergleich mit der überragenden primären theoretischen und praktischen Bedeutung des Schriftprinzips für die Reformation kam der Theorie von der Traditionskette der Wahrheitszeugen (Zeugentheorie) aber nur geringere, sekundäre Bedeutung zu.

33. *Heinz Scheible*, Der Catalogus testium veritatis. Flacius als Schüler Melanchthons, in: Blätter für pfälzische Kirchengeschichte und religiöse Volkskunde 63 (1996), S. 343-357.

6. Wägt man das Gewicht der beiden komplementären Theorien (Zeugentheorie und Verfallstheorie) vergleichend gegeneinander ab, so hatte die negative Verfallstheorie im Rahmen des protestantischen Geschichtsverständnisses größere Bedeutung als die positive Theorie von den Wahrheitszeugen.
7. Nach seiner negativen Seite hin (Verfallstheorie) entsprach das seit den 1560er Jahren im Protestantismus weitverbreitete Geschichtsverständnis dem ursprünglichen Selbstverständnis der frühen Reformation, demzufolge das Reformationsgeschehen den notwendigen Bruch mit den durchweg verkehrten Traditionen (=Menschensatzungen) vornehmen mußte und erreicht hatte. Den Kern des reformatorischen Selbstbewußtseins und des protestantischen Geschichtsverständnisses bildeten aber nicht etwa die noch immer vorhandenen Gemeinsamkeiten mit der mittelalterlichen katholischen Kirche, sondern der Bruch mit ihr und die Umkehr zur »veritas evangelica« der Heiligen Schrift.

Stephen E. Buckwalter

Konkubinat und Pfarrerehe in Flugschriften der frühen Reformation

I.

Unter den Neuerungen, die die Ausbreitung der evangelischen Bewegung begleiteten, gilt die Einführung der Pfarrerehe als eine der spektakulärsten. Die öffentliche Heirat eines Priesters in den frühen 1520er Jahren war ein flagranter Verstoß gegen das kanonische Recht, der den betroffenen Kleriker eindeutig als Anhänger der Reformation identifizierte. Diese demonstrative Ablehnung des Zölibats und Annahme des Ehestandes widersprach einer jahrhundertelangen Entwicklung der Kirche und verband auf eigentümliche Weise und mit weitreichenden sozialen Konsequenzen theologische Überzeugung und praktische Lebensgestaltung des neuen evangelischen Klerus. Freilich vermochten schon andere Aktionen wie die Zerstörung der Bilder und die Einführung des Laienkelches Anliegen der evangelischen Bewegung auf aufsehenerregende Weise zum Ausdruck zu bringen. Während diese provokativen Handlungen aber auf den kirchlichen Raum oder eine vorübergehende gottesdienstliche Handlung beschränkt blieben, berührte der Zölibatsbruch sowohl die öffentliche als auch die private Existenz des Priesters und veränderte sie auf grundlegende, unumkehrbare Weise. Somit scheint die Pfarrerehe den Umbruchcharakter der frühen Reformation in Deutschland in besonderer Weise zu bestätigen.

Freilich hat nicht erst die Reformation den Priesterzölibat in Frage gestellt. »Zu allen Zeiten heftig umstritten, tausendfach durchbrochen, von ernsten Reformern bitter beklagt, in unzähligen Satiren verspottet, gehörte er zu den Themen fast aller kirchlicher Erneuerungsbewegungen«, so das griffige Fazit Heinrich Bornkamms.[1] Gerade im Jahrhundert vor der Reformation beobachten wir eine rege, immer wieder aufflammende Kritik am Priesterzölibat, von den Reformvorschlägen der Reformatio Sigismundi 1439 bis zu den Liedern des Basler Priesters Matthias Sambucellus 1512, die den Zölibat verhöhnen.[2]

1. *Heinrich Bornkamm*, Luther in der Mitte seines Lebens. Das Jahrzehnt zwischen dem Wormser und dem Augsburger Reichstag, Göttingen 1979, S. 27.
2. *Heinrich Koller* (Hg.), Reformation Kaiser Siegmunds, Stuttgart 1964, S. 152,7f.; *Otto Clemen*, Seltene Schriften gegen den Konkubinat der Kleriker aus dem Anfang des 16. Jahrhunderts, in: ARG 22 (1925), S. 117-127 (hier: S. 117f.).

Diese Aushöhlung des Zölibats beschränkte sich nicht auf Worte: Verschiedene Quellen geben von der massenhaften Verbreitung des Priesterkonkubinats im 14. und im 15. Jahrhundert sowie von der Gewöhnung des Kirchenvolkes an solche Verhältnisse eindrücklich Zeugnis. Paradigmatisch dafür sei das hohe Ansehen erwähnt, das der Vater Heinrich Bullingers als Bremgartener Leutpriester an der Wende zum 16. Jahrhundert genoß, obwohl er öffentlich im Konkubinat lebte und fünf Kinder aus diesem Verhältnis hatte.[3] So lassen die Lebensumstände des vorreformatorischen Klerus Zweifel an der Neuartigkeit der Pfarrerehe aufkommen. Liegt nicht die Vermutung nahe, die Reformation habe lediglich eine schon bestehende Institution – das Priesterkonkubinat – übernommen und diese mit einer theologischen Legitimation ausgestattet? Waren nicht im Konkubinat lebende Geistliche geradezu prädestiniert, zu Verfechtern der Priesterehe zu werden? Robert Scribner bezeichnet die am Vorabend der Reformation bestehende Konkubinatspraxis tatsächlich als *de facto*-Priesterehe und stellt in Frage, daß die evangelische Pfarrerehe eine Neuerung bedeutet habe. Seine Beobachtungen vermitteln den Eindruck, sie sei die eher stillschweigende Bereinigung eines spezifisch klerikalen Problems, von Klerikern für Kleriker durchgeführt und von wenig Belang für das gemeine Volk.[4]
Wenn die evangelische Pfarrerehe nichts anderes ist als diejenige Gestalt, in der sich das vorreformatorische Priesterkonkubinat nachreformatorisch fortsetzte, dann hätten wir in ihr gerade keinen Beleg für einen vermuteten Umbruchcharakter der frühen Reformation.

II.

Ich möchte im folgenden einige sich auf die Flugschriftenliteratur der Zeit stützende Überlegungen anbieten, welche, wenn sie auch nicht das oben angerissene Problem endgültig zu lösen vermögen, so doch unser Verständnis der Pfarrerehe und der Bedeutung derselben für die frühe Reformation vertiefen können. Grundlage meiner Beobachtungen ist ein Corpus von knapp vierzig Flugschriften der Jahre 1521 bis 1528, die die Verteidigung oder die Ablehnung der Pfarrerehe als

3. *Fritz Blanke*, Der junge Bullinger 1504-1531, Zürich 1942, S. 6-8.
4. *Robert W. Scribner*, The German Reformation, London 1987, S. 57: »There was a centuries-old practice of *de facto* clerical marriage, by which numerous priests lived in stable long-term relationships with a common law wife and children. From the evidence of pre-Reformation visitation records, layfolk were less worried about this practice than the higher clergy ... The greatest gainers from this reform were the clergy themselves, who could now enter marital relationships with a good conscience. It is difficult to avoid the conclusion that clerical marriage was largely a tidying up of a problem of the clergy, carried through by the clergy for the clergy.«

ihr zentrales Thema haben und die sich, was ihre Entstehungsumstände angeht, zum großen Teil auf Eheschließungen von Klerikern in den Städten Wittenberg, Erfurt, Würzburg, Augsburg, Worms, Eisenach, Straßburg, Basel und Schwäbisch Gmünd zurückführen lassen.[5] Unter den Autoren dieser Flugschriften finden wir erwartungsgemäß verheiratete Priester, aber auch zahlreiche andere, noch im Zölibat lebende Kleriker aus ihrem Umfeld, die den Schritt ihres Standesgenossen unterstützten, sowie einige Laien und, in einem Fall, die Frau eines vermählten Klerikers. Auch erbitterte *Gegner* der Pfarrerehe melden sich in etwa einem Fünftel der Schriften publizistisch zu Wort.

Der Griff dieser Autoren zum neuen Massenmedium Flugschrift ist verständlich. Die meisten verheirateten Priester waren mit ihrem Bischof in einen Rechtskonflikt verstrickt, der ohnehin die Abfassung einer schriftlichen Verteidigung ihrer Handlung zu einem dringenden Anliegen machte.

Das Beispiel der Würzburger Kleriker Johann Apel und Friedrich Fischer mag das Phänomen veranschaulichen. Diese Kanoniker des Stifts Neumünster haben nach zeitgenössischen Chroniken ab Frühjahr 1523 öffentlich bekanntgegeben, »sie saͤßen im ehelichen stand«[6] und »vor menigklich« den christlichen Charakter ihrer Eheschließungen behauptet.[7] Von Fischer hieß es, er habe seine vor einiger Zeit aus Mainz mitgebrachte Konkubine geheiratet, während Apel eine Nonne aus einem Würzburger Kloster zur Ehefrau genommen habe. Diese aufsehenerregende Enthüllung verursachte »ein gemein offen geschrey in der gantzen stadt«, das bis zum Fürstbischof Konrad III. von Thüngen vordrang.[8] Konrad stellte

5. Mit der Analyse dieses Corpus befaßte sich meine Göttinger theologische Dissertation (Die Priesterehe in Flugschriften der frühen Reformation, Gütersloh 1998). Um der Kürze willen zähle ich im folgenden die dazugehörigen Flugschriften lediglich nach ihrer VD 16-Nummer auf: A2034, A2108, A3028, A3037, A3702, A3719, A3723, A3752, B6101, B6194, B8931, B9125, B9295, E156, F217, F1123, F3222, G1641, G1906, J871, K662, K1340, K1921, L136, M1763, M5490, R1528, R1967, S2355, S4073, S4718, S9210, S9212, S9500, Z343, Z349, Z354.
6. *Johann Peter Ludewig*, Geschicht-Schreiber von dem Bischoffthum Wirtzburg, Frankfurt a.M. 1713, S. 870.
7. *Ludwig Rabus*, Historien der Heyligen Außerwölten Gottes Zeügen/ Bekennern vnd Martyrern, Straßburg 1557, fol. 2r = *Melchior Goldast*, Politische Reichs Händel, Das ist Allerhand gemeine Acten/ Regimentssachen/ vnd Weltliche Discursen, Frankfurt a.M. 1614, S. 785. Zu den Ereignissen um Apel und Fischer vgl. auch die ausführliche Darstellung bei *Theodor Muther*, Aus dem Universitäts- und Gelehrtenleben im Zeitalter der Reformation, Erlangen 1866, S. 230-256, und zuletzt *Hans-Christoph Rublack*, Gescheiterte Reformation, Frühreformatorische und protestantische Bewegungen in süd- und westdeutschen geistlichen Residenzen, Stuttgart 1978, S. 22-29.
8. *Ludewig* (wie Anm. 6), S. 870.

sodann Apel persönlich zur Rede und forderte ihn auf, seine Lebensgefährtin umgehend ins Kloster zurückzuschicken. Apel beteuerte vor dem Bischof, nicht aus »Lust oder Freud« geheiratet zu haben, sondern um seinem Gewissen Genüge zu tun, und bat ausdrücklich um die Gelegenheit, sich schriftlich verantworten zu dürfen.[9] Am folgenden Tag überreichte er dem Bischof eine lateinische Verteidigungsschrift, in der er das eingeforderte Recht, als Kleriker zu heiraten, theologisch begründete.[10] Dessenungeachtet verordnete Bischof Konrad am 1. Juni 1523 die Verhaftung beider Stiftsherren und ihre Einkerkerung auf dem Marienberg. Ende September mußten sie ihre Pfründen abtreten und am 5. Oktober 1523 das Fürstbistum für immer verlassen.[11]

Diese auf Würzburg beschränkten Ereignisse wurden von einer Publikationskampagne begleitet, die geographisch viel weiter ausgriff. Zunächst gelangte ein Exemplar der Verteidigungsschrift Johann Apels durch dessen Freund Crotus Rubeanus an Martin Luther in Wittenberg. Luther war von Apels *Defensio* derart beeindruckt, daß er sie als Flugschrift drucken ließ.[12]

Ein weiterer Würzburger Kleriker, der Domherr Jakob Fuchs der Ältere, unterstützte die verheirateten Kanoniker kurz nach deren Verhaftung öffentlich und mußte deshalb nach Bamberg fliehen. Von dort aus veröffentlichte er eine als offener Brief an Fürstbischof Konrad gestaltete Flugschrift, in der er die Priesterehe als einen dringenden, sich auf das eindeutige Zeugnis der Heiligen Schrift stützenden Imperativ darstellt.[13]

Zuletzt setzte sich ein Bruder Johann Apels, der Nürnberger Tuchmacher Nikolaus Apel, für die inhaftierten Würzburger Geistlichen publizistisch ein. Es sei sein Ziel – so der Bruder Apels –, diese »Handlung ... inn druck kommen zůlassen, darauß mennigklich erkenne die brůderliche liebe/ vnd Christliche thaten/ vnserer Geystlichen Hirten«.[14]

9. *Rabus* (wie Anm. 7), fol. 2v (= *Goldast* [wie Anm. 7], S. 785).
10. *Johann Apel*, Defensio Iohannis Apelli ad episcopum herbipolensem pro suo coniugio, [Wittenberg 1523], VD 16 A3028, in: *Hans-Joachim Köhler, Hildegard Hebenstreit-Wilfert, Christoph Weismann* (Hgg.), Flugschriften des frühen 16. Jahrhunderts, Zug 1979-1987 (fortan: Köhler), Fiche 805/ Nr. 2025.
11. *Rublack* (wie Anm. 7), S. 29; *Muther* (wie Anm. 7), S. 254f.
12. *Muther* (wie Anm.7), S. 255f.; vgl. WA 12, 71f.
13. *Jakob Fuchs d.Ä.*, Ein Missiue an Bischoff Vonn Wirtzburg Vonn herr Jacob Fuchs, [Bamberg] 1523, VD 16 F3219.
14. *Nikolaus Apel*, Handlung des Bischoffs von wyrtzburg vnd beder gefangenen gaystlicher Doctoren fruntschafft Elich verhayratung betreffend, [o. O. 1524], VD 16 A3037. Zitiert nach *Rabus* (wie Anm. 7), fol. 1v.

III.

Diese drei spontanen Publikationsvorhaben haben mit den meisten übrigen Schriften unseres Quellencorpus das Bestreben gemeinsam, die Leser auf einen bestimmten verheirateten und inzwischen gefangenen oder mit Gefangenschaft bedrohten Kleriker aufmerksam zu machen und die Öffentlichkeit von der Legitimität seines geistlichem Recht widersprechenden Schrittes zu überzeugen. Das Beispiel Würzburg zeigt auch, daß der Entstehungsweg und das Verfasserprofil einzelner Flugschriften zur Pfarrerehe recht verschieden sein kann. Umso mehr überrascht es, daß fast alle Schriften unseres Corpus sich eines einheitlichen Kanons von Argumenten bedienen. Er lautet in etwa: Die weitverbreitete Unzucht des altgläubigen Klerus und das klare Zeugnis der Schrift hätten die Anhänger der evangelischen Bewegung zur Einführung der Pfarrerehe bewogen; Ursache dieses verheerenden sittlichen Zustandes sei das päpstliche Verbot der Ehe, das Priestern eine Zusage abringt, zu der sie als schwache Menschen gar nicht imstande seien. Das Zölibatsgelübde habe nicht nur keinen Grund in der Schrift, es rufe im Gegenteil die schändlichsten Sünden hervor. In 1Kor 7, 2 gebe aber Paulus den Rat, daß, um Unzucht zu vermeiden, jeder seine eigene Frau haben solle, und erkläre in 1Kor 7, 9, daß man allemal lieber heiraten solle als in Begierde zu brennen. Auch habe Christus die Keuschheit zu einer höchst seltenen Gabe erklärt, als er in Mt 19, 11 sagte, »nicht alle fassen dieses Wort«. Die Forderung des Paulus in 1Tim 3, 2, daß der Bischof »Mann einer Frau« sein solle, zeige das hohe Alter und die Schriftgemäßheit der Institution der Pfarrerehe, welche es nun wieder aufzurichten gelte. Die Prophezeiung des Paulus in 1Tim 4, 1-3, daß in den letzten Zeiten etliche vom Glauben abfallen und das Heiraten verbieten würden, beweise den dämonischen, antichristlichen Ursprung des päpstlichen Verbotes der Priesterehe.

IV.

Ausgangspunkt der Argumentation dieser Schriften und ein in ihnen immer wiederkehrendes Thema ist die behauptete Unsittlichkeit des altgläubigen Klerus. Typisch ist der Aufruf des verehelichten Pfarrers der Erfurter Bartholomäuskirche und ehemaligen Franziskaners Aegidius Mechler an seine Leser: »Thut die augen auf, liben hern vnd bruder in Cristo, sehet vmb gottes willen auff das teufelische, vnchristlyche leben der pfaffen, Munchen vnd nonnen«.[15] In seiner *Defensio* fragt Johann Apel: »Wer sieht denn nicht die Hurerei, das Konkubinat?

15. *Aegidius Mechler*, Apologia oder Schutzrede Egidy Mechlery pfarners tzu Sanct Bartholomeus tzu Erffort. In welcher wyrt grund vnd vrsach ertzelt seynes weyb nemens, Erfurt [1523], in: *Otto Clemen* (Hg.), Flugschriften aus den ersten Jahren der Reformation, Halle 1907-1911, Bd. 4, S. 239,14-17. Zu Mechler vgl. auch unten S. 465.

Wer sieht denn nicht die Unzucht und den Ehebruch?«[16] Die Straßburger Publizistin Katharina Zell beteuert, daß es unter Klerikern gar nicht ungewöhnlich sei, »das einer fünff/ sechs huren hab/ der ander syben kindtbetterin vff ein zyt/ vnd dannocht ein hüpsche metzen im huß auch/ vnd derglichen stuck vil.«[17] Ein weiterer Flugschriftenautor behauptet, daß »das schier iij. tayl der welt« aufgrund des unzüchtigen Lebens »von manherley pfaffen/ München vnnd Nunnen/ eytel hurenkinder wordenn syndt«.[18]

Aber nicht erst solche – gewiß übertriebene – Umstände verdienen nach unseren Autoren das schimpfliche Prädikat der Hurerei. Der Straßburger Prediger Matthäus Zell erklärt zum Anlaß der öffentlichen Trauung eines Priesters, daß dieser und dessen Braut schon vor einiger Zeit damit begonnen hätten, »nach gewonlichen brauch der [so]genanten geistlichen bey einander zu wonen«. Vor kurzem »seindt sie [je]doch durch das auffgangen liecht der Euangelischen warheit bericht worden/ wie schwere sund es sey/ in solicher hurerey zu leben.«[19] Schon die unzähligen stabilen Konkubinatsverhältnisse der Zeit erfüllen nach Ansicht unserer Flugschriftenautoren den Tatbestand der Hurerei. Mehr noch: Auch der scheinbar mit Erfolg eingehaltene Zölibat altgläubiger Kleriker wird grundsätzlich der Dissimulation und somit der Unzucht bezichtigt. Aegidius Mechler gibt bekannt: »vnder dem schantdeckel der keußheyt wirt gleich wol dy welt teglich gemeret von pfaffen vnd vormeynten munchen. Ich wil schweigen, was vor vnnenliche sunde von in geschit vnder disem schein der keuschheyt.«[20] In einer gemeinsamen Verteidigungsschrift behaupten sieben verheiratete Straßburger Priester, daß ihr bisheriger Zölibat eine nur simulierte, geheuchelte Keuschheit gewesen sei.[21] Katharina Zells Verunglimp-

16. *Johann Apel*, Defensio (wie Anm. 10), A3r: »Videmus, O Christe, quam caste vivatur hodie inter nos, ita ut propter hoch unum male possint audire Clerici apud Laicos, Quis non videt scortationes, concubinatum? Quis non stupra, adulteria? taceo ea quae fiunt in monasteriis, quae pudet et audire et proloqui.«
17. *Katharina Zell*, Entschuldigung Katharina Schützin/ für M. Matthes Zellen jren Eegemahel/ der ein Pfarher vnd dyener ist im wort Gottes zů Straßburg. Von wegen grosser lügen vff jn erdiecht, [Straßburg 1524], VD 16 Z343, B4r.
18. *Simon Reuter*, Ein Christliche frage Simonis Reuters vonn Schlaytz/ an alle Bischoffe/ vnnd anndere geystliche/ auch yum teyl weltliche regenten/ Warumb sy doch an priestern vnnd andern geistlich geferbten leuten/ den eelichen standt nicht mügenn leyden, [Bamberg] 1523, VD 16 R1528, A1v.
19. *Matthäus Zell*, Ein Collation auf die einfuerung M. Anthonij Pfarrhers zů S. Thomam zů Straßburg/ vnnd Katherine seines eelichen gemahels, [Straßburg 1523], VD 16 Z354, A4r.
20. *Mechler* (wie Anm. 15), S.235, 15-18.
21. Appellatio sacerdotum maritorum vrbis Argentinae, aduersus insanam excommunicationem Episcopi, [Straßburg 1524], VD 16 Z349, A2r: »plane vidimus quam foeda cuique fui coelibatus simulatio, quamque plena sit periculi«.

fung des altgläubigen Klerikerzölibats als »vnkeüsch keüscheit« ist für unser gesamtes Corpus typisch.[22]

Die wenigen altgläubigen Publizisten, die sich an der Debatte über die Priesterehe beteiligten, reagierten auf diesen pauschal an sie gerichteten Vorwurf mit Empörung. Der Erfurter Augustiner-Eremit Bartholomäus Arnoldi von Usingen forderte den evangelischen Prediger Johann Culsamer auf, die sogenannten Hurer unter den altgläubigen Klerikern, deren vollkommenen Meidung Culsamer unter Berufung auf 1Kor 5, 11 gefordert hatte, genauer zu nennen. Er, Arnoldi, sei bereit, zu ihnen zu gehen und sie zu ermahnen. Seien aber nicht gerade die *evangelischen* Prediger »öffentliche Hurer und schändliche Buhler«?[23] In Klosterflucht und Pfarrerehe sehe Arnoldi den eindeutigen Beweis für die Sittenlosigkeit und Verderbtheit der Erfurter evangelischen Prädikanten. »Mit eurem Wort und Beispiel«, wirft er ihnen vor, »lehrt ihr das Volk und bringt es dazu, seine Töchter, Schwestern und Schwägerinnen den Priestern als Ehefrauen anzuvertrauen; nach göttlichem Recht sind sie aber keine rechtmäßigen Frauen, sondern Konkubinen. Was anderes tut ihr, als veranlassen, daß aufrichtige und ehrbare Mädchen in Schande geraten? Dies ist eure evangelische Lehre und euer evangelisches Leben«.[24] Vor allem mit seinem ausgetretenen und verheirateten Ordensgenossen Johann Lang rechnet Arnoldi rigoros ab: »Christus rief dich aus der Welt, du bist aber zu ihr zurückgekehrt wie ein Hund zu seinem Erbrochenen.«[25] Daß diejenigen, die sich durch ihr Zölibatsgelübde von den Laien abgesondert hatten, um Gott ungeteilter und reiner zu dienen, nun ausgerechnet als Zeichen ihres Übertritts ins reformatorische Lager massenhaft in die Ehe traten, wurde von altgläubigen Publizisten gern als Beispiel der niederen, fleischlichen Orientierung der evangelischen Bewegung aufgegriffen.

22. *K. Zell*, Entschuldigung (wie Anm. 17), B3v; dieser Ausdruck schon bei Luthers erster Erwägung der Priesterehe in der Schrift *An den christlichen Adel*, WA 6, 441,15.
23. *Bartholomäus Arnoldi von Usingen*, Libellus de merito bonorum operum, Erfurt 1524, VD 16 A3723, H1r/v.
24. *Bartholomäus Arnoldi von Usingen*, Libellus de falsis prophetis tam in persona quam doctrina vitandis a fidelibus ... De Celibatu sacerdotum Noue legis Et de matrimonium eorum necnon Monachorum exiticiorum, Erfurt 1525, VD 16 A3702, G4r: »cum vos verbo et exemplo populum doceatis et inducatis ut filias suas sorores et cognatas dent sacerdotibus in uxores. non quidem legittimas lege divina prohibitas sed concubinas. et quid alius facitis quam quod puellas probas et honestas infamiam incurrere procuratis. Hec est doctrina et vita vestra Evangelica«.
25. *Arnoldi*, De falsis prophetis (wie Anm. 24), K1r: »Christus te vocavit de mundo et tu reversus es ad illum tanquam canis ad vomitum suum.« (vgl. 2Petr 2,22 bzw. Prov 26,11). Vgl. auch oben S. 87.

V.

Wie reagierte der gemeine Mann auf die ersten evangelischen Pfarrerehen? In ihrer Parteilichkeit sind unsere Flugschriften denkbar schlecht geeignet, eine verläßliche Antwort auf diese Frage zu geben. Wenn eine Straßburger Flugschrift triumphierend von der »Begird des gemeinen mans zu christlicher pfaffen Ee« spricht und festgestellt haben möchte, daß »die frumme Burgerschaft ... fromme eeleüt zu pfarrhern ... hefftigklich begeren«[26], ist Skepsis berechtigt. Gerade in ihrem Bemühen, die begeisterte Zustimmung des gemeinen Mannes herbeizureden, lassen manche Flugschriftenverfasser etwas vom Widerspruch erahnen, auf den die Pfarrerehe gestoßen ist, etwa weil sie als Neuerung empfunden oder ihr eine wollüstige Motivation unterstellt wurde. Viele Autoren aber reden offen von der Verwunderung und sogar dem häßlichen Gerede, das der Schritt in die Ehe hervorgerufen habe. Matthäus Zell gesteht, daß die Pfarrerehe »seltzam ist/ vnd für ein vngewone newerung gehalten/ darab sich etlich ärgeren/ etlich sunst verwunderen möchten«.[27] Aegidius Mechler klagt über diejenigen in Erfurt, »die do meynen vnd auch reden von mir vnd andern, das ich vmb weybe nemen wyllen sey auß den kloster gegangen.«[28] Es seien »viele« in Erfurt, die ihm als Beweggrund unterstellten, »tzu suchenn ader nach tzu gehen der fleischlichen freyheit«.[29] Der ehemalige Franziskaner Johann Eberlin von Günzburg legt sogar dem gemeinen Mann zur Last, die Einführung der Pfarrerehe zu verhindern: »Das sollich verbot [der »Pfaffenehe«] in krafft bleybt, ist fast des gemeynen manß schuld, welcher wil, man sol den pfaffen nit weyber geben«.[30] Diesen Widerstand vorausahnend, gestalten die Straßburger Prediger die Einführung der Priesterehe bewußt als behutsamen, allmählichen Prozeß. In einer an den Straßburger Bischof gerichteten Rechtfertigungsschrift erklären sie, sie hätten aus seelsorgerlicher Rücksicht auf »das völcklin« ihre Eheschließungen ein halbes Jahr aufgeschoben, bis sie das Kirchenvolk durch die Predigt des Evangeliums auf diese für die Zeit unerhörte Neuerung vorbereitet hätten.[31] Es mußte also »der verkert verstand des gemeinen hauffens« von der Verwerflichkeit des von ihm geduldeten priesterlichen Konkubinats und von der Billigkeit der Priesterehe erst überzeugt

26. Supplication des Pfarrers vnnd der Pfarrkinder zu sant Thoman/ aim Ersamen Radt zů Straßburg/ vberantwort, [Augsburg] 1524, VD 16 F1123, A2v.
27. *M. Zell*, Collation (wie Anm. 19), A2v. Vgl. auch den Vorwurf: »Du bringst newrung/ du redest vnd handelst wider vnsern gebrauch« (Supplication, [wie Anm. 26], B4r).
28. *Mechler* (wie Anm. 15), S. 234,23-25.
29. *Mechler* (wie Anm. 15), S. 230,18.
30. *Ludwig Enders*, Johann Eberlin von Günzburg. Sämtliche Schriften, Bd. 2, Halle 1900, S. 34.
31. Appellatio (wie Anm. 21), A2v.

werden. Nach Angaben der Prediger ging dieser rücksichtsvolle Plan auf, denn »das volck ist vff billicher verstand kommen«, auch wenn »anfangs ... hin vnd wider etwas gerüchte vnd murmeln entstanden bey etlichen/ von verwundern vnd vngehörten neürong wegen«.[32] Noch 1526 klagt der anonyme Autor einer Augsburger Flugschrift: »mir ist kayn zweyffel das jr [=ihrer] vil seyn/ ja fast noch heüt der meerertayl/ auch auß denen die Christen seyn wöllen/ die nicht anderst vermaynt haben/ vnd noch [meinen]/ Es zymme sich nicht/ Ja es sey wider Gott/ das ain Pfarrer oder Prediger/ soll ain Eeweyb haben/ wie ich dann etwa selbst auch geglaubt hab«.[33] Nach dem Zeugnis mancher dieser Schriften wird also die Pfarrerehe von den Laien nicht mit Erleichterung angenommen, sondern ihre Anerkennung muß von der evangelischen Geistlichkeit geradezu erkämpft werden.[34]

VI.

Es ist beobachtet worden, daß die Reformation auf vielfache Weise eine »Entweihung des Heiligen«, eine »Desakralisierung« mit sich gebracht habe.[35] Stellt die Priesterehe ein Beispiel dieser Desakralisierung dar? Die Vermutung ist naheliegend, denn man könnte in der Annahme des bisher nur den Laien erlaubten Ehestandes einen »Aspekt der Verbürgerlichung der Kleriker« sehen.[36] Diese Interpretation entspricht jedoch nicht dem Selbstverständnis unserer Flugschriftenautoren. Vielmehr fordern sie die Pfarrerehe gerade unter Berufung auf die besondere Stellung des Pfarrers gegenüber der Laien. In den Worten

32. Appellatio (wie Anm. 21), A3r/v; vgl. Supplication (wie Anm. 26), A2v: »Aber dißen sommer ist solche verwandlung der hertzen in die frumme Burgerschaft gottlob kommen/ das sye hůrerey/ nach euangelischer vnd christlicher leer vermeiden/ vnd fromme eeleüt zů pfarrhern/ ich sag nit allein wol leiden/ sonder hefftigklich begeren«.
33. Vnderricht ausz Göttlichen vnd Gaystlichen Rechten/ ... ob ain Priester ain Eeweyb ... haben möge. Von aynem Ainsidel lange zeyt in Polnischer Hayd gewonet/ Nun aber Eelich worden/ An etlich trostloß Ordenßleut vnd Pfaffen geschriben, [Augsburg] 1526, VD 16 K662, A2r.
34. Dem entspricht auch der erbitterte Widerstand des Straßburger Bürgers Augustin Drenss gegen die Verheiratung seiner Schwester Margarethe mit dem evangelischen Prädikanten Kaspar Hedio 1524 (hierzu ausführlich *Thomas A. Brady, Jr.*, »You Hate Us Priests«, in: *Peter Dykema – Heiko A. Oberman* [Hgg.], Anticlericalism in late medieval and early modern Europe, Leiden 1993, S. 167-207 [bes. 193-202]).
35. Vgl. zuletzt *Berndt Hamm*, Bürgertum und Glaube. Konturen der städtischen Reformation, Göttingen 1996, S.83f.
36. *Ulrich Bubenheimer*, Streit um das Bischofsamt in der Wittenberger Reformation 1521/22, Teil 1, in: Zs. der Savigny-Stiftung f. Rechtsgesch. (KA) 104 (1987), S. 172, Anm. 70.

von Eberlin: »So nun die pfaffen am erlichsten ort sitzenn, auff die alle andere ein auffsehen haben, so wirt yr Exempel ein richtscheyt seyn der andern, ist aber ein pfaff ein Hürer, so ist alle zucht vnd eer loß worden«.[37] Die Pfarrkinder der Thomasgemeinde in Straßburg erwarten von einem Pfarrer, daß dieser ein »frommer Seelsorger« sei, der der Gemeinde durch seinen Lebenswandel keinen Anstoß bereite und »dem volck gůt exempel« vorführe.[38] Diese Anforderung habe ihr Prediger Anton Firn durch seine Verheiratung erfüllt, weshalb sie gegen seine Amtsenthebung energisch protestieren. Auch der Straßburger Prädikant Matthäus Zell bekräftigt in seiner Predigt zum Anlaß der Heirat Firns, daß »ein pfarrherr« jemand »ist/ der mit lere vnd exempel andern soll vorgeen«.[39] Mit Zufriedenheit stellt Zell fest, »das diser pfarrherr durch dises sein eelich wesen erst ein rechter wächter/ auffseher/ oder pfarrherr ... worden sey«.[40] Auch der Eisenacher Prediger Jakob Strauß fordert von evangelischen Pfarrern, schon bei der Gestaltung ihrer Hochzeiten »dem leyen zu einem schönen exempel« zu dienen.[41]

Die Geistlichkeit hat aber mehr als eine moralische Vorbildfunktion. Von manchen Flugschriften wird sie geradezu als heilsnotwendig betrachtet. So sagt der anonyme Verfasser einer Straßburger Schrift von den Geistlichen: »derselbigen mügen wir ... nit enberen/ vorab der pfarrer/ wenn sie vns gott geben hat/ vnsere seelen zů bewaren«.[42] Auch der fränkische Ritter Johannes von Schwarzenberg macht in einer Flugschrift darauf aufmerksam, daß »vns doch auff erden zu vnser seligkeit nichts nötiger ist/ ... dann ... Christlichen Bischoff/ Pfar-

37. *Enders* (wie Anm. 30), S. 32.
38. Supplication (wie Anm. 26), C2r.
39. *M. Zell*, Collation (wie Anm. 19), A4v. Ein anonymer Flugschriftenautor fordert seine Leser auf, sich vom altgläubigen Klerus abzuwenden und »geleert/ frumm/ wolgeleymt [»geleumt«]/ Christenlich männer/ zu pfarherren vnd predigen« zu machen (Vnderricht [wie Anm. 20], B4v). Auch an den altgläubigen Klerus werden diese Erwartungen gestellt: Matthäus Zell wendet sich an die hohen Geistlichen unter seinen Gegnern und rechnet ihnen ihre sittliche Fehltritte besonders schwerwiegend an, »so doch wieviel höher der standt ist/ die sünd auch dest grösser geacht würt/ vorab in denen so andren vorgon sollen in leren vnd exemplen.« (Christeliche verantwortung M. Matthes Zell von Keyserßberg Pfarrherrs vnd predigers im Münster zů Straßburg/ vber Artickel jm vom Bischöfflichem Fiscal daselbs entgegen gesetzt/ vnnd im rechten vbergeben ..., Straßburg 1523, VD 16 Z351, n1v).
40. *M. Zell*, Collation (wie Anm. 19), C1r.
41. *Jakob Strauß*, Eyn Sermon in der deutlich angezeigt vnd gelert ist die pfaffen Ee/ yn Euangelischer leer nitt zu der freiheyt des fleischs/ vnd zu bekrefftygen den allten Adam/ wie ettlich fleischlich Pfaffen das Elich wesen mit aller pomp/ hoffart vnd ander teuffels werck anheben/ gefundiert ..., Erfurt 1523, VD 16 S9500, B3r.
42. *[Hans Kolb,]* Ein Reformation notturfftig in der Christenheit mit den Pfaffen/ vnd jren Mägten ..., [Straßburg 1523], VD 16 K1921, 1v-2r.

rer vnnd Prediger des waren Euangelion/ darinnen allein vnser glaub vnd seligkeit stehet«.[43] Da er anhand von 1Kor 5, 11 weiß, daß man mit Hurern nichts zu tun haben, ja nicht einmal mit ihnen essen soll, fragt er ratlos: »Wo werden wir doch allein so viel Bischoff/ Pfarrer/ Prediger vnd kirchen diener/ als die notturfft vnserer Christlichen ordnung vnd seligkeit erfordert/ nemen/ die on den Ehelichen stand ... Hurerey vnd Bulerey dermassen vermeyden/ das wir mit jnen als vnsern seelsorgern ... gemeinschafft haben dorffen?«[44] Nach unseren Flugschriften bewirkt die Pfarrerehe also nicht eine Desakralisierung des Priesters, sondern sie schafft erst die für die Ausübung seines heilsvermittelnden Amtes notwendigen Bedingungen.

Es mag hiermit zusammenhängen, daß einige unserer Flugschriften dem Begriff der Keuschheit einen sehr hohen Stellenwert beimessen und ihn für die ordnungsgemäße Ausführung der Dienste eines Geistlichen implizit voraussetzen. So vehement wie dem Priesterzölibat das Attribut der Keuschheit abgestritten wird, so ausschließlich wird dieses Attribut für die evangelische Pfarrerehe in Anspruch genommen. Dies beginnt schon in den Schriften Eberlins vom Jahre 1522: »du sagst, Eya, du wilt keuscheit abtreyben, ich antwurt, Christus leerte keuscheyt vnnd hertzliche ware keuscheyt, vnnd so ich sein lere furhalte, treybe ich keuscheyt nit ab, meer richt ichs auff«.[45] Eine im selben Jahr erschienene anonyme Flugschrift zugunsten der Priesterehe behauptet kategorisch, »das auch das eeliche leben ein keuschheyt sey«.[46] Zur gleichen Zeit erklärt der Erfurter Prediger Aegidius Mechler selbstbewußt, »das im eelichem stande groͤsser vnd angnemmer keuscheit ist vnd vor gott mer gilt dan in allen klostern der monchen vnd der nonnen.«[47] Schließlich bescheinigt der ehemalige Franziskaner François Lambert von Avignon in einer Straßburger Schrift der Ehe die Würde »wahrer Keuschheit und Enthaltsamkeit«.[48] Die ausdrückliche Aufrechterhaltung und

43. *Johann von Schwarzenberg*, Diß Buͤchleyn Kuttenschlang genant Die Teuͤffels lerer macht bekannt. Herr Johansen von Schwartzenbuͤrgs andere Christenliche veterliche warnung vnd vermannng [sic]/ seynes Sons herrn Christoffels etc. auff Caspar Schatzgeyers schreyben/ das er wider genantes Herrn Hansen Buͤchleyn/ die Schlangenbeschwerung genant jn druck hat außgehen lassen, [Nürnberg 1526], VD 16 S4718, A4v.
44. *Schwarzenberg* (wie Anm. 43), B1r.
45. *Enders* (wie Anm. 30), S. 25.
46. Ein buchleyn wieder den Sermon Augustini Alueldes vom ehelichen stande den er wieder Martinum Luther gemacht/ Darinnen auch angezeyt ab es auß goͤtlicher heyliger schriefft gegruͤndet das Priester moͤchten ehlich weyber habenn, [Erfurt 1522], VD 16 B9215, A4v.
47. *Mechler* (wie Anm. 15), S. 233, 31-33.
48. *François Lambert*, Commentariorum Francisci Lamberti Aueionensis Theologi de sacro coniugio et aduersus pollutissimum regni perditionis caelibatum liber, Straßburg 1524, VD 16 L136, 31r: »[matrimonium] potius vera castitas ac continentia est.«

Inanspruchnahme des Attributs der Keuschheit durch die Verfechter der Pfarrerehe kontrastiert mit dem von Außenstehenden kommenden Vorwurf, die Evangelischen hätten sich durch diesen Schritt der Zügellosigkeit des Fleisches anheimgegeben.

Mit anderen Worten: Die evangelische Bewegung versteht sich und präsentiert sich als moralischer Kreuzzug gegen das priesterliche Konkubinat, welches sie pauschal als »Hurerei« bezeichnet. Von ihren Kritikern wird aber der angeblich versittlichende Schritt in die Ehe nicht als längst fällige Maßnahme zur Aufhebung klerikaler Unsittlichkeit und zur Entlastung eines leidgeprüften Kirchenvolks, sondern als dreiste Steigerung des schon im Konkubinat vorhandenen Anstoßes gesehen. Das Kühne an der Argumentation der Befürworter der evangelischen Pfarrerehe lag darin, diesen Anstoß erregenden Schritt zum moralisch einwandfreien Normalfall zu erheben, ja zuweilen für ihn das Prädikat der Keuschheit in Anspruch zu nehmen.

VII.

Der sittliche Skandal erklärt jedoch nur zum Teil das Brisante an der Pfarrerehe. Wo das Kirchenvolk keinen Anstoß am Konkubinat nahm, wie das sicherlich vielerorts der Fall war, hatte es wenig Grund, an der Pfarrerehe etwas auszusetzen.

Wir werfen einen erneuten Blick auf das Beispiel Würzburg. Als Bischof Konrad von Thüngen sich zum ersten Mal mit dem Fall Apel und Fischer konfrontiert sah, hätte er jeden Grund gehabt, hierin eine Neuauflage seiner schon länger währenden Auseinandersetzung mit konkubinarischen Priestern zu vermuten. Nur zwei Jahre zuvor hatte er ein Mandat erlassen, in welchem er unter Androhung der Exkommunikation, der Amts- und der Pfründenenthebung allen Klerikern seiner Diözese das Verbot der Kohabitation mit Frauen einschärfte.[49] Gegenüber Apel und Fischer brauchte er lediglich auf dieses Mandat zurückzugreifen. Als Konrad aber vor dem Nürnberger Reichsregiment sein strenges Vorgehen gegen Apel und Fischer rechtfertigte, machte er andere Vergehen maßgebend: Bei der Inventarisierung der Habe beider Kleriker, so Konrad, »haben wir vilfeltige schrifften vnd bůcher hinder jhnen funden/ die Bа̊pstlicher heyligkeyt/ vnd Key. May. hoch entgegen seind«. So sei »jr handlung nicht ein schlechte [=schlichte] Ehenemmung/ sonder sie haben sich ferrner verdyefft /... vnd die gesatz der heiligen Concilien/ vnd Vа̊tter gebott/ veracht/ der verdampten Lutherischen Lehre anhа̊ngig gemacht«.[50] Entscheidend für den Würzburger Bischof war also die Zugehörigkeit beider Kanoniker zur evangelischen Bewegung und nicht ein et-

49. *Ludewig* (wie Anm. 6), S. 869.
50. *Rabus* (wie Anm. 7), fol. 16v.

waiges sittliches Vergehen. Und es war gerade jene Zugehörigkeit zur evangelischen Bewegung, die Konrad hinter den öffentlichen Bekenntnissen Apels und Fischers zur Ehe zu Recht vermutete. Dies erklärt, weshalb er mit den in seiner Diözese weiterhin vorhandenen konkubinarischen Priestern gänzlich anders verfuhr. Zwar ließ er am 27. Juni 1523 sein Mandat von 1521 nochmals veröffentlichen und drohte unfügsamen Klerikern schärfste Strafmaßnahmen an. Aber mit welchem Ergebnis, berichtet der altgläubige Chronist: »Die Geistliche zu Wirtzburg und sonderlich die Vicarii verliessen ihre maͤgde, furchten den zorn ihres Herrn, den sie aus dem vornehmen gegen die Dd. [=Doctores, also Apel und Fischer] wahrnahmen. Unlang aber hernach, als solch ausgangen geboth nicht gehalten worden, fiengen sie wiederum ihr altes leben an.«[51] Die Gründe sind ersichtlich. Zwar bedrohten die Maßnahmen gegen verheiratete Priester potentiell auch die Konkubinarier. Diese befanden sich jedoch letztlich in einer qualitativ gänzlich anderen Lage als ihre verheirateten Kollegen: Ihre privaten Lebensverhältnisse mußten nicht unbedingt als Bekenntnis zur evangelischen Bewegung gedeutet werden. Die Verwandlung eines Konkubinats in eine Ehe war in den frühen Jahren der Reformation also nicht die faule, rein kosmetische Lösung eines exklusiv klerikalen Problems.[52] Die bequemere Lösung bestand gerade darin, das »alte Leben« weiterzuführen. Wer als Kleriker bewußt eine Ehe einging, riskierte dagegen wie in Würzburg früher oder später »ein gemein offen geschrey«.[53]

VIII.

Die entscheidende Rolle in der Ausbreitung der Forderung nach der Priesterehe in der frühen Reformation hat zweifellos Luthers Schrift *An den Adel* vom Juni 1520 gespielt.[54] Die Saat, die Luther durch den darin enthaltenen Ratschlag zur heimlichen Eheschließung säte, ging mit den ersten Priesterheiraten auf, die weniger als ein Jahr später einsetzten, jedoch anders als in der Adelsschrift empfohlen: Luther hatte den Priestern zum *heimlichen* Schritt in die Ehe geraten; die ersten Priesterehen wurden dagegen bewußt als *öffentliches* Ereignis inszeniert. Luther war es um die Bereinigung der Gewissenskonflikte *konkubinarischer* Priester gegangen. Bei vielen frühen Priesterheiraten kam es aber vor, daß Kleriker heirateten, die bisher gerade *nicht* im Konkubinat gelebt hatten, sondern um des Demonstrations- und Provokationseffekts willen nun zur Ehe griffen.[55] Dies ist

51. *Ludewig* (wie Anm. 6), S. 873.
52. Dies suggeriert *Scribner* (s. o. Anm.4).
53. *Ludewig* (wie Anm. 6), S. 870.
54. *Bubenheimer* (wie Anm. 36), S. 162.
55. *Hermann Barge*, Andreas Bodenstein von Karlstadt, Bd. 1: Karlstadt und die Anfänge der Reformation, Leipzig 1905 (Neudruck Nieuwkoop 1968), S. 364.

schon der Fall bei einem der frühesten verheirateten Priester, dem Kemberger Propst Bartholomäus Bernhardi. Wie Bernhardi, heiratete auch Andreas Karlstadt demonstrativ eine Jungfrau, wie er wohl in wörtlicher Anlehnung an Lev 21,13 betonte, und dies in einer aufwendig inszenierten, durch Flugschriften protzig bekanntgegebenen Hochzeit.[56] Auch Katharina Zell bekundete bei der Rechtfertigung ihrer Eheschließung, niemals vorher daran gedacht zu haben, selber zu heiraten und nur deshalb in die Ehe getreten zu sein, um »allen Christen ein hertz vnd weg zu machen.«[57] Das Heiraten um der Demonstration willen und die propagandistische Inszenierung dieser Hochzeit als öffentliches Ereignis – nicht die stillschweigende Bereinigung eines Konkubinatsverhältnisses – charakterisiert diese frühen Priesterehen.

Aber auch in Fällen, wo Kleriker lediglich ein bestehendes Konkubinatsverhältnis in eine Ehe verwandelten, wie bei Johann Apel in Würzburg und Anton Firn in Straßburg, stellte ihre Handlung ebenfalls ein bewußtes, die Gegner herausforderndes Bekenntnis zur reformatorischen Bewegung dar. In der Priesterehe lediglich die Gestalt wiederzuerkennen, in der sich das vorreformatorische Konkubinat nachreformatorisch fortsetzte, trägt der Bedeutung derselben als Demonstrationsmittel und als Erkennungszeichen der evangelischen Bewegung nicht Rechnung. Ihren Verfechtern ging es gerade nicht darum, die möglichst mühelose Fortsetzung ihrer Lebensverhältnisse zu erreichen, sondern ihre Umwelt herauszufordern und zu provozieren.

Als spektakulär inszeniertes Instrument zur Verletzung altgläubigen Kirchenrechts und als Begründung einer neuen klerikalen Lebensform, die normativen Charakter gewann, berechtigt uns die evangelische Pfarrerehe, von der frühen Reformation als Umbruch zu sprechen.

56. *Bubenheimer* (wie Anm. 36), S. 200.
57. *K. Zell*, Entschuldigung (wie Anm. 17), B6r.

Leif Grane

Die Reform der Kirche in einigen Flugschriften des Jahres 1520

In der Reformationsforschung haben die frühen, hauptsächlich lateinischen, Flugschriften aus den Jahren 1519 – 1520 erstaunlich wenig Interesse erweckt, jedenfalls in dieser Generation. Die Flugschriftenforschung hat sich fast ausschließlich auf die deutschen Flugschriften konzentriert. Das kann mehrere Gründe haben; ich wage es, zwei Eventualitäten zu erwähnen.

Es kann sein, daß die starke sozialgeschichtliche Betonung, die sich in den letzten dreißig Jahren geltend gemacht hat, die vor allem nach der Breitenwirkung der reformatorischen Bestrebungen fragte, die frühe, hauptsächlich humanistisch orientierte Teilnahme an der Kritik von Kirche und Theologie zu individualistisch und feinschmeckerisch gefunden hat, um viel Zeit darauf zu verwenden. Die Tendenzen in diesen Flugschriften, insofern sie nach vorne zeigten, wurden ja mit so viel größerem Nachdruck in der großen Welle der *deutschen* Flugschriften seit dem Anfang von 1521 zum Ausdruck gebracht. Mit anderen Worten: als bloße Übergangsphase verstanden seien die etwas vernachlässigten frühen lateinischen Flugschriften weniger interessant; denn was sie an Zukunftsträchtigem enthielten, komme um so besser von 1521 ab zur Geltung.

Der andere Grund, den ich erwähnen möchte, hängt eng mit dem theologischen Interesse an der Reformation zusammen. Wer nach dem sogenannt »echt Reformatorischem« fragt, findet wohl oft in den humanistisch geprägten, frühen Flugschriften wenig, das einen interessieren kann. Wie diese Schriften sich vieler literarischer Genres bedienen, so sind sie auch inhaltlich von sehr verschiedener Art. Wir finden Satiren im Stil der *Epistolae virorum obscurorum*; Reformschriften, die die Linie der *Gravamina germanicae nationis* fortsetzen; Angriffe auf die Scholastik und die Inquisition, die inhaltlich auch ohne Luther denkbar wären; Verteidigungen Luthers, die ihn ohne größere Differenzierung auf einer Linie mit Ulrich von Hutten sehen. Wer genau weiß, was »reformatorisch« heißt, meint wohl vieles davon beiseite schieben zu können, denn es sei, wie es bisweilen gesagt wird, »bloß« humanistisch.

Das ist zwar richtig, wenn man damit meint, daß einige von den Verfassern nur wenig oder gar nichts von dem Besonderen bei Luther verstanden haben. Das heißt aber nicht, daß man die Schriften solcher Verfasser einfach als unwesentlich oder »vorreformatorisch« abschreiben kann. Luther selbst sah es anders, was deutlich wird, wenn wir sehen, wie er an der Verbreitung solcher Schriften interessiert war.

Es läßt sich beobachten, wie Luther, der ursprünglich jedes Lächerlichmachen kirchlicher Institutionen und Personen nicht mochte, während des Konflikts allmählich auf andere Gedanken kam. Bei seiner ersten Erwähnung des (erasmischen) Dialogs *Julius exclusus a coelo*, in einem Brief von November 1517, fand Luther es nicht gut, über die Lasten und das Elend der Kirche Christi lachen zu müssen, weil der Dialog so gescheit sei. Viel eher sollte man darüber Gott mit den eindringlichsten Seufzern suchen. Aber im Februar 1519, als Luther ein Druckexemplar des Dialogs erhielt, war seine Beurteilung anders: Liest man den Dialog ernsthaft, enthalte er viel Gutes.[1] Der beginnende Streit um das Papsttum hat die Perspektive geändert. Ein entsprechender Wechsel macht sich in seiner Bewertung von *Eccius dedolatus* geltend: im März 1520 war er kritisch, aber vier Monate später erwartet er mit Interesse die gedruckte Ausgabe.[2] An Neujahr 1520 hätte er gern den *Modus inquirendi haereticos* an Crotus Rubeanus geschickt. Es handelt sich um eine Satire, die vor allem von der Reuchlin-Sache inspiriert ist; Wittenberg ist nur am Rande erwähnt.[3] Es dreht sich in diesen drei Fällen um Schriften, die auf die Sache Luthers nicht recht eingehen, die aber doch Beiträge zur Bekämpfung von Feinden der Reformbewegung sind. Daß Luther Schriften, die zu seiner persönlichen Verteidigung geschrieben wurden, wie z.B. Oekolampads *Canonici indocti Lutherani* und Lazarus Spenglers »Schutzrede«, gern fördern wollte, versteht sich von selbst, aber er hat offenbar, als der Streit intensiviert wurde, eingesehen, daß auch andere Beiträge ihren Nutzen haben konnten.

Wie wichtig der allgemeine Kontext für das Verständnis gedruckter Aussagen ist, hat auch Erasmus klar gesehen. Im Vorwort zu seinen *Epistolae ad diversos* 1521 schreibt er, daß es angesichts der von Luther verursachten Kontroverse nicht mehr sicher sei, weder zu reden noch zu schweigen. Was in einer anderen Zeit geschrieben wurde und damals ganz korrekt war, werde jetzt in eine Zeit überführt, in die es gar nicht passe.[4] Erasmus versteht also genau, daß Worte und Sätze ihre präzise Bedeutung erst durch die gegebene Situation erhalten. Was *vor* Luther gesagt wurde, erhält *nach* ihm eine neue Schärfe, weil der Referenzrahmen ein anderer geworden ist. Um die eigentlich triviale Schlußfolgerung zu ziehen: Sogenannte »humanistische« Flugschriften, die sich kritisch zur Theologie und Kirche äußern, werden auf dem Hintergrund von Luthers Beiträgen »reformatorisch« wirksam, auch wenn sie kein Verständnis für die Theologie Luthers im engeren Sinne enthüllen. Sie dürfen nicht allein von ihrem Inhalt, sondern müssen

1. WA Br 1, Nr. 50, 3-8; Nr. 153, 6-12.
2. WA Br 2, Nr. 263, 6-9; Nr. 310, 8; 314, 5.
3. WA Br 1, Nr. 236, 17-18 und Anm.1 und 2. Wir kennen vier Ausgaben dieser Schrift.
4. Allen, Opus Epistolarum IV, no.1206, 43-50.

auch von ihrer Wirkung im Rahmen von Luthers Konflikt her bewertet werden. Liest man die frühen Flugschriften in diesem Zusammenhang, kommt es mir vor, daß sie reformationsgeschichtlich wichtiger sind, als man im allgemeinen wahrgenommen hat.

Seit den letzten Monaten des Jahres 1519 manifestiert sich ein weit verbreiteter Wille, durch Schriften für die Reform der Kirche und der Theologie zu kämpfen. Obwohl Reformgedanken verschiedener Art schon vor Luthers öffentlichem Hervortreten literarisch geäußert wurden, hatten Luthers Schriften und die Ereignisse, in denen er die Hauptfigur gewesen war, einen bisher nicht vorgekommenen Kampfgeist ausgelöst. Sowohl die Verteidiger Reuchlins als auch die Freunde des Erasmus sahen in den Angriffen auf Luther ein neues Beispiel der Ignoranz und Gemeinheit der Gegner. Das Ergebnis wurde eine breite, nicht eigentlich organisierte, aber spontan entstandene Reformbewegung. Ohne im Geringsten die Bedeutung Luthers zu vermindern, muß man sagen, daß diese Reformbewegung, die sich im Briefwechsel der Gelehrten und in einem ständig vermehrten Strom von Flugschriften zeigte, inhaltlich von vielen Motiven beeinflußt wurde, die an und für sich nicht viel mit ihm zu tun hatten, die aber auch bei ihm wirksam waren.

Wenn die deutschen Humanisten in Luther einen der ihrigen meinten sehen zu können, war es ja gar nicht bloß, wie man gesagt hat, »ein produktives Mißverständnis«. Es gab tatsächlich ein weites Feld von Interessen, die die Wittenberger, vor allem Luther und Melanchthon, mit den Freunden und Anhängern des Erasmus gemeinsam hatten. Ja, auch zwischen Luther und Erasmus selbst gab es, wie sie beide zu dieser Zeit bezeugten – allen Unterschieden zum Trotz – vieles, worüber sie ganz einig waren.

Für die Entstehung der militanten Reformbewegung waren gerade diese Zeugnisse sehr wichtig. Man denke an die Briefe des Erasmus zur Luthersache, die mit oder ohne seinen Willen veröffentlicht wurden, und an die recht vorbehaltlose Verherrlichung des Erasmus in Luthers und Melanchthons Vorworten und Begleitworten zu Luthers Kommentaren zu den Psalmen und zum Galaterbrief. Die Erasmusfreunde unter den Humanisten konnten wirklich mit gutem Grund meinen, daß eine gemeinsame Bekämpfung der Gegner auch die Verteidigung Luthers einbeziehen mußte. Auf die sehr komplizierte Haltung des Erasmus kann ich hier nicht eingehen, aber es scheint mir deutlich zu sein, daß er bis zum Ende des Jahres 1520 mit viel Recht von der Öffentlichkeit als ein Verteidiger Luthers aufgefaßt wurde, obwohl er das nach eigenen Aussagen nicht sein mochte.[5]

Versucht man, die hinter den frühen Flugschriften liegenden Motive zu finden, wird man kaum eines entdecken, mit dem Luther nicht einverstanden war, und das er nicht selbst aufzunehmen bereit war. Nicht einmal seine tatsächliche

5. Ich verweise auf mein Buch: Martinus noster. Luther in the German Reform Movement 1518-1521, Mainz 1994.

Uneinigkeit mit Ulrich von Hutten machte er öffentlich bekannt. Obwohl er behauptete, die spöttische Persiflage der Gegner nicht zu mögen, hat er anscheinend in der Hitze des Streits auch darauf nicht verzichten wollen. Das wird deutlich durch briefliche Bemerkungen, aber auch durch die Publikationspolitik der Wittenberger Drucker. Liest man also die Pamphlete von ihrem »Sitz im Leben« in der Reformbewegung vor Worms aus, statt eine langweilige und historisch irrelevante theologische Zensur zu treiben, haben sie einen Platz in der Entstehungsgeschichte der Reformation, die nicht ignoriert werden sollte. Sozialgeschichtlich gesehen sollten, so weit ich sehen kann, die Zeugnisse der Reformbewegung gleichfalls nicht ganz uninteressant sein. Es gibt zwar viele sozialgeschichtliche Untersuchungen der humanistischen Kreise in dieser oder jener Stadt, aber vielleicht verdiente auch die Reformbewegung in ihrer differenzierten Ganzheit etwas mehr Aufmerksamkeit?

M.E. haben die festen Etiketten »Reformation« und »Humanismus« nicht nur klärend gewirkt, weil sie oft Assoziationen hervorrufen, die in einigen Fällen mehr verhüllen als sie offenbaren. Es gibt in Dänemark einen Architekturhistoriker namens Harald Langberg, der eine Geschichte der dänischen Baukultur geschrieben hat, ohne je die üblichen Stilbezeichnungen zu verwenden. Statt Gotik, Barock usw. zu sagen, beschreibt er einfach die Bauten.[6] In Verbindung mit der Reformbewegung der frühen Jahre scheint es mir viel fruchtbarer zu sein zu fragen, was mit den Leuten, die schon vor Luther Reformfreunde und Humanisten waren, passierte, wenn sie mit Luther bekannt wurden, als ihre Reaktionen innerhalb eines Vergleichs zwischen »Reformation« und »Humanismus« zu registrieren. Soll die Reformbewegung verstanden werden, muß man ihre literarischen Erzeugnisse an Ort und Stelle bewerten, d. h. innerhalb des mit dem nationalen Bewußtsein, mit der moralischen Verärgerung über die kirchlichen Mißbräuche, mit der antischolastischen Haltung und mit den Luthereereignissen gegebenen Streits, wie er gerade 1519-1521 geführt wurde. Die Worte »humanistisch« und »reformatorisch« – und die entsprechenden Abstrakta – sind hier, wie ich meine, wenig hilfreich.

Wie kam es dazu, daß viele Humanisten, wie wir sie nennen, Luther als einen der ihrigen betrachteten, so daß viele von ihnen dazu bewegt wurden, aktiv am Streit teilzunehmen? Wie erwähnt, hatten die Aussagen Luthers und des Erasmus übereinander große Bedeutung, aber man brauchte sich nicht einfach auf solche Bemerkungen der leitenden Figuren zu verlassen. Luther selbst bewies durch seine Schriften, daß er auf einer Linie mit den humanistischen Ideen war. Was bei ihm großen Eindruck machte, war zweierlei. Wie viele Humanisten war Luther ja Fürsprecher einer biblischen und patristischen Theologie, aber er sprach nicht nur darüber, sondern führte sie auch in seinem Streit mit den scholastischen Gegnern durch. Bei ihm wurde das verwirklicht, worüber sie lange miteinander verhandelt hatten. Es werden wahrscheinlich viele sein, die mit Willibald

6. *Harald Langberg*, Danmarks Bygningskultur 1-2, København 1955.

Pirckheimer in seiner Bewertung von Wittenberg einig waren: »Die Wittenberger Gelehrten waren die ersten gewesen, die nach vielen Jahrhunderten die Augen geöffnet und angefangen haben, das Wahre vom Falschem, die christliche Theologie von dem depravierten Weg der Philosophie zu unterscheiden«.[7] Diese bekannte Aussage zeigt, daß es sehr wohl möglich war, zwischen guten und schönen *Gedanken*, die schon vor Luther im Umlauf waren, und ihrer Umsetzung in die *Tat* zu unterscheiden. Aber Tat ermunterte zur Tat. Luther wurde bewundert, weil die Humanisten bei ihm die Verwirklichung ihrer Träume sahen, und dadurch selbst zur Handlung getrieben wurden.

Aber noch wichtiger war vielleicht etwas anderes. Ich denke an Luthers Art, die einfachsten und wichtigsten Formen christlicher Frömmigkeit darzustellen. Auch für die Teilnehmer an den literarischen Produkten der Reformbewegung waren Luthers kleine deutsche Schriften außerordentlich wichtig. Es war gut, daß er die wissenschaftlichen Ideale verwirklichen konnte, aber es war noch besser, daß er, wie Erasmus es ausdrückte, von genuinem, evangelischem Geiste geprägt war. Die Wahrheit, die von vielen Gelehrten bei Luther gespürt und dankbar aufgenommen wurde, hatte nicht so sehr mit ihren intellektuellen Interessen wie mit ihrem eigenen Christsein zu tun. Was Luther ihnen durch seine Belehrung über die *elementa* des Christentums schenkte, war möglicherweise die eigentliche Treibkraft in der Reformbewegung. Es mag sein, daß das nicht für alle Flugschriftenverfasser stimmt, es gilt aber jedenfalls für alle, die mehr als Spott über die Feinde zu bieten hatten. Man kann z.B. an zwei der ersten Beiträge denken, nämlich Oekolampads *Canonici indocti Lutherani* und Spenglers »Schutzrede«. In beiden Fällen ist die verteidigte Wahrheit von Luthers Lehre eng mit seiner Frömmigkeit in Verbindung gesetzt.

Wie wenig bekannt die Flugschriften sind, um die es hier geht, bezeugt das ARG 1994, wo eine Miszelle von Erika Rummel veröffentlicht ist, in der die Verfasserin unter dem Titel: »A little-known ›Petition‹ and ›Papal Rescript‹ – From the Pen of Willibald Pirckheimer?« einen Teil einer Handschrift in der Universitätsbibliothek in Eichstätt bespricht und zitiert.[8] Liest man die Zitate in den Anmerkungen, zeigt es sich, daß sie wortgerecht mit zwei Ausgaben des Pamphlets »Pasquillus marranus exul« aus dem Jahre 1520 übereinstimmt. Der Text ist also insofern bekannt, als er im Druck vorliegt.[9] Otto Clemen hat dieser Flugschrift

7. *Willibald Pirckheimer*, Opera politica, historica, philologica et epistolica ... edita a *Melchiore Goldasto* Heiminfeldio, Frankfurt 1610, S. 246: Hoc nullo non memorandum æuo, primos fuisse Witenbergenses sapientes, qui post tot secula oculos aperire, verum a falso dignoscere, & depravatam philosophandi rationem a Christiana Theologia secernere inceperint.
8. ARG 85, 1994, S.309-315.
9. VD 16, P 844: Pasquillus marranus exul (octavo), Johann Schott, Strasbourg (1520); P 845: derselbe Text in quarto, Rhau-Grunenberg, Wittenberg 1520.

außerdem einen gelehrten Aufsatz in seinen »Beiträgen zur Reformationsgeschichte« gewidmet.[10] Vieles in diesem Aufsatz von 1900 ist immer noch sehr beachtenswert, obwohl Clemen sich anscheinend irrte, wenn er meinte, beide Ausgaben seien in Wittenberg gedruckt worden, da eine, und wahrscheinlich die erste, von Johann Schott in Straßburg stammte.[11] Wie es oft zu dieser Zeit passierte, wurde in der zweiten – Wittenberger – Ausgabe ein Stück hinzugefügt. Etwas Ähnliches war mit Oekolampads *Canonici indocti* geschehen, als sie ins Deutsche übersetzt wurden, und es gibt noch mehrere Beispiele.[12]

In der Eichstätter Handschrift, wie sie von Erica Rummel beschrieben wird, findet man offenbar nur einen Teil der Flugschrift, nämlich den mittleren Teil mit einer *supplicatio* an den Papst und einem entsprechenden »Dekretal« des Papstes. Clemen hat wohl recht, wenn er meint, daß gerade dieser Teil viel älter als Teil 1 und 3 der Flugschrift sei, die durch ihren Inhalt zum Jahr 1520 gehören, und daß er mit den von Luther in einem Brief an Johann Lang vom 5.Oktober 1516 erwähnten *Supplicationes contra theologastros* zu tun hat[13], ob nun identisch damit oder für den neuen Gebrauch »verbessert«. Die Tatsache, daß das Stück also nicht in einer Handschrift aufgesucht werden muß, macht darum nicht von sich aus die Überlegungen Erika Rummels zur Verfasserfrage belanglos. Mit Hinweis auf Ähnlichkeiten zwischen diesem Stück und Pirckheimers »Apologia« für Reuchlin von Oktober 1517 plädiert sie für Pirckheimer als Verfasser.[14]

Das erwähnte Stück ist also 1520 in eine Flugschrift eingefügt worden, die sonst von Ereignissen dieses Jahres geprägt ist, nämlich von der Ankunft des Kaisers in den Niederlanden und vom Streit zwischen Augustin Alveld und Luther über die Papstfrage. Teil 1 und 3 gibt dem Stück einen Kontext, der ausgesprochen antipäpstlich ist. Es geht um die »katholische«, nicht um die »römische« Kirche, wie es heißt. Jetzt, in diesen glücklichen Zeiten, da die Wahrheit wieder erscheint, wachen alle Stände wieder auf, von den Bauern bis zu den Fürsten – allem Widerstand zum Trotz.[15] *Pasquillus marranus exul* ist eine reformatorische Flugschrift, die weit über eine vorlutherische Kirchenkritik hinausgeht. Daß ein

10. *Otto Clemen*, Beiträge zur Reformationsgeschichte I, Berlin 1900, S.1-24.
11. Vgl.Anm. 9.
12. Die verdeutscht antwort/der/die Doctor Eck in seinem Sendbrieff zu Meyssen hat die ungelarten Lutherischen Thumhern genandt. Anno M.D.XX (Hans-Joachim Köhler, Hildegard Hebenstreit-Wilfert, Christoph Weismann (Hgg.), Flugschriften des frühen 16. Jahrhunderts, Zug 1979-1987, Microfiche 144/ Nr. 358). Zur Übersetzung der *Canonici indocti* ist ein Blatt zugefügt, mit der Überschrift: Dem Leser dieses Buchleins Seligkeyt ynn Christo Jhesu unserm Herrn.
13. WA Br 1, Nr. 24, 11-13.
14. ARG 1994, S. 312-314.
15. Pasquillus marranus exul (quarto): Sapiunt iam vobis omnibus renitentibus rustici, cives, milites, comites, duces, principes et reges agnoscunt er deprehendunt vestras imposturas et offutias (im Brief an Augustin Alveld, zweite Seite).

Stück Spott über die Scholastiker auch in diesem Zusammenhang verwendbar war, ist nicht erstaunlich. Hier trafen sich ja die Wittenberger mit vielen Humanisten, ob diese nun bereit waren, Luther zu folgen oder nicht.

Obwohl die Motive zum literarischen Eingreifen sehr verschieden waren, meine ich doch, daß man von einer Reformbewegung reden kann. Schon antischolastische Haltung und Kritik der kirchlichen, besonders der römischen, Korruption waren für alle Reformfreunde gemeinsam. Aber noch wichtiger war die gemeinsame Überzeugung, selbst imstande zu sein, theologische Urteile zu fällen. In der *Oratio ad Christum pro Julio II* – auch 1520 – wird diese Überzeugung, statt einer Druckortangabe, so ausgedrückt: *In Germania tandem iam sapiente.*[16] Immer wieder liest man in den Flugschriften: Jetzt können wir selber urteilen. Eng damit verbunden ist eine andere weit verbreitete Aussage, die ständig wiederholt wird, in Flugschriften wie in den fast öffentlichen Briefen des Erasmus: Die Wahrheit lasse sich nicht mit Machtanwendung bekämpfen. Luther sagte nichts für ihn Besonderes, wenn er das Ablaßbreve Leos X. vom 9. November 1518 ablehnte, indem er auf das Wiederaufkommen der Schrift und der Kirchenväter hinwies, das bedeute, daß man in aller Welt nicht mehr frage, was gesagt wird, sondern warum dieses oder jenes gesagt wird.[17] So dachten viele mit ihm, aber unabhängig von ihm. Was ihnen bei Luther gefiel, ob sie nun sein zentrales theologisches Anliegen verstanden oder ihn nur wegen allem, was sie sowieso mit ihm gemeinsam hatten, mochten, war, daß er entsprechend handelte. Auf diesem Hintergrund wird es verständlich, daß weder Luthers Konflikt mit Rom noch seine Ablehnung des göttlichen Ursprungs des päpstlichen Primates in diesen Kreisen Bedenken veranlaßte. Von den vielen Lutherfreunden, die wir kennen, machte nur einer, Ulrich Zasius, bei der Primatsfrage halt.[18] Nicht einmal Erasmus scheint von Luthers Debatte mit Eck gestört zu sein – wenn man davon absieht, daß er es unklug fand, diese Frage zu besprechen. Der Gegner war ja der verachtete Eck, ein Hauptvertreter der scholastisch-mönchischen Partei, die sowohl Reuchlin und Erasmus als auch Luther verfolgte. Gemeinsame Feinde knüpften die Reformfreunde zusammen, ob sie nun mehr auf wissenschaftliche oder auf kirchliche Reformen aus waren, und die Gegner sahen es in dem Sinne ähnlich, daß auch sie mit einer ziemlich klar umschriebenen Gegnerschaft rechneten.

In diesem Sinne wurde dann auch das Verdammungsurteil der Kölner und Löwener Theologen gegen Luther aufgefaßt. Es war eine Beleidigung aller, die meinten, imstande zu sein, selber zu urteilen. Nach allem, was wir wissen, war

16. Oratio ad Christum optimum maximum pro Iulio II. Ligure P.M. a quodam bene docto et Christiano percripta. VD 16 registriert drei Augaben (O 838-840).
17. WA Br 1, Nr. 136, 54-60 (Luther an Kurfürst Friedrich, zwischen 13. und 19. Januar 1519.
18. Ulrich Zasius to Conrad Mutian am 1.Dezember 1519, in: *Karl Gillert* (Hg.), Der Briefwechsel des Conrad Mutianus I-II, Halle 1890, Nr. 587.

das Urteil unter allen Freunden Reuchlins, des Erasmus und Luthers einhellig: die beiden Fakultäten sprachen, ohne Gründe anzugeben, und ihre Verdammung war darum wissenschaftlich unwürdig. Selbst Erasmus fand Luthers Widerlegung sehr lobenswert.[19] Aber damit war die gelehrte Welt in Deutschland gerüstet, als die Banndrohungsbulle bekannt wurde, denn hier wiederholte sich ja die von den beiden Fakultäten gezeigte Inkompetenz. Die Veröffentlichung der Bulle zu dieser Zeit war somit »bad timing«. Soweit ich sehen kann, ändert sich die Flugschriftenliteratur durch die Bulle überhaupt nicht, außer in dem Sinne, daß sie nach der Bulle diese verwirft. Nur eines muß hinzugefügt werden: Nach der Bulle – und Luthers verschiedenen Antworten – wird seine Annahme, der Papst in Rom sei der Antichrist weithin akzeptiert und übernommen.

Als ein Beispiel nehme ich die *Lamentationes Germaniae. Treni Hieremiae misticati*, die am Ende des Jahres 1520 von Lazarus Schürer in Schlettstadt gedruckt wurden (vier Ausgaben in deutscher Übersetzung liegen vor – alle von 1521).[20] Als »Text« werden einige Verse aus den Klageliedern Jeremia vorgelegt, aber auf die kirchliche Situation Deutschlands angewendet. Diese entsprechend geänderten Verse sind mit Interlinearglossen versorgt, und zu jedem Vers werden drei sogenannte *notulae* angefügt, die an Randglossen erinnern. Das Schriftchen enthält außerdem unter dem Titel *De regulis iuris* eine Anzahl Reformvorschläge. Der noch übriggebliebene Platz ist mit einigen Zitaten von Bernhard von Clairvaux, Bonaventura und Albertus Magnus ausgefüllt.

Das berühmte Deutschland sei in die Gefangenschaft des römischen Schlunds geführt worden, und nun klagt und weint ein *euangelicus praeco magnificus* mit bitterem Herzen darüber. Indem Deutschland den Platz Jerusalems und Israels übernimmt, wählt der Verfasser die Verse oder Versteile aus den Klageliedern, die zu seinem Zweck passen. Das Hauptthema ist die Unterdrückung Deutschlands durch den Papst: ökonomisch, rechtlich und theologisch. Indem der Verfasser, direkt oder indirekt, die Mittel anzugeben versucht, die geeignet seien, das Joch des Papstes abzuwerfen, kommt er auf den Kaiser und auf Luther zu sprechen.

Die Beschreibung der finanziellen Ausbeutung Deutschlands erinnert zwar im Inhalt an die *Gravamina*, aber da der Verfasser eine ganz andere Stellung zum Papst einnimmt, ist der Ton erheblich schroffer. Es dreht sich um reine Räuberei und Simonie. Der Verfasser hofft auf Gottes Eingreifen durch Kaiser Karl. Nur mit Waffengewalt wird es möglich, das Joch zu brechen. Was den Kaiser betrifft, so wird daran erinnert, daß früher dieser es war, der die Wahl des Papstes bestätigte, nicht umgekehrt. Die Hoffnung auf Karl, die Luther ja teilte, ist durchgehend

19. *Erasmus:* Allen IV, Nr.1070, 3-6; Nr.1113, postscriptum. *Ulrich Zwingli:* Sämmtliche Werke, Band VII, Briefwechsel I (1510-1522), Zürich 1911, Nr.144, S. 326, 31-34. Martin Bucer: *Jean Rott* (Hg.), Correspondance de Martin Bucer I, SMRT XXV, Leiden 1979, Nr. 12, 55-59. Crotus Rubeanus: WA Br 2, Nr. 281.
20. Siehe VD 16, L 167-171.

anwesend in einer großen Anzahl der Flugschriften von 1519 an bis zu der Enttäuschung in Worms.
Wie andere Flugschriften dieser Zeit, z.B. die auf Jakob Wimpfeling zurückgehenden »Gravamina Germanicae nationis cum remediis et advisamentis« und »Pragmaticae Sanctionis Medulla excerpta« oder die »Declaratio quorundam articulorum pro usu et utilitate Reipublicae Germanicae nationis«, wollen auch die *Lamentationes* die Rechte der Bischöfe wiederhergestellt sehen. Aber die Infragestellung der tatsächlichen Machtausübung des Papstes, die darin ohnehin enthalten ist, wird hier weitergeführt, indem der Verfasser einfach die rechtliche Grundlage dieser Machtausübung ablehnt. Die Jurisdiktion gehört den deutschen Bischöfen, nicht dem Papst, denn sie seien *ex iure & euangelio* ebenso sehr Nachfolger der Apostel wie der Papst.
Die römische Tyrannei sei jedoch nicht nur finanziell verheerend und juristisch unhaltbar, sondern auch christlich und theologisch gesehen gottlos. Der Papst wird Caiphas genannt und mit dem Antichrist verglichen. Er verdamme die, die die Wahrheit sprechen, und segne die, die die Schrift verfälschen, und er erhebe sich über alles, was Gott genannt und als Gott verehrt werde. Der, der versucht, die Deutschen aus der Gefangenschaft zu befreien, sei der von Gott gesegnete Martin Luther. O, Germania, ruft der Verfasser, wenn du dich mit dem großen Karl und ebenfalls mit dem gelehrten Martin vereinst, wirst du bald befreit werden![21] Jeder, der Luther bekämpft, solle als ein Feind der Wahrheit und der deutschen Nation angesehen werden.[22]
Die *Lamentationes* sind also prolutherisch in dem Sinne, daß der Verfasser Luther eine entscheidende Bedeutung für die von ihm befürworteten Befreiung der Deutschen von der römischen Tyrannei zuschreibt. Aber obwohl einige Bemerkungen zeigen, daß er, auch abgesehen von der Verwerfung des Papsttums, nicht ganz mit Luthers Theologie unbekannt ist, liegt doch das Gewicht auf der Ablehnung Roms: Deutschland wider Rom, Wahrheit gegen Verfälschung der Schrift, Luther als Befreier aus Ägypten und der babylonischen Gefangenschaft gegen Johann Eck, Legat des Caiphas, Interpret des Antichrist, *perversor veritatis*.[23]
Darüber braucht man sich nicht zu wundern, und es wäre m.E. auch falsch, daraus zu schließen, daß das äußerst sparsame Eingehen auf das Anliegen Luthers unbedingt ein Zeugnis von fehlendem Verständnis sein muß. Die Ankunft des neuen Kaisers und ein allgemein verbreitetes Bewußtsein davon, in einer Entscheidungsstunde zu leben, könnte wohl Anlaß geben, die Aufmerksamkeit

21. Lamentationes, C r, notula secunda: Si consenseris, O Germania, Carolo maximo, & similiter docto Martino, liberaberis cito.
22. Ibid., C II r: Quicumque MARTINUM LUTHER impugnauerit, hostis ueritatis, & Germanicæ nationis merito censendus est, & adulatoribus curialibus administrandus, portio eius Pix & Nix.
23. Ibid. B IV r, notula tertia.

auf die Hindernisse der kirchlichen Reform zu lenken. Es ist zwar richtig und läßt sich, liest man eine größere Anzahl der Flugschriften dieser Zeit, nicht leugnen, daß viele der Verfasser ebenso sehr von Hutten wie von Luther inspiriert waren. Das ist aber nur entscheidend, wenn man allein nach dem echt Lutherischen fragt – dagegen nicht, wenn es um die neben und mit Luther streitende Reformbewegung geht, die in ihrer ganzen Breite bei der Entstehung der Reformation tatkräftig mitgewirkt hat. In dieser Hinsicht haben sie alle – auch Hutten selbst – das ihrige getan.

Das breite Spektrum literarischer Genres und die sehr variierten Akzentuierungen dieser Flugschriftenliteratur machen es schwierig, ihre Motive in wenigen Worten zusammenzufassen. Es ist aber lehrreich zu sehen, wie die Reformfreunde alle aufgenommenen Themen als Seiten derselben Sache auffaßten. Sie waren allgemein davon überzeugt, daß Scholastik, Korruption, moralische Erniedrigung des Klerus und Gottlosigkeit des Papsttums eng miteinander verbunden waren. In dieser Überzeugung blieben sie bis zum Reichstag zu Worms miteinander verbunden, wobei ihnen von den Feinden aus der scholastisch-mönchischen Partei kräftig »geholfen« wurde. Darum konnte auch Erasmus, seiner Vorsicht zum Trotz, eine Schlüsselfigur der Reformbewegung werden, wie er es war bis zu dem Punkt, an dem er meinen mußte, daß Luther selbst Schuld hatte, wenn seine Sache nicht mehr zu retten war.

Die hier besprochene Flugschriftenliteratur bezeugt, daß die lange gehegten Hoffnungen auf eine Reform der Kirche durch Luther und das mit ihm Geschehene aktiviert wurden. Es gab die nötige personelle Voraussetzung, um dies zu ermöglichen. In den intellektuellen Kreisen unter dem Einfluß des Humanismus war auch ein weitgehender Konsensus präsent, der es sinnvoll machte, sich allen Unterschieden zum Trotz als eine Einheit aufzufassen: *studia humana* und echte Theologie, gebaut auf der Schrift und den Kirchenvätern; Autorität durch die authentischen Texte, statt durch Machtsprüche der Kirche; Bekämpfung des Zerfalls der kirchlichen Disziplin. Die Zeit war reif, so meinte man. Es ist kein Zufall, daß der Wechsel vom Latein zum Deutschen, in den Fußspuren Luthers, unmittelbar vor der Stunde der Entscheidung geschah. Es mußte so kommen, denn die Sache der Reformbewegung konnte nicht ernst sein, wenn sie nicht Sache des Volkes war.

Thomas Kaufmann

Anonyme Flugschriften der frühen Reformation*

* In diesem Aufsatz werden, zusätzlich zum allgemeinen Abkürzungsverzeichnis, folgende Abkürzungen und Kurztitel gebraucht: Badische Landesbibliothek Karlsruhe / Bibliothèque Nationale et Universitaire de Strasbourg (Hgg.), Thomas Murner. Elsässischer Theologe und Humanist 1475-1537, Karlsruhe 1987 (= Murnerkatalog); *Josef Benzing*, Bibliographie strasbourgeoise: bibliographie des ouvrages imprimés à Strasbourg au XVIe siècle, Baden-Baden 1981 (= *Benzing*, Bibl. Stras.); *ders.*, Lutherbibliographie, Baden-Baden 1966 (= *Benzing*, Luther); Martin Bucer, Correspondance Bd. 1, hg. von *Jean Rott*, Leiden 1979 (= Bcor I); *ders.*, Deutsche Schriften Bd. 1, hg. von *Robert Stupperich*, Gütersloh, Paris, 1960 (= BDS 1); *Otto Clemen*, Flugschriften aus den ersten Jahren der Reformation Bd. 1-4, Halle 1907-1911, Ndr. Nieuwkoop 1967 (*Clemen*, Flugschriften); *Ludwig Enders*, Johann Eberlin von Günzburg, Sämtliche Schriften, Bd. I-III, (Neudrucke deutscher Litteraturwerke des XVI. und XVII. Jahrhunderts 139-141; 170-172; 183-188, Flugschriften der Reformationszeit XI, XV, XVIII), Halle 1896-1902 (= *Enders)*; *Günther Franz*, Thomas Müntzer. Schriften und Briefe, Gütersloh 1968 (= *Franz*); *Leif Grane*, Martinus Noster. Luther in the German Reform Movement 1518-1521, Mainz 1994 (= *Grane*, Martinus noster); *Paul Hohenemser*, Flugschriftensammlung Gustav Freytag, Frankfurt/M. 1925 (= Hohenemser*)*; *Thomas Kaufmann*, Die Abendmahlstheologie der Straßburger Reformatoren bis 1528, Tübingen 1992 (= *Kaufmann*, Abendmahlstheologie); *Hans-Joachim Köhler, Hebenstreit-Wilfert, H., Weismann, C.* (Hgg.), Flugschriften des frühen 16. Jahrhunderts, Microficheserie, Zug 1978-1988 (= MF); *Hans-Joachim Köhler*, Bibliographie der Flugschriften des 16. Jahrhunderts, Teil I, Bd. 1-3, Tübingen 1991-1996 (= *Köhler*, Bibliographie); *Adolf Laube u.a.* (Hg.), Flugschriften der frühen Reformationsbewegung Bd. I und II, Berlin 1983 (= *Laube)*; *Theodor von Liebenau*, Der Franziskaner Thomas Murner, Freiburg/B. 1913 (= *Liebenau*); *Jean Muller*, Bibliographie strasbourgeoise tom. 2 und 3, Baden-Baden 1985/1986 (= *Muller)*; Thomas Murner, Deutsche Schriften mit den Holzschnitten der Erstdrucke, Bd. I-IX, Berlin/Leipzig 1918-1931 (= DS); *Michael Pegg*, A Catalogue of German Reformation Pamphlets (1516-1546) in Libraries of Great Britain and Ireland, Baden-Baden 1973; *ders.*, Bibliotheca Lindensiana and other Collections of German Sixteenth Century Pamphlets in Libraries of Great Britain and France, Baden-Baden 1977; *ders.*, A Catalogue of German Reformation Pamphlets in Swiss libraries (1516-1550), Baden-Baden 1983 (= *Pegg*); *Robert W. Scribner*, For the Sake of Simple Folk. Popular Propaganda for the German Reformation, Oxford ²1994 (= *Scribner*); *Charles Schmidt*, Répertoire bibliographique strasbourgeoise jusque vers

I. Einleitende Bemerkungen

Anonyme Flugschriften scheinen vor der reformatorischen Flugschriftenwelle der frühen 1520er Jahre »eine Ausnahme«[1] gewesen zu sein. Im Zuge der reformatorischen Flugschriftenpublizistik hingegen werden sie ein Massenphänomen, das mit der Ausbildung der sog. reformatorischen Öffentlichkeit in einem genuinen Zusammenhang steht. Für die volkssprachliche anonyme Flugschriftenpublizistik der frühen Reformation läßt sich keine wirklich überzeugende Vorläufertradition namhaft machen; in literarhistorischer und kommunikationsgeschichtlicher Hinsicht stellt sie ein qualitativ und quantitativ neuartiges Phänomen dar, ein Moment des Umbruchs, unbeschadet dessen, daß einzelne literarische Motive und fingierte Rollenkonzepte, etwa die Narrenfigur, die in anonymen Flugschriften eine wichtige Rolle spielen, ihrerseits in komplexen Traditionsbezügen stehen. Der Verwendung anonymer und pseudonymer lateinischer Publikationen bei den Humanisten dürfte freilich eine wichtige Bedeutung hinsichtlich der Ausbildung einer anonymen reformatorischen Flugschriftenpublizistik in der Volkssprache zukommen.

In der bisherigen wissenschaftlichen Beschäftigung mit anonymen Flugschriften haben besonders zwei Aspekte eine Rolle gespielt. In der älteren Forschung, etwa bei Oskar Schade[2], August Baur[3] oder Karl Hagen[4], galten die volkssprachlichen Flugschriften im allgemeinen, die anonymen oder pseudonymen deutschen Flugschriften im besonderen als Reflex oder Beweis der Volkstümlichkeit der Reformation, ihrer tiefen Verwurzelung im Volk und der »energische[n] Beteiligung«[5] des gemeinen Mannes an ihr. Für Baurs gleichermaßen gegen konfessionellen und unionsprotestantischen Dogmatismus ge-

1530, Bd. I-IX, Straßburg 1893-1958; Lazarus Spengler, Schriften Bd. 1: Schriften der Jahre 1509 bis Juni 1525, hg. von *Berndt Hamm* und *Wolfgang Huber*, Gütersloh 1995 (= Spengler, Schriften Bd. 1); *Emil Weller*, Repertorium typographicum. Die deutsche Literatur im ersten Viertel des sechzehnten Jahrhunderts, Nördlingen 1864; Supplement I, Nördlingen 1874; Supplement II, Nördlingen 1885 (= *Weller*).

1. *Carl Diersch*, Art. Anonymität. In: Reallexikon der deutschen Literaturgeschichte Bd. 1, Berlin u.a. 1958, S. 66-68, hier: 66.
2. *Oskar Schade*, Satiren und Pasquille aus der Reformationszeit Bd. I-III, Hannover ²1863, Reprint Hildesheim 1966, bes. Einleitung zu I, S. Vf. Zu Schade instruktiv: *Matthias Janßen*, Oskar Schade (1826-1906). In: *Dietrich Rauschning, Donata von Nerée* (Hgg.), Die Albertus-Universität zu Königsberg und ihre Professoren, Berlin 1995, S. 185-202.
3. *August Baur*, Deutschland in den Jahren 1517-1525. Betrachtet im Lichte anonymer und pseudonymer deutscher Volks- und Flugschriften, Ulm 1872.
4. *Karl Hagen*, Deutschlands literarische und religiöse Verhältnisse im Reformationszeitalter, bes. Bd. 2, Erlangen 1843, S. 176ff.; 208ff.; 219ff.
5. *Schade*, wie Anm. 2, I, S. V.

richtetes Interesse an den anonymen Flugschriften ist die These charakteristisch, der »Baum des Protestantismus [sei] nicht dem dogmatischen Boden entwachsen ..., sondern dem Leben des Volkes«.[6] Während die »Schriften, die ihren Verfasser äußerlich nennen«, »ihrem Wesen nach Schriften *an* das Volk und *für* das Volk« seien, wären die anonymen Flugschriften »Werke *aus* dem Volk selbst, unwillkürliche Äußerungen aus seiner Mitte, der Widerhall dessen, was zu ihm als zündendes Wort der Führer gedrungen ist«.[7] Dieser spätromantische Versuch, die Stimme des Volkes aus den anonymen deutschen Flugschriften selbst vernehmbar zu machen, dürfte nach allem, was wir über die kontextuellen sozialen Bedingungen spätmittelalterlich-frühmoderner Literarität zu wissen meinen, kaum mehr ernsthaft diskutabel sein.

Der zweite Aspekt, unter dem anonyme Flugschriften die Forschung bis heute beschäftigen, ist der der hypothetischen Autorensuche. Das Fehlen eines Verfassers scheint das Verstehen eines Textes zu behindern oder unmöglich zu machen, die Auflösung der Anonymität allererst die historisch unerläßlichen Verstehensbedingungen zu schaffen. Auch wenn die etwa von Alfred Götze[8], Paul Merker[9] und auch Otto Clemen[10] exzessiv und positivistisch angewandte stil- und dialektkritische Zuschreibungsmethode nur mehr zögernd oder gar nicht praktiziert wird – die von den genannten Autoren gegenüber der älteren Forschung eingeleitete Trendwende in der Beschäftigung mit anonymen Flugschriften erfreut sich nach wie vor großer Beliebtheit. Gaben die anonymen deutschen Flugschriften etwa für Baur die ›Stimme des Volkes‹ wieder, so ist für die genannte Forschungsrichtung der einzelne, zumeist mit einer ohnehin gut bekannten Persönlichkeit des Zeitalters identifizierte Autor das eigentliche Forschungsziel. Im Horizont der Autorensuche wurde der für die ältere For-

6. *Baur*, wie Anm. 3, S. 8; vgl. 6f.
7. *Baur*, wie Anm. 3, S. 10; Kursive im Original gesperrt. Die Quellenbasis für Baurs Versuch, die frühe Reformation (1517-1525; vgl. S. 8f.) von den anonymen oder pseudonymen Flugschriften her darzustellen, besteht weitgehend in *Schades* Satiren und Pasquillen, wie Anm. 2.
8. Vgl. nur: *Alfred Götze*. Martin Butzers Erstlingsschrift, Leipzig 1907, (= ARG 4,1906/7, S. 1-64); *ders.*, Urbanus Rhegius als Satiriker. In: Zeitschrift für deutsche Philologie 37, 1905, S. 66-113; *ders.*, Ein Sendbrief Eberlins von Günzburg. In: Zeitschrift für deutsche Philologie 36, 1904, S. 145-154.
9. Vgl. nur: *Paul Merker*, Der Verfasser des Eccius dedolatus und anderer Reformationsdialoge, (Sächsische Forschungsinstitute in Leipzig II. Neugermanistische Abteilung, Heft I), Halle 1923.
10. Vgl. z. B. *Otto Clemen*, Henricus Phoeniceus = Urbanus Rhegius. Jetzt in: Kleine Schriften zur Reformationsgeschichte, hg. von *Ernst Koch*, Bd. 1, 1-9, Leipzig 1982-1988, Bd. 1, S. 512-521; *ders.*, Philadelphus Regius = Urbanus Rhegius? In: a.a.O., Bd. 6, S. 43-50; *ders.*, Das Pseudonym Symon Hessus. In: a.a.O., Bd. 1, S. 328-354.

schung entscheidende Gesichtspunkt, anonyme Flugschriften als ein globales Phänomen zu untersuchen, weitgehend aufgegeben.[11] Unter dem Aspekt der Autorensuche geriet die Beschäftigung mit der Anonymität in der reformatorischen Flugschriftenpublizistik in den Bann der These, viele der ungenannten Autoren hätten deshalb anonym geschrieben, weil ihnen der »Mut ... für das, was sie schrieben, einzustehen«[12], gefehlt habe. Die zunächst ganz vorläufige Feststellung freilich, daß es auf den Gesamtbestand geurteilt vornehmlich bestimmte literarische Formen, vor allem Dialoge, waren, die anonym erschienen – unter den Dialogflugschriften dürften ca. 50 % ohne authentischen Verfasserhinweis erschienen sein –[13], könnte zu einer gewissen Skepsis gegenüber der dominierenden These, es sei allein die Not eines Autors, die ihn das Inkognito wählen lasse, Anlaß geben.

11. Wichtige Anregungen auch zum Umgang mit anonymen Flugschriften bietet: *Heinz Scheible*, Reform, Reformation, Revolution. Grundsätze zur Beurteilung der Flugschriften. In: ARG 65, 1974, S. 108-134, Nachdruck in: *ders.*, Melanchthon und die Reformation, Mainz 1996, S. 442-469; in methodischer Hinsicht bezüglich der Kriterien für Verfasserzuschreibungen anonymer Flugschriften vorbildlich: *Traugott Schieß*, Hat Vadian deutsche Flugschriften verfaßt? In: Festgabe des Zwinglivereins für Hermann Escher, Zürich 1927, S. 66-97, nachgedruckt in: *ders.*, Beiträge zur Geschichte St. Gallens und der Ostschweiz, St. Gallen 1932, S. 181-215 (vor allem zum Karsthans), sowie: *Hans-Georg Hofacker*, »Vom alten und nüen Gott, Glauben und ler«. Untersuchungen zum Geschichtsverständnis und Epochenbewußtsein einer anonymen reformatorischen Flugschrift. In: *Josef Nolte u.a.* (Hgg.), Kontinuität und Umbruch, Stuttgart 1978, S. 145-177, und das Korreferat von *Heinz Scheible*, a.a.O., S. 178-188, = *ders.*, Melanchthon, wie oben, S. 470-480. Zur Debatte um Bucer als Verfasser des Neu-Karsthans als Beispiel einer aporetischen und in bezug auf die Kriterien der Urteilsbildung problematischen Diskussion zuletzt: *Siegfried Bräuer*, Bucer und der Neukarsthans. In: *Christian Krieger, Marc Lienhard* (Hgg.), Martin Bucer and Sixteenth Century Europe, Leiden u.a. 1993, Bd. 1, S. 103-128; *Christoph Markschies*, Die eine Reformation und die vielen Reformen oder: Braucht evangelische Kirchengeschichtsschreibung Dekadenzmodelle? In: ZKG 106, 1995, S. 18-45; moderat gehandhabte dialektkritische Zuschreibungskriterien bringt *Gisela Möncke* als Zusatzargumente bei der Zuschreibung einer anonymen Flugschrift in Anwendung: Die ›Neue Zeitung‹ vom Konzil zu Mantua. Eine unbekannte Schrift Johann Hoffmeisters. In: ZKG 106, 1995, S. 295-312.
12. *Diersch*, wie Anm. 1, S. 66.
13. Vgl. den Hinweis bei *Alejandro Zorzin*, Karlstadt als Flugschriftenautor, Göttingen 1990, S. 21f., Anm. 12, der in bezug auf ein Sample von 122 lateinischen und deutschen Dialogflugschriften zwischen 1518 und 1525 einen Anteil von 47,5 % anonym oder pseudonym erschienener Werke berechnet hat. Unter den lateinischen Dialogen dürfte die Pseudonymität, unter den deutschen die Anonymität dominieren. Vgl. zu den Dialogen zuletzt *Zorzin*, Einige Beobachtungen zu den zwischen 1518 und 1526 im deutschen Sprachbereich veröffentlichten Dialogflugschriften, in: ARG 88, 1997, S. 77-117.

Meine folgenden Ausführungen versuchen die These zu begründen, anonyme Flugschriften der frühen Reformation stellen ein spezifisches publizistisches Phänomen sui generis dar, eine bestimmte, reflektiert eingesetzte Publikationshaltung, die mit der Reformation als Umbruchvorgang und mit der Konstituierung einer *reformatorischen Öffentlichkeit*[14] wesentlich zusammenhängen dürfte. Die

14. Zu dem Begriff und seinen forschungsgeschichtlichen Implikationen vgl. die instruktive Forschungsübersicht von: *Heike Talkenberger*, Kommunikation und Öffentlichkeit in der Reformationszeit. In: Internationales Archiv für Sozialgeschichte der deutschen Literatur, Forschungsreferate 3, 6. Sonderheft, 1994, S. 1-26. Einschlägig auch: *Bernd Moeller*, Die frühe Reformation als Kommunikationsprozeß. In: *Hartmut Boockmann* (Hg.), Kirche und Gesellschaft im Heiligen Römischen Reich des 15. und 16. Jahrhunderts, Göttingen 1994, S. 148-164; sowie zuletzt: *Holger Flachmann*, Martin Luther und das Buch, Tübingen 1996, bes. S. 174ff. Der Begriff der reformatorischen Öffentlichkeit scheint durch *Schutte*, wie Anm. 58, S. 8ff. wieder neu eingeführt worden zu sein. Vgl. ansonsten die Hinweise bei *Talkenberger*, S. 18ff. Freilich spielte der Begriff schon in den 30er Jahren eine Rolle. Vgl. *Arnold E. Berger*: Der Einfluß der Flugschriften auf die öffentliche Meinung. In: *ders.*, Die Sturmtruppen der Reformation, Leipzig 1931 (Ndr. Darmstadt 1967), S. 5-42, und – wohl davon abhängig – bei *Werner Elert*, vgl. meine Nachweise in ZThK 93, 1996, S. 232f. mit Anm. 147. Neben der quantitativen Veränderung, die mit der Massenhaftigkeit der Flugschriftenproduktion verbunden war, betont *Talkenberger* in bezug auf die »reformatorische Öffentlichkeit« zu Recht, daß »zuvor keine derartige Vielfalt von Medien unter gezielter Ansprache des gemeinen Mannes auf breiter Ebene mit dem Zweck der Beeinflussung der öffentlichen Meinung zusammenwirkten« (S. 21). *Moeller* sieht die kommunikationsgeschichtliche Neuheit der »reformatorischen Öffentlichkeit« vor allem darin, »daß die Verfasser ihre *Meinung* zur Sache deutlich aussprachen und ihren Lesern nahebrachten« (Kommunikationsprozeß, S. 154). Freilich dürfte das Verhältnis von Autoren und Lesern in starkem Maße von Wechselseitigkeit geprägt sein. Die Sensibilität in der Wahrnehmung von Leserbedürfnissen entschied ja *auch* über den Erfolg einer Flugschrift. Die »reformatorische Öffentlichkeit« dürfte wesentlich mit einem, sei es imaginierten, sei es intendierten oder gar realisierten *neuartigen Beziehungsverhältnis von Lesern und Autoren* zusammenhängen. In bezug auf den publizistisch komplexen Beitrag der Flugblätter zum reformatorischen Kommunikationsprozeß vgl. *Beyer*, wie Anm. 110, S. 163ff. Bei den Flugblättern ist von einer Anonymitätsquote von ca. 80 % auszugehen, vgl. die Hinweise bei *Harry Oelke*, Die Konfessionsbildung im 16. Jahrhundert im Spiegel illustrierter Flugblätter, Berlin/New York 1992, bes. S. 102-105. Die publizistische Bedeutung des Mediums Flugblatt scheint daher nur unter weitgehender Ausblendung der Autorenperspektive überhaupt angemessen erfaßbar zu sein. *Oelke* geht davon aus, daß die im Verlauf des 16. Jahrhunderts restriktiver und systematischer gehandhabte Zensurpraxis in bezug auf die Flugblätter die Publikation ohne Autorenangabe »gefördert« hat, a.a.O., S. 103. Hierin scheint eine signifikante Differenz zwischen der langfristigen und dominierenden Bedeutung der

Frage nach dem »reformatorischen« Profil dieser anonymen Flugschriftenliteratur behandle ich in dem Sinne restriktiv und pragmatisch, daß ich nicht von materialen theologischen Aussagen auf der Inhaltsebene ausgehe, sondern die Flugschriften ausschließlich als literarische Akte einer gezielten Parteinahme für die zunächst von Luther ausgehende Bewegung interpretiere. In publizistischer Hinsicht ist das »Reformatorische« zunächst und vor allem eine spezifische Form der Parteinahme, unabhängig davon, wie die rezeptionsgeschichtliche Stellung zu bestimmten Inhalten reformatorischer Theologie bestimmbar sein mag.[15] Der historischen Bezogenheit anonymer Flugschriften auf die lokalen Diskussionszusammenhänge ihrer mutmaßlichen Entstehungsorte soll dabei besondere Aufmerksamkeit zukommen.
Quantifizierende Hinweise zum Anteil anonymer Publikationen am geschätzten Gesamtvolumen der ca. 10.000 Flugschriftenausgaben zwischen 1501 und 1530[16]

Anonymität für das Medium Flugblatt und seiner relativ großen, zeitlich freilich eng befristeten Bedeutung für die Flugschrift zu sehen zu sein. Zur besonderen Bedeutung der Anonymität bei literarischen Kleinformen vgl. *Wolfgang Harms*, Anonyme Texte bekannter Autoren auf illustrierten Flugblättern des 17. Jahrhunderts. Zu Beispielen von Logau, Birken und Harsdörffer. In: Wolfenbütteler Barock – Nachrichten 12, 1985, S. 49-58, bes. 50-52; vgl. auch *Harms* (wie Anm. 110), S. XX; vgl. XVI; XXIIf; vgl. auch: *Silvia Serena Tschopp*, Heilsgeschichtliche Deutungsmuster in der Publizistik des Dreißigjährigen Krieges, Frankfurt/M. u.a. 1991, bes. S. 87ff. Die von mir in bezug auf die Flugschriften vertretene Deutung der Anonymität als intendierter oder in Anspruch genommener Allgemeingültigkeit scheint auch für die Flugblätter vertreten zu werden. *Oelke* formuliert: »Durch das Abstrahieren von allen individuellen Zügen ließ sich eine größere Verbindlichkeit und eine Steigerung der Allgemeingültigkeit der im Text gemachten Aussage erreichen«. A.a.O., S. 103.

15. Die von mir gewählte formale Bestimmung des ›Reformatorischen‹ als Parteinahme zugunsten Luthers und seiner Lehre kann und will die Bestimmung des Reformatorischen von den theologischen Inhalten der Flugschriften her keineswegs ersetzen. Zu der stark an der Frage der rezeptionsgeschichtlichen Beziehung reformatorischer Flugschriften zu Luther orientierten Forschung vgl. zuletzt: *Thomas Hohenberger*, Lutherische Rechtfertigungslehre in den reformatorischen Flugschriften der Jahre 1521/22, Tübingen 1996; *Bernd Moeller, Karl Stackmann*, Städtische Predigt in der Frühzeit der Reformation. Eine Untersuchung deutscher Flugschriften der Jahre 1522 bis 1529, Göttingen 1996. Schon *Gottfried Blochwitz* (Die antirömischen deutschen Flugschriften der frühen Reformationszeit [bis 1522] in ihrer religiös-sittlichen Eigenart. In: ARG 30, 1927, S. 145-254) hat sich um eine Analyse der volkssprachlichen Flugschriftenliteratur unter dem Aspekt der dezidierten Anknüpfung an Luther bemüht. Auch einzelne anonyme Flugschriften hat er einbezogen, vgl. bes. 174ff.; 180; 189f.; 191f.; zu *Blochwitz'* Zuweisung der anonymen Schriften an ein humanistisches Milieu s. u. Anm. 329.
16. *Hans-Joachim Köhler*, Erste Schritte zu einem Meinungsprofil der frühen Reformationszeit. In: *Volker Press, Dieter Stievermann* (Hgg.), Martin Luther. Probleme seiner

sind nach dem gegenwärtigen Stand der Forschung m. W. nicht möglich. Ich beschränke mich deshalb auf einige relative Angaben zu den anonymen Flugschriften zwischen 1520 und 1525, denen eine durchaus eingeschränkte Aussagekraft zukommt. Sie basieren im wesentlichen auf den Bibliographien von Pegg und den ersten drei Bänden der Köhlerschen Flugschriftenbibliographie. Alle diese Angaben sind mit gewissen Vorbehalten zur Kenntnis zu nehmen, da bei vielen anonymen Flugschriften nicht nur die Erscheinungsorte und die Drucker, sondern auch die Erscheinungsjahre erschlossen sind. Die Angaben beschränken sich auf anonyme Flugschriften unter Ausschluß der Dialoge; Aktenpublikationen und chronistische Berichte sind ebenso wenig berücksichtigt wie Flugschriften benannter Körperschaften oder Institutionen.
Folgende ganz vorläufige Ergebnisse seien knapp rekapituliert: 1. Zwischen 1519 und 1520 scheint sich die Zahl der anonymen Flugschriften mehr als verdoppelt zu haben. 2. Seit 1520/21 ist die dominierende Sprache der anonymen Flugschriften das Deutsche. Diese Beobachtungen konvergieren mit den einschlägigen quantitativen Ergebnissen zur reformatorischen Flugschriftenpublizistik im ganzen und bedürfen keiner weiteren Begründung.[17] 3. Die größte Menge anonymer Flugschriften erschien im Jahr 1521; schon 1522 und noch deutlicher 1523-1525 nimmt die Zahl der anonymen Flugschriften ab. Die anonyme Flugschriftenpublizistik verhält sich damit gegenläufig zur ansteigenden Wachstumsquote der Flugschriftenproduktion überhaupt, die seit 1518 sprunghaft zunahm und 1524 ihren absoluten Höhepunkt erreichte. Die anonyme Flugschriftenpublizistik ist hinsichtlich ihres

Zeit, Stuttgart 1986, S. 244-281, hier: 249. Unverständlich ist mir, wie sich zu dieser Angabe die »über 11.000 Drucke« (a.a.O., S. 250) verhalten, die *Köhler* für die Jahre des Produktionsbooms zwischen 1520 und 1526 ansetzt, und die ca. drei Viertel des Gesamtvolumens – das demnach auf 14-15.000 Drucke zu schätzen wäre – ausmachen sollen. Letzteres ist offenbar nicht so; in seinem Beitrag »The Flugschriften« (s. Anm. 17) spricht *Köhler* davon, daß diese ca. drei Viertel »well over 6000 editions« (S. 155) entsprochen hätten.

17. Wegweisende auch quantitative Forschungsergebnisse zum Flugschriftenmaterial bieten besonders *Köhler*, wie Anm. 16; vgl. *ders.*, Fragestellungen und Methoden zur Interpretation frühneuzeitlicher Flugschriften. In: *ders.* (Hg.), Flugschriften als Massenmedium der Reformationszeit, Stuttgart 1981, S. 1-28; *ders.*, The Flugschriften and their Importance in Religious Debate: A Quantitative Approach. In: *Paola Zambelli* (Hg.), ›Astrologi hallucinati‹. Stars and the End of the World in Luther's Time, Berlin u.a. 1986, S. 153-175; *ders.*, Vorwort zu: Bibliographie Bd. 1, S. Vff.; *ders.*, Die Flugschriften der frühen Neuzeit. Ein Überblick. In: *Werner Arnold u.a.* (Hg.), Die Erforschung der Buch- und Bibliotheksgeschichte in Deutschland, Wiesbaden 1987, S. 307-345; *ders.*, Die Flugschriften. Versuch der Präzisierung eines geläufigen Begriffs. In: *Horst Rabe u.a.* (Hg.), Festgabe für Ernst Walter Zeeden, Münster 1976, S. 36-61; *Zorzin*, wie Anm. 13, und zuletzt *Mark Edwards*, Printing, Propaganda and Martin Luther, Berkeley u.a. 1994.

quantitativen Schwerpunktes als Phänomen der frühen Durchsetzungsphase reformatorischer Gesinnungen und Meinungen besonders in oberdeutschen städtischen Reformationsprozessen anzusprechen. Zwischen 1520 und 1522 scheinen mehr als doppelt so viele anonyme Flugschriften gedruckt worden zu sein wie in den Jahren 1523-1525. Der Schwerpunkt der anonymen Flugschriftenproduktion lag – in der Reihenfolge ihrer Bedeutung – in den Druckmetropolen Augsburg, Straßburg und Basel. Die in bezug auf die Gesamtproduktion reformatorischer Flugschriften außerordentlich wichtigen Druckzentren Wittenberg, Nürnberg, Leipzig und Erfurt[18] spielen bei der Verbreitung anonymer Flugschriften eine untergeordnete oder fast gar keine Rolle. 4. Das quantitative Gesamtvolumen der anonymen Publizistik zwischen 1519 und 1525 dürfte hinsichtlich der Zahl der Druckausgaben deutlich oberhalb der für die erfolgreichsten Autoren der Zeit errechneten Quoten[19] liegen und möglicherweise sogar an die von keinem reformatorischen Einzelautor auch nur von ferne erreichte publikationsgeschichtliche Bedeutung Luthers heranreichen. Anonyme Flugschriften stellen demnach ein keineswegs marginales, sondern ein durchaus zentrales Phänomen frühreformatorischer Publizistik dar.

Im Vordergrund der folgenden Ausführungen stehen vor allem anonyme *Flugschriftenserien* aus der ›hohen‹ Zeit anonymer Flugschriftenpublizistik, den Jahren 1520/21. An diesen anonymen Reihenpublikationen zeigt sich m. E. besonders deutlich, daß die Furcht vor dem Bekanntwerden keineswegs die alleinige, vielleicht nicht einmal die dominierende Ursache dafür gewesen ist, daß ein Autor anonym schrieb. Vielmehr spricht einiges dafür, daß die von den anonymen Verfassern in Anspruch genommene Allgemeinheit und globale Repräsentanz ihrer Auffassungen und Meinungen als ein wesentliches Moment ihrer Publikationsstrategie anzusprechen ist. Ein Verfasser kann auch deshalb ungenannt bleiben, weil die von ihm vertretenen Anschauungen nicht als individuelle und spezifische, sondern als allgemein anzuerkennende Positionen die Aufmerksamkeit der Leser beanspruchen. Damit unterscheiden sich die Anonymen grundsätzlich von der – wenn ich recht sehe – seit ca. 1522 massiv hervortretenden Publikationshaltung zahlreicher individueller, in aller Regel namentlich genannter reformatorischer Erstpublizisten, die persönliche Erfahrungen von lebensgeschichtlicher Brisanz und lebenswendender Tragweite, sei es der Klosteraustritt[20], sei es

18. Vgl. nur *Köhler*, wie Anm. 16, S. 271
19. Vgl. *Zorzin*, wie Anm. 13, bes. S. 24; 79ff.; *Edwards*, wie Anm. 17, bes. S. 26; *Hohenberger*, wie Anm. 15, hat in ein als repräsentativ behauptetes Quellensample mit Flugschriften aus den Jahren 1521/22 einen Anteil an anonymen Flugschriften, der 25 % des Gesamtvolumens ausmacht, aufgenommen, vgl. S. 197; zum Umgang mit ›anonymen‹ Flugschriften instruktiv: a.a.O., S. 221, 269.
20. Vgl. *Johannes Schilling*, Klöster und Mönche in der hessischen Reformation, Gütersloh 1997, S. 143ff.; vgl. zur Flugschriftenpublizistik im Lichte lebensgeschichtlicher Umbrüche auch: *Rublack*, wie Anm. 108.

die Eheschließung[21], sei es der mit Konflikterfahrungen verbundene Einsatz für das Evangelium[22] vor ihrem Lesepublikum ausbreiten. Für diese Texte dürfte das persönliche, biographische Element ebenso ein integraler Bestandteil sein wie für die Anonymen das transpersonale, überindividuelle. Die Textgattung, die in quantitativer Hinsicht den weitaus größten Anteil unbekannter Verfasser aufzuweisen hat, die Dialogflugschriften, erscheinen in dieser Perspektive als idealtypische literarische Umsetzung eines bestimmten Typus anonymer Publizistik überhaupt.

II. Zu den Anfängen anonymer reformatorischer Flugschriften

Eine der ersten deutschsprachigen Reformationsflugschriften, die anonym erschien, war Lazarus Spenglers »Schutzrede für Luthers Lehre«. Die Umstände ihres Erscheinens sind weitgehend im Dunkeln. Spenglers eigener Hinweis – freilich gegenüber dem Bamberger Bischof geäußert und in einen apologetischen Zusammenhang gestellt –, die Schrift sei ohne sein »Wissen, Bewilligung und Geheiß«[23],

21. Vgl. z. B. *Thomas Kaufmann*, Pfarrfrau und Publizistin – Das reformatorische Amt der Katharina Zell. In: ZHF 23, 1996, S. 169-218; *Stephen E. Buckwalter*, Die Priesterehe in Flugschriften der frühen Reformation, Gütersloh 1998.
22. Vgl. z. B. *Silke Halbach*, Argula von Grumbach als Verfasserin reformatorischer Flugschriften, Frankfurt a. M. 1992; *Martin Arnold*, Handwerker als theologische Schriftsteller. Studien zu Flugschriften der frühen Reformation (1523-1525), Göttingen 1990; am Beispiel der Quellengattung der ›Predigtsummarien‹ vertriebener evangelischer Prediger: *Moeller, Stackmann,* wie Anm. 15.
23. *Johann Bartholomäus Riederer*, Beytrag zu den Reformationsurkunden betreffend die Händel, welche D. Eck bey Publication der päbstlichen Bullen wider den sel. D. Luther im Jahr 1520 erreget hat ... Altdorf 1762, S. 94: »... und bin gestendig (sc. Spengler), das desselb buchlin (sc. die Schutzrede) durch mich anfenglich, nit on redlich bewegung, wie ich mit grund anzeigen mag, gemacht, und in ein verzeichnuß gepracht. Das es aber nachvolgen gedruckt und offenlich außgangen, das ist, ob ich E.F.g. bei hochstem glauben zuschreiben mag, und deß von dapffern redlichen und erlichen personen genugsamen rechtmessigen schein und urkund bringen, und darzu, wurtt not, mit einem aide erhalten mechte, on mein wissenn, bewilligung und geheiß, darzu aber statlich mein verpietenn bescheen, mir auch nie lieb gewest, welches auch aus dem abzunemen, deß die angebne sollichs drucks meinen namen, deß ich sonst gantz kein abschewen getragen, zu setzen underlassen haben«. Für den Inhalt der Schrift steht Spengler in vollem Umfange ein; zum Zeitpunkt der Veröffentlichung der Schutzrede sei Luther noch unverurteilt gewesen. Spengler, Schriften Bd. 1, Nr. 10, S. 146; der Brief wird erscheinen in: Pirckheimer Briefwechsel Bd. 4, Nr. 734; vgl. im ganzen *Hans von Schubert,* Lazarus Spengler und die Reformation in Nürnberg, Leipzig 1934, Ndr. New York – London 1971, S. 189ff.; 195 mit

»ja gegen sein Verbot veröffentlicht«[24], ist umso erklärungsbedürftiger, als bestimmte Elemente schon der Urfassung der Schrift ausgeprägt subjektive Aussagen enthalten[25], sich durchgängig der auch biographisch gemeinten ersten Person Singular bedienen und auf einen öffentlichen Diskurs hin angelegt zu sein scheinen.[26] Unbeschadet der Frage, welcher Zusammenhang zwischen Spengler selbst und dem (Augsburger) Urdruck seiner »Schutzrede« bestand: Die Schrift gelangte als das persönliche Zeugnis eines Ungenannten zugunsten Luthers an die Öffentlichkeit. Nicht als Schrift Spenglers, sondern als anonyme Flugschrift erregte sie Aufsehen und erreichte sie ein beträchtliches publizistisches Echo.[27] Durch die anonyme Veröffentlichung erhielt die Schrift einen gleichsam exemplarischen Zuschnitt: ein sich von den »Gelehrten«[28] unterscheidender »liebhaber götlicher warhait der heiligen geschrifft«[29] legt seine über der gewissenhaften Prüfung der Bibel und ihrer Vergleichung mit der Lehre Luthers gewonnenen Erkenntnisse dar; seine Einsicht, daß Luthers Lehre mit der Christi übereinstimmt, bringt ihn selbst in den gegen Luther erhobenen Verdacht der Ketzerei.[30] Schrift und Vernunft, die Instanzen, auf die sich Luther in Leipzig berief, führen aber zu der unwiderlegbaren Erkenntnis, daß Luthers Lehre wahr ist und eine elementar gewissensbefreiende Wirkung auslöst.[31] Gerade die von dem Anonymus nachdrücklich erhobene

Anm. 2; 215-236; 247-250; zu allen Spengler betreffenden Fragen vgl. die Literaturhinweise in Schriften Bd. 1 und zuletzt *Berndt Hamm*, Bürgertum, (s. u.), S. 143ff.; *Harald J. Grimm*, Lazarus Spengler. A lay leader of the Reformation, Columbus 1978, S. 36ff. Worauf sich die von *Grimm* (a.a.O., S. 36) geäußerte These, Spengler habe seine Schrift schon 1518 verfaßt, gründet, ist mir unverständlich. Da Spenglers Schrift in die Wirkungsgeschichte der Leipziger Disputation gehört, ist diese These m. E. auch abwegig. Unter Spenglers Namen erschien lediglich ein Nürnberger Druck, vgl. Schriften Bd. 1, S. 78; 80 (E). Die von *Berndt Hamm* (Bürgertum und Glaube. Konturen städtischer Reformation, Göttingen 1996, S. 150) geäußerte These, das auf dem Titelblatt stehende Adjektiv »erbar« verweise auf die »Zugehörigkeit ihres Verfassers zur sozialen Oberschicht der reichsstädtischen ›Ehrbarkeit‹« (ebd.), geht von der Kenntnis des Autors, nicht aber von dem aus, was für einen zeitgenössischen Leser dem Titelblatt zu entnehmen ist. Die sozial-ständischen Implikationen des Wortes »ehrbar« stehen neben der allgemeinen Bedeutung von »rechtschaffen / unbescholten« o. ä.; vgl. Deutsches Wörterbuch von *Jacob Grimm* und *Wilhelm Grimm*, Neubearbeitung Bd. 7, Stuttgart/Leipzig 1993, Sp. 154ff.

24. Spengler, Schriften Bd. 1, S. 75.
25. Vgl. z. B. Spengler, Schriften Bd. 1, S. 89,6ff.; 85,14f.
26. Vgl. etwa Spengler, Schriften Bd. 1, S. 89,5f.; 92,14-16; 93,4f.
27. Der quantitativ größere Anteil der Nachdrucke einschließlich der deutschen Luthersammelausgaben erfolgte anonym, s. Anm. 23.
28. Vgl. z. B. Spengler, Schriften Bd. 1, S. 97,13 u. ö.
29. Spengler, Schriften Bd. 1, S. 82,2; Titelblatt S. 74; MF 446/1195.
30. Spengler, Schriften Bd. 1, S. 89,14f.; vgl. 82,12ff.; u. ö.
31. Vgl. z. B. Spengler, Schriften Bd. 1, S. 95,15ff.; 96,10-12; 89,6ff.; 99,2f.

Forderung, die Auseinandersetzung um Luthers Lehre solle öffentlich geschehen[32], gibt m. E. wesentliche Hinweise auf die Deutung der Schrift und die Funktion der Anonymität. Die »Schutzrede« bringt – gemäß dem im römischen und im kanonischen Recht belegten Grundsatz, daß jeder Angeklagte Anspruch auf ein Verhör habe[33] – die Luthersache in die Öffentlichkeit und trägt damit dazu bei, daß dem schon Vorverurteilten Gerechtigkeit widerfährt. Zugleich ist der Zug in die Öffentlichkeit in der Sache selbst begründet, ja der Diskurs um das Heil fordert die Öffentlichkeit: »Ist sy (sc. Luthers Lehre) gerecht und götlich, so wirt sy niendert billicher dann bey denen, den sy allenthalben zu gutem kommen mag, offenlich ... Ist sy aber ungötlich, so mag abermals fruchtbarer sin, das ouff einmal bey allem volck als ain unchristenlich gifft außzureiten, dann dise ire opinion mit nachtail des glaubens zu halten ...«.[34] Indem der anonyme »liebhaber götlicher warhait der heiligen geschrifft« mit seiner »Schutzrede« Öffentlichkeit herstellt und die Lehre Luthers am Maßstab der Schrift gewissenhaft prüft, leistet er stellvertretend und exemplarisch, was Luthers Gegner unterlassen. Mit Ausnahme einer kritischen Erwähnung Tetzels[35] verzichtet der Anonymus auf Polemik, die über nicht personal identifizierbare Bemerkungen zu den »grossen vermainten theologos«[36] hinausgeht, vollständig. Die um eine ernsthafte Sacherörterung und ein verantwortungsvolles Verfahren gegenüber Luther bemühte Sprachform der »Schutzrede« weist in ihrer anonym erschienenen Ursprungsgestalt sogar ein deutlich unpolemischeres Gepräge auf[37], als die etwa ein halbes Jahr später erschienene Ausgabe, in der Spengler als Autor firmierte. Die Anonymität der »Schutzrede« spiegelt eine bestimmte Publikationshaltung, gleichgültig, ob Spengler selbst oder das Augsburger Humanistenmilieu den entscheidenden Anstoß zur Drucklegung gaben.[38]

32. Spengler, Schriften Bd. 1, S. 96,13 – 97,12; 99,17ff.; vgl. 207,21 – 211,8.
33. Vgl. Spengler, Schriften Bd. 1, S. 208,9 mit Anm. 575; 101,9f.; 102,7ff.
34. Spengler, Schriften Bd. 1, S. 97,2-11.
35. Spengler, Schriften Bd. 1, S. 99,1f.
36. Vgl. z. B. Spengler, Schriften Bd. 1, S. 102,7; Kasus von mir geändert, Th.K.
37. Vgl. z. B. die Zusätze in den im Sommer 1520 erschienenen Augsburger und Nürnberger Druckfassungen D und E. Spengler, Schriften Bd. 1, S. 88,10-12; 89,2f.; vgl. 102,5-13 (die Gegner Luthers verurteilen seine Lehre, ohne seine Schriften überhaupt gelesen zu haben); 92,1-13; 98,8-15; 92,15. An einer Stelle ist in der von Spengler überarbeiteten Fassung ein lokaler Bezug eingefügt: »... so ist offenlich ... das (nit allein zu Nürnburg, sonder schier) an allen orten teütscher land gehört, mitt was unverschämpter vermessenhait ... Johannes Tetzel ... den ablaß und andere yrsal ... geprediget ....« Spengler, Schriften Bd. 1, S. 98,21 – 99,2. Der Anonymität entspricht also eine lokal und geographisch entschränkte Allgemeinheit des Ausdrucks.
38. Will man nicht Spengler selbst als Initator der Augsburger Drucklegung annehmen, so ist er natürlich als zweifelsfreier Verfasser der Schutzrede für ihre – zunächst handschriftliche – Veröffentlichung verantwortlich. Ein Privatschreiben, das nicht auf ›öffentliche‹, d. h. für den Autor prinzipiell nicht kalkulierbare Rezeption angelegt

Mit der Anonymität ist der Anspruch auf Repräsentativität und Allgemeinheit verbunden: So wie der ungenannte »liebhaber götlicher warhait« über Luthers Lehre denkt, muß jeder Christ urteilen. So, wie der Anonymus als exemplarische Person, die um ihr Seelenheil besorgt ist, Luthers Lehre als Befreiung empfindet, soll und

ist, ist die Schutzrede nicht. Ihr literarischer Charakter spricht m. E. eindeutig für eine vom Autor selbst intendierte ›öffentliche‹ Wirkung. Die Tatsache, daß die anonyme Druckfassung von Spengler mit Ausnahme einiger Zusätze in der revidierten und namentlich gekennzeichneten Ausgabe weitgehend unverändert übernommen wurde, spricht auch eindeutig gegen eine redaktionelle Bearbeitung der Urfassung durch einen Herausgeber. Auch der Umstand, daß Spengler keinerlei öffentlichen Protest oder irgendein Unbehagen über die anonyme Druckveröffentlichung äußert, dürfte nahelegen, daß ihm das ganze Verfahren keineswegs zuwider war oder seinen Intentionen widersprach. Sieht man in Adelmann diejenige Person, die den Augsburger Urdruck der Schutzrede lancierte (vgl. dazu *Schubert*, wie Anm. 23, S. 195; Spengler, Schriften Bd. 1, S. 75), dürfte der publikationsstrategische Zusammenhang evident sein, denn etwa gleichzeitig mit Spenglers Schutzrede erschien die von Adelmann angeregte (vgl. WA Br 2, Nr. 251; *Ernst Staehelin*, Das theologische Lebenswerk Johannes Oekolampads, Leipzig 1939, S. 109), von Oekolampad verfaßte (vgl. WA Br 2, Nr. 261) Flugschrift »Canonici indocti Lutherani« (EA var arg 4, S. 61-70; vgl. W^2, Sp. 1275-1284; *Staehelin*, Oekolampad-Bibliographie, Nr. 15-19; deutsche Ausgaben: 20f.; Druckerzuschreibung problematisch, vgl. z. B. *Pegg*, Swiss, 3829: [Johannes Prüss, Straßburg, 1519]; vgl. VD 16 O 297-300: [Erfurt], [Straßburg], [2 x Wittenberg], bisher kein Augsburger Druck nachgewiesen!) Zur Sache vgl.: *Staehelin*, Das theologische Lebenswerk Oekolampads, S. 108ff.; *Martin Brecht*, Martin Luther I, S. 319ff.; vgl. *Staehelin*, Briefe und Akten Oekolampads Bd. 1, S. 109; *Leif Grane*, Martinus noster, S. 174ff.; *Franz Xaver Thurnhofer*, Bernhard Adelmann von Adelmannsfelden, Humanist und Luthers Freund, Freiburg/B., 1900, S. 62-66. In bezug auf die anonyme Schrift Oekolampads ist die redaktionelle Einflußnahme Conrad Peutingers gesichert (*Staehelin*, Das theologische Lebenswerk Oekolampads, S. 109; 110, Anm. 1). Wahrscheinlich muß man voraussetzen, daß nicht nur Oekolampads, sondern auch Spenglers Schrift in der Augsburger Humanistensodalität kursierte und besprochen wurde. Nicht ein einzelner Herausgeber, sondern ein Milieuzusammenhang dürfte hinter der – wie mir scheint – publikationsstrategisch reflektierten und natürlich besonders auf Eck abzielenden, parallelen Veröffentlichung der ersten lateinischen und der ersten deutschen Lutherapologie stehen. WA Br 1, Nr. 249,27 erhellt, daß man in Wittenberg die Parallelität beider Schriften wahrnahm und durch entsprechende Nachdrucke (Spengler, Schriften Bd. 1, S. 79, B; Exemplar MF 1100/2833; VD 16, S 8256/8257; zu Oekolampad vgl. MF 145/401; 188/861; 865/2185; 1036/2609; deutsche Ausgabe: 144/398; 298/862; vgl. WA Br 1, Nr. 240,5; 242,5; 2, Nr. 249,27; 257,10-12) herausgab. Zur deutschen Übersetzung mit anonymem Zusatz (MF 144/398 / MF 298/862 vgl. *Grane*, Martinus noster, S. 177f.) in einem (Wittenberger) und einem (Nürnberger) Druck (VD 16 O 301f.), s. u. Anm. 55; zur Reihenfolge: *Ernst Staehelin*, Oekolampad-Bibliographie, Ndr. Nieuwskoop 1963, Nr. 20f.

kann sie jeder Christ aufnehmen, was auch immer die gelehrten Theologen dazu sagen mögen. Der Weg in die Öffentlichkeit entspricht der Überzeugung, daß die von Luther aufgeworfenen Fragen jedermann angehen, und die Anonymität bringt den Anspruch zum Ausdruck, gleichsam die »öffentliche Meinung« selbst zu repräsentieren.[39] Die Anonymität der volkssprachlich abgefaßten »Schutzrede« ist die literarische Ausdrucksform eines allgemein-christlichen Wahrheitsbewußtseins. Dieses spezifische Profil scheint sie von anonymen lateinischen Flugschriften durchaus zu unterscheiden.

Die – wie mit guten Gründen zu vermuten – von demselben Augsburger Humanistenkreis[40], der hinter dem Druck der Spengler-Apologie stand[41], lancierte anonyme lateinische »Responsio« der ›ungelehrten lutherischen Kanoniker‹, für die – gleichfalls zweifelsfrei – ein Hauptverfasser[42], nämlich Johannes Oekolampad, fest-

39. Ein für Spengler – wie es scheint – nicht unwichtiger Aspekt, der gegen die nichtöffentliche Behandlung der Luthersache sprach, betraf die Reaktion des ›gemainen man[nes]‹ (Spengler, Schriften Bd. 1, S. 210,1) darauf. Daß Luther kein ordentliches Verhör bekommen habe, habe das »gemain volck allenthalben gantz hitzig, bewegig und auffrurig gemacht« (S. 210,4f.). Nur ein ordentliches Verhör Luthers auf einem Konzil (S. 210,9f.) vermöge »den gemainen Man zu stillen«.

40. Adelmann scheint auch mit der Drucklegung des Eccius dedolatus in Zusammenhang gestanden zu haben; dies dürfte aus dessen Korrespondenz mit Pirckheimer hervorgehen, vgl. die Nachweise *Holzbergs* (wie Anm. 43), S. 121f.; zur Anspielung auf die dem Verfasser des Eccius dedolatus bekannte Augsburger Humanistenszene, die hinter Oekolampads Responsio stand, vgl. *Holzberg*, S. 17. Freilich weisen die erschlossenen Druckerzuweisungen (vgl. *Köhler*, Bibliographie, Bd. 1, 612-614; VD 16 C 5587-5589) nicht nach Augsburg oder Nürnberg, sondern nach Schlettstadt und Erfurt. Vor der Veröffentlichung ist mit einem Kursieren der Manuskripte im humanistischen Kontaktnetz der Sodalitäten zu rechnen, vgl. auch *Grane*, Martinus noster, S. 212.

41. In bezug auf die Parallelität beider Luther-Apologien wird man neben den oben (Anm. 38) genannten Gesichtspunkten zugleich die Reaktionen Ecks auf beide Schriften zu berücksichtigen haben; vgl. die Hinweise bei *Riederer* (wie Anm. 23) und *Schubert* (wie Anm. 23), S. 190f.

42. Ähnlich wie bei den Dunkelmännerbriefen ist bei dem Eccius dedolatus (vgl. *Hans Rupprich*, Der Eccius dedolatus und sein Verfasser, Wien 1931; dazu auch *Holzberg*, wie Anm. 43, S. 125) und der Canonicorum indoctorum Lutheranorum ad Johannem Eccium responsio die Entstehung der Texte in einem bestimmten Milieuzusammenhang zu reflektieren und ihr Charakter als literarische Gemeinschaftswerke bzw. ihre Verortung in einem Diskurszusammenhang in ihre Wertung einzubeziehen. Die dem Dialog Eccius dedolatus zugrundeliegende onomatologische Ableitung des Namens Eck (Herkunftsname nach dem schwäbischen Dorf Egg an der Günz, aus dem Johann Maier genannt Eck, stammte) von dem griechischen Wort αἰκίζειν bzw. αἰκίζομαι (= ungebührlich behandeln, beschimpfen, entehren, verstümmeln), die dem an Eck im Dialog vollzogenen ›Enteckungsritual‹ das Motiv verleiht (vgl. *Holzberg*, S. 74ff.), scheint erstmals von Oekolampad in der Antwort

steht, weist gegenüber der »Schutzred« unter dem Gesichtspunkt der anonymen Publizistik einige bemerkenswerte Besonderheiten auf. Sie ist lateinisch erschienen, besitzt über weite Strecken ein an den Stil der Dunkelmännerbriefe erinnerndes satirisches Gepräge und entlarvt in ihrer gegen die Person Ecks und dessen literarischen Angriff auf namentlich nicht genannte lutherische Domherren gerichteten Polemik dessen grobianisches Wesen und seine eitle Dummheit.[43] Der polemisch-ironische Duktus[44] ist von zentraler Bedeutung für die Intention der direkt an Eck adressierten Schrift. Der Angriff Ecks auf die vermeintlich ungelehrten Kanoniker, die Luther unterstützten und die mit ihm der Ketzerei verfielen[45], bestimmt die Grundrichtung der Widerlegung, die einerseits der Rehabilitation der Person Luthers, andererseits seiner evangeliumsgemäßen Lehre gilt.[46] Als Schrift, die sie für Luthers Lehre eingenommen habe, führen die ungelehrten Kanoniker seine lateinische, vor 1520 nicht in der Volkssprache verbreitete Auslegung der 10 Gebote von 1518 an.[47] Der ›Erfolg‹ der Ablaßthesen Luthers unter den »doctissi-

der ungelehrten Domherren verwandt worden zu sein. »Iterum quaeris (sc. Eck) ... quos insigniter αἰκίζῃς, ut neminem non contemptui habeas ....« EA var arg 4, S. 63. Der schon seinem Namen nach als Verstümmelnder (αἰκίζης) enttarnte Eck wird seinerseits verstümmelt, vgl. *Holzberg*, S. 74ff. Sollte angesichts der beharrlichen Verweigerung Pirckheimers, seine schon von zahlreichen Zeitgenossen vermutete (vgl. WA Br 2, Nr. 263) Verfasserschaft des Eccius dedolatus zuzugeben, ein Zusammenhang zwischen dem Pseudonym Johannesfranciscus Cottalembergius und Johannes Oecolampadius erwägenswert sein?

43. Daß sich unter dem Eindruck der causa Lutheri die Wertung Ecks im humanistischen Milieu gegenüber seiner früheren Einschätzung geradezu in ihr Gegenteil verkehrt hatte, kann man etwa an der Einschätzung Pirckheimers anschaulich machen. In seiner Epistola apologetica von 1517 rechnete ihn der Nürnberger unter die Gruppe der gegen den scholastischen Obskurantismus stehenden »modernen Theologen«; vgl. *Manfred Schulze*, Johannes Eck im Kampf gegen Martin Luther. In: LuJ 63, 1996, S. 39-67, bes. 41f. Im wohl im Frühsommer 1520 erschienenen Eccius dedolatus war er der vir obscurus schlechthin (vgl. *Niklas Holzberg*, Lateinisch-deutsche Ausgabe des Eccius dedolatus, Stuttgart 1983, S. 116). Zu Ecks barbarischem Latein vgl. auch EA var arg 4, S. 69.
44. Vgl. schon die Anrede Ecks: »Gloriosissimo Superdoctissimo Triumphatori Magistro Nostro, Magistro Ioanni Eccio Theologistae ...« EA var arg 4, S. 62.
45. EA var arg 4, S. 62f.
46. EA var arg 4, bes. S. 64; 66.
47. »Ante paucos autem annos declamatiunculae quaedam populares illius, tumultuario et repentino, ut videtur, calore scriptae, in manus nostras venerunt, in quibus decem praecepta Mosis enarrans velamen ab oculis illius removeret«. (EA var arg 4, S. 65f.). Über der Lektüre dieser Schrift Luthers sei es zur Hinwendung der ungelehrten Kanoniker zum Evangelium gekommen: »Unde tum sua (scil. Luthers) eruditione perspicuaque claritate praestitit, ut supra morem Scholasticorum indocti nos sublimius de Christo, sanctius de evangelio sentiremus, positoque supercilio parum, imo nihil nobis, multum, imo omnia Christo Deo tribueremus«. EA var arg 4, S. 66.

mi«[48] dient der anonymen Schrift als zentrales Argument dafür, Ecks These, die Lutheranhänger seien »indocti«, zu entkräften. Zugleich nehmen die anonymen Kanoniker die ihnen durch Eck zugewiesene Rolle als »indocti« an: da sie selbst dem ungelehrten Volk entstammten, könnten sie schwerlich Luthers Lehre verbreitet haben. Dies sei vielmehr durch den Buchdruck geschehen; der publizistische Erfolg Luthers sei ein Beweis für die Wahrheit seiner Lehre.[49] Luthers bahnbrechender Erfolg, so behauptet die anonyme responsio an Eck, stelle eine neuartige Gemeinschaftserfahrung von Gelehrten und Ungelehrten dar, ein von Gott selbst heraufgeführtes Gegenwärtigwerden seiner Wahrheit, die die von Eck im Sinne letztgültiger Qualifikationen verstandene Fundamentaldifferenz von doctus und indoctus aufhebt. Gerade die »indocti« halten sich allein an die heilige Schrift und die anerkannten altkirchlichen Ausleger[50], und an diesem Maßstab geurteilt erscheint Luthers Lehre als wahr. Die Ungelehrten sind viele, sie brauchen Eck nicht zu fürchten[51] – ihre Stimme wird in einer anonymen Flugschrift laut. Auch in der höchst reflektiert stilisierten lateinischen »responsio« an Eck[52] spiegelt die Anonymität eine Publikationshaltung, die mit dem Anspruch globaler Meinungsrepräsentanz verbunden ist. Die vermeintliche Standesapologie der Domherren erweist sich als Apologie des allgemeinen Christenstandes, dessen docilitas allein von der Schrift her bestimmt wird.

48. Vgl. EA var arg 4, S. 66.
49. »At non ideo dabimus (sc. die canonici indocti) errores a nobis disseminatos, nisi enim iam disseminata fuissent Lutheriana, quomodo ad nos, qui ex indocto vulgo sumus, et altero paene mundo intercipimur, pervenissent? An non hoc chalcographorum negotium est, qui simul atque recentiora quaepiam suboleverint, veritati consentanea, et plausibilia, ut lucrum faciant, ea magis extorquent, quam ambiunt, imo magis surripiant, quam extorquent (folgen ironische Bemerkungen über den bescheidenen publizistischen Erfolg der Bücher Ecks) ... Scis tu nunc saepius Lutherana et variis prelis excusa, et credis indoctos Canonicos tantum molestiarum voluisse subire, cum tua tamen interim apud nos paucos etiam doctos fastidiantur, etiam ab indoctis improbentur. Veritatemne putas sub modio posse condi? Rem, quae ex Deo est, aboleri posse credis?« EA var arg 4, S. 67. Zu dem Zusammenhang zwischen Luthers publizistischer Wirkung und der Wertung seiner Sache vgl. bes. *Edwards*, (wie Anm. 17), S. 7f.; passim; s. auch *Moeller*, (wie Anm. 14), S. 160.
50. Vgl. EA var arg 4, S. 67f.
51. EA var arg 4, S. 70. Die ›Ungelehrten‹ berufen sich auf das gleichlautende Urteil des Erasmus, den Inbegriff der Gelehrsamkeit: »Indocti sumus, non videmus enim, qua ratione perfecti Christum pauperem sequantur, si pro temporariis causis iurent; sed quid? nimirum ea in re et Erasmus, illud seculi nostri sidus, nobiscum, te censore, hallucinatur«. EA var arg 4, S. 69. Zum Stand der öffentlich wirksam gewordenen Haltung des Erasmus zu Luther gegen Jahresende 1519 vgl. zusammenfassend: *Grane*, Martinus noster, bes. S. 167-173.
52. *Grane* urteilt knapp und treffend: »*Canonici indocti* is cleverly written.« Martinus noster, (wie Anm. 38), S. 177.

Die causa Lutheri brachte für Vertreter der humanistischen Elite wie Oekolampad die neuartige Erfahrung mit sich, daß das, was man selbst durchaus in engem Anschluß an Erasmus[53] dachte und wollte, über den engen Kreis der gelehrten Sodalitäten hinaus wirksam zu werden begann, ja eine Öffentlichkeit als solche zu überzeugen schien. Insofern stellt ein anonymes Postskriptum, das der in Wittenberg erschienenen deutschen Übersetzung dieser Schrift der ungelehrten Kanoniker beigegeben war[54], und in dem ein angeblicher Laie die Rechte seines Standes in der Kirche gegenüber klerikalen und akademischen Privilegien in den Vordergrund stellte[55], eine konsequente Weiterführung des in Oekolampads »responsio« pro-

53. Im Lichte der deutschsprachigen Flugschriftenliteratur, die in Straßburg erschien, hat unlängst *Edwards* diese erasmianische Tendenz der Lutherrezeption betont, vgl. Printing (wie Anm. 17), bes. S. 100ff.; 108: »For a time – a crucial time for the Hedgling Reformation movement – Luther was read and represented in these Erasmian terms«.
54. Die verteutscht antwort / der / die Doctor Eck in seinem Sendbrieff an den Bischoff zu Myssen hat die ungelarten Lutherischen Thumhern genandt, 1520 (MF 144/398; vgl. 298/862; VD 16 O 301f.).
55. Zur Interpretation des Textes, für den Grane Luthers Verfasserschaft erwägt, vgl. *Grane*, Martinus noster, S. 177f. Charakteristisch scheinen besonders folgende Aussagen: »Frewen sollen sich alle / die / vormals als unverstendige / ungelerthe / unerfarne / göttlicher und Christlicher lere unentpfehigk von den großscheynenden geystlichen gehalten worden seyn. Schemen sollen sich auch widerumb alle hochtragende / ubermütige geyste / die von ubermasse yrer grossen weißheyt dahyn kummen / das sie es da für halten / Christus habe seyner frummen schefflein vergessen / und wone allein bey den falsch gleyssenden Rabonibus / tzu Latein Magistris nostris / tzu deutsch unßern Maystern. Dan es ist offentlich und am tag / mit was vernunfft / rechter schryfften verstandt / diße ungelerthe Thumherrn / dem großtetigen / aller künst Mayster / als er sich dunken lest. Geantwort haben. ... Es ist leyder dahyn kummen / das man uns Layen / von dem geystlichen Gottes Cörper / als untüchtige glidmaß abschneydt / ßo doch wir gleych alßo woll / Christus unnsers haupts gelyder yn eynem Glauben / eyner Tauff / in der schrifft genandt werden. ... Aber gott sey gelobet / der uns solche der heyligen schrifft außleger / auß seynem göttlichen allerbesten wolgefallen und gnaden geben hat. Darumb bitt ich eyn ydes frummes Christenlich hertz / wollt Gott ermanen / das er uns solcher Cristenlicher lerer mer erwecken wolle / arme / elende / betrübte geyst tzu tröstend und bestetigen«. (MF 144/398, B3v – 4r = MF 298/862, B3v- 4r). Ich neige eher dazu, die Verfasserschaft Karlstadts zu erwägen. Neben dem dezidierten Interesse an der Karlstadt zu Jahresbeginn 1520 noch stark in Anspruch nehmenden Auseinandersetzung mit Eck (vgl. *Zorzin*, wie Anm. 13, Nr. 18, s. auch S. 85ff.; 181ff.) wäre auch das bei ihm 1520 stark ausgebildete, wohl an Erasmus anknüpfende (vgl. Zorzin, S. 190 mit Anm. 37) – und wie mir scheint – gegenüber Luther schon zu diesem Zeitpunkt spezifische Moment laikaler Selbstverantwortung zu berücksichtigen. Vgl. De canonicis scripturis; *Zorzin*, Nr. 22; MF 1360-61/3592, B 4r/v; A2v. »Adidi (sc. Karlstadt) quoque ad omnes interpretationem scripturae pertinere id sic intellectum volo, quod omnes

grammatisch behaupteten neuartigen Gemeinschaftszusammenhangs aller derer, die im Urteil der Gegner Luthers als »indocti« erscheinen, dar. Als ebenso folgerichtig dürfte die Tatsache zu bewerten sein, daß dieser anspruchsvolle lateinische Text überhaupt in der Volkssprache weiterverbreitet wurde – sein Anspruch auf globale Meinungsrepräsentanz konnte nur durch die Entschränkung des Rezipientenkreises über die lateinkundigen »docti« hinaus angemessen zum Ausdruck kommen. Dies unterscheidet die anonym erschienene Schrift der ungelehrten Kanoniker durchaus von anderen lateinischen Flugschriften ohne Verfasserhinweis, die sich selbst dezidiert als gelehrte Beiträge zu einem Gelehrtendiskurs verstanden, oder die eindeutiger als die »responsio« die Tradition der Dunkelmännerbriefe fortsetzten und deren Anonymität nicht in dem von mir skizzierten Sinne als reflektierte Publikationshaltung zu interpretieren sein dürfte.[56]
Ebenso wie im Falle der Spenglerschen »Schutzrede« dürfte die Anonymität im Falle der »Canonici indocti« eine Korrespondenz von Inhalt und Form spiegeln:

quibus dominus deus illud muneris interpretandae scripturae largitur, possunt scripturam interpretari, sive sit laicus, sive clerus, sive prophanus, sive sacer ...«. B4r. Und v. a. den im Februar 1520, also in großer zeitlicher Nähe zum Wittenberger Nachdruck der um einen Zusatz erweiterten deutschen Ausgabe der (Oekolampad-)Schrift erschienenen Traktat »Verba Dei«, in dem es u. a. um das Problem ging, ob die Inhalte der Bibel auch Frauen und Ungebildeten beizubringen seien, vgl. Verba Dei, *Zorzin* Nr. 17, MF 1948/2650, z. B. A1v, C2v; O1r; vgl. auch *Zorzin*, S. 189f.; 196 mit Anm. 68. – Ein charakteristischer Unterschied in der theologischen Begründung des allgemeinen Priestertums zwischen Luther und Karlstadt dürfte schon 1520 darin bestanden haben, daß für Luther Glaube und Taufe, für Karlstadt hingegen allein der Glaube den allgemeinen Priesterstand der Christen begründen; vgl. zum Problem der laientheologischen Entwicklung Karlstadts bes. *Ulrich Bubenheimer*, Consonantia Theologiae et Iurisprudentiae, Tübingen 1977, S. 97f.; 100; 176 mit Anm. 68; 188f., 196-198. Auch Karlstadts besonderes Interesse als Kanoniker an einer responsio ungelehrter Kanoniker wäre in Betracht zu ziehen. Karlstadts »Verba Dei« und seine »Confutatio« gegen Eck (vgl. *Zorzin*, Nr. 17/18; MF 1048/2650, MF 133/359) erschienen in derselben Offizin wie der Wittenberger Nachdruck der »Responsio«, nämlich bei (M. Lotter d. J.), *Pegg*, Swiss, 3830; *Staehelin*, Oekolampad-Bibliographie, (wie Anm. 38), Nr. 16; zum Wittenberger Druck der deutschen Übersetzung vgl. oben Anm. 38.

56. Dies gilt etwa für die in vier z. T. voneinander abweichenden Textfassungen und mit unterschiedlichen Titeln veröffentlichte Schrift »Ars et modus inquirendi et damnandi quoscumque haereticos« (Schlettstadt, Lazarus Schürer, 1519); VD 16 A 3801; MF 1075/2723; vgl. WA Br, Nr. 236, Anm. 1; *Köhler*, Bibliographie Bd. 1, Nr. 165; vgl. *Karl Hagen*, (wie Anm. 4), S. 40-43; *Grane*, Martinus noster, S. 179ff. Andere anonyme lateinische Schriften aus dem Jahre 1520, zu denen keine deutschen Übersetzungen erschienen, dürften etwa die bei *Pegg*, Swiss, Nr. 1858 = *Köhler*, Bibliographie Bd. 1, Nr. 672; *Pegg*, Swiss, Nr. 1230 = VD 16 E 1689 (MF 1339/3514); sowie *Pegg*, Swiss, Nr. 4382, 4384; 4626; 5104 verzeichneten Drucke sein.

Luthers Lehre geht die Allgemeinheit an, weil sie der allgemein anzuerkennenden Norm, der Bibel, entspricht und sich im individuell nicht identifizierbaren kollektiven »Wir« der Domherren und aller vermeintlichen »indocti« oder im literarischen »Ich« eines »liebhabers der götlichen warhait« als Allgemeinheit ausspricht. Die These, die frühreformatorische anonyme Flugschriftenpublizistik stelle eine spezifische, den Anspruch auf allgemeine öffentliche Meinungsrepräsentanz literarisch umsetzende Publikationshaltung dar, soll im folgenden von zwei Aspekten her weitergeführt werden, einerseits von dem ›altgläubigen‹ Versuch, mittels anonymer Flugschriften den eigenen Anspruch, die allgemeine Meinung zu vertreten, durchzusetzen, andererseits von anonymen reformatorischen Flugschriftenreihen her, die sich für den zeitgenössischen Rezipienten als zusammengehörige Schriften zu erkennen gaben und ein gleichsam fortgesetztes Gespräch zwischen einem ungenannten Autor und seinen Lesern darstellen.

III. Murners anonyme Publikationsoffensive und ihre publizistische Abwehr

Zwischen November 1520 und Februar 1521 erschienen bei dem Straßburger Drucker Johannes Grüninger in rascher Folge fünf anonyme deutsche Flugschriften, der wohl eher bescheidenere Teil einer – wie der anonyme Verfasser der zuerst erschienenen Schrift sein Lesepublikum wissen ließ – auf 32 Schriften geplanten publizistischen Kampagne.[57] Die exakte Zahl dürfte – unbeschadet

57. »Ist diß (sc. die Schrift »Christliche und briederliche ermanung an den hoch gelerten doctor Luther«) uß .XXXII. tractat einer eilendts in brüderlicher liebe fürgewent / dein (sc. Luthers) und unser heil darunder frundtlicher zu betrachten«. Murner, Deutsche Schriften (= DS) VI, S. 87. Murner selbst verweist in einzelnen der Schriften auf Bücher, die er z. T. als abgeschlossen voraussetzt. In der in 1. Auflage am 11.11.1520, in 2. am 21.1.1521 erschienenen »Christlichen Ermanung« erwähnt er ein »buch der Tyranny« (DS VI, S. 73), das nicht zu identifizieren ist und wohl – wie *Wolfgang Pfeiffer-Belli* vermutet – zu »eine[r] der Murnerschen Kampfschriften, die nicht gedruckt und später vernichtet wurden, gehörte« (DS VI, S. 159; vgl. *Liebenau*, S. 210). Auch eine Schrift über die Greuel der Hussiten war geplant, vgl. DS VI, S. 85. In der am 24.11.1520 fertiggedruckten Schrift »Von doctor Martinus Luters leren und predigen« weist er auf ein »büchlin von der christlichen kirchen« (DS VI, S. 112) voraus, in der überarbeiteten Neuauflage der »Christlichen Ermanung« verweist er auf dieses Buch als inzwischen fertiggestellte Schrift (DS VI, S. 78; 80; vgl. 164 zu Z. 31; 165 zu Z. 15). Will man nicht annehmen, daß diese Schrift in Murners am 13.12.1520 gedruckte Schrift »Von dem babstenthum, das ist von der hochsten oberkeyt« eingegangen ist (vgl. etwa DS VII, bes. S. 44ff), muß man dieses Buch als verschollen ansehen. In »Von doctor Martinus Luters leren« verweist Murner sodann auf »andere Büchlein« (DS VI, S. 98), erschienen war aber bis dato nur die »Christliche Ermanung« (DS VI, S. 181 zu Z. 12). Sein Verweis auf das Buch

vom Papsttum in der an Weihnachten 1520 fertiggedruckten Schrift »An den Großmechtigen adel« (DS VII, S. 86) entspricht der Chronologie; über das in derselben Schrift angekündigte Büchlein vom Bann (DS VII, S. 81) und weitere Schriften (vgl. DS VII, S. 66-69) ist nichts bekannt. Auch wenn durch die jeweils auf den Drucken vermerkten Erscheinungsdaten die Chronologie dieser Schriften eindeutig ist (vgl. auch *Edwards*, wie Anm. 17, S. 59; 190, Anm. 60), dürfte dies keineswegs zwingend für den Zeitpunkt ihrer Abfassung gelten. Der Anfang der als zweite erschienenen Schrift »Von doctor Martinus Luters leren und predigen« (MF 1483/3889) erweckt den Eindruck, als ob sich der Anonymus erstmals zu Wort melde: »Hat mich nothurfftig bedunckt nyt me zu schlaffen ...« DS VI, S. 92. Die für die vier übrigen anonymen Schriften konzeptionell entscheidende Rolle fingierter Überparteilichkeit, die Murner freilich je länger desto weniger durchhält, spielt in »Von doctor Martinus Luters leren« keine Rolle. Sie ist außerdem die einzige Schrift, die sich nicht ausschließlich mit Luther, sondern auch mit der anonymen Schutzrede (Spenglers) auseinandersetzt und nicht als direkte Anrede an Luther gestaltet ist. Aus den genannten Gründen neige ich dazu, sie für die der Abfassung nach älteste der fünf Schriften zu halten. Einzelne Passagen der »Christlichen und brüderlichen Ermanung«, etwa DS VI, S. 34ff.; vgl. DS VI, S. 116ff.; DS VI, S. 43ff.; DS VI, S. 113 u.a., wirken wie präzise Ausarbeitungen kürzerer Abschnitte der Schrift »Von doctor Martin Luters leren und predigen«. In seiner »Protestation« vom 8.3.1521 gibt Murner abermals an, 32 Schriften gegen Luther geschrieben zu haben (Zs. f. hist. Theol. 1848, S. 598f.), die offenbar fertig sind (»noch zu trucken vorhands sein«, Zs. f. hist. Theol. 1848, S. 601). Sechs seiner Schriften setzt Murner als bei Grüninger in Straßburg gedruckt voraus (S. 601). Diese Zahlenangabe macht gewisse Schwierigkeiten, da nur fünf Schriften bekannt bzw. nachgewiesen sind. Die naheliegendste Vermutung dürfte sein, Murners Übersetzung von Luthers »De captivitate Babylonica« einzubeziehen (vgl. Anm. 63). Das macht allerdings insofern Schwierigkeiten, als der bekannte Druck (Johann Schott) zugeschrieben wird. Eine andere Möglichkeit scheint *Röhrich* (Zs. f. hist. Theol. 1848, S. 596) zu erwägen, der als erste Murnerschrift das gegen Michael Stifel gerichtete »Ain new Lied von dem Undergang des christlichen glaubens in Bruder Veiten thon« angibt. Einen Einzeldruck dieses Murnerliedes konnte ich bisher nicht nachweisen, nur eine von Murnergegnern herausgegebene Sammelausgabe mit diesem und einem »ander Lied Darwieder vom auffgang der Christenhait in D. Mur. Veiten thon« ist bekannt. (*Eckel*, wie Anm. 60, Nr. 43; Exemplar MüSB 4° P. o. germ. 229/52; Murnerkatalog E 12, S. 188f.). Vielleicht ist aber auch damit zu rechnen, daß die von Murner als schon gedruckt vorausgesetzte Schrift »Von der Kirche« (s. o.) gemeint ist. Sie müßte dann in der Tat als verschollen gelten. Möglich ist aber auch, daß Murner seine bereits im Januar 1521 in 2. Auflage erschienene »Ermanung« als eigene Schrift zählt. Will man die von Murner genannte Zahl von 32 Schriften der Entgegnung auf Luther nicht lediglich für eine Fiktion halten, wäre möglicherweise damit zu rechnen, daß einige der ursprünglich als Einzelschriften geplanten literarischen Projekte zu den z. T. umfänglichen fünf Flugschriften zusammengewachsen sind. Die im Oktober 1520 in Straßburg erschienene deutsche Sammelausgabe der Schriften Luthers (WA 60, 612, b) enthält 19 verschiedene Schriften Luthers von 1519 bis Mitte 1520, vgl. die im Ganzen instruktive Übersicht bei *Edwards*, S. 43ff.; S. 186f., Anm. 10; vgl. auch *Kaufmann*, Abenddessen, daß der Anonymus, der bekanntlich Thomas Murner war, sich durchaus nicht selten auf geplante oder noch unfertige Werke zu beziehen pflegte[58] – auf den umfassenden Plan einer publizistischen Großoffensive hindeuten, deren nurmehr bescheidene Ausführung nicht zuletzt ein Reflex des für die altgläubigen Kontroverstheologen ja charakteristischen[59] geringen Erfolges der ersten Schriften gewesen sein dürfte.[60]

mahlstheologie, S. 102f. Nimmt man die in der zweiten Jahreshälfte 1520 in Straßburger Nachdrucken erschienenen sechs Lutherschriften hinzu (maximal 14 Ausgaben, vgl. *Edwards*, S. 13; 187, Anm. 13-18), könnte sich der Eindruck nahelegen, Murner habe auf die Menge der Lutherschriften mit etwa derselben Menge reagieren wollen. Daß Luther »in mannig feltigen deutschen biechlin alle winckel erfüllet hat« (DS VI, S. 91), ist jedenfalls eines der maßgeblichen Antriebsmotivationen für Murners publizistische Offensive. Neueditionen der (Murner-)Schriften »Von Dr. Martin Luthers Lehren und Predigten« und »An den größmechtigsten [...] Adel« liegen jetzt vor in: Flugschriften gegen die Reformation (1518-1524), hg. v. *Adolf Laube* unter Mitarbeit von *Ulman Weiß*, Berlin 1997, S. 142-170; 171-220.

58. Vgl. DS VI, S. 171f., Anm. zu Z. 8. Zu Murner vgl. zuletzt: *Marc Lienhard*, Art. Murner Thomas. In: TRE 23, 1994, S. 436-438 (Lit.); *Erwin Iserloh*, Thomas Murner (1475-1537). In: *ders.* (Hg.), Katholische Theologen der Reformationszeit Bd. 3, München 1986, S. 19-32, bes. 21ff.; vgl. auch *Frauke Büchner*, Thomas Murner. Sein Kampf um die Kontinuität der kirchlichen Lehre und die Identität des Christenmenschen in den Jahren 1511-1522, Diss. theol. Kirchliche Hochschule Berlin 1974, bes. S. 233ff., die bei dem kundigen Literaten »besorgte Ratlosigkeit« gegenüber Luther registriert (S. 239), wo m. E. die ausgefeilte literarische Strategie eines anonymen Publizisten zu diagnostizieren ist. Die von *Büchner* gebotene Einschätzung bes. der ›Ermanung‹ knüpft an *Kawerau* an (*Waldemar Kawerau*, Thomas Murner und die deutsche Reformation, Halle 1891, S. 20) und wirkt auch bei *Miskuly* (s. u. a.a.O., S. 21f.) nach. Zu Murners publizistischer Offensive der Jahreswende 1520/21 zuletzt – freilich unter weitgehender Ignorierung ihrer anonymen Publikationsform: *Jason M. Miskuly O.F.M.*, Thomas Murner and the Eucharist, New York 1990, S. 19ff. Zur germanistischen Murnerforschung vgl. nur: *Jürgen Schutte*, »Schympff red«. Frühformen bürgerlicher Agitation in Thomas Murners »Großem lutherischen Narren« (1522), Diss. phil. Berlin 1971; *Sabine Heimann*, Begriff und Wertschätzung der menschlichen Arbeit bei Sebastian Brant und Thomas Murner, Stuttgart 1990 (zur konsequenten Integration der rhetorischen Bildungselemente zu Zwecken der theologischen Polemik bei Murner, bes. S. 73ff.); und die instruktive Übersicht bei *Barbara Könneker*, Die deutsche Literatur der Reformationszeit. Kommentar zu einer Epoche, München 1975, S. 116ff.; 256-258 (Lit.); vgl. auch *Arnold E. Berger*, Satirische Feldzüge wider die Reformation, Leipzig 1933 (Ndr. Darmstadt 1967), Einleitung S. 5-36: Thomas Murner und sein Kampf gegen die Reformation.
59. Vgl. zuletzt *Edwards*, (wie Anm. 17), bes. S. 57ff.; 28ff.
60. Nur von der ersten Schrift sind eine Grüningersche Neuausgabe (DS VI, S. 23ff.; MF 1292/3326; *Benzing*, Bibl. Stras., 1407f.; *Pegg*, Great Britain, 2979) und ein (Wiener) Nachdruck der 1. Ausgabe, insgesamt also drei Drucke, nachgewiesen: DS

Die Gründe dafür, warum Murner anonym schrieb, sind höchst komplex. Wenn ich recht sehe, bot die ihm wohl durch einen Nachdruck in einer im Oktober 1520 in Straßburg erschienenen Lutherausgabe bekanntgewordene »Schutzrede« Spenglers[61] den unmittelbaren Anlaß, ja lieferte ihm die Idee dazu. Die Anonymität ist eine von Murner gezielt und höchst reflektiert eingesetzte Publikationsstrategie, die sich auf den ihrerseits höchst reflektierten Einsatz der Anonymität in der »Schutzrede« bezieht, die Murner zu einem zunächst bevorzugten literarischen Stilmittel im zeitgenössischen Meinungsstreit weiterentwickelt. Erst nachdem die anonyme Publikationsstrategie mit der literarischen Entlarvung Murners im »Karsthans« und in der seit Januar 1521 einsetzenden publizistischen Kampagne seiner zunächst wohl ausschließlich in Straßburg zu suchenden ersten Gegner gescheitert war, ging er dazu über, in namentlich gekennzeichneten Schriften gegen Luther zu schreiben.[62] Daß Murner, ähnlich wie bei seiner deutschen Übersetzung von Luthers »De captivitate Babylonica«, mit der er die Hoffnung verbunden hatte, die Laien über die Abgründigkeit der reformatorischen Ketzerei aufzuklären und sie von Luther abzuwenden[63], das vollständige Gegenteil dessen erreichte, was er erhofft hatte, und die hinsichtlich der Zahl der

VI, ebd.; *Friedrich Eckel*, Der Fremdwörterschatz Thomas Murners (mit einer vollständigen Murnerbibliographie), Göppingen 1978, S. 36; VD 16 M 7029-7031; Murnerkatalog, S. 183, E 3; vgl. MF 1473/3871. Zur Charakterisierung der Murnerschen Publizistik knapp: *Zorzin*, (wie Anm. 13), S. 71-73; *Edwards*, (wie Anm. 17), S. 57ff.; 85ff. Die anderen vier anonymen Schriften Murners erschienen nur in jeweils einem Grüninger-Druck.

61. Vgl. Spengler, Schriften Bd. 1, S. 81, G; *Benzing*, Luther 8; VD 16, L 3308; S 8255. Zu den Argumenten, mit denen Murner dem anonymen Verfasser der ›Schutzred‹ sein Recht auf ein öffentliches Eintreten für Luther bestreitet, vgl. DS VI, S. 120ff.; zu Murners Argumentationsstrategie vgl. auch *Jørgensen*, (wie Anm. 127), S. 90-93.
62. Am 8. März 1521 erschien namentlich gekennzeichnet: Protestation Dr. Thomas Murner, daß er wider Dr. M. Luther nichts Unrechtes gehandelt habe (*Eckel*, wie Anm. 60, Nr. 42; ed. in Zs. f. hist. Theol. 18, 1848, S. 598-602; *Schmidt* II, 428, Nr. 341; *Liebenau*, S. 172), ein Plakat, das Murner an 12 Orten in Straßburg aushängen ließ, zweieinhalb Wochen nach seiner letzten anonymen Schrift, dem am 17.2.1521 gedruckten Büchlein »Wie Doctor Luter auß falschen ursachen bewegt das geistlich recht verbrennet hat« (DS VIII, S. 1ff.; vgl. *Eckel*, Nr. 41). Erst gegen Jahresende 1522 folgten dann unter Murners Namen: »Ob der könig aus England ein lügner sei oder der Luther« (November 1522; *Eckel*, Nr. 47; DS VIII, S. 43ff.) und das Versepos »Vom großen lutherischen Narren« (Dezember 1522; *Eckel*, Nr. 48; DS IX). Murners Protestation markiert im Licht seiner eigenen literarischen Betätigung das Ende seiner anonymen Strategie.
63. Vgl. dazu die Nachweise in *Kaufmann*, Abendmahlstheologie, S. 104, Anm. 755; *Pierre Fraenckel* (Hg.), Heinrich VIII., Assertio septem sacramentorum adversus Martinum Lutherum, Münster 1992, S. 6f. mit Anm. 32; *Edwards*, (wie Anm. 17), 1994, S. 72ff.; *Miskuly*, (wie Anm. 58), S. 30.

Schriften und der in sie involvierten Autoren, aber auch der Vielfalt der literarischen Formen und Ausdrucksmittel komplexeste, überwiegend mit anonymen oder pseudonymen Schriften geführte literarische Kontroverse der frühen Reformationszeit auslöste[64], in deren Gefolge er selbst zu der schillerndsten und populärsten Spottfigur unter den Luthergegnern avancierte[65], sollte sich erst in den ersten Monaten des Jahres 1521 abzeichnen. Gerade im Lichte der massiven Gegenwehr, auf die Murner stieß, wird deutlich, daß die Tatsache, daß er anonym geschrieben hatte, eine Schlüsselrolle spielte, und dies eben deshalb, weil mit der von Murner gewählten Anonymität in der Volkssprache der Anspruch auf jene globale Meinungsrepräsentanz verbunden war, die zu bestreiten eine Lebensfrage seiner Gegner war. Gerade weil Murner von der Anonymität einen reflektierten publizistischen Gebrauch gemacht hatte, deren Absichten seinen kundigen Lesern durchsichtig sein mußten, löste er die in ihrer Intensität analogielose publizistische Gegenreaktion aus. Die Anonymität hatte es Murner erlaubt, sich auf einen auf die Ebene der Volkssprache verlagerten Diskurs einzulassen, und ihn – da die Auseinandersetzung um die Lehre seines Erachtes eine Angelegenheit der Gelehrten sein und bleiben müsse [66] – zugleich in seinem Recht grundsätzlich zu bestreiten.[67]

64. Zu diesem ganzen Zusammenhang ist bisher noch unersetzt: *Merker*, (wie Anm. 9), sowie die von *Merker* verfaßte Einleitung zu DS IX. Zur Skizzierung der literarischen Kontroverse s. u. Exkurs, S. 221-225.
65. Zu Murner in der Druckgraphik vgl. *Scribner*, passim; Katalog der Ausstellung Martin Luther und die Reformation in Deutschland, Nürnberg, Frankfurt/M. 1983, S. 221; 223-226; 249; *Beyer*, (wie Anm. 110), S. 62-64.
66. Vgl. z. B. DS VII, S. 68.
67. Daß Luther »in manigfeltigen deutschen biechlin alle winckel erfüllet hat« (DS VI, S. 91, s. Anm. 57), ist für den Anonymus Anlaß, »dem frummen eynfeltigen christen ... zu rettung und hanthabung zu zu springen« (DS VI, S. 92). Den Charakter seiner dritten Schrift »Von dem babstenthum« rechtfertigt (Murner) folgendermaßen: »Es mag auch ein ieder weyser wol verston / das wir in dissen deutschen biechlin / dem gantzen fluß und anlauffenden waltwasser / zu gegen gesperret haben / und der uffblasenden gemein die luther mer dan uber das halb mit seinen unwarheiten / und ungleübigen reden uffgewiehlet und vergifftet hatt / den rechten christlichen verstande zu geben verursachet seint ...«. Ebd. Im folgenden wolle der Anonymus Luther »zu latin und deütsch« antworten. DS VII, S. 53. Cochläus rechnete Murner unter diejenigen Kontroverstheologen, deren literarische Aktivitäten gegen Luther erfolglos waren, vgl. *Walter Friedensburg*, Beiträge zum Briefwechsel der katholischen Gelehrten im Reformationszeitalter 2. In: ZKG 18, 1898, S. 106-131, hier: 124; vgl. *Liebenau*, S. 171. Schon während seiner volkssprachlichen Kampagne gegen Luther wurde Murner – wohl verstärkt durch die Kritik im eigenen Lager – sein publizistisches Vorgehen in der Volkssprache entweder selbst zweifelhaft, oder er sah sich doch wenigstens unter Legitimationsdruck.

In bezug auf den Anlaß, sich in die durch Luther aufgeworfene Diskussion einzuschalten, spielte nach Auskunft des Anonymus die Tatsache eine wichtige Rolle, daß »etlich ungelert«, die Luther »in kunst und erfarenheit der götlichen geschrifft seer ungleich« seien, ihn aber »an vermessenheit ubertreffen offenlich zu disputieren«[68], auftreten. Die Wirkungen Luthers bei »hanß karst und der ungelerten und uffrierigen gemein«[69], die Auflösung der gesellschaftlichen Ordnung und der unter dem »deckmantel und schein fill myßbruchs yn chrystlicher kirchen« Einzug haltende »mißglauben« und »yrtum christlicher warheit«[70] veranlassen den Anonymus zu seiner literarischen Gegenwehr. Nicht die Kritik an von Luther zum Teil zu Recht angeprangerten Mißbräuchen, sondern sein Angriff auf den »glauben«[71] erscheint dem Anonymus als grundstürzender Umbruch. Die Person Luthers wolle der Ungenannte weder schmähen noch in ihrer Bedeutung schmälern[72]; mit seinen »latinische[n] biecher[n]« sei er ja auch »in filer erwürden kummen«, nur »ietz« habe er angefangen, ›jedem Kuckuck mit seinem Ruf zu antworten‹[73], mit Schmähungen um sich zu werfen und den »armen unverstendigen christen«[74] Ärgernis zu geben. In der Rolle, die der Anonymus einnimmt, will er – durchaus auf der Linie der Spenglerschen »Schutzrede« – die Auseinandersetzung um Luther als

68. DS VI, S. 32.
69. DS VII, S. 63; DS VI, S. 91. Ein durchgängiger Kritikpunkt an Luther wendet sich dagegen, daß dieser mit ihm widerfahrenem Unrecht in die Öffentlichkeit geht. Vgl. DS VII, S. 41f.: »... thut euch (sc. Luther) (S. 42) der bapst unrecht / oder beschwert euch / so klagen das ab im an ort und enden / da es mag gebessert werden / und üch geholffen. Was sol hanß karst und die uffrürige gemein darzu thun / wa ir ewer klag ie erstrecken würden / solt euch hanß karst wol den blunder gar nemen / dan kenn ich in recht / so kan er kein schimpff verston / mit namen was pfaffen und münch antrifft / dan ich uß seinem mund selbs gehört / man hab im drei zipffel genummen / und ficht umb den fierden / er wöl ein mal mit dem karst daryn schlagen. Ir solten euch wol eins zipffels klagen / und das gantz bet verlieren«. Die Bezugnahme Murners auf den ›gemeinen Mann‹ in Gestalt des Karsthans löste bekanntlich die literarische Replik in Gestalt der gleichnamigen Dialogflugschrift aus. Zur Literatur zum Karsthans und zur Bauernfigur in der zeitgenössischen Flugschriftenliteratur s. u. Anm. 127. Integraler Bestandteil der Aufruhrthematik ist die beschworene Erinnerung an die Greuel der Hussiten, vgl. nur DS VI, S. 86f.; DS VII, S. 48; 63; 81; 114.
70. DS VI, S. 91.
71. DS VII, S. 93; passim; DS VI, S. 39. Wichtige Aspekte einer lebhaften Reformgesinnung Murners sind in Gestalt einschlägiger Zitate zusammengestellt in: *Georg Schuhmann*, Wetterzeichen der Reformation nach Murners Satiren aus der vorlutherischen Zeit. In: RQ 25, 1911, S. 162-184.
72. DS VI, S. 32; vgl. 75; 81; DS VII, S. 8.
73. DS VI, S. 42.
74. DS VI, S. 43; 53.

»hangendt«[75], als noch nicht definitiv entschiedenen juristischen Prozeß ansehen. Gerade wegen seiner Berufung auf ein Konzil dürfe Luther nicht schon vor dessen Entscheidung so auftreten, als ob die Wahrheit seiner Sache entschieden wäre.[76] Den sich auf einem Konzil zur Entscheidung versammelnden »hochverstendigen«, insbesondere dem Kaiser[77], aber auch dem »gemeinen Mann«[78] will er Orientierungshilfen geben. Durch gelegentliche Bemerkungen über die »edele vernunfft« und den »von gott erlüchteten verstandt« Luthers, die dieser freilich »ubel«[79] nutze, und mit Anreden an Luther wie »mein hertz lieber bruder«[80], will der Anonymus den Eindruck, er bemühe sich um eine vorurteilsfreie Prüfung der Sache, verstärken.

75. DS VI, S. 37; 97. Analog zu dem von dem Juristen Spengler angeführten Rechtsgrundsatz (s. o. Anm. 33) heißt es bei Murner: »Ein red kein red / darumb so höre sie beide / und einer regel der rechten also lutendt / was yederman betrifft/ sol auch von niemans in sunderheit / sunder von iederman gehandelt werden«. DS VI, S. 33. Vgl. Codex Iustinianus I, 1, 3; DS VI, S. 192f. zu Z. 10. Vgl. auch DS VI, S. 94; 114. Vgl. DS VI, S. 97. In bezug auf Murners Argumentation mit dem römischen und dem kanonischen Recht in der Auseinandersetzung mit der Reformation ist zu berücksichtigen, daß er soeben vor Eintritt in die literarische Kontroverse mit Luther seine juristischen Studien abgeschlossen und wohl erst spät – 1518/19 weitgehend mit juristischen Interessen absorbiert – überhaupt zu einer Auseinandersetzung mit den Schriften Luthers kam. Vgl. im ganzen: *Adalbert Erler*, Thomas Murner als Jurist, Frankfurt 1956.
76. Vgl. DS VI, S. 37f. Daß Murner zum Zeitpunkt der Veröffentlichung der ersten Schrift von der Bannandrohungsbulle gegen Luther nichts gewußt haben sollte, ist nicht nur unwahrscheinlich, sondern wohl auszuschließen. Bei den Argumenten, die er für die Anonymität anführt, spielt auch eine Rolle, »das mir zimpt und gebürt / auch mit bennigen zu handlen in dem fal das ich myn christlichen bruder bring wieder uff die strassen der christlichen underthenigkeit / und sein seel gewyn in das ewig leben ...«. DS VI, S. 33. Dies setzt voraus, daß er Luther bereits als Gebannten betrachtet, den Appell an ein Konzil gleichwohl aus argumentationstaktischen Gründen als verbindlicher behandelt, als Luther – wie Murner weiß (DS VI, S. 31) – ihn wegen der Unterordnung des Konzils unter die Schrift zu diesem Zeitpunkt noch betrachtete. Der Verfasser will Luther also nicht als Ketzer behandeln, da nur der ein Ketzer sei, der sich nicht belehren lasse (DS VI, S. 70f.), und da ihm – jedenfalls in der »Ermanung« – von Luthers »condemnation« noch nichts bekannt ist, DS VI, S. 84.
77. DS VI, S. 33; 92; 95; vgl. 97; DS VII, S. 42.
78. Vgl. DS VIII, S. 4.
79. DS VI, S. 44; vgl. 43 u.; DS VII, S. 116. Luther hat sich aus einem gelehrten Mann zu einem Feind des Vaterlandes und des Glaubens entwickelt, DS VII, S. 66f.; zur Anwendung des Daniel-Epithetons auf Luther vgl. DS VI, S. 93; vgl. 175, Anm. zu Z. 24; Spengler, Schriften Bd. 1, S. 100,4; vgl. DS VII, S. 88; *Kaufmann*, Abendmahlstheologie, S. 41.
80. DS VI, S. 41: »Darumb ich dich erman mein hertz lieber bruder / das du der gedult christi ihesu unsers herren nit vergessest / ... ob du angefochten würdest von filen /

Aus seiner Zugehörigkeit zum Priesterstand macht der Anonymus keinen Hehl. Für sein öffentliches Auftreten beruft er sich auf seine durch Eid und Gelübde bekräftigte Amtspflicht, »die warheit ... zu retten und [zu] beschirmen«.[81] Unter dem Schutz der Anonymität versucht Murner geradezu, um durch die »ungunst«[82], die seiner Person entgegengebracht werden könnte, der Wahrheit, für die er eintritt, nicht im Wege zu stehen, sein ideales Bild des priesterlichen Amtsverständnisses exemplarisch umzusetzen.[83] Die von Luther in der Adelsschrift eingenommene Narrenrolle widerspricht dem programmatisch verfochtenen geistlichen Rollenverständnis des Anonymus zutiefst.[84] Während Luther den Laien mit seinem allgemeinen Priestertum nach dem Mund rede, will der Anonymus dies gerade aus höherem Verantwortungsgefühl heraus nicht tun[85]: »dem leyen und gemeinen armen christen« will er den »rechten verstandt«[86] der von Luther verunglimpften Messe erschließen. Gerade als Repräsentant des geistlichen Standes vertritt der Anonymus seinem Anspruch nach die »gemeine christenheit«.[87] Die Mehrheit der Christen[88], ja »tusend«[89] andere stünden hinter ihm und er habe

dich des nit verwunderst / dann du auch fill anfichtest / und nit die minderen sunder die mereren / gedult habest / nit in solchem zorn bewegen lassest / das du das kint mit bad ußschüttest ...«. Vgl. S. 82; 33; DS VIII, S. 4.

81. DS VI, S. 92; zu seiner eidlichen Verpflichtung als Doktor und Ordensmann vgl. auch seine Protestation, Zs. f. hist. Theol. 1848, S. 598; 600; vgl. 601. Freilich scheint Murner sein Rollenkonzept nicht ganz durchzuhalten. Eine Aussage wie: »Dem geistlichen stant rat ich gantz nichts / dan sie mir das nüt befohlen haben« (DS VII, S. 42) scheint einen Laienverfasser zu suggerieren; vgl. ähnlich DS VII, S. 50: Der Anonymus hat die Schriften der Gelehrten zwar gelesen, überläßt aber den Gelehrten das theologische Urteil.
82. Vgl. z. B. DS VII, S. 55; s. u. Anm. 115.
83. Vgl. Murners Schrift »Der keiserlichen stat rechten ein ingang und wares fundament«, Exemplar SB München 4° J rom c 158[c]; zit. DS VII, S. 56f. Vgl. *Eckel*, (wie Anm. 60), Nr. 44; *Muller*, Bd. II, S. 40, Nr. 177. Seine Übertragung lateinischer Rechtsquellen in die Volkssprache begründete Murner mit seinem geistlichen Amtsverständnis, vgl. *Erler*, (wie Anm. 75), S. 48.
84. Vgl. DS VII, S. 67.
85. DS VII, S. 82.
86. DS VI, S. 61; vgl. 75.
87. »Das aber gemeine christenheit (für deren wir von dir [sc. Luther] on alle warheit verklagt ston) erkennen mögen / wie und von wem / auch in welcher meinung diese ubung und bruch der meß uff unß erwachsen sy / und wir dan weder umb gelt noch anders erdichtet noch erlogen haben ...«. DS VI, S. 45. *Erler* äußert die These (wie Anm. 75, S. 61), Murner habe »nur wegen (seines) geistlichen Standes« anonym geschrieben.
88. DS VI, S. 41.
89. DS VI, S. 65; vgl. 33. Gerade diese Berufung auf die Mehrheitsmeinung ist allerdings brüchig; zur Wirkung des allgemeinen Priestertums etwa heißt es: »Darumb du (sc. Luther) dich der wörtter pfaff und pfeffin unverstentlich mißbruchest hast /

sein Ohr an dem Mund des gemeinen Mannes.[90] Eigentlich habe der Anonymus nicht gegen Luther auftreten wollen, ja zunächst habe er sogar gehofft, seine »leeren / dienten zu einem fruchtbaren und christlichen end«.[91] Nun aber müsse er als Anwalt der schweigenden Mehrheit, die von Luthers maßlosem Pfaffenhaß und seiner Unterstellung, die Priester feierten die Messe nur aus Geldgier und ohne an ihren Heilswert zu glauben, entsetzt sei, das Wort nehmen: »so ich aber sihe das du unß ußschließen wilt / uß dem verdienst des leidens cristi Jhesu / brüchest du mit uff mein hertz mit hoher bitterkeit / dir antwurt zu geben / mein und noch manches frummen priesters entschuldigung zu schreiben / mit gebognen knüen uff den boden / und uffgereckten henden und mit heissem trehen zu der gemein / die du der maß wider unß erweckest / das sie unß bessers vertrauwen ...«.[92] In dem werbenden Ringen, das durch Luther erschütterte Vertrauen zwischen Priestern und Laien erneuern zu können, bekundet der Anonymus Zuversicht. Auch wenn die »gemein« Luther mit »einem oren geglaubt« habe, so werde sie den Priestern »das ander or gantz behalten«.[93] Konzessionen in bezug auf Verfehlungen von Mönchen, Pfaffen[94] und der Hierarchie[95] und Appelle an eine »gemeine reformation / durch ein concilium«[96] setzt der Anonymus

das sich des der ley hoch geergert / unnd schon meinet / das keines priesters mer not were zu übung des Sacraments unnd vermeinten ... selb die götlichen empteren zu thun ...«. DS VI, S. 60.

90. Vgl. oben Anm. 69. »Es sein vil die da meinen dich dürst nach dem blut der geistlichen / so du so grossen und als sie sagen / unverdienten ungunst / argwon / und haß uff sie (sc. die Priester, und zwar mit dem Vorwurf, sie läsen die Messe um des Geldes willen und glaubten nicht an die »Krafft der messen« [DS VI, S. 43; vgl. Luthers Sermon vom Neuen Testament, s. DS VI, S. 155 zu Z. 25]) geworffen hast / das du in allen deinen büchlin / ir also zu uneeren und schaden gedenkest ...«. DS VI, S. 43. Gelegentlich faßt sich (Murner) mit der Gemeinde zusammen und redet von »uns armen christen lüt«. (DS VI, S. 107).
91. DS VI, S. 44.
92. DS VI, S. 44; vgl. 103. Daß in der Meßfrage *das* Herzstück des priesterlichen Selbstverständnisses des Anonymus zu sehen ist, wird auch an einer anderen Stelle deutlich, wo er mit »diser meiner hantgeschrifft (bekennt) / das ich in vetterlicher lere des andachts der messen sterben wil von dieser welt ...«. DS VII, S. 111; vgl. zu Murners Meßtheologie *Miskuly* (wie Anm. 58), bes. S. 22ff.
93. DS VI, S. 44.
94. Vgl. z. B. DS VI, S. 67f.; 84; 102; zum Ablaßwesen instruktiv: DS VI, S. 104; 117 (zu Tetzel); in direkter Anrede an Karl V: DS VII, S. 64.
95. Der Anonymus bekundet, er habe Luthers »eer / unnd würden in kainerley weg ... geletzt haben (wollen) auch daby keinen mißbruch durch dich fur gewent / er sei wider bapst / keiser / künig / fürsten / heren ritter oder knecht / geistlich oder weltlich / burger oder buren verantwurt haben ...«. DS VII, S. 81; vgl. 107.
96. DS VI, S. 70; DS VII, S. 90ff. (unter Rekurs auf die vorreformatorische Reformliteratur).

gezielt ein, um das Zentrum des Heils – daran »das aller meist« gelegen sei, »das heilige ampt der meß«[97] –, vor Mißverständnissen und Verunglimpfungen zu schützen und Luthers Angriff auf den Glauben, und das heißt für den Anonymus: auf den Papst, umso nachdrücklicher entgegenzutreten.[98] Er will sich als »unpartheiescher«[99] darstellen; seinen christlichen Bruder Luther, der mit durchaus reichen Verstandesgaben geziert sei, sich nun aber verrannt und vollständig isoliert habe[100], will er – wie den verlorenen Sohn des Gleichnisses – in den »schossen der barmhertzigkeit«[101] der Papstkirche zurückführen. Der irenisch-pastorale Ton, den der Anonymus anklingen läßt, gründet in dem verpflichtenden Ernst der Situation: Luther ist von der »strassen der christlichen underthenigkeit«[102] abgewichen und hat damit das Heil seiner Seele aufs Spiel gesetzt.[103] Er hat Fragen, die den Glauben berühren, aufgeworfen, und muß es deshalb ertragen, daß der Anonymus und »yederman«[104] gegen ihn schreibt. Der Anonymus suggeriert seinen Lesern also nichts Geringeres, als daß die Auffassung, die er selbst vertritt, die allgemeine ist[105] und daß er sich einfügt in eine gewaltige publizistische Abwehrkampagne gegen Luther.

Die von Murner mit der Anonymität verfolgte propagandistische Strategie ist ebenso schlicht wie bestechend. Die Abwehr der Irrlehre durch den Appell an die von »einigkeit / in gehorsame der oberkeit«[106] geprägte bürgerlich-städtische Ver-

97. DS VI, S. 75; Kasus von mir geändert, Th. K.
98. »... Ich sag wie alle weg / werestu (sc. Luther) uff straff der mißbruch beliben / und hettest nit in den glauben mit ungeweschten henden gegriffen / was het uns den schlaff brochen / wie ir myteinander der sachen uberkummen weren / so fer das wir zu gegen dem babst des glaubens halb nit erwecket würden«. DS VI, S. 84. Die Auseinandersetzung mit Luthers in den »Resolutiones de postestate papae« (vgl. WA 2, 181f.; *Benzing*, Luther, Nr. 392-397), der Adelsschrift und seiner gegen Alveldt gerichteten Schrift »Vom Papsttum zu Rom« vorgetragenen Angriffen auf das Papsttum bildet den Inhalt der dritten Murnerschrift, vgl. DS VII, S. 5ff. Aus dem Erweis der Legitimität des Papsttums als Stiftung göttlichen Rechts folgt die Illegitimität der Lutherschen Angriffe auf den Glauben. Die »höchst und hauptsach ... des glaubens« sei, »ob das babstenthum von Christo sei uffgestifftet oder nit ...«. DS VII, S. 7; vgl. DS VII, S. 54.
99. DS VI, S. 81; vgl. DS VII, S. 43.
100. Vgl. z. B. DS VI, S. 47.
101. DS VI, S. 82; vgl. 42; Luther soll nicht sterben, sondern sich bekehren: DS VI, S. 44.
102. DS VI, S. 33.
103. DS VI, S. 33; 82.
104. DS VI, S. 33.
105. Vgl. aber auch DS VII, S. 53f., wo (Murner) wohl auch, weil er im eigenen Lager unter Druck geraten ist (vgl. oben Anm. 67), den Vormarsch der Lutheranhänger nicht mehr verschweigt.
106. DS VI, S. 74. Vgl. auch die Bezugnahmen auf die städtische Erfahrungswelt DS VI, S. 114; DS VII, S. 69f.

antwortungs- und Verpflichtungsgemeinschaft will der als moderater Sprecher der Allgemeinheit auftretende Anonymus schaffen, indem er sie behauptet. Die »verschwygung eigens namens«[107] soll beweisen, daß der Anonymus keinen anderen Ruhm sucht als die Wahrheit des Evangeliums.[108] Mit der von Luther erwarteten Antwort werde dieser »in« dem Anonymus als korporativer Figur der allgemeinen Christenmeinung »fil frumme christenlüt«[109] ansprechen. Der ›Niemand‹ der anonymen Flugschrift behauptet, ›Jedermann‹ zu sein.[110] Um es nicht als ein »schmachbüchlin on namen« zu verdächtigen, kündigt der Verfasser sogar an, dem Straßburger Bischof »nam und person des machers diser büchlin«[111] anzuzeigen. Diese Ankündigung wurde am Schluß jeder der fünf anonymen Schriften wiederholt.[112] Der vom Anonymus in Anspruch genommenen Reprä-

107. DS VI, S. 32f.
108. DS VI, S. 33. Das von Murner gebrauchte Motiv, ohne eigenen Namen zu schreiben sei Ausdruck von Demut (vgl. auch seine Protestation, Zs. f. hist. Theol. 1848, S. 599) begegnet in anonymen Flugschriften auch sonst gelegentlich. Das »Gespräch zwischen einem Christen und Juden« (vgl. dazu *Hans-Christoph Rublack*, ... hat die Nonne den Pfarrer geküßt? Gütersloh 1991, S. 37ff.) endet mit folgendem Dialog zwischen dem Wirt und dem Hausknecht: »W: es gefelt mir wol. schreyb nur dein nhamen hinden dar ahn! Christus spricht marci am 8. (v. 38): wer mich bekennen wyrt und mein wort yn disser ebrecherrischen und sunthaftigen arth, den wirt wider bekennen der sohn des menschen, wan ehr wirt kommen yhn dy ehre seines vatters mit allen seinen engeln. HK: ich will yhn (sc. den gelehrten Gesprächspartner) zu nurnbergk dar umb fragen, wy es sich leiden wiel, dye weil allein Gottis erhe gesucht sol werden. W: ßo mach dich balt her auß! HK: das kundt ihr dencken; das phlaster ist heiß einem, der nicht viel gelß hath. Haus Knecht ßt (scripsit).« Zitiert nach *Clemen*, (Hg.), Flugschriften Bd. 1, S. 420. Ähnliche Motive klingen auch in anderen anonymen Flugschriften an, etwa in einer Vorrede zu einer deutschen Ausgabe des sog. Hoen-Briefes, s. meine Hinweise in: Abendmahlstheologie, S. 293, Anm. 139; Pfarrfrau, wie Anm. 21, S. 213, Anm. 168.
109. DS VI, S. 33.
110. Die in zahlreichen Gedichten des Straßburger Barbiers Jörg Schan popularisierte »Nieman«-Gestalt könnte als eine Art literarischer Analogie zum Murnerschen Rollenbild des Anonymus erscheinen. Vgl. zur Nieman-Figur die Hinweise in: *Hermann Meuche, Ingeborg Neumeister*, Flugblätter der Reformation und des Bauernkrieges, Leipzig 1976, S. 104-106 (Lit.); siehe auch: *Franz-Heinrich Beyer*, Eigenart und Wirkung des reformatorisch-polemischen Flugblattes im Zusammenhang der Publizistik der Reformationszeit, Frankfurt/M. u. a. 1994, S. 110f.; 175; *Wolfgang Harms*, Deutsche illustrierte Flugblätter des 16. und 17. Jahrhunderts Bd. I, Tübingen 1985, S. 112-115; vgl. Bd. IV, 1987, S. 20f. Vom Anspruch repräsentativer Allgemeinheit her ist etwa auch die Bauernfigur in der »Göttlichen Mühle« angelegt: »doch hat got die verstentnus / viler menschen erleucht *in* uns« (Kursivierung von mir, Th. K.); *Schade* (wie Anm. 2), I, S. 20,39f.; vgl. auch 24,170ff.
111. DS VI, S. 87.
112. Vgl. DS VI, S. 122; DS VII, S. 54f; 117.

sentanzfunktion für die Christenheit als ganze korrespondierte so eine Einfügung in die von ihm bejahte kirchliche Ordnungswelt. Die von Murner gebrauchte Form der Anonymität sollte von dem anonymer Publizistik anhaftenden Nimbus des Subversiven freigehalten werden. Gerade weil der Verfasser dieser anonymen Schriften davon überzeugt war, daß die »schmachbüchlin« nur zum Aufruhr führen könnten, schärfte er die Unterordnung unter die Obrigkeit als der berufenen Instanz auch der Konzilsappellation ein[113] und erklärte seine Bereitschaft, sich dem Lehrurteil des Mainzer Erzbischofs und des Straßburger Bischofs zu fügen.[114] Die Entscheidung darüber, wem das Geheimnis über den anonymen Verfasser mitgeteilt werden konnte, lag beim Bischof.[115]
Es wurde für Murner freilich immer schwerer, das anonyme Rollenprofil in der skizzierten Weise wahrzunehmen, einerseits, weil er sich wohl schon in der dritten Schrift seiner Kampagne mit Kritik aus dem eigenen Lager auseinandersetzen mußte, die seine Behandlung von Glaubensfragen in der Volkssprache verurteilt hatte[116],

113. »Und dunkt mich gantz und gar zu einem bundschu dienen / und einer schelligen / wietenden / und unsinigen uffruren / die so bald wider die erwecket ist als / wider iemans anders das man der massen mit schmachbüchlin / und mancherlei scheltworten der gemein geben wil / das billich der oberkeit zugehört«. DS VII, S. 90; vgl. 116; Protestation, Zs. f. hist. Theol. 1848, S. 601.
114. »Des halben mich eröfnet unseren durchllüchtigen erwürdigen und hoch gebornen fürsten und heren einem bischoff von mentz und von Straßburg alß ordentlichen richteren der mentzischen provintzen / so ich ie auch ein mensch bin und irren möcht mich ir genad wa ich irrete berichteten hinderzigen und lerneten bereit in alle weg irer genaden urteil Sententz und underweisung zu volgen ...«. DS VIII, S. 29. Dieser Hinweis darauf, daß Murner seine Anonymität auch gegenüber dem Mainzer Erzbischof entborgen habe, findet sich ausschließlich in der letzten der fünf anonymen Schriften; wahrscheinlich hat Murner allerdings von vornherein den Mainzer Erzbischof informiert, vgl. seinen Brief an Sebastian Brant vom 13.1.1521, abgedruckt in: Sitzungsberichte der philosphisch-philologisch und historischen Classe der Königlich-bayerischen Akademie der Wissenschaften zu München Bd. 1, 1871, S. 277-280, hier: 277; vgl. auch Murners Protestation, Zs. f. hist. Theol. 1848, S. 599; s. auch *Liebenau*, S. 171ff.
115. Vgl. DS VI, S. 87. In bezug auf die Handhabung dieses bischöflichen Rechtes sollte dies nur geschehen, sofern »sein gnad (sc. der Bischof) das notturfftig wurd erachten / doch nit einem ieden biß zu seiner zeit / der filleicht uß ungunst der personen die warheit verachten wolt«. DS VII, S. 55. Gegenüber Brant begründet Murner die Anonymität damit, »ut authoris nomen ignorantes ad materie veritatem dicere extimularentur«; wie Anm. 114, S. 278. Dieses Motiv nennt er auch in der Protestation, vgl. Zs. f. hist. Theol. 1848, S. 599. Den Hinweis auf seine Motive verband Murner mit der Forderung an Brant, durch scharfe Zensurmaßnahmen der um sich greifenden böhmischen Ketzerei Luthers entgegenzutreten, (a.a.O., S. 278), »ne nobilis, gloriosa, et inclita atque fidelis argentina spelunca fiat infidelium«.
116. Vgl. oben Anm. 67 und 105.

andererseits, weil das Mißverhältnis zwischen der von ihm beanspruchten allgemeinen Meinungsrepräsentanz und der tatsächlichen Zustimmung der reichsstädtischen ›Öffentlichkeit‹ zu Luther und seiner Sache zu offenkundig wurde. Die Polemik des Anonymus gegen Luther verschärfte sich zusehends – insbesondere über der Papstfrage –, und sein Anspruch, die »eynfeltigen christen« zu retten[117], reduzierte sich mehr und mehr auf die Absicht, bei den »hochverstendigen« Gehör zu finden[118], bis hin zu der Ankündigung, demnächst in »latin und deütsch«[119] zu schreiben.

Die anonyme Publikationsoffensive Murners wirft ein instruktives Licht auf die konfliktreiche publizistische Situation der ›altgläubigen‹ Kontroverstheologen.[120] Durch seine anonymen volkssprachlichen Flugschriften versuchte Murner im Kontext eines noch keineswegs entschiedenen Meinungsstreites, im Horizont eines zunächst noch ›offenen‹ Diskurses in der elsässischen Reichsstadt, in der Straßburger Parteigänger Luthers noch nicht öffentlich publizistisch hervorgetreten waren, den Anspruch auf allgemein-verbindliche Meinungsrepräsentanz aufrechtzuerhalten. Das Dilemma Murners bestand grundsätzlich darin, sich mit volkssprachlichen Flugschriften auf ein Medium einzulassen, das er für die Erörterung von Glaubensfragen prinzipiell ablehnte. Durch Luthers deutsche Flugschriften sah er sich genötigt, das, »was unseren glauben berüren möcht«[121], vor der Laienöffentlichkeit zu verhandeln und ihr die systemsprengenden Konsequenzen der Lutherschen »ernüwerung«[122] des Glaubens vor Augen zu führen. Die dem Leser suggerierte überparteiliche Neutralität und der irenisch-moderate Ton des um das Seelenheil der Christenheit bemühten Priesters[123], auch die Zugeständnisse hinsichtlich der Kirchenkritik Luthers, zielten darauf ab, das religiös-theologische Zentrum des angegriffenen kirchlichen Systems, den priesterlichen Meßdienst[124] und das die Wahrheit der Glaubenslehre verbürgende kirchliche Autoritätsgefüge, umso nachhaltiger zu verteidigen.

Der mit der anonymen Publikationshaltung verbundene Anspruch, die Meinung des ›gemeinen Mannes‹ zu repräsentieren, scheiterte in dem Moment, in dem der ›gemeine Mann‹ selbst das Wort ergriff. Die zweifellos von einer Straßburger

117. Vgl. DS VI, S. 92.
118. Vgl. DS VII, S. 54; (Murners) Schrift an den Adel ist gleichsam die programmatische Umsetzung dieser Absicht, vgl. etwa DS VII, S. 116.
119. DS VII, S. 53; vgl. oben Anm. 105. In seiner Protestation erklärt Murner seine Bereitschaft »meine .xxx. ii. büchlin (s. o. Anm. 57) in latinische zungen zu verdalmetschen«, Zs. f. hist. Theol. 1848, S. 599.
120. Vgl. auch *Edwards*, (wie Anm. 17), bes. S. 63.
121. DS VII, S. 93.
122. DS VI, S. 33; vgl. 31; 39.
123. Vgl. Murners Selbstdarstellung gegenüber Brant (wie Anm. 114), S. 277f.
124. Vgl. Protestation, Zs. f. hist. Theol. 1848, S. 599f.

Humanistenhand stilisierte Gestalt des Karsthans, des unverbildeten und eben deshalb für das ursprüngliche Evangelium empfänglichen Bauern, ist die personalisierte Gegenfigur zu jenem Anonymus der Grüningerschen Flugschriftendrucke, hinter denen Thomas Murner stand. Karsthans, die publikations- und motivgeschichtlich einflußreichste literarische Figur der frühreformatorischen Flugschriftenpublizistik, die – zugespitzt formuliert – personifizierte ›öffentliche Meinung‹, verdrängte den Anonymus in seinem Anspruch auf überparteiliche allgemeine Meinungsrepräsentanz und entlarvte ihn als den parteilichen Murnarr. Der erste Versuch eines Luthergegners, mit Hilfe einer anonymen Publikationsserie in der Volkssprache die ›öffentliche Meinung‹ dadurch zu beeinflussen, daß man sie zu repräsentieren beanspruchte, blieb – soweit mir bekannt – der letzte. Die anonyme Publizistik wurde in noch stärkerem Maße als die volkssprachliche Flugschriftenpublizistik überhaupt eine genuine Ausdrucksform der ›reformatorischen Bewegung‹.[125]

Exkurs: Die Straßburger Anti-Murner-Publizistik an der Jahreswende 1520/21

Auf die anonyme Publikationsoffensive Murners reagierte das reformatorisch gesinnte Straßburger Humanistenmilieu, in dessen Kontext auch der Karsthans entstanden sein dürfte, seinerseits offensiv. Als Repräsentanten dieses Milieus, die als Verfasser der Schriften in Frage kommen bzw. zu diskutieren wären, ist wohl an Gestalten wie Nikolaus Gerbel, Otho Brunfels oder den zwischenzeitlich in Straßburg bezeugten Fabius Zonarius (s. dazu *Rupprich*, wie Anm. 42) zu denken. In bezug auf diese Publikationsoffensive fällt auf, daß die lateinischen Schriften in nicht firmierten Drucken der Offizin Schotts, die deutschen Schriften in nicht firmierten Drucken Johannes Prüß' erschienen. In bezug auf die lateinischen Schriften fällt die Wahl von Pseudonymen auf; die deutschsprachigen Texte, Karsthans und der Zusatz zum Nachdruck der Schrift ›Von den fier ketzeren‹ (s. u. Nr. 1) erschienen anonym. Ein für die lateinische Druckproduktion Schotts geradezu charakteristischer Sachverhalt, der in allen hier erwähnten Schriften eine gewisse Rolle spielt – bis hin zur ›Passio Lutheri‹ –, ist in der starken Verschränkung der Anliegen und Personen Luthers und Huttens (besonders eindrücklich in dem Plakatdruck [Schotts]: Christianae libertatis propugnatoribus M. Luthero U. ab Hutten [*Benzing*, Bibl. Stras., Nr. 377; *Muller* II, S. 80, Nr. 81; Faksimile in: *Gustav Freytag*, Bilder aus der deutschen Vergangenheit, Leipzig o.J., Bd. III/1, zwischen S. 80 und 81; *Johannes Schilling*, Hutten und Luther. In: *ders., Ernst Giese* [Hgg.], Ulrich von Hutten in seiner Zeit, [Monographia Hassiae 12], Kassel 1988, S. 87-

125. Vgl. zu dem Begriff meinen Artikel »Evangelical Movement[s]«. In: *Hans J. Hillerbrand* (Hg.), The Oxford Encyclopedia of the Reformation, Vol. 2, Oxford – New York 1996, S. 81f.

117; 100f. bzw. dem Titelblatt von Huttens Gesprächsbüchlein [Straßburg, Schott, 1521], in: *Schilling*, a.a.O., S. 99) zu sehen.
1. In dem in drei Nachdrucken 1521 (vgl. Murner DS I, 1, S. CVI ff.) bei (Johannes Prüß/Straßburg) erschienenen, wohl von Murner verfaßten deutschen Reimgedicht (DS I,1, S. LXXII ff.) ›Von den fier ketzeren‹ von 1509, in dem er den Jetzerhandel zur Darstellung brachte, findet sich ein anonymer, auf dem Titelblatt angekündigter »kurtzer begriff unbtlicher frevel handlung Hochstrats / Murners / Doctor Jhesus und irer anhenger« (vgl. S. CVII). Der Titelholzschnitt stellt Murner mit Katzenkopf und Drachenschwanz dar. Die Bezugnahme auf Murner in dem »kurtzen begriff« (ed. in DS I, 1, S. CXVIII – CXXI) setzt das Erscheinen des Karsthans und des »Murnerus Leviathan« voraus, vgl. S. CXIX, Z. 57ff. Der »kurtze begriff« dürfte kurz nach dem Wormser Reichstag erschienen sein (vgl. S. CXII) und setzt das Scheitern von Murners weiträumigen Publikationsplänen bereits voraus: »Wolt (sc. Murner) schrieben vil, doran nit ist« (S. CXX, Z. 69). Das Interesse am Jetzerhandel hat eine auffällige Parallele in der etwa zeitgleich in Straßburger Drucken erschienenen pseudonymen »Passio Doctoris Martini Lutheri secundum Marcellum«; der lateinische Urdruck erschien bei (Schott), der Urdruck der deutschen Übersetzung bei (Johannes Prüß). Vgl. *Johannes Schilling*, Passio Doctoris Martini Lutheri, Gütersloh 1989; zum Bezug auf den Jetzerhandel bes. S. 34, 179f.; s. auch *Scribner*, S. 25f.
2. Wohl noch im Dezember 1520 oder im Januar 1521 (vgl. *Merker*, wie Anm. 9, S. 19, Anm. 1; vgl. 28f.) erschien in der (Straßburger) Offizin (Johann Schotts) unter dem Pseudonym (vgl. *Merker*, a.a.O., S. 28; s. auch WA Br 2, S. 238-240) Matthaeus Gnidius eine Schrift mit dem Titel: »Defensio Christianorum de Cruce« (*Muller*, II, S. 78, Nr. 64; *Pegg*, Swiss, Nr. 2034; *Köhler*, Bibliographie Bd. 1, Nr. 1343; MF 65/169; *Merker*, a.a.O., S. 19ff.; vgl. *Grane*, Martinus noster, S. 261f.; s. auch *Liebenau*, S. 169; RE^3 13, S. 570; *Scribner*, S. 24-26), für die wohl insgesamt zwei Druckausgaben (VD 16 G 2276f.; vgl. dagegen *Merker*, a.a.O., S. 20-22) nachgewiesen sind. Der durch (Murners) »Von dem babstenthum«, »Von Doctor Martinus Luthers leren und predigen« und seine erst in den angehängten Briefen erwähnten »Adelsschrift« veranlaßten »Defensio Christianorum de Cruce« des Matthaeus Gnidius sind ein Brief des Gnidius an alle »eruditi« Deutschlands und zwei Briefe eines Petrus Francisci an Hutten und Luther angefügt. Ähnlich der Vorrede zum Karsthans (*Clemen*, Flugschriften Bd. 4, S. 76,2ff.) nimmt Gnidius an Murners Anonymität und daran Anstoß, daß er in der Volkssprache schreibt, vgl. MF 65/169, a2r; a1v; ausführliches Inhaltsreferat bei *Merker*, a.a.O., S. 22ff. Gnidius ahmt Murners Verfahren, Mäßigkeit vorzuschützen und polemisch zu agieren, nach, ebenso den an Murner gerichteten, Murners Bekehrungsappell gegenüber Luther nachahmenden ›Umkehrruf‹. Dasselbe gilt für die von Gnidius herausgestellte Beurteilung, Murners Anonymität sei eines Theologen unwürdig. In bezug auf die Motive der Murnerschen Anonymität spielen die Ruhmsucht und der Erwerbswillen des Franziskaners die entschei-

dende Rolle. Die zeitliche und weitgehend sachliche Parallelität der »Defensio Christianorum« und des Karsthans sowie das in beiden Texten erkennbare tiefe Unbehagen an Murners volkssprachlicher Publikationsoffensive verweist auf einen identischen Straßburger Milieuzusammenhang, innerhalb dessen diese und die anderen Drucke gegen Murner entstanden sein dürften. Instruktiv ist allerdings der plötzliche und unvermittelte Übergang ins Deutsche in Gestalt einer parodistischen Umdichtung des bekannten Judasliedes auf Murner innerhalb der lateinischen Schrift, vgl. *Merker*, a.a.O., S. 26f. mit Anm. 2; DS IX, S. 313f., Anm. 411; vgl. BoA 1, S. 154f. Anm.; s. auch *Jørgensen*, (wie Anm. 127), S. 62ff.; MF 65/169, c2r.
3. Unter dem Pseudonym Raphael Musaeus erschien wohl zu Jahresbeginn 1521 in der Offizin (Johannes Schotts) die berühmte Anti-Murner-Satire »Murnerus Leviathan« in zwei verschiedenen, in rascher Folge erschienenen Ausgaben (*Muller*, II, S. 81, Nr. 95f.; *Hohenemser* 2865f.; MF 549/1405; *Pegg*, Swiss, 4134; VD 16 M 7110f.; Katalog Martin Luther und die Reformation in Deutschland, S. 225f.; *Merker*, a.a.O., S. 32f.; zum Inhalt der Schrift vgl. das ausführliche Referat bei *Merker*, a.a.O., S. 35ff.; vgl. auch WA Br 2, Nr. 364). Die zweite Ausgabe ist um einen kurzen »Auctio Lutheromastigum« genannten Dialog erweitert, s. dazu *Merker*, a.a.O., S. 49ff. Ohne *Merkers* These, Gerbel sei der pseudonyme Autor, für hinreichend begründbar zu halten, teile ich seine Einschätzung, die hinter den Pseudonymen Gnidius und Musaeus dieselbe Person sieht (vgl. bes. S. 44ff.). Ähnlich wie in der »Defensio« des Gnidius und dem Karsthans ist Murners angebliche Ruhm- und Geldsucht ein Hauptmotiv. Die im Karsthans verspotteten Gänsepredigten Murners (vgl. *Clemen*, Flugschriften Bd. 4, S. 88,1ff.) spielen auch im »Murnerus Leviathan« eine Rolle (vgl. *Merker*, S. 37); Murnerus Leviathan, MF 549/1405, A4vff.
Die Bezugnahme auf eine am 20.11.1520 bei Grüninger in Straßburg erschienene Schrift des in Straßburg ansässigen Arztes Lorenz Fries »kurtze schirmred der kunst Astrologiae« (vgl. SB München 4° Astr. P 510 [40]; VD 16 F 2861; *Merker*, a.a.O., S. 38 mit Anm. 1), in der sich dieser en passant gegen Luthers Auslegung der zehn Gebote gewandt hatte, verdeutlicht, daß der im Dienste Schotts tätige pseudonyme Autor gezielt gegen das Grüningersche Verlagsprogramm agiert. Zugleich ist der »Murnerus Leviathan« ein dekuvrierender Angriff auf eine offenbar relativ konsolidierte Gruppe gelehrter Straßburger Luthergegner, neben Murner ein Jurist namens Wedele und Frisius (vgl. *Merker*, bes. S. 38f.). Angriffe auf Murner und Wedele sind auch einem (Straßburger) Nachdruck der bekannten Flugschrift »Beschrybung der Götlichen Müly« (R. Beck, 1521) (*Pegg*, Swiss 5849; *Muller* II, S. 231,56; fingierter Druckort: Tübingen) angefügt, vgl. die Hinweise auf die Bildausstattung des Druckes in: *Peter Hagg*, Die Drucke der »Göttlichen Mühle« von 1521. In: Schweizerisches Gutenbergmuseum 40, 1954, S. 135-150, zu Druck C: 140-144; *Christine Güttler*, Das älteste Zwingli-Bildnis? – Zwingli als Bilderfinder: Der Titelholzschnitt zur »Beschreibung der götli-

chen Müly«. In: *Hans-Dietrich Altendorf, Peter Jezler* (Hgg.), Bilderstreit: Kulturwandel in Zwinglis Reformation, Zürich 1984, S. 19-39. Aufgrund zahlreicher biographisch-detaillierter Hinweise auf Murners Vita ist von einer intensiven persönlichen Bekanntschaft des pseudonymen Autors mit Murner, der in Basel, Frankfurt und Trier mit dem Franziskaner persönlich verkehrt haben will (vgl. *Merker*, S. 42, sowie das unter dem Titel »Ain kurts anred zu allen mißgunstigen Doctoris Lutheri« [vgl. *Merker*, S. 42, Anm. 1; VD 16 A 1006-1009] separat erschienene Schlußwort des »Murnerus Leviathan« [ed. in: *Schade*, wie Anm. 2, II, S. 190-195, hier: 191,53ff.]), auszugehen. Das eigentliche Kernmotiv der Murner-Gegnerschaft, auch im »Murnerus Leviathan«, ist dessen anonymer Angriff auf Luther (vgl. bes. das Schlußwort *Schade* II, S. 192,55ff.). Der »Murnerus Leviathan« dürfte vor dem 13.1.1521 (s. dazu unten Anm. 145) und kurz nach der mit der Gnidius-Schrift eröffneten publizistischen Reaktion auf Murners anonyme Schriften veröffentlicht worden sein. Während die Gnidius-Schrift erst in einem der Anhänge auf Murners Adelsschrift eingeht, spielt diese am 24.12.1520 erschienene Murner-Schrift im »Murnerus Leviathan« schon eine zentrale Rolle. Die rasche Abfolge der Texte macht den Charakter des publizistischen Schlagabtausches und des nach dem Erscheinen der zweiten Auflage der Murnerschen »Ermahnung« am 21.1.1521 dann endgültig vollzogenen Wechsels der Anti-Murner-Publizistik in die Volkssprache deutlich. Als chronologische Abfolge ergibt sich demnach:
10.11.1520: Murners »Ermanung«; 24.11.1520: Murners »Von doctor Luthers leren und predigen«; 13.12.1520: Murners »Von dem babstenthum«; 24.12.1520: Murners Adelsschrift; nach dem 25.12.1520: M. Gnidius' »Defensio«; vor dem 13.1.1521: »Murnerus Leviathan«; 21.1.1521: 2. Auflage der Murnerschen »Ermanung«; nach dem 21.1.1521: Karsthans. Der Wechsel der Murner-Gegner in die Volkssprache erfolgte also erst zu einem Zeitpunkt, als das publizistische Übergewicht Murners offenkundig zu sein schien. Erst dem Karsthans gelang es, Murners publizistische Offensive zu bremsen. Die Publizistik spiegelt auf Seiten der Murner-Gegner auch einen Lernprozeß in bezug auf die Wirkungen deutscher bzw. lateinischer Schriften.
4. Zwei unter dem Pseudonym Abydenus Corallus erschienene Drucke, die »Dialogi septem« (Straßburg, Johann Schott, 1521) (vgl. *Köhler*, Bibliographie Bd. 1, Nr. 604; MF 445-446/1192; vgl. ausführlich: *Merker*, a.a.O., S. 150ff.; *Grane*, Martinus noster, S. 263ff.) und die »Oratio ad Carolum Maximum et Germaniae principes pro Ulricho Hutteno et Martino Luthero« (Straßburg, Johann Schott, 1521) (*Köhler*, Bibliographie Bd. 1, Nr. 605; *Merker*, S. 186ff.; *Grane*, S. 262f.; MF 118/319, zu Murner: b6r) spiegeln eine zum Teil längere Entstehungsgeschichte. Die »Dialogi septem« sind nach *Merkers* im ganzen überzeugender Analyse zwischen April und Dezember 1520 entstanden, der Dialog »Huttenus illustris« setzt bereits Murners am 24.12.1520 erschienene Adelsschrift (vgl. MF 445/1192, f6v) voraus. Nicht die »Dialogi septem« als Literaturwerk im ganzen, wohl aber ihre

Druckverbreitung zu Jahresbeginn 1521 hatte einen gegen Murners anonyme Publizistik gerichteten Impetus. Dasselbe gilt für die »Oratio«. Durch die gegen Murner gerichteten Hinweise fügen sich die Corallus-Schriften kongenial in das ›Verlagsprofil‹ Schotts an der Wende des Jahres 1520/21 ein. Dies gilt insbesondere auch für die weit ins Jahr 1521 hinein zentrale Bedeutung der Leitfiguren ›Hutten und Luther‹, die in den Corallus-Texten eine wichtige Rolle spielen. Im Unterschied zu den oben genannten Anti-Murner-Schriften aber ist die Auseinandersetzung mit der anonymen Publizistik des Franziskaners kein Hauptmotiv, das die Abfassung der Texte selbst, sondern bestenfalls den Zeitpunkt ihrer Veröffentlichung nachhaltig beeinflußt haben dürfte. Gleichwohl sind sie Teil der gezielten, von der Offizin Schott und den ihm zuarbeitenden reformationsgesinnten Humanisten betriebenen Publikationskampagne gegen Murner.[126]

Die anonyme Tarnung Murners veranlaßte den anonymen Verfasser der Dialogflugschrift »Karsthans«[127] dazu, in seiner Vorrede die »wölfische dück« des sich unter der »gestalt eines schaffs«[128] verbergenden geistlichen Verfassers schonungslos offenzulegen.[129] Murners Anonymität erscheint ihm als Mißbrauch seiner prie-

126. Murner scheint nicht gewußt zu haben, mit welchen Personen er es bei seinen Straßburger Gegnern zu tun hatte, vgl. Protestation, Zs. f. hist. Theol. 1848, S. 600f.
127. Der »Karsthans« gehört zu den meistinterpretierten reformatorischen Flugschriften. Wichtige bibliographische Hinweise bei *Bentzinger*, wie Anm. 149; vgl. auch *Könneker*, wie Anm. 58, S. 100-108 (zum Verhältnis des Karsthans zum Humanistendialog bes. S. 102f.); an neueren Studien sei verwiesen auf *Ninna Jørgensen*, Bauer, Narr und Pfaffe. Prototypische Figuren und ihre Funktion in der Reformationsliteratur, Leiden u.a. 1988, bes. S. 42ff.; 87f; 1ff., und *Beyer*, wie Anm. 110, S. 34ff., bes. 43ff. unter besonderer Berücksichtigung der Ikonographie; zur Bauernthematik in reformatorischen Flugschriften, die 1521 einen besonderen publizistischen Schwerpunkt bildet, instruktiv: *Hans-Joachim Köhler*, »Der Bauer wird witzig«. Der Bauer in den Flugschriften der Reformationszeit. In: *Peter Blickle* (Hg.), Zugänge zur bäuerlichen Reformation, Zürich 1987, S. 187-218, bes. 193-195, sowie die interpretatorisch unzureichende, hinsichtlich der Materialpräsentation aber noch immer brauchbare Studie von *Paul Böckmann*, Der gemeine Mann in den Flugschriften der Reformation. In: Deutsche Vierteljahrsschrift 22, 1944, S. 186-230; vgl. auch *Hohenberger* (wie Anm. 15), bes. S. 259ff.
128. *Clemen*, Flugschriften Bd. 4, S. 75,5f.
129. Die Umstände, aufgrund derer bestimmte Kreise frühzeitig wußten, daß Murner der Verfasser der anonymen Schriften war, sind m. W. nicht exakt zu rekonstruieren. Die Selbstanzeige beim Straßburger Bischof dürfte die Identifizierung ohnehin erleichtert haben. Nikolaus Gerbel etwa war bereits am 23.11.1520, 13 Tage nach Datierung der ersten und einen Tag vor dem Erscheinen der zweiten anonymen Murner-Schrift, exakt informiert: »Molitur alia quędam, stultiora reor, in Lutherum Murr Narr: Deus Apellem aliquem scitum excitet, qui ἄγριον ὄνον colore non alio quam

sterlichen und akademischen Würdestellung.[130] Unter dem fadenscheinigen Titel einer »brüderlichen Ermahnung« verbreite er ausländische, d. h. päpstliche Irrlehren. Der als »gemalte[r] theologus«[131] ohne namentliche Nennung angegriffene Franziskaner wolle, dies sei das »grössest«[132], den christlichen Glauben auf zeitliches Regiment und heidnische Herrschaft gründen. Wäre er unter seinem Namen hervorgetreten, hätte er sich wegen seiner Unkenntnis der Bibel zum Spott gemacht. Er schreibe auch deshalb anonym, um den Erfolg seiner Schrift erst einmal abzuwarten, um dann später umso unverblümter Ruhm und Geld einzustreichen.[133] Der Verfasser des Karsthans rügt die Tatsache, daß Murner als Anonymus in der *Volkssprache* hervorgetreten sei, nachdrücklich: er habe sich auf lateinische und deutsche Schriften Luthers bezogen, aber nicht in der gleichen Sprache geantwortet, nur deshalb, damit seine »unwyssenheid«[134] nicht offenbar werde und er eine größere Öffentlichkeit erreiche. Wer deutsch schreibe, so suggeriert der anonyme Verfasser des Karsthans, tue das um großer öffentlicher Wirkung willen und weil er sich dem Widerspruch der gelehrten Theologen entziehen wolle.
Die hintergründig-taktische, einschmeichlerische Rolle, die der Franziskaner Luther gegenüber in seinen anonymen Schriften eingenommen hatte, legt der Karsthans-Dialog in Gestalt der Katzenfigur, in der er Murner darstellt, scho-

griseo depingat« (Bcor I, S. 124,27-30; vgl. Anm. 8f. und die Deutung *Merkers*, wie Anm. 9, bes. S. 278). Bereits am 11.11.1520, also einen Tag nach der Datierung der Murnerschen »Ermanung«, wußte Bucer in Heidelberg: »Murnarius ille franciscanus evomuit his diebus contra Lutherum libellum lingua vernacula scriptum, in quo et nomen suppressit suum et dissimulavit mores, tametsi auriculas suas Midas occulere penitus haud potuerit. Misissem exemplar si aliquod mihi fuisset: unicum enim frater, apud quem vidi, attulit« (Bcor I, S. 121,25-29; vgl. DS IX, S. 12). Die Aussage über den ›dissimulierenden‹ Stil paßt natürlich vorzüglich zu Murners anonymer Schrift, keineswegs aber zu der volkssprachlichen Übersetzung von Luthers ›De captivitate Babylonica‹ (so Bcor I, S. 121, Anm. 8). Bucers Hinweis auf Murners stilistische Eigentümlichkeit sowie die Zusatzinformationen, die er von dem nach Heidelberg gereisten Bruder erhielt, verdeutlichen, daß in ›Insider‹-Kreisen schon zum Zeitpunkt des Erscheinens der ersten anonymen Murnerschrift kein Zweifel an ihrem Verfasser bestand; vgl. Capitos Brief an Luther vom 4.12.1520, WA Br 2, Nr. 357.

130. »Nemlich das übel stot eim geistlichen und vil gelerten man (nach syner achtung) sich mißbruchen seins titel und wirden, do durch in gestalt ein schaffs wölfisch dück gespürt – jm titel brüderlicher ermanung – offenlich schmeung und lesterung, durch mittel vernünfftiger ursachen vast ußlendig dorecht leren geben, in beschirmung bäpstlicher oberkeit, die durch vil narrisch byspil und heidnisch anzeigen zu grund keren.« *Clemen*, Flugschriften Bd. 4, S. 75,3-10.
131. *Clemen*, Flugschriften Bd. 4, S. 75,10f.; vgl. 121, Anm. 5.
132. A.a.O., S. 75,10.
133. A.a.O., S. 75,16 – 76,1.
134. A.a.O., S. 76,6.

nungslos offen. Der Katzengesang der Murner-Figur im Karsthans-Dialog – »yetz ist es fridsam, yetz schryet es auwe, yetz pfuchttes wie ein schlang«[135] – bildet die Vieltönigkeit seiner in den anonymen Schriften eingenommenen Rolle ab und erweist ihn als »trügentlich thier«.[136] Die Karsthans-Figur selbst entlarvt die Murner-Gestalt im Dialog: »ain katz [hat] lang scharff negel under den linden dapen verborgen«.[137] Unter Rekurs auf naturkundliches und mythisch-abergläubiges ›Erfahrungswissen‹ legt Karsthans die Katzengestalt Murner als abgründiges Tier bloß.[138] Im lokalen Kommunikationszusammenhang durchaus verständliche Anspielungen auf Murners zweifelhafte Lebensführung[139] desavouieren die mit moralischem Anspruch auftretende Gestalt des unparteilichen Anonymus. Mit Hilfe der kunstvoll eingesetzten literarischen Technik des Mißverständnisses greift der des Lateinischen unkundige Karsthans bestimmte Floskeln auf, die zeigen sollen, daß der unverbildete gesunde Menschenverstand zu einem tieferen Verständnis der Glaubenswahrheit hindurchdringt als die literati.[140] Der Versuch der Murner-Figur, beim Erscheinen Luthers zu verschwinden und einer Disputation mit ihm auszuweichen, brandmarkt das lichtscheue Verhalten des Anonymus Murner.[141] Die Murner-Figur des Dialogs, der unterstellt wird, sie habe die anonymen Schriften nicht allein, sondern mit einem ungenannten Gesellen abgefaßt[142], versteckt sich hinter ihrer Anonymität, um sich nicht direkt der Auseinandersetzung mit Luther, der Murner ohnehin nicht gewachsen wäre, stellen zu müssen: »Auch hab ich min namen nit dorin geschriben, uff das er nit wiß, das ichs thon hab«.[143] Ein »lichtverstendiger«, so beteuert die Murner-Figur, werde angesichts des originellen Gebrauchs seiner Sprichwörter ohnehin erkennen, »wo das saltz herfleüßt«.[144]

135. *Clemen*, Flugschriften Bd. 4, S. 76,21f. Das Schlangenmotiv weist eindeutige Verbindungen zur Darstellung Murners im ›Murnerus Leviathan‹ auf. Die enge Verbindung beider in Straßburger Urdrucken erschienenen Schriften, ihre Herkunft aus einem identischen Milieu bzw. möglicherweise von demselben Verfasser, besitzt ein hohes Maß an Wahrscheinlichkeit. Die beiden Schriften, die Murner zu seiner öffentlichen Protestation veranlaßten, dürften der Karsthans und der Murnerus Leviathan sein; vgl. auch unten Anm. 145.
136. *Clemen*, Flugschriften Bd. 4, S. 77,3.
137. A.a.O., S. 77,9f.
138. Vgl. a.a.O., S. 77,8-22.
139. Vgl. nur a.a.O., S. 79,17-19; 81,6ff.; 84,12ff.; vgl. 75,17; 88,4ff.
140. Vgl. z. B. a.a.O., S. 79,20f.; 80,22ff.; 81,19-21; 82,4-7; 82,20f.; 84,2; 118,21f.
141. Vgl. a.a.O., S. 83,5ff.
142. Vgl. a.a.O., S. 85,7; 86,17; 124, Anm. 56; vgl. auch Murners Replik in seiner Protestation, Zs. f. hist. Theol. 1848, S. 601.
143. Vgl. a.a.O., S. 86,7-9.
144. A.a.O., S. 87,5f.; zum Murnerschen Anspruch literarischer Originalität vgl. DS VI, S. 30; 125, Anm. zu II; vgl. *Clemen*, Flugschriften Bd. 4, S. 87,20f und das ironisch angeführte Sprichwortbeispiel: »hast nit mein gens gesehen«, S. 88,1ff.

Murners Selbstanzeige gegenüber »den gnedigen herrn zu Stroßburg«[145] begründet die Murner-Gestalt im Dialog damit, auf »eer und schankung« zu spekulieren.[146] Die Anonymität Murners ist nicht nur der historische Anlaß für den Dialog ›Karsthans‹, sondern eines der literarischen Hauptmotive dieser wohl bekanntesten frühreformatorischen Dialogflugschrift. Der zweite Teil des Dialogs besteht

145. A.a.O., S. 87,7. Diese Wendung ist vor dem Hintergrund dessen, daß Murner in seinen ersten vier anonymen Schriften den Straßburger Bischof nennt (vgl. oben Anm. 114) auffällig. Entweder weiß der Anonymus von der »Selbstanzeige« Murners gegenüber dem Straßburger Zensor Sebastian Brant vom 13.1.1521 (vgl. oben Anm. 114), was bedeuten würde, daß der in diesem Brief erwähnte »libellus« (Sitzungsberichte, [wie Anm. 114], S. 279) nicht mit dem Karsthans, sondern mit dem Murnerus Leviathan zu identifizieren wäre. Oder – schließt man achtlose Formulierungen aus –, die Wendung ist als Provokation gegenüber dem Rat der Reichsstadt gemeint, der dadurch, daß er in die Nähe zu Murner gerückt wird, zur Parteinahme herausgefordert werden soll. Möglich ist auch, daß mit dem Plural »herren« der Straßburger Bischof und der Trierer Erzbischof gemeint sein sollen, was aber wiederum interne (vgl. Sitzungsberichte, wie Anm. 114, S. 277f.), über Murners gedruckte Hinweise hinausgehende Informationen voraussetzen würde. Letzteres wäre natürlich als gezielte Provokation gegenüber dem Straßburger Rat zu lesen, der durch diese – versteckte – Anspielung mit einer seine reichsstädtische Autonomie gegenüber dem Bischof einschränkenden, vermeintlich von Murner vertretenen Rechtsauffassung konfrontiert würde. Oder sollte der Zusatz »Censores« unterhalb des Impressums der ersten anonymen Schrift Murners (DS VI, S. 87) eine Anrede an die Repräsentanten des Straßburger Rates veranlaßt haben? Ungenau ist *Büchners* Angabe, »dem Rat zu Straßburg« (wie Anm. 58, S. 234) habe sich der Verfasser bekannt gemacht. Dafür, daß die von Murner am 13.1.1521 vorausgesetzte Schrift der Murnerus Leviathan, nicht der Karsthans ist, könnte auch sprechen, daß Karsthans (*Clemen*, Flugschriften Bd. 4, S. 87,20f.) auf eine erst in der 2. Auflage der »Ermanung« vom 21.1.1521 enthaltene Wendung (vgl. DS VI, S. 18f; 30; 125, Anm. zu II; s. auch DS IX, S. 7) anspielt. Der Karsthans wäre dann eine Antwort auf Murners in der 2. Auflage der »Ermanung« implizit unternommene publizistische Reaktion auf den Murnerus Leviathan. Die herausgehobene Bedeutung der »Ermanung« Murners im Karsthans ist m. E. leichter verständlich, wenn es sich um die gerade jüngst erschienene, nicht um eine bereits zwei Monate zuvor erschienene Ausgabe handelt. Auch die Reihenfolge, in der die »Ermanung« bzw. die Schrift »Vom Bapstthum« eingeführt werden, könnte ein Hinweis darauf sein, daß die 2. Auflage der »Ermanung« im Blick ist. Das für den Murnerus Leviathan wichtige Schlangenmotiv ist im Karsthans (vgl. *Clemen* a.a.O., S. 75,19; 76,20) aufgenommen, s. oben Anm. 135. Auch *Clemen* a.a.O., S. 78,22f. mit S. 122, Anm. 24; *Werner Lenk*, Die Reformation im zeitgenössischen Dialog, Berlin 1968, S. 255f. dürfte für die Priorität des Murnerus Leviathan gegenüber dem Karsthans sprechen. *Clemen* a.a.O., S. 89,3; 91,13 weist möglicherweise auf den Dezember 1520 bzw. den Jahresbeginn 1521 als Zeitpunkt der Abfassung hin.

146. *Clemen*, Flugschriften Bd. 4, S. 87,8.

vorwiegend aus einer Rezitation und widerlegenden Kommentierung der anonymen Murner-Schrift »Von dem Babstenthum«.[147] Der ›gemeine Mann‹, auf den sich Murner ja berufen hatte, macht sich in Gestalt der Karsthans-Figur daran, Murners Schriften gewissenhaft zu prüfen[148], und entlarvt die auf den ersten Blick gar nicht leicht durchschaubare hintergründige Polemik des Anonymus als das, was sie ist: eine parteiliche Kampfansage an den Wittenberger Reformator. Die Karsthans-Figur des Dialogs ist der literarische Gegenentwurf zu dem mit Murners Anonymität verbundenen Anspruch auf allgemeine Repräsentanz. Ähnlich wie der Anonymus Murner den ›gemeinen Mann‹ dadurch zu gewinnen suchte, daß er als sein Sprachrohr aufzutreten behauptete, sucht der Karsthans-Dialog die ›Öffentlichkeit‹ auf seine Seite zu ziehen, indem er den ›gemeinen Mann‹ selbst zu Wort kommen läßt. Beiden anonymen Textformen ist eine publikationsstrategische Grundhaltung gemeinsam: die Beeinflussung der ›Öffentlichkeit‹ in ihrem Sinne suchen sie dadurch zu erreichen, daß sie sich selbst als deren Stimme präsentieren.

Mit der von dem anonymen Verfasser des Karsthans vollzogenen Hinwendung zum volkssprachlichen Dialog – der Karsthans ist der erste ursprünglich in der deutschen Sprache geschriebene Reformationsdialog überhaupt[149] – entstand im

147. A.a.O., S. 96,10ff. Die (Murnersche) Schrift »Von dem Bapstenthum« (*Clemen*, Flugschriften Bd. 4, S. 96,14) wird freilich – entgegen der ja aufgrund der exakten Druckdatierungen (s. oben Anm. 57) auch für Zeitgenossen erkennbaren Chronologie – als »des doctor Murners erst büchlin« (*Clemen*, Flugschriften Bd. 4, S. 96,20) angeführt. Faktisch war es die dritte Schrift der Murnerschen Publikationskampagne. Der Karsthans setzt lediglich die Kenntnis der »Ermanung« und »Vom Bapstthum« voraus (vgl. *Clemen*, a.a.O., S. 88,16ff). Die vor der Papsttumsschrift erschienene Flugschrift »Von Martinus Luthers leren und predigen« kennt er offenbar nicht. Terminus ante quem non des Karsthans ist demnach die Schrift vom Papsttum, also der 13.12.1520, bzw. (s. o. Anm. 145), der 21.1.1521.

148. Vgl. z. B. a.a.O., S. 88,24 – 89,3; Luther bekräftigt ihn darin: a.a.O., S. 89,26ff.

149. Vgl. *Rudolf Bentzinger*, Die Wahrheit muß ans Licht! Dialoge aus der Zeit der Reformation, Frankfurt/M. 1983, S. 18. Hutten kommen unbestreitbar die wichtigsten Verdienste um die Dialogliteratur in der Reformationszeit zu. Seinen 1516/17 in der Tradition der lukianischen Dialoge verfaßten »Phalarismus« übersetzte er 1519 ins Deutsche. Vier zwischen 1518 und 1520 erschienene lateinische Dialoge gab er 1521 unter dem Titel »Gesprächsbüchlein« in deutscher Sprache heraus. In Einzelausgaben waren diese Übersetzungen z. T. seit 1519 erschienen, vgl. die Ausgaben bei *Köhler*, Bibliographie Bd. 1, Nr. 1688; 1689; Gesprächbüchlein (Schott, Straßburg, 1521): Nr. 1706. Die druckgeschichtlichen Ursprünge der reformatorischen Dialogflugschriften liegen allesamt in Straßburg, vgl. zum (Prüßschen) Urdruck des Karsthans die bei *Köhler* Bd. 1, Nr. 1977 und 1978 gebotenen Hinweise. Seit 1521/22 sollte Augsburg zum wichtigsten Druckzentrum der Dialog- wie auch der Flugschriftenproduktion überhaupt avancieren. Zu Augsburg als Druckzentrum vgl.: *Hans-Jörg Künast*, Gedruckt zu Augsburg. Buchdruck und -handel in Augsburg zwischen

Kontext der Straßburger Lokaldiskussionen an der Wende der Jahre 1520/21 diejenige Literaturform, von der etwa die Hälfte aller Schriften anonym erschien. Die Dialogflugschriften und der überindividuelle und dem Anspruch nach typische Charakter ihrer wesentlichen Gestalten dürften als literarische Umsetzung des mit der Anonymität verbundenen Anspruchs exemplarischer Allgemeinheit zu werten sein. Die für die reformatorische Dialogliteratur charakteristische Propagierung einer bestimmten Überzeugung im kämpferischen Gegenüber zu einer gegnerischen Position war mit dem Anspruch verbunden, die Wahrheit über elementare Fragen des christlichen Lebens, des Glaubens und der gesellschaftlichen Ordnung als solche diskursiv, doch im Ergebnis unwiderlegbar eindeutig, assertorisch zu entfalten. Der Dialogliteratur, die in noch ausgeprägterem Maße als die Flugschriftenpublizistik überhaupt eine literarische Domäne der reformatorisch Gesinnten war, kommt in bezug auf die ›intendierte Volkstümlichkeit‹ eine Schlüsselrolle zu. Darüber, daß die Verfasser der Dialogflugschriften in aller Regel humanistisch gebildete ›literati‹ sind, kann kein Zweifel bestehen. Sie sind nicht ›Volkes Stimme‹, wollen es aber sein. In diesem ihrem Anspruch, ›volksnah‹ zu sein, ist ihre wesentliche historische Bedeutung zu sehen, unbeschadet dessen, daß hinter diesem Anspruch das fingierte Rollenspiel einer städtischen Bildungselite steht. Die öffentliche Wirkung der anonymen Flugschriftenpublizistik in der frühen Reformation im ganzen scheint wesentlich mit diesem Anspruch zusammenzuhängen, das auszusprechen, was jeder denkt und was als Wahrheit der Schrift allgemeine Resonanz verdient.

Die qualitativ und quantitativ dominierende Bedeutung der Dialogform, der Siegeszug dieser Flugschriftengattung unter den anonymen Publikationen der Reformationszeit, begann im Jahre 1521, dem Jahr, dem nach meiner freilich auch ganz vorläufigen quantitativen Gesamtübersicht über das Phänomen anonymer Publizistik in der frühen Reformation eine herausragende Bedeutung für die anonyme Publizistik überhaupt zukommt. In der meinungsbildenden Durchsetzungs- und Formierungsphase der ›reformatorischen Öffentlichkeit‹, die mit der Flugschriftenexplosion in den Jahren 1522 bis 1524 ihren nicht wieder erreichten Höhepunkt erlangte[150], kam der anonymen Publizistik ihre relativ größte historische Bedeutung zu.

1468 und 1555, (Studia Augustana Bd. 8), Tübingen 1996; *ders.;* Entwicklungslinien des Augsburger Buchdrucks von 1468 bis zum Augsburger Religionsfrieden von 1555. In: *Jochen Brüning, Friedrich Niewöhner* (Hgg.), Augsburg in der Frühen Neuzeit, Berlin 1995, S. 227-239; *ders.*, Augsburg als Knotenpunkt des deutschen und europäischen Buchhandels (1480-1550). In: ebd., S. 240-251; *ders.*, Martin Luther und der Buchdruck in Augsburg, 1518-1530. In: *Helmut Gier, Reinhard Schwarz* (Hgg.), Reformation und Reichsstadt – Luther in Augsburg. Ausstellung der Staats- und Stadtbibliothek Augsburg, Augsburg 1996, S. 65-77.

150. Vgl. *Köhler*, wie Anm. 16; s. o. Abs. I.

IV. Anonyme Flugschriftenserien des Jahres 1521:

1. Die 15 Bundesgenossen

Die spezifische publikationsgeschichtliche Bedeutung des Jahres 1521 in Hinblick auf die anonyme Druckproduktion als ganze versuche ich im folgenden anhand des erstmals von Murner praktizierten, soweit mir bekannt nur in dieser Frühphase der reformatorischen Publizistik begegnenden Phänomens anonymer *Flugschriftenserien* zu veranschaulichen. Unter anonymen Flugschriftenserien verstehe ich literarische Reihenerzeugnisse, die anonym erschienen sind, auf jeweils bereits erschienene oder geplante Folgeschriften verweisen und mit diesen einen lockeren literarischen Zusammenhang bilden, ohne daß die Kenntnis der voraufgegangenen Flugschriften die notwendige Verständnisvoraussetzung wäre, und die durch bestimmte Elemente wie gemeinsame oder ähnliche Titel und verbindende Motive für eine Öffentlichkeit, die diese Serienprodukte nach der Unterstellung ihrer anonymen Verfasser fortlaufend rezipieren sollte, als zusammengehörig erkennbar waren. Gerade im seriellen Charakter dieser anonymen Flugschriften verdichtet sich – wie in Ansätzen schon in Murners anonymer Publikationsoffensive – der in anonymen Publikationen allgemein begegnende Anspruch globaler Meinungsrepräsentanz zu dem Versuch einer fortgesetzten publizistischen Präsenz. Das bekannteste Beispiel, das freilich – soweit ich sehe – als anonymes Publikationsphänomen bisher nicht eingehend gewürdigt wurde, ist der als »XV Bundesgenossen« weithin bekannte, zunächst in anonymen Einzeldrukken erschienene Flugschriftenzyklus Eberlins von Günzburg. Als zweites Beispiel soll eine lediglich vier einzelne Flugschriften umfassende Augsburger Serie knapp analysiert werden. Beiden Flugschriftenserien liegt eine Bundeskonzeption zugrunde, die den spezifischen Beitrag dieser Reihenpublikationen zur anonymen Publizistik der frühen Reformation bildet.

Das komplizierte Problem, ob die Bundeskonzeption schon jedem der 15 Einzelstücke bei ihrer ursprünglichen Abfassung zugrunde lag, muß hier übergangen werden.[151] In der überlieferten Druckfassung jedenfalls ist jede der 15 Ein-

151. Vgl. dazu zuletzt *Christian Peters*, Johann Eberlin von Günzburg ca. 1465-1544, Gütersloh 1994, bes. S. 44ff.; eine kundige literaturwissenschaftliche Übersicht über die mit den 15 Bundesgenossen verbundenen germanistischen Probleme bietet – freilich unter Ausklammerung der Bedeutung der Anonymität – *Könneker*, wie Anm. 58, S. 109-116. Vgl. auch *Gottfried Geiger*, Die reformatorischen Initia Eberlins von Günzburg nach seinen Flugschriften. In: *Horst Rabe u.a.* (Hg.), Festgabe für E. W. Zeeden, Münster 1976 S. 178-201, bes. S. 182ff.; *Wilhelm Lucke*, Die Entstehung der »15 Bundesgenossen« des Johann Eberlin von Günzburg, Halle/S. 1902, S. 30ff. Eine die rhetorisch-dialektisch geschulte Hörerorientierung des Schriftstellers Eberlin eindrücklich analysierende Detailstudie zum 3. Bundesgenossen bietet: *Monika Rössing-Hager*, Wie stark findet der nicht lesekundige Rezipient Berücksichtigung in

zelflugschriften der »XV Bundesgenossen« durch die fortlaufende Zählung, die sie als Schrift eines der 15 Bundesgenossen ausweist, und durch rahmende Hinweise auf das Bundeskonzept als solches auf den Zyklus als ganzen bezogen. Innerhalb der Publizistik des entlaufenen Franziskaners Eberlin von Günzburg stellt diese anonyme Flugschriftenserie, die durch Verweise zusätzlich mit dem wohl gegen Jahresende 1522 vorliegenden »letzten Ausschreiben der 15 Bundesgenossen« und der Doppelflugschrift »Pfaffenklage/Pfaffentrost« verbunden ist[152], einen spezifischen, von Flugschriften, die Eberlin unter seinem Namen erscheinen ließ, charakteristisch unterschiedenen literarischen Zusammenhang dar. Das letzte Ausschreiben der Bundesgenossen, die Klage der sieben Pfaffen und der Pfaffentrost[153], enthalten am Schluß bzw. auf dem Titelblatt das Monogramm »J.E.M.W.«, der Pfaffentrost verweist überdies auf ein von einem Mitglied des Bundeskreises

den Flugschriften? In: *Hans-Joachim Köhler*, Flugschriften als Massenmedium der Reformationszeit, Stuttgart 1981, S. 77-137.

152. Vgl. *Enders* II, S. 59; 80; I, 205; III, 85; 88; 148; s. auch *Peters*, wie Anm. 151, S. 116, Anm. 42.

153. Vgl. *Enders* III, S. XIf.; I, 171. Vier der 15 Bundesgenossen erschienen mit fingierten Verfasserinitialen (3. Bundesgenosse: F. W., *Enders* I, S. 23; 6. Bundesgenosse: V. S., *Enders* I, S. 55; 11. Bundesgenosse: M. W. V. H., *Enders* I, S. 131; 14. Bundesgenosse: M: W. H., *Enders* I, S. 161), analog der bei Lutherdrucken – freilich dort wegen der »übergroßen Prominenz« ihres Verfassers (*Bernd Moeller*, Das Berühmtwerden Luthers. In: ZHF 15, 1988, S. 65-92, hier: 83) seit 1519 belegten Praxis. Wirkliche oder fingierte Verfasserinitialen sind in der Flugschriftenliteratur natürlich auch sonst belegt. Ein besonders berühmtes Beispiel ist der unter den Initialen V. H. Z. erschienene, Haugk Marschalck genannt Zoller zugeschriebene »Spiegel der Blinden« von 1522, vgl. *Laube* I, S. 128ff.; zur Druckgeschichte a.a.O., S. 150f.; dazu auch *Zorzin*, wie Anm. 13, S. 241ff. (Abbildungen der Titelillustrationen: S. 247-249); zuletzt: *Hohenberger* (wie Anm. 15), S. 259-264 (Lit.); *Köhler*, Bibliographie Bd. 3, Nr. 3229-3231; 3218f. Offenkundig ist, daß das Kürzel V. H. Z. schon bei dem vermeintlich vom Autor selbst gekürzten (*Laube* I, S. 151) zweiten Rammingerdruck fortgelassen wurde und auch bei den Nachdrucken in Basel und Straßburg fehlt. Ob wir es wirklich mit einem echten Verfasserinitial zu tun haben, oder was sich tatsächlich hinter V. H. Z. verbirgt, scheint mir keineswegs so klar zu sein, wie die einschlägige Literatur (vgl. die Hinweise bei *Zorzin* und *Laube*, a.a.O.) suggeriert. Dies gilt auch für das Verhältnis von »V. H. Z.« zu »H. M. G. Z.«, vgl. *Köhler*, Bibliographie Bd. 3, Nr. 3220-3225; zu »X S M« und »G H G H« vgl. WA 7, 156 und *Götze*, Sendbrief (wie Anm. 8), S. 149f. Im Falle der vier verschiedenen Initialen auf den Drucken der Bundesgenossen ist mit einer bewußten ›Tarnung‹ zu rechnen, die wohl die Authentizitätssuggestion der Bundesgenossenkonzeption erhöhen sollte. Zu den Schwierigkeiten der Auflösung selbst des vermeintlich klaren Kürzels J[ohann] E[berlin] M[agister] W[ittenbergensis] vgl. *Enders* I, S. IV mit Anm. 1. Eberlin war bekanntlich Basler Magister! Vgl. im ganzen auch die ausführliche Erörterung der Frage bei *Lucke*, wie Anm. 150, S. 22ff. Seine phantasievolle Auflösung i. S. von »Ich eile mit Weile« mag glauben, wer will!

verfaßtes Schriftchen »von mißgebruch christlicher fryheit«[154], lauter mehr oder weniger versteckte Hinweise auf den anonymen Verfasser, die gleichwohl für zeitgenössische Leser schwerlich dechiffrierbar gewesen sein dürften und erst ca. ein Jahr nachdem der Bundesgenossenzyklus seinen publizistischen Erfolg erzielt hatte, erscheinen.[155] Im Lichte unserer Leitfrage nach den publikationsstrategischen Spezifika anonymer Flugschriften der frühen Reformationszeit kommt diesen versteckten Hinweisen ohnehin kaum Bedeutung zu, da sie erst auftauchen, als sich die 15 Bundesgenossen von der Bühne der zeitgenössischen publizistischen Öffentlichkeit verabschieden. Ihre publizistische Wirkung erzielten die 15 Bundesgenossen insbesondere im Jahr 1521[156], als anonyme Flugschriften, einer –

154. *Enders* II, S. 88; s. dazu *Peters*, wie Anm. 151, S. 100; vgl. die ironischen Hinweise Eberlins auf seine eigene Predigttätigkeit vor und nach der Hinwendung zur reformatorischen Lehre in der »Pfaffenklage«, *Enders* II, S. 70f.; Verweis auf Kontakte Eberlins mit dem Bischof von Merseburg im »Pfaffentrost«, *Enders* II, S. 92; vgl. dazu: *Peters*, a.a.O., S. 102f.

155. *Peters* geht für die Veröffentlichung der »Pfaffenklage«, des »Pfaffentrostes« und des »Letzten Ausschreibens« von Jahresende 1522 (November bis Dezember, vgl. S. 92; 107; das Ausschreiben setzt die beiden erstgenannten Schriften voraus, vgl. *Enders* I, S. 205; *Enders* II, S. 74) aus. In bezug auf den in der »Pfaffenklage« (*Enders* II, S. 74) erwähnten »Doctnarr zu Freyburg«, der »(als man sagt) wider sye (sc. die 15 Bundesgenossen) schreibt«, wäre eine Anspielung auf Murner erwägenswert. Eberlin wußte dann bereits von einem von dem Freiburger Doktor der Theologie geplanten Angriff auf die 15 Bundesgenossen, wie dieser sie in seinem am 19.12.1522 erschienenen Versepos »Von dem großen lutherischen Narren« (DS IX, S. 40; vgl. 28ff.; 120, V. 789ff.) vortrug, freilich ohne diese Schrift schon kennen zu können. Auch für das »letzte Ausschreiben« der 15 Bundesgenossen ist keine Kenntnis der wegen der Zensurmaßnahmen des Straßburger Rates ohnehin sehr seltenen Murnerschrift nachzuweisen. Möglicherweise ist aber damit zu rechnen, daß die publizistische Verabschiedung der 15 Bundesgenossen *auch* durch Murners Eberlin zu diesem Zeitpunkt als Faktum, nicht aber in bezug auf den Text des Ordensbruders bekanntgewordenen Angriff mit verursacht war. Für die Publizistik Eberlins scheint charakteristisch, daß direkte literarische Fehden mit bestimmten Gegnern in ihr nicht vorkommen.

156. Als Zeitraum der Veröffentlichung der Einzelausgaben dürfte Frühjahr bis Sommer 1521 anzusetzen sein, vgl. aber *Peters*, wie Anm. 151, S. 46, der die »Gesamtkonzeption« mit *Lucke* erst auf Juli ansetzt, was doch wohl für das Erscheinen des 1. Bundesgenossen bedeuten würde, daß er erst dann im Druck erschienen sein kann. Ein Erscheinen der Eröffnungsschrift nach dem Wormser Reichstag halte ich aber für ganz unwahrscheinlich (s. u. Anm. 228). Durch *Peters'* Nachweis, daß *alle* 15 Bundesgenossen zunächst in Einzelausgaben erschienen sind, scheint es mir grundsätzlich erforderlich, die Fragen nach der Entstehung der Einzeltexte und nach dem Zeitpunkt ihres Erscheinens im Druck zu entkoppeln. *Lucke* setzt voraus, daß die Bundesgenossen erst erschienen, nachdem alle ihre Teile fertig waren. Nun ist – zuletzt von *Peters* (vgl. bes. S. 44ff.) – ganz überzeugend nachgewiesen worden, daß einige der »Texte«, die später in die 15 Bundesgenossen eingingen, älter sind. Ich

wie wir wissen – literarisch imaginierten, sich den Zeitgenossen freilich als reales Bündnis ungenannter Personen präsentierenden Vereinigung von 15 Personen, deren »heymlich blyben« von ihrem Verfasser als beabsichtigte publizistische Strategie verstanden und der Öffentlichkeit vorgestellt wurde.[157] In der Pfaffenklage, einem in Analogie zu den 15 Bundesgenossen konzipierten Prosadialog, in dem sieben Geistliche unter als Pseudonyme offengelegten Namen[158] je ihre für die Situation des zeitgenössischen Pfarrklerus exemplarische Not vortragen, wird die Weisheit der 15 Bundesgenossen gepriesen, die bis »uff disen tag« »ir wesen und

halte es für das Wahrscheinlichste, daß der wohl Eberlins Konflikt mit Glapion (15./16.3.1521, vgl. *Paul Kalkoff*, Die Regesten des Nuntius Aleander vom Wormser Reichstage 1521, Halle ²1897. S. 127 mit Anm. 2) voraussetzende 1. Bundesgenosse im Vorfelde des Wormser Reichtages und in der Hoffnung, auf den Kaiser einzuwirken, erschien (zur auch in der älteren Literatur gelegentlich vertretenen Auffassung, terminus ante des Druckes des 1. Bundesgenossen sei der Wormser Reichstag, s. *Lucke*, S. 67 mit Anm. 3; 69ff.; s. u. Anm. 228). Nacheinander ließ Eberlin dann z. T. schon ausgearbeitete, z. T. als »Lückenbüßer« (*Lucke*, S. 91: Bundesgenosse 13, 6 und 14) noch beigebrachte Einzelschriften in den Druck gehen. Gerade die »Lükkenbüßer« zeigen, daß er z. T. unter beträchtlichen Produktionsdruck geraten sein muß. Da wohl ernsthaft mit der Möglichkeit zu rechnen ist, daß Eberlin Anfang April in Basel war (vgl. Zwingli, Werke, Bd. 7, S. 445,4ff. [Brief Zwinglis an Beatus Rhenanus vom 5.4.1521]; s. dazu *Lucke*, bes. S. 14; *Peters*, S. 28), halte ich es für das Wahrscheinlichste, daß zu diesem Zeitpunkt bereits Absprachen bezüglich des Druckes getroffen wurden. Da ja die Möglichkeit, daß die ›Bundesidee‹ bzw. die Idee, einen Zyklus erscheinen zu lassen, vom Drucker, also Gengenbach, stammte, nicht auszuschließen ist, vielleicht sogar – da er ja das wirtschaftliche Risiko trug! – wahrscheinlich ist, besagt die Chronologie der Einzelstücke m. E. gar nichts. Für die von *Peters* (S. 46f.) weitgehend offengelassene Frage nach möglichen traditionsgeschichtlichen Hintergründen des Bundeskonzeptes möchte ich an den schon von *Lucke* (vgl. S. 95ff.) herausgestellten Hutten erinnern, vgl. bes. die Dialoge von 1520/21 in: Opera ed. *Eduard Böcking*; Ndr. Aalen 1963, IV S. 223; 310-329. Terminus post quem non des Erscheinens des 15. Bundesgenossen ist Oktober 1521, vgl. *Enders* I, S. IV; vgl. auch *Schade*, wie Anm. 2, II, S. 191, 49ff.

157. Vgl. *Enders* II, S. 59; 74.
158. Der fünfte »trostloß pfaff, herr Panthleon ubelin, pfarrher zu Grüblingen« (*Enders* II, S. 72) schlägt die dann befolgte publizistische Strategie innerhalb der Flugschrift selbst vor: »Darumb ist mein rath, wir lassen ußdrucken unser anligen und begern rath und hilff von allen menschen, das sye gott für uns bitten. und welcher etwas guts da zu wisß zusagen, das er es thu heymlich oder offentlich, mündtlich oder schrifftlich, damit aber uns nit grösserer schad darußentspring, wöllen wir eygne nammen verdecken under obgemelten namen, ist uns auch nit tadelich zuachten, so wir aygne beschwerde, nit frembde schmach ußschreiben. auch das nit uß bösem, sonder uß gutem willen hilff und rath in so grosser not zesuchen«. *Enders* II, S. 74. Die durchsichtig gemachte Pseudonymität der sieben trostlosen Pfaffen ist also ein Mittel, den Eindruck der suggerierten Authentizität ihrer Klagen zu steigern.

nammen« mit Erfolg verheimlicht hätten.[159] Durch die erklärte Absicht der Kolloquenten, ihre »red« »heymlich bleyben«[160] zu lassen, wird der Leser gezielt in einen ihm verborgenen Gesprächszusammenhang der sieben Pfaffen eingeführt. Die »heymlichkeit«[161] begründet der erste »trostlose Pfaff, herr Engelhart, Pfarrher zu Krochingen, Hauer Bistumb«[162] damit, nicht »leiden uff leiden [zu] laden« und »böß erger« vermeiden zu wollen[163], und führt sie als Ausdruck des guten Willens »hilff und rath in so grosser not zusuchen«, nicht aber »fremde schmach« offenzulegen[164], an. Jeder, der ihnen in ihrer Not etwas »heymlich oder offentlich, mündtlich oder schrifftlich«[165] raten könne, sei dazu aufgefordert. Die Adressaten der Pfaffenklage sind alle »frummen ußerwelten Christen«, die – unter Zusicherung der Diskretion[166] – aufgefordert werden, hilfreichen brüderlichen Rat zu bieten: »Ob ir eweren nammen nit darzu schreiben, ligt nit daran, an schrifften der Biblia, so jr ynfüren werden, wöllen wir wol mercken, das eüer rath gerecht sey oder nit ...«.[167] Die Pfaffenklage verweist so gleichsam voraus auf die ihr in Gestalt des »Pfaffentrostes« zuteil werdende anonyme Hilfe der 15 Bundesgenossen. Die fortlaufenden biblischen Begründungen, die die 15 Bundesgenossen ihren Antworten unterlegen, sichern jene verbindliche Allgemeingültigkeit, die wichtiger ist als die namentliche Kennzeichnung öffentlicher Meinungen. Als exemplarische Verkörperung der »frummen ußerwelten Christen«[168] repräsentieren die 15 Bundesgenossen das schriftgebundene Wahrheitsbewußtsein der Christenheit als solches[169], das eben darin seinen Ausdruck findet, daß es sich von der Bibel her korrigieren läßt.[170]

159. *Enders* II, S. 59. In bezug auf die 15 Bundesgenossen gebe es zwar »ein argwon ..., ist doch kein wissen, wer sye sind«. Ebd. Die 15 Bundesgenossen hätten einen »verschwygnen Buchdrucker« (*Enders* II, S. 74) gefunden. Am Schluß des »Pfaffentrostes« verweisen die 15 selbst auf Basel als Erscheinungsort ihrer ersten »XV. biechlin« (*Enders* II, S. 93).
160. *Enders* II, S. 59; zu diesem Motiv vgl. z. B. auch den Dialog »Cuntz und Fritz«, *Schade*, wie Anm. 2, II, S. 121; 127, s. auch unten, Anm. 235.
161. Ebd.
162. Ebd.
163. Ebd.
164. *Enders* II, S. 74.
165. Ebd.
166. *Enders* II, S. 76.
167. *Enders* II, S. 77.
168. *Enders* II, S. 76.
169. Vgl. *Enders* II, S. 80; 93.
170. »Erwirdig lieben herren (sc. die sieben trostlosen Pfaffen), hye schicken wir euch zu unser gutbeduncken uff ewer klag .... wo wir geirret haben, wöllen wir uns lassen weisen und ain besseren berichten. Wir begeren auch, ir wöllen unsere erste .XV. büchlin von mengerley ußgangen zu Basel im jar .M. D. xxj. mit urteil lesen, dann

In der ausdrücklichen Verabschiedung der 15 Bundesgenossen von der publizistischen Öffentlichkeit, die in dem »letzten Ausschreiben« vollzogen wird, spielt das auch von Luther und Melanchthon[171] geteilte Unbehagen darüber, daß »man in götlichen dingen andere biecher schreybe dan die Biblia«[172], die wohl entscheidende Rolle. Aus vielen Büchern erwachse »mer yrsal dan nutz«; »wil ainer antwurt haben uff ein hailsame frage, so zaige im text der Biblia dar uff, und laß den gaist seinen expositor und lerer sein«.[173] Deshalb wollen die 15 Bundesgenossen »auch uffhören [zu] schryben, und alle menschen vermanen wir, das sie hailge schrift selbs lesen, betrachten, und mit mundt leren, do by blyben und bitten got fur uns«.[174] Die durch den Rekurs auf die Schrift verbürgte allgemeine

nit alle ding artickel des glaubens, so darinn verfaßt sind. doch vertrawen wir euch, jr bedencken all unser arbeit zu gutem, ob wir schon nit alle ding so eben treffen by einem bauren schuch.« *Enders* II, S. 93. Der ausdrückliche Rückverweis auf den ca. ein Jahr zuvor erschienenen Zyklus der 15 Bundesgenossen und die Aufforderung, ihn »mit urteil« zu lesen, signalisiert eine dem vertieften theologischen Selbstverständnis des nunmehr in Wittenberg studierenden Eberlin entsprechende Distanznahme, vgl. auch *Peters*, wie Anm. 151, S. 103f.

171. Vgl. *Enders* II, S. 201f.
172. *Enders* II, S. 201; *Enders* III, S. 161ff.
173. *Enders* II, S. 205; vgl. 203; dazu auch: *Peters*, wie Anm. 151, S. 113-115. Einen Hinweis auf seine spätere nachdrückliche Distanzierung von den 15 Bundesgenossen bietet Eberlin selbst: *Enders* III, S. 148; 162.
174. *Enders* II, S. 205. Die Ermahnung zum Bibelstudium wird mit konkreten Vorschlägen zu seiner Umsetzung verbunden: »kanstu nit selbs läsen, bestel ein armen schuler, der lißt dir umb ein stück brot als vyl du ein tag bedorffst. Hastu kein buch, bist du arm, bättel ein buch, es ist dir eerlicher ain ewangeli bätlen dann ein stuck brot. Bit andre um gotswillen das sie dir im ewangeli läsen«. *Enders* I, S. 165. Im »letzten Ausschreiben« setzt Eberlin sechs Monate für das orientierende Bibelstudium an: »lyß mit flyß in heilger geschryfft ... VI. monat: darnach wurdstu selbs wissen, was hailger gschrift mainung ist, on aller lerer geschryfften«. *Enders* I, S. 204. Ungeachtet des phantastisch anmutenden Charakters seiner Forderung nach allgemeiner Bibellektüre der Christen unter den bildungs- und sozialgeschichtlichen Bedingungen des frühen 16. Jahrhunderts kann Eberlin als durchaus wirkungsreicher Repräsentant der Vorstellung gelten, jeder Christ solle die Bibel lesen oder sich vorlesen lassen. Dies dürfte bei *Wallmanns* Versuch, in dieser Forderung ein Proprium des Pietismus Spenerscher Prägung zu sehen, zu bedenken sein, vgl. *Johannes Wallmann*, Was ist Pietismus? In: Pietismus und Neuzeit 20, 1994, S. 11-27, bes. 23f.; *ders.*, Vom Katechismuschristentum zum Bibelchristentum. Zum Bibelverständnis des Pietismus. In: *Richard Ziegert* (Hg.), Die Zukunft des Schriftprinzips, Stuttgart 1994, S. 30-56. In bezug auf eine entsprechende Forderung bei Luther sei nur auf die Adelsschrift verwiesen, vgl. WA 6, 461. Zu der etwa für Karlstadts gemeindereformatorisches Reformationskonzept zentralen, schon 1520 im Anschluß an Erasmus erhobenenen Forderung, die Bibel solle in der Muttersprache den einfachen Laien in die Hand gegeben werden, vgl. nur *Hermann Barge*, Andreas Bodenstein von Karlstadt,

Wahrheitsrepräsentanz macht die anonyme Publikationstätigkeit der 15 Bundesgenossen nach der nunmehr gewonnenen Einsicht ihres Erfinders und nach dem Erscheinen des Neuen Testaments in der Volkssprache im Vorjahr somit im Spätjahr 1522 selbst überflüssig. Dem allgemeinen Rückgang anonymer Flugschriftenpublikationen entsprechend, spielten anonyme Schriften in der literarischen Produktion des ehemaligen Franziskaners Eberlin nurmehr eine untergeordnete und funktional spezifisch gewandelte Rolle.[175] Von seiner Abkehr von dem von Eberlin 1521 virtuos und mit analogielosem Erfolg praktizierten Konzept anonymer Serienpublizistik her fällt ein instruktives Licht auf die ursprünglichen Absichten, die er selbst – möglicherweise in enger Verbindung mit dem seinerseits anonym bleibenden Drucker und Publizisten Pamphilius Gengenbach in Basel[176] – mit dem in großer Geschwindigkeit produzierten Flugschriftenzyklus verband.

Für das Bundeskonzept der 15 Bundesgenossen, die in numerischer Folge – jeder an einem Tag[177] – nacheinander auftreten und konkrete Mißstände des zeitgenössischen Kirchenwesens und Vorschläge zu seiner Reformierung vortragen, ist – auch nach der Einschätzung Eberlins – von zentraler Bedeutung, daß »jr wesen und nammen«[178] unbekannt bleibt. Die »heymlichkeit«[179] der Bundesgenossen, von denen kein lesender Zeitgenosse als solcher wissen konnte, daß sie keinen realen Personenverband, sondern eine literarische Fiktion darstellten, ist ein integrales Moment der publizistischen Konzeption. Der Anonymität der Personen und der Unbestimmtheit ihres Bundes haftet etwas Geheimnisvolles an. In literarischer Hinsicht bietet sie die Möglichkeit, eine große thematische Vielfalt der behandelten Stoffe und der sozialen Referenzbezüge zu integrieren und

Bd. 1, Nieuwkoop ^{2}1968, S. 175f.; vgl. etwa auch *Sebastian Lotzer*, in: *Laube* I, S. 252,24ff.; 257,35ff. Der Topos »Bibelstudium ist wichtiger als Flugschriftenlesen« begegnet auch sonst, vgl. nur *Hohenberger* (wie Anm. 15), S. 222, und dürfte als Folge des Erscheinens des lutherischen Neuen Testaments deutsch anzusprechen sein.

175. Vgl. *Peters*, wie Anm. 151, S. 363ff., Nr. 52-55; 63f.; S. 154ff.; 222ff.; vgl. auch: *Hans-Herbert Ahrens*, Die religiösen, nationalen und sozialen Gedanken Johann Eberlins von Günzburg, mit besonderer Berücksichtigung seiner anonymen Flugschriften, Hamburg 1939, bes. S. 13f., der die These vertritt, die anonymen Schriften behandelten »in der Hauptsache politische und soziale Fragen, während die Schriften, die Eberlin unter seinem Namen hinausgehen ließ, fast alle theologisch sind«.
176. Auch *Peters* äußert die überzeugende Vermutung, daß der Plan zu dem Zyklus »wohl unter Beteiligung des Verlegers und Humanisten Pamphilius Gengenbach« (wie Anm. 151, S. 315) zustande kam. Über Gengenbach vgl. *R. Raillard*, Pamphilius Gengenbach und die Reformation, Diss. phil. Zürich 1936; *Richard Ernest Walker*, Art. Gengenbach. In: *Hillerbrand*, wie Anm. 125, S. 164f. (Lit.).
177. Vgl. *Enders* I, S. 16; 33; 105.
178. *Enders* II, S. 59.
179. Ebd.

die 15 Bundesgenossen gleichsam als Repräsentanten der ›gesamten Öffentlichkeit‹ zu präsentieren. Die Veröffentlichung der Meinungen und Vorstellungen erscheint geradezu als die eigentliche, jeden einzelnen der 15 Bundesgenossen in die Pflicht nehmende Zweckbestimmung ihrer »verbündtnüß«.[180] Die 15 haben »zu samen geschworen ... wir wöllen entdecken gemeinen christen, mit was lästerlicher unträglicher burde sy beladen sind«.[181] Der Adressat ihrer Schriften ist die »wält«[182], die »christenheit« als ganze[183], die weltlichen Obrigkeiten als deren Repräsentanten[184], die »theüren teütschen«[185], die »hoch gekoufften christen«[186], in einem Fall auch die »starcken christenlichen Aidgnossen«.[187] Das kollektive Gewissen dieser Allgemeinheit wollen die 15 Bundesgenossen sein[188]; als ihre Ratgeber treten sie auf.[189] Vor bäuerlichen Übergriffen auf Kleriker warnen sie[190]; in der Ritterschaft haben sie »vill gutter fraindt«[191]; Hutten und Sickingen sind auch ihre Helden.[192] Die 15 Bundesgenossen tragen ihre Auffassungen dem Kaiser »im namen teütscher nation«[193] vor; ihre Klage über die Bettelmönche, der sie Ausdruck verleihen, haben sie »under fürsten, edlen burgern und pawren«[194] vernommen, aber auch den Nöten ehrbarer, frommer Klosterleute leihen

180. Unvermittelt beginnt der 1. Bundesgenosse: »Ich erster bundtsgnoß wird erfordert von minen .xiiij. mit gesellen gnug zu thun unser verbündtnüß, bedunckt mich nützlich sein all mein red zu keren uff das trew adelich christlich härtz unsers genädigsten Kaysers Caroli ...« *Enders* I, S. 2. Vgl. *Enders* I, S. 36: Der 4. Bundesgenosse bittet Jesus darum, »minem zusagen gnug (zu) thun zu nutz und trost diser wält«; der 6. Bundesgenosse tut seiner »pflicht« »gnug«, indem er die Bettelmönche abweist, *Enders* I, S. 56; der 12. Bundesgenosse seinem »eid« (*Enders* I, S. 134), indem er auf Befehl der deutschen Nation an die Klosterpersonen schreibt, vgl. a.a.O., S. 154.
181. *Enders* I, S. 16; vgl. 90; 144; 149.
182. *Enders* I, S. 24; 76.
183. *Enders* I, S. 16; vgl. 22.
184. *Enders* I, S. 46.
185. *Enders* I, S. 76.
186. *Enders* I, S. 77.
187. *Enders* I, S. 144.
188. Vgl. *Enders* I, S. 18f.; 21; zum Rekurs auf die altkirchlichen Quellen der Wahrheit, die die 15 anführen, vgl. etwa 19; 29; 51; 56; 64.
189. Vgl. etwa *Enders* I, S. 31; 65; mit leicht modifiziertem Adressatenbezug: 7. Bundesgenosse, *Enders* I, S. 68. Für den Fall, daß ein Bischof einer heiratswilligen Nonne keinen Dispens erteilt, tun dies die 15, vgl. *Enders* I, S. 32; zur Ermahnung, in der Lehre beständig zu sein, vgl. I, S. 164.
190. Vgl. *Enders* I, S. 65: »Der Pawr wirt witzig«; vgl. I, S. 161.
191. *Enders* I, S. 194.
192. Zu Sickingen: *Enders* I, S. 201; zu Hutten und Luther: I, S. 4; 7; 79ff.; 86.
193. *Enders* I, S. 13f.
194. *Enders* I, S. 11.

sie ihre Stimme[195], oder sprechen sie aus »befälch teutscher nation«[196] an. Wie sie ihr Ohr an der deutschen Nation haben, artikulieren sie deren Unruhe.[197] Als Laienbund[198] verkörpern die 15 Ungenannten die ›öffentliche Meinung‹ als solche; ihre Anonymität entspricht dem Anspruch auf allgemeine Meinungsrepräsentanz.

Auch in bezug auf die zwei Wolfaria-Stücke eines nicht mit einem der Bundesgenossen identischen Psitacus[199] bilden die 15 eher das Forum, den Artikulationsraum sozusagen, die symbolisierte Öffentlichkeit, innerhalb derer die Lebensordnung dieser utopischen Gesellschaft vorgestellt wird. Ein individuelles Meinungsprofil eignet keinem der 15: was einer denkt, denken auch die anderen.[200] Der Bundesgesinnung der 15 entspricht es, den angesprochenen Christen mit letzter Verbindlichkeit (»mit trüwen«)[201] zu begegnen. Der eigentliche Sinn der Bundeskonzeption scheint in der modellhaften gemeinschaftlichen Verwirklichung einer gegenüber Gott in der Taufe verpflichtend angenommenen Lebensordnung zu bestehen. Sowenig dieser Sinn des Bundes der 15 in den Flugschriften selbst explizit entfaltet wird, so scheint er ihm doch implizit zugrunde zu liegen. Im 13. Bundesgenossen etwa heißt es: »Got suchet unser selen heil, der teüfel sucht unser lybs und seel verdammunge. solchs zu erinnern (im Nachdruck: erneweren) hat got uff gsatzt ein sacrament des tauffes, durch welches er verpflicht auch sichtbarlich alle, die christen wellen sein, zu fleissiger warnämung, was dem heyl und der verderbung nach sy. So wir dann alle ge-

195. *Enders* I, S. 101.

196. *Enders* I, S. 134.

197. »Dise stuck und deren glichen haben wir für gehalten der teütschen nation mit mund und geschrifft, offentlich und heimlich, du (sc. Kaiser Karl V.) werdest all dein fleiß ankeren solichs ab zu stellen vor allen dingen, das dir dar nach got gäb syg und hail vor allen dinen finden«. *Enders* I, S. 13. Die Anliegen der 15 Bundesgenossen und der deutschen Nation werden gleichsam identifiziert: »Do mit beschlüß ich (sc. der 1. Bundesgenosse) min und miner mit gesellen hertzlich klag zu dir (sc. dem Kaiser), thu du als ein getrüwer vatter, als ein genädiger herr, als ein gehärtziger kayser, und biß got und der teütschen nation danckbar und kumm unß zu hilff«. *Enders* I, S. 14.

198. Vgl. z. B. *Enders* I, S. 10; vgl. 21; 100 (Sorgen von Laien mit Mönchen in der 1. Person Singular).

199. Vgl. *Enders* I, S. 107; 121; 122; zur reichhaltigen älteren Literatur zu den Wolfaria-Stücken vgl. die bei *Peters*, wie Anm. 151, S. 38f., gebotenen Hinweise. Bei den Wolfaria-Stücken ist die literarische Einbindung in den Flugschriftenzyklus besonders oberflächlich, vgl. nur *Enders* I, S. 108; 122; zur Bezeichnung Luthers als »optima psiticus« = psittacus (Sittich) im Karsthans vgl. *Clemen*, Flugschriften Bd. 4, S. 83,9; 123 Anm. 46.

200. Vgl. etwa *Enders* I, S. 38; der 8. Bundesgenosse ist von seinen »vierzehen gesellen verordnet«, dem »gemeinen man« die heilsame Bedeutung deutschsprachigen Schrifttums darzulegen, *Enders* I, S. 80.

201. *Enders* I, S. 78; vgl. 161.

toufft sind und ein eerlichen eyd geschworen haben got und der christenheit, ist nachfolgig, das wir söllen lassen lyb, läben, eer und gut, ee dann wir abflüchtig und mainaidig werden«.[202] Diese an theologische Äußerungen Luthers und Erasmus' anknüpfende Deutung der Taufe als Bundesschluß[203], als den Christen bei seinem »geschwornem eid«[204] behaftende Verpflichtung gegenüber Gott, schließt die Bereitschaft zum »verlust zytlichs läbens und alles zytlichen guts«[205] um der

202. *Enders* I, S. 145.
203. In bezug auf Luther ist insbesondere dessen Sermon von dem heiligen hochwürdigen Sakrament der Taufe von 1519 einschlägig, vgl. etwa die Bezeichnung der Taufe als »eyn eußerlich zeychen odder loßung / die uns absondert von allen ungetaufften menschen / dz wir dar bey erkennet werden / eyn volck Christi unßers hertzogen / under wilchs panier (das ist / das heylig Creutz) wir stetiglich streyten widder die sund ...« WA 2, 727. In der vergleichenden Höherbewertung der »Tauff unnd gelubd / die wir da gott gethan« (WA 2, 735) gegenüber den Mönchsgelübden – ein Gedanke, der in charakteristischer Modifikation in »De votis monasticis« eine zentrale Rolle spielt (vgl. WA 8, 573-669; dazu *Bernhard Lohse*, Mönchtum und Reformation. Luthers Auseinandersetzung mit dem Mönchsideal des Mittelalters, Göttingen 1963, S. 363; *ders.*, Luthers Theologie, Göttingen 1995, S. 158-161) – knüpft Luther eindeutig an Erasmus' Enchiridion an (s. unten); zur militia-Topik vgl. auch WA 2, 732; zur Taufe als Gelübde s. WA 2, 735; in Luthers Deutung des »tauff bund« (WA 2, 737) hat die Sündenvergebung gegenüber der Inpflichtnahme der Nachfolge eine herausgehobene Bedeutung. Zum wechselseitigen Verbündnis zwischen Gott und Mensch in der Taufe vgl. WA 2, 730; WA 2, 731; WA 2, 732; WA 2, 737. Der enge Konnex zwischen Luthers früher Sakramentstheologie in den drei Sermonen von 1519 und dem Enchiridion des Erasmus (vgl. in bezug auf das Abendmahlsverständnis: *Kaufmann*, Abendmahlstheologie, S. 49, Anm. 279) scheint in der Lutherforschung (vgl. die Literaturhinweise bei *Lohse*, Theologie, S. 143f.) noch nicht hinreichend erfaßt zu sein. Zur Tauflehre des jungen Luther vgl. noch immer die grundlegende Arbeit von *Werner Jetter*, Die Taufe beim jungen Luther, Tübingen 1954, bes. S. 309. In bezug auf eine Figur wie Eberlin von Günzburg dürfte dieser Befund möglicherweise zu einer entschieden undramatischeren Bestimmung des Übergangs von ›Humanismus‹ zur ›Reformation‹ führen, als *Peters*, (wie Anm. 151, vgl. bes. S. 61: »Bestürzung«) sie bietet. Im »Enchiridion militis christianae« etwa heißt es: »Etenim qui cum vitiis pacem iniit, cum Deo in baptismate percussum foedus violavit«. *Hajo Holborn*, Desiderius Erasmus, Ausgewählte Werke, München 1933 (Ndr. 1964), S. 24,1f. = Ed. Welzig Bd. 1, S. 60f.; vgl. auch *Holborn*, S. 19,32f. = Welzig 1, S. 48f., wo die Taufe als ein »unicum votum, quod ... non homini, sed Christo« getan werde – im Unterschied zu den Mönchsgelübden –, bezeichnet wird. Vgl. *Holborn*, S. 24,13ff. (zit. Anm. 206) = Welzig 1, S. 62f. Die »professio christianorum«, der Sünde und der Welt zu sterben, wurde in der Taufe geschworen: »Hoc iam olim in baptismo deierasti«. *Holborn*, S. 59,34ff. = Welzig 1, S. 160f.; vgl. *Holborn*, S. 74,12 = Welzig 1, S. 1,100f.; *Holborn*, S. 78,10-12 = Welzig 1, S. 212f.
204. *Enders* I, S. 145.
205. *Enders* I, S. 145.

Nachfolge Christi willen ein. Christus, »unser houptman«[206], habe ein »im helgen ewangelio, und yn Biblischen büchern des newen testaments« enthaltenes »gsatz«[207] aufgerichtet, auf das die Christen in ihrer Taufe geschworen haben und das sie unter Einsatz ihres Lebens zu halten verpflichtet sind.[208] Die Schweizer Eidgenossen werden ihres »got im touff« getanen »aid[es]«[209] erinnert und sollen als Schützer der »unbillichen verfolgten frummen christen«[210] auftreten. Zugleich werden sie von den 15 Bundesgenossen zur Hilfe angerufen, »das wir unseren aid, so wir got uff sein ewangelisch gsatz gethon haben, mögen halten, das wir nit so unbillich von den falschen christen und lerer umb unser gut, eer und lyb kummen wider got und recht«.[211] Das Verhältnis der weltlichen Obrigkeiten zu ihren »underthon« ist durch die im Taufeid eingegangene, durch keine Instanz der Welt – auch den Papst nicht – zu lösende Verpflichtung konstituiert.[212] Auch das Verhältnis der Pfarrgemeinde zu ihrem »prediger« soll durch ein wechselseitig verpflichtendes »bündtnüß« begründet werden, »des jr yn, und er eüch on mercklich ursach nit mögen urlauben«.[213] Die in dem anonymen Flugschriftenzyklus anklingenden, tauftheologisch begründeten bundeskonzeptionellen Vorstellungen zielen auf eine Parteinahme der Leserschaft in den Auseinandersetzungen der Gegenwart ab. Darin, daß »vyl küner helden« von Gott

206. *Enders* I, S. 145; zu dieser für Zwingli charakteristischen Christusprädikation vgl. *Gottfried Wilhelm Locher*, »Christus unser Hauptmann«. Ein Stück der Verkündigung Huldrych Zwinglis in seinem kulturgeschichtlichen Zusammenhang. In: *ders.*, Huldrych Zwingli in neuer Sicht, Zürich/Stuttgart 1969, S. 55-74. Bei Eberlin dürfte die Prägung der Metapher durch Erasmus im Hintergrund stehen: »An nescis, o christiane miles, iam tum, cum vivifici lavacri mysteriis initiabaris, nomen dedisse te *duci* Christo, cui vis vitam debebas, pariter et donatam et restitutam, cui plusquam teipsum debebas? ... Quantus pudor, quanta paene publica humani generis exsecratio, cum a duce principe deficit homo. Tu cor iudibrio habes Christum ducem tuum neque metu illius coercitus, cum sit Deus, neque amore prohibitus, cum tua causa sit homo?« *Holborn*, S. 24,13ff. = Welzig, Bd. 1, S. 62f. Die erste öffentlich gewordene Verwendung der Metapher bei Zwingli findet sich m. W. in seiner im September 1522 in den Druck gegebenen Predigt von der ewigen reinen Magd Maria, vgl. Z I, S. 395, 14ff. Da sich Eberlins Verwendung der Christusprädikation in der speziell an die Eidgenossen gerichteten Schrift des 13. Bundesgenossen findet, halte ich Zwinglis Beeinflussung durch diese prominente Verwendung in der anonymen Schrift des Günzburgers durchaus für möglich. Auch bei dem Luther von 1519 ist die Rede von Christus als »hertzog« (WA 2, 727) belegt.
207. *Enders* I, S. 145.
208. *Enders* I, S. 146.
209. *Enders* I, S. 150.
210. *Enders* I, S. 150.
211. *Enders* I, S. 150.
212. *Enders* I, S. 46.
213. *Enders* I, S. 97.

erweckt werden, Protagonisten der evangelischen Erneuerung wie etwa die im Flugschriftenzyklus mehrfach genannten Erasmus, Luther, Karlstadt, Melanchthon und Hutten[214], sehen die 15 Gottes helfendes Heilsangebot[215], die von Gott gewährte Möglichkeit einer Erneuerung des in der Taufe eingegangenen Bundes. Der Bund der 15 Ungenannten ist die exemplarische, auf Nachahmung in der gesamten Christenheit abzielende Aktualisierung der in der Taufe begründeten Eidesverpflichtung zur christlichen ›militia‹. Die Anonymität der Bundesgenossen, ihr jeder soziologischen Präzisierung bewußt enthobenes Inkognito, entspricht der allgemeinen, auf jeden getauften Christen bezogenen Exemplarität der Bundeskonzeption.[216] Die literarische Form und die Intention des Flugschriftenzyklus, jeden Christen unter dem Aufweis vorhandener Mißbräuche und unter dem Angebot bestimmter Entscheidungshilfen[217] zum ent-

214. Vgl. *Enders* I, S. 3; 4; 12; 55ff.; 153ff.; 79ff.; 86; 148. In dem Ende 1522 abgefaßten »Letzten Ausschreiben« spielen nurmehr Luther und Melanchthon (I, S. 201f.) eine Rolle, auch Karlstadt ist – entsprechend der aktuellen innerwittenbergischen Parteibildungen und Eberlins eigener theologischer Entwicklung in engem Anschluß an Melanchthon und Luther (vgl. *Peters*, wie Anm. 151, passim) – ›abgemeldet‹.
215. »Sähen ir nit das eüch got die hand reicht und will eüch hälffen, das ir mercken in dem, das got so vyl küner helden erweckt, welch schryen wider solichen mißbrauch und ir eer, lyb und gut wogen zu ewerem heil«. *Enders* I, S. 77.
216. Möglicherweise wären die Wolfaria-Schriften vor diesem Hintergrund anders denn als bloßes ›Kuriosum‹ (vgl. *Peters*, wie Anm. 151, S. 50) zu interpretieren. Daß sie schon in literarisch-formaler Hinsicht aus dem Rahmen fallen, soll damit nicht bestritten werden (vgl. *Peters*, a.a.O., S. 38f.; 50f.). Mit dem Hinweis auf die von Peters überzeugend aufgewiesenen Traditionen ist die Frage nach der Funktion der Stücke innerhalb des Zyklus ja noch keineswegs beantwortet. In bezug auf den weltlichen Verfassungsentwurf (Bundesgenosse 11) fällt auf, daß seinem Inkrafttreten die Zustimmung des ganzen Volkes (*Enders* I, S. 122) vorausgehen soll. Der Verfassungsentwurf teilt also mit der Bundeskonzeption den Anspruch auf Allgemeinheit. Wie jeder Christ in der Taufe sich selbst eidlich bindend eine Verpflichtung gegenüber Gott und der Christenheit (*Enders* I, S. 145) eingeht, soll die für Wolfaria geplante Ordnung die Zustimmung des ganzen Volkes finden. Ähnlich der Aktualisierung des Taufbündnisses in bezug auf die weltliche Obrigkeit (*Enders* I, S. 46) und die schweizerische Eidgenossenschaft (I, S. 145; 150) könnte in dem Verfassungsentwurf eine bewußt fiktionalisierte Spiegelung des Taufbundes in eine gesellschaftliche Ordnung versucht sein. In der germanistischen Eberlin-Forschung wird in der Regel von einer bei allem inneren Spannungsreichtum planvollen Gesamtanlage des Zyklus ausgegangen, vgl. etwa *Könneker*, wie Anm. 58, z. B. S. 110f.; besonders schwer nachvollziehbar: *Helmut Weidhase*, Kunst und Sprache im Spiegel der reformatorischen und humanistischen Schriften Johann Eberlins von Günzburg, Tübingen 1967, bes. S. 126ff.; 274ff.
217. Vgl. etwa den Katalog, mit dessen Hilfe ein »einfältiger ley« (*Enders* I, S. 61) prüfen kann, ob sein Prediger im Sinne des Evangeliums gelehrt oder ungelehrt ist, *Enders* I, S. 61-63.

schiedenen Einsatz für das Evangelium, zu dem er sich in seiner Taufe verpflichtet hat, zu bewegen, entsprechen einander kongenial.
Auch im Falle des Eberlinschen Flugschriftenzyklus »Die XV Bundesgenossen« ist die Anonymität ein literarisch gezielt eingesetztes Mittel, um den Anspruch auf allgemeine Wahrheitsrepräsentanz im Raum der Öffentlichkeit zu artikulieren, bzw. diese ›Öffentlichkeit‹ mit Hilfe einer seriellen Flugschriftenreihe allererst zu schaffen. Dafür, daß die Idee einer Flugschriftenserie aus jeweils sehr kurzen, in rascher Folge erschienenen Schriften auch als eine – freilich publikationsstrategisch optimierte – Replik auf Murners Publikationsoffensive von 1520/21 interpretiert werden könnte, gibt es zwar einige Anhaltspunkte[218]; definitiv entscheidbar ist die Frage meines Erachtens aber nicht.
Die Bundeskonzeption des Eberlin von Günzburg scheint zu den historisch wirkungsreichen Fiktionen zu gehören. Auch wenn das »genossenschaftlich-bündische Prinzip« als Verfassungsmodell südwestdeutscher und schweizerischer Vereinigungen lange vor der Reformation breit belegt ist[219], so scheint gleichwohl das dezidiert ›christliche‹ Selbstverständnis der sogenannten ›christlichen Vereinigungen‹ im Vorfeld des Bauernkrieges, in deren Namen »der neue Maßstab politischer Ordnung durch Evangelium und göttliches Recht«[220] seinen Ausdruck findet, ein mit der frühreformatorischen Bewegung ursächlich verbundenes Novum darzustellen. Die 15 Bundesgenossen stellen den – soweit mir bekannt – publizistisch wirkungsreichsten volkssprachlichen Textzusammenhang der frühen Reformation dar, in dem der Bundeskonzeption eine zentrale, freilich strukturell und inhaltlich auch ganz unbestimmte und damit vielfältige Aneignungsformen ermöglichende Bedeutung zukam.

218. Eine eindeutige Anspielung auf die Stilisierung Murners im Karsthans ist auf dem Titelblatt des 10. Bundesgenossen gegeben: »Wann man annäm diß Reformatz, So gschweigt man manche kloster katz, Die vornen läckt und hinden kratzt.« *Enders* I, S. 107, vgl. *Clemen*, Flugschriften Bd. 4, S. 77,14f.; zum Bezug auf die Straßburger Franziskaner vgl. *Enders* I, S. 83; zu Murners breiter Replik auf die »XV Bundesgenossen« vgl. DS IX, passim.
219. Vgl. *Horst Buszello*, Legitimation, Verlaufsformen und Ziele. In: *ders., Peter Blickle, Rudolf Endres* (Hgg.), Der deutsche Bauernkrieg, Paderborn u. a. ³1995, S. 311. Zum begriffsgeschichtlichen Kontext des »Bundes« vgl. *Reinhart Kosselleck,* Art. Bund. In: *ders., Otto Brunner, Werner Conze* (Hgg.), Geschichtliche Grundbegriffe Bd. 1, Stuttgart 1972, S. 582-671, bes. 600ff., zu Eberlin: 603f.
220. *Peter Blickle*, Die Revolution von 1525, München ³1993, S. 152; zu den »christlichen Vereinigungen« vgl. *Blickle*, S. 152ff. sowie die Hinweise bei *Günther Franz*, Der deutsche Bauernkrieg, Darmstadt ¹¹1977, S. 127ff.; zu den christlichen Vereinigungen im Erfahrungsradius Eberlins und seines Vetters vgl. ausführlich: *Max Radlkofer*, Johann Eberlin von Günzburg und sein Vetter Hans Jakob Wehe von Leipheim, Nördlingen 1887, S. 253ff.

Die programmatisch formulierten Anliegen der ›christlichen Vereinigungen‹ der oberdeutschen Bauernschaft weisen in bezug auf ihre grundsätzlichen Zielbestimmungen – die Evangeliumsverkündigung und das göttliche Recht durchzusetzen[221] – gewisse Parallelen zum Zweck des Bundes der 15 auf. Mit der Möglichkeit, daß das Bundeskonzept des Eberlin auf die christlichen Verbündnisse im Umfeld des Bauernkrieges – jedenfalls atmosphärisch – eingewirkt hat, insofern es dazu beigetragen haben könnte, traditionelle genossenschaftliche Korporationsformen mit neuartigen theologischen Leitvorstellungen und Legitimationsmustern zu verbinden und zu unterlegen und damit jener Integration von ›reformatorischer‹ Theologie und bäuerlicher Lebenswelt den Weg zu bahnen, die die historische Dynamik der ›bäuerlichen Reformation‹ ausmacht, dürfte immerhin zu rechnen sein.[222]

221. Vgl. dazu *Blickle*, wie Anm. 220, bes. S. 154. In der Präambel zu den 12 Artikeln etwa heißt es: »So dann der grund aller Artickel der Bawren ... dz Euangelion zuhören, und dem gemeß zu leben, dahin gericht ist ...« Zitiert nach *Blickles* Edition, Anhang 1 (wie Anm. 220), S. 321. Vgl. die Formulierung des Bundeszweckes im 13. Bundesgenossen: »Es ist auch eüch (sc. den Schweizer Eidgenossen) wissen, das Christus unser houptman unß geben hat ein gsatz, begriffen im helgen ewangelio, und yn Biblischen büchern des newen testaments, welches gesatz vol ist aller billichen, heylsamen, nützlichen und eerlichen gebotten, uff welches wir geschworen haben solch gsatz nit fölschen, nit verlöügnen, das halten styff und redlich, und ob wir etwan in unserem läben do wider sünden uß menschlicher blödigkeit. Wöllen wir doch nit lyden, das dem gsatz ein falscher verstand, gloß, zusatz oder absatz, oder andere schmach bewysen werde«. *Enders* I, S. 146.

222. Bei einer Gestalt wie dem mit den Bauernkriegsgeschehnissen intensiv verbundenen Memminger Kürschner Sebastian Lotzer etwa kann die Kenntnis der 15 Bundesgenossen vorausgesetzt werden, vgl. *Arnold*, (wie Anm. 22), S. 152f.; vgl. auch *Laube* I, S. 257,35ff. Möglicherweise ist aus Lotzers Beziehung zu dem sich »Karsthans« nennenden, als Laienprediger auftretenden Arzt Johann Murer oder Maurer (vgl. über ihn die bei *Arnold*, S. 163, Anm. 11; *Peters*, wie Anm. 151, S. 47, Anm. 86; und *Laube* I, S. 262, Anm. 2; 252,17; 260,2 gebotenen Hinweise) auf einen Zusammenhang mit einem »24-Männer-Bund« zu schließen. Murer soll Glied eines 24 Personen umfassenden Bundes gewesen sein, dem »Doktoren und andere namhafte Leute« angehört haben sollen und die »sich zugesagt (d. h. wohl geschworen hätten), unter Todesgefahr den wahren christlichen Glauben wieder an den Tag zu bringen«. *Bossert*, zit. nach *Peters*, a.a.O., S. 47, Anm. 86. Freilich gibt Lotzer an, seine Informationen über »Karsthans« von den Einwohnern von Horb zu haben, vgl. *Laube* I, S. 260,3ff.; zu Lotzer und den Bauern im ganzen: *Arnold*, a.a.O., S. 183ff. Die Tatsache, daß Lotzer und Schappeler die Vereinigung der Bauern grundsätzlich akzeptieren konnten (vgl. *Martin Brecht*, Der theologische Hintergrund der 12 Artikel der Bauernschaft in Schwaben von 1525. Christoph Schappelers und Sebastian Lotzers Beitrag zum Bauernkrieg. Jetzt in: *ders.*, Ausgewählte Aufsätze Bd. 1: Reformation, Stuttgart 1995, S. 310-347, bes. 335f.), könnte auch in einem freilich spezifisch aktualisierten rezeptionsgeschichtlichen Zusammenhang mit der Bundeskonzeption

Auch in bezug auf die bei Thomas Müntzer und in seinem Umfeld begegnenden bundestheologischen Vorstellungen ist die These vertreten worden, daß sie dem Eberlinschen Flugschriftenzyklus entstammen, eine Deutung, die man gleichwohl zurückhaltend und allenfalls – ähnlich den ›christlichen Vereinigungen‹ der Bauern – im Sinne atmosphärischer Prägung aufrecht erhalten sollte.[223]

stehen. Eine offensive, programmatische Förderung bäuerlicher Vereinigungen dürfte der grundsätzlichen Akzeptanz der Obrigkeit bei Lotzer und Schappeler – im Unterschied zu Müntzer – schwerlich entsprochen haben. Auf Übereinstimmungen zwischen Eberlins utopischen Wolfaria-Statuten und Forderungen der Bauern weist *Könneker*, wie Anm. 58, S. 112, hin.

223. *Heinrich Bornkamm* urteilt: »Der Bund war – sehr bezeichnend für den Büchermenschen Müntzer – nach einem literarischen Vorbild entworfen, einer Flugschrift des Eberlin von Günzburg«. Martin Luther in der Mitte seines Lebens, Göttingen 1979, S. 143. Die These *Bornkamms* ist von *Peters* zurückhaltend übernommen worden: »Tatsächlich ist nicht auszuschließen, daß Müntzer seinen Allstedter Bund nach dem Vorbild des eberlinschen Flugschriftenzyklus entwarf«. *Peters,* wie Anm. 151, S. 106, Anm. 70. Eine historisch bedeutende Rolle scheinen bundestheologische Vorstellungen bei Müntzer seit Frühjahr 1524 gespielt zu haben, als zunächst 30, im Juni 1524 dann 500 Menschen nach einem Schwur mit »aufgereckten Fingern« und anschließender namentlicher Inskription die Verpflichtung eingingen, »bei den Worten Gottes zu stehen« (vgl. *Carl Hinrichs*, Luther und Müntzer. Ihre Auseinandersetzung über Obrigkeit und Widerstandsrecht, Berlin 1952, S. 19; vgl. Neue Mittheilungen aus dem Gebiet historisch-antiquarischer Forschungen 12, 1869, S. 215; vgl. im ganzen *Walter Elliger*, Thomas Müntzer, Leben und Werk, Göttingen ^{3}1976, bes. S. 430-437; 467ff.; 485ff.; umfassend auch: *Manfred Bensing*, Idee und Praxis des »christlichen Verbündnisses« bei Thomas Müntzer. In: WZ(L) 14, 1965, S. 459-471 und zuletzt: *Hans J. Hillerbrand*, Bundesbegriff und Bundestheologie bei Thomas Müntzer und den frühen Täufern. In: *Günter Vogler* (Hg.), Wegscheiden der Reformation. Alternatives Denken vom 16. bis zum 18. Jahrhundert, Weimar 1994, S. 85-93, bes. 88; nach Auskunft der Verhörprotokolle vom Juni 1525 sei der Zweck des Bündnisses gewesen: »Bei dem Evangelium zu stehen, Mönchen und Nonnen keinen Zins mehr zu geben und dieselben helfen zerstören und vertreiben«. Neue Mittheilungen, a.a.O., S. 215; *Hinrichs*, a.a.O., S. 12; *Bensing*, a.a.O., S. 461; 463; vgl. *W.P. Fuchs*, Akten zur Geschichte des Bauernkrieges in Mitteldeutschland Bd. 2, Jena 1942, Nr. 1654, S. 470. Daß auch Vorstellungen der Gütergemeinschaft eine Rolle spielten, ist wahrscheinlich, vgl. *Franz*, S. 548,14ff. Nach Müntzers Verständnis des Bundes sollten diejenigen beitreten, die den »ungedichteten Glauben« hatten; der Bund war als endzeitliche Erneuerung des im Evangelium konstituierten Gottesverhältnisses gedacht. Der Bezug auf die Taufe spielt eine gewisse, aber nicht die entscheidende Rolle: »Das dye unvorsuchten wolten hye sagen, was dorfen wyr vil bundes, wyr haben uns in der tauf verbunden, eyn christ sol und muß leyden. Antwort, lerne erst, was dye tauff sey, lerne erst und erkunde, ap du Gotts gezeugnis in dyr befunden hast ...«. *Franz*, S. 423,8-11. Nicht der Rekurs auf die sakramentale Taufhandlung, sondern das innere Geistzeugnis als ›wahre Taufe‹ bildet den Bezugspunkt für den Bun-

desschluß. (Zu Müntzers Tauftheologie vgl. *Ernst Koch*, Das Sakramentsverständnis Thomas Müntzers. In: *Siegfried Bräuer, Helmar Junghans* (Hgg.), Der Theologe Thomas Müntzer, Berlin 1989, S. 129-155, hier: 139ff.) Müntzer verstand den Allstedter Bundesschluß vom Sommer 1524 auch als eine naturrechtlich begründete »nothwere« (*Franz*, S. 423,6). Der Bund schloß Leidensbereitschaft ein (*Franz*, S. 422,28-34; 434,11-13; 545,6-8; vgl. dazu *Reinhard Schwarz*, Die apokalyptische Theologie Thomas Müntzers und der Taboriten, Tübingen 1977, S. 96). Die Ambivalenz der Müntzerschen Bundeskonzeption als Bund mit Gott *und* den Menschen (vgl. 2 Kg 23,3) haben die Orlamünder deutlich empfunden und sich im Namen christlicher Freiheit den ihnen von Müntzer nahegebrachten Beitritt versagt, vgl. *Franz*, S. 572,9-27. Die Versuche einer universalen Ausweitung des Bundes bei Müntzer seit Frühsommer 1524 dürften deutlich über einen defensiven Charakter als Schutzkorporation für das Evangelium hinausgehen, s. dazu *Bensing*, a.a.O.; *Hillerbrand*, a.a.O., bes. S. 90-92. Im Lichte des unter Folter zustandegekommenen ›Bekenntnisses‹ vom 16.5.1525 (*Franz*, S. 543ff.) erscheint Müntzer als geradezu ›notorischer‹ Inaugurator von Bundesschlüssen. Bereits in Halle und Aschersleben (*Franz*, S. 548, 28f.; vgl. *Elliger*, a.a.O., S. 29ff.), Zwickau (*Franz*, S. 547,6-8), schließlich in Allstedt (*Franz*, S. 545,3ff.; 548,7ff.) soll er als Anstifter von Bundesschlüssen aufgetreten sein. Über den Charakter dieser ›Bünde‹ vor Allstedt besteht einige Unklarheit; der ohnehin zweifelhafte Charakter der Quelle legt nahe, die Tätigkeit des ›Bundesstifters‹ Müntzer von seinen frühesten Anfängen an als aufrührerisch zu ›entlarven‹; vgl. dazu die instruktive Analyse des Quellenstücks bei *Ulrich Bubenheimer*, Thomas Müntzer. Herkunft und Bildung, Leiden u.a. 1989, S. 59-62. Innerhalb des ›Bekenntnisses‹ nun findet sich ein Passus, der *Hinrichs* (a.a.O., S. 21f.) zu der These veranlaßt hat, Müntzer sei von Eberlins 15 Bundesgenossen beeinflußt worden: »Sagt habe geredt (sc. Müntzer), das dye fursten mit 8, eyn grave mit 4 und eyn edel man mit 2 pferden reyten sol und daruber nit ...«. Diese Begrenzung adliger Herrschaftsrepräsentation (vgl. *Franz*, S. 545, Anm. 22; WA Br 3, Nr. 875) steht in Müntzers ›Bekenntnis‹ in gar keinem Zusammenhang mit dem Bund, sondern soll die »beschwerung gegen die underthanen« (*Franz*, S. 544,21) restringieren. Entgegen der von *Hinrichs* (ebd.) aufgestellten Behauptung vermag ich eine analoge Vorstellung in Eberlins Wolfaria-Stücken nicht zu finden. Andererseits finde ich für die von *Hinrichs* als zweites Argument der Eberlin-Rezeption Müntzers angeführte ›kuriose‹ (*Peters*, a.a.O., S. 38) Forderung des Günzburgers »Alle mann söllen by grosser pein lang bärte tragen« (*Enders* I, S. 127) bei Müntzer keinen Beleg. In ihrem Kern scheint die auf *Hinrichs* zurückgehende These, Müntzers Allstedter Bund der Erwählten stelle eine Umsetzung des Eberlinschen Bundesgenossenkonzepts dar, auf ganz und gar zweifelhafte Rezeptionsspuren zurückzugehen. *Bornkamm* verweist überdies auf die Epiphaniaspredigt von Müntzers Allstedter Kollegen Simon Haferitz (ed. in *Laube* I, S. 316-347), in der sich zwar instruktive Hinweise zur Taufverpflichtung im Sinne des oben angeführten Müntzerzitats finden (vgl. etwa *Laube* I, S. 333,24ff.; vgl. *Otto Clemen*, Simon Haferitz. In: *ders.*, Beiträge zur Reformationsgeschichte, 2. Heft, Berlin 1902, S. 14-25, bes. 20f.), ansonsten aber keine in einem rezeptionsgeschichtlich präzisen Sinne an die 15 Bundesgenossen und das Bundeskonzept erinnernde Ausführungen. Zur Predigt Haferitz' vgl. *Martin Brecht*, Die Predigt des Simon Haferitz zum Fest der heiligen drei Könige 1524 in Allstedt. Jetzt in: *ders.*, Ausgewählte

Nachwirkungen des Eberlinschen Bundeskonzeptes könnten möglicherweise in einigen der reformatorischen Ritterschaftsbewegung[224] nahestehenden oder eine Nähe zu dieser suggierenden Flugschriften greifbar sein. Die vor allem um ihrer bis heute kontroversen Verfasserzuschreibung willen viel beachtete Dialogflugschrift »Neu-Karsthans«[225] bezieht sich – jedenfalls in den wahr-

Aufsätze Bd. 1: Reformation, Stuttgart 1995, S. 300-310. Der letzte Verweis *Bornkamms* betrifft die Pfingstpredigten Müntzers und Haferitz' aus dem Jahre 1524, wofür er auf Neue Mittheilungen, a.a.O., S. 159; 165; 185; 215 verweist. Unter den von *Bornkamm* angeführten Referenzbelegen vermag ich nur dem Hinweis auf S. 185 eine gewisse Bedeutung beizumessen. In dem Weimarer Verhörprotokoll vom 1.8.1524 heißt es: »So haben die geschickten (sc. aus Allstedt) bekannt, als der prediger von dem pundnuss gepredigt, weren bey drey hundert frembder menschen im stettlein gewest, die hetten die gemein doselbst angesucht und begert, das sie sich mit Jne verbinden wolten. Darauf hat die gemein den Radt angesucht und begertt solch bundt zemachen. Darauf hat sich der radt und die gemein mit denselben frembden verpunden also: wo die aus der graffschaft oder die pflege die Jenigen, so dem euangelio anhengig, uberfallen wolten, das sy leib und leben beieinander lassen und zusetzen wolten, aber der obrigkeit wolten sie Zinss und Renten geben und anders thun wie hievor etc.«. S. 185. Die Berichterstattung von den Pfingstpredigten scheint quellenkritischen Rückfragen nicht standzuhalten (vgl. *Elliger*, a.a.O., S. 425f.) und durchaus tendenziös zu sein. In bezug auf das in den Predigten entfaltete Bundesverständnis gehen die Aussagen schwerlich über ansonsten bekannte Ausführungen Müntzers (vgl. bes. *Franz*, S. 421-423; 434,11-13) hinaus. Einen rezeptionsgeschichtlichen Zusammenhang mit den 15 Bundesgenossen erweisen sie m.E. nicht. Auch wenn man eine Rückbeziehung Müntzers auf Eberlin »nicht ausschließen« will (so *Peters*, s. oben) – für einen direkten Zusammenhang spricht rebus sic stantibus nichts. Die ›Evidenz‹ des Bundesgedankens im Umfeld der Bauernunruhen war sicher durch Eberlins Bundesgenossen gesteigert; in diesen ›atmosphärischen‹ Zusammenhang gehören auch Müntzer und die Allstedter Ereignisse.

224. Zur Flugschriftenliteratur aus dem Umkreis der Ritterschaftsbewegung vgl. zuletzt die im ganzen instruktiven Hinweise von *Hans-Jürgen Goertz*, Adel versus Klerus. Antiklerikale Polemik in Flugschriften des Adels. In: *ders.*, Antiklerikalismus und Reformation, Göttingen 1995, S. 45-65; 126-129 (Lit.). Für die frühreformatorischen Flugschriften der Ritterschaftsbewegung noch immer unersetzt: *Karl Schottenloher*, Flugschriften zur Ritterschaftsbewegung des Jahres 1523, Münster 1929.

225. Eine ausführliche Darlegung der nunmehr seit über einem Jahrhundert geführten, aporetischen Diskussion um den Verfasser bietet *Bräuer*, wie Anm. 11. Zuletzt ist *Markschies*, wie Anm. 11, wieder einmal für Bucer als Verfasser des Neu-Karsthans eingetreten. Seine zugunsten der Verfasserschaft Bucers beigebrachten Argumente sprechen für diesen genauso wie für irgendeinen anderen gebildeten Theologen im Umkreis der Ebernburg, etwa – um einmal einen neuen Namen in die so rührige Spekulationsdebatte um den Autor zu werfen – den ehemaligen Kartäuser Otho Brunfels.

scheinlich nicht vom Hauptverfasser stammenden rahmenden Einleitungs- und Schlußpassagen – auf einen exemplarisch gemeinten Bundesschluß zwischen Karsthans und Vertretern der Ritterschaft.[226] Freilich ist das chronologische Verhältnis zwischen dem Neu-Karsthans[227] und den nacheinander zunächst in Einzeldrucken erschienenen 15 Bundesgenossen nicht eindeutig zu entscheiden; die unmittelbare zeitliche Nähe des Erscheinens zumindest des 1. Bundesgenossen und des Neu-Karsthans im April 1521 scheint mir allerdings große Wahrscheinlichkeit zu besitzen.[228] Möglicherweise sind die literarisch se-

226. BDS 1, S. 406, 2-8; 442,26- 444,35. Der Zusammenhang beider Passagen und ihr besonders hinsichtlich der Gewaltfrage deutlich unterschiedener, den Vorstellungen Huttens vom Pfaffenkrieg nahestehender Skopos ist von *H. Demmer*, BDS 1, S. 393, zu Recht herausgestellt worden. Auch *Bentzinger* nimmt jedenfalls für die dreißig Artikel am Schluß des Neu-Karsthans einen zweiten Verfasser – wie *Demmer* vermutet er Hutten! – an, wie Anm. 149, S. 178. Wichtige Argumente zur Sache bietet schon *Paul Kalkoff*, Ulrich von Hutten und die Reformation, Leipzig 1920, S. 537ff. Die positive Bezugnahme auf Ziška in BDS 1, S. 438,32ff. scheint mir hingegen nicht zwingend im Sinne eines literarischkritisch eindeutig erkennbaren redaktionellen Zusatzes (so *Bentzinger*, ebd.) zu beurteilen zu sein. Die hier bejahte Gewalt gegen Kirchengebäude und Mönche steht zwar in einer gewissen Spannung zu der beschwichtigenden Haltung, die der Sickingen des Dialogs ansonsten gegenüber der Karsthans-Figur einnimmt (vgl. etwa S. 413,31f.). Inkohärente Rollenprofile einzelner Figuren sind in reformatorischen Flugschriften allerdings keineswegs selten und kaum durch literarkritische Analysen aufzulösen. Die Ziška-Passage ist jedenfalls mit dem Kontext gut verbunden. Der literarisch eigenständige Charakter insbesondere der dreißig Artikel (S. 442,29ff.), die gewalttätige Übergriffe auf die Geistlichkeit bejahen, ergibt sich aus den neu eingeführten, im Dialog nicht vorbereiteten Figuren »Juncker Helferich« und »Reytter Heintz« (S. 442,27). Die Wendungen in der Vorbemerkung an den Leser: »Mit Edlen bin ich worden eins« und »Und würd mit henden greyffen zu« (BDS 1, S. 406,4. 6) dürfte auf die dreißig Artikel des Bundesschlusses und das militante Programm derselben Bezug nehmen. Selbst wenn man in bezug auf den Dialog und die dreißig Artikel denselben Verfasser annimmt (vgl. etwa *Bräuer*, wie Anm. 11, S. 107f.), muß man jedenfalls zwischen beiden Stücken einen gewissen zeitlichen Abstand ansetzen oder die neu eingeführten Personen sonst irgendwie erklären. Ein durchaus analoger Fall liegt in dem der »Passio Doctoris Martini Lutheri« angefügten Dialog »Karsthans-Kegelhans« vor, vgl. dazu *Schilling*, wie oben Exkurs, S. 222 Nr. 1.

227. Entgegen den bibliographisch unklaren Angaben in BDS 1, S. 401, ist davon auszugehen, daß die beiden bekannten Drucke des Neu-Karsthans in der (Straßburger) Offizin (Matthias Schürers, 1521) erschienen, vgl. *Benzing*, Strasbourg, Nr. 250f.; *Muller* II, S. 209, Nr. 23; vgl. auch *Bentzinger*, wie Anm. 149, S. 178.

228. Die Datierungsversuche der 15 Bundesgenossen, die vor allem *Lucke* und *Geiger* (s. o. Anm. 151) vorgelegt haben, leiden m. E. methodisch vor allem darunter, daß sie bestimmte inhaltliche Ausführungen in einzelnen der 15 Stücke auf die Biographie Eberlins beziehen und dann entsprechend datieren. Der Charakter der 15 Bundes-

kundären Bezugnahmen auf den Bundesschluß in der Vorbemerkung an den Leser und in den 30 Artikeln am Schluß des Neu-Karsthans als rezeptionsgeschichtliche Aktualisierung und soziale Konkretisierung der schon im 1. Bundesgenossen vorausgesetzten Bundeskonzeption zu verstehen. Freilich weist, setzt man diese rezeptionsgeschichtliche Hypothese einmal voraus[229], die kämpferisch-

genossen als anonymer Flugschriftenzyklus wird damit grundsätzlich ignoriert. Für unsere Frage ist überdies nicht entscheidend, wann Eberlin welches Stück schrieb, sondern wann es im Druck erschien (s. o. Anm. 156), und dabei muß selbstverständlich davon ausgegangen werden, daß die 15 Einzelstücke in der Folge ihrer numerischen Zählung gedruckt wurden. Für den 1. Bundesgenossen dürfte evident sein, daß er im April 1521 – möglicherweise nach dem kaiserlichen Sequestrationsmandat vom 26.3. (vgl. *Geiger*, a.a.O., S. 182) – erschien, d. h. im Vorfeld des Wormser Reichstages. Daß dieser 1. Bundesgenosse, der werbend beim Kaiser dafür eintritt, auf Hutten und Luther zu setzen, *nach* dem Wormser Reichstag in der uns bekannten Form gedruckt sein könnte, halte ich für nicht nachvollziehbar. Genau dies aber muß *Peters* voraussetzen, wenn er die Entstehung der »Gesamtkonzeption« (wie Anm. 151, S. 46f.) auf Juli 1521 ansetzt. Denn dann erst kann ja der 1. Bundesgenosse im Druck erschienen sein, da dieser schon voraussetzt, daß es 15 sind (*Enders* I, S. 2, *Peters*, S. 340, Nr. 1). Die Vorstellung, der Zyklus sei mit einer Flugschrift eröffnet worden, die *das* Thema der Zeit, nämlich das dann seit ca. zwei Monaten bekannte Wormser Edikt und den damit eingetretenen Stand der causa Lutheri ignoriert hätte, leuchtet mir in bezug auf den versierten Publizisten und Drucker Gengenbach ganz und gar nicht ein. Am einfachsten scheint es mir, mit einem seit April 1521 – vielleicht in einem ein bis zwei Wochen-Rhythmus – fortlaufenden Erscheinen zu rechnen; als terminus post quem non gilt der 27.9.1521, als Cochläus den Zyklus der Einzeldrucke – oder bereits die erste Sammelausgabe – kannte, vgl. *Friedensburg*, wie Anm. 67, S. 125; *Lucke*, a.a.O., S. 30; *Geiger*, a.a.O., S. 182; *Peters*, a.a.O., S. 41 mit Anm. 58; vgl. auch *Kalkoff*, wie Anm. 226, S. 541f. Auch die Datierung des Neu-Karsthans ist umstritten. Die einschlägigen Argumente sind von *Demmer* (BDS 1, S. 385-387), *Bentzinger*, wie Anm. 149, S. 176, und *Bräuer*, wie Anm. 11, S. 108, aufgeführt und diskutiert worden, vgl. auch noch *Martin Greschat*, Martin Bucer und Ulrich von Hutten, in: *Marijn de Kroon, Marc Lienhard* (Hgg.), Horizon Européen de la Réforme en Alsace. Festschrift Jean Rott, Straßburg 1980, S. 178-193, bes. 187; 192 Anm. 66, der »eindeutig« für Juli 1521 votiert; ansonsten neigt die Forschung – wie mir scheint zu Recht – der ersten Aprilhälfte als Abfassungsdatum des Neu-Karsthans zu. Auch im Falle des Neu-Karsthans jedenfalls fällt es schwer, die schon von Skepsis nicht freie Hoffnung auf Karl V. (vgl. BDS 1, S. 417,3ff.) nach dem Wormser Edikt für möglich zu halten. Der 1. Bundesgenosse und der Neu-Karsthans dürften also hinsichtlich ihrer Erscheinungsdaten mit einer großen Wahrscheinlichkeit in einer zeitlichen Nähe zueinander stehen, so auch *Josef Schmidt*, Lestern, Lesen und Lesen hören. Kommunikationsstudien zur deutschen Prosasatire der Reformationszeit, Bern, Frankfurt/Main, 1977, S. 170f. mit Anm. 73.

229. Prinzipiell ist nicht auszuschließen, daß dem Neu-Karsthans gegenüber dem 1. Bundesgenossen die Priorität zukommt. Allerdings erscheint es mir schwerer vorstellbar, daß ein mit sehr konkreten ›antiklerikal‹-programmatischen Inhalten ausgefülltes

›antiklerikale‹[230] Programmatik der Schwurgemeinschaft von »Juncker Helferich, Reyter Heintz und Karsthans mitsampt irem anhang«[231] über den offenen Rahmen des anonymen Laienbundes des Eberlinschen Flugschriftenzyklus hinaus. Der am Schluß des Neu-Karsthans durch die Schwurartikel dokumentierte und durch die Namen der Bundespartner gleichsam authentische Bundesschluß suggeriert tathafte Entschiedenheit und überbietet darin das Wollen der 15 Ungenannten deutlich. Ihr Bund dient nicht mehr allein der Artikulation von Mißbräuchen und der Bezeugung der Wahrheit; er stellt eine Kriegserklärung an die Feinde Luthers im Namen des wahren Glaubens dar.[232] In seiner spezifischen

Bundeskonzept, wie es die dreißig Artikel bieten, sekundär in ein allgemeines Schutzbündnis zugunsten des Evangeliums ›zurückgenommen‹ wurde, wie es in den 15 Bundesgenossen ausgeführt wird. Eher ist damit zu rechnen, daß die inhaltlich wie in bezug auf die sozialen Träger des Bundes offene Konzeption der 15 Bundesgenossen den Anlaß dafür bot, sie auf die vom Verfasser des Neu-Karsthans projektierte Verbindung von Bauerntum und Ritterschaft hin zu aktualisieren.

230. Ich begegne dem Begriff ›Antiklerikalismus‹ in seiner vielfach üblich gewordenen Schlagworthaftigkeit mit einer gewissen Zurückhaltung, vgl. ausführlicher dazu meine Rezension zu dem von *Peter A. Dykema* und *Heiko A. Oberman* hg. Sammelband: Anticlericalism in Late Medieval and Early Modern Europe, Leiden u.a. 1993, in: Göttingische Gelehrte Anzeigen 247, 1994, S. 112-130; ähnlich: *Klaus Schreiner*, in: ZHF 21, 1994, S. 513-521. In ihrer Kritik an der Geistlichkeit unterscheiden sich der Dialog und die dreißig Artikel m. E. insofern grundlegend, als die Geistlichkeit im Dialog an ihrem idealtypisch-apostolischen amtstheologischen Selbstbild gemessen wird, das als Orientierungsmaßstab ihres realen Verhaltens eingefordert wird, vgl. nur BDS 1, S. 409,21ff., während die dreißig Artikel von einer tiefgreifenden Verachtung gegenüber der Geistlichkeit als ganzer und ihrer Amtstätigkeit geprägt sind und auf deren Vernichtung, nicht deren Reformierung, abzielen, vgl. 442,29ff.; 443,10ff.; 443,23ff.; 443,29f.; 444,3ff.; 444,19ff. Bestenfalls in Art. 21 deutet sich verhalten das positive Leitbild eines evangelischen Geistlichen an: »... das sie keinen pfarrer bey in leyden wöllen, er sey dann genugsam, das evangelium und christlich gesatz zu predigen und darneben eins erbarn frummen lebens«. BDS 1, S. 444,6-8. In bezug auf die dreißig Artikel – nicht auf den Neu-Karsthans im ganzen, wie *Goertz* es tut, wie Anm. 224 –, halte ich die Bezeichnung ›antiklerikal‹ für zutreffend.

231. BDS 1, S. 442,27f.; zu Bundesvorstellungen im Anhang des »Murnerus Leviathan« vgl. *Schade*, wie Anm. 2, II, S. 191,49ff.

232. BDS 1, S. 444,26f. Neben der »göttlichen Wahrheit« und dem »Glauben« ist »des gemeynen vatterlands wolfarn« das maßgebliche Antriebsmotiv. Zum nationalhumanistischen Vorstellungszusammenhang im Umkreis Huttens vgl. *Helmar Junghans*, Der nationale Humanismus bei Ulrich von Hutten und Martin Luther. In: Ebernburg-Hefte 22, 1988, S. 37-60; instruktiv auch: *Wolfgang Hartwig*, Ulrich von Hutten. Zum Verhältnis von Individuum, Stand und Nation in der Reformationszeit. In: *ders.*, Nationalismus und Bürgerkultur in Deutschland 1500-1914, Göttingen 1994, S. 15-33; 274-277. Vgl. auch den Beitrag *Martin Treu*, Hutten, Melanchthon und der nationale Humanismus. In: *Michael Beyer, Günther Wartenberg, Hans-*

Zuspitzung unterscheidet sich der fingierte Bundesschluß am Ende des Neu-Karsthans von der zwar religiös-theologisch von der frühreformatorischen Bewegung beeinflußten, freilich an die Tradition vorreformatorischer Rittergesellschaften anknüpfenden »brüderlichen Vereinigung« der oberrheinischen und fränkischen Ritterschaft von Landau im August 1522 unter der Führung Sickingens[233], die gerade – ungeachtet der Popularität einzelner Ritter wie Hutten, Sickingen oder Götz von Berlichingen – kein Ständegrenzen überschreitendes ›gemeinchristliches‹, sondern ein nach Ablauf von sechs Jahren jeweils zu erneuerndes ständisches Verbündnis sein wollte.[234] Sofern man mit einer Einwirkung der ja intensiv auf den Adel bezogenen 15 Bundesgenossen auf die »brüderliche Vereinigung« rechnen will, dürfte auch diese kaum über das Atmosphärische hinausgehen, jedenfalls dann, wenn man nach dem kodifizierten Selbstverständnis dieses Bundes von Landau in Gestalt der veröffentlichten Bundesartikel urteilt.

2. Ein anonymer Augsburger Flugschriftenzyklus von 1521

Eine dem wirklichen Denken und Wollen Huttens und Sickingens und ihrem Ideal einer gesamtgesellschaftlich-nationalen Koalition gegen Rom unter Führung der Ritterschaft vielleicht näherkommende, wohl auch in einen rezeptionsgeschichtlichen Zusammenhang mit den 15 Bundesgenossen zu stellende Vorstellungswelt tritt uns in einem wahrscheinlich 1521 in Augsburg gedruckten, vier Einzelschriften umfassenden anonymen Flugschriftenzyklus entgegen.[235]

Peter Hasse (Hgg.), Humanismus und Wittenberger Reformation, Leipzig 1996, S. 353-366, bes. 363ff.

233. Vgl. nur die von *Volker Press* gegebenen Hinweise in: Martin Luther und die Reformation in Deutschland. Ausstellungskatalog zum 500. Geburtstag Luthers, Germanisches Nationalmuseum Nürnberg, Frankfurt/M. 1983, S. 205f., Nr. 261.

234. *Schottenloher*, wie Anm. 224, S. 2f.; sowie 30-37 die Edition der brüderlichen Vereinigung. Zur Ritterschaftsbewegung im ganzen vgl. die knappen und präzisen Hinweise in: *Horst Rabe*, Deutsche Geschichte 1500-1600. Das Jahrhundert der Glaubensspaltung, München 1991, S. 282ff.; 684f. (Lit.).

235. Auf diese vier untereinander verbundenen Schriften hat *Schottenloher*, wie Anm. 224, S. 6-9, hingewiesen. Es handelt sich um die Schriften: 1. Ain schenes und // nutzliches büchlin von // dem Christlichen // glauben. *Weller* Nr. 1996; VD 16 S 3681; MF 69/180; im Faksimile ediert von *Otto Clemen* (Hg.), Flugschriften aus der Reformationszeit in Faksimiledrucken Bd. 1; 2. Wer horen wil wer die gantzen welt arm gemacht / der mag lesen dises biechlein. *Weller* Nr. 1799; ediert in: *Laube* II, S. 731-741; MF 221/619; VD 16 W 1960-1962; 3. Das biechlin zaiget an wer der // lebendig martrer sey auff erdtrich // unn // betrifft den Christenlichen // glauben: //; im Faksimile ediert in: *Clemen*, ebd.; *Weller* Nr. 1997; 4. Das biechlin hat gemacht der nar der gut lutherisch ist; ediert in: *Laube* II, S. 742-747. Zur Chronologie und

zur Zuschreibung der vier Drucke an die (Augsburger) Offizin (Erhard Öglin Erben 1521) vgl. *Helmut Claus*, in *Laube* II, S. 739f; 746. Von 2. sind insgesamt drei, von 4. sind insgesamt fünf Einzelausgaben nachgewiesen, ebd. Auf 1. geht knapp ein: *Hohenberger,* wie Anm. 15, S. 238-240, auf 1. und 2.: *Miriam U. Chrisman,* The Reformation of the Laity. In: *Hans R. Guggisberg, Gottfried Krodel* (Hgg.), Die Reformation in Deutschland und Europa, Gütersloh 1993, S. 627-646, 635f. *Hohenberger* und *Chrisman* neigen der von *Schottenloher* vorgeschlagenen Einordnung der Flugschriften in den Kontext der Ritterschaftsbewegung zu, diskutieren aber die Frage, ob die Adelsbezüge möglicherweise eine gezielte literarische Stilisierung darstellen, nicht. Die vier Schriften werden im folgenden nach arabischen Ziffern zitiert. Ob das Versgedicht »Fryhans«, das in einem Nachdruck des Karsthans-Dialogs (*Clemen*, Flugschriften 4, S. 119f.; Druck F, S. 55; vgl. *Köhler*, Bibliographie Bd. 1, Nr. 1976) angeführt ist, als Quelle für die reformationsgeschichtliche Situation in Augsburg im Frühjahr 1521 aussagekräftig ist, wie *Jørgensen* meint (wie Anm. 127, S. 49ff.), scheint mir aufgrund der druckgeschichtlichen Zuweisung an die Offizin (Adam Petri, Basel, 1521) sehr zweifelhaft. Die Dialogflugschrift »Ain schöner dialogus. Cuntz und Fritz« (ediert in: *Schade* II, wie Anm. 2, S. 119ff.; 319ff.; vgl. die instruktive Teiledition in: *Heiko A. Oberman*, Die Kirche im Zeitalter der Reformation, Neukirchen [3]1988, Nr. 35, S. 68-70) gehört hingegen nach Augsburg und dürfte (vgl. *Schade*, wie Anm. 2, II, S. 324) in das Frühjahr oder den Sommer 1521 zu datieren sein. Terminus post quem des Dialogus Cuntz und Fritz ist das Erscheinen von Oekolampads »Quod non sit onerosa christianis confessio« (VD 16 O 390; vgl. die Hinweise in Melanchthons Briefwechsel, Band T 1, bearb. v. *Richard Wetzel*, S. 288 zu Z. 25), also ca. Ende April 1521 (gegen *Schade* II, S. 324; vgl. II, 125,5f.; terminus ante quem ist möglicherweise das Wormser Edikt, vgl. S. 125,34f.). Zu den Drucken des Dialogus vgl. VD 16 R 1882-1888 (vier Augsburger, zwei Straßburger, ein Bamberger Druck); s. auch WA 6, S. 644, und *Köhler*, Bibliographie Bd. 1, Nr. 644 (Erfurter Herkunft); zur Verfasserfrage vgl. die gegenüber der Zuweisung an Urbanus Rhegius (so *Götze* und *Clemen*) skeptischen Hinweise *Maximilian Liebmanns*, Urbanus Rhegius und die Anfänge der Reformation, Münster 1980, S. 331-333; zu dem Dialog vgl. auch *Jørgensen*, wie Anm. 127, S. 51ff. In der Beurteilung des Augsburger Bischofs Christoph von Stadion (*Schade* II, S. 122,3ff. = *Oberman*, a.a.O., S. 68f. mit Anm. 6) konvergiert der Dialog mit dem anonymen Flugschriftenzyklus, vgl. etwa 3: *Laube* II, S. 738,10. In bezug auf Oekolampad besitzt der Dialog Detailkenntnisse, vgl. *Schade* II, S. 123,20ff. Die Furcht vor dem Bekanntwerden (vgl. *Schade* II, S. 121,21; 127,4f.) spielt – ähnlich wie im Zyklus – eine Rolle. Auch der Aspekt heimlicher Parteigängerschaft mit Luther unter den Geistlichen bzw. Mönchen (*Schade* II, S. 123,5ff.) ist als motivgeschichtliche Ähnlichkeit anzusprechen; vgl. zu diesem Motiv auch den im Augsburger Kontext zu interpretierenden ›Blindenspiegel‹, *Laube* I, S. 145, 19ff. Daß der anonyme Verfasser des Dialogs mit dem Verfasser des Zyklus (beide dürften Geistliche sein!) identisch ist, bzw. dasselbe Milieu im Hintergrund steht, ist nicht auszuschließen, vielleicht sogar wahrscheinlich. Allerdings dürfte der Dialog Cuntz und Fritz früher zu datieren sein. Der von *Liebmann* aufgrund eines Augsburger Handschriftenfundes ermittelte ursprüngliche Titel des Dialogs (*Liebmann*, a.a.O., S. 332, mit Faksimile zwischen S. 332 und 333) läßt die Dialogpartner als Narrenfiguren (s. auch *Jørgensen*, a.a.O., S. 52f.) durchsichtig werden,

Die vier Flugschriften sind untereinander nicht nur durch bestimmte literarische Eigentümlichkeiten, sondern auch durch wechselseitige Verweise verbunden. Die erste Schrift bezieht sich auf die »nechsten büchlein die hernach werden gemacht«[236], die zweite Flugschrift ist schon auf dem Titelblatt als »das ander biechlein / das von dem Adel außgeet«[237] gekennzeichnet und nimmt damit die für die erste Schrift zentrale Adelsthematik und die dort ausgeführten Überlegungen, die Schrift einem ungenannten »Grafen«, einer Hauptperson der beiden ersten Schriften, zuzuschreiben, auf.[238] Die zweite Flugschrift kündigt ein »nächste[s] biechlein«[239] an und die dritte bezeichnet sich selbst als »das drit büchlin das von dem adel außgat«.[240] In der mutmaßlich letzten der vier Schriften fehlen Hinweise auf die vorangegangenen oder auf nachfolgende büchlin; ob sie ursprünglich als Einzelschrift konzipiert war, ist zweifelhaft.[241] Möglicherweise weist aber auch gerade der unvermittelte Rückbezug auf die Narrenrede in der vorangegan-

womit eine weitere Motivverbindung zu dem Zyklus gegeben ist. Das Bauernmilieu ist freilich zugunsten eines ›stadtnahen‹ Adels- und Priestermilieus aufgegeben.

236. »... wie grossen fleiß solten wir daran kören / darmit das wir alle in sein reich komen wann er hatt uns alle dartzu beschaffen / aber ich hör niemants begere darein als ir dann yetz werden hören nachfolgende in den nechsten büchlein die hernach werden gemacht«. 1: *Clemen,* B1r, 22-26.

237. 2: *Laube* II, S. 739.

238. Am Schluß der ersten Flugschrift heißt es: »Herr (sc. der Graf) wem söllen wir das büchlin zuschreiben (?) Der Graf sprach / mir. Sy (d. h. der Domherr und die drei Priester) antwurten all und sprachen / wir wöllen das nit haben / wir wöllen kainen namen darein setzen wer waißt wie es gat wann got vermag alle ding. Amen«. 1: *Clemen,* B1v, 25-28.

239. 2: *Laube* II, S. 738,20. 38. Die Ankündigung enthält bereits inhaltliche Hinweise, die sowohl auf 3 als auch auf 4 zutreffen: es soll um die materielle Bereicherung des Klerus gehen und darum, daß nicht die Kaufmannschaft, sondern die Geistlichkeit die maßgebliche Verantwortung für die globale, alle weltlichen Stände erfassende Krisensituation trage. Der Hinweis, diese Schrift werde darüber aufklären, »wer die Kauffleüt seyen« (*Laube* II, S. 738,43), ist auf dem Titelblatt der vierten Schrift (*Laube* II, S. 746) aufgenommen. Der Schlußpassus von 2 (*Laube* II, S. 738,35 – 739,26) ist im Urdruck (MF 221/620) druckgraphisch stark abgesetzt: 738,34 wirkt wie ein Abschluß. Die Schlußpassage könnte eine redaktionelle Anfügung sein.

240. 3: *Clemen,* A4v, 34.

241. Dies könnte sowohl aus dem oben Anm. 239 berührten Sachverhalt als auch daraus zu folgern sein, daß der Anfang dieser Schrift mit einer Rückfrage des Domherrn und der drei Priester an den Narren eröffnet wird: »Der thumherr und die drey priester fragen den narren, lieber, bist du ain narr und retst solche wort ...«. *Laube* II, S. 742,3f. Diese Rückfrage kann sich eigentlich nur auf die in der dritten Schrift entfaltete Anrede beziehen. Für die literarische Selbständigkeit auch der vierten Schrift spricht allerdings, daß die dritte eine eigene Schlußbemerkung (*Clemen,* B1r f.) aufweist.

genen Schrift am Anfang darauf hin, daß der anonyme Autor oder sein Drukker[242] bereits eine fest etablierte Beziehung zu einem lokalen Augsburger Lesepublikum voraussetzen konnte.
Der Flugschriftenzyklus dürfte in die Sommermonate 1521 zu datieren sein. Die erste Schrift setzt voraus, daß Luther nach seinem Abtreten von der öffentlichen Bühne im Gefolge des Wormser Reichstages keine »frucht« mehr bringen könne[243]; die etwa auch von Urbanus Rhegius bezeugte[244] Absicht des Anonymus, an Luthers Stelle publizistisch in die Bresche zu springen, dürfte darauf hindeuten, daß von Luthers Verbleib nichts bekannt und seine durch die ›Schutzhaft‹ auf der Wartburg erzwungene Publikationspause noch nicht beendet war.[245] Auch

242. Die vier nicht firmierten Drucke weisen allesamt Ausstattungsmerkmale der Offizin Erhard Öglins auf, der »wahrscheinlich noch 1520 gestorben« (*Claus*, in: *Laube* II, S. 740) ist. Möglicherweise – so *Claus*, ebd. – repräsentieren die vier anonymen Flugschriften den Anfang der Drucktätigkeit Philipp Ulharts d.Ä. Siehe auch: *Karl Schottenloher*, Philipp Ulhart. Ein Augsburger Winkeldrucker und Helfershelfer der »Schwärmer« und »Wiedertäufer« (1523-1529), München/Freising 1921. Zu allen Augsburger Drucke betreffenden Sachverhalten vgl. jetzt: *Künast*, wie Anm. 149.
243. »Es grünet ein bom unn pracht gut frucht, der hieß Martin Luther / der selbig bom getar yetz nymer frucht tragen got erbarms / aber ich waiß dz wir von nichten wegen auf erdrich beschaffen seind dann das wir gute werck thun söllen ...« 1: *Clemen*, A2r, 28-32.
244. Vgl. *Friedrich Roth*, Augsburger Reformationsgeschichte 1517-1530 Bd. I[2], Reprint München 1974, S. 67; *Hellmut Zschoch*, Reformatorische Existenz und konfessionelle Identität, Tübingen 1995, S. 33, Anm. 181. In einer stilisierten Schlußrede legt Simon Hessus alias Urbanus Rhegius Luther Ende Mai 1521 in den Mund: »Proinde me (sc. Luther) occiso aut mortuo innumeri erunt alii qui non minori animo vestigiis meis insistentes sacras litteras libertatemque christianam sunt defensuri humanasque traditiones et Romanam tyrannidem fortissime ab humeris excussuri«. Zit. nach *Zschoch*, ebd. Weitere Hinweise auf ähnliche Äußerungen in Flugschriften im Vorfeld des Wormser Reichstages bei *Hohenberger* (wie Anm. 15), S. 199f.
245. Luthers erste auf der Wartburg abgefaßte Schrift, seine Widerlegung des Löwener Theologen Latomus (vgl. *Martin Brecht*, Martin Luther Bd. 2, Stuttgart 1986, S. 16ff.; StA 2, S. 405ff.; WA 8, 36-128) scheint nicht vor Mitte September im Druck erschienen zu sein, vgl. Melanchthons Briefwechsel, Band T 1, S. 355,23-25. *Clemens* Deutung der Stelle 1: A4v, 15: (»mein rat das ir schickt nach disem man«) auf Luther, woraus folge, daß der Anonymus wisse, daß man »nach ihm schicken« (S. 2) könne, ist m. E. unzutreffend. Der »man«, von dem hier die Rede ist, wird schon A4r, 10ff. eingeführt und ist der dann in der Rolle des Narren auftretende, ungenannte Ratgeber, der zugleich als anonymer Autor der dritten und vierten Schrift firmiert, s. u. Aus dem Kontext geht eindeutig hervor, daß der »man« nicht mit dem historischen Luther, sondern mit der literarisch gewählten ›Luthermaske‹ des Anonymus zu identifizieren ist.

die Bezugnahmen auf die Erfurter Studentenunruhen vom 10. bis 12. Juni[246] und der in der dritten Schrift gegebene Hinweis auf die »yetzund«[247] grassierende Pest verweisen unter der Voraussetzung einer Augsburger Herkunft der Schrift auf den Sommer. Als sicherer Terminus post quem non der dritten und wohl auch der kurz nach dieser erschienenen vierten Flugschrift des Zyklus dürfte die am 14. September erfolgte Bekanntmachung des Wormser Edikts in Augsburg anzugeben sein.[248] Er erschien also kurz vor dem Abgang des seit Frühjahr 1521 wichtigsten Exponenten der reformatorischen Bewegung in der Reichsstadt, dem seine Stellung als Augsburger Domprediger im September 1521 quittierenden Urbanus Rhegius.[249] Dem Verweis auf noch folgende Schriften bereits im ersten »büchlin« kann man entnehmen, daß die Absicht einer anonymen Serie schon zu Beginn feststand. Literarische und inhaltliche Parallelen lassen vielleicht an eine Beeinflussung durch die »XV Bundesgenossen« denken. Daran zu zweifeln, daß der Ort der Urdrucke, nämlich Augsburg, auch der Entstehungsort der Schrif-

246. Vgl. *Clemen*, wie Anm. 235, S. 1; 1: B1v, 5f.; 2: b1r, 22ff.; zu den Pfaffenstürmen im Kontext der Erfurter Reformation vgl. zuletzt: *Bob Scribner*, Die Eigentümlichkeit der Erfurter Reformation. In: *Ulman Weiß* (Hg.), Erfurt 742-1992. Stadtgeschichte, Universitätsgeschichte, Weimar 1992, S. 241-254 (Lit.).
247. 3: *Clemen*, a3v, 11f. Ein Ausbruch der Pest ist »um Jacobi« 1521 (wohl 25.7., vgl. dazu *Ckemen,* S. 1) in Augsburg gesichert, vgl. *Wilhelm Rem*, Cronica neuer Geschichten, Leipzig 1896, S. 162f. Aufgrund der Bezugnahme auf die Erfurter Studentenruhen in der ersten Schrift ergibt sich, daß der Terminus ante quem non der ersten Schrift Ende Juni, als ungefährer Zeitpunkt des Erscheinens der dritten Schrift Ende Juli/August anzusetzen ist.
248. 3: »Nembt also für gut ir kinder gotes alle / wir habens eylends gemacht / wann wir hetten nit vil zeit / man saget uns die reichstet wölten die ächt anschlagen dz niemants nichts mer schreiben sölt / das bringt der bapst zuwegen mit dem gelt das er auß unserm land geschetzt hat / hetten wirs behalten / so hetten wir yetzunt dem kayser auch dienen künden und hetten uns nit fürchten dürffen / das uns der kayser von des bapsts wegen het in ban echt gethon / das macht alles das wir unsern pfaffen souil gelts geben unn dem stul zu Rom ....« b1v, 3-11. Am 16.8.1521 wurde das Wormser Edikt dem Augsburger Rat zugestellt, am 14.9. wurde es auf dem Marktplatz angeschlagen und verlesen, vgl. *Roth*, wie Anm. 244, I², S. 66; die verglichen mit anderen süddeutschen Städten relativ frühzeitige Bekanntmachung des Wormser Edikts dürfte mit der Tätigkeit des Augsburger Bürgermeisters, Hauptmannes des Schwäbischen Bundes und Vertreters der habsburgisch-kaiserlichen Politik, Ulrich Arzt (vgl. *Roth* I², bes. 87f.; *Martin Brecht*, Das Wormser Edikt in Süddeutschland. In: *Fritz Reuter* [Hg.], Der Reichstag zu Worms von 1521, Worms 1971, S. 475-489, bes. 476) zusammenhängen.
249. Vgl. *Zschoch*, wie Anm. 244, S. 15ff.; *Peters*, wie Anm. 151, S. 83; *Roth*, wie Anm. 244, I², S. 70-72; *Liebmann*, wie Anm. 235. Weder äußere, noch innere Gründe sprechen gegen eine Zuweisung des Zyklus an U. Rhegius als Verfasser. Die sich in den vier Flugschriften spiegelnden Konflikte dürften seiner eigenen Situation in besonderer Weise entsprechen.

ten gewesen ist, besteht kein Anlaß. Die Aussage des Domherrn in der dritten Schrift, »mir haben ein frummen bischof, er hat kain schuld an disen dingen wann das capitel macht wie es will«[250], dürfte sich mit großer Wahrscheinlichkeit auf die auch über ein Jahr später noch im Pfaffentrost der 15 Bundesgenossen proklamierte[251], reformfreudig-tolerante, erst im Spätjahr 1522 korrigierte Religionspolitik des Augsburger Bischofs Christoph von Stadion beziehen. Im Hintergrund der Ausführungen über das Domkapitel könnten die Konflikte stehen, in die Urbanus Rhegius infolge einer am 30. Mai 1521 gehaltenen Fronleichnamspredigt und seiner dann auch gedruckt verbreiteten Kritik am Ablaßwesen seitens der Domherren geraten war.[252] Der Flugschriftenzyklus fügt sich nahtlos in die von starken reichspolitischen Verunsicherungen und ersten wirksamen Repressionen des Domkapitels geprägte, instabile, ja bedrängte Gesamtsituation der reformatorischen Bewegung in Augsburg im Frühsommer 1521 ein. Die freilich in charakteristischer Weise literarisch offensiv gewendete Furcht davor, entdeckt zu werden, bildet den konkreten Hintergrund dafür, daß die Schriften anonym erschienen.

In literarischer Hinsicht handelt es sich bei den vier Flugschriften um Prosadialoge. Bei der ersten Schrift sind fünf namentlich nicht benannte Figuren, ein Domherr, drei Priester und ein Graf, an einem Gespräch über den christlichen Glauben beteiligt. Um einen Eindruck von dem Zyklus und seiner spezifischen Anwendung der Anonymität zu vermitteln, ist eine eingehendere Textparaphrase der Er-

250. *Laube* II, S. 738,10f.
251. (Eberlin) führt den Augsburger Bischof als Beispiel für viele Bischöfe an, die »dem Euangelio gneygt (sind) im hertzen, dürffen aber nit bekennen offentlich von forcht wegen ...«. *Enders* II, S. 91. »Auch gedulden sye Euangelische männer, als der wirdig herr und bischoff zu Augsburg lydet zu augspurg den christlichen doctor Herr Johann Spyser und edlen beyd brüder Adelmanner, das sye leren und lesen heylsame geschrifft ... ... Der bischof von Augspurg hat gesagt, im sey wie jm wöll, so seind die lutheranischen minder strafflich in irem wandel, dann die anderen parthey, welcher vil sind schlemmer, hurer ec.« *Enders* II, S. 92; vgl. *Roth*, wie Anm. 244, I^2, S. 119ff.; *Peters*, wie Anm. 151, S. 81ff.; *A.H. Lier*, Der Augsburger Humanistenkreis mit besonderer Berücksichtigung Bernhard Adelmann's von Adelmannsfelden. In: Zeitschrift des historischen Vereins für Schwaben und Neuburg 7, 1880, S. 68-108; bes. 99ff.; zur im Frühjahr 1521 zunächst keineswegs eindeutig ›antireformatorischen‹ Haltung des Augsburger Domkapitels etwa gegenüber Rhegius instruktiv: *Zschoch*, wie Anm. 244, S. 15; *Liebmann*, wie Anm. 235, S. 141ff.; eine völlig unterschiedliche Gesamtbeurteilung des deutschen Episkopats findet sich im »Neu-Karsthans«, vgl. BDS 1, S. 430, 1ff.; 433,24f.
252. Vgl. *Zschoch*, wie Anm. 244, S. 15ff.; *Liebmann*, wie Anm. 235, S. 142ff.; zur Situation des Augsburger Domkapitels im Gefolge der Bannandrohung gegen B. Adelmann in Exsurge Domine instruktiv: *Thurnhofer*, wie Anm. 38, S. 70ff.; *Lier*, wie Anm. 251. Die Hoffnung auf die adligen Domherren als Agenten der lutherischen Reformation hat der Verfasser keineswegs aufgegeben, 3: *Clemen*, b1r, 14ff., s. u.

öffnungsschrift sinnvoll. Der adlige Laie in der Runde wendet sich an die Geistlichen mit der Frage »was der christlich gelaub wer«.[253] Die Priester, die nur kollektiv antworten, verweisen den Grafen auf die Kirche: »gond ir denn nit in die kirchen und hörent was der glaub ist [?]«.[254] Aber der Verweis auf die fides implicita genügt dem mündig werdenden Laien nicht: »ich kan aber nit hören das man mich den rechtenn glaube lere / man leret mich / ich sol glauben was die christlich Kirch glaubt / ich hör aber nit was sy gelaubt / wie kan ich dann wissen was ich glauben sol«.[255] Nun zieht er den Domherrn ins Gespräch, der die bedrückende nikodemitische Konfliktsituation, in der er steht, offenlegt: »herr ich waiß schier nit was man sagen oder glauben sol / dann wer die warhait sagt der wirt verfolgt unn vertriben / den ir hören wol das kain gelerter von dem glauben darff reden ...«.[256] Er selbst zählt sich unter die bösen Bäume, die keine Frucht brächten und ihrer Strafe im Jüngsten Gericht gewärtig sein müssen.[257] Nun geht der Domherr zu einem leidenschaftlichen Appell an seinen adligen Verwandten[258] über und ermahnt ihn, alle in seinem Land lebenden Menschen als treuer Hirte in der rechten Lehre zu unterweisen, ja wie der gute Hirte des Evangeliums (Joh 10) sein »sel für sy [zu] setzen«.[259] Der Graf versucht, sich dieser ihm gestellten Aufgabe mit dem Hinweis darauf, daß er »kain gaystlich man« sei[260] und daß in seinem Lande genug wohlbezahlte Priester vorhanden wären, zu entziehen. Ebenso wie der Domherr, obschon er nicht mit der cura animarum betraut sei, für sich erkannte, daß er im Jüngsten Gericht als »priester« behaftet würde[261], schärft er dem Grafen seine Pflicht ein: »darum sprich ich es thet not das ir selbs dartzu gehent unn eüwere schaff weydeten / wan ich hon darfür wir werden am jüngsten gericht alle ston als hirten und lerer / wann so wir alle kinder gotes seind so müssen wir auch alle lerer sein ...«.[262] Nun dankt der Graf dem Domherrn für seine Unterweisung im Glauben[263],

253. 1: *Clemen*, A2r, 3.
254. A.a.O., Z. 10f.
255. A.a.O., 12-15; vgl. 3: *Laube* II, S. 732,7ff.
256. A.a.O., 19-22.
257. A.a.O., 25ff.
258. Der Domherr redet den Grafen durchgängig mit »Vetter« an, 1: A2v, 1.17.18. 35; A3v, 23; A4r, 34; vgl. auch *Laube* II, S. 740. Auch umgekehrt nennt der Graf den Domherrn »Vetter«, 1: A3r, 2. 21; A4r, 6f.; A4v, 15f.; *Laube* II, S. 731,4; passim. Der Domherr ist selber eine Adelsperson, 1: A3v, 12f. Beträchtliche interpretatorische Schwierigkeiten bereitet ein Passus in 2: *Laube* II, S. 738, 10ff., wo eine Rede des Domherrn unvermittelt in die des Grafen (Z. 25) übergeht und er Aussagen, die auf den adligen Laien zutreffen, im Munde führt.
259. 1: *Clemen*, A2v, 6.
260. A2v, 10.
261. A2r, 34f.
262. A2v, 21-24.
263. A3r, 2ff.

bekennt, bisher ein schlechter Hirte seines Volkes gewesen zu sein – »wann ich hab umb meine hund mer sorg dann umb mein volck wie es selig werd«[264] – und bittet den Domherrn um Rat, wie er seine Schäfchen weiden soll. Der Domherr möchte diese Aufgabe aber nicht übernehmen und verweist auf die drei Priester, die den Grafen »underweisen« könnten[265]; er selbst bringe sich sonst nämlich in Gefahr und könnte seine Pfründe verlieren.[266] Der Graf äußert begründete Zweifel an der Kompetenz seiner drei Priester und sichert dem Domherrn Unterhalt und Schutz zu[267], der Domherr repliziert mit einem langen Monolog über die verwerfliche Herrschaft der Geistlichkeit über den Adel, äußert die dunkle Vermutung, »ee fünfftzig jar vergond so soll aller Adel den gaistlichen underthenig sein«[268] und verspricht, dem Grafen einen Mann zu nennen, »der eüch wol von dem christlichen glauben sagen kan / und halten jn haimlich in der still / so thut er nach allem eüwerm willen / jr werdent wunderbarlich ding hören die jr vor nie erfaren habt / darum soellen jr kain red oder frag an jm sparen / wann von got ist er also wol gelert als ich nie von kainem hab gehört / unnd er wird grossen fleiß mit eüch haben / so er hört das ir die Christen bewaren werden / wann sy leiden yetz grosse not«.[269] Die Rückfrage des Grafen bei den Priestern ergibt, daß auch sie – wie der Domherr – in die bedrängenden Sachzwänge ihres geistlichen Standes verstrickt sind: von der »lutherische[n] sachen« dürfen sie nach dem Verbot des Fiskals nicht reden; lobten sie Luthers Lehre, »nem er uns all unsere lehen / darumb ist es besser stil schweigen ...«.[270] Der Graf aber »wil die warheit wissen«; er sieht das nahe Ende der Welt und »einen grossen grausamen tod« vor sich[271]; er will »aylen unnd nit feyren«, um den »bösen unglauben« »auszureissen«.[272]

Hatte das Gespräch bisher ergeben, daß die Geistlichen allesamt heimlich der »lutherischen« Deutung des Evangeliums zuneigen, aber sich aus Rücksicht auf ihre Pfründen und ihre amtliche Gehorsamspflicht zu einem ›öffentlichen‹ Eintreten für die ›Reformation‹ nicht imstande sehen, so nimmt sie der Graf nun für die von ihm übernommene Aufgabe in die Pflicht: Sie sollen sich durch eine gemeinsame Schwurformel zu gegenseitiger Treue verpflichten, also einen *Bund*

264. A3r, 9f.
265. A3r, 20f.
266. »Der tumher sprach zu dem grafen / mein lieber vetter unn herr / ich bit euch dz ir mich überhebt diser sach / wann ich beschayd eüch der ding nit dann ir wissent wol es stat mir grosse geferlichait darauf / ich möcht umb meine lehen dardurch komen ...«. 1: *Clemen*, A3r, 13-16.
267. A3r, 21ff.; A4r, 6ff.
268. A4r, 3f.
269. A4r, 10-17.
270. A4r, 19ff.
271. A4r, 26ff.
272. A4r, 29f.

schließen.[273] Nun geben sich der Domherr und die Priester als »gut lutherisch[e]«[274] ›Bundesgenossen‹ zu erkennen, die in einer subversiven, verschworenen Bruderschaft stehen und den Grafen, wenn er »gut lutherisch« ist, als ihren »bruder«[275] annehmen: »wann es seind unnser vil wir dürffen aber ainander nitt offenlich leren als brüder und schwestern ainander schuldig seind zu leren / wann wir fürchten alle den tod«.[276] Der Name des Mannes, den der Domherr zum Grafen senden will, muß deshalb verschwiegen werden.[277] Die geheime Bruderschaft derer, »die gut lutherisch seind«[278], bittet für ihre bedrängten Glaubensbrüder, »das sy verharren unn bleiben bey der warhait Christi« und für ihren »vorfechter Martin Luther«, daß er auch »bestendig beleib bey der warhait Christi wann es thut grosse not / wann wir weren gestorben wie das vich wer er nit komen / wann er hat uns bracht den tag und das liecht gottes ...«.[279]

Den Schluß der ersten Flugschrift bildet ein Appell, in dem sich die in Szene gesetzte verschworene Gemeinschaft an ihre lesenden »schwöster[n] und brüder«[280] wendet und unter Verweis auf künftige Schriften ankündigt, »eüch [zu] leren und [zu] weisen alles das das wir wissen von dem christlichen glauben / und ... alles das ... das eüch not ist zu eüwer seel seligkeit ...«.[281] Zugleich ›öffnet‹ sich der geheime Bund der Lutherischen in Richtung auf bisher Außenstehende: »Darumb welcher gut lutherisch wölle sein der mag sich wol machen zu uns herein«.[282] Der Graf versichert die verschworene Gemeinschaft, entgegen der von den Priestern angekündigten Unheilsprophetie, seiner tatkräftigen Unterstützung[283], die Priester hin-

273. »Der graff antwurt jnen und sprach / ich wils (sc. die Wahrheit der Lehre) ungeschwigen haben das wissent all vier wann ich wil die warhait wissen dann ich sich das das end der welt vorhanden ist / wann ich sich ainen grossen grausamen tod vor mir / darumb wil ich eylen unnd nit feyren das ich den bösen unglauben außreüt / es treff geistlich oder weltlich an / darumb verhaissent all bey eüwrer treüw / das sich kainer wol schayden von dem andern / und darumb müssen ir all gleich sagen«. A4r, 26-33.
274. A4v, 3.
275. A4v, 4.
276. A4v, 4-7.
277. »Der graff antwurt jn und sprach / wer mag dann der mann sein / ich mein dz der Luther sei. Der thumherr sprach / ach gnediger herr schweigent der wort u[nd] nennent niemants mit namen / er kompt sunst nit zu eüch / er ist unser bruder / wann wir seind gut lutherisch ...« A4r, 35 – A4v, 3.
278. A4v, 19; vgl. B1r, 34.
279. A4v, 19-24; darauf folgt ein Gebet in der 1. Person Singular, das ins Vaterunser ausmündet, A4r, 26ff.
280. B1r, 26f.
281. B1r, 27-30.
282. B1r, 34f.
283. »Die pfaffen sprechnn wir wöllen eüch wol propheceyen unn war sagen / wir lutherisch menner werden von dem unn von den pfaffen bald all erschlagen. Der graff

gegen bekräftigen ihre Bereitschaft zum Martyrium: »es ist besser vonn des Christlichen glaubens wegen gestorben / dann das wir ein zeit lang solten leben und solten ewigklich verloren werden ...«.[284] Am Ende der Schrift wird die Frage aufgeworfen, wem die geheimnisvollen ›Bundesgenossen‹ »das büchlein zuschreiben«.[285] Der Graf erklärt seine Bereitschaft, die öffentliche Verantwortung für das im Druck erschienene gemeinsame Gespräch zu übernehmen, doch seine geistlichen Gesprächspartner ziehen eine anonyme Publikation vor: »wir wöllen keinen namen darein setzen wer waißt wie es gat wann got vermag alle ding. Amen«.[286] Als Kollektivautor der ersten der vier anonymen Flugschriften fungiert also die um einen Grafen gesammelte geheimnisvolle Gemeinschaft der »gut Lutherischen«[287]; auch bei der zweiten Schrift, die auf dem Titelblatt den Hinweis trägt, dies sei »das ander biechlein / das von dem Adel außgeet«, ist das so.[288] In der dritten und vierten Schrift firmiert dann eine neu eingeführte ›Narren‹-Figur als Verfasser.[289] Ehe der weitere Fortgang des Flugschriftenzyklus knapp rekapituliert werden soll, sind folgende Beobachtungen festzuhalten: die Geistlichkeit wird in einer ›nikodemitischen‹ Situation geistiger Gefangenschaft dargestellt, die eine Folge ihrer Einbindung in das kirchliche Pfründensystem ist. Sie hat die Wahrheit des Evangeliums erkannt, vermag diese aber aus Angst um Leib und Leben nicht öffentlich zu vertreten. Der wahrheitssuchende Adel erkennt seine Verantwortung für die wahre Lehre um des Heils der ihm anvertrauten Untertanen willen. Adel und Geistlichkeit formieren sich in einem geheimnisvollen Zusammenschluß der »gut Lutherischen«. Dieser wendet sich anonym an die ›Öffentlichkeit‹, bzw. an die in der Bedrängnis lebenden lutherischen Brüder und Schwestern. Die Flugschrift selbst realisiert eine modellhafte Umgangsweise mit der Situation der Verfolgung um des wahren Glaubens willen. Sie entwirft eine korporative Strategie, durch die gleichsam verborgen ›Öffentlichkeit‹ hergestellt und den Anhängern Luthers Trost dadurch vermittelt werden soll, daß das bündische Wirken eines subversiven, von dem Adel und Teilen der Geistlichkeit getragenen Schutzbündnisses für die Wahrheit des Evangeliums suggeriert wird. Gerade die

sprach / ir verkünden uns böse mer / mainent ir das ich nit auch hab land und leüt unn künd mich weren wann es ist zeit ich waiß noch ain hohe schul (sc. Erfurt, vgl. 3: B1r, 23) ir lieben priester die wöllen auch thun ir hilff dartzu«. B1r, 35 – B1v, 6; vgl. B1v, 17ff.

284. B1v, 10-12.
285. B1v, 25.
286. B1v, 26-28.
287. Vgl. den Rückverweis in 2: *Laube* II, S. 734,1.
288. Vgl. 2: *Laube* II, S. 738,39ff.
289. 3: b1r, 4f.: »Das büchlin hat gemacht der welt narr unn ist gut lutherisch ...« 4: *Laube* II, S. 745,40-42: »Wenn ainer fraget wer das büchlin gemacht hab, so sprich: Es habs der welt narr gemachet der gut lutherisch ist, und hets gemacht zu lob allem adel.«

nach historischem Urteil fingierte, für zeitgenössische Leser aber nicht als Fiktion durchsichtige ›Gegenöffentlichkeit‹ der verschworenen »gut Lutherischen« sucht die öffentliche Basis für die Anliegen des Wittenberger Reformators im unmittelbaren Kontext drohender Verfolgungen zu verbreitern. Das reflektiert eingesetzte Mittel zu diesem Zweck ist die Anonymität.
In der zweiten Flugschrift hat sich die personelle Konfiguration geändert. Nun ist der in der vergangenen Schrift angekündigte »lutherisch man«[290] da, der sich als »edelman« darstellt und – ähnlich wie in der vorangegangenen Schrift der Domherr – das Gespräch mit dem Grafen bestimmt.[291] Der »edelman« will eigentlich nur bei der Gruppe sitzen »als ain narr«[292]; in der dritten und vierten Schrift tritt er dann ausdrücklich als Narrenfigur auf und figuriert schließlich als eigentlicher Verfasser der letzten Schriften. Thema des Gesprächs ist abermals das an der Vorbildgestalt Ulrich von Huttens[293], des ritterlichen »Vorfechter[s] des Luthers«[294], veranschaulichte, von einem institutionsfreien Kirchenbegriff gestützte[295] Mandat des Adels, die Gestaltung des aufgrund der selbstsüchtigen Bereicherung des Klerus, insbesondere der Klöster, zerrütteten Gesellschaftssystems zu übernehmen. Ein für den Diskussionszusammenhang in der Handelsmetropole Augsburg instruktiver argumentationsstrategischer Akzent ist in einer wohl auf die Akzeptanz der reformatorischen Bewegung im Handelsbürgertum berechneten apologetischen Tendenz gegenüber den Kaufleuten zu sehen.[296] Alle materielle und soziale Bedrückung des Adels- und des Bauernstandes erscheint dem »Narren« ausschließlich als Folge der klerikalen Geldgier.[297] Als geeignetes

290. 2: *Laube* II, S. 731,4.
291. Die Identität des »lutherisch[en] man[nes]« und des »edelman[nes]« ist vor allem daraus zu folgern, daß ersterer nach der Erwähnung des zweiten nicht mehr vorkommt, und daß der »edelman« jene dem in der ersten Flugschrift angekündigten »lutherischen man« zugeschriebene Beraterfunktion übernimmt.
292. 2: *Laube* II, S. 731,22.
293. 2: *Laube* II, S. 731,18.
294. 2: *Laube* II, S. 738,36.
295. »Darumb will ich (sc. der lutherische Mann/Edelmann/Narr) auch helffen und retten, das die boßheit und laster auß dem menschen werd getriben und widerumb ain gesetzet werd die frümkait und die warhait Got des hailigen gaists. Wenn wo die warheit nit ist und die gerechtigkait, da kan Got nit wonung häben, wenn so mir Got kennen und in lieb haben, so wont Got bey unß, so sein mir die hailige christenlichen kirchen«. *Laube* II, S. 731,27-33. Die Edelleute in Gestalt dieser Einzelfigur wissen »baß waß die christenlich kirch ist, wann die priester«. *Laube* II, S. 731,38f.
296. Vgl. 2: *Laube* II, S. 734,22f.; 738,42f.; u.ö.; 3: *Clemen*, a3r, 34ff.; 4: *Laube* II, S. 745,35ff.
297. 2: *Laube* II, S. 734-737; vgl. bes. den anschaulichen Gesprächsgang zwischen einem Priester und einer armen Witwe in bezug auf geforderte Stiftungsgelder für Seelenmessen für ihren verstorbenen Ehemann, S. 737,24ff.

Mittel gilt allein ein Bündnis des Adels, in das die reichsunmittelbaren Territorien und die Reichsstädte einbezogen werden.[298] Die Bundesvorstellung der ersten Flugschrift ist also politisch perspektiviert, konkretisiert und in bezug auf die Bundespartner globalisiert: Die geistlichen Bundespartner der ersten Schrift, der Domherr und die Priester, sind ganz in den Hintergrund getreten. Die drei Priester sollen zwar nach dem Anfang dieser zweiten Schrift geholt werden[299]; von ihrem Erscheinen wird aber nichts berichtet. Im Gegenteil – gegen den Willen des Grafen, die Priester zu fragen, »wer die straßrauber seyen«[300], will der Edelmann/Narr vorher »das biechlein« schreiben, da er fürchtet, die Priester würden sich vor der ihm geboten erscheinenden Konsequenz scheuen.[301] Die Schlußbemerkung der Schrift, das nächste Büchlein werde »mit sampt dreyen priestern«[302] gemacht, bezeugt ebenso wie die Aufschrift auf dem Titelblatt, das zweite »biechlein« sei vom Adel ausgegangen, daß sich die Schriften als Äußerung des »lutherisch« gesinnten Adels präsentieren wollen.
Die zweite Schrift scheint schon konkrete Zensurerfahrungen der »armen lutherischen Kinder«[303], die als anonymes Verfasserkollektiv fungieren, zu spiegeln: »Dann wan man etwas druckt das wider die pfaffen ist, so wend syß (sc. das Domkapitel) nit leyden das mans fayl hab, wann sy werden das büchlein auch nit fayl lassen haben, wann sy mügen nit leyden das man jn die warhait sagt, wann sy haben unß (sc. den Adel) lang gesagt, wie mir rauben und den leüten das ir nemen, das haben sy nye kinden vergessen«.[304] Die Domgeistlichkeit habe von Luther adelskritische Äußerungen erwartet; stattdessen kündigt der Adel nun selbst an, offenzulegen, daß alle Schuld für soziale Notlagen bei den Geistlichen liege.[305]
Der Schluß[306] der zweiten Schrift deutet mit seinem Wechsel zwischen der 1. Person Singular und Plural an, daß es dem Verfasser über der Schilderung der konkreten Verfolgungssituation, der er sich ausgesetzt sieht, schwerfällt, die Fik-

298. »Der edelman sprach so must ir ain rat mit dem adel haben unnd must euch mit ainander verainigen und in ein buntnuß tretten und müst die sach mit ainander wachen und verainigen auch mit dem reich ...«. *Laube* II, S. 737,17-20.
299. *Laube* II, S. 731,3.
300. *Laube* II, S. 733,41; vgl. 38; 3: *Clemen*, A4r, 12.
301. *Laube* II, S. 734,1ff. Wie uneinheitlich das Figurenkonzept in bezug auf die drei Priester ist, zeigt sich etwa darin, daß sie der Narr in der dritten Flugschrift als notorische Luthergegner anspricht, vgl. 3: *Clemen*, A2r, 17ff.
302. *Laube* II, S. 738,40.
303. *Laube* II, S. 739,24.
304. *Laube* II, S. 738,12-17. Vgl. S. 739,15-17: »... wan ainer yetzund nur ein brieflein fail hatt das wider sy (sc. die Geistlichkeit) ist, so verbidten syß in bey leib und gut und schnappen nach im wie die geschrifft gelerten nach Christum schnapten«.
305. *Laube* II, S. 738,17ff.; 39ff.
306. *Laube* II, S. 739,4-26.

tion, ein Autorenkollektiv stehe hinter der Schrift, durchzuhalten[307]: »Mich wundert das ir als seer nach meinem namen fragt und nach denen, die die biecher machen, wan es wol gemacht ist, was fragst du darnach wer es gemacht hab. Es wirt noch der tag kumen, das ich weder dich noch dein Got fürchten wird, aber yetzund fircht ich alle welt ...«.[308] Der »gutt Luther«[309], wie sich der anonyme Verfasser als korporative Figur, gleichsam als Statthalter des von der historischen Bühne verschwundenen Wittenbergers nennt, vertritt die Anliegen des in Worms Geächteten und tröstet wie dieser die »gantze christenheit«[310]. Die aus der Not erwachsene Anonymität wird zum literarischen Stilmittel, um einen jedes individuelle Zeugnis überstrahlenden, transpersonalen Wahrheitsanspruch auszudrükken. In der in der dritten und vierten Schrift angenommenen Narrenrolle findet diese publikationsstrategisch ausgeformte Anonymität ihren abschließenden Ausdruck.

Dem Narren wird seitens des Adels, des schon bekannten Grafen und der neu eingeführten, nicht näher charakterisierten Figur eines Fürsten[311], die Redefreiheit gewährt. Auch wenn er damit in die Rollentypik des Hofnarren eingefügt zu sein scheint, ist für seine Deutung die für spätmittelalterliche Narrenfiguren charakteristische Funktion als »kollektive Gestalt quer zu den verschiedenen Binnenöffentlichkeiten«[312] in Rechnung zu stellen. Der Narr tritt prononciert als Apologet Luthers und seiner Lehre auf, wohl durchaus in Anknüpfung an

307. Ähnlich in der dritten Schrift, wo es unmittelbar hintereinander heißt: »... und das ist das drit büchlin das von dem adel außgat got sey gelobt und wir habens gemacht zu einem trost allen lutherischen mannen und frawen got wöl uns helffen das wir in unser letzten stund in seinem Christenlichen glauben werden erfunden. Amen. Das büchlin hat gemacht der welt narr und ist gut lutherisch darumb wer dem Luther feind ist der ist auch mir feind unn allen frumen Christen unn ich glaub wer des Luthers bücher verfolge und verbeüt der verfolg got selbert ...«. 3: *Clemen*, a4v, 44 – b1r, 7. Am Schluß erscheint als Verfasser der Schrift ein kollektives »wir«. In der vierten Schrift heißt es, der »welt narr« habe sie »zu lob allem adel« gemacht, *Laube* II, S. 745,41f.

308. *Laube* II, S. 739,6-10; vgl. 4: *Laube* II, S. 742,12ff.

309. Die singularische Wendung »es habens gutt Luther« (Lurter) (*Laube* II, S. 739,4f. mit Anm. y; vgl. 742,12) gemacht, dürfte nicht einfach im Sinne von »Lutherische« aufzulösen sein; der als lectio difficilior anzusprechende Kollektivsingular »Luther« entspricht wohl dem Versuch des Verfassers, die Weiterführung der Sache Luthers durch seine Anhänger sprachlich auf den Punkt zu bringen.

310. *Laube* II, S. 739,5.

311. 3: *Clemen* A2r, 1ff.

312. *Werner Faulstich*, Medien und Öffentlichkeiten im Mittelalter 800-1400, Göttingen 1996, S. 59; zum Narren vgl. im ganzen a.a.O., S. 52-69; sowie die instruktiven Studien von *Werner Mezger*, Hofnarren im Mittelalter. Vom tieferen Sinn eines seltsamen Amtes, Konstanz 1981; *ders.*, Narrenidee und Fastnachtsbrauch. Studien zum Fortleben des Mittelalters in der europäischen Festkultur, Konstanz 1991.

Luthers eigene Verwendung der (Hof-)Narrenrolle in der Adelsschrift.[313] Die dritte und vierte Schrift sind fast ausschließlich als Rede des Narren stilisiert und wechseln unversehens in die 1. Person Singular des anonymen Autors über[314]: der Anonymus selbst ist der »gut lutherisch[e]« »welt narr«.[315] Er ist der Freund der frommen Christen[316], der Anwalt der Gerechtigkeit, die öffentliche Repräsentanzfigur der Wahrheit, die auf seiten Luthers ist. »[W]er dem Luther feind ist«[317], hat auch den Narren als »kommunikativ-soziales Regulativ«[318] des öffentlichen Wahrheitsbewußtseins, das sich auf die Bibel allein gründet[319], gegen sich. Der »welt narr« ist »ein guter Luther«[320]; als solcher unterwirft er sich »allem adel gaistlich und weltlich«.[321] Eine Veränderung der kirchlichen Situation erwartet der Narr vom geistlichen Adel, etwa dem Bischof, aber auch einigen Domherren[322], dem weltlichen Adel und den Reichsstädten[323], nicht mehr jedoch vom Kaiser[324] – eine im Horizont der Erfahrungen des Wormser Reichstages durchaus realistische Weiterentwicklung des Programms der Lutherschen Adelsschrift.

Der Flugschriftenzyklus im ganzen ist durchaus ein Echo auf die von Luther am Ende der Adelsschrift geäußerte Hoffnung, der christliche Adel deutscher Nation möge »einen rechtenn geystlichen mut« empfangen, um »der armen kirchen das beste zu thun«.[325] Das geheimnisvolle Kollektiv aus Adligen und Geistlichen und die Figur des »welt narren«, hinter dem angeblich viele Gleichgesinnte stehen, deren Namen der bedrängte Narr zu ihrem Schutz geheim

313. Vgl. WA 6, 404; vgl. auch zum weiteren literarischen Spiel mit dem Narrentopos in der für die vier Flugschriften zentralen Adelsschrift Luthers: WA 6, 425; WA 6, 432; WA 6, 433; WA 6, 454; WA 6, 463; zu Luthers Verwendung der Narrenrolle in der Adelsschrift instruktiv: *Jørgensen*, wie Anm. 127, S. 16ff.
314. 3: *Clemen* A2v, 3ff.
315. 3: *Clemen* B1r, 4f.
316. 3: *Clemen* B1r, 5f.
317. 3: *Clemen* B1r, 5.
318. *Faulstich*, wie Anm. 312, S. 57.
319. »... unn ich (sc. der welt narr) glaub wer des Luthers bücher verfolge und verbeüt der verfolg got selbert / wann das wort gotes ist gott selbs wie Johannes spricht / in dem anfang was das wort / unn got was das wort (Joh 1,1) / und wir haben sunst nichts dann das wort gotes ...«. 3: *Clemen* B1r, 6-10.
320. 4: *Laube* II, S. 742,11f.; vgl. oben Anm. 309.
321. 4: *Laube* II, S. 742,11f.
322. Vgl. 3: *Clemen* b1r, 14ff.; von dieser an die Domherren gestellten, wohl konkret auf die reformationsgesinnten Teile des Augsburger Domkapitels zu beziehenden Erwartungen her erklärt sich auch die im ganzen positive Rolle des Domherrn in den ersten beiden Flugschriften.
323. Vgl. 4: *Laube* II, S. 742,20.
324. Vgl. 3: *Clemen* B1v, 9ff.
325. StA 2, S. 167,10f (= WA 6, S. 469).

hält[326], sind literarische Fiktionen, mit deren Hilfe ein anonymer Autor in einer offenen geschichtlichen Situation, in der Luther zum Schweigen verurteilt ist und das Blutzeugnis der Lutheranhänger[327] Wirklichkeit zu werden droht, zu suggerieren versucht, daß sich die von Luther ausgegangene Bewegung auf einen starken Rückhalt bei den Mächtigen stütze und durch bedrohliche Repressionen nicht zu besiegen sei. In der Narrenrolle verdichtet sich der Anspruch des Anonymus, die angefochtene Wahrheit als solche zu repräsentieren und eben damit die Anhänger der reformatorischen Bewegung, für die die Fiktion keineswegs durchsichtig gewesen sein dürfte, zu trösten und zu stärken. Gerade die wohl durch reale Bedrängnis des unbekannten Verfassers erzwungene Anonymität wird als produktives literarisches Mittel einer publizistisch-offensiven Strategie umgesetzt.
Auch im Falle des Augsburger Flugschriftenzyklus ist die Anonymität ein wichtiges publizistisches und literarisches Mittel, eben jene breite öffentliche Basis zugunsten Luthers zu erzeugen, deren Widerhall die anonymen Schriften zu sein behaupten.[328] Der serielle Charakter der anonymen Flugschriftenreihen des Jahres 1521 entspricht der offenen geschichtlichen Situation im Hinblick darauf, wie der Kampf um die Öffentlichkeit ausgehen wird.

V. Zusammenfassende Schlußthesen

1. Anonyme Flugschriften sind reflektiert eingesetzte Medien des reformatorischen Kommunikationsprozesses, die die Beeinflussung der öffentlichen Meinung dadurch zu erreichen versuchen, daß sie mit dem *Anspruch auf allgemeine*

326. 4: *Laube* II, S. 742,12ff.: »... ich bin ain guter Luther und fürcht kain feür, wie wol ich meinen namen nit darff hinzu setzen, so find ich doch nit das ich mich selb oder meinen bruder verratten soll ...«.
327. Die Martyriumsthematik ist in dem Zyklus von zentraler Bedeutung, vgl. nur 3: *Clemen*, B1v, 20ff.
328. Die Absicht des Zyklus ist zweifellos darauf gerichtet, die gesellschaftliche Basis einer ›Reformation‹ bei den geistlichen und weltlichen Inhabern politisch-sozialer Machtstellungen zu vergrößern, und zwar unter Führung des Adels. Die von *Schottenloher* (wie Anm. 224, bes. S. 9) herausgestellte Nähe zur Ritterschaftbewegung sollte nicht überbetont werden. Die in der ersten Flugschrift entwickelte Bundeskonzeption ist offen für alle gesellschaftlichen Kräfte. Das Ideal ist auf eine Ständegrenzen überschreitende brüderliche Kommunität (3: *Clemen*, B1r, 32) gerichtet. Der euphorische Appell an den Adel, dessen proreformatorische Entschiedenheit eingeschärft werden soll, steht eher in einem engen rezeptionsgeschichtlichen Konnex mit Luthers Adelsschrift. Ähnlich wie in bezug auf Eberlin von Günzburg ist auch für den anonymen Augsburger Flugschriftenzyklus von einer ausstrahlenden Wirkung der Huttenschen Schriften, die seit Jahresanfang 1521 in der Volkssprache erschienen, auszugehen.

Wahrheitsrepräsentanz auftreten. Noch in stärkerem Maße als in der Flugschriftenproduktion überhaupt wird die anonyme Flugschriftenpublizistik eine Domäne der Parteigänger Luthers.
2. Die im Verhältnis zum Gesamtvolumen der Flugschriftenproduktion relativ *größte Bedeutung anonymer Flugschriften* fällt in die Jahre *1521/22*. Im Horizont befürchteter oder erster wirksam werdender Einschränkungen öffentlicher Meinungsäußerungen im Umfeld des Wormser Reichstages tragen anonyme Flugschriften vor allem in den süddeutschen Stadtzentren wesentlich dazu bei, die Sache Luthers im Sinne der Parteinahme für ihn in den Raum der öffentlichen Kommunikation zu tragen.
3. Die anonyme volkssprachliche Publizistik der frühen Reformation ist – wie der frühreformatorische Kommunikationsprozeß als solcher – ein *Phänomen des Umbruchs*, dem innerhalb des Durchsetzungsprozesses der Reformation eine zentrale Bedeutung zukommt. In bezug auf die Langzeitwirkungen der mit der Reformation eingeleiteten publizistischen Präsenz der Flugschriften während des gesamten 16. Jahrhunderts ist es berechtigt, von einem gesellschaftsgeschichtlichen Umbruchprozeß zu sprechen, an dessen dynamischer Entfaltung die anonymen Flugschriften in den frühen Jahren der Reformation einen wesentlichen Anteil hatten. Als Massenphänomen spielt die anonyme Publizistik, die als Begleiterscheinung spezifischer Konfliktkonstellationen den frühneuzeitlichen Kommunikationsprozeß als ganzen begleitet, erstmals in der frühen Durchsetzungsphase der Reformation eine entscheidende Rolle.
4. Der zum Teil beträchtliche publizistische Erfolg anonymer Flugschriften läßt den Schluß zu, daß die *Anonymität* die *Nachfrage* nach bestimmten Schriften durchaus fördern konnte und daß die Frage, wer eine Flugschrift abgefaßt hat, gegenüber dem thematischen Sachinteresse bei den zeitgenössischen Rezipienten im Hintergrund stand. Inhalte und Formen der Flugschriften dürften für den frühen kommunikationsgeschichtlichen Erfolg des Mediums – wenn man von Luther als Flugschriftenautor einmal absieht – ungleich wichtiger gewesen sein als der Name eines Autors.
5. Die in der Forschung vertretene These von der *Meinungsführerschaft von Klerikern, Theologen und ehemaligen Mönchen* als Verfassern reformatorischer Flugschriften[329] dürfte auch in bezug auf die anonymen Flugschriften ein hohes Maß

329. Vgl. *Moeller*, wie Anm. 14, bes. S. 155; *Blochwitz*, wie Anm. 15, S. 187 mit Anm. 1; 244f. äußert die These, daß die Verfasser anonymer Schriften »fast ausnahmslos unter den Humanisten zu suchen« sind, d. h. in einer aus »humanistischen Theologen«, »humanistischen Gelehrten« und dem »aufgeklärte[n] Bürgertum« (a.a.O., S. 245) bestehenden »humanistischen Bevölkerungsschicht«. Auch unter den Autoren reformatorischer Flugblätter scheint ein überdurchschnittlicher Anteil evangelischer Geistlicher gesichert zu sein, vgl. *Oelke*, wie Anm. 14, S. 103f.; *Tschopp*, wie Anm. 14, S. 89. Im Unterschied zu meinem Ansatz scheint *Chrisman* (wie Anm. 235), bes. S.

an Wahrscheinlichkeit besitzen. Davon auszugehen, daß der Laienanteil unter den anonymen Flugschriften über dem sonstigen Anteil am Gesamtvolumen der Flugschriften liege, besteht kein Anlaß. Da, wo es einigermaßen eindeutige Hinweise auf den ›Stand‹ des Autors gibt, handelt es sich in der weit überwiegenden Mehrzahl um geistliche Personen. Anonyme Flugschriften sind nicht die »Stimme des Volkes«, aber sie geben sich als solche.[330] Die besondere Affinität anonymer Flugschriften zu bündischen Vergesellschaftungskonzeptionen entspricht ihrem Anspruch, ein allgemein-christliches Wahrheitsbewußtsein zu repräsentieren und auf gesellschaftliche und kirchliche Wirkungen hin zu mobilisieren. Darin dürfte ihr spezifischer Beitrag zum kommunikationsgeschichtlichen Umbruchprozeß der frühen Reformation liegen.

6. Die anonyme Flugschriftenpublizistik ist auch als programmatische literarische Umsetzung des *reformatorischen Priestertums aller Gläubigen* zu werten. In den zumeist wohl fingierten Laienrollen, die die anonymen Autoren annehmen, unterscheiden sie sich grundsätzlich von dem bedeutendsten altgläubigen Versuch anonymer Publizistik, dem Thomas Murners.

7. Die dominanten theologischen Themen, die zugleich in der anonymen Publizistik ihre exemplarische literarische Umsetzung erfahren haben, sind: die *Schrift als alleinige Autorität* und normativer Orientierungsmaßstab und die *Teilhabe von Laien am Diskurs über die Wahrheit des Glaubens.* Diese thematische Konzentration mag gemessen an der Fülle der theologischen Anliegen Luthers als reduktiv erscheinen. Sie stellt aber genau jene Aspekte der reformatorischen Theologie elementarisierend in den Vordergrund, die im Erfahrungshorizont der Zeitgenossen den epochalen Umbruch des Zeitalters markieren. Auch wenn die expliziten thematischen Ausführungen zum Priestertum aller Gläubigen eine relativ geringe Bedeutung in den Flugschriften im ganzen einnehmen[331], stellt die anonyme Flugschriftenpublizistik, insbesondere in Gestalt der Dialogliteratur, eine modellhafte Umsetzung der reformatorischen Grundthese dar, alle Christen hätten am Diskurs über das Heil teilzunehmen.

639, den Anteil an Laienautoren unter den Anonymen entschieden höher zu veranschlagen. Die von ihr in Anwendung gebrachten stilkritischen und thematischen Kriterien mißachten m. E. das Problem der intendierten Fiktionalität bzw. der bewußten ›Tarnung‹.

330. Ähnlich urteilt *Ahrens*, wie Anm. 175, in bezug auf die Funktion der Anonymität bei Eberlin: »Alle seine anonymen Flugblätter sollten nichts anderes sein als ein Sprachrohr des Volkes«. S. 14.

331. Vgl. *Edwards*, wie Anm. 17, S. 108; vgl. dazu auch *Köhler*, wie Anm. 16, S. 259; *Blochwitz*, wie Anm. 15, S. 207ff.

Martin Brecht

»und willst das Beten von uns han« Zum Gebet und seiner Praxis bei Martin Luther

Bei gemeinsamen Gottesdiensten von Katholiken und Evangelischen kann einem u.U. auffallen, daß die Katholiken die Gebete, z.B. das Vaterunser, schneller sprechen als die Evangelischen. Dahinter verbirgt sich ein seit der Reformationszeit entstandenes unterschiedliches Verständnis vom Gebet, das sich bereits früh bei Luther ausgebildet hat. Die Differenz dürfte sich erheblich auf die Frömmigkeit ausgewirkt haben.

I. Abgrenzung von der hergebrachten Gebetspraxis

1519 veröffentlichte Luther die »Auslegung deutsch des Vaterunsers für die einfältigen Laien«, eine von ihm autorisierte Ausgabe seiner zwei Jahre zuvor über dieses Thema gehaltenen Predigten.[1] Luther bezieht sich eingangs auf die Einleitung des Vaterunser in der Bergpredigt (Mt 6,7 f.) und entnimmt dem Wort Jesu, »wie und was wir beten sollen«.[2] Luther kommt von daher sofort zu der Maxime, »daß man wenig Wort mach, aber viel und tiefe Meinungen oder Sinnen«. Das Gebet soll nicht bloß äußerliche Leistung des Mundes sein, sondern geistlich erfolgen mit »innerlicher Begierde, Seufzen und Verlangen aus Herzens Grund«. Luther grenzt sich dabei ab von dem (Psalmen-)Gebet, zu dem die Geistlichen verpflichtet waren, und von den als Bußleistungen auferlegten Gebeten, die sich beide zumindest damals vielfach im bloßen Vollzug erschöpften. Sofern solches Gebet mit Unlust oder bloß als bezahlter Auftrag Dritter geübt werde, sollte es besser unterbleiben. Luther will das Gebet »mit Andacht des Herzens«, bei dem sich infolge des Nachsinnens und Nachdenkens nicht viele Worte machen lassen oder die Worte sogar fallen gelassen werden. Es liegt also alles am inneren Vollzug. In der evangelischen Gebetssitte ist das durchaus übernommen worden.
Das Mustergebet ist das von Christus selbst gelehrte und somit unübertreffliche Vaterunser. Andere Gebete müssen dessen Inhalt und Absicht (»Meinung«) ent-

1. WA 2, (74) 80-130; der nicht autorisierte Druck von 1518 findet sich WA 9, (122) 123-159.
2. WA 2, 81,10-83,7.

sprechen; die Konkurrenz sonstiger für unterschiedliche eigene Zwecke oder als Ablässe damals als effektiv geschätzter Gebete wird abgewiesen. Sie können Leib und Seele nicht mehr bringen als ein »Vaterunser mit herzlicher Begierd und Meinung der Wort«. Das Vaterunser wurde von Luther schon als (biblisches) »Gottes Wort« besonders geschätzt, und es blieb das Zentrum seiner Gebetspraxis, wobei er manchmal einige Psalmen hinzufügte.[3]
Die an den Zehn Geboten entlanggehende Schrift »Von den guten Werken« (1520) nennt unter den Werken des zweiten Gebots auch das Anrufen des Namens Gottes, wozu schon Not und Anfechtung Anlaß geben.[4] Ausführlicher wird das Gebet jedoch beim dritten Gebot im Zusammenhang mit dem rechten Gottesdienst behandelt.[5] Wieder wird betont, daß es nicht, »wie Gewohnheit ist«, auf viele Blätter oder Paternosterkörnlein ankomme, sondern auf das ernste und zuversichtliche Begehren bezüglich einer bestimmten Not. Für die stark hervorgehobene Erhörungsgewißheit beruft sich Luther auf Bernhard, Jakobus und Christus selbst. »Aber wie viel Gebet must man auch reformieren«, wo man recht gewiß beten wollte. Das viele Beten und Singen in Kirchen und Klöstern bringe keinen Nutzen, weil ihm die Gewißheit abgehe und man dabei im Unglauben verstockt bleibe, »als in der ärgsten Gewohnheit wider die Übung des Glaubens und Natur des Gebets«. Rechtes Gebet »im Geist und in der Wahrheit (Joh 4,24) ist der Erhörung gewiß, läßt aber gleichwohl hinsichtlich der Erfüllung Gott Zeit, Statt, Maß und Ziel frei. Diese Praxis soll entsprechend der Konzeption dieser Schrift nichts anderes sein »dann ein Übung und Treiben des ersten Gebots, das ist des Glauben, Trauen Zuversicht und Lieb zu Gott«. Luther rechnet dabei durchaus mit der Unsicherheit der Erhörung, aber ihr gegenüber hat die Übung des Glaubens mit einem »schwachen funkeln« zu beginnen. Für die Erfahrung der Schwachheit des Glaubens ist sogar zu danken. Andere, die mit ihrem Beten, Singen, Lesen große Heilige zu sein scheinen, kommen nie zu dieser Einsicht der fehlenden Gründung ihres Glaubens.
Unter Erinnerung an die ganz dem Gebet hingegebenen Mönchsväter wird das geistliche Gebet als ständige Übung des Glaubens neben allem andern Tun her gefordert. Auf das daneben besonders in der Messe zu übende »äußerlich Gebet« geht Luther hier nicht ein, sondern verweist auf das Vaterunser als kurzer Zusammenfassung aller mündlichen Gebete. Auf das verinnerlichte Gebet wird das Urteil der »heiligen Väter« bezogen, es gebe keine dem Beten vergleichbare Arbeit. »Mummeln mit dem Mund ist leicht oder je leicht angesehen; aber mit Ernst des Hertzen den Worten Folge tun in gründlicher Andacht, das ist Begierden und Glauben, daß es ernstlich begehre, was die Wort halten und nit zweifel, es werde erhört, das ist ein große Tat vor Gottes Augen.« Der Teufel sucht sol-

3. WA 41, 72,15-17. WA TR 1, Nr. 421.
4. WA 6, 223,13-225,39.
5. WA 6, 232,13-242,10.

chem Gebet mit Verhinderungen und Zweifeln an der Würdigkeit des Beters zu wehren. Aber Würdigkeit oder Unwürdigkeit ist hier kein Argument, sondern nur die von Gott zugesagte Erhörung: »Ists der hohen Majestät nit zuviel gewest, solche seine unwürdige Wurmlin zu bitten, trauen und von ihm nehmen so teuer und hoch zu verpflichten, wie soll mirs zuviel sein, solchs Gebot aufzunehmen mit aller Freud, wie würdig oder unwirdig ich sei?«

Vorgebracht werden soll im Gebet (auch in der Messe!) die persönliche Not, »und dasselb alles frei vor Gott herausschütten mit Weinen und Winslen, wie er aufs kläglichst mag, gleich als vor einem treuen Vater, der bereit ist ihm zu helfen«. Die fehlende Empfindung der Not gilt dabei als die größte Anfechtung. Als der beste Spiegel der Not und damit der Gebetsanliegen wird der Dekalog bezeichnet, die eigentliche Not wird also im Ungenügen gegenüber der göttlichen Forderung gesehen. Allerdings trauen sich viele nicht, eben dies vor Gott zu bringen, weil sie meinen, Gott höre die Sünder nicht. Die Schuld wird den falschen Predigern gegeben, »die nit am Glauben und Trauen zu Gottes Hulden, sondern an eigenen Werken lehren und anheben«. Aber schon bei leiblichen Gebrechen ruft man doch Gott an, um so mehr also in der größeren Not. Wenn man von den Sünden gesund werden will, darf man sich Gott nicht entziehen. »Gott ist den Sündern nicht feind«, außer allein den Ungläubigen.

Besser und größer noch als das Gebet um die eigene Not ist im Gottedienst das Gebet für die ganze Christenheit und die Not aller Menschen. Hier geht es um das »gemein Gebet«, das große Fürbittengebet im Gottesdienst, für das die Reformation eindrückliche Formulare geschaffen hat. Es ist Anlaß für die Zusammenkunft der Gemeinde, und das kirchliche Gebäude heißt darum Bethaus. Vollzogen werden muß diese Fürbitte von Herzen und mit wahrhaftigem Mitleiden. Luther will die Verbindung von offenem Sündenbekenntnis und Fürbittegebet nach der Predigt wieder bewußt machen und hält dies für wichtiger als alle sonstige kultische Übung. Die bisherige Gebetssitte wird nochmals mit kritischen Strichen bewußt gemacht: »Was sollt Gott tun, wenn du also daher kommst mit deinem Maul, Buch oder Paternoster, daß du nit mehr gedenkest, dann wie du die Wort vollendest und die Zahl erfüllest? daß wenn dich jemand fragt, was die Sach wäre oder was du vorgenommen hättest, drum du bittest, wurstu es selb nit wissen, dann du hast dich nit drauf bedacht, dies oder das Gott vorzulegen oder begehren, dein einig Ursach zu beten ist die, daß dir das und soviel zu beten aufgelegt ist, das selb wiltu halten und vollbringen.« So kann man sich jedoch nicht einmal vor einem irdischen Herren als Bittsteller gebaren. Zu den Heiligen wird konkret gebetet. »Aber wenn wir in den Kirchen sein unter der Meß, da stehn wir wie die Ölgötzen, wissen nichts aufzubringen noch zu klagen, da klappern die Stein, rauschen die Blätter und das Maul plappert; da wirt nit mehr aus.« Anliegen für das gemein Gebet sind wieder dem Dekalog und dem Vaterunser zu entnehmen; hinsichtlich der kirchlichen Mißstände wird dies auch angedeutet. Gerade deshalb bedarf es aber der Fürbitter, die sich dem Zorn Gottes

entgegenstellen. Daß diese Fürbitte von vielen Gottesdienstteilnehmern bis hin zur hohen Geistlichkeit nicht geübt wird, ist für Luther ein besonders bedrohlicher Mißstand.
In »Von den Konziliis und Kirchen« (1539) hat Luther schließlich unter den äußeren Kennzeichen der Kirche das »Gebet, Gott loben und danken öffentlich« aufgeführt.[6] Wo das Vaterunser gebetet, Psalmen und einwandfreie geistliche Lieder gesungen werden und man den Katechismus treibt, »da wisse gewiß, daß da ein heilig Christlich Volk Gottes sei«; denn das Gebet heiligt. Die Rede ist ausdrücklich von verständlichen Gebeten und Gesängen, aus denen man lernen und sich bessern kann. Das alles wird den wie »Eselsarbeit, um des Bauchs willen« geübten bisherigen Stundengebeten abgesprochen.

II. Rogatepredigten

Ebenfalls im Jahr 1519 begann Luther mit dem »Sermon von dem Gebet und Procession in der Kreuzwoche«, die in den Tagen zwischen dem heute als Rogate bezeichneten Sonntag[7] und Himmelfahrt begangen wurde, mit einer Umgestaltung der Gebetssitte.[8] Als Voraussetzung für ein erhörliches Gebet wird hier, ganz Luthers theologischer Konzeption entsprechend, das Gegebensein einer Verheißung oder Zusage Gottes gemacht, die der Beter vorher bedenken soll, mit der er, sehr konkret, Gott »vermahnen« kann und durch die er somit motiviert ist, »trostlich zu bitten«. Luther setzt ganz auf die Zusage Gottes, daß er sich bitten lassen und erhören will. Der Grund des Gebets ist nicht die Würdigkeit des Beters, sondern der angenommene »Abgrund göttlicher Gütigkeit«, der allem Bitten und Begehren zuvorkommt. Aufgrund von Gottes Freigiebigkeit und Fürsorge sollen die Beter lernen, in ihrem Bitten kühn zu werden. Weil Gott die Erhörung des Gebets zugesagt hat, darf daran auch nicht gezweifelt werden und muß das Vertrauen gewagt werden. Das zweifelnde Herz ist nicht empfänglich für Gottes Gaben, und es macht Gott zum Lügner. Abgelehnt wird alles Abstellen auf die eigene Würdigkeit; eben durch das Eingeständnis der eigenen Unwürdigkeit »werden wir wirdig zu bitten und zu erhoret werden«. Gottes Barmherzigkeit und Wahrheit kommen in der erhörenden Verwirklichung seiner Zusage zusammen. Die vertrauende Gewißheit legt Gott allerdings nicht fest hinsichtlich der Weise oder des Maßes seiner Erhörung. Die Prozession als bloß äußerliche Aktion ohne den inneren Ernst lehnt Luther ab und will sie abgeschafft wissen. Bei der Bitte um Gedeihen der Feldfrüchte und gute Witterung

6. WA 50, 641,20-34.
7. Zu Luthers Zeit wurde der Sonntag nach Baruch 2,23 im Zusammenhang mit einem Bußgebet als Vocem Jocunditatis bezeichnet.
8. WA 2, (172) 175-179.

liegt Luther nicht zuletzt daran, daß die Seelen nicht durch Mißbrauch von Gottes Gaben und sündiges Leben gefährdet werden.
In Luthers Tischreden ist die Erinnerung an die einstige Gebetssitte noch lebendig: Da war unterschieden worden zwischen lediglich materialem Gebet als bloßem, noch nicht einmal verstandenem Vollzug, formalem Gebet, das auf das Verständnis der Worte achte, und dem frommen, auf die geistliche Intention gerichteten affektualen Gebet, das die eigentliche Substanz und Qualität des Betens ausmache. Gefordert war aber nur der bloße Vollzug. Von daher werden die Stundengebete kritisiert, deren Einforderung den zeitweilig durch Arbeit überhäuften Luther schwer belastet hatte. Schon die Befreiung von dieser geforderten Leistung durch das Evangelium verdiene als Verwirklichung der libertas christiana Dank. Die Aversion gegen die Stundengebete und ihre damalige Praxis wird von Luther und auch von anderen Reformatoren fast konstant überaus scharf artikuliert, was darauf schließen läßt, daß es mit dieser Übung tatsächlich nicht zum besten stand. Nicht von ungefähr ist in diesem Bereich ganz früh mit Reformen begonnen worden.[9]
Allerdings gebrauchte Luther auch später noch wohl mit einer gewissen Regelmäßigkeit sein »Pselterlein«.[10] Bezeichnenderweise setzte er dem Rückblick in der Tischrede hinzu, das Vaterunser könne nur mit dem Heiligen Geist im Namen Jesu gebetet werden. Unter Ablehnung der Gesetzesgerechtigkeit heißt es zusammenfassend: »Ist das Gebet ein Werk, ist es nichts.«[11] Vermißt wurde ferner der rechte Ernst beim Beten.[12] Luther war allerdings auch bewußt, daß der Teufel mit der Angst einst mehr Druck zum Beten gemacht hatte; die nunmehrige Motivation durch den Heiligen Geist jetzt bei den Evangelischen sei kühler.[13]
Luther hat auch später am Sonntag der Kreuzwoche aufgrund der Evangelienperikope Joh 16,23-30 häufig über das Gebet gepredigt. Die diesbezüglichen Aufzeichnungen sind bei aller Konstanz eine Fundgrube treffender Formulierungen und Bilder. 1525 erwähnt er nochmals kritisch die ehemaligen Prozessionen[14], muß aber zugleich feststellen, seit der Brauch aufgegeben worden sei, »beten wir sonst auch nichts mehr«. Es war also eine Lücke entstanden. Luther beklagt diese angesichts Gottes Verheißung unangemessene Faulheit zum Beten. Der Bestand

9. Von Ordnung Gottesdiensts in der Gemeine 1523, WA 12, (31-34) 35-37. – Vgl. *Martin Brecht*, Die Reform des Wittenberger Horengottesdienstes und die Entstehung der Zürcher Prophezei in: *Heiko A. Oberman* usw.(Hgg.), Reformiertes Erbe, FS Gottfried W. Locher, Bd. 1, Zürich 1992, 49-62.
10. Dies ergibt sich aus WA 38, 358,7f.
11. WA TR 3, Nr. 3651; vgl. 4, Nr. 4722.
12. WA TR 2, Nr. 2442; vgl. Nr. 1337 und 3, Nr. 2953.
13. Vgl. WA TR 5, Nr. 5834.
14. WA 17/I, 248,23-253,13. Recht ähnlich argumentiert die Predigt von 1526 (WA 20, 378-382).

der Argumente bleibt nunmehr weithin konstant: Unwürdigkeit ist kein Grund, das Gebet zu unterlassen. Es soll mit Gewißheit der Erhörung gebetet werden, wie der Prophet Elia es mit seiner Bitte um Regen tat! Solches Gebet erfolgt nicht ritualisiert, sondern geschieht im Herzen. Das Anliegen muß konkret sein. Die Intensität des Herzensgebets kann bis zum »unaussprechlichen Seufzen« (Röm 8,26) reichen. Das Gebet naht sich Gott im Namen Jesu, nicht aufgrund der Qualitäten des Beters. Bei aller Direktheit des Gebets bleibt aber die Freiheit der Erhörung ganz Gott überlassen. 1528 wird als Fundament des Betens das allgemeine Priestertum genannt, wobei der Ornat ist, daß es »im Namen Jesu« einhergeht. Das Amen ist dann »der Deckel drauf«.[15] Im Namen Christi beten aber heißt, »als thets Christus«. Er ist der Mittler, »ipse vertritt«. Dies ist auch der Sinn der herkömmlichen abschließenden Gebetsformel: »...durch Jesus Christus...« Wahres Gebet ist »ein herzlich Stöhnen, Begier von Gott etwas zu bitten«. Es geschieht nicht nur in der Kirche, sondern auf dem Feld, in der Werkstatt, Küche und im Schlafgemach und bedarf nicht vieler Worte. Das Amen ist der Kampf des Glaubens, mit dem dieser die Verheißung groß macht.[16] 1537 erinnert sich Luther der Werkerei und des bloßen Mietlingsgeschäftes des früheren Betens. Er dankt, daß Gott die Beter nicht im ungewissen »fladergebet« bleiben ließ, in dem man sich an die Heiligen wandte und Christus zum Richter machte. Aber von den Gebeten gilt: »...in seinem Namen. Da sind sie gewiß.« Auch wenn sie gestammelt sind, stört dies den Vater nicht. Ferner wird diesmal hervorgehoben, daß das rechte Gebet aus der reinen Verkündigung kommt.[17] 1538 kann Luther erklären: »Ich wolt nicht beten, wenn ich nicht wüßte, daß ich erhört werde.« Der Christ ist in der Taufe zum Priester geweiht, und als solchem steht ihm das Beten zu. Beten wir nicht, werden wir den Glauben verlieren.[18]

III. Weitere Bibelauslegungen

Schon Luthers starke Bezogenheit auf das Vaterunser hat, abgesehen von Jesu Autorschaft, auch etwas mit dem Schriftprinzip zu tun. Außer in den Rogatepredigten macht Luther dann Aussagen über das Gebet, wenn ihm der auszulegende Bibeltext dazu Anlaß bietet. In der Adventspostille von 1522 kommt Luther zu Phil 4,6 auf das Thema, daß die Sorge im Gebet Gott zu überlassen ist.[19] Wer selber sorgen will, gräbt sich nur tiefer in den Sand. Dies heißt allerdings nicht, daß das Gebet zu unterlassen ist. Unter dem Flehen versteht Luther die Beru-

15. WA 27, 129-131; bes. 130,13-27.
16. WA 34/I, 379-391 (1531).
17. WA 45, 81-84.
18. WA 46, 380-388, hier 383,4.
19. WA 10/I/2, 181,13-185,32.

fung auf Christus, die das Gebet stark und dringlich macht, während es durch den die empfangenen Wohltaten erzählenden Dank süß und angenehm wird. Wohl kennt Gott unser Gebet schon vorher, aber er will die Artikulation unseres vertrauenden Glaubens.

In einer Epiphaniaspredigt kommt Luther einmal auf das Anbeten (der Weisen) zu sprechen.[20] Die Anbetung ist in Luthers einfacher und direkter Art des Betens nicht ohne weiteres unterzubringen, zumal er für das knappe Gebet im Kämmerlein war. Anbetung besteht für Luther in einem leiblichen und vor allem innerlichen Anerkennen Gottes als Herrn, gnädigen Vater und Helfer, gemeint ist die Haltung der Ehrerbietung.

In den Wochenpredigten über Joh 16-20 von 1528 ist Luther zunächst zu Joh 16, 23-30 auf das Gebet eingegangen.[21] Lapidar heißt es wieder: Ohne Not und Anfechtung kein Gebet. Beides gehört zusammen. Allerdings bedarf es angesichts der tatsächlichen Not auch der Sensibilität, die sie wahrnimmt. Das Vaterunser gibt dazu Anleitung. »Ein herzlichs Seufzen ist ein Ofen voll Feuer.« Wer Christ ist, bittet im Namen Christi und darf sich darum erhört wissen. Das hohepriesterliche Gebet (Joh 17) versteht Luther als das Ende der Verkündigung Jesu[22]: »Auf ein gut Predig ghört ein gut Gebet, daß das Wort Kraft hab.« Ausdrücklich werden die äußerlichen Gebärden des Gebets gutgeheißen, sofern sie nicht lediglich äußerlich bleiben. Luther hat für sich mit erhobenen Händen gebetet.[23] Die äußere Form kann zur Konzentration helfen, wird in Abgrenzung gegen die Schwärmer gesagt. Hervorgehoben wird hier, daß das Gebet mit einer dankbaren Erwähnung der empfangenen Wohltaten beginnt, bevor sich Jesus dann bereits in die Situation des Kreuzes versetzt. Zu Johannes 17, 9 wird festgehalten, daß die eigentliche Fürbitte den Christen gilt, wogegen für die Vorhaben der Feinde Christi nicht gebetet werden kann.[24]

In den Wochenpredigten über Mt 5-7 von 1530-1532 hat Luther zu Mt 6,5-15 einmal mehr sich über das Gebet geäußert.[25] Die tägliche Gefahr und Not zwingt zum Gebet. Das als bloßes äußerliches Werk vollzogene Gebet der Juden und des altgläubigen Klerus läßt Luther nicht gelten; damit läßt sich nicht zum Vater beten. Das Gebet »ist der Christen eigentlich Werk, so sie den Geist haben«. Die Örtlichkeit des Betens steht an sich frei. Ein Christ hat bei all seinen Verrichtungen den Geist des Gebets bei sich. Auch gegen das öffentliche Gebet ist nichts einzuwenden, sofern es dabei nicht um das bloße Gesehenwerden geht. Aus-

20. WA 17/II, 366,3-369,11.
21. WA 28, 56,24-61,37.- Hingewiesen sei hier auch auf die Wochenpredigten über Joh 16 von 1534 (WA 46, 75,25-98,15).
22. WA 28, 72,1-81,2.
23. WA TR 3, Nr. 3222 b.
24. WA 28, 128,1-133,6.
25. WA 32, 413,11-422,18.

drücklich empfiehlt Luther das gemeinsame Gebet morgens, abends und bei Tisch sowie im Gottesdienst, wo miteinander kraftvoll dem Teufel gewehrt werden kann. Das übliche Schema seiner Gebetskonzeption zählt Luther hier nur knapp auf. Jesu Ablehnung der vielen Worte gibt Luther wieder Anlaß zur Kritik am monastischen Stundengebet, »lauter gezwungene Arbeit des Munds oder der Zungen« oder »Büffelarbeit«, aber kein Gebet des Herzens, das Gott eine Not vorträgt. Luther ist für das kurze Gebet und meint, den Psalter dabei auf seiner Seite zu haben. Hinsichtlich der Erhörung bleibt Gottes Freiheit gewahrt. Gott braucht an sich die Belehrung, was er geben soll, nicht, aber wir erkennen und bekennen dadurch, was für Güter uns Gott gibt. Das Gebet unterrichtet darum eher uns als Gott. Solche Erkenntnis ist der höchste Gottesdienst, weil Gott dadurch Ehre und Dank zuteil wird. »Daraus wird ein fein, vollkommen, verstendig Mensch, der sich zu allen Sachen recht schicken und halten kann.« Das Vaterunser wird hier nur knapp skizziert; hingegen legt Luther an dieser Stelle einmal die abschließende Doxologie aus: »Richten, Rechten und Rühmen« hat Gott sich selbst vorbehalten, wo es gegenüber Autoritäten auf Erden erfolgt, kann dies nur in abgeleiteter Weise geschehen.

IV. Luthers Betbüchlein

Hinsichtlich Luthers Verhältnis und Aussagen zum Gebet gibt es in den Quellen nebeneinander verschiedene literarische Komplexe, aus denen sich immer wieder wesentliche Aspekte seiner Konzeption erkennen lassen, die aber nicht direkt in einem Zusammenhang verbunden sind. Dies dürfte der Grund sein, warum es kaum monographische Darstellungen über das Gebet bei Luther gibt.[26] Die Materialien sollen hier nicht vorschnell systematisiert, sondern nebeneinander präsentiert werden, weil sie so etwas von ihrer Ursprünglichkeit behalten.
1522 hat Luther ein eigenes *Betbüchlein* herausgebracht. Mit über 30 Drucken gehört es gewiß zu seinen erfolgreichen Publikationen[27], wobei es auch immer wieder neue Veränderungen und Erweiterungen erfahren hat. Das Vorwort[28] kri-

26. Genannt seien: *Bruno Jordahn*, Luther und das gottesdienstliche Gebet, Luther 33, 1962, 116-127.- *Kurt Dietrich Schmidt*, Luther lehrt beten, Luther 34, 1963, 31-41.- *Horst Beintker*, Zu Luthers Verständnis vom geistlichen Leben des Christen im Gebet, LuJ 31, 1964, 47-68.- *Ders.*, Die Bedeutung des Gebets für Theologie und Frömmigkeit unter Berücksichtigung von Luthers Gebetsverständnis, Neue Zeitschrift für Systematische Theologie und Religionsphilosophie 6, 1964, 126-153.- *Gunnar Wertelius*, Oratio continua. Das Verhältnis zwischen Glaube und Gebet in der Theologie Martin Luthers, Lund 1970. -*Vilmos Vajta*, Luther als Beter, in: *Helmar Junghans* (Hg.), Leben und Werk Martin Luthers von 1526 bis 1546, 2 Bde, Göttingen 1983, 279-295, 806-811.
27. WA 10/II, (330-375) 375-495.

tisiert die bisherigen Betbüchlein, weil sie zu Verführung, Betrug und falschem Glauben Anlaß gegeben hätten, u.a. mit ihren Anweisungen zur Beichte und zur vollständigen Aufzählung der Sünden sowie ihren Versprechungen von Ablaß. Hier bedürfe es »eyner starcken, gutten reformacion« oder man müsse sie vertilgen. Luther muß jedoch eine derartige Reformation anstehen lassen und begnügt sich einstweilen, eine »eynfeltige Christliche form und spiegel die sund zu erkennen und zu beten nach den zehn gepotten und dem vatter unßer« vorzulegen. Hierbei handelt es sich um eine bewußte Reduktion und Konzentration auf das Ursprüngliche. Bei einem guten Gebet kommt es nicht auf viele Worte an, sondern auf das häufige herzliche Seufzen zu Gott. Später war Luther der Meinung, »die schendlichen, falschen, lesterlichen Betbüchlin, der die Welt vol war, ausgereumet« zu haben und dafür »reine Gebot und gute christliche Gesenge«, vor allem den Psalter als »das feinste und köstlichste Betbüchlin und Gesangbüchlin« zugänglich gemacht zu haben.[29]

Schon 1519 hatte Luther »Eine kurze Form, das Paternoster zu verstehen und zu beten, für die jungen Kinder im Christenglauben« veröffentlicht.[30] Damit sollte den Einfältigen eine als notwendig erachtete Verstehenshilfe geboten werden, die das rechte Beten des Vaterunser ermöglichte, indem zu jedem seiner Teile »die Meinung« in Gestalt eines exponierten Gebets angegeben wurde. Die Benennung eigener Gebrechen, z.B. der Unkeuschheit, war dabei von Luther durchaus vorgesehen; wo jemand sich gebrechlich findet, soll er am meisten bitten. Den ersten fünf Bitten waren andere einschlägige Psalmen und Gebete zugeordnet. Wie zuvor schon aus der »Auslegung des Vaterunsers« läßt sich aus diesen Gebeten eine bedeutende Konzeption des Gebets entfalten:

In seiner Barmherzigkeit hat Gott geboten und durch seinen Sohn Jesus Christus gelehrt, ihn als Vater zu achten und nicht als den Richter über die Sünder und ihre Vergehen. Die tröstliche Zuversicht auf die väterliche Liebe und »den allerlieblichsten schmack und sussigkeyt der kindlichen sicherheyt« muß Gott ebenso erst geben, wie er uns in der Kindschaft bewahren muß. Man hat den Eindruck, daß das freundliche Gottesbild, das die Richtervorstellung verdrängt hat, hier noch ganz frisch ist. Mit dem gemeinsamen Anrufen des Vaters gehört die geschwisterliche Eintracht, also der Gemeinschaftsgedanke zusammen, für den Luther auch im ungefähr gleichzeitigen »Sermon von dem hochwürdigen Sakrament des heiligen Leichnams Christi und von den Bruderschaften«[31] eingetreten war. Der himmlischen Erbschaft wird gegenüber dem zeitlichen Vaterland klar der Vorzug gegeben. Bei der ersten Bitte werden die möglichen Mißbräuche des Namens Gottes aufgeführt. Es geht um das rechte Anrufen noch in der Gewissensangst oder im

28. WA 10/II, 375f.
29. WA 21, 201,25-30 Vorrede zu Crucigers Sommerpostille 1544.
30. WA 6, (9f.) 11-19.
31. WA 6, (738) 742-758.

Sterben und um die Ehre Gottes als Maxime allen Handelns. Bei der zweiten Bitte wird dieses Leben als ein Reich aller Sünde und Bosheit, beherrscht vom bösen Geist, dem Reich aller Gnade und Tugend mit Christus als dem Herrn entgegengestellt. Es geht dann zunächst um die Verwirklichung des Reiches Gottes im Betenden, also um Glauben und Hoffnung gegen die Schwachheit des sündigen Gewissens sowie um eine grundgütige Liebe zu Gott und allen Menschen. Erbeten wird Behütung vor Unglauben, Verzweiflung, Neid, Unkeuschheit, Zwietracht, Unfrieden, Zorn, Schwermütigkeit, Sünde. Wieder sind die mitmenschlichen Belange stark vertreten. Das im Betenden begonnene Reich Gottes soll keinen Rückschlag, sondern Mehrung erfahren. Das Verlangen wird auf das jenseitige Leben ausgerichtet. Es ist erstaunlich, wie stark das Gebet auf die persönliche Existenz beschränkt bleibt. Gottes Wille, der als der beste gilt, soll sich durchsetzen, nicht der des Menschen. Die Widrigkeiten sollen bis hin zum Tod als Gottes Willen gelassen ertragen werden. Wie in seinen frühen Auslegungen hat Luther auch hier das erbetene Brot noch auf Christus und von da auf sein Wort, die Kirche und das Abendmahl gedeutet. Das menschliche Vergeben wurde schon in der dritten Bitte angesprochen. Die Bitte um Vergebung selbst richtet sich aus angefochtenem Gewissen auf das Geschehen von Gottes Barmherzigkeit aus. Man meint, noch etwas von Luthers früheren Anfechtungen zu spüren. Die sechste Bitte richtet sich recht konkret gegen die drei Versuchungen oder Anfechtungen von Fleisch, Welt und Teufel, die letzte gegen den ewigen Zorn und die höllische Pein, aber auch gegen schnellen Tod, Wasser, Feuer, Blitz, Hagel, Hunger, Krieg, Pestilenz, Franzosen, »so doch, daß in diesem allem deins Namens Ehre, deins Reichs Mehrung und göttlicher Wille sei«. Bei den Bitten des Vaterunser gibt es eine Rangfolge der Prioritäten.[32]

Ein Jahr später gab Luther die »Kurze Form...« erweitert um eine Erklärung der Zehn Gebote und des Glaubensbekenntnisses heraus.[33] Aus den Geboten soll der Mensch seine Krankheit erkennen, aus dem Glaubensbekenntnis, wo es das Heilmittel gibt, und aus dem Vaterunser, wie es zu holen ist. Diese erweiterte »Kurze Form...« bildet dann das erste Stück des »Betbüchleins«.

Eine Anweisung zum Ave Maria (Lk 1,28) schließt sich an[34]: Ein vertrauendes Gebet zur Mutter Gottes kann es nicht geben, sondern nur einen auf Christus und Gott gerichteten Lobpreis der Gnade, die ihr gegeben ist, wie dies gegenüber allen Kreaturen gilt. Die Würdigung Marias erfolgt also theozentrisch

32. Diese unumkehrbare Rangfolge wird vor allem in der als Anhang zu manchen Ausgaben der Auslegung des Vaterunser von 1519 beigegebenen »Eine kurze und gute Auslegung des Vaterunsers vor sich und hinter sich« (WA 6, (20) 21f.) hervorgehoben. Die lateinische Originalfassung dieses Textes stammt bereits aus dem Jahre 1516 (WA 59, 22-24).
33. WA 7, (194-203) 204-229.
34. WA 10/II, 407-409.

und verändert damit die bisherige Marienfrömmigkeit völlig, weil der Lobpreis Christi nicht eine isolierte Verehrung Marias neben sich haben kann. Konkret verbindet sich mit dem rechten Ave Maria der Fluch über die Rosenkranzfrömmigkeit.

Dem Betbüchlein sind sodann die Psalmen 12 »zu beten umb Erhebung des heiligen Euangelions«, Ps 57 »zu beten um Zunehmen des Glaubens«, Ps 51 »Von der gantzen, das ist, von der wesentlichen Erbsünde samt ihren Früchten«, Ps 103 »Gott zu dancken für allerley Wohltat«, Ps 20 »für gut Regiment und weltlich Obrigkeit«, Ps 79 »Wider der Christlichen Gemeine und des Euangelions Feinde«, Ps 25 »Ein gemein Gebet sich Gotte zu ergeben in allerlei Sachen« und Ps 10 »wider den Antichrist und sein Reich zu beten« beigegeben. Diese Psalmen mit den in der Überschrift angegebenen Intentionen sind neben den Meditationen zum Vaterunser die einzigen wirklichen Gebete im Betbüchlein, denn ursprünglich folgte lediglich noch der Titusbrief. In den späteren Erweiterungen hat Luther diesen Charakter des Betbüchleins prinzipiell nicht verändert.

Der anerkannte Experte, was Luthers Gebete anbetrifft, urteilte deshalb: »Das Betbüchlein erweist sich somit eher als Einführung in den Glauben«[35], eben nicht als Gebetbuch. Es ist aber die Frage, ob der Experte Luther damit in einem wichtigen Teil seiner Gebetskonzeption wirklich verstanden hat. Gegen die falsche Sicherheit betete er täglich kindlich den Katechismus.[36] Um im Beten drin zu bleiben, betete er morgens mit den Kindern die Zehn Gebote, das Glaubensbekenntnis und das Vaterunser.[37] Üblicherweise hat Luther dann die Zehn Gebote und das Vaterunser samt einigen Bibelsprüchen gleichfalls beim Zu-Bett-gehen gebetet und bis zum Einschlafen meditiert.[38] Wahrscheinlich hat er es noch am Abend vor seinem Tod so gehalten.[39] Für Luther war das Rezitieren dieser Katechismusstücke Beten, wichtig zur Selbsterkenntnis und als Anregung, mit Gott zu reden. Der Zusammenhang von elementarem Glaubensinhalt und Gebet wird hier erkennbar.

35. *Frieder Schulz*, Die Gebete Luthers. Edition, Bibliographie und Wirkungsgeschichte, Gütersloh 1976, 15.- Im Artikel Gebet (TRE 12, 71-84) geht *Schulz* nur auf Luthers gottesdienstliche Gebete, aber nicht auf seine Gebetskonzeption ein. Die Gebetbücher werden vom selben Autor ebd., 110-112 behandelt.
36. WA TR 2, Nr. 1727: »...ego quotidie oro catechismum wie mein Hensichen...«- WA TR 1, 49,22, Nr. 122: »Ego ideo quotidie eum (=catechismum) orare cogor, etiam vocaliter...«- WA 40/III, 192,18-22.
37. WA 32, 65,2-6.
38. WA TR 5, Nr. 5517.
39. Vgl. *Martin Brecht*, Martin Luther Bd. 3, Stuttgart 1987, 368f.

V. Das Gebet im Katechismus

Luther hat als positiven Sinn des zweiten Gebots und der ersten Bitte des Vaterunser immer verstanden, daß wir den Namen Gottes »in allen Nöten anrufen, beten, loben und danken« sollen.[40] Dort ist die Vorschrift zu beten verankert und damit von gleicher Dignität wie jedes Dekaloggebot. Der Große Katechismus stellt der eigentlichen Behandlung des Vaterunser eine allgemeine Anweisung über das Gebet voran[41]: Damit wir glauben und die Zehn Gebote erfüllen können, müssen wir »Gott immerdar in Ohren liegen, rufen und bitten«. Das Gebet ist nicht beliebig, sondern regelmäßig und treu von den Christen zu üben wie der Gehorsam gegen Eltern und Obrigkeit. Das eigene Gebet darf also somit keinesfalls geringgeachtet werden. Es erhält seine Würde aus Gottes Gebot, und darum ist die Frage nach der Würdigkeit des Beters gar nicht mehr zu stellen. »Denn wo er dich nicht erhören wöllte, würde er dich nicht heißen beten und so streng gebot drauf schlagen.« Das Gebet hat ferner Verheißungen wie Ps 50,15: »Rufe mich an in der Not, so will ich dich erretten«, oder Mt 7,7f.:«Bittet, so wird euch gegeben.« Sie sollen Lust und Liebe machen zum Beten. Gottes Gebot und Verheißung können wir ihm »aufrücken« (aufpacken). Wie noch zu zeigen sein wird, hat Luther selbst dies immer wieder in unvorstellbar zudringlicher Direktheit praktiziert. Das Mißtrauen gegenüber der Verheißung hingegen würde Gott Unehre antun. Wort und Weise rechten Betens hat Gott (!) uns im Vaterunser in den Mund gelegt. Rechtes Beten muß aus Bedürfnis und Not erfolgen. Wo, wie früher, das Gebet als Werk geübt wurde, als das Plappern, Heulen und Murren der Stundengebete, war dies nicht der Fall. Die Jugend soll daran gewöhnt werden, ihre Not vor Gott zu bringen und dazu die Fürbitte für Prediger, Obrigkeit, Nachbarn und Gesinde. Das Gebet ist die Waffe der Christen gegen den Teufel. »Etlicher frommer Leute Gebet« war nach Luthers Meinung die eiserne Mauer, die das Evangelium beschützt hat.[42]

Aus der stattlichen Reihe der Vaterunserauslegungen Luthers sei hier sein 1539 verfaßtes Katechismuslied »Vater unser im Himmelreich« herausgegriffen.[43] Bei näherer Betrachtung dieses Gedichts ist man einmal mehr überrascht, wie sich hier in der Kürze anregende Aspekte des Betens auftun. Die erste Strophe folgert aus der gemeinsamen Anrufung des Vaters, daß die Betenden alle Brüder sind. Das Beten ist von Gott geboten. Es soll nicht bloß Werk des Mundes sein, sondern von Herzen kommen. Die Bitte um die Heiligung des Namens Gottes wird erweitert auf die um die reine Verkündigung von Gottes Wort und um das heilige Leben, das dem Namen Gottes entspricht. Die Strophen zu den drei ersten

40. WA 30/I, 244,2f. (Kleiner Katechismus); vgl. 141,20-25 (Großer Katechismus).
41. WA 30/I, 193,3-198,2.
42. Vgl. auch WA TR 4, Nr. 4548.
43. WA 35, 463-465.

Bitten wenden sich am Schluß jeweils gegen das Gottwidrige, hier gegen falsche Lehre um die Bekehrung des verführten Volkes. Bei der Bitte um das Kommen des Reiches Gottes wird zwischen Gegenwart und Eschatologie unterschieden. Wie in »Ein feste Burg...« ist das Reich Gottes jetzt als Gegenwart des Heiligen Geistes mit seinen Gaben (Wort und Sakramente) gedacht. Am Schluß der Strophe wird diesmal gegen Zorn und Gewalt des Satans als des Gegenspielers des Reiches Gottes und für die Erhaltung der Kirche gebetet. Das Vertrauen auf den Willen Gottes wird mit dem Aufruf zur Geduld im Leiden und zu Gehorsam in guter oder böser Situation verbunden. Die Strophe wendet sich schließlich gegen alle Menschen, die sich dem Willen Gottes entgegenstellen.

Die Bitte um das tägliche Brot ist weit verstanden und will auch Unfrieden, Epidemien und Teuerung abgewendet wissen. Besonders hinzuweisen ist auf Unterlassung von Sorge und Geiz, weil diese beiden Verhaltensweisen das Vertrauen zu Gott tangieren; der Geiz hat mit dem Mammon zu tun. Für Luther ist Schuld zuerst etwas, was zwischen dem Menschen und Gott steht, was aber zugleich dem Menschen zusetzt. Die Aufforderung zur Vergebung gegenüber dem Mitmenschen wird ausgeweitet auf die in Liebe und Einigkeit zu praktizierende Dienstbereitschaft, wie sie schon Luthers Freiheitstraktat gefordert hatte. Die Befreiung von der Sünde hat zur Konsequenz nicht nur das eigene Vergeben, sondern die einsatzbereite Hinwendung zum Mitmenschen. Versuchung ist für Luther weit mehr als ein moralischer Sachverhalt. Da ist der böse Geist am Werk und zwar von allen Seiten, was falsche Sicherheit ebenso wie Schwachheit meint. Der Versuchung muß deshalb eigentlich im Glauben begegnet werden. Ihr Gegenteil ist der stärkende Trost des Heiligen Geistes. Die tagtägliche Erfahrung des Bösen kulminiert in der Bedrohung durch den Tod. Luther will zunächst den ewigen Tod, also die bleibende Aufhebung der Existenz sowie die dauernde Gottgeschiedenheit, als die extremsten Gefährdungen bewältigt wissen. Sodann geht es ihm um den Trost in der Todesnot. Das Geschenk eines seligen Sterbens wird eigens genannt. Und dann wird ganz knapp, aber in schöner Vorstellung die Seele den Händen Gottes anvertraut. Das Amen hat mit der Verwirklichung des Gebetes zu tun. Der Glaube ist ihrer an sich gewiß, aber er bedarf der Stärkung, und er muß sich gegen den gottwidrigen Zweifel behaupten. Dies geschieht unter Berufung auf Gottes gebietendes und verheißendes Wort sowie auf seinen Vaternamen. Die Konstitutionsbedingungen des Gebets sind damit in das bekräftigende Amen nochmals hineingezogen.

Dem Kleinen Katechismus hat Luther bekanntlich einige Gebete beigegeben.[44] Nach dem Aufstehen und vor dem Zubettgehen sollte man sich mit dem Kreuzeszeichen »segnen« und dann das Glaubensbekenntnis, das Vaterunser sowie ein festes, schlichtes Morgen- oder Abendgebet sprechen, das Luther aus dem

44. WA 30/I, 318-326.- Vgl. *Martin Elze*, Züge spätmittelalterlicher Frömmigkeit in Luthers Theologie, ZThK 62, 1965, 381-402, hier 401f.

»Rosetum exercitiorum spiritualium« (1494) des der Devotio moderna nahestehenden Johannes Mauburnus übernommen hatte. Bevor man morgens »mit Freuden« an das Tagwerk geht, kann noch ein Lied, z.B. »die Zehen Gebot oder was dein Andacht gibt«, gesungen werden. Nach dem Abendgebet heißt es einfach: »Und alsdann flugs und frölich geschlafen.« Vor dem Essen sollte das deutsche Benedicite und danach das Gratias gebetet werden, wobei jeweils ein einschlägiges Bibelwort mit einem Vaterunser und einem knappen Bitt- bzw. Dankgebet kombiniert wurden. Luther hat auf diese Weise eine schlichte Gebetssitte fortgeführt.

VI. Anweisungen zum Gebet

Es gibt von Luther mehrere Anweisungen zum Gebet. Dazu könnte man auch den kurzen Text von 1521 zählen »Ein trostliche Ertzney fur Leut, die in großen Anfechtungen liegen, von Anfechtungen des bosen Feinds«.[45] Luther gab der betroffenen Frau vier Ratschläge: Sie sollte sich erstens an die ihr vorgelegten göttlichen (Verheißungs-)Worte halten. Sie sollte weiter nicht meinen, mit ihren Anfechtungen allein zu sein. Hier wird u.a. der Gemeinschaftsgedanke berührt. Sie sollte ferner nicht eigenmächtig von ihren Schwierigkeiten frei werden wollen, sondern dies Gottes Willen überlassen. Schließlich sollte sie der Not mit einem Lob Gottes begegnen, durch das der böse Geist der Schwermütigkeit verjagt werden kann. Man hat hier einen der seltenen Fälle vor sich, in denen bei Luther das Lob im Gebet erwähnt wird und eine Funktion hat.
Luthers klassische Zusammenfassung zum Thema ist die Schrift »Eine einfältige Weise zu beten für einen guten Freund«, die er 1535 für seinen Barbier, den Meister Peter Beskendorf, einen zumindest in mancher Hinsicht schwierigen Menschen, der später sogar einen Eifersuchtsmord beging, verfaßte.[46] Luther geht aus von seiner eigenen Gebetspraxis, genauer gesagt von der Situation, wenn er sich wegen Geschäften »kalt und unlüstig zu beten« fühlt, übliche Hinderungen vom Fleisch oder Teufel verursacht. Dann ziehe er sich entweder mit seinem »Pselterlein« in die Kammer zurück oder gehe bei Gelegenheit in die Kirche zum »Haufen«, also zur Gemeinde – in ihr läßt sich herzlicher und erhörlicher beten[47] – und spreche für sich selbst die Zehn Gebote, das Glaubenbekenntnis, etliche Sprüche Christi, Pauli oder Psalmen wie die Kinder. Hier hat man den Beweis, daß das, was Luther in seinem Betbüchlein geboten hat, von ihm selbst auch betend praktiziert wurde. Die Erfahrung der äußeren

45. WA 7, (779-783) 784f.
46. WA 38, (351-358) 358-375.- Vgl. *Martin Brecht*, Martin Luther Bd. 3, Stuttgart 1987, 25f.
47. WA TR 3, Nr. 3605.

oder inneren Abhaltung vom Gebet erwähnt Luther auch sonst. »Kalt und faul« fühlte er sich dabei keineswegs gut, wenn er von seiner üblichen Gebetssitte abging.[48] Wie im Kleinen Katechismus vorgesehen sollte der Tag mit Gebet beginnen und enden; die Geschäfte sollten dabei nicht stören. Allerdings gesteht Luther zu, daß auch die Arbeit mit entsprechenden Gedanken zum ständigen Gebet und Lob Gottes werden kann. Die Arbeit darf aber nicht zur dauerhaften Abhaltung werden, durch die man dann »lässig und faul, kalt und überdrüssig zum Gebet« wird. Wenn durch die feste Gebetsübung das Herz »erwarmt und zu sich selbst kommen ist«, soll in einem kurzen Gebet artikuliert werden, daß sich der Mensch als Sünder an sich für unwürdig zum Beten hält, aber auf Gottes Gebot, auf die Verheißung der Erhörung und im Namen Christi mit dem von diesem gelehrten Gebet vor Gott kommt. Ob die Bezeichnung der unterschiedlichen Gestimmtheit zum Gebet mit Temperaturangaben wie warm, kalt usw. schon traditionell war, müßte lexikographisch geklärt werden.[49]

Darum folgt jetzt auch hier zunächst eine Vaterunser-Paraphrase.[50] Zu den ersten drei Bitten wird jeweils das »Bekehre und Wehre«, was dem Namen, Reich und Willen Gottes entgegensteht, vorgebracht. Die noch Fernen sollen gewonnen werden, den Feinden Gottes hat sich das Gebet ausdrücklich entgegenzusetzen. In die Bitte um das tägliche Brot ist die Erhaltung der politischen und sozialen Ordnung breit integriert. Zur fünften Bitte wird zunächst die Angewiesenheit auf Gottes Barmherzigkeit artikuliert. Dann wird Gott (!) gebeten, unseren Feinden zu vergeben. Luther ist bewußt, daß es bei dieser Bitte spezifische Schwierigkeiten geben kann, und gibt einen Hinweis, der eigentlich in die Predigt gehört: Wer nicht vergeben kann, soll deswegen um Gnade bitten. Bei der sechsten Bitte geht es Luther vor allem um unsere aktive Erhaltung in Gottes Wort und Dienst gegen eine falsche Sicherheit; geistliche und leibliche Sünde und Schande werden erst am Schluß erwähnt. Die siebte Bitte wird ganz auf das letzte »gnädige Stündlin« ausgerichtet. Das Amen wird auch hier »stark« gemacht. Eingeschärft wird: Das Gebet wird nicht allein gesprochen, sondern die ganze Christenheit betet mit. Außerdem soll sich der Beter ausdrücklich die Erhörung seines Gebets bewußt machen.

Betont rät Luther davon ab, daß seine Paraphrase ganz gesprochen wird, dies gäbe wieder das alte »Geplepper«. Er wollte damit nur erwärmen und lüstig machen zum Beten. Bei der Meditation des Vaterunser gehe es ihm oft so, daß er bei einer Bitte »in so reiche Gedanken spazieren komme«, daß er die anderen Bitten

48. WA 41, 71,40f. WA 37, 351,26.
49. Nach den Angaben in *Jacob und Wilhelm Grimm*, Deutsches Wörterbuch Bd.5, Sp. 83 legt sich eine diesbezügliche Vermutung nahe; es bedarf jedoch eindeutiger vorreformatorischer Belege.
50. WA 38, 360,12-364,24.

anstehen läßt und still zuhört: Denn da predigt der Heilige Geist selber, und seiner Predigt ein Wort ist besser denn unser Gebet tausend.« Jetzt wird erkennbar, wie wichtig Luther das konzentrierte, motivierte Gebet ist, das im Papsttum meist nicht praktiziert worden sei. Aber »ein recht Gebet gedenkt gar fein aller Wort und Gedanken von Anfang bis zu Ende des Gebets.« Das Gebet erfordert konzentrierte Arbeit wie das Handwerk des Barbiers. Zum Abschluß der Ausführungen über seinen Umgang mit dem Vaterunser gesteht Luther, daß er noch heute daran »sauge wie ein Kind, trinke und esse wie ein alt Mensch, kann sein nicht satt werden, und ist mir auch über den Psalter (den ich doch sehr lieb habe) das allerbeste Gebete«, vom »rechten Meister gestellt«. Durch den geschwätzigen Mißbrauch aber ist das Vaterunser neben dem Namen und Wort Gottes »der größte Märtyrer auf Erden« geworden.
Bleiben Zeit und Raum, wendet sich Luther, wie vom Betbüchlein her bekannt, den Zehn Geboten zu.[51] Nun erfährt man auch, wie dies von ihm praktiziert worden ist, nämlich auf vierfache Weise: zuerst als Lehre, d.h. durchaus auch positive Forderung, sodann wird eine Danksagung daraus gemacht, ferner eine Beichte und schließlich ein (Bitt-)Gebet. Hier hat also auch das Dankgebet seinen Platz, und in der Beichte wird jeweils auch der Undank beklagt. Die so vollzogene Verbindung von Dekalog und Gebet wird man als überzeugend und gelungen bezeichnen können. Ausdrücklich wird auch hier damit gerechnet, daß der Heilige Geist anfängt »im Herzen zu predigen mit reichen erleuchten Gedanken«, durch die man wie David im Psalter Wunder erfahren kann im Gesetz Gottes. Ist dem so, muß man die Ordnung des Gebets fahren lassen. Luther versteht seine Ausführungen ohnedies nur exemplarisch. Die Seele kann außerdem in einem Augenblick mehr denken als die Zunge in zehn Stunden reden und die Feder in zehn Tagen schreiben kann, darum ist sie, wenn sie will und es ihr ernst ist, mit den Zehn Geboten bald durch.
Erstaunlicherweise wird zum zweiten Gebot zwar das Anrufen des Namens Gottes erwähnt, aber im übrigen nicht auf das Gebet abgehoben. Sonst ist die Fülle konkreter Anliegen überaus reich. Z.B. wird in das vierte Gebot nicht nur die Fürbitte für die Eltern und die Obrigkeit miteinbezogen, sondern darin auch gebetet, daß Tyrannei und Unrecht durch die Herrschenden unterbleiben. Dazu heißt es hinsichtlich der politischen Veränderung ausdrücklich: »Denn solche hohen Gaben muß man mit Beten erlangen.« Vater und Mutter veranlaßt dieses Gebot, um die rechte Ausübung ihres gottgegebenen Amtes zu bitten. Bei Luthers Verfahren wird aus den Zehn Geboten »ein Lehrbüchlin, ein Sangbüchlin, ein Beichtbüchlin und ein Betbüchlin. Hieraus sollt ja ein Herz zu sich selbs kommen und warm werden zum Gebet.« Gewarnt wird jedoch davor, sich zuviel vorzunehmen, damit der Geist nicht müde wird. Ein gutes Gebet soll eben nicht lang sein, aber oft und hitzig geübt werden. Es genügt ein Stück, mit dem man

51. WA 38, 364,28-373,3.

im Herzen ein (wärmendes) Feuer anzünden kann.[52] Dies wird und muß der Heilige Geist in dem mit Gottes Wort in Einklang gebrachten und von fremden Geschäften und Gedanken freigemachten Herzen bewirken.
Auf eine entsprechende Behandlung des Glaubensbekenntnisses wollte Luther ursprünglich verzichten, »denn das wäre ein unendlich Ding«. Die Geübten konnten abwechselnd an einem Tag die Zehn Gebote, am andern einen Psalm oder ein Kapitel aus der Bibel als »Feuerzeug« für das Feuer im Herzen gebrauchen. Aber noch 1535 erschien eine erweiterte Ausgabe der Schrift, die nunmehr wenigstens in Kürze auch einen vierfachen Gebrauch des Glaubensbekenntnisses bot[53]: Mit den drei Glaubensartikeln leuchten drei große Lichter in das Herz, wenn es sie haben will. Das Wunder von Gottes Schöpfung aus dem Nichts, das jeden persönlich betrifft, wird hier gerühmt: »Hie ist der Seelen Lustgarten, zu spazieren in Gottes Werken. Aber es ist zu lang hie davon zu schreiben.« Im zweiten Artikel muß sich der Beter unter die Erlösten rechnen. Wie in seiner Erklärung dieses Artikels im Kleinen Katechismus macht Luther die Personalpronomina stark, die das Christusgeschehen dem Glaubenden übereignen. Bei der Beichte werden viel Abgötterei, Heiligendienst und eigene Werke erwähnt. Der dritte Artikel lehrt, wo solcher Schöpfer und Erlöser auf Erden äußerlich zu finden und anzutreffen sei. »Und ist kurz die Summa: Wo die heilige Christliche Kirche ist, da findet man Gott Schöpfer, Gott Erlöser und Gott Heiligen Geist, der da täglich heiliget durch Vergebung der Sünden etc. Da ist aber die Kirche, wo Gottes Wort von solchem Glauben recht gepredigt und bekannt wird.« Die für eine individuelle Gebetspraxis gedachte Schrift führt so in der Sache schließlich in die Kirche.
Festzuhalten bleibt, Luther ist auch hier schlicht und fast konventionell bei seiner von den ersten Katechismusstücken bestimmten Gebetspraxis geblieben und hat Meister Peter darüber hinaus keine weiteren Exerzitien vorgeschrieben.
Ansonsten gibt es lediglich einige spezielle Anweisungen zum Gebet. Die rechte Weise Theologie zu studieren, die Luther im ersten Band seiner deutschen Schriften in der Wittenberger Ausgabe 1539 gegeben hat, sollte nach den überkommenen Regeln »Oratio, Meditatio, Tentatio« erfolgen.[54] Die Heilige Schrift kann nur mit Hilfe des Heiligen Geistes verstanden werden. Dieser muß erbeten werden. Luther beruft sich dafür auf die Bitten des 119. Psalms. Die Vernunft darf die Heilige Schrift nicht meistern wollen, »denn da werden Rottengeister aus«. Deutlich ist hier das Gebet von der Meditation als dem wiederholten Umgehen mit dem biblischen Text unterschieden. Auf die geistliche Gestaltung des Theologiestudiums im Luthertum hat dieser Text stark eingewirkt.

52. Von daher dürfte wohl das vielfach gedruckte Gebetbuch »Feuerzeug Christenlicher Andacht« (zuerst Nürnberg 1537) seinen Titel haben ; vgl. *Schulz* (wie Anm.32), 113-117.
53. WA 38, 373,4-375,8.
54. WA 50, 658,29-660,30, bes. 659,5-21.

Aus den letzten Lebensjahren Luthers ist »Ein kurzer Trostzettel für die Christen, daß sie im Gebet sich nicht irren lassen« vorhanden.[55] Gedacht war er für die treuen Pfarrer, Prediger und anderen Christen, die für die wahre Kirche, die Regimente usw. beten wollten, aber sich der Erhörung unwürdig fühlten. Dieses Hindernis mußte aus dem Weg gewälzt werden. Der Zettel setzt ganz prinzipiell ein: »Christen wissen, daß recht beten das höchste schwerste Werk auf Erden, höchster Gottesdienst und Übung des Glauben ist.«[56] Darum lassen sich dafür keine äußeren Bestimmungen festlegen, jedoch wird eindringlich davor gewarnt, sich vom Teufel mit dem Argument der Unwürdigkeit am Gebet hindern zu lassen. Luther hält dagegen, daß der Christ gewürdigt ist der Schöpfung aus dem Nichts, der Erlösung durch Christus, der Belehrung durch den Heiligen Geist, der Berufung zum Predigtamt bzw. der Offenbarung des Evangeliums, der Leiden, aber auch der Erhaltung in Anfechtungen sowie dies alles zu glauben. Schließlich ist es dem Christen verboten, an einem dieser Stücke oder »an seiner Gnade und süßen Vaterherzen durch Christum« zu zweifeln. Einige vergewissernde Psalmworte bilden den Abschluß. Bemerkenswert an diesem Zettel ist die Verbindung von Katechismustatsachen, persönlichem Beruf, Leiden, dessen Bewältigung und Glaubensgewißheit.

Daß das Gebet jedoch auch kein beliebiger Zugang zu Gott ist, zeigt Luthers »Vermahnung zum Gebet wider den Türken« von 1541.[57] Angesichts der herrschenden Unbußfertigkeit und des grassierenden Geizes hatte Luther erhebliche Zweifel, ob überhaupt erhörlich gebetet werden könne. Die Schrift verbindet darum die eindringliche Bußpredigt mit einer Anweisung zum Gebet. Auch das Gebet selbst akzeptiert die verdiente Strafe, behaftet Gott aber dann bei dem Eintreten für die Seinen gegen seine Feinde. Bezeichnenderweise lenkt Luther es hin auf die ersten drei Bitten des Vaterunser.[58]

Für Frauen, die eine Tot- oder Fehlgeburt erlitten hatten, erschien 1542 »Ein Trost den Weibern, welchen es ungerade gegangen«.[59] Eine der Anfechtungen in diesen Fällen bestand darin, daß das Kind ungetauft sterben mußte. Hier geht Luther davon aus, daß die Klage der Mutter als rechtes Gebet vor Gott angenommen sei, ja daß der Geist nach Röm 8, 26f. solchem Gebet beisteht. Gerade hier gilt: Ein Christenmensch »ist teuer vor Gott geachtet und sein Gebet ein allmächtig groß Ding«. Dies wird mit Beispielen belegt. Das »unaussprechliche Seufzen« überwindet die Konditionen der korrekten Dogmatik von der Notwendigkeit der Taufe. Indirekt ist dies auch ein Hinweis, welches theologische Gewicht dem Gebet beigemessen wird. Es kommt darauf an, als rechter Christ

55. WA 51, (454f.) 455f.
56. Vgl. WA TR 6, Nr. 6751: »Eines Christen Handwerk ist beten«.
57. WA 51, (577-585) 585-625.- Vgl. *Martin Brecht*, Martin Luther Bd. 3, 347f.
58. WA 51, 608,24-611,26.
59. WA 53, (202-205) 205-208.

oder Christin im rechten Glauben zu Gott zu beten, dann kann das Heil solcher Kinder Gott überlassen bleiben. Das Besondere in diesem Fall besteht noch darin, daß nicht durch das betroffene Kind selbst, sondern durch die Fürbitte der Mutter die Not gewendet wird.

VII. Beten und Gebete

Die Tischreden bieten reiches Material für Luthers Theorie und Praxis des Gebets. Da gibt es ein schulphilosophisches Schema, nach dem der Glaube die causa efficiens des Gebets, die Not die accidens causa ist; die forma ergreift die geschenkte Barmherzigkeit; die materia sind die Verheißung und das Gebot des Betens; die finis besteht in Erhörung und Befreiung.[60]

Für Luther stand es aus Erfahrung fest, daß das Gebet eine geradezu außerordentliche Kraft und Wirkung hat, daß es oft sogar mehr als erbeten erlangt, wenn auch nicht sofort.[61] Luther kann geradezu von einer Allwirksamkeit des Gebets sprechen, »welchs alleine die allmächtige Kaiserin ist«. Gegen Gewalt z.B. hilft nach Luther nichts als das Gebet.[62] Die Gewißheit der Erhörung wird auch durchgehalten, wenn sich die Bitte keineswegs wie erwartet erfüllt.[63] Das Gottvertrauen umschließt also die Erhörungsgewißheit. Bei der wundersamen Erfüllung des Gebets sind auch Gottes Kreativität und Wille Faktoren.[64] Luther hat jeweils in der Gewißheit, auf Gottes Seite zu sein, für die Bekehrung seiner Feinde gebetet oder gegen sie dabei auch geflucht.[65] In Krankheitsfällen konnte er Gott als den Erhörer der Gebete auch geradezu unverschämt direkt angehen. So ließ er ihn 1536 bei der Erkrankung der Markgräfin von Brandenburg wissen: »Laß uns doch dir die Schlüssel nicht vor die Füße werfen, denn so wir zuletzt zornig über dich werden und dir deine Ehre und Zinsgüter nicht geben, wo wiltu bleiben?« Mit einer Bitte um Geduld wurde dieser Ausfall etwas abgefangen.[66] Daß solche Zudringlichkeit nicht einmalig war, zeigt das Vorgehen Luthers bei Melanchthons Erkrankung im Jahre 1540. Er übte nicht nur auf den Patienten starken Druck aus, wieder Lebensmut zu fassen, sondern bestürmte zuvor Gott im Gebet: »Allda mußte mit unser Herrgott herhalten, denn ich warf ihm den Sack vor die Tür und rieb ihm die Ohren mit allen Verheißungen von der Erhörung des Gebets, die ich in der Heiligen Schrift zu erzählen wußte, daß

60. WA TR 3, Nr. 3353.
61. WA TR 1, Nr 886. TR 2, Nr. 2264. TR 3, Nr. 3106.
62. WA TR 6, Nr. 6753.
63. Vgl. z.B. WA TR 2, Nr. 2264.
64. WA TR 6, Nr. 6754.
65. Z.B. WA TR 1, Nr. 1212. TR 4, Nr. 4108, 4200, 4548, 4563.
66. WA TR 5, Nr. 6015.

er mich mußte erhören, wo ich anders seinen Verheißungen trauen sollte.«[67] Melanchthon gesundete. Luther galten derartige »Erweckungen« von den Toten als Mirakel, freilich als kleine verglichen mit dem, daß Gott täglich in der Kirche tauft, das Sakrament des Altars reicht, die Absolution erteilt und von Sünde, Tod und ewiger Verdammnis befreit.[68] Luther hat die Weisung zu bitten und anzuklopfen (Mt 7,7) und entsprechende Bibelstellen so verstanden, daß man Gott mit dem beharrlichen und geduldigen Gebet stören und aufwecken soll. Solange kein gegenteiliger Befehl vorliegt, ist zu beten.[69] Gottes Gnade und das Gebet der Christen ist gewissermaßen ein lebendiger Dialog, Schnarchen und Zweifel sind bei diesem certissimus cultus nicht angebracht.[70]

In den Tischreden findet sich einmal eine Angabe über die acht Teile des kirchlichen Gebets: Invocatio, narratio seu textus, exordium, propositio, confirmatio, confutatio, epilogus, conclusio.[71] Es bedarf der Überprüfung, ob es sich dabei um ein traditionelles Schema handelt und ob Luther es in seinen Kirchengebeten verwendet hat. Die vergleichsweise knappen gottesdienstlichen Kollektengebete hat Luther bis auf wenige Neuschöpfungen aus der lateinischen Liturgie in gutes Deutsch übertragen und durch die Aufnahme in die Gesangbücher auch bekannt gemacht.[72] In Luthers Schriften finden sich nicht selten Gebete, die dann auch in den Luthergebetbüchern gesammelt worden sind.

Aus einem der täglichen Gebete Luthers geht hervor, wie er mit dem beständigen Wirken Gottes in uns und mit dem Handeln des gekreuzigten und auferstandenen Christus für seine Kirche gerechnet hat.[73] Wie Luther in geradezu amtlicher Übereinstimmung ganz direkt und knapp gebetet hat, zeigt ein Abendgebet: »Mein lieber Gott, allhie lege ich mich und befehle dir deine Sache; du magsts besser machen. Wirstu es nicht besser machen denn ich, so wirstu es gar verderben. Wenn ich aufstehen werde, will ich gerne mehr ausrichten.«[74] Auf den gleichen Ton des bereitwilligen Angewiesenseins auf Gott ist das Pfarrergebet aus der Genesisvorlesung gestimmt.[75] Beim Gebet zu Christus für die Kirche war Luther sich gewiß, daß diese die Wahrheit lehrt und erhört wird.[76] Das letzte Gebet, das vor Luthers Tod überliefert ist, richtete sich zuerst an seinen himmlischen Vater,

67. *Martin Brecht*, Martin Luther Bd. 3, 209f.
68. WA TR 6, Nr. 6751.
69. WA TR 5, Nr. 5392; vgl. Nr. 5545, 5510 und 5630.
70. WA TR 5, Nr. 5834.
71. WA TR 5, Nr. 5835.
72. Vgl. *Frieder Schulz*, Art. Gebet VII, TRE 12, 71-84.
73. WA TR 5, Nr. 5619.
74. WA TR 3, Nr. 3481.
75. WA 43, 513, 9-15; vgl. die deutsche Fassung bei *Schulz*, Die Gebete Luthers (wie Anm. 32), Nr. 515.
76. WA TR 4, Nr. 4857c.

der zugleich der Vater Jesu Christi und Gott alles Trostes genannt wird. Dreifach ist somit die gnädige Zuwendung Gottes zum Beter benannt. Dieser dankt Gott, daß er ihm seinen lieben Sohn Jesus geoffenbart hat, »an den ich gleube, den ich gepredigt und bekannt habe«. Mit diesen Wendungen wird Luthers persönliche und amtliche Beziehung zu Christus benannt, die mit dem feindlichen Verhalten des Papstes und der Gottlosen kontrastiert wird. Zum Gebet gehört eben bis zuletzt die Wendung gegen die Feinde Gottes. Wie im Vaterunser-Lied befiehlt Luther dann sein »Seelchen« Christus an. Der Schluß des Gebets wendet sich wiederum an den himmlischen Vater mit der Gewißheit, daß, wenn auch der Beter aus diesem Leben hinweggerissen werden muß, ihn doch niemand aus Gottes Hand reißen kann.[77]

Überblickt man am Schluß nochmals die verschiedenen Sparten von Äußerungen Luthers zum Gebet, wird man einer recht einheitlichen Konzeption und Praxis gewahr: Die angestrebte Verinnerlichung ist verbunden mit Vereinfachung und Kürze. Deswegen tritt auch das Lob Gottes in diesem Bereich sehr zurück. Das Gebet geschieht aus Gottes Gebot und Verheißung, dem hat die Gewißheit der Erhörung zu entsprechen, zumal das Gebet »durch Christus« geschieht. Der Zweifel und das Argument der Unwürdigkeit werden von der Rechtfertigungslehre her abgewiesen. Die Erhörungsgewißheit benimmt jedoch der Freiheit Gottes nichts. Stärker als bisher wird man den Zusammenhang des Gebets mit dem, was man als elementare Katechismusfrömmigkeit Luthers bezeichnen könnte, beachten müssen, wie er durch das Vaterunser hergestellt wird. Einerseits ist damit in vieler Hinsicht ein Neuanfang in der Gebetsfrömmigkeit gemacht worden, andererseits sind gerade schlichte und einfache Elemente der Gebetspraxis beibehalten worden. Luthers Auffassung vom Gebet darf als stimmige Umsetzung seiner Theologie, ja als deren eindrückliche Konkretion gelten. Insofern mag sie heute als nicht ohne weiteres abzuweisende Herausforderung empfunden werden.

77. *Schulz*, Gebete Luthers, Nr. 95.

Dorothea Wendebourg

Luthers Reform der Messe – Bruch oder Kontinuität?

»Die Reformation hat auf dem Gebiet des Gottesdienstes die größte Veränderung gebracht, die es in der Geschichte des Christentums nach der konstantinischen Wende gegeben hat.«[1] Martin Luthers Gottesdienstreform ist eher »Weiterentwicklung« als »Bruch mit der Tradition«.[2] Zwei Zitate, die die gottesdienstgeschichtliche Bedeutung der Reformation – jedenfalls der Wittenberger Reformation – völlig gegensätzlich bestimmen: als radikale Umwälzung oder als Fortführung des überlieferten Erbes.

Über Jahrhunderte herrschte die erste Sicht der Dinge vor, wobei die damit einhergehende Wertung je nach konfessionellem Lager wechselte: Verurteilte römisch-katholische Kirchengeschichtsschreibung die liturgische Neuordnung der Reformation als Zerstörung des christlichen Gottesdienstes, so sahen evangelische Kommentatoren darin die Abkehr von langeingewurzelten Deformationen, die gerade zur Wiederherstellung des wahren, christlichen Gottesdienstes geführt habe.

Gegenüber der hier wie dort gegebenen Einschätzung der reformatorischen Gottesdienstreform als eines tiefgreifenden Bruches hat sich nun in der Liturgiewissenschaft der letzten Jahrzehnte in hohem Maße ein anderes Urteil durchgesetzt: die Einschätzung nämlich, daß sich die reformatorische Neuordnung des Gottesdienstes wesentlich in den vorgefundenen Bahnen bewegt habe; und – hier verbindet sich das historische offen mit dem dogmatischen Urteil – daß diese Kontinuität als Verhängnis zu betrachten sei, als Verhängnis, das die liturgischen Bemühungen der Gegenwart zu revidieren hätten.

Konkret: Das liturgische Erbe, das die Reformation angetreten habe, sei der Gottesdienst des lateinischen Mittelalters gewesen. Dieser stelle aber eine höchst fragwürdige Stufe in der Gottesdienstgeschichte der Christenheit dar, insofern er sich von wesentlichen Vorgaben der patristisch-griechischen Entwicklung ent-

1. *Peter Cornehl*, Art. Gottesdienst VIII. Evangelischer Gottesdienst von der Reformation bis zur Gegenwart, in: TRE 14, S. 54-85, 54.
2. *Hans Bernhard Meyer*, Luther und die Messe. Eine liturgiewissenschaftliche Untersuchung über das Verhältnis Luthers zum Meßwesen des späten Mittelalter, Paderborn 1965, 388.

fernt habe. Statt nun die problematische Hinterlassenschaft der mittelalterlichen Vorfahren zu überwinden, hätten die Reformatoren sie übernommen, weiterentwickelt und gerade in ihren fragwürdigen Zügen noch gesteigert.[3] Ja, auch ihre Kritik und Korrekturen an der liturgischen Überlieferung seien zum Großteil nichts anderes als radikale Konsequenzen aus jenem Erbe selbst[4], die die im mittelalterlichen Gottesdienst immerhin noch vorhandenen Anknüpfungen an die altkirchliche Liturgie weiter vermindert oder ganz abgeschnitten hätten.[5] So sei die Reformation »paradoxerweise liturgisch den Weg Roms zu Ende [gegangen]«, urteilt der Lutheraner Hans-Christoph Schmidt-Lauber.[6] Ihre Träger seien »die Opfer« und »die Produkte« der Gottesdienstentwicklung des lateinischen Westens gewesen, die sie dem offiziellen Programm nach doch ablehnten, heißt es bei dem Anglikaner Gregory Dix.[7] Ähnlich äußern sich römisch-katholische Kirchen- und Liturgiehistoriker wie Hans Bernhard Meyer, um nur einen Vertreter zu nennen.[8] Dies Urteil gilt nicht etwa nur der schon immer als konservativer eingeschätzten Wittenberger Reformation. Dix fällt es ebenso, wenn nicht sogar noch schärfer, über liturgische Entwicklungen im reformierten Bereich.[9]

Die skizzierte liturgiewissenschaftliche Einschätzung des reformatorischen Gottesdienstes fügt sich ein in einen Argumentationshorizont, der auch sonst in der kirchenhistorischen Diskussion nicht fremd und heute besonders dort gegeben ist, wo die Reformationsgeschichte im Zusammenhang ökumenischer

3. *Hans-Christoph Schmidt-Lauber*, Die Eucharistie als Entfaltung der Verba Testamenti, Kassel 1957, 205; *Meyer* (wie vorige Anm.) 388.
4. Ibd.; *Ferdinand Pratzner*, Messe und Kreuzesopfer. Die Krise der sakramentalen Idee bei Luther und in der mittelalterlichen Scholastik, Wien 1970, 134. Nach *Meyer* (wie Anm. 2) 16 blockierte die Reformation damit sogar eine Reform, die »in Ansätzen« bereits bei Zeitgenossen im Gange und entwicklungsfähig gewesen sei.
5. *Gregory Dix*, The Shape of the Liturgy, London ²1970, 626; *Schmidt-Lauber* (wie Anm. 3) 205; *ders.*, Die Eucharistie, in: *Hans-Christoph Schmidt-Lauber*, *Karl-Heinz Bieritz* (Hgg.), Handbuch der Liturgik, Leipzig, Göttingen ²1995, S. 209-247, 229.
6. Die Eucharistie (wie Anm. 5) 229; ebenso Die Eucharistie als Entfaltung (wie Anm. 3) 146.
7. The Shape (wie Anm. 5) 599; s.a. 629.
8. Luther und die Messe (wie Anm. 2) 388 (mit Hinweis auf Dix) sowie 389. 15. S.a. *Pratzner* (wie Anm. 4), bes. 132-134; vgl.a. *Erwin Iserloh*, Der Kampf um die Messe in den ersten Jahrhunderten der Auseinandersetzung mit Luther, Münster 1952, 13. 58. Anders *Reinhard Meßner*, Die Meßreform Martin Luthers und die Eucharistie der Alten Kirche. Ein Beitrag zu einer systematischen Liturgiewissenschaft. Innsbruck, Wien 1989, dessen Anliegen es ist, die Wittenberger Liturgien als Verwirklichung der in den altkirchlichen Formularen gegebenen theologischen Grundstrukturen in anderer Gestalt zu erweisen, s. etwa zusammenfassend S. 190 (vgl. u. Anm. 65).
9. The Shape (wie Anm. 5) 640-672 zur liturgiereformerischen Tätigkeit Thomas Cranmers, den *Dix* als Zwinglianer betrachtet.

Gespräche erörtert wird: die Reformation als Phänomen, das wesentlich als Reaktion auf die spätmittelalterliche Frömmigkeit und Theologie zu verstehen und in den positiven Aussagen wie in der Kritik maßgeblich den hier vorgegebenen Kategorien verhaftet sei. Im Blick auf den reformatorischen Gottesdienst verlängert sich die Perspektive: Das gesamte lateinische Mittelalter wird zur problematischen Ahnengalerie, ja letztlich die lateinische Kirchen- und Theologiegeschichte überhaupt, seit und soweit sie sich eigenständig entwickelt hat[10] – ein Urteil, das den in der ökumenischen Diskussion gegenwärtig weit verbreiteten Trend spiegelt, in der östlichen Väterkirche Orientierung für Theologie und kirchliche Praxis zu suchen.

Der reformatorische Gottesdienst als verpaßter Bruch mit der mittelalterlichen Tradition und so als versäumte Herstellung liturgischer Kontinuität mit der Alten Kirche – so läßt sich das dargelegte Urteil zusammenfassen. Es ist nun aber nicht nur in der gegenwärtigen liturgiegeschichtlichen Diskussion weit verbreitet. Sondern es ist auch von außerordentlichem praktischen Gewicht, insofern die – angestrebten oder bereits vollzogenen – Reformen der geltenden Gottesdienstordnung im evangelischen Raum[11] wesentlich in der Korrektur der überlieferten Liturgien durch Rückgriff auf nichtlateinische altkirchliche Tradition bestehen.[12] Wegen dieser doppelten Bedeutung will ich mich im folgenden der Frage nach Kontinuität und Diskontinuität bei der reformatorischen Neuordnung des Gottesdienstes von jener These her zuwenden. D. h., ich werde sie zunächst einmal konkret darstellen, um dann im Hauptteil meiner Ausführun-

10. S. etwa *Meyer* (wie Anm. 2) 257: Luther erscheine mit seiner Liturgiereform an entscheidender Stelle »als Erbe, ja geradezu als Vollender der abendländisch-lateinischen Tradition« – und das ist kritisch gemeint.
11. Dasselbe gilt für die Reformen in der römisch-katholischen Kirche, s. die 1968 zugelassenen neuen Hochgebete, und in der Anglikanischen Kirche, s. das Alternative Service Book 1980.
12. S. etwa das von den evangelisch-lutherischen Kirchen in Nordamerika herausgegebene Lutheran Book of Worship, Minneapolis, Philadelphia 1978; Den svenska kyrkohandboken I, Stockholm 1987; Erneuerte Agende. Vorentwurf. Im Auftrag des Rates der EKU, Bereich DDR, des Rates der EKU, Bereich BRD und Berlin West, der Kirchenleitung der VELKD in der DDR und der Kirchenleitung der VELKD erarbeitet von der Arbeitsgruppe »Erneuerte Agende«, Hannover, Bielefeld 1990 (hier allerdings verbunden mit Vorschlägen ganz anderer Prägung, so daß sich die Frage nach der theologischen Kohärenz des gesamten Vorentwurfs stellt). Weitere Beispiele, auch aus nichtlutherischen evangelischen Kirchen, s. bei *Frieder Schulz*, Das Eucharistiegebet in den Kirchen der Reformation als Frucht ökumenischer Konvergenz, in: *Karl Schlemmer* (Hg.): Gemeinsame Liturgie in getrennten Kirchen?, Freiburg, Basel, Wien 1991 (QD 132), S. 82-118, 96 ff. In diesen Zusammenhang gehört die Konjunktur der Bezeichnung »Eucharistie« für das Abendmahl, die seit einiger Zeit in vielen evangelischen Kirchen festzustellen ist.

gen nach ihrer Stichhaltigkeit und Angemessenheit zu fragen. Dies soll so geschehen, daß ich die Kriterien erörtere, die bei der reformatorischen Neugestaltung des Gottesdienstes selbst leitend waren, und sie mit jenen konfrontiere, die in dem dargestellten Urteil impliziert sind. Dabei werde ich mich im wesentlichen auf die Wittenberger Reformation beschränken und mich auf Luthers liturgische Hauptschriften, die Formula Missae et Communionis von 1523 und die Deutsche Messe von 1526, samt den dazugehörigen theologischen Abhandlungen konzentrieren. Im Mittelpunkt wird die Ordnung des Abendmahls stehen, der erste Teil des Gottesdienstes dagegen beiseite bleiben.

I.

Was bedeutet es, wenn von der Reformation gesagt wird, sie sei »liturgisch den Weg Roms zu Ende gegangen«? Gemeint ist mit dieser Feststellung, daß der Gottesdienst jedenfalls Wittenberger Prägung im Gefolge der mittelalterlichen Messe, diese aber noch überbietend, den eucharistischen Charakter der altkirchlichen Liturgie verloren habe.[13] Der Gottesdienst, speziell das Abendmahl werde nicht als Dank- und Gedächtnishandlung der Kirche verstanden und gefeiert, ja überhaupt nicht als Handlung der – mit Christus verbundenen, in und mit ihm tätigen – Kirche, sondern als ein Geschehen, in dem die Kirche passiv das Handeln Gottes entgegennehme.[14] In seinem Zentrum stehe nicht die Aktualpräsenz des Kreuzesopfers Jesu Christi, in das die Kirche, es in ihrem rituellen Opfer gegenwärtig setzend, tätig eingehe. Die sakramentale Präsenz, die die Wittenberger Reformation immerhin verfechte, sei einzig die leibliche Personalpräsenz oder Realpräsenz, die Gegenwart von Leib und Blut Christi. Sein Kreuzestod dagegen sei als ein für allemal geschehenes Ereignis abgeschlossen, und so gelte sein Opfer allein als Sache Christi, von der die Kirche ausgeschlossen bleibe.[15] Demgemäß bilde den Mittelpunkt ihrer Abendmahlsliturgie nicht ein – Dank, Gedächtnis, Opfer vollziehendes – Gebet, sondern die Rezitation der Einsetzungworte, die im Namen Christi zur Gemeinde gesprochen würden.[16]

13. *Meyer* (wie Anm. 2) 173-189. 261. 389; *Rudolf Stählin* Die Geschichte des christlichen Gottesdienstes von der Urkirche bis zur Gegenwart, in: *Karl Ferdinand Müller, W. Blankenburg* (Hgg.), Leiturgia. Handbuch des evangelischen Gottesdienstes, Bd. I: Geschichte und Lehre des evangelischen Gottesdienstes, Kassel 1954, S. 1-81, 60; *Schmidt-Lauber* (wie Anm. 3) 205 f., der ausdrücklich fragt, »ob die lutherische Abendmahlsfeier eigentlich noch *Eucharistie* ist« (206).
14. *Meyer* (wie Anm. 2) 165. 389f.; *Dix* (wie Anm. 5) 634f.; *Schmidt-Lauber* (wie Anm. 3) 96. 205.
15. *Meyer* (wie Anm. 2) 165. 389f.; *Pratzner* (wie Anm. 4) 88f. 99f.
16. *Schmidt-Lauber* (wie Anm. 3) 93-112; *ders.* (wie Anm. 5) 228f.; *Meyer* (wie Anm. 2) 254-258.

Mit all diesen Charakteristika gilt, wie gesagt, der reformatorische Gottesdienst als Erbe der mittelalterlichen, ja bereits der antiken liturgischen Entwicklung in der lateinischen Christenheit, die folgendermaßen zusammengefaßt wird[17]: In der Alten Kirche – so heißt es[18] – war das Abendmahl Gedächtnismahl, kultische, als solche aber wirkliche Vergegenwärtigung (memoriale) der Geschichte Jesu Christi, namentlich seines Kreuzesopfers. Als solche Vergegenwärtigung des Opfers Christi galt es seinerseits als Opfer, das die Kirche in Einheit mit ihrem Haupt immer aufs Neue Gott dem Vater darbiete. Medium der Vergegenwärtigung war das eucharistische Gebet, das über den Elementen gesprochen und mit ihnen Gott dargebracht wurde. Nun ging man aber im lateinischen Westen um 400, greifbar bei Ambrosius und Augustin, dazu über, den Einsetzungsworten besonderes Gewicht zuzusprechen; sie seien es, die als Christi eigene und deshalb wirksame Worte seine sakramentale Gegenwart herbeiführten. Damit setzte eine Entwicklung ein, die durch vier Grundzüge gekennzeichnet war: Die Einsetzungsworte wurden – erstens – zum Haftpunkt der Frage nach einem bestimmten Konsekrationsmoment; ihn sah man in der Rezitation eben dieser Worte gegeben. Sie wurden – zweitens – mehr und mehr als der zentrale, letztlich allein notwendige Bestandteil der Abendmahlsliturgie betrachtet; das Dankgebet blieb zwar in Gestalt des Meßkanons erhalten, es wurde aber, da man seine Bedeutung und Struktur nicht mehr wahrnahm, durch Einschübe verunstaltet, die eigentlich eucharistische Passage als »Präfation« abgedrängt und reduziert. Damit trat – drittens – die Gesamtheit der Gemeinde als Träger der eucharistischen Aktion zurück hinter dem Priester als dem Sprecher der Einsetzungsworte, bis ihre Anwesenheit schließlich ganz verzichtbar wurde. Und es trat – viertens – das Interesse an der durch die rezitierten Einsetzungworte herbeigeführten Realpräsenz des Leibes und Blutes Christ vor das an der Aktualpräsenz seiner Geschichte. Während die Realpräsenz in der Transsubstantiationslehre dogmatisch abgesichert und im Ritus immer stärker in den Mittelpunkt geschoben wurde, ging die Kategorie des kultischen Gedächtnisses, der kultischen Vergegenwärtigung von Vergangenem mehr und mehr verloren – ein Prozeß, für den vor allem das Unverständnis der Germanen für bildhaft-symbolische Wirklichkeit verantwortlich gemacht wird. Das Gedenken spielte nur noch in der Form subjektiver Erinne-

17. *Meyer* (wie Anm. 2) 151-156. 177-190. 289, umfassend *ders.*, Eucharistie. Geschichte, Theologie, Pastoral. Regensburg 1989, 178-247; *Schmidt-Lauber* (wie Anm. 2) 134f. 145f. 159-163; *ders.* (wie Anm. 5) 223f.; *Pratzner* (wie Anm. 4) 127-134; maßgeblich für all diese Darstellungen *Josef Andreas Jungmann*, Missarum Solemnia. Eine genetische Erklärung der römischen Messe, Wien ²1949, Bd. II. bes. Kap. 2.
18. Ich referiere hier, ohne zu der skizzierten Sicht der liturgiegeschichtlichen Entwicklung Stellung zu nehmen. Z. T. andere Perspektiven bei *Georg Kretschmar*, Art. Abendmahl III / 1. Alte Kirche, und Art. Abendmahlsfeier I. Alte Kirche, in: TRE 1, 59-89. 229-278.

rung und Betrachtung des Leidens Jesu eine Rolle, befördert nicht zuletzt durch die allegorische Deutung der Messe. Andererseits gingen Verständnis und Vollzug des Abendmahls als Opfer doch nicht verloren. Vielmehr erhielten sie sich als Darbringung des durch die Konsekration realpräsenten Christus im Meßopfer der Kirche. Kurz, sacramentum und sacrificium traten auseinander. Die Folge war einerseits eine liturgische Verarmung, der schon angesprochene Verlust des eucharistischen Gebets und seine Überfremdung durch andere Elemente. Zum anderen konnte man nicht mehr einleuchtend machen, inwiefern das Abendmahl als Opfer keine Wiederholung des Opfers Jesu am Kreuz sei und dessen Einmaligkeit nicht widerspreche.

Wenn zu sämtlichen der genannten Punkte festgestellt wird, die Reformation habe bei aller Kritik an einzelnen Konsequenzen die fragwürdigen Vorgaben der lateinischen Kirche übernommen, ja sie sogar noch radikalisiert, so daß ihre Gottesdienstreform nicht als Überwindung der liturgischen Fehler der Vergangenheit gelten könne, sondern nur als deren endgültiger Sieg, lastet man diesen paradoxen Sachverhalt den Akteuren selbst doch nur bedingt an. Vielmehr sieht man ihn begründet in mehr oder weniger unbewußter Prägung durch die mittelalterlichen Fehlentwicklungen[19], in schultheologischen Einflüssen[20], im Mangel an Kenntnis der altkirchlichen Quellen[21], in Übereifer bei dem – an sich notwendigen – Kampf gegen Mißbräuche und theologische Entgleisungen in der Kirche[22], in begrenzter liturgischer Einsicht[23], in charakterlicher Eigenart und Lebensumständen Martin Luthers.[24] Man spricht von »providentiellem« Scheitern[25] und von »Tragik«.[26]

Es geht mir in dem vorliegenden Beitrag nicht darum, die dogmatischen Wertungen und Entscheidungen, die in der skizzierten Analyse der reformatorischen Gottesdienstreform enthalten sind, für richtig oder falsch zu erklären. Vielmehr ist es meine Absicht, als Kirchenhistoriker zu untersuchen, warum diese Reform so konzipiert wurde, wie es geschah, und zu fragen, ob die angebotene Erklärung zutrifft oder nicht. Handelte es sich tatsächlich um die im Rahmen der damaligen geschichtlichen Konstellation beinahe zwangsläufige Vollstreckung vorgegebener Muster, über deren Implikationen die Beteiligten sich ebensowenig im

19. *Meyer* (wie Anm. 2) 15; *Schmidt-Lauber* (wie Anm. 3) 166f.; *Dix* (wie Anm. 5) 622.
20. *Meyer* (wie Anm. 2) 388f.; *Schmidt-Lauber* (wie Anm. 3) 205; *Dix* (wie Anm. 5) 626.
21. Ibd. 615. 626f.
22. Ibd. 627f.; *Meyer* (wie Anm. 2) 390; *Schmidt-Lauber* (wie Anm. 3) 97. 208.
23. *Meyer* (wie Anm. 2) 389; *Stählin* (wie Anm. 13) 60; *Schmidt-Lauber* (wie Anm. 5) 221.
24. *Meyer* (wie Anm. 2) 390f.
25. *Stählin* (wie Anm. 13) 60.
26. *Meyer* (wie Anm. 2) 392.

Klaren gewesen wären, wie sie über Alternativmöglichkeiten verfügt hätten? Oder läßt sich zeigen, daß hier ein bewußter Umgang mit der liturgischen Tradition vorlag derart, daß man das, was man bejahte und übernahm, sehenden Auges fortführte, daß man andererseits mit diesem rezipierten Material aber auch eigenständig anhand von Kriterien umging, die sich weder einfach als Konsequenzen und Radikalisierungen vorgegebener Lösungen noch als bloße Abwehrreaktion darauf bestimmen lassen?

II.

Ich möchte diese Frage unter vier Gesichtspunkten erörtern: Es soll erstens um Bedeutung und Funktion der Einsetzungsworte gehen, zweitens um den Stellenwert des Dankes, drittens um die Art der Präsenz Christi und viertens um die Rolle der Gemeinde.

Bedeutung und Funktion der Einsetzungworte

In allen reformatorischen Abendmahlsordnungen sind die Einsetzungsworte von zentraler Bedeutung. Das haben sie mit der mittelalterlichen Messe gemeinsam. Über die Messe hinausgehend, kommt es bei Luther nun aber zu einer liturgischen Hervorhebung der verba institutionis, die neu ist: War der Einsetzungsbericht bislang in Gestalt eines Relativsatzes mit dem vorangehenden Kanongebet Quam oblationem syntaktisch verknüpft und so zumindest formal dessen Teil (... Filii tui Domini nostri Jesu Christi, qui pridie quam pateretur, accepit panem ...), läßt Luther ihn in der Deutschen Messe – noch nicht in der Formula Missae[27] – syntaktisch selbständig einsetzen (»Unser Herr Jesus Christus, in der Nacht,

27. Hier schließt er sich noch unmittelbar an die Präfation an: Vere dignum et iustum est ... gratias agere ... per Christum dominum nostrum. Qui pridie quam pateretur accepit panem ...; außerdem soll er im Gebetston rezitiert werden (WA 12, 212,14-17. 24 / Coena Domini I. Die Abendmahlsliturgie der Reformationskirchen im 16./17. Jahrhundert. Hg. *Irmgard Pahl*, Freiburg/Schweiz 1983, 34, 48f.) Dieser Anschluß darf allerdings nicht überinterpretiert und im Sinne eines spezifischen theologischen Befundes gedeutet werden (so *Meyer* [wie Anm. 2] 256 und vor allem *Meßner* [wie Anm. 8] 193f., der daraus – gegen Luthers eigene explizite abendmahlstheologische Aussagen – ein Ineinander von Verkündigung und dankender Antwort erschließt). Stand Luther doch 1523 der Charakter der Einsetzungsworte als Verkündigung an die Gemeinde im Unterschied zum an Gott gerichteten Gebet (s.u.) bereits seit Jahren fest. Der syntaktische Anschluß gehört vielmehr zu den konservativen Zügen der Formula Missae, die dies Formular in mancher Hinsicht als Übergangsordnung erscheinen lassen – wie etwa auch das mit Luthers damals erreichten

da er verraten ward, nahm er das Brot ...«).[28] So werden die verba institutionis nun in einem Wechsel der Rederichtung von Christus her zur Gemeinde gesprochen, nicht von ihr her zu Gott.[29]
Läßt sich dieser Sachverhalt so erklären, daß Luther schlicht die liturgischen Folgerungen aus theologisch vorhandenen, aber rituell nicht umgesetzten Vorgaben des Mittelalters gezogen habe? Richtig ist, daß die verba institutionis für die mittelalterliche Theologie als rezitierte Worte Christi konsekrierende Wirkung haben[30], nicht als Gebet; der syntaktische Anschluß an das vorausgehende Kanongebet ist insofern ein rituelles Relikt, dessen Aufhebung konsequent gewesen wäre. Wenn die Deutsche Messe die Konsequenz des syntaktischen Neueinsatzes zieht, dann geht es ihr offensichtlich darum, Subjekt und Richtung der Rezitation sprachlich zu markieren und so ausdrücklich Christus selbst durch den Mund des Liturgen zu Wort kommen zu lassen. Der Grund dafür ist nun aber gerade nicht typisch lateinisch-mittelalterlich, sondern charakteristisch reformatorisch, und er ist derart, daß die sprachliche Veränderung zwingend war und der bisherige liturgische Schwebezustand beendet werden mußte: Die Rezitation der Worte Christi zielt nicht auf die Elemente, sondern auf die Gemeinde. »Das ist mein Leib, mein Blut« ist keine Formel zur Setzung eines sakramentalen Gegenstandes, bei der es letztlich offenbleiben kann, ob sie durch ein Wort Christi oder durch ein Segensgebet – oder auch durch eine Bitte um den Heiligen Geist – geschieht, ebenso wie es hier grundsätzlich irrelevant ist, ob sie laut oder leise, in verständlicher oder unverständlicher Sprache geschieht. Vielmehr sind die Einsetzungsworte für die Deutsche Messe und die dahinterstehende Abendmahls-

Einsichten eigentlich nicht mehr vereinbare Zugeständnis, die Einsetzungsworte auch still (vel silenter vel palam) zu rezitieren (WA 12, 212,26 / Coena Domini 34, 49). Im übrigen ist der Gebetston, den die Formula Missae für diese Worte vorschlägt – und zwar nicht etwa, um sie als Gebet vortragen zu lassen, sondern um der Hörbarkeit willen – , auffälligerweise nicht der Präfations-, sondern der Vaterunserton, wodurch sich zwischen Präfation und Einsetzungsbericht eine Zäsur ergibt. Eine solche Zäsur zu setzen, ist möglicherweise auch der Zweck der Pause, die an dieser Stelle eingelegt werden soll (andere Erklärungen bei Meyer [wie Anm. 2] 186).

28. WA 19, 97,15-17 / Coena Domini (wie Anm. 27) 38, 59.
29. Vgl. *Reinhard Schwarz*, Der hermeneutische Angelpunkt in Luthers Meßreform, in: ZThK 89 (1992), S. 340-364, 362.
30. S. etwa *Thomas*, STh III q78 a1; ders., De articulis fidei et Ecclesiae sacramentis (Hg. *P. Mandonnet*, S. Thomae Aquinatis, Opuscula omnia, Bd. III, Paris 1927, 15), davon abhängig das Armenierdekret des Konzils von Florenz, DS 1321: Forma huius sacramenti sunt verba Salvatoris, quibus hoc confecit sacramentum; sacerdos enim in persona Christi loquens hoc conficit sacramentum. Nam ipsorum verborum virtute substantia panis in corpus Christi, et substantia vini in sanguinem convertuntur. Vgl. *Hartmut Hilgenfeld*, Mittelalterlich-traditionelle Elemente in Luthers Abendmahlsschriften, Zürich 1971, 108-119.

theologie ihrem Wesen nach Anrede an die versammelte Abendmahlsgemeinde, wie schon der Imperativ »Nehmt, eßt!« zeigt, mit dem Brot- und Kelchwort untrennbar zusammengehören. Und zwar sind sie Anrede in einem mehrdimensionalen Sinn: Sie sind Verkündigung, Heilszusage oder, wie es in Luthers Abendmahlsschriften der Jahre 1520 und 1521 heißt, »die Summe des Evangeliums«, das verläßlich zugesprochen wird und auf Glauben zielt.[31] Sie sind solche Verkündigung sakramentsspezifisch, indem Christus hier das Heil in der Bindung an die Gabe seines Leibes und Blutes unter Brot und Wein zuspricht; insofern sind sie Konsekrationswort, dies aber so, daß der sich mit den Elementen verbindende Christus als Unterpfand und Inbegriff des zugesprochenen Heils angeboten wird.[32] Damit sind sie schließlich zugleich Austeilungs- oder Spendewort und unmittelbar auf die Kommunion bezogen – eine Zuordnung, die die Deutsche Messe liturgisch umsetzt, indem sie das Brotwort direkt in die Distribution des Brotes, das Kelchwort in die des Weines übergehen läßt.[33] Diese Regelung hat sich zwar aus praktischen Gründen auf die Dauer nicht durchsetzen können, in ihr wird aber der Anredecharakter der Einsetzungsworte, der für die lutherische Abendmahlstradition grundlegend ist, auf unüberbietbare Weise erfahrbar.

Der Stellenwert des Dankes

Kehrseite der dargelegten Bedeutung und Funktion der verba institutionis ist der Stellenwert, den der Dank im Ablauf der Liturgie besitzt. Hatte der Westen das eucharistische Gebet schon immer knapp gehalten und es im Mittelalter noch weiter verkürzt und als – nicht zum Wesen des Sakraments gehörige – »Vorrede« (Präfation[34]) eingestuft[35], folgte ihm die Formula Missae[36] darin, in-

31. Z.B. WA 6, 374,4f.; 525,36-39; 8, 447,4f.14f. / 524,19. 33; s.a. 11, 432,24f. Vgl. *Albrecht Peters*, Kommentar zu Luthers Katechismen, Bd. 4. Hg. von *Gottfried Seebaß*, Göttingen 1993, 26f.; *Schwarz* (wie Anm. 29) 352.
32. WA 8, 440,35-40 / 516,33-38; 9, 448,13-15; 12, 486,15-19; 18, 204,5-8. Daß sich an dieser Stelle bei Luther abendmahlstheologische Entwicklungen vollzogen haben, kann hier beiseite bleiben. Denn sie ändern nichts am Charakter der Einsetzungsworte als Anrede von Christus her auf die Gemeinde hin und schlagen sich nicht in liturgischen Veränderungen nieder.
33. WA 19, 99,5-10 / Coena Domini (wie Anm. 27) 38, 60. Als Möglichkeit hatte diese Reihenfolge schon die Formula Missae eingeräumt (WA 12, 214,6-8).
34. Zur ursprünglichen liturgischen Bedeutung des Wortes, wonach praefatio die ganze Gebetspassage bis zur Schlußdoxologie vor dem Vaterunser meinte, s. *Jungmann* (wie Anm. 17) 129f.
35. S. *Schmidt-Lauber* (wie Anm. 3) 134; *Meyer* (wie Anm. 2) 172f. Ausführlich *Jungmann* (wie Anm. 17) 126-133.
36. WA 12, 212,11-27 / Coena Domini (wie Anm. 27) 34, 48. 50.

dem sie Dialog, Präfation, Sanctus und Benedictus beibehielt, aber nochmals beschnitt und die verba institutionis vor das Sanctus setzte.[37] Die Deutsche Messe[38] ließ schließlich die Präfation ganz fort und ersetzte sie durch eine – in der Ansprache des mittelalterlichen Kommunionsgottesdienstes[39] vorgebildete – Vermahnung an die Gemeinde. Das allein übriggebliebene Sanctus trat auch hier hinter die Einsetzungsworte und wurde, da diese eben nun unmittelbar mit der Austeilung gekoppelt waren, zum Kommunionsgesang parallel dem Agnus Dei.
Die Verbindung mit dem mittelalterlichen Erbe ist auch an diesem zweiten Punkt unübersehbar, die Verstärkung schon dort angelegter liturgischer Züge nicht zu bestreiten. Handelt es sich also bei den skizzierten Veränderungen schlicht um die – angesichts fortgefallener traditioneller Hemmungen mehr oder weniger zwangsläufige und angesichts fehlender geschichtlicher Kenntnisse mehr oder weniger unreflektierte – Fortführung der vorgegebenen Linien?
So deutlich die liturgischen Anknüpfungen ins Auge springen, läßt sich doch feststellen, daß sie bewußt und mit theologischen Gründen vorgenommen wurden. Wenn Luther dem eucharistischen Gebet keine sakramentskonstitutive Bedeutung zuschreibt, ist das die Folge der dargelegten Einschätzung der verba institutionis. Das gilt, wie gesagt, schon für die lateinische Tradition, es gewinnt bei ihm wegen der veränderten Bestimmung der Einsetzungsworte als Anrede aber eben grundsätzliche Notwendigkeit.
Im übrigen setzt sich Luther, und zwar in den Streitigkeiten mit den Schweizern, auch ausdrücklich mit der Frage auseinander, ob nicht eigentlich statt der Einsetzungsworte dem Dankgebet über den Elementen die entscheidende Rolle beim Abendmahl zugeschrieben werden müsse. Erasmus hatte das in seinen Annotationes und Paraphrasen zum Neuen Testament mehr oder weniger ausdrücklich gesagt.[40] Und den Erasmusschülern Zwingli und Oekolampad diente der Hinweis auf das eucharistische Gebet zum Argument gegen Konsekration, Realpräsenz und Verständnis des Abendmahls als Gabegeschehen: Das Abendmahl sei, wie das jüdische Passahmahl, wesentlich freudiges Gedächtnis, Lob und Dank

37. Durch diese Verschiebung werden Sanctus und Benedictus, gesungen während der Elevation, zur Huldigung an den im Sakrament kommenden Christus. S. *Schmidt-Lauber* (wie Anm. 3) 87.
38. WA 19, 95,19-96,28; 99,8-11 / Coena Domini (wie Anm. 27) 36-39, 55f. 62.
39. *Meyer* (wie Anm. 2) 188, Anm. 65; zu dieser Ansprache vgl. *Peter Browe*, Mittelalterliche Kommunionriten, in: Jahrbuch für Liturgiewissenschaft 15 (1941), 23-66, 24-27; *Balthasar Fischer*, Die Predigt vor der Kommunionspendung. Eine Skizze ihrer Geschichte im Abendland, in: *Theodor Filthaut, Josef Andreas Jungmann* (Hgg.), Verkündigung und Glaube. FS Franz X. Arnold, Freiburg 1958, 223-237.
40. Opera omnia emendatiora et auctiora, Hg. *Joannes Clericus*. Bd. 6, Leiden 1705, Nachdruck Hildesheim 1962, 205 EF; Bd. 7, 1706 / 1962, 893 A.

der Gemeinde[41]; es könne nicht die Rede davon sein, daß hier ein schöpferisches, Christus leiblich vergegenwärtigendes Gotteswort erklinge.[42] D.h., nicht Gott setzt hier neue Wirklichkeit für die Kirche, sondern diese erhebt sich im Heiligen Geist zu ihm. Luther stellt demgegenüber fest, wenn das Entscheidende im Abendmahl Lob und Dank wären, würde sich dies Mahl gar nicht mehr von anderen Mahlzeiten unterscheiden, die ja auch mit einem Dankgebet über den Speisen begännen. Die spezifische Differenz, durch die sich das Gründonnerstagsmahl etwa von den gleichfalls mit einem Dankgebet eröffneten Speisungen Jesu oder dem Passahmahl und jede weitere Abendmahlsfeier von anderen Mahlzeiten mit Tischgebet unterscheide, liege in dem mit der Austeilung der Elemente verbundenen Satz: »Das ist mein Leib.«[43] Von hier aus muß deshalb das Abendmahl verstanden und gestaltet werden.
Das heißt nicht, daß Lob und Dank der Gemeinde verzichtbar wären. Sie stellen vielmehr die geradezu organische Reaktion auf den Empfang der Gnade in Wort und Sakrament dar, das Lobopfer, das in Gebet, Gesang und guten Werken dem Opfer Christi antwortet.[44] Als solche sind sie allerdings keine spezifischen Elemente der Abendmahlsfeier, sondern auch sonst Teil des Gottesdienstes, wo sie sich vielfältig finden, und des christlichen Lebens überhaupt.[45] Wo sie in der Abendmahlsfeier selbst vorkommen, müssen sie auf jeden Fall dem einen Grundsatz ge-

41. Zwingli: CR 91 (Werke IV), 485, 2-8 (bes. 7f.: eam panegyrim [sc. die Passahfeier] ... transivisse in eucharistiam nostram, id est: gratiarum actionem); 902, 10-13; CR 90 (Werke III), 775, 20-26; s.a. Titel, Gestaltung und Selbstkennzeichnung seiner Liturgie »Aktion und Gebrauch, Gedächtnis oder Danksagung Christi«, CR 91 (Werke IV), 13-24, bes. 13, 1f.; 17, 15-18 / Coena Domini (wie Anm. 27) 189-198. Oekolampad: Ad Theobaldum Billicanum quinam in verbis Caenae alienum sensum inferant, in: ders., Apologetica ... de dignitate Eucharistiae Sermones duo. / Ad Theobaldum Billicanum ... / Ad Ecclesiastas Suevos Antisyngramma. S. l. 1526, E7v; De genuina verborum Domini, Hoc est corpus meum, iuxta vetustissimos authores, expositione liber. Straßburg 1525, F6v. I2r; Billiche antwurt ... auff D. Martini Luthers bericht des Sacraments halb sampt einem kurtzen begriff auff etlicher Prediger in Schwaben schrifft die wort des Herren nachtmals antreffend. Basel 1526, K4r. Die Differenzen, die im Einzelnen zwischen den Auffassungen Zwinglis und Oekolampads bestehen, sind in diesem Zusammenhang unerheblich, denn – wie der Zürcher zu Recht schreibt (CR 91 [Werke IV], 902, 10-13) – im Verständnis des Abendmahls als Dankhandlung der Gemeinde sind sich alle Schweizer Gegner Luthers einig.
42. Oekolampad: Ad Bilibaldum Pykraimerum (!) de Eucharistia Responsio posterior, Basel 1527, 14f. 70. Zwingli: CR 91 (Werke IV), 859,25-32; 567,34-568,9 (mit Berufung auf Erasmus); CR 92 (Werke V) 585,27-29; 522,24-527,20.
43. WA 23, 231,23-233,9; vgl. 26, 457,31-458,25.
44. WA 6, 231,5-8; 368,8-10; 371,5.
45. Ibd. 368,11f.; 369,23-25.

horchen: Sie sind dem Kern des Sakraments, der in Zusage und Elementen begegnenden Gabe Gottes, strikt zu- und unterzuordnen, dürfen sich nicht damit vermischen oder selbst in den Mittelpunkt drängen: Non ... sunt confundenda illa duo, Missa et oratio, ... quia alterum venit a deo ad nos ..., alterum procedit a fide nostra ad deum .. Illud descendit, hoc ascendit.[46] Wenn das gewährleistet ist, steht es frei, welche Formen Preis und Dank in der Abendmahlsfeier annehmen: die der herkömmlichen Präfation wie in der Formula Missae, die des Sanctus wie hier und in der Deutschen Messe, in letzterer mit der als Ehrung gedeuteten Elevation verbunden, oder die Form deutscher Lieder wie in der jüngeren Ordnung, von dem Dankgebet nach der Kommunion ganz abgesehen.

46. Ibd. 526,13-17; s.a. 371,2-5; 523,35-38. – Strikt in dieser Perspektive sind der sechsundzwanzigste und siebenundzwanzigste Abschnitt aus Luthers Abendmahlssermon von 1520 (WA 6, 368,26-370,11) zu verstehen, die oft als Beleg dafür herangezogen werden, daß Luther damals die Messe durchaus als Opfer der – mit Christus verbundenen – Kirche habe betrachten können – ein Ansatz, der dann leider verloren gegangen sei, an den es aber heute anzuknüpfen gelte (z. B. *Meyer* [wie Anm. 2] 165, Anm. 28; *Schmidt-Lauber* [wie Anm. 3] 95f.; ders. [wie Anm. 5] 236; *Meßner* [wie Anm. 8] 180f., gemäß dem Gesamtduktus seiner Monographie [vgl. Anm. 8. 65] ohne Verlustdiagnose). In jenen Abschnitten heißt es, Gebet, Lob, Dank und das Selbstopfer der persönlichen Hingabe geschähen durch Vermittlung Jesu Christi, nämlich so, daß er, der als Hoherpriester zwischen Gott und den Glaubenden steht, »uns opfert« (369, 4), d.h. das Opfer der Christen vor Gott bringt, indem er ihren Dank weitergibt und ihre Gebete in seine Fürbitte aufnimmt (368,26-369, 1). Umgekehrt opfern die Christen sich »mit Christus«, indem sie sich solcher Vermittlung anvertrauen (369, 5f.). In diesem Sinne des Vertrauens auf seinen interzessorischen Dienst ist die Bezeichnung der Messe als Opfer erträglich, ja sogar nützlich (369, 4f.: »nach der weyß ist es leydlich, yha nützlich, das wir die meß ein opffer heyssen«; 369, 11f.: »Wo man alßo die meß ein opffer hieß und vorstundt, were es woll recht.«).
Diese Passage muß richtig eingeordnet und darf in ihrem Gewicht nicht überschätzt werden. Sie entspringt, wie die z.T. recht gezwungene Argumentation verrät (369, 15-18; 370, 1-4), dem Bestreben, einer eigentlich abgelehnten Bezeichnung doch noch etwas abzugewinnen und so eine Brücke zu schlagen. Das tut sie, indem sie die Rede von der Messe als Opfer gelten läßt im Blick nicht auf das Eigentliche, das Wesen der Messe, sondern auf die der gläubigen Annahme des Sakraments entspringenden Folgen, die zudem nicht abendmahlsspezifisch sind (so zu Recht, allerdings kritisch, *Pratzner* [wie Anm. 4] 106f.). Zu betonen ist im übrigen, daß Luther keine Verbindung zum Kreuzesopfer zieht – daß Christus« uns opfert« und wir »uns mit Christus opfern«, ist strikt auf Christi gebetsmittlerische Rolle bezogen, von einem Eingehen in sein Kreuzesopfer ist keine Rede. Das ist nicht etwa Ausdruck theologischer Inkonsequenz, sondern Luther kann und will, wie der Gesamtduktus des Sermons zeigt, das nicht sagen. Der Brückenschlag zur Rede von der Messe als Opfer ist ein Hilfsargument, und man sollte keinen systematisch-theologischen Referenzpunkt daraus machen.

Die Art der Präsenz Christi

Im Zentrum des Abendmahls steht für die Wittenberger Reformation der sich durch sein Wort unter Brot und Wein selbst gebende Christus. D.h., die Gegenwart Christi, um die es hier geht, wird bestimmt als Realpräsenz oder leibliche Personalpräsenz, die an die Elemente gebundene Anwesenheit seiner selbst mit Leib und Blut. Negativ gesagt, es geht nicht um eine Aktualpräsenz, eine im Ritus gegebene Gegenwart seines Tuns und Leidens, namentlich seines Kreuzesopfers. Weder Formula Missae noch Deutsche Messe enthalten liturgische Stükke, die solche Aktualpräsenz realisieren sollen oder davon sprechen. Die abendmahlstheologischen Abhandlungen Luthers implizieren oder bedenken ebenfalls durchweg die Personal- bzw. Realpräsenz.

Auch dieser Zug der Wittenberger Liturgie und der entsprechenden Theologie wird, wie gesagt, als mittelalterliches Erbe, und zwar als zur letzten Konsequenz gebrachtes Erbe bezeichnet. Denn auch hier komme die Reformation von einem Mißstand her, der einerseits Gegenstand ihrer Kritik, dem sie aber andererseits in ihrer eigenen theologischen Position und reformerischen Tätigkeit bleibend verhaftet gewesen sei. Dieser Mißstand sei das mittelalterliche Meßopfer. Dabei müsse eingeräumt werden, daß Luther völlig zu Recht die zeitgenössische Theorie und Praxis des Meßopfers dafür kritisiert habe, daß hier die Einmaligkeit des Kreuzesopfers in Frage gestellt werde.[47] Statt aber die richtige Lösung, nämlich die Gegenwart des einen Kreuzesopfers im kultischen Gedenken, dagegenzusetzen, sacramentum und sacrificium zusammenzuführen, habe er Deutung und Vollzug des Abendmahls als Opfer ganz verworfen.[48] Damit sei die Personal- oder Realpräsenz endgültig zum eigentlichen und einzigen Modus der Gegenwart Christi geworden.[49] Vom »Gedenken« habe Luther nur noch im Sinne der andachtsvollen Erinnerung oder der Verkündigung gesprochen, d.h. bloß subjektiver Vorgänge[50] – ein Weg, den Zwingli zu Ende gegangen sei, als er mit der Ablehnung auch der objektiven Realpräsenz einzig das subjektive Gedenken habe gelten lassen.[51]

Angelpunkt dieses Arguments für die letztlich mittelalterliche Prägung der Kritik Luthers am Meßopfer ist also die Behauptung, der Wittenberger habe durch das Meßopfer die Einmaligkeit des Kreuzes in Gefahr gesehen und, da ihm die solche Bedenken erübrigende Kategorie kultischer Vergegenwärtigung ebenso-

47. *Iserloh* (wie Anm. 8), bes. 58f.; *ders.*, Geschichte und Theologie der Reformation im Grundriß, Paderborn 1982, 22.
48. *Meyer* (wie Anm. 2) 165; *Pratzner* (wie Anm. 4) 134. 135.
49. *Meyer* (wie Anm. 2) 166; *Pratzner* (wie Anm. 4) 88f. 99f.
50. *Meyer* (wie Anm. 2) 256; 289, Anm. 3; *Pratzner* (wie Anm. 4) 89. 135; s.a. *Dix* (wie Anm. 5) 623.
51. Ibd. 632.

wenig zugänglich gewesen sei wie seinen Vorfahren, das Verständnis des Abendmahls als Opfer überhaupt abgelehnt.[52] Nun führt Luther tatsächlich mit den anderen Reformatoren gegen das Meßopfer ins Feld, daß dadurch dem Kreuz Christi Konkurrenz gemacht werde.[53] Nur – sein entscheidender Einwand ist dies nicht, im Unterschied zu Karlstadt und den Schweizern, die ihre Argumentation gegen das Meßopfer ganz von der Einmaligkeit des Kreuzes her entwikkeln.[54] Für Luther dagegen steht ein anderer Gedanke im Vordergrund: der Gedanke, daß das Abendmahl seinem Wesen nach Gabe Gottes an die Menschen sei, Testament, leibliche Zusage, Speise, dazu bestimmt, empfangen, und nicht, Gott dargebracht zu werden.[55] Dieser Einwand ist unabhängig von der genaueren Bestimmung des Meßopfers als Wiederholung oder kultischer Vergegenwärtigung des Kreuzopfers, denn so oder so wird die Messe als Handlung (actio) der Kirche – sei es auch der in und mit Christus agierenden Kirche – auf Gott hin verstanden. D.h., die Option nicht für die Aktual-, sondern für die Real- oder leibliche Personalpräsenz als Modus der Gegenwart Christi erklärt sich von dem Verständnis des Abendmahls als Zueignungs- bzw. Empfangshandlung her, das gerade nicht mittelalterlich ist, sondern mit den spezifischen, rechtfertigungstheologischen Anliegen der Wittenberger Reformation zusammenhängt.[56]

Man könnte allerdings sagen, recht verstanden schließe die Realpräsenz für Luther durchaus eine Art der Aktualpräsenz ein, auch wenn sich bei ihm explizit nur Andeutungen in dieser Richtung finden. So heißt es in der Abendmahlsschrift von 1528: »Christus leiden ist wol nur ein mal am creutz geschehen / Aber wem were das nütz / wo es nicht ausgeteilet / angelegt / und ynn brauch bracht wurde? Wie sols aber ynn brauch komen und aus geteilet werden / on durchs wort und sacrament?«[57] Noch stärker hatte es die Schrift »Wider die himmlichen Propheten« formuliert: »so lange ... es myr nicht zugeteylet wird, ists gleich alls were es fur mich noch nicht geschehen ... Denn myr wirds [sc. Christi Blut] vergossen, wenn myrs ausgeteylet und zugeteylet wird, das fur mich vergossen

52. *Pratzner* (wie Anm. 4) 24-27. 99f. 106. 135; *Iserloh* (wie Anm. 8) 13; *Dix* (wie Anm. 5) 623 für alle Reformatoren.
53. Z.B. WA 8, 421,16-18 / 493,22-37; 18, 23,34-24, 7.
54. Zu dieser Differenz, die in der Meßopferkritik Luthers und Zwinglis von Anfang an, lange vor dem Abendmahlsstreit gegeben war, vgl. *Eberhard Grötzinger*, Luther und Zwingli. Die Kritik an der mittelalterlichen Lehre von der Messe – als Wurzel des Abendmahlsstreites, Köln – Gütersloh 1980, bes. 61-70.
55. Z.B. WA 6, 364,16-23; 523,38; 524,3; 8, 437,28-35 / 513,5-12.)
56. *Pratzner* (wie Anm. 4) 102 und *Meyer* (wie Anm. 2) 157f. 165 weisen auch auf dies Argument und seine rechtfertigungstheologische Verwurzelung (*Meyer* 165) hin, lassen sich dadurch in ihrer Diagnose, Luthers Meßopferkritik sei letztlich als Fortführung mittelalterlicher Defizite anzusehen, aber nicht beirren.
57. WA 26, 296,32-297,9.

sey, wilchs noch teglich gehet und gehen mus«.[58] D.h., das Abendmahl ist durchaus eine Aktualisierung des Kreuzesgeschehens; diese aber geht nicht in einer Darbringungshandlung auf Gott hin vor sich, sondern in der Distribution, auf die die Realpräsenz ausgerichtet ist. »Christi Leib für euch gegeben« meint in einem das Kreuz und die Austeilung des Sakraments. Darin konkretisiert sich die Lebensbewegung Jesu Christi, die als Selbstgabe Gottes zu bestimmen ist und so das Wesen seiner Person ausmacht.[59]

Diese Gedanken sind bei Luther nur am Rande angedeutet. Genauer ausgeführt, würden sie wohl die Möglichkeit bieten, den Gedanken des Gedächtnisses im Abendmahl besser zu integrieren, als es bei ihm der Fall ist. Denn zwar geht es an der Sache vorbei, wenn behauptet wird, die bei Luther gegebene Gleichsetzung von Gedächtnis und Verkündigung mache das Gedenken zu einem subjektiven Vorgang.[60] Doch ist kaum zu übersehen, daß er abendmahlstheologisch dem Befehl »Tut dies zu meinem Gedächtnis!«, wonach ja das Abendmahl selbst zum Gedenken gehalten werden soll, nicht gerecht wird. Dieser Mangel läßt sich unter Berücksichtigung der von der Wittenberger Reformation herausgestellten Einsichten, ja in ihrem Sinne beheben, wenn auf der bei Luther selbst angedeuteten Linie als das Gedächtnis, in dem Christi Vergegenwärtigung im Sakrament geschieht, die Austeilung seines Leibes verstanden wird. Eine Einordnung in die eucharistische Perspektive des Abendmahlsverständnisses wäre damit allerdings gerade nicht gegeben. Und liturgisch sähe die Ordnung der Formula Missae oder der Deutschen Messe deshalb auch nicht notwendigerweise anders aus.

Die Rolle der Gemeinde

Die Rolle der Gemeinde im Abendmahl – der letzte Punkt, der kurz abgehandelt werden kann, weil sich hier die Aussagen der vorangegangenen Abschnitte bündeln – besteht nach Wittenberger Gottesdienstordnung und Theologie im Entscheidenden darin, das Wort Christi gläubig zu hören und seinen Leib und sein Blut zu empfangen, also zu kommunizieren. Wie bereits gesagt, heißt es von dieser theologisch-liturgischen Rollenzuweisung, in ihr werde die Kirche in einer

58. Ibd. 18, 205,18-28.
59. Zu der hier zur Geltung kommenden Verknüpfung von Christologie, Soteriologie und Abendmahlslehre vgl. *Jörg Baur*, Abendmahlslehre und Christologie der Konkordienformel als Bekenntnis zum menschlichen Gott, in: *Martin Brecht*, *Reinhard Schwarz* (Hgg.), Bekenntnis und Einheit der Kirche. Studien zum Konkordienbuch, Stuttgart 1980, 195-218 (wieder abgedruckt in: *Jörg Baur*, Luther und seine klassischen Erben. Theologische Aufsätze und Forschungen, Tübingen 1993, 117-144), bes. 204 (130). 215 (143).
60. S.o.S. 301.

Weise zur Passivität verurteilt, die die mittelalterlichen Verhältnisse noch in den Schatten stelle. Dort sei zwar die Gemeinde von aller Aktivität ausgeschlossen gewesen, weil man die Messe nicht mehr als Handlung der ganzen mit Christus verbundenen Kirche auf Gott hin verstanden und gefeiert habe. Bei Luther aber werde aus dieser faktischen eine theologisch prinzipielle Passivität, und auch der Priester – als derjenige, der das Meßopfer darzubringen hatte, bislang wenigstens noch ein Fixpunkt kirchlicher Aktivität vor Gott – sei nun darin eingeschlossen.[61] Zurückgeführt wird auch die hier diagnostizierte Steigerung eines mittelalterlichen Defizits[62] auf die Trennung von Messe als Opfer der Kirche einerseits und Altarsakrament als gottgewirkter Heilsgegenwart andererseits, die die Reformation nicht nur übernommen, sondern zu fataler Konsequenz gebracht habe, zur ausschließlichen Bejahung des sacramentum auf Kosten des die Kirche tätig beteiligenden sacrificium.[63] In der Tat knüpft Luther an die Bestimmung des Abendmahles an, für die hier der Begriff sacramentum steht. Im Gegensatz zu seinen theologischen Vorfahren kann er sie aber nicht neben der anderen, der Bestimmung als sacrificium, stehen lassen, schließt sie für ihn das Meßopfer aus. Und der Grund dafür liegt nicht in einem durch das theologische Erbe verursachten Unvermögen, das Abendmahl so zu verstehen, daß gottgewirkte Gegenwart des Heils und Erhebung der Kirche zu Gott ineinander liegen, in der eucharistischen Aktion des mit seinem Haupt verbundenen Leibes Christi zusammenfallen[64]; solchem Ineinander widerspricht vielmehr das ausdrückliche, spezifisch reformatorische Anliegen, Gottes Handeln für die Kirche und deren Handeln ihm gegenüber zu unterscheiden.[65] Wenn nun das Abendmahl in bewußter, aber exklusiver Anknüp-

61. *Meyer* (wie Anm. 2) 390; vgl. a. *Schmidt-Lauber* (wie Anm. 3) 97. 205.
62. Dabei ist auffällig, aber auch bezeichnend, daß hinsichtlich der mittelalterlichen Verhältnisse die Nichtbeteiligung der Gemeinde am Meßopfer mehr beklagt wird als der weitgehende Wegfall der Gemeindekommunion, so bei *Meyer* (wie Anm. 2), z.B. 179. 304. 389f. 2; *Dix* (wie Anm. 5), z.B. 597ff.; vgl. a. *Schmidt-Lauber* (wie Anm. 3), in dessen Liste von »Fehlentwicklungen in der lutherischen Tradition« (205-207) ein noch über das Mittelalter hinausgehender Ausschluß der Gemeinde aus der eucharistischen Aktion registriert wird (205), in dessen Gegenliste »Positive Ansätze zur Erneuerung des eucharistischen Lebens der Kirche« durch die Reformation (207f.) die Neubewertung der Kommunion aber fehlt.
63. *Meyer* (wie Anm. 2) 389f.
64. So ibd. 390; *Schmidt-Lauber* (wie Anm. 3) 97.
65. S.o.S. 300. Deshalb läuft die Absicht der – in ihrer Suche nach neuen Perspektiven verdienstvollen und anregenden – Monographie von *Meßner* (wie Anm. 8), Luthers Gottesdienstordnungen als traditionell im Sinne der altkirchlichen eucharistischen Konzeption zu erweisen, weil sie in ihrer Weise durchaus Vertreter des Ineinanders von actio Gottes und actio der Gemeinde, von Verkündigung und Dank, Katabasis und Anabasis seien (190-205, vgl. a.o. Anm. 27), gerade Luthers eigener theologischer Intention zuwider.

fung an das überlieferte Verständnis im Sinne von sacramentum als solches Handeln Gottes für die Kirche betrachtet wird, dann geschieht das in einer Weise, die diese Bestimmung zugleich charakteristisch verändert: Das Abendmahl ist sacramentum derart, daß es seinem Wesen nach Gabe Gottes an die Gemeinde und auf deren Empfang ausgerichtet ist[66]; d.h., die Kommunion der Gemeinde gehört per definitionem zu seinem Vollzug. Ohne solche Kommunion, so sieht es die Formula Missae vor, ist kein Abendmahl zu feiern.[67] Dessen wesenhafte Hinordnung auf das »Nehmen und Essen« impliziert die Abhängigkeit des Sakraments von der Beteiligung der Gemeinde selbst – und zwar von ihrer unvertretbaren Beteiligung. Damit hat die Gemeinde ein liturgisches Gewicht, wie sie es seit Jahrhunderten nicht besessen hatte. Und damit spielt sie eine theologische Rolle, die in den Kern des sakramentalen Geschehens selbst gehört. Daß es die Rolle des Empfängers ist, entspricht der Grundstruktur des Glaubensverhältnisses zu Gott überhaupt.

Mit dem allen ist zugleich der Rahmen für die gottesdienstliche Aktivität der Gemeinde gesteckt, für Gebet, Lob und Dank. Liturgisch werden diese Vollzüge, entgegen der Rede von der »Passivität« der Gemeinde, von der Reformation außerordentlich aufgewertet dadurch, daß der Gemeindegesang Eingang in die Messe finden soll.[68] Aber sie gelten, wie das tätige Dankopfer, strikt als Antwort der Kirche sei es auf die mündliche Verkündigung, sei es auf die sakramentale Gabe.[69]

III.

Luthers Meßreform – Bruch oder Kontinuität?

Unbestreitbar stehen Verständnis und Vollzug des Abendmahls in der Wittenberger Reformation an entscheidendem Punkt in der Tradition der lateinischen Christenheit: mit der Auffassung der Einsetzungsworte als wirksamen Gotteswortes. Ob es sich bei dieser Tradition um solch einen Fremdkörper innerhalb der altkirchlichen Entwicklung handelt, wie behauptet wird, ob darin nicht vielmehr eine wesentliche, auch der Alten Kirche gegenwärtige, Dimension des Sakraments theologisch entfaltet wird, sei hier offengelassen.[70] Jedenfalls stand die Wittenberger Reformation in dieser Linie, und sie stellte sich bewußt in sie hin-

66. S.o.S. 296f.
67. WA 12, 215,10-16; vgl. WA 8, 438,14-19 / 513,33-514,3; 38, 195ff.
68. WA 12, 218,15-32. Auf die Bedeutung, die die Reformation dem Gemeindegesang zumißt, wird durchaus hingewiesen (*Meyer* [wie Anm. 2] 390; *Schmidt-Lauber* [wie Anm. 3] 208). Dadurch ändert sich für die Kritiker aber nichts am Vorwurf der »Passivität«, weil der Gesang, als Antwort auf die sakramentale Gabe bestimmt, nicht tätige Teilhabe am sakramentalen Opfer ist.
69. S.o.S. 299f.
70. Vgl. dazu meinen Beitrag: Den falschen Weg Roms zu Ende gegangen? Zur gegenwärtigen Diskussion über Martin Luthers Gottesdienstreform und ihr Verhältnis zur Alten Kirche, in: ZThK 94 (1997) 437-467.

ein. Sie tat das allerdings so, daß sie das wirksame Gotteswort zugleich neu bestimmte: Es ist, als Verkündigung, Konsekration und Darreichung, Anrede an die Gemeinde. Dieses veränderte Verständnis zwang sie dazu, nun auch liturgische Konsequenzen zu ziehen, die die Form der Messe entscheidend veränderten und gegenüber der ererbten Tradition nichts weniger als einen Bruch darstellten. War es doch für die mittelalterliche Messe gerade charakteristisch, daß die Dinge hier in der Schwebe blieben, Gotteswort und Erhebung der Kirche zu Gott ineinanderlagen, ja, die Zentralstellung des Meßopfers doch letzterer den Vorrang gab. Eben dieses Ineinander wurde nun unmöglich. Das Abendmahl erhielt in seinem Kern eine einzige, eindeutige Richtung als Anrede-, Gabe- und Mahlgeschehen – mit allen Implikationen und Folgen, die damit für die Stellung des Dankes, für das Verständnis der Gegenwart Christi und für die Rolle der Gemeinde gegeben sind.
D.h., wir haben hier einen Bruch vor uns, aber einen solchen, der ohne die Anknüpfung an das vorgegebene theologische und liturgische Erbe gar nicht zu denken wäre. Und wir haben zugleich eine Kontinuität vor uns, in der das, woran man anknüpft, so neu verstanden wird, daß es den bisherigen Rahmen sprengt. Im Anschluß an die Formulierung eines der Urteile vom Beginn gesagt: Indem die Wittenberger Reformation eine Einsicht zu neuem Verständnis und konsequenter Geltung brachte, die in der lateinischen Tradition zwar angelegt, aber dort noch anders gefaßt und in ungeklärter Weise mit anderen Motiven verbunden war, schlug sie einen theologischen und liturgischen Weg ein, der nicht mehr der Weg der römischen Kirche war.

Heide Wunder

»iusticia, Teutonice fromkeyt.« Theologische Rechtfertigung und bürgerliche Rechtschaffenheit. Ein Beitrag zur Sozialgeschichte eines theologischen Konzepts.

Für Rainer Wohlfeil zum 70. Geburtstag

In der Adventspostille von 1522 kommentierte Luther die Übersetzungsproblematik von *iustus/iustitia*, des zentralen Begriffs in seiner Rechtfertigungslehre: »Ich wollt auch, das das worttle Justus, iustitia ynn der schrifft, noch nie were ynnß deutsch auff den brauch bracht, das es gerecht, gerechtickeytt hiesse, denn es heyst eygentlich frum und frumkeyt. Und das wyr auff deutsch sagenn: das ist eyn frum man, das saget die schrift: der ist iustus, rechtfertig oder gerecht.«[1] Bereits 1518 hatte er im »Sermo de triplici iusticia« formuliert: »Triplex est peccatum, cui triplex opponitur iusticia, Teutonice fromkeyt«[2], und in der Predigt vom 3. Dezember 1525: »Non est dives, sed habet, quod totus mundus non habet, iustitiam und fromkeyt.«[3] Der Wortgebrauch Luthers in diesen drei Zitaten ist nicht identisch: Während er in der Adventspostille eine generelle Aussage zur Übersetzung von *iustus/iustitia* machte und 1518 von einem dreigliedrigen Begriff von *iustitia/fromkeyt* ausgeht, wählte er 1525 die Reihung *iustitia und fromkeyt.* Diesen unterschiedlichen Wortgebrauch behielt Luther auch in den folgenden Jahren bei, so in den kleinen Arbeiten über Psalmen der Jahre 1530-1532, wo es zu Ps. LI (R 146, A 121) heißt: »Iustus igitur heisst from, du hast recht«[4] und 1534 in der Predigt am 1. Adventssonntag »2. sol er komen ut Salvator i.e. quemadmodum nos liberat a peccatis et per hoc nos reddit iustos et from.«[5]
Die Frage, ob die Relation von *iustus-from* und *iustitia-fromkeyt* bei Luther über mehr als dreißig Jahre hinweg inhaltlich gleich geblieben ist oder sich veränderte und welche Rolle dabei möglicherweise Luthers eigene zeitgeschichtliche Erfahrungen spielten, fällt in die Zuständigkeit theologischer Forschungen.[6] Hier soll da-

* Martin Brecht und Friedrich Ernst Winterhager sei für freundliche Hinweise gedankt, Barbara Hoffmann für Kritik und Unterstützung.

1. WA, 10/I/2, 36.
2. WA 2, 43.
3. WA 17/I, 478.
4. WA 31/I, 511.
5. WA 37, 611.
6. Zu denken ist an das Beispiel des Bauernkriegs: s. *Gottfried Maron*, Artikel »Bauernkrieg«, in: TRE 5 (1980), S. 319-338; *Ders.*, Niemand soll sein eigener Richter sein«. Eine Bemerkung zu Luthers Haltung im Bauernkrieg, in: Luther 46 (1975), S. 60-75.

gegen die Irritation darüber, daß Luther dem lateinischen *iustus/iustitia* das deutsche *from/fromkeit* zur Seite stellte, zum Anstoß genommen werden, um das theologische Konzept *iustitia* auf seinen »Sitz im Leben« hin zu bestimmen. Die Irritation ist eine doppelte. Zum einen werden zwei – für das moderne Verständnis – nicht gleichrangig erscheinende Begriffe einander zugeordnet, nämlich *iustitia/Gerechtigkeit* – als einer der zentralen Begriffe in Luthers theologischem Konzept der Rechtfertigung aus dem Glauben[7] – und Frömmigkeit – als praxis pietatis. Zum anderen kann »iusticia, Teutonice fromkeyt« aufgrund der oben angeführten Reihung von »iustitia und fromkeit« auch so interpretiert werden, daß *fromkeyt* nicht allein die Übersetzung von *iustitia* darstellt, sondern darüberhinaus die Funktion hatte, von Luther intendierte Inhalte von *iustus/iustitia* zu erläutern, die im lateinischen Begriff nicht enthalten waren. Während die Bedeutung von *Gerechtigkeit* (*iustitia*) in Luthers Rechtfertigungslehre zu den vielbeachteten Themen theologischer Forschung gehört, gilt dies nicht für »iusticia, Teutonice fromkeyt«, obwohl aus den angeführten Zitaten klar zu entnehmen ist, daß *fromkeyt* bei Luther nicht dem heutigen Frömmigkeitsbegriff[8] entspricht, verstanden als religiöses und kirchliches Handeln, als »subjektive Seite von Religion«[9] und als »Intention der Lebensgestaltung und -formung« (B. Hamm[10]). Um jedoch Luthers Begriff von *Gerechtigkeit* umfassend zu verstehen, muß geklärt werden, warum er es für notwendig erachtete, *iustitia* als *fromkeyt* ins Deutsche zu bringen. Dazu bedarf es der Auseinandersetzung mit den Inhalten des Begriffs *fromkeyt*, der bisher von der Theologiegeschichte vernachlässigt worden ist. Bengt Hägglund erwähnt im Artikel »Gerechtigkeit in der Reformations- und Neuzeit«[11] an zwei Stellen den Zusammenhang von *Gerechtigkeit* und *Frömmigkeit*, ohne ihn allerdings näher auszuführen. Im Artikel »Frömmigkeit« verweist Man-

7. *Bengt Hägglund*, Artikel »Gerechtigkeit VI. Reformations- und Neuzeit«, in: TRE 12 (1984), S. 432-440.
8. So z.B. *W. Trillhaas*, Artikel »Frömmigkeit«, in: RGG3 2, Sp. 1158-1162, und *E. M. Kredel, Alfons Auer*, Artikel »Frömmigkeit«, in: LThK2 4, Sp. 398-405; s. a. *Carl Burger*, Artikel »Frömmigkeit«, in: RE3 6 (1899), S. 294f; *Christoph Daxelmüller*, Artikel »Frömmigkeit«, in: Enzyklopädie des Märchens. Handbuch der Erzählforchung, Bd. 5, Berlin, New York 1987, Sp. 383-393; *Hans-Jürgen Greschat, Manfred Seitz, Friedrich Wintzer*, Artikel »Frömmigkeit«, in: TRE 11 (1983), S. 671-88; *M. Keller-Hüschenmenger, U. Theissmann*, Artikel »Fromm, Frömmigkeit«, in: Historisches Wörterbuch der Philosophie, hg. v. *Joachim Ritter*, Bd. 2, Basel, Stuttgart 1972, Sp. 1123-11125; *Christian Wieland*, Zwischen Innerlichkeit und Politik. Aspekte christlicher Frömmigkeitgeschichte. Zur Einführung, in: Saeculum 47 (1996), S. 2-34.
9. *E. M. Kredel*, Artikel »Frömmigkeit I.«, in: LThK 4, Sp. 398-400, hier Sp. 398.
10. *Berndt Hamm*, Bürgertum und Glaube. Konturen der städtichen Reformation, Göttingen 1996. S. 18.
11. *Hägglund*, Gerechtigkeit (wie Anm. 7), S. 432-440, hier S. 433, 435.

fred Seitz zwar auf »Gerechtigkeit«, bezieht sich jedoch auf Luthers Umstellung der mittelalterlichen praxis pietatis von lectio-meditatio-oratio-contemplatio zu oratio-meditatio-tentatio.[12] Während »Von wahrer und falscher Frömmigkeit«[13] als Grundlage der Überlegungen herangezogen wird, findet die Aussagen »iusticia, Teutonice fromkeyt« bei beiden Autoren keine Beachtung, da sie vom modernen Frömmigkeitsbegriff ausgehen. Gleichfalls orientiert am religiösen/kirchlichen Verhalten, also der praxis pietatis, hat sich seit dem 19. Jahrhundert eine ausgedehnte Frömmigkeitsforschung in der Kirchen- und Reformationsgeschichte, der Volkskunde und der Religionssoziologie entwickelt.[14] Ihre Ergebnisse haben das Wissen über Frömmigkeit vor und ihre Umgestaltung durch die Reformation entscheidend erweitert, geben aber keine Auskunft über die hier anstehende Frage zur Beziehung von *iustitia* und *fromkeyt* bei Luther. Im Gegenteil, in der vorreformatorischen Frömmigkeit sind gerade die Tendenzen zur Spiritualisierung und Vergeistlichung der Laienfrömmigkeit hervorgetreten, während »Verinnerlichung« und damit eine tendentielle Säkularisierung religiöser Forderungen nur für die Humanisten beobachtet worden ist.[15]
Im folgenden unternehme ich den Versuch, das bislang primär diskursgeschichtlich erforschte Konzept *iustitia* durch eine sozialgeschichtliche Annäherung zu historisieren. Indem ich ermittele, welche Inhalte im 15. und 16. Jahrhundert mit *fromkeyt* ausgedrückt wurden und welche Reichweite dieser Begriff besaß, lassen sich Grundlagen dafür gewinnen, das Verhältnis von *fromkeyt* und *iustitia* zu ermessen. Das sozialgeschichtliche Paradigma hat sich in den vergangenen

12. *Seitz*, Frömmigkeit (wie Anm. 8), S. 677.
13. *Martin Luther*, Von wahrer und falscher Frömmigkeit. Auslegung des 5. und 22. Psalms, Güterloh 1967.
14. *Bernd Moeller*, Reichsstadt und Reformation. Bearbeitete Neuaugabe Berlin 1987 (1. Aufl. 1962); *Hartmut Boockmann*, Kirche und Frömmigkeit vor der Reformation, in: *Kurt Löcher* (Hg.), Martin Luther und die Reformation in Deutschland. Vorträge zur Austellung im Germanischen Nationalmuseum 1983, S. 41-72. Eine kritische Bilanz der Forschunggeschichte gab *Klaus Schreiner*, Laienfrömmigkeit – Frömmigkeit der Eliten oder Frömmigkeit des Volkes. Zur sozialen Verfaßtheit laikaler Frömmigkeitpraxis im späten Mittelalter, in: *Ders.* (Hg.), Laienfrömmigkeit im späten Mittelalter, München 1992, S. 1-78; *Wolfgang Brückner*, *Gottfried Korff*, *Martin Scharfe*, Volksfrömmigkeitsforschung, Würzburg, München 1986; vgl. auch *Jan Gerchow*, Volksreligiosität, Massenreligiosität oder Laienfrömmigkeit im Spätmittelalter?, in: SOWI Sozialwissenschaftliche Informationen 25 (1996), S. 12-18; *Heribert Smolinky*, Volksfrömmigkeit als Thema der neueren Forschung. Beobachtungen und Aspekte, in: *Hansgeorg Molitor*, *Heribert Smolinky* (Hgg.), Volksfrömmigkeit in der Frühen Neuzeit, Münster 1994, S. 9-16.
15. *Berndt Hamm*, Humanistische Ethik und reichsstädtische Ehrbarkeit in Nürnberg, in: Mitteilungen des Vereins für Gechichte der Stadt Nürnberg 76 (1989), S. 65-147.

drei Jahrzehnten als äußerst anregend für die Erforschung des reformatorischen Geschehens in verschiedenen Disziplinen erwiesen[16] und mit der Synthese Berndt Hamms – orientiert an seinem Konzept »Religion und Gesellschaft« – eine vorzügliche Darstellung gefunden.[17] Im Unterschied zu den meisten bisherigen Studien geht es mir jedoch um eine Sozialgeschichte von Wertvorstellungen, an denen sich das Handeln von einzelnen wie von sozialen Gruppen ausrichtete, an deren Konstitutierung und Aufrechterhaltung sie aber zugleich selbst mitwirkten. Zunächst werde ich den Problemstand in den verschiedenen an der Bearbeitung von *fromkeyt* beteiligten Disziplinen skizzieren (I.), um (II.) ausgehend von Rechtsquellen, erzählenden Quellen (Chroniken) sowie von im engeren Sinne literarischen Texten gezielt nach den Inhalten, der Geltung und der Reichweite von *fromkeyt* im 15. und 16. Jahrhundert zu fragen. Schließlich (III.) setze ich die Befunde in Beziehung zu Luthers »iusticia, Teutonice fromkeyt« und erörtere mögliche Konsequenzen für die Frage nach dem epochenbildenden Charakter der frühen lutherischen Reformation.

I.

Bereits für die Theologen des 19. Jahrhunderts rechnete Luthers Wortgebrauch von *fromm* zu den »altherthümlichen und seltenen ausdrücken« (Diederich von Stade[18]), die einer Erläuterung bedurften. Der Marburger Theologe Philipp Dietz gab 1870 eine Übersicht der Belege für *fromm/frumm, frömmchen/frumichen, fromme(n), frommen/frummen, frommheit, frömmigkeit, frommkeit/frumkeit, frömmlein, frömmlich (adj.) und frömmlich (adv.)* in Luthers deutschen Schriften[19], ohne sie jedoch zu erläutern, so daß Theologen auf sprachgeschichtliche Hilfsmittel

16. *Rainer Wohlfeil*, Reformation in sozialgeschichtlicher Betrachtungsweise, in: *Siegfried Hoyer* (Hg.), Reform – Reformation – Revolution, Leipzig 1980, S. 95-104; *Ders.*, Einführung in die Geschichte der deutschen Reformation, München 1981; *Bob Scribner*, Is there a social history of the Reformation?, in: Social History 4 (1977), S. 483-503; *Ders.*, Religion, Society and Culture: Reorientating the Reformation, in: History Workshop 14 (1982), S. 2-22; *H. C. Erik Midelfort*, Toward a Social History of Ideas in the German Reformation, in: *Kyle C. Sessions, Phillip N. Bebb* (Hgg.), New Trends in Reformation Social History. Essays in Memory of Harold J. Grimm, Kirksville, Missourie 1985, S. 11-21. *Heiko A. Oberman*, Werden und Wertung der Reformation. Vom Wegestreit zum Glaubenskampf, 2. durchgesehene Aufl. Tübingen 1979, S. 330f kritisiert allerdings die Vereinnahmung der Reformation für »politische Emanzipation und soziale Aufstiegschancen.«
17. *Hamm*, Bürgertum (wie Anm. 10).
18. Zitiert nach *Philipp Dietz*, Wörterbuch zu Dr. Martin Luthers deutschen Schriften, Bd. 1 u. 2, Lieferung 1, Leipzig 1870, Vorwort, S. III.
19. Ebenda, S. 719-721.

angewiesen waren, um die älteren Bedeutungen von *fromm/Frömmigkeit* zu ermitteln. Zwar waren diese durch M. Lexers »Mittelhochdeutsches Handwörterbuch« (1872-1878) wie durch seine Glossare zu den »Chroniken deutscher Städte« bekannt, aber erst die systematische sprachgeschichtliche Darstellung im Grimmschen Wörterbuch machte erkennbar, daß dem Unverständnis für Luthers *from* ein Bedeutungswandel zugrundeliegt.[20] Die Entwicklung verlief vom althochdeutschen *Vorteil bringen* über mittelhochdeutsch *tapfer, rechtschaffen, tüchtig, ehrbar, angesehen, vornehm,* also von einer utilis-Bedeutung über eine sittliche Bedeutung, zum modernen *fromm* mit seiner religiösen Aufladung.[21] Im Grimmschen Wörterbuch (1878) ist allerdings keine Rede davon, daß Luther für den Bedeutungswandel eine Rolle gespielt habe, vermutlich deswegen, weil die Arbeit von Dietz (1870) nicht berücksichtigt wurde.

In der theologischen Forschung ist der Bedeutungswandel von *from/fromkeyt* wohl registriert worden, auch das eingangs angeführte Luther-Zitat war seit 1870 durch Dietz allen theologisch Interessierten bekannt, dies blieb aber ohne Konsequenzen für die Forschung. Allein Risch erwartete in seinen Untersuchungen zur Bibelsprache 1914 von einer »genaueren sprach- und begriffsgeschichtlichen Untersuchung« zu *fromm* »wertvolle religionsgeschichtliche Ergebnisse.«[22] Doch diese Anregung wurde nicht aufgenommen, und noch 1951 vertrat Friso Melzer die Auffassung, daß Luther *fromm* in der alten sittlichen Bedeutung benutzt habe.[23]

Die Frage, welche Rolle Luther und andere Reformatoren für den Bedeutungswandel von *fromm* spielten, ist von Sprachwissenschaftlern aufgeworfen und erforscht worden. Der Basler Germanist Friedrich Ranke hat 1949 die These aufgestellt, daß ein Zusammenhang zwischen Luthers Rechtfertigungslehre und der Verwendung von *frum/frumkeit* im religiösen Sinne bestehe.[24] Seine eigenen Studien zu *fromm* und die von ihm angeregte Dissertation seines Schülers Carl Maier zur »Grundlegung einer Geschichte des Wortes ›fromm‹«, in der die Wortgeschichte bis Luther abgehandelt werden sollte, sind anscheinend nicht abgeschlossen worden.[25] Dagegen hat Veronika Günther ihre als Anschlußarbeit ge-

20. Artikel »Fromm«, »Fromme«, »Frommen«, »Frömmigkeit«, »Frommkeit« in: *Jacob und Wilhelm Grimm,* Deutsches Wörterbuch, Bd. 4, 1. Abth., 1. Hälfte, Leipzig 1878, Sp. 240-248; Artikel »Frumm«, »Frumme,m.«, »Frummen«, »Frummkeit, Frümmkeit«, ebenda, Sp. 325-327.
21. Hier folge ich der Dartellung bei *Günter Niggl,* Fromm bei Goethe, Eine Wortmonographie. München 1967, S. 15-33.
22. *D. Risch,* Beiträge zur deutschen Bibelsprache, in: Neue kirchliche Zeitschrift 25 (1914), S. 771-797; zitiert nach *Veronika Günther,* »Fromm« in der Zürcher Reformation. Eine wortgeschichtliche Untersuchung. Aarau 1955, S. 4.
23. *Friso Melzer,* Der christliche Wortschatz der deutschen Sprache. Eine evangelische Darstellung. Lahr/Baden 1951, S. 231.
24. *Günther,* »Fromm« (wie Anm. 22), S. 3.
25. Ebenda, S. 4.

plante Studie »›Fromm‹ in der Zürcher Reformation« 1955 vorgelegt und im einzelnen herausgearbeitet, wie *fromm* von den Schweizer Reformatoren in ihre theologischen Konzepte aufgenommen wurde. Entsprechend ihrer Fragestellung hat sie die Bedeutung von *frum/frumkeit* im späten Mittelalter, zwar gestützt auf eine breite Quellenbasis, aber doch nur in großen Zügen, beschrieben sowie nach wortgeschichtlichen Kriterien geordnet und bewertet. Dabei hat sie zum einen die Bedeutung von *fromm* in der Kanzleisprache und im »Chronikstil«, zum anderen den »zentralen Wortsinn« in der »sittlichen Sphäre« als »tun wie ein Frommer« im einzelnen analysiert.[26] Ihr zufolge beziehen sich die Belege für *fromm* fast ausnahmslos auf das »Innenleben« sowie auf das »tätige Leben« der Menschen.[27]
Für Luthers Rolle beim Bedeutungswandel von *from/fromkeyt* ist Günter Niggl 1967 zu anderen Ergebnissen als Veronika Günther für die Schweizer Reformatoren gekommen. In seiner Vorgeschichte zu »Fromm bei Goethe«[28] weist er Rankes These zurück, indem er Luthers Wortgebrauch differenziert nach »Textsorten« und im Vergleich mit den griechischen und lateinischen Textvorlagen analysiert. Sein Ergebnis: Als langfristig prägend erweist sich der Wortgebrauch von *fromm* in der Bibelübersetzung, wo er durchgehend *iustus/iustitia* für *gerecht/Gerechtigkeit* wählte, nicht jedoch die von Luther in seinen Schriften angemahnte Übersetzung mit *from/fromkeyt.* Während Niggl den Wortgebrauch bei Luther i.a. sorgfältig beobachtet und beschrieben hat, begründet er die Wahl von *from/fromkeyt* lediglich mit deren allgemeinem sittlichen Gehalt.
Somit ist weder von der philologischen noch von der theologie- und kirchengeschichtlichen Forschung oder der Frömmigkeitsgeschichte die Frage gestellt worden, warum Luther für die Interpretation von *iustitia* auf einen deutschen Begriff zurückgriff, der zwar einen ethisch-moralischen Aspekt besaß, aber bis dahin keine im engeren Sinne religiöse Bedeutung hatte. Dies ist keine marginale Frage, sondern berührt wesentliche Inhalte und Bewertungen der Reformation. Denn das Verhältnis von »iusticia, Teutonice *fromkeyt*« betrifft die »Verhältnisbestimmung von Reich Christi und profaner Weltgestaltung«[29], mit der sich Luther – wie alle Erneuerer des christlichen Glaubens – auseinanderzusetzen hatte. Trutz Rentorff hat sie als »die zentrale Frage der Reformation«[30] bezeichnet, »weil sie als solche zugleich als die Frage nach der Gewißheit des Glaubens erkannt und theologisch bestimmt wurde.«

26. Zusammenfassend: ebenda, S. 48f. Dagegen fehlen bei *Hannelore Winkler,* Der Wortbestand von Flugschriften aus den Jahren der Reformation und des Bauernkrieges, Berlin 1975, S. 131, derartige Analysen.
27. Ebenda, S. 28.
28. *Niggl*, Fromm (wie Anm. 21).
29. *Oberman*, Werden (wie Anm. 16), S. 330. Vgl. auch *Maximilian Forschner*, Artikel »Gesellschaft/Gesellschaft und Christentum« I, in: TRE 12 (1984), S. 740-756.
30. *Trutz Rendtorff*, Artikel »Ethik VII, Ethik der Neuzeit«, in: TRE 10 (1982), S. 481-517, hier S. 481.

II.

Die sozialgeschichtliche Annäherung an die Inhalte von Luthers *iustitia* setze ich am volkssprachlichen Begriff *fromkeyt* an; sie ist also nicht als Erforschung der konkreten Formen der Lebensgestaltung und ihres Zusammmenhangs mit der praxis pietatis zu verstehen. Methodisch (Erkundung des semantischen Feldes) und inhaltlich profitiert sie von den wortgeschichtlichen Untersuchungen Günthers und Niggls, allerdings geht es nicht um verschiedene Aspekte des längerfristigen allgemeinen Bedeutungswandels von *from/fromkeyt*, sondern um die Situierung dieser Begriffe in den gesellschaftlichen/lebensweltlichen Handlungsfeldern des 15. und 16. Jahrhunderts, bezogen auf Personen und soziale Gruppen, ihre Handlungsräume und Vorstellungshorizonte. Aufgrund der edierten Quellen sowie der Forschungsliteratur verspricht die Lokalisierung dieser erkundenden Studie in der städtischen Gesellschaft weiterführende Einsichten; grundsätzlich ist jedoch davon auszugehen, daß *from/fromkeyt* in der ländlichen Gesellschaft dieselbe Bedeutung besaß.[31]
Anders als Günther und Niggl, die das Adjektiv *fromm* in den Mittelpunkt stellten, messe ich dem Substantiv ebenso große Bedeutung zu, da es nicht als Sammelbegriff der verschiedenen Aspekte von *from*, sondern als Inbegriff dieser Bedeutungen zentral für die Bearbeitung des Problems »iusticia, Teutonice fromkeyt« ist.[32] Dazu habe ich sowohl die vorliegenden wortgeschichtlichen Befunde und Interpretationen im Hinblick auf sozialgeschichtlich relevante Aussagen überprüft als auch die Quellenbasis gezielt erweitert. Die Auswertung der Belege mit dem Ziel einer sozialgeschichtlichen Plazierung des Begriffs *fromkeyt* kann allerdings nur den Status einer Stichprobe haben und keine systematische Analyse des Wort- und Bedeutungsfeldes ersetzen.[33]
Da die Untersuchung sich auf die städtische Gesellschaft bezieht, sind an erster Stelle Stadtrechte und Zunfturkunden heranzuziehen, denn in ihnen wird zum einen die Position der Stadt innerhalb mittelalterlicher Herrschaftssysteme defi-

31. Hierzu *Karl-S. Kramer*, Grundriß einer rechtlichen Volkskunde, Göttingen 1977, Kapitel IV Ehre, S. 46-70, sowie seine dreibändigen Studien zum Volksleben in Franken, z.B. Volksleben im Fürstentum Ansbach und seinen Nachbargebieten (1500-1800). Eine Volkskunde auf Grund archivalicher Quellen, Würzburg 1961, S. 300; s.a. *Karl Siegfried Bader*, Dorfgenossenschaft und Dorfgemeinde, 2. Aufl. Wien, Köln, Graz 1974, S. 286.
32. Auch *Günther*, »Fromm« (wie Anm. 22), S. 49 wertet das Substantiv als Ausdruck einer Norm.
33. Da die Werke, die – wie das »Deutsche Rechtswörterbuch« und das »Deutsche Wörterbuch« – mehr als einen lokalen Zugriff erlauben, aus dem 19. und beginnenden 20. Jahrhundert stammen oder in der Bearbeitung noch nicht bis zu »fromm« fortgeschritten sind – so das »Frühneuhochdeutsche Wörterbuch« – fehlen hier z.B. die zahlreichen Belege in der Zimmerischen Chronik und im Memorial des schlesischen Ritters Hans von Schweinichen.

niert und zum anderen die innerstädtische Position der Bürger und Bürgerinnen fixiert.[34] Hier wurden die im »Deutschen Rechtswörterbuch« zusammengestellten Belege des 13. bis 16. Jahrhunderts zugrundegelegt. Einblicke in das bürgerliche Selbstverständnis versprechen die städtischen Chroniken des 15. und 16. Jahrhunderts[35], zumindestens für ihre Autoren und diejenigen, für die oder in deren Auftrag sie schrieben. Als Beispiele für den Wortgebrauch von *from/fromkeyt* in der Stadtchronistik wurden einzelne Augsburger und Nürnberger Chroniken ausgewählt; die Augsburger Chronik des Burkard Zink (1396-1474) enthält zudem die Darstellung seines eigenen Lebens.[36] Die Edition in den »Chroniken deutscher Städte« wird in den Beilagen durch Urkunden und Aktenstücke ergänzt, was gegenüber dem »Deutschen Rechtswörterbuch« den Vorteil bietet, die Wortbelege in ihren Kontexten verfolgen zu können. Darüber hinaus sind weitere Werke der Chronisten, im engeren Sinne literarische Texte, angefügt: Davon wird für Augsburg das Gedicht des Chronisten Clemens Jäger »Vom waren Adel«(1545) herangezogen. Für Nürnberg bietet es sich an, Hans Sachs' »Faßnacht spiel, mit 4 Personen zu agiren: Zwischen dem Gott Apoline vnd dem Römer Fabio« (wohl 1550) zu nutzen, das ganz dem Thema »frümkeit« gewidmet ist.

1. In der Rechtssprache reichen die Belege für *fromm* bis in das 13. Jahrhundert zurück und bezeichnen rechtschaffene, unbescholtene, ehrbare und angesehene Personen in formelhaften Wendungen: z.B. »chumpt ein fluhtiger in eins frumen mannes hus, der selb frum man, durch sin hus ere sol in bergen.« (1294 für München); »ain ieder fridper, frumer man sol frid in seinem haus haben.« (österreichisches Weistum); »wer das mit zweien fromen unverlumbten mannen bewisen mag« (1503 Freiburg).[37] Zentral für die Bewertung von *from* ist die Bestimmung im Leutkircher Stadtrecht aus dem 14. Jahrhundert: »Wer och spricht zu dem andern: du bist nicht frumm, der git unser stat X sol. den.«[38]; offensichtlich handelte es sich hier um einen fundamentalen Angriff auf die bürgerliche

34. *Gerhard Dilcher*, »Hell, verständig, für die Gegenwart sorgend, die Zukunft bedenkend«. Zur Stellung und Rolle der mittelalterlichen Stadtrechte in einer europäischen Rechtsgechischte, in: Zeitschrift für Rechtsgeschichte, Kan. Abt. 106 (1989), S. 12-45; *Klaus Schreiner*, Iura et libertates. Wahrnehmungsformen und Ausprägungen »bürgerlicher Freyheiten« in Städten des Hohen und späten Mittelalters, in: *Hans-Jürgen Puhle* (Hg.), Bürger in der Gesellchaft der Neuzeit. Wirtschaft-Politik-Kultur, Göttingen 1991, S. 59-106; *Eberhard Isenmann*, Die deutsche Stadt im Spätmittelalter, Stuttgart 1988.
35. *Heinrich Schmidt*, Die deutschen Städtechroniken als Spiegel bürgerlichen Selbstvertändnisses im Spätmittelalter, Göttingen 1958.
36. Die Chronik des Burkard Zink 1368-1468, in: *Carl Hegel* (Hg.), Die Chroniken der deutschen Städte, Bd. 5, Augsburg 2, Leipzig 1866, S. 1-330.
37. Alle Beispiele in: Deutsches Rechtswörterbuch, Bd. 3, Weimar 1935-1938, Sp. 960.
38. Ebenda, Sp. 961.

Ehre, der nicht hingenommen werden durfte, wenn der städtische Friede erhalten bleiben sollte. Die formelhafte Verwendung von *from* in der Rechtssprache unterstreicht die Verbindlichkeit der in diesem Begriff gefaßten Verhaltensanforderungen, die als Argument in gerichtlichen Verfahren benutzt werden konnten.[39]

Systematisch lassen sich – Niggl folgend – zwei Hauptinhalte unterscheiden: eine ältere »utilis-Bedeutung« und eine jüngere »sittliche« Bedeutung.[40] Die utilis-Bedeutung, im Substantiv *Frommen* für *Vorteil, Nutzen, Gewinn* seit dem Sachsenspiegel nachgewiesen, wird in der Formel *nutz und frommen* betont und in der Verbindung mit *schaden* ex negativo definiert.[41] Die Formulierung »si schullen auf allem iren gut schaden vnd frûm miteinander tragen« (Steiermärkisches Landrecht[42]) entspricht der aus vielen Bürgereiden geläufigen Formel »Freud und Leid«/«Lieb und Leid« teilen[43] und gehört damit zum Kern dessen, was Gemeinsamkeit im Verständnis der Bürger und Bürgerinnen ausmachte.

Die *utilis* Bedeutung von *from/frommen*, nämlich *Nutz(en)*, eröffnet eine neue Perspektive auf das Konzept des *gemeinen Nutzen*, das im 15. und 16. Jahrhundert ein Leitbegriff für politisches Handeln in der Stadt war.[44] So wird für Eger

39. Dagegen bewertete *Günther*, »Fromm« (wie Anm. 22), S. 17, die Formelhaftigkeit wie folgt: »Es sind farblose lobende Beiwörter allgemeinen Charakters, deren Bedeutungsgehalt sich im formelhaften Gebrauch nicht genau fassen läßt.« Sie modifiziert ihr Urteil allerdings auf S. 49. – Zur Gerichtspraxis s. *Kramer*, Grundriß (wie Anm. 31), S. 47.
40. Auch dieser Bedeutungswandel wäre einer eigenen Untersuchung wert, da er zeitlich mit der Ablösung der Fronhofverfassung durch die neue Arbeitsteilung zwischen Stadt und Land zusammenfällt.
41. Deutsches Rechtswörterbuch, Bd. 3, Weimar 1935-1938, Sp. 961-963. – In eine umfassende Analyse müßten, wie hier am Beipiel von *schaden* geschehen, die Gegenbegriffe einbezogen werden: vgl. hierzu *Günther*, »Fromm« (wie Anm. 22), z.B. S. 28.
42. Deutsches Rechtswörterbuch, Bd. 3, Weimar 1935-1938, Sp. 963.
43. Deutsches Rechtswörterbuch, Bd. 8, Weimar 1984, Sp. 1141-1143; Artikel »Mitleiden«, in: ebenda, Bd. 9, Weimar 1992, Sp. 770-772; *Otto Brunner*, Die Finanzen der Stadt Wien von den Anfängen bis ins 16. Jahrhundert, Wien 1929, S. 81, 107.
44. *Hamm*, Bürgertum (wie Anm. 10), S. 57-63; Belege für die Städte bei *Adolph Diehl*, Gemeiner Nutzen im Mittelalter. Nach süddeutschen Quellen, in: Zeitschrift für Württembergische Landesgeschichte 1 (1937), S. 296-315; Belege aus dem Bauernkrieg bei *Peter Blickle*, Gemeindereformation. Die Menschen des 16. Jahrhunderts auf dem Weg zum Heil, München 1985, S. 68-71; jüngste Stadtmonographie: *Jörg Rogge*, Für den »Gemeinen Nutzen«. Politisches Handeln und Politikvertändnis von Rat und Bürgerschaft in Augsburg im Spätmittelalter, Tübingen 1996; vgl. auch *Johannes Burkhardt, Gerhard Oexle, Peter Spahn*, Artikel »Wirtschaft«, in: *Otto Brunner, Werner Conze, Reinhart Koselleck* (Hgg.), Geschichtliche Grundbegriffe, Bd. 7, Stuttgart 1992, S. 511-594, hier S. 559-561.

dieser ›öffentliche‹ Bezug von *frommen* explizit benannt: »das in unser stat gemainen nutz und fromen chumpt«.[45] In der neueren Forschung werden *gemeiner Nutz* und *Eigennutz* gegenüber gestellt.[46] Die antithetische Gegenüberstellung erscheint zwar vielfältig in den Quellen, doch wird bei der Interpretation die dargelegte Bedeutung des Bezugsbegriffs *nutz und frommen* als einer grundlegenden bürgerlichen Handlungsorientierung ganz außer Acht gelassen.[47] In der Sprache der Quellen gehörte *frommen* zu den erstrebenswerten bürgerlichen Zielen, wurde jedoch zunehmend durch »Nahrung«[48] und »Hausnotdurft«[49] abgelöst. Er besaß zwar eine utilis-Bedeutung, aber zugleich war der rechtmäßige Gebrauch gefordert, nämlich im Hinblick auf das Handeln der einzelnen in ihren Beziehungen zu Nachbarn, Mitbürgern und Geschäftspartnern. *Nutz und frommen* der Bürger und Bürgerinnen stand also nicht im Widerspruch zum *gemeinen nutz,* sondern stellte seine Voraussetzung dar.[50]
Die sittliche Bedeutung von mhd. *vrum,* in der die utilis-Bedeutung *tüchtig* zunächst die neue Qualität *trefflich, gut* und später *ehrbar, angesehen, vornehm* annahm[51], ist von Veronika Günther für verschiedene Handlungsfelder breit entfaltet worden: im Lebenswandel der Menschen – unter Berücksichtigung der Geschlechtszugehörigkeit[52] –, in ihrem Verhältnis zu den Mitmenschen und im bürgerlichen Alltagsleben. Die Verbindung von *from/fromkeyt* mit *Ehre,*

45. Deutsches Rechtswörterbuch, Bd. 3, Weimar 1935-1938, Sp. 963.
46. *Winfried Schulze*, Vom Gemeinnutz zum Eigennutz. Über den Normenwandel in der ständichen Gesellschaft der Frühen Neuzeit, in: HZ 243 (1986), S. 591-626; vgl. auch die Hinweise bei *Hans-Christoph Rublack*, Grundwerte in der Reichsstadt im Spätmittelalter und in der frühen Neuzeit, in: *Horst Brunner* (Hg.), Literatur in der Stadt. Bedingungen und Beispiele städtischer Literatur des 15. bis 17. Jahrhunderts, Göppingen 1982, S. 9-36, hier S. 34f, Anm. 47 und 48.
47. Vgl. z.B. *Robert von Friedeburg*, Der »Gemeine Nutz« als affirmative Kategorie. Der Ausbau frühmoderner Verwaltung in Hessen durch Landgraf Philipp den Großmütigen und seinen Sohn Wilhelm IV., in: Zeitschrift des Vereins für hessische Geschichte und Landeskunde 89 (1982/83), S. 27-49.
48. Deutsches Rechtswörterbuch, Bd. 9, Weimar 1992, Sp. 1346-1349; *Johann Heinrich Zedler* (Hg.), Grosses vollständiges Universal-Lexicon, Bd. 23, Leipzig, Halle 1740, Sp. 535-546; *Renate Blickle*, Nahrung und Eigentum als Kategorien in der ständischen Gesellschaft, in: *Winfried Schulze* (Hg.), Ständische Gesellschaft und soziale Mobilität, München 1988, S. 72-93.
49. Vgl. *Renate Blickle,* Hausnotdurft. Ein Fundamentalrecht in der altständischen Gesellschaft Bayerns, in: *Günter Birtsch* (Hg.), Grund- und Freiheitsrechte von der ständischen zur spätbürgerlichen Gesellschaft, Göttingen 1987, S. 42-64.
50. Zum Wortgebrauch bei Luther s. *Johannes Heckel*, Lex Charitatis. Eine juristische Untersuchung über das Recht in der Theologie Martin Luthers, 2. überarb. u. erw. Aufl. hg. v. *Martin Heckel*, Köln, Wien 1973, S.106f.
51. *Niggl*, Fromm (wie Anm. 21), S. 18f.
52. *Günther*, »Fromm« (wie Anm. 22), S. 19, 33f.

wie z.B. 1485 für Erfurt – »mit frommen und an iren eren unbeschulden mannen«[53] –, unterstreicht den hohen Stellenwert, der ihnen für den bürgerlichen Status zukam.[54]
Die Inhalte von *fromkeyt* waren nicht allein breit gefächert, sondern veränderten sich deutlich im Laufe des späten Mittelalters, wie sich z.B. für innerstädtische Verbände zeigen läßt. Machte zunächst die *fromkeyt* der Bürgerschaft, also ihr ›Gerechtsein‹ vor Gott, die Stadt als Personenverband unangreifbar, so lange sie ihre Ehre nicht befleckte, so verlagerte sich der Sinn von *fromkeyt* als »Reinheit«, d.h. »frei von Sünden«[55], zunehmend in den Bereich der Sittlichkeit i.e.S.: Seit dem beginnenden 15. Jahrhundert wurde für einige Handwerke die »eheliche und ehrliche Geburt«, d.h. die Herkunft aus einem »reinen Ehebett«, als Voraussetzung für die Aufnahme in die Zunft gefordert[56], z.B. 1455 in Kahla und 1472 in Arnstadt: »er si den frum, ehlich und echtig geboren«.[57] Wurde in diesen Formeln die Sittlichkeit von Ehemann und Ehefrau gefordert, so spielte *frumkeit* als guter Leumund besonders für Frauen eine große Rolle.[58] In einer Würzburger Polizeiordnung von 1490 werden »fromme Frauen« und »verlewmdte Frauen« (Dirnen) einander gegenübergestellt und als »zwei Geschlechter« bezeichnet, die sich auf den ersten Blick durch Kleidung und Schmuck unterscheiden lassen sollten.[59]

2. In den Stadtchroniken findet sich, gemäß dem Charakter dieser »erzählenden Quellen«, ein breites Anwendungsfeld von *fromm*, und zwar auf Personen aller Stände: »und habend treffenliche, große achtung auff frome, redliche männer, so den gmainen, hart wirkenden mann geliept haben, in der wahl gehapt«, oder »nun was gar ein fromer burger alhie in dieser statt, auch ainer des rats, wölicher von person so tapfer und ansehlich gewesen, daß man in den grawen oder schönen Vögelin genant hat« (Weberchronik des Augsburgers Clemens Jäger[60]). Der um 1488 schreibende Nürnberger Chronist Siegmund Meisterlin legte bei der Darstellung des Vater-Sohn-Konflikts zwischen Heinrich IV. und Heinrich V. den Vertretern des Nürnberger Rats folgende Argumentation in den Mund: »pre-

53. Deutsches Rechtswörterbuch, Bd. 2, Weimar 1932, Sp. 1269.
54. »Ehre«, in: Deutsches Rechtswörterbuch, Bd 2, Weimar 1932, Sp. 1263-1271.
55. Zu »Reinheit« s. *Greschat*, Artikel, »Frömmigkeit« (wie Anm. 8). S. 672f.
56. *Isenmann*, Stadt (wie Anm. 34), S. 311; für Augsburg: *Rogge* (wie Anm. 44), S.16.
57. Deutsches Rechtswörterbuch, Bd. 3, Weimar 1935-1938, Sp. 961.
58. *Kramer*, Grundriß (wie Anm. 31), S. 47; vgl. auch *Lyndal Roper*, Das fromme Haus, Frankfurt a.M., New York 1995, S. 106.
59. *Hermann Hoffmann* (Hg.), Würzburger Polizeisätze. Gebote und Ordnungen des Mittelalters 1125-1495. Ausgewählte Texte, Würzburg 1955, S. 203.
60. Weberchronik des Clemens Jäger, in: Chroniken Deutscher Städte, Bd. 34, Augsburg 9, Stuttgart, Gotha 1929, S. 97, 160.

chen sie an dem vatter, der sun trawet in nit mehr frumkeit und versehe sich desgleichen an im auch zu beschehen.« Zugleich grenzte er die Haltung der Nürnberger von dem der Fürsten explizit durch *frumkeit* ab: »O, wo was da soliche frumkeit in den fürsten dieser lant, die wenig eren suchten in diesen Sachen, und wol mochten mittel gefunden haben!«[61] Da es sich in den Chroniken zum größeren Teil um die Darstellung der Verfassungsgeschichte handelt, ist hier ebenso der aus der Rechtssprache bekannte formelhafte Gebrauch von *from* zur Charakterisierung einer Person sowie die Zusammensetzungen *nutz und frommen* anzutreffen. Beispielhaft für Augsburg sei der sog. zweite Zunftbrief vom 16. Dezember 1368 angeführt: »Wir die ratgebene die do zu den ziten ratgeben waren und wir die burger gemeinclich rich und arme der stat zu auspurg verjehen und tun kunt öffentlich an disem brief... uns, unserr stat und unsern nachkomen zu nutz und zu frumen«.[62]

Auch in den Augsburger Chroniken, die über das reformatorische Geschehen berichten, sind mit »frommen Frauen« oder »frommen Männern« rechtschaffene und ehrbare Personen gemeint, denn nur diese können den Vorwurf, es handele sich bei den Anhängern Luthers um »ketzer, schelmen, buoben und derglychen«[63], entkräften. Wenn die altkirchliche Religiosität gemeint ist, dann wird, wie im 15. Jahrhundert, von *Andacht* gesprochen.[64] So berichtet der Benediktiner Clemens Sender (1475-nach 1536), daß 1533 ein schamloser Weber, als »vil andechtiger frauen da im chor kniet«, von den »frumen frauen und mann« vertrieben wurde.[65]

Die Bedeutung von *from/fromkeyt* im Selbstverständnis von Bürgern läßt sich in dem »besunder buech, wie ich Burkhart Zingg von meinen kindlichen tagen gelept und wes ich mich genietet han und wie es mir gangen ist« (zwischen 1450 und 1468 geschrieben) erkennen.[66] Mit *frum* charakterisiert Zink die Personen, mit denen er näheren Umgang hatte: Jost Kramer, sein wohlhabender tüchtiger Arbeitgeber, »was warlich ain frummer man und tet mir wol«[67]; die Störklerin, seine Schwiegermutter, eine Witwe, »was ain frume arme fraw«[68]; alle seine Ehefrauen zeichnete er durch *frum* aus: Seine zweite Ehefrau Dorothea Kuelinbeckin

61. Die Chroniken Deutscher Städte, Bd. 3, Nürnberg, Leipzig 1864, S. 85.
62. Chroniken Deutscher Städte, Bd. 4, Augsburg, Leipzig 1865, S. 135.
63. *Blickle*, Gemeindereformation (wie Anm. 44), S. 104.
64. *Günther*, »Fromm« (wie Anm. 22), S. 15.
65. *Clemens Sender*, Chronik von den ältesten Zeiten der Stadt bis 1536, in: Chroniken Deutscher Städte, Bd. 23, Augsburg, Leipzig 1894, S. 345; vgl. auch *Carla Kramer*, Vier Augsburger Chronisten der Reformationzeit. Die Behandlung und Deutung der Zeitgeschichte bei Clemens Sender, Wilhelm Rem, Georg Preu und Paul Hektor Mair, Diss. Tübingen 1970.
66. Chroniken Deutscher Städte, Bd. 5, Augsburg 2, Leipzig 1866, S. 122-143.
67. Ebenda, S. 128.
68. Ebenda.

wurde ihm als »ain schöne gerade fraw, so frum und so tugendhaft, daß man irs gleichen kam finden mocht«, geschildert.[69] »Frumkeit« nahm Burkard Zink aber auch für sich selbst in Anspruch: Als Grund für »glück und hail«, das er zusammen mit seiner ersten Ehefrau Elisabeth Störklerin erlangt hatte, führt er an, daß sie zwar »nit vil guets« zusammenbrachten, wohl aber »er und frumkait«.[70] Indem Zink sich mit rechtschaffenen und tugendhaften Menschen umgab, nahm er indirekt eine Selbstbewertung vor; die Berufung auf seine eigene persönliche »er und frumkait« zeigt zugleich, daß seine ganz persönliche Tugendhaftigkeit vor Gott und der Welt gefordert war.

Fromkeit benutzte 75 Jahre später auch Clemens Sender, um den 1525 gestorbenen Jakob Fugger zu charakterisieren: »fremkait, erberkait, trau und glaub und krechtigkait sind in seinem hertzen zu haus gewessen.«[71] Diese Verwendung von *fremkait* bestätigt zum einen, daß es bei *fromkeyt* nicht allein um Verhalten, sondern um »Gesinnung« ging, und gemahnt an Luthers »Gott richtet nach des Herzens Grund«[72]; zum anderen verweist es jedoch auf neue Bedeutungen. Dies jedenfalls legt der Vergleich mit dem Wortgebrauch des humanistisch gebildeten Nürnberger Stadtschreibers Lazarus Spengler (1479-1534) um 1510 nahe:

> Allein die tugendt ewig ist,
> Ein fromen keines trosts geprisst.
> Dann nichtzit ziert den mennschen meer
> Dann tugendt, frommkeit, trew und eer.[73]

»Frommkeit« erweist sich damit als Wert der Bürgergesellschaft des 15. Jahrhunderts, der für die deutschen Humanisten »anschlußfähig« war und auf den sie ihren Tugendbegriff stützen konnten. Er liegt auch dem Verständnis von *fromkeit* des Augsburger Chronisten Clemens Jäger[74] und des Nürnberger Dichters Hans Sachs zugrunde, beide Protestanten, Handwerker und Meistersinger mit humanistischen Interessen.

69. Ebenda, S. 138.
70. Ebenda, S. 135.
71. Chroniken Deutscher Städte, Bd. 23, Augsburg 4, Leipzig 1894, S. 166.
72. *Martin Luther*, Vorrede zum Brief des Paulus an die Römer 1522, in: *Kurt Aland* (Hg.), Luther Deutsch. Die Werke Martin Luthers in neuer Auswahl für die Gegenwart, Bd. 5, 2. erw. u. neubearb. Aufl. Stuttgart, Göttingen 1963, S. 45.
73. *Hamm*, Humanistische Ethik (wie Anm. 15), S. 108. Die Prosafassung lautet: »Allein die tugendt ist den lebenden und gestorben menschen ein bestendige, unzweiyfenliche besitzung und nit ein geringer teyl gewiser sicherheit, sich sträfflicher ubung zu enthallten. Was mag auch einen mennschen mehr und höher ziern dann frommkeit und tugendt?«
74. *Friedrich Blendinger*, Clemens Jäger, in: Neue Deutsche Biographie, Bd. 10, Berlin 1974, S. 274f.

Clemens Jäger nennt in seinen sieben Tafeln zur Geschichte Augsburgs nicht allein »manch fromme(n) kaiser«[75], sondern begründet die herausragende Stellung Augsburgs im Reich mit »Frombkeit, redligkeit, treu und ehr«.[76] Noch deutlicher tritt die humanistische Orientierung in dem Gedicht »Vom waren Adel« aus dem Pfisterschen Ehrenbuch hervor, in dem er »frombkait« als eigenen Verdienst dem Geburtsadel gegenüberstellt:

Denn wer der frombkait sich befleißt
Und grechtigkait, derselb erweist sein edel art damit.

Sehr klar tritt in Jägers Verständnis von *frombkait* der reformatorische Einfluß hervor:

Auf gottsforcht jeder sich begeb,
Daß er nach maß und ordnung leb
Werd durch den glauben fromb,
Damit, wann er zuletzt verschaidt
Aus disem jammertal mit todt,
Daß er in himel komb.
Amen![77]

From verwendet Hans Sachs[78] in vielen seiner Werke, der *frumkeit* aber hat er ein ganzes Fasnachtspiel widmet, das allerdings nicht diesen Titel trägt und zudem in humanistischer Manier in Rom angesiedelt ist: »Faßnacht spiel, mit 4 Personen zu agirn: Zwischen dem gott Apoline vnd dem Römer Fabio«.[79] Es entstand wohl 1550.[80] Der arme Jüngling Fabius aus dem Geschlecht der Fabier ist auf der Suche nach einem Weg, wie er zu Macht und Reichtum gelangen kann. Der Gott Apoll rät ihm:

Wilt du haben dein höchsten reichtum,
So heb du ahn vund sey hort frum
Mit gedancken, wercken vund worten.

75. Chroniken Deutscher Städte, Bd. 34, Augsburg 9, Stuttgart, Gotha 1929, S. 355.
76. Ebenda, S. 354.
77. Ebenda, S. 371-373.
78. *Eckard Bernstein*, Hans Sachs, Reinbek bei Hamburg 1993; *Maria E. Müller*, Der Poet der Moralität. Unteruchungen zu Hans Sachs, Bern, Frankfurt a.Main, New York 1985.
79. *Edmund Goetze* (Hg.), Sämtliche Fastnachtspiele von Hans Sachs, Bd. 3, Halle/S. 1883, S. 41-54.
80. Ebenda, S. XIII.

Nachdem Julius ohne Erfolg bei Julius Caesar und Marcus Crassus um Anleitung angefragt hatte, erklärt ihm Apoll am Beispiel des frommen Römers Publicola, worin wahrer Reichtum bestehe, und erläutert die Beziehung von Reichtum und *frumkeit*:

Da ist frumkeyt ein solcher schatz,
Darinn all tugendt haben blatz.
Frümkeit ist ghorsam vnd demütig
Diensthafft, holdselig, trew vnd gütig,
Friedtlich, freündtlich, milt vnd mitsam,
Redtlich, auffrichtig vnd sitsam,
Stil, warhafft, verschwiegen, genügsam,
Bescheiden, senfftmütig, gerügsam,
Messig vnd züchtig alle zeyt,
Sie handelt nach der billigkeyt;
Des hat frümkeit den höchsten thiteel.
Wo du darnach lebest ahn mittel,
So hat du ein sicher gewissen
Vnd wirst mit Vnrw nit gepissen
Vnd bist den Göttern gantz geleich.
Derhalb biß frum, so bist du reych,
Gott vnd den Menschen lieb vnd werdt;
Vnd wenn du abscheidst von der erst,
So bleibt dein nam gedechtnuß wirdig,
Hochlöblich, aller welt begirdig,
Mehr denn durch adl, gwalt vnd reichtumb.
Wenn man sagt: er war gar hort frumb,
Seist hohes oder niders standts.
Bist doch ein ehr des Vatterlandts.

Dieses Konzept von *frumkeyt* ist bislang allein in der Literaturwissenschaft beachtet worden. Barbara Könneker hat es 1976 in ihrer Studie über die Ehemoral in Sachsens Fastnachspielen als ein Tugendsystem interpretiert, in dem Tugenden überwiegen, »die das reibungslose Zusammenleben der Menschen ermöglichen und damit der Aufrechterhaltung der Ordnung dienen, als eine Moral, die für den »gemeinen Haufen« konzipiert sei.«[81] Diese Bewertung hat

81. *Barbara Könneker*, Die Ehemoral in den Fastnachtspielen von Hans Sachs. Zum Funktionswandel des Nürnberger Fastnachtspiels im 16. Jahrhundert, in: *Horst Brunner, Gerhard Hirschmann, Fritz Schnelbögl* (Hgg.), Hans Sachs und Nürnberg. Bedingungen und Probleme reichsstädticher Literatur, Nürnberg 1976, S. 219-244, hier 236.

jedoch im 30. Fastnachtspiel keine Grundlage, da schon die handelnden Personen in der gehobenen sozialen Sphäre angesiedelt sind und der Gott Apoll explizit sowohl die niederen wie die höheren Stände anspricht, sondern fußt auf dem Vergleich mit anderen Fastnachtspielen, in denen Sachs Armut thematisierte. Könnekers Hinweis auf die Funktion von *Frümkeit* im Nürnberg des 16. Jahrhunderts ist durchaus berechtigt, er sollte jedoch nicht den Blick auf den oben dargelegten diskursiven Kontext verstellen, in dem Sachs als humanistischer und protestantischer Bürger dachte und schrieb.[82] Vor allem ist zu berücksichtigen, daß Hans Sachs in seinem Tugendkatalog all die Qualitäten aufzählt, die bereits im 15. Jahrhundert – auch im Selbstverständnis der Bürger und Bürgerinnen – mit *from* verbunden worden waren, die allerdings unter den veränderten Bedingungen des 16. Jahrhunderts leicht als primär obrigkeitlich verordnet erscheinen können.[83]

3. Welche Einsichten eröffnen die sprachlichen Befunde aus verschiedenen Quellengruppen für eine Plazierung von *from/fromkeyt* im System der bürgerlichen Werte und der städtischen Lebenswelt im ausgehenden 15. und beginnenden 16. Jahrhundert?

a) *From* mit dem Bedeutungsspektrum *tüchtig, tapfer, tugendhaft, unbescholten, ehrsam* kennzeichnete rechtschaffene Bürger und Bürgerinnen, die aufgrund dieser Qualitäten den Bürgerstatus besaßen, den Schutz des Stadtrechts genossen, in rechtlichen Angelegenheiten handlungsfähig waren und bei Männern die Voraussetzung für die Übernahme eines Amtes erfüllten.[84] Dem Maßstab *from/fromkeyt* mußten alle genügen, die Teil der städtischen Gemeinde sein, bleiben oder werden wollten: Sie bildeten die »fromme Gemeinde«.[85] *Frum/frumkeit* im Sinne von »Tugend besitzen« war unabdingbar für den Bestand der städtischen Gesellschaft, denn die Integrität der einzelnen Bürger und Bürgerinnen schuf die Integrität des städtischen Gemeinwesens und damit einen zentralen Aspekt seiner Ehre, sie war ebenso wichtig wie die von den Bürgern und Bürgerinnen zu unterhaltenden Mauern, die die Stadt vor äußeren Feinden schützten. Die Normen, die das bürgerliche Zusammenleben regelten, galten für den rechtlichen Bürgerstatus wie für die organisierten Bürgerverbände, sei es im Handwerk, sei es als

82. Vgl. hierzu *Hamm*, Bürgertum (wie Anm. 10), S. 181-231.
83. *Günther*, »Fromm« (wie Anm. 22), S. 48.
84. Belege in: Deutsches Rechtswörterbuch, Bd. 3, Weimar 1935-1938, Sp. 960f, 965; s.a. *Gerhard Dilcher*, Zum Bürgerbegriff im späteren Mittelalter. Versuch einer Typologie am Beipiel von Frankfurt am Main (1980), in: *Ders.*, Bürgerrecht und Stadtverfassung im europäischen Mittelalter, Köln, Weimar, Wien 1996, S. 115-182, bes. S. 179-182; *Ders.*, Die städtische Kommune als Instanz des europäischen Individualisierungsprozesses, in: ebenda, S. 281-334, bes. 325-332.
85. »ain frome, willige und gehorsame, fraintliche gemaind« in: Weberchronik von Clemens Jäger (wie Anm. 60), S. 81.

verfaßte Gemeinde. *Fromkeit* konstituierte ebenso die bürgerliche Person – ihre familialen (Liebe), nachbarlichen (Freundschaft) und auf Erwerb gerichteten Beziehungen (Treu und Glauben) – wie die bürgerlichen Personenverbände und die verfaßte Gemeinde, ihr politisches Handeln nach innen (*gemeiner Nutz*) wie nach außen (*Ehre*[86]).

»Ehre und frumkeit«, »Treu und Glauben« bildeten die Orientierungspunkte bürgerlicher Gesellung[87], sie stellten ein Regulativ im tagtäglichen spannungsreichen Zusammenleben in der Stadt dar. Dieses Regulativ besaß ein hohes Maß an Verbindlichkeit, deren Wahrung sowohl den einzelnen wie der gesamten verfaßten Bürgerschaft und ihren Institutionen oblag. Ihre rechtsförmige Gestalt wird meist nur im Satzungsrecht der Gemeinde, der »Willkür«, gesehen, während deren Geltung im Bereich von »Treu und Glauben«, z.B. in den bürgerlichen Kreditgeschäften, trotz Wilhelm Ebels Studie[88] nicht beachtet worden ist. Hingegen zeigt die bereits dargestellte Rolle von *ere und frumkeit*, die z.B. in den Aufnahmebedingungen für einzelne Zünfte rechtsförmigen Charakter erhalten hatte, daß ihre Kontrolle sowohl eine Angelegenheit der einzelnen als auch von Gruppen war. Hier tritt offen zu Tage, daß die im eigenen Interesse geforderte Verantwortlichkeit der Bürger und Bürgerinnen für die Aufrechterhaltung von »ere und frumkeit« zugleich der Ausgrenzung derjenigen diente, die den Verhaltensstandards, vor allem im sittlichen Bereich, nicht entsprachen. Die Maxime, daß Bürger und Bürgerinnen »Freud und Leid«/«Lieb und Leid« teilen, gilt ebenso für *fromkeyt*: Sie war ungeteilt, sie mußte allen gemeinsam sein, eine Minderung war nicht hinnehmbar. Daher richtete sich auch das Handeln der städtischen Räte und der Stadtherren darauf, *ere und frumkeit* in ihrem Zuständigkeitsbereich

86. *Kramer,* Grundriß (wie Anm. 31); *Susanna Burghartz,* Leib, Ehre und Gut. Delinquenz in Zürich Ende de 14. Jahrhunderts, Zürich 1990; *Paul Münch,* Grundwerte in der frühneuzeitlichen Ständegesellschaft? Aufriß einer vernachlässigten Thematik, in: *Winfried Schulze* (Hg.), Ständische Gesellschaft und soziale Mobilität, München 1988, S. 53-72, hier S. 71f; *Isenmann,* Stadt (wie Anm. 34), S. 247f; *Martin Dinges,* Die Ehre als Thema der Stadtgeschichte. Eine Semantik im Übergang vom Ancien Régime zur Moderne, in: ZHF 16 (1989), S. 409-440. Einen Überblick über neuere Forschungen und Konzepte vermittelt *Klaus Schreiner, Gerd Schwerhoff* (Hgg.), Verletzte Ehre. Ehrkonflikte in Gesellschaften des Mittelalters und der Frühen Neuzeit, Köln, Weimar, Wien 1995.
87. Zum Begriff »Gesellung« s. *Heide Wunder,* »Das Selbstverständliche denken«. Ein Vorschlag zur vergleichenden Analyse ländlicher Gesellschaften in der Frühen Neuzeit, ausgehend vom »Modell ostelbische Gutsherrchaft«, in: *Jan Peters* (Hg.), Gutsherrschaft als soziales Modell. Vergleichende Betrachtungen zur Funktionsweise frühneuzeitlicher Agrargesellschaften. Redaktion: *Axel Lubinski,* München 1995, S. 23-49, hier S. 44-46.
88. *Wilhelm Ebel,* Die Willkür. Eine Studie zu den Denkformen des älteren Deutschen Rechts, Göttingen 1953; *Schreiner,* Iura (wie Anm. 34), S. 73, 77.

zu garantieren, um »pollicey und wesenlichkeit« zu wahren, wie es in einer Verordnung für Würzburg aus dem Jahr 1490 hieß.[89]

Da die *fromkeit* der einzelnen die »fromme Gemeinde« ausmachte, gab es keine Dichotomie von »öffentlich« und »privat«, ebensowenig die moderne Trennung von Religion und Gesellschaft, denn »Gott ist selber Recht«[90], und die Zehn Gebote stellten den Maßstab für die Rechtschaffenheit in der Welt dar: So verletzte Eigennutz nicht allein die Grundlagen bürgerlicher Gesellung, sondern wurde als Todsünde »Geiz« verstanden. Zur *fromkeyt* gehörte nicht allein ein pflichtgemäßes Verhalten, sondern eine entsprechende Gesinnung, erst sie machte die Person tugendhaft. *Fromkeyt* bezeichnete somit das Maß an Gottgefälligkeit, das Christen in der Welt erlangen konnten. Dafür fühlten sich nicht allein Bürger und Bürgerinnen verantwortlich, sondern ebenso die städtischen Räte, die daran auch die »Ehre Gottes« knüpften.[91]

b) Als Ergebnis sei die These aufgestellt, daß *fromkeyt* im 15. und 16. Jahrhundert als Inbegriff bürgerlicher Rechtschaffenheit und Tugendhaftigkeit für die einzelnen Bürger und Bürgerinnen wie für den Personenverband Stadt einen zentralen Wert darstellte. Gleichwohl ist *fromkeyt* in der bisherigen Diskussion um »Grundwerte« der städtischen Gesellschaft, verstanden als »allgemeine Werte«, die »politisch-soziales Handeln und Verhalten legitimieren und leiten«[92], nicht beachtet worden. Zu den Grundwerten rechnet Rublack: Friede, Einigkeit, Recht und Gerechtigkeit, gemeinen Nutz[93], also solche Werte, die in der Bürgerschaft konsensfähig und daher zur Integration der divergierenden Lagen und konfli-

89. *Hoffmann*, Polizeisätze (wie Anm. 59), S. 203.
90. *Ruth Schmidt-Wiegand, Wolfgang Milde*, Katalog der Austellung »Gott ist selber Recht.« Die vier Bilderhandschriften des Sachsenspiegels. Oldenburg, Heidelberg, Wolfenbüttel, Dresden; Herzog August Bibliothek Wolfenbüttel 1972, S. 58; zur Heiligkeit des Rechts vgl. auch *Winfried Becker*, »Göttliches Wort«, »Göttliches Recht«, »göttliche Gerechtigkeit«. Die Politisierung theologischer Begriffe?, in: *Peter Blickle* (Hg.), Revolte und Revolution in Europa, München 1975, S. 232-263, hier S. 261f.
91. Belege bei *Gerhard Pfeiffer*, Das Verhältnis von politischer und kirchlicher Gemeinde in den Deutschen Reichsstädten, in: *Walther Peter Fuchs* (Hg.), Staat und Kirche im Wandel der Jahrhunderte, Stuttgart, Berlin, Köln, Mainz 1966, S. 79-99, hier S. 84.
92. *Rublack*, Grundwerte (wie Anm. 46), S. 12.
93. Ebenda, S. 17; vgl. auch *Schreiner*, Iura (wie Anm. 34), S. 68f sowie *Peter Blickle*, Kommunalismus. Begriffsbildung in heuristischer Absicht, in: *Ders.* (Hg.), Landgemeinde und Stadtgemeinde in Mitteleuropa. Ein struktureller Vergleich. Redaktion *André Holenstein*, München 1991, S. 5-38, hier S. 14-21; *Ders.*, Gemeindereformation, S. 196-204 (»Werte im Kommunalismus«); *Renate Blickle*, Nahrung (wie Anm. 48); *Dies.*, Hausnotdurft (wie Anm. 49). – »Liebe, Friede, Einigkeit und Geduld«, die die aufständischen Bauern in ihr Programm aufnahmen, sind also nicht allein auf das Evangelium gegründet, so *Becker*, »Göttliches Wort« (wie Anm. 90), S. 252, sondern besaßen eine lange Tradition »in der Welt«.

gierenden Interessen geeignet erscheinen, dies insbesondere angesichts der Spannungsverhältnisse von rechtlicher Gleichheit der Bürger zu mehr oder weniger großen ökonomischen und sozialen Unterschieden – ganz abgesehen von dem problematischen Verhältnis von Bürgern und Nichtbürgern

Warum fehl*en from/fromkeyt/frommen* in diesem Feld, obwohl in den Quellen der Bezug zu den anerkanntermaßen städtischen Werten in Formeln wie »durch nutz, frid und fromen«[94], »durch gemeinen nucz und frumen land und lewten« (1382)[95] oder »ere und frumkheit« (Würzburger Verordnung von 1490[96]) offen zutage liegt? Es lassen sich mehrere Gründe ausmachen. Sicher hat der moderne Begriff Frömmigkeit das Wiedererkennen von *fromkeyt* als eines zentralen Werts der städtischen Gesellschaft verhindert. Ein weiterer Grund könnte im Status des Begriffs *fromkeyt* liegen, der ihn bereits im 15. Jahrhundert unsichtbar machte, wofür eine Beobachtung Veronika Günthers spricht: Bei der Suche nach der lateinischen Übersetzung von *from* hat sie festgestellt, daß – bei einer Reihung von Adjektiven – für *from* keine Entsprechung zu finden ist, woraus sie schloß, »daß der Sinngehalt des Adjektivs »fromm« in diesem Zusammenhang unwichtig« sei.[97] Diese Folgerung mutet merkwürdig an, näher liegt es, den Sachverhalt so zu verstehen, daß es im Lateinischen kein dem deutschen Adjektiv entsprechendes Wort gibt. Für diese Vermutung spricht, daß sich in der lateinischen Begrifflichkeit die Trennung öffentlich-privat abbildet[98], während sie dem deutschen Begriffssystem fremd war. Die Unübersetzbarkeit von *from/fromkeyt* in die Sprache der Gelehrten und der politischen Theorie gehört wohl mit zu den Gründen, die verhindert haben, daß sich diese Begriffe – anders als Friede, Einigkeit und Recht – in der politischen Terminologie etablieren konnten. Doch liegt dem sprachlichen Befund auch ein Sachverhalt zugrunde. Diesen sehe ich im Strukturwandel von »Herrschaft« zu frühmoderner Staatlichkeit, für den gerade die großen Städte in vieler Hinsicht ein Modell abgaben. Die *fromkeit* der Bürger und Bürgerinnen konstituierte nicht mehr die Stadt als sozialen, wirtschaftlichen und politischen Verband, vielmehr wurde sie in persönliche Rechtschaffenheit, Tugendhaftigkeit, Kirchlichkeit und Frömmigkeit aufgeteilt und abgeschichtet. Dieser Vorgang ist Teil des Prozesses, in dem sich die Trennung von öffentlich-privat ausprägte, allerdings noch nicht als Dichotomie, sondern eingebunden in das frühmoderne Verhältnis von Obrigkeit und Untertanen. Noch im 17. Jahrhundert war *fromkeyt* als ein Begriff bekannt, der Rechtschaffenheit ausdrückt[99],

94. Zitiert nach *Diehl* (wie Anm. 44), S. 303.
95. Ebenda, S. 306.
96. *Hoffmann* (wie Anm. 59).
97. *Günther*, »Fromm« (wie Anm. 22), S. 17.
98. Für diesen Hinweis danke ich Marlis Müller (Hamburg).
99. *Christophorus Lehmann*, Florilegium Politicum, o.O. 1637. (Diesen Titel verdanke

die aber – wie bereits bei Hans Sachs dargestellt – nicht geeignet schien, das Fortkommen in der Welt zu fördern, und damit unzeitgemäß war. Nach dem Ende der großen konfessionellen Auseinandersetzungen im ausgehenden 17. Jahrhundert gewann sie jedoch im Pietismus einen neuen religiösen Gehalt. Diese Bedeutungsveränderung von *from/fromkeyt* im Verlauf der Frühen Neuzeit verweist darauf, daß die tatsächlich weiter bestehenden konkreten Formen der Mitgestaltung der städtischen Gesellschaft durch die Bürger und Bürgerinnen[100] begrifflich der sich herausbildenden modernen Staatlichkeit, für die das Verhältnis Obrigkeit – Untertan maßgebend war, untergeordnet wurden. Ziel des politischen Handelns war nicht länger »gemeiner nutz und frommen«, garantiert durch die *fromkeyt* der Bürger und Bürgerinnen, sondern die Stabilisierung der rechten »Ordnung« als hierarchischem System.[101]

Der dargelegte Bedeutungswandel von *from/fromkeyt*, insbesondere der Verlust des politischen Bezugs vor der »Sattelzeit« des 18./19. Jahrhunderts macht erklärlich, warum das Stichwort »Frömmigkeit« in den »Geschichtliche(n) Grundbegriffen« fehlt. Obwohl Bedeutungsanteile in »Ehre« enthalten sind, wird es unter »Ehre«[102] nicht einmal erwähnt, ebenso fehlt *frommen* im sonst sehr ausführlichen Artikel »Wirtschaft«.[103] Damit teilt *fromkeyt* das Schicksal anderer zentraler Begriffe des späten Mittelalters und der beginnenden Neuzeit, die sich auf die eigenverantwortliche Handlungssphäre der Bürger und Bürgerinnen bezogen. Gemeinsam ist ihnen, daß für sie nicht die Trennung von öffentlich-privat galt: so insbesondere »Willkür«, dessen alte Bedeutung geradezu in sein Gegenteil verkehrt worden ist.[104] Es erscheint lohnend, solche bisher vereinzelt ermittelten Begriffe systematisch zu erfassen und ihre semantischen Felder zu verknüpfen, da erst auf diese Weise das Werte- und Handlungsfeld in der »politia« des 15. und beginnenden 16. Jahrhunderts, verstanden als »res publica christiana«, erkennbar wird.

ich Paul Münch, Essen). Ein später Beleg für »frömmigkeit« verstanden als »sitten, leben und wandel« findet sich bei *Veit Ludwig von Seckendorff*, Teutscher Fürsten=Staat Samt des sel. Herrn Autoris Zugabe Sonderbarer und wichtiger Materien ..., Jena 1737, S. 135. (Für diesen Fund danke ich Helga Zöttlein, Kassel).

100. *Heide Wunder*, Von Vermögen und Frömmigkeit. Frankfurter Bürgerinnen im Spätmittelalter und in der Frühen Neuzeit, in: Hessische Landeszentrale für Politische Bildung, Weibh e.V. (Hg.), FrauenStadtGeschichte. Zum Beispiel: Frankfurt am Main, Frankfurt a.M. 1995, S. 57-76.
101. *Münch*, Grundwerte (wie Anm. 86), S. 67-71.
102. *Friedrich Zunkel*, Artikel »Ehre«, in: *Otto Brunner, Werner Conze, Reinhart Koselleck* (Hgg.), Geschichtliche Grundbegriffe, Bd. 2, Stuttgart 1975, S. 1-63.
103. Siehe Anm. 44.
104. Demgegenüber sind »Haus«/«Haushalt« z.T. in den Artikeln »Familie« und »Wirtschaft« aufgefangen.

III.

1. Die Entfaltung des Bedeutungsspektrums von *from/fromkeyt* und seine Plazierung im Wertekanon und Handlungsraum der spätmittelalterlichen Stadtgesellschaft lassen erkennen, worin ihre Eignung für Luthers *iustitia* bestand.[105] Luther hatte für seine »christliche Gemein« nicht auf die altkirchliche Tradition der Ordensgemeinschaften und ihre Reform oder die Pfarrei als untersten kirchlichen Verwaltungsbezirk zurückgegriffen, weil er sowohl die Spezialistenfrömmigkeit als auch die kirchliche Hierarchie ablehnte[106], stattdessen setzte er – entsprechend der zentralen Aufgabe der Verkündigung des Evangeliums in der Öffentlichkeit – auf die durch die Bürger »freiwillig« konstituierte politische Gemeinde.[107] Ebenso wählte er mit *fromkeit* ein Werte- und Verhaltensmuster, das dem aktiven, auf ein christliches Leben in der Welt gerichteten Anteil an »iustitia« entsprechen konnte. Selbstverantwortliches Handeln der Christenmenschen erwartete Luther ebenso für den Neubau der Kirche: Er sollte von den »Sammlungen« der »Würdigen« ausgehen, die mit ihren Beispiel die anderen überzeugen und gewinnen sollten[108]; auch dies ein Anknüpfen an die aktive, im Unterschied zu den Bruderschaften[109] nicht institutionalisierte Laienfrömmigkeit des ausgehenden Mittelalters.

Im Konzept der »triplex iusticia« boten *from/fromkeyt* eine Lösung für das Problem der »Verhältnisbestimmung von Reich Christi und profaner Weltgestaltung« (H. Oberman) und konkretisierten Luthers Forderung: »den Glauben ins Leben ziehen«. Die Christen wurden zwar allein durch den Glauben an Gottes Gnade und Barmherzigkeit Gottes »gerecht«, gleichwohl verpflichtete sie dies zu einer gottgefälligen Lebenspraxis.[110] Luther lehnte damit die *vita contemplativa* des Klerus ebenso ab wie die Werkgerechtigkeit und die einseitig spiritualisierte *pietas* der Laien, weil sie auf der Trennung von Glauben und Leben beruhten. Seinen Gegenbegriff zur Werkgerechtigkeit stellte vielmehr *fromkeyt* – als Inbegriff bürgerlicher Rechtschaffenheit und Tugendhaftigkeit – dar. Somit gewann die Rechtschaffenheit der Bürger und Bürgerinnen in der tagtäglichen

105. Es geht hier um »Erklären nicht als Deduktion, sondern verständlich und begreiflich machen« im Sinne von *Gunter Zimmermann*, Spätmittelalterliche Frömmigkeit in Deutschland, in: ZHF 13 (1986), S. 65-81, hier S. 81.
106. *Christian Möller*, Artikel »Gemeinde« I, in: TRE 12, S. 316-335, hier S. 319-324.
107. Hierauf verweist, ausgehend von der Übersetzung von »ecclesia« mit »Gemeinde«, *Pfeiffer*, Verhältnis (wie Anm. 91), S. 85.
108. *Werner Bellardi*, Die Vorstufen der Collegia pietatis bei Philipp Jacob Spener, Gießen 1994, S. 72-79.
109. *Martin Brecht*, Martin Luther , Bd. 1, 3. durchgesehene Aufl. Stuttgart 1990, S. 345.
110. In diesem Sinn verhielten sich die Bauern im Bauernkrieg nicht »gerecht«, sondern zogen den Glauben »ins Fleisch«, da sie ihr eigener Richter sein wollten: vgl. *Maron*, Niemand (wie Anm. 6).

Lebensbewältigung – verstanden als sinnstiftende Lebensorientierung der einzelnen in den Beziehungen zu ihren Nachbarn wie in der Gemeinde – Vorbildcharakter für die neue Lebensführung der evangelischen Christen. So hatte Luther eine Form gefunden, seine neue theologische Definition von Christsein und Christwerden mit einer Lebenspraxis zu verbinden, die – im Unterschied zur altkirchlichen *pietas* und *devotio* – die Trennung von »innen« (Glauben) und »außen« (»Leben«) überwand.[111]

2. Luthers neue »Verhältnisbestimmung von Reich Christi und profaner Weltgestaltung« wird von der Forschung in den Prozeß der stufenweisen »Christianisierung« (z.B. Delumeau[112]) eingereiht oder aber als »Verchristlichung des Lebens« interpretiert.[113] Damit sind Luthers Intentionen durchaus getroffen, allerdings bezog sich sein Verständnis von Christwerden nicht – wie in den genannten »Horizonten mittlerer Reichweite«[114] – auf die flächendeckende Diffusion des Christentums vor allem auf dem Land, sondern auf eine innere Wende. In jenen Theorien wird der historische Prozeß der »Christianisierung« reduziert auf die »Rezeption« von Luthers Lehre bei den verschiedenen sozialen Gruppen oder auf die »Umsetzung« vor allem durch die Obrigkeiten. Die Komplexität von Luthers iustitia-Begriff, den nicht allein theologische, sondern – wie gezeigt – auch ›weltliche‹ Anteile

111. Vgl. hierzu *Rendtorff*, Artikel »Ethik« (wie Anm. 38), S. 484: »Die Übereinstimmung von Person und Werk rückt so in den Mittelpunkt, daß sie durch den Glauben, das Vertrauen auf Gott vermittelt ist. Indem Luther die Übereinstimmung der Person mit ihrer praktischen Lebensführung zum Grund für die Bestimmung der ethischen Aufgabe macht, hat er einen Grundzug neuzeitlicher Ethik thematisiert, allerdings in strikter Bindung an die im Rechtfertigungsglauben erkannte Anerkennung des Menschen durch Gott.« – Im Bezug von *fromkeit* und Glauben liegt denn auch der Unterschied zu der von Oberman für die devotio moderna konstatierten »Frommheit«: Auch deren Anhänger strebten nach einem »Christsein in der Welt«, aber in einer Welt, die sie als »Kloster« verstanden: *Oberman*, Reformation (wie Anm. 16), S. 8.

112. Vgl. hierzu *Hans-Christoph Rublack*, Artikel »Gesellschaft/Gesellschaft und Christentum VII«, in: TRE 13 (1984), S. 1-13, hier S. 9.

113. *Peter Blickle*, Die Reformation vor dem Hintergrund der Kommunalisierung und Christianisierung. Eine Skizze, (in: *Ders.*, *Johannes Kunisch* (Hgg.), Kommunalisierung und Christianisierung. Voraussetzungen und Folgen der Reformation 1400-1600, Berlin 1989, S. 9-28) hebt auf die vorreformatorische Christianisierung des 15. Jahrhunderts ab, womit er zum einen die Frömmigkeit der ländlichen Bewohner, zum anderen das Streben der Dorfgemeinden nach der eigenen Kirche und dem eigenen Pfarrer durch den Erwerb der kirchlichen Rechte meint. Beides hat aber nichts mit Christianisierung im Sinne Luthers zu tun, sondern ließe sich eher als Sakralisierung der Gemeinde verstehen.

114. *Rublack*, Artikel »Gesellschaft/Gesellschaft und Christentum VII« (wie Anm.106), S.1.

konstituierten, ist dagegen übersehen worden. Luthers Wirkung beruhte jedoch, so meine These, gerade darauf, daß er die Gläubigen, indem er Rechtfertigung an *frumkeit* band, in den ihnen vertrauten Formen, »den christlichen Glauben zu leben«[115] als Rechtschaffenheit in der Welt, bestätigte.

3. Ausgehend von der Einbeziehung von ›traditionell‹ bürgerlicher und humanistischer *fromkeit* in das Gerechtwerden der Christen vor Gott bei Luther seien Überlegungen zur Frage nach der »frühen Reformation als Bruch«[116] angestellt. In der Reformationsforschung wird der Zeitpunkt, zu dem Luthers Lehre durch die Neuordnungen des Gottesdienstes und der Kirchengemeinde institutionell gesichert war, rückblickend als »Einführung der Reformation« und damit als Ende der frühen Reformation als »Bewegung« bewertet. Diese theologische, rituelle und institutionelle Abgrenzung von der alten Kirche wird als »Bruch« verstanden. Auch von den Zeitgenossen ist dieser Vorgang ohne allen Zweifel als epochemachend, d.h. als Einschnitt, wahrgenommen und empfunden worden, allerdings nach unterschiedlichen Kriterien. Für sie gehörten Luther und die von ihm ausgelöste religiöse Bewegung zur eigenen Lebensgeschichte, und in ihr bedeutete sie durchaus eine Epoche: Sowohl im Hinblick auf ihr »Gerechtwerden« vor Gott als auch auf ihre weiteren Geschicke, die während der folgenden Jahrzehnten von der beginnenden Konfessionalisierung geprägt wurden und jedem einzelnen ein »Bekenntnis« abverlangte. Ob jedoch die Jahre der reformatorischen Bewegung für sie einen »Bruch« bedeuteten, hängt von den einzelnen Personen und Gruppen ab, die sich im Kontext ihrer standesspezifischen, lokalen und lebensgeschichtlichen Prägungen mit Luthers Lehre auseinandersetzten, und stellte sich naturgemäß für geistliche Personen anders als für Laien dar. Für Mönche, Nonnen und Geistliche, die sich der reformatorischen Bewegung anschlossen, veränderten sich die Lebensumstände und Lebensperspektiven grundlegend und mit gravierenden Folgen; längst nicht allen gelang es, ein »bürgerliches Auskommen« zu erreichen, ganz zu schweigen von der zwangsweisen Aufhebung der Klöster in den städtischen und territorialen Säkularisierungen der folgenden Jahrzehnte.[117] Ein vergleichbarer »Bruch« in der Lebenspraxis der Laien läßt sich hingegen nicht

115. *Gunter Zimmermann*, Spätmittelalterliche Frömmigkeit, (wie Anm. 100), S. 81
116. *Brecht*, Martin Luther (wie Anm. 108), S. 370; *Berndt Hamm, Bernd Moeller, Dorothea Wendebourg*, Reformationstheorien. Ein kirchenhistorischer Disput über Einheit und Vielfalt der Reformation, Göttingen 1995.
117. Dafür gibt es viele Einzelbeispiele; vgl. neuerdings die systematische Studie von *Luise Schorn-Schütte*, Evangelische Geistlichkeit in der Frühneuzeit, Gütersloh 1996 sowie *Dies.*, »Gefährtin« und »Mitregentin«. Zur Sozialgeschichte der evangelischen Pfarrfrau in der Frühen Neuzeit, in: *Heide Wunder, Christina Vanja* (Hgg.), Wandel der Geschlechterbeziehungen zu Beginn der Neuzeit, 2. Aufl. Frankfurt a.M. 1991, S. 109-153.

feststellen, da sie ihr Leben – allerdings unter neuen Vorzeichen – weiterhin auf *fromkeyt* gerichtet fortführen konnten. So gehörten die Handwerker nicht zufällig zu den Anhängern Luthers, denn er knüpfte z.B. an ihre Auffassung von Ehe an, erhob sie zum allgemeinen Modell und verlieh ihr den Status als erste Ordnung Gottes.[118] Bei vielen vom Humanismus beeinflußten Bürgern, die bereits um 1500 in ihren Testamenten keine Stiftungen mehr errichteten und ihren Kindern vom geistlichen Leben abrieten, stießen Luthers Kritik an der Werkgerechtigkeit und seine Bedenken gegen den geistlichen Stand auf Unterstützung. Aus der Perspektive der Laien lassen sich somit im Verlauf der frühen Reformation neben Brüchen auch Kontinuitäten feststellen, da Luther theologische und obrigkeitliche Bestrebungen weiterführte und an die vorreformatorische ›fromme‹ Lebenspraxis anknüpfte.[119]

Einschneidendere Konsequenzen für die persönliche Lebensgestaltung der Bürger und Bürgerinnen brachte erst die Institutionalisierung der neuen Lehre durch die Kirchenordnungen mit Bestimmungen zur Kirchenzucht.[120] Luther selbst hatte zunächst auf die Wirkung des Evangeliums vertraut, dann allerdings im Falle der Bauern festgestellt, daß sie »den Glauben ins Fleisch« gezogen hatten. Dennoch blieb er zurückhaltend gegenüber der Durchsetzung seiner Lehre durch »so einen Haufen Gesetze«, wie seine Stellungnahme zum Plan des Landgrafen Philipp von Hessen, eine Kirchenordnung einzuführen, zeigt.[121] Er riet so vorzugehen, »wie Mose mit seinen Gesetzen gethan hat, welche er fast das mehrere Theil, als schon in Brauch ganghaftig unter dem Volk von altem Herkommen, hat genommen, aufgeschrieben und geordnet.« »Zucht« gehörte zunächst nur zu den Richtlinien der »Sammlungen«, die sich die »Würdigen« selbst gaben. Demgegenüber bewerteten die christlichen Obrigkeiten von Anfang an die Schwächen der Christen, die die »gute Ordnung« bedrohten, höher als deren Festigkeit

118. *Heckel*, Lex (wie Anm. 50), S. 158-168.
119. Dies gilt im übrigen auch für Teile von Luthers Rechtfertigungslehre, auf die die Gläubigen durch »Buße und Reue« in der franziskanischen Seelsorge vorbereitet waren: *Hamm*, Bürgertum (wie Anm. 10), S. 79—81.
120. *Hans-Jürgen Goertz, John H. Leith*, Artikel »Kirchenzucht«, in: TRE 19 (1990), S. 173-191; Forschungsbilanz und neue Ansätze in: *Heinz Schilling* (Hg.), Kirchenzucht und Sozialdisziplinierung im frühneuzeitlichen Europa, Berlin 1994; *Martin Brecht*, Lutherische Kirchenzucht bis in die Anfänge des 17. Jahrhunderts, im Spannungsfeld von Pfarramt und Gesllschaft, in: *Hans-Christoph Rublack* (Hg.), Die lutherische Konfessionalisierung in Deutschland, Gütersloh 1992, S. 400-423 (einschließlich Diskussion); *Ders.*, Protestantische Kirchenzucht zwischen Kirche und Staat. Bemerkungen zur Forschungssituation, in: *Schilling* (Hg.), Kirchenzucht (wie oben), S. 41-48.
121. *Joh. Georg Walch* (Hg.), Dr. Martin Luthers Sämtliche Schriften, 21. Bd., 1. Teil Dr. Martin Luthers Briefe, Groß Oesingen 1986 (= Nachdruck d. 2. überarb. Aufl. St. Louis, Missouri, 1880-1910), Sp. 914-916.

im Glauben und ihre Selbstdisziplin. In der Tradition »guter policey« entwikkelten sie insbesondere für den Bereich der Sittlichkeit i.e.S. ein neues Normensystem, das auf Ehe gerichtet war und den gesamten Bereich der Geschlechterbeziehungen neu ordnete[122]: Ehe bildete die Grundlage des Hausregiments der Hausväter und war somit in der Interpretation Johannes Heckels »zum Kern seines (= Luthers) Staatsbegriffs geworden«.[123] In der Kirchenzucht kamen neben diesen auf die »politia« gerichteten Ordnungsvorstellungen solche zum Tragen, die in den Klöstern entwickelt worden waren: Um eine methodische Lebensführung (Askese) zu garantieren, sollte sich monastische Disziplin mit *fromkeyt* verbinden.

Die Kontrollinstanzen zur Einhaltung der Kirchenzucht waren vielgestaltig, angefangen vom Kirchenraum als »Öffentlichkeit«[124], in dem sich die Bürgerschaft nicht allein zur Verkündigung des »reinen Evangeliums« versammelte, sondern sich selbst in der Sitzordnung darstellte; gleichzeitig wurde auf diese Weise der Kirchenbesuch, vor allem des »gemeinen Mannes«, kontrolliert. Hinzu kam – im Sinne des allgemeinen Priestertums – die geistliche Kompetenz der Hausväter und Hausmütter mit ihrer Verantwortlichkeit für den häuslichen Gottesdienst und die »gute Ordnung« im Haus. Die Gläubigen waren also nicht eigentlich »Gegenstand« der Disziplinierung, sondern selbst an ihrer Handhabung beteiligt. Es gehörte zu ihren Pflichten, Verstöße anzuzeigen, die gegebenenfalls vor dem Ehegericht verhandelt wurden, ebenso war eine Selbstanzeige möglich. Auch diese Formen der »Kontrolle« setzten ältere stadtbürgerliche Regulierungen fort: als »Rüge«[125] vor weltlichen und als »Denunziation«[126] vor geistlichen Gerichten waren sie seit dem späten Mittelalter fest etabliert; *fromkeyt* im Sinne von »Leumund«, guter Ruf, steht in diesem Kontext der Selbstregulierung lokaler Gesellschaften. Bei der Bewertung der reformatorischen Kirchenzucht sind diese Aspekte nicht gesehen worden, da allein die langen Wurzeln der »Sozialdiszplinierung« zurückverfolgt wurden[127], während der Part der Bürger und Bürgerinnen an der Aufrechterhaltung von »Zucht und Ordnung« nicht in das Konzept zu

122. *Roper*, Das fromme Haus (wie Anm. 58).
123. *Heckel*, Lex (wie Anm. 50), S. 159.
124. Auch in der alten Kirche stellten die Kirchen eine Öffentlichkeit dar, z.B. für das Aushandeln und Abschließen von Rechtsgeschäften.
125. *Kramer*, Grundriß (wie Anm. 31), S. 70-82; *Pirmin Spieß*, Rüge und Einung. Dargestellt anhand süddeutscher Stadtrechtsquellen aus dem Mittelalter und der frühen Neuzeit, Speyer 1988.
126. *Günter Jerouschek, Inge Marßolek, Hedwig Röckelein* (Hgg.), Denunziation. Historische, juristische und psychische Aspekte, Tübingen 1997.
127. So z.B. *Werner Buchholz*, Anfänge der Sozialdisziplinierung im Mittelalter. Die Reichsstadt Nürnberg als Beispiel, in: ZHF 18 (1991), S. 129-147; vgl. dazu *Brecht*, Protestantische Kirchenzucht (wie Anm. 121).

passen scheint. Wenn also auch im Hinblick auf die Kirchenzucht nicht von einem »Bruch« gesprochen werden kann, so ist dennoch festzuhalten, daß durch das Zusammenfallen von politischer und evangelischer Gemeinde, durch die Formulierung neuer Straftatbestände im sittlichen Bereich sowie aufgrund der veränderten Machtpositionen von städtischen Obrigkeiten und Untertanen die Normierung und Kontrolle des Lebens tatsächlich erheblich zugenommen hatte. Zwar war diese Entwicklung bereits im 15. Jahrhundert vorbereitet, aber die Reformation hat sie verstärkt und ihr eine neue Basis gegeben.

Heinrich Richard Schmidt

Die Ethik der Laien in der Reformation

Haben die Laien die Reformation in erster Linie wegen ihrer Erlösungslehre rezipiert oder stärker wegen ihrer Normvorgaben für die Gestaltung von individueller und politischer Ethik? Diese Frage ist in der Forschung kontrovers beantwortet worden. Ja, man kann sagen, daß sich die wissenschaftlichen Differenzen über die Deutung der Reformation als ganze genau an dieser Frage entzündet haben. Wenn sie erneut aufgegriffen wird, dann mit der Absicht, eine Brücke zwischen den Reformationsdeutungen zu schlagen. Ausgangspunkt der Bemühungen ist das Studium von Laientheologen aus der frühen Reformation. Bevor die Quellen präsentiert und auf die angesprochene Frage hin untersucht werden (Teil II), soll in äußerster Knappheit und Zuspitzung die Forschung zu Wort kommen (Teil I), um den Deutungshorizont aufzubauen, vor dem die Quellen interpretiert werden.*

I. Reformationstheorien

Es ist im Rahmen eines Aufsatzes aus Raumgründen nicht möglich, umfassend zu referieren, was heute gültige Forschungsmeinungen zur Reformation sind. Die folgende Skizze kann mitunter harte Verkürzungen nicht vermeiden. Zudem beschränkt sie sich auf wenige Autoren. Das hat aber auch einen positiven Effekt. Die Grundlinien werden deutlicher nachgezeichnet, so daß immerhin das Wesentliche, wenn auch in erster Linie das Differente, deutlich sichtbar wird.

* Verwendete Abkürzungen:
Köhler Fiche = *Hans-Joachim Köhler, Hildegard Hebenstreit-Wilfert, Christoph Weismann* (Hgg.), Flugschriften des frühen 16. Jahrhunderts, Zug 1979-1987 = Mikrofichen-Edition, Fichen-Nummer und Dokumentnummer angegeben
Sta = Martin Luther. Studienausgabe, hg. v. *Hans-Ulrich Delius*, Berlin 1979ff.

1. Die Sola-fide-Idee als Reformationserklärung – die Lutherthese

Es ist unstrittig, daß Luther die Reformation angestoßen hat und daß seine Schriften die meistpublizierten und meistgelesenen waren.[1] Kann man deshalb sagen, er habe die inhaltliche Ausrichtung der Reformation geprägt und dominiert? Bernd Moeller bejaht die Frage.[2] Er anerkennt allerdings unmißverständlich, daß Luther erst durch das, was die evangelische Bewegung unter ihm und seiner Botschaft verstand, geschichtsmächtig geworden ist.[3] Wird die Reformation aber als Luther-Rezeption betrachtet, dann liegt die Frage nahe, ob die Leser Luther miß- oder recht verstanden haben.[4]

Das gilt insbesondere für seine Rechtfertigungslehre, nach der der Mensch allein aus Gnade und Glauben selig werden kann. Wurde sie verstanden oder nicht?[5] War ***sie*** der Grund für die Reformationsbegeisterung? Und da man behaupten kann, diese Erlösungslehre habe für den Reformator selbst den Kern seiner Botschaft ausgemacht: Befinden sich Luther und die evangelische Bewegung hier im Konsens oder nicht? »Ich scheue nicht vor der These zurück,« antwortet Bernd Moeller, »es sei Luthers ›Rechtfertigungslehre‹ gewesen, die ›die Massen in Bewegung gebracht‹ hat.«[6]

Streng genommen gilt diese Behauptung nach Moeller aber nur für die Städter. Wo hingegen die Reformation »gesetzlich« verstanden und die Schrift als Basis weltlicher Forderungen gebraucht wurde wie im Bauernkrieg, bestand keine Übereinstimmung mit Luther. Zwischen Bauernkrieg und – lutherisch verstandener – Reformation tat sich eine unüberbrückbare Kluft auf.[7] »Die Frühzeit der Reformation ... endete mit dem Jahr 1525 ... Nun zeigte sich, daß in der kollektiven Zustimmung zu Luther Mißverständnisse mitgelaufen waren«.[8] Der Bau-

1. Vgl. *Heinz Schilling*, Alternative Konzepte der Reformation und Zwang zur lutherischen Identität, in: *Günter Vogler* (Hg.), Wegscheiden der Reformation, Weimar 1994, S. 277-308, hier: S. 277; *Bernd Moeller*, Die Rezeption Luthers in der frühen Reformation, in: *Ders., Berndt Hamm, Dorothea Wendebourg*, Reformationstheorien. Ein kirchenhistorischer Disput über Einheit und Vielfalt der Reformation, Göttingen 1995, S. 9-29, hier: S. 14f.
2. Ebd.
3. Ebd., S. 10.
4. Ebd., S.10f.
5. Nein sagt z.B. *Wolfgang Reinhard*, Luther und die Städte, in: *Erwin Iserloh, Gerhard Müller* (Hgg.), Luther und die politische Welt, Stuttgart 1984, S. 87-112, bes. S. 109.
6. *Moeller*, Rezeption Luthers (wie Anm. 1), S. 27.
7. Zu dem hier diskutierten Zusammenhang vgl. auch *Bernd Moeller*, Die frühe Reformation als Kommunikationsprozeß, in: *Hartmut Bookmann* (Hg.), Kirche und Gesellschaft im Heiligen Römischen Reich des 15. und 16. Jahrhunderts, Göttingen 1994, S. 148-164.
8. Ebd., S. 161.

ernkrieg als ein Versuch, eine neue gesellschaftliche Ordnung auf der Schrift aufzubauen, wird als »unlutherisch« aus dem »eigentlichen« Reformationsgeschehen ausgegrenzt.

2. Das lex-evangelica-Prinzip als Reformationserklärung

2.1 Die Antiklerikalismus-These

Ebenso unstrittig wie die Bedeutung Luthers ist sicher die antiklerikale Stoßrichtung der Reformation.[9] Als Beschleuniger für die Reformation beschreibt Bob Scribner den Antiklerikalismus.[10] Oder ging es eher darum, dem Antiklerikalismus zum Durchbruch zu verhelfen, und war die neue Lehre nur so etwas wie das Fanal für eine antiklerikale Generaloffensive? Hans-Jürgen Goertz versucht, den Antiklerikalismus für eine Gesamterklärung der Reformation tragfähig zu machen. Einmal verknüpft er ihn mit der für die Lutherthese zentralen Frage nach dem Heil. Die Angebote der Kirche befriedigten seiner Meinung nach weite Kreise nicht mehr. Der »religiöse Leistungsrausch«[11] stellt sogar ein Zeichen dafür dar, daß der Klerus, der den Weg zum Heil zeigen sollte, ihn offensichtlich selbst nicht mehr wußte. Es ging in der reformatorischen Bewegung also nicht nur um Beseitigung des geistlichen Standes, sondern um die Bestrafung der falschen Lehrer.
Wesentlich war zum andern die ethische Dimension des Antiklerikalismus. Die Vorrechte und der Eigennutz des geistlichen Standes waren Symptome eines allgemeinen gesellschaftlichen Verfalls der Werte: Der evangelischen Bewegung ging es auch um die Erneuerung der Christenheit aus dem Geist der Brüderlichkeit und um die Beseitigung unberechtigter Standesvorrechte. Die Reformation fußte ganz wesentlich auf dem sola-scriptura-Prinzip. In der Schrift waren die wirklichen Normen zu finden. Sie zu befolgen, führte zum Heil in dieser und der nächsten Welt. Die Idee der Brüderlichkeit, ausgedrückt im Schlagwort vom Priestertum aller Gläubigen, stimulierte die antiklerikalen Ressentiments. Sie tat

9. *Robert W. Scribner*, Anticlericalism and the Reformation in Germany, in: *Ders.*, Popular Culture and Popular Movements in Reformation Germany, London usw. 1987, Nr. 11, bes. S. 243. Vgl. neuerdings den Sammelband *Peter Dykema, Heiko A. Oberman* (Hgg.), Anticlericalism in Late Medieval and Early Modern Europe, Leiden usw. 1993.
10. *Scribner*, Anticlericalism (wie Anm. 9), S. 244.
11. *Hans-Jürgen Goertz*, Antiklerikalismus und Reformation. Sozialgeschichtliche Untersuchungen, Göttingen 1995, S. 15. Inhaltlich mehr oder wenig mit der Goertzschen Liste deckungsgleiche Ebenen des Antiklerikalismus unterscheidet Bob Scribner: *Scribner*, Anticlericalism (wie Anm. 9), S. 244-250: politische, ökonomische, rechtliche, soziale, sexuelle und sakrale Macht.

aber viel mehr. Sie fundierte die Gesellschaft normativ neu. Gegenüber diesen Gründen und Motiven für das rasche Anwachsen der evangelischen Bewegung trat der »Solafideismus« nach Goertz weit zurück.[12] Ja wesentlich war gar nicht die Beseitigung der Werkgerechtigkeit, sondern ihre neue Gestaltung als Gottes- und Nächstenliebe.[13]
Weil das gesellschaftliche Normensystem wie der Heilsweg im gleichen Prinzip: der Brüderlichkeit neu fundiert wurden, konnte die neue Lehre als Universallösung erscheinen. Der Kampf gegen einen pflichtvergessenen Klerus wurde zu einer Ausführungsvariante für die Durchsetzung der Brüderlichkeit.[14] Goertz erklärt die Reformation also aus der normativen Funktion des Evangeliums als »lex Christi«. Die folgenden zu skizzierenden Reformationsdeutungen stimmen trotz bisweilen tiefer Differenzen in diesem Punkt überein: Es war das normativ verstandene sola-scriptura-Prinzip und nicht die Heilslehre vom sola gratia, welches die Reformation hervorbrachte.

2.2 Volksreformation und frühbürgerliche Revolution

Die marxistische Reformationsdeutung kehrt die Lutherthese vollends um: Nicht die Bevölkerung rezipierte und reagierte auf die Theologen, sondern die Theologen rezipierten und artikulierten die Bedürfnisse des Volkes – mehr oder weniger korrekt. Ausgangspunkt der Reformation war ein Widerspruch in der Basis der Gesellschaft, etwas, was der Verfasser der Volksreformationsthese, M.M. Smirin, allgemein und ungenau »Unterdrückung« nannte. Ganz deutlich wird die gedankliche Analogie zur Französischen Revolution von 1789.[15] Wie 1789 wurde schon 1525 im Bauernkrieg der Ruf nach Freiheit, Gleichheit und sozialer Gerechtigkeit laut, der sich mit der Bibel und ihrer Botschaft der Nächstenliebe plausibel und »absolut«, nämlich göttlich-rechtlich, begründen ließ.[16]
Der Solafideismus ist in diesem Gedankengebäude lange eine unwichtige Marginalie gewesen. Zentral erschien der Biblizismus. In der DDR-Historiographie wurde der Smirinsche Ansatz weiterentwickelt und verändert; seit den 80er Jahren wurde – besonders durch Günter Vogler – die Bedeutung der Frage nach dem Seelenheil in ihrem Eigenwert erkannt.[17] Für unseren Zusammenhang ist

12. *Goertz*, Antiklerikalismus (wie Anm. 11), S. 16.
13. Ebd., S. 18f.
14. Ebd., S. 118: Die Reformation ist damit mehr als ein »Aufstand gegen die Priester«.
15. Recht klar ausgesprochen von *M.M. Smirin*, Die Volksreformation des Thomas Münzer und der große Bauernkrieg, Berlin 1952, S. 659.
16. Ebd., S. 653, 660 (zum göttlichen Recht).
17. *Adolf Laube*, *Günter Vogler* (Hgg.), Deutsche Geschichte, Bd. 3: Die Epoche des Übergangs vom Feudalismus zum Kapitalismus von den siebziger Jahren des 15. Jahrhunderts bis 1789, Berlin 1983, S. 96-187.

aber wichtig festzuhalten, daß die Marxisten grundsätzlich die Reformation als Teil einer Bewegung zur revolutionären Umwälzung der diesseitigen Welt betrachten[18] und die Freiheit eines Christenmenschen als »liberté« buchstabieren.[19] Der Bauernkrieg fällt nicht aus dem »eigentlich Reformatorischen« heraus, sondern bildet sein Zentrum. Die Brücke zwischen dem Christlichen und dem Diesseitigen stellte die Schrift dar, die normative Geltung beanspruchte – gegen Luther, der genau diese »fleischliche« Interpretation als unevangelisch ablehnte.[20] Luther wurde deshalb lange als Randfigur der »frühbürgerlichen Revolution« dargestellt, weil seine Theologie ihrem Wesen nicht entsprach.

2.3 Die Gemeindereformation

Dezidiert gegen die Annahme, das sola-gratia-Prinzip habe die Wurzel der Reformation dargestellt, hat sich auch Peter Blickle gewandt.[21] Die Bibel als allgemeines, Heil und Welt verklammerndes Normsystem, das war der gemeinsame Nenner von Reformatoren, Bürgern und Bauern. Der Bauernkrieg, der das sola-scriptura-Prinzip in das göttliche Recht übersetzte, stand also auf dem Boden des Reformatorischen. Die Zwei-Reiche-Lehre Luthers und sein passives Heilskonzept einer rein geschenkten Erlösung dagegen passen nicht in das System des Reformatorischen.
Goertz und Blickle stimmen darin überein, daß sie den Gehalt des Schriftprinzips in der Brüderlichkeit sehen.[22] In wirtschaftliche Dimensionen übersetzt stellte sie sich als Gemeinnutz dar[23], in politische Sphären gehoben als Anspruch auf eine allgemeine Willensbildung und eine Regierung aus dieser – anachronistisch gesprochen – volonté générale, also ein republikanisches Modell.[24] Besonders der

18. Ebd., S. 133f.
19. *Günter Vogler*, Reformation als ›frühbürgerliche Revolution‹. Eine Konzeption im Meinungsstreit, in: *Peter Blickle, Andreas Lindt, Alfred Schindler* (Hgg.), Zwingli und Europa, Zürich 1985, S. 47-69, hier: S. 64: »Die ›Freiheit eines Christenmenschen‹ erlangte im Prozeß der Reformation auch eine soziale Dimension.« Zum Bauernkrieg *Laube, Vogler* (Hgg.), Deutsche Geschichte (wie Anm. 17), S. 143-188.
20. *Laube, Vogler* (Hgg.), Deutsche Geschichte (wie Anm. 17), S. 144f., 149, 156f. (Zu den Zwölf Artikeln).
21. *Peter Blickle*, Gemeindereformation. Die Menschen des 16. Jahrhunderts auf dem Weg zum Heil, München 1985, S. 111.
22. Ebd.
23. Ebd., S. 199f. S. 200: »Der gemeine Nutzen hat eine hohe Paßfähigkeit zur Figur der Nächstenliebe des Neuen Testaments.«
24. Ebd., S. 114: »Stadt- und Landgemeinde, bislang eher Fremdkörper in den Weltdeutungskonzepten des Mittelalters, finden im Zuge der reformatorischen Bewegung ihre Berechtigung, ja ihre Weihe. Daraus erklärt sich das neue Selbstbewußtsein der kommunalen Verbände, die, wie die Ereignisse zeigen, jetzt in einer viel

letztere Anspruch mußte auf die Feudalordnung als existentielle Herausforderung wirken: Die Forderung nach Pfarrerwahl, das allgemeine Priestertum, der daraus gespeiste Antiklerikalismus, aber auch die weltlichen Forderungen nach gerechter Behandlung der Untertanen, nach Freiheit der Person und der Natur[25], nach Mündigkeit und politischer Mitregierung der Untertanen[26] ruhten allesamt in der biblisch fundierten Übernorm der »Nächstenliebe«.[27]
In der Gestalt des Kommunalismus, d.h. der gemeindlichen, auf Gleichheit fußenden Ordnung von Städten und Dörfern[28], hatte die Normvorgabe der Brüderlichkeit eine konkrete Grundlage. Was die Reformation leistete, war die theologische Begründung und unglaublich weitreichende Erhöhung, ja Sakralisierung, der die kommunalen Ordnungen letztlich fundierenden Idee der Genossenschaftlichkeit oder Brüderlichkeit. Aus diesem Grund – nämlich weil gesellschaftlicher und theologischer Kommunalismus zueinander gehörten und den Wesenskern der frühen Reformation ausmachten – kann Blickle die »Gemeindereformation« als kennzeichnenden Begriff für diese Zeit angeben.[29]

3. Normative Zentrierung der Gesellschaft in der Religion

Auch für Berndt Hamm war das Schriftprinzip der entscheidende Faktor für die Breitenwirkung der Reformation. In der Heiligen Schrift fand der einzelne wie die Gesellschaft Antworten auf die Sinnfrage.[30] Hamm siedelt seine Erklärung innerhalb gesamtgesellschaftlicher Problemlagen an. Individualisierung, Pluralisierung, Konfliktverschärfung, Entfriedung, Divergenz, Dissens, Autoritätsverluste besonders der Kirche, Häufung konkurrierender Leitvorstellungen prägten die Zeit vor der Reformation.[31] »Darum richtet sich das kirchliche und gesellschaftliche Reformstreben und Gestaltungsbemühen der Eliten auf neu zu begründende Integration, auf zentrierende und zusammenführende Normativität.«[32]

prinzipielleren Weise als bislang auch gegen die bestehende feudal geprägte Herrschaftsordnung vorgehen können.« Ebd., S. 205: »Der Kommunalismus als Lebensform zeigt eine ausgeprägte Affinität zum Republikanismus als Staatsform.«

25. Ebd., S. 116.
26. Ebd., S. 201.
27. Ebd., S. 115: »Eine Innenansicht der konvergierenden bäuerlichen und bürgerlichen Reformation zeigt über das reformatorische Anliegen hinaus als gemeinsames Ziel die vage Hoffnung auf mehr Gerechtigkeit und Liebe.«
28. Ebd., S. 197.
29. Ebd., S. 112-114.
30. *Berndt Hamm*, Reformation als normative Zentrierung von Religion und Gesellschaft, in: Jahrbuch für Biblische Theologie 7 (1992), S. 241-279, hier: S. 242.
31. Ebd., S. 243.
32. Ebd.

Innerhalb dieser Zentrierungsvorgänge besaß die Religion eine besondere Bedeutung, weil sie sich nicht nur selbst zentrierte, sondern »als ›Strebepfeiler‹ der Gesellschaft« fungierte, also die gesellschaftliche Ordnung auf der normativen Ebene auf sich konzentrierte.[33]

Das gründete in der prinzipiellen Einheit von Profanem und Sakralem.[34] Die Grenze zwischen den beiden Reichen wurde in der Reformationszeit nicht stärker, sondern schwächer, Welt und religiöses Sein verschmolzen von der Seite des Glaubens her, es kam zu einer »Ausdehnung der Normativität der Heiligen Schrift und der Lebensform des Glaubens auf alle Bereiche des privaten und öffentlichen Lebens. Intendiert ist von den Reformatoren die Durchdringung, Integration und verchristlichende Intensivierung aller Lebensbereiche des gesellschaftlichen corpus christianum vom Zentrum des biblischen Gotteswortes und des gemeinschaftsformenden Glaubens her. ... Dies bedeutet aber gerade nicht Säkularisierung der Welt und der Religion im modernen Sinne, sondern Sakralisierung der Welt, Ausweitung der Heiligung auf alle Lebensbereiche, die nun zum Ort vollgültigen Gottesdienstes werden können und sollen. Die Aufhebung bzw. Ausweitung von Sakralität setzt bei den Personen an: Die Kleriker werden zu Laien gemacht und die Laien zu Priestern«.[35] Das widerspricht Luthers Scheidung zweier Reiche oder Regimente. Konsequenterweise urteilt Hamm, Luther stehe allein, wo er die zwei Reiche scharf trenne.[36] Doch sei das für den jungen Luther keineswegs die herrschende Tendenz.

Hamm gelingt die Verbindung von sola-scriptura und sola-gratia trotz seiner Orientierung an der Normativität der Schrift. Die fides, die dem Menschen als Gnade geschenkt wird und ihn nach Luther rechtfertigt, deutet er als Kraft zur Treue, die sich in Taten notwendig beweist. Das christliche Tun folge aus dem christlichen Sein, weil dieses ein »Nachfolgen-wollen« sei.[37] Dieses Evangeliumsverständnis postuliert Hamm für die reformatorische Bewegung. Er geht aber weiter und identifiziert auch Luther damit.[38]

—

Grob vereinfacht bestehen zwei Richtungen: Plakativ kann man sie vielleicht »Solafideisten« und »Biblizisten« nennen, zwischen denen Hamm eine vermit-

33. Ebd., S. 246f.
34. *Berndt Hamm*, Bürgertum und Glaube. Konturen der städtischen Reformation, Göttingen 1996, S. 71.
35. *Hamm*, Reformation als normative Zentrierung (wie Anm. 30), S. 262.
36. Ebd., S. 264. Ebenso *Berndt Hamm*, Einheit und Vielfalt der Reformation – oder: was die Reformation zur Reformation machte, in: *Ders.*, *Moeller*, *Wendebourg*, Reformationstheorien (wie Anm. 1), S. 57-127, hier: S. 101.
37. *Hamm*, Einheit und Vielfalt (wie Anm. 36), S. 88-97.
38. *Hamm*, Reformation als normative Zentrierung (wie Anm. 30), S. 261f.

telnde Position einnimmt. Alle Reformationsdeutungen gehen von bestimmten Annahmen darüber aus, was die Laien unter der »neuen Lehre« verstanden haben und was sie für wichtig und attraktiv hielten. Ein Versuch, die Interpretationen einander stärker anzunähern, muß erneut auf die Zeitgenossen Luthers zugehen und sie befragen. Besonders Flugschriften oder Theaterstücke, Briefe und Traktate, in denen Laien das Wort ergreifen, eignen sich hierzu. Auf den ersten Blick gewinnt man aber den Eindruck, dies sei wenig aussichtsreich, wiederholen sich doch die bekannten Deutungen auch bei der Flugschriftenforschung.

II. Flugschriften: Kontroverse Deutungen in der neueren Forschung

1. Die Biblizisten

Eine Gruppe betont, das sola-gratia-Prinzip habe keine besondere Rolle gespielt. Dominiert habe die Schrift als ethische Normvorgabe. Diese Gruppe besteht, um ein paar herausragende Autoren zu nennen, aus Franz Lau[39], Wolfgang Reinhard[40], Paul A. Russel[41], Alister E. McGrath[42], Hajo Köhler[43] und Mark Edwards. Die neueste Untersuchung stammt von Mark Edwards.[44] Er studiert ausschließlich Straßburger Flugschriftendrucke Luthers sowie solche proreformatorischer und altgläubiger Provenienz. »If there was a consensus in these pamphlets that Luther insisted on Scripture alone, there the theological consensus largely ended.«[45] Biblizismus und Antiklerikalismus standen nach Edwards im Zentrum des Verständnisses von neuer Lehre.[46] Gerade die Unerfüllbarkeit des Gesetzes, von der Luther ausgegangen sei, werde nicht rezipiert. Vielmehr gingen die Flugschriftenautoren vom schieren Gegenteil aus, hielten die göttlichen Gesetze für erfüllbar und verpflichtend, wobei sie eine Ethisierung vollzögen und »gute Werke«

39. *Franz Lau*, Anbruch und Wildwuchs der Reformation, in: *Ders.*, *Ernst Bizer*, Reformationsgeschichte Deutschlands bis 1555, Göttingen ²1969, S. K17-K43, hier: K21.
40. *Reinhard*, Luther (wie Anm. 5), bes. S. 109.
41. *Paul A. Russel*, Lay theology in the Reformation. Popular pamphleteers in Southwest Germany, Cambridge u.a. 1986, S. 216, 219.
42. *Alister E. McGrath*, Justification and the Reformation. The Significance of the Doctrine of Justification by Faith to Sixteenth Century Urban Communities, in: ARG 81 (1990), S. 5-19, hier: S. 15.
43. *Hans-Joachim Köhler*, Erste Schritte zu einem Meinungsprofil der frühen Reformationszeit, in: *Volker Press, Dieter Stievermann* (Hgg.), Martin Luther. Probleme seiner Zeit, Stuttgart 1986, S. 244-281.
44. *Mark Edwards*, Printing, Propaganda, and Martin Luther, Berkeley, Los Angeles, London 1994.
45. Ebd., S. 98.
46. Ebd., S. 100.

mit »Nächstenliebe« übersetzten.[47] Die Rechtfertigung aus Glauben allein werde z.T. nicht einmal erwähnt.[48] Wo es doch geschehe, werde die nach der Rechtfertigung mögliche Gesetzeserfüllung betont.[49]
Die Anhänger der Reformation »fundamentally misunderstood his theology of justification by faith alone apart from works of the law. While Luther insisted that a Christian was freed by faith from all laws, human and divine, many of his supporters (at least in southern Germany) agreed that Christians were freed by faith from ›man-made‹ laws not supported by Scripture, but insisted nevertheless that human beings were still required to fulfill the divine law established by Scripture. The Christian's freedom from human laws freed him to serve God's divine commandments.«[50]

2. Die Solafideisten

Die zweite Gruppe umfaßt u.a. Susanne Ritter, Martin Arnold und Thomas Hohenberger. Martin Arnold sieht eine weitgehende Übereinstimmung mit Luther in den Handwerker-Flugschriften, die er untersucht hat: Die Rechtfertigungslehre ist ganz lutherisch, ruht auf der Idee einer geschenkten Gnade. Gute Werke sind eine Frucht des Glaubens, aber nicht relevant für das Heil.[51]
Thomas Hohenberger befaßt sich mit den ganz frühen reformatorischen Flugschriften der Jahre 1521/22.[52] Er konzentriert sich auf die »Rezeption der lutherischen Rechtfertigungslehre«. Und tatsächlich findet er in den Flugschriften von Laien und Theologen verbreitet »die Bestimmung des reformatorischen sola fide als der Weise des reinen Empfangens. Es ist das pure Vertrauen auf Gott allein ohne jeglichen Rest von Verdienstlichkeit.«[53] Das sola-gratia dominiert ganz eindeutig. »Allein aus Gnade wird dem Sünder die fremde Gerechtigkeit Christi als seine eigene angerechnet. Die Gnade führt ein neues Ansehen des Menschen bei Gott herbei und ist nicht habituell verfügbar, sondern das Wesen des sich selbst schenkenden Gottes.«[54] Die Werke des Gerechtfertigten werden – wie bei Luther

47. Ebd., S. 102f.
48. Ebd., S. 104.
49. Ebd., S. 104f.
50. Ebd., S. 167.
51. *Martin Arnold*, Handwerker als theologische Schriftsteller. Studien zu Flugschriften der frühen Reformationszeit (1523-1525), Göttingen 1990, S. 330.
52. *Thomas Hohenberger*, Lutherische Rechtfertigungslehre in den reformatorischen Flugschriften der Jahre 1521-22, Tübingen 1996.
53. Ebd., S. 368.
54. Ebd.

– im Bild vom guten Baum und den guten Früchten gefaßt.[55] Die Ethik wird als eine »abgeleitete« beschrieben, der Gläubige handelt aus Glauben und Dankbarkeit, was soteriologisch aber nichts bedeutet.[56]
Hohenberger nimmt aber auch eine Durchsicht der rezipierten Schriften[57] Luthers vor und entdeckt dabei einen »ethischen« Luther, bei dem die Werke einen höheren Stellenwert besitzen als in einem ganz rigiden sola-gratia-Konzept. Genau diese ethische Ausrichtung findet er auch in den Rezipientenschriften.[58] »Dem Wort folgt der Glaube, dem Glauben die Liebe. Die Liebe aber ist des Gesetzes Erfüllung und als Ziel der Rechtfertigung einzig adäquate Reaktion auf die Forderung des göttlichen Gebotes, wozu der Glaube sola gratia befreit und befähigt.«[59] Der ethische Rigorismus wird bei Hohenberger also als eine unmittelbare, zwingende Folge eines Erlösungsverständnisses gesehen, in dem der Glauben – wie bei Hamm – eine tätige Kraft ist.
Die Gleichzeitigkeit von sola-scriptura- und sola-gratia-Prinzip hatte bereits Susanne Ritter 1970 für die frühen Flugschriften[60] vertreten.[61] Spätestens 1522 sei die Rechtfertigungslehre im lutherischen Sinne in den Flugschriften dominant gewesen, doch würden die Werke als notwendige Folge des Glaubens definiert, ohne die kein Glaube sein könne.[62] Susanne Ritter hält aber gerade diese Autoren, die starkes Gewicht auf die glaubensgewirkten Werke legten, für »vorreformatorisch« und verstellt sich so die bei Hohenberger möglichen Wege zu Luther. Sie wirft ihnen geradezu vor, »dann doch das Wort Gottes als Gesetz und die Liebe gesetzlich verstanden« zu haben.[63] Bei den Autoren, bei denen eine »lutherische« Relation von Glauben und Werken vorherrsche, sieht sie eine Brücke zwischen beiden Prinzipien in der Auffassung der Publizisten, »der durch die Gnade neu gewordene Mensch«, nicht der natürliche Mensch sei es, der die guten Werke vollbringe.[64]

55. Ebd., S. 372, 374-377.
56. Ebd., S. 386.
57. Ebd., S. 25-35.
58. Ebd., S. 100.
59. Ebd., S. 112f.
60. Für unseren Zusammenhang ist die von *Hohenberger* kritisierte Tatsache, daß *Ritter* erst für die Zeit nach 1522 von einer breiteren und tieferen Rezeption beider Prinzipien ausgeht, nicht von herausragender Bedeutung: *Susanne Ritter*, Die kirchenkritische Tendenz in den deutschsprachigen Flugschriften der frühen Reformationszeit, Diss. phil. Tübingen 1970, S. 276f.: Die Rechtfertigungslehre, noch stärker aber das Schriftprinzip, komme erst nach dem Antiklerikalismus in den Laienflugschriften auf, nämlich ab 1522. Dazu *Hohenberger*, Evangeliumstreue (wie Anm. 52), S. 3f.
61. *Ritter*, Die kirchenkritische Tendenz (wie Anm. 60), S. 242-281, bes. S. 257f., 262-267, 276f. und die Zusammenfassung S. 361-370.
62. Ebd., S. 262-268.
63. Ebd., S. 267 – beide Zitate.
64. Ebd., S. 268.

Für die vorliegende Studie wurden neun Autoren analysiert, deren Schriften meistens schon länger und nicht erst seit der Fichenedition von Köhler zugänglich sind[65]: Lazarus Spengler, Hans Sachs, Sebastian Lotzer, Niklaus Manuel, Hartmuth von Cronberg, Argula von Stauffen, Clemens Ziegler, Haug Marschalck, Utz Rychsner. Gemeinsam ist allen, daß sie keine Geistlichen sind. Die Autoren kommen aus verschiedenen Gegenden, Ständen und sozialen Schichten. Stauffen und Cronberg stammen aus dem Adel, Sachs, Lotzer und Rychsner sind Handwerker, Lotzer im Gesellenstatus, Marschalck ist Soldat, Spengler Stadtschreiber und bürgerlicher Politiker, Manuel Handwerker, Künstler und spät in seinem Leben städtisches Ratsmitglied, Ziegler Gärtner/Bauer und Bürger. Geographisch deckt die Auswahl den deutschen Süden recht gleichmäßig ab (Nürnberg: Sachs, Spengler; Augsburg: Marschalck, Rychsner; Straßburg: Ziegler; Memmingen: Lotzer; Bern: Manuel; Bayern: Argula von Stauffen/Grumbach; Hessen: Cronberg). Bauern, vielleicht mit der Ausnahme des Gärtners Ziegler, sind nicht vertreten, weil sie nicht als Autoren auftraten[66], auch die Geschlechter sind nicht ausgewogen repräsentiert, doch immerhin eine Flugschriftenautorin ist einbezogen worden. Differenzen in den hier interessierenden Fragen lassen sich zwischen ihr und den Männern nicht ausmachen. Als Texte wurden besonders und vorwiegend, wenn auch mit Ausnahmen, Schriften vor dem Bauernkrieg herangezogen, um das »ursprüngliche« Verständnis der neuen Lehre am Beginn der evangelischen Bewegung möglichst gut zu erfassen. 1525 wird angesichts der Konzentration der Tagung auf die »frühe Reformation« als Enddatum gesetzt. Dieses Jahr wird allgemein als Zäsur der Reformation betrachtet, weil zu diesem Zeitpunkt eine scharfe Wendung Luthers gegen »biblizistische« Deutungen seiner Lehre einsetzt, sich das evangelische Lager (Luther, Zwingli, Bucer) zu spalten beginnt und die Bewegung in die Bahnen einer obrigkeitlichen Neuordnung des Kirchenwesens geleitet wird. Sich auf die Frühzeit der Reformation zu konzentrieren führt dazu, daß keine norddeutschen Laienschriften aufgenommen werden konnten, weil sie in dieser Phase praktisch nicht existieren.[67]

Ein Auswahl-Kritierium war also geographische und ständische Vielfalt, damit die Ergebnisse zur Verallgemeinerung taugen. Ein zweites bestand in der Annahme, es müßten Autoren untersucht werden, die sich häufiger oder zumindest ausführlicher geäußert haben, damit man nicht zu bestimmten Themen spezifisch verfaßte Schriften für das Ganze ihres Reformationsverständnisses hält. Bei

65. *Hans-Joachim Köhler, Hildegard Hebenstreit-Wilfert, Christoph Weismann* (Hgg.), Flugschriften des frühen 16. Jahrhunderts, Zug 1979-1987 = Mikrofichen-Edition. Es werden wo möglich die modernen Papier-Editionen zitiert.
66. Siehe aber dazu Anm. 265.
67. Siehe aber dazu Anm. 265.

der Analyse mußte dezidiert nach den beiden Kategorien, also der Rolle der sola-fide-Idee auf der einen und dem »Biblizismus« auf der anderen Seite gefragt werden. Man sollte nämlich nicht annehmen, ein Autor, der den reinen Geschenk-Charakter des Heils formuliert, könne eo ipso nicht biblizistisch argumentieren. Andererseits sollte man auch nicht davon ausgehen, wer »evangelische Werke« fordert und auf deren Vergeltung durch Gott hinweist, könne selbstredend nicht »solafideistisch« sein.
Die Präsentation des Materials stellt ein Problem dar. Denn im Prinzip sollte man das jeweilige Reformationsverständnis der Autoren einzeln und gesondert systematisch darstellen. Das ist aber in diesem Rahmen unmöglich und auch nicht besonders leserfreundlich. Die Aussagen der verschiedenen Autoren sind deshalb unter Leitfragen zusammengefaßt worden. Die Laien kommen recht ausführlich durch direkte Zitate zu Wort, um die Schlußfolgerungen möglichst eng an die Quellen anzubinden. Zunächst zur Frage nach der Rolle des sola-gratia-Gedankens:

1. Der sola-gratia-Gedanke bei den Laien

Der sola-gratia-Gedanke enthält zwei Aspekte, einmal die Vorstellung, der Mensch könne nicht aus eigener Kraft heilsrelevante gute Werke tun, dann die Idee, Gott mache den Menschen aus freier Gnade, aus lauter Liebe, zu seinem Kind, öffne ihm das Himmelreich wegen der Verdienste Jesu Christi und schaue nicht auf seine Werke. Anders als Mark Edwards finde ich diese Idee praktisch durchgängig bei allen Autoren.

1.1 Die Unfähigkeit des Menschen zu guten Werken

Sechs Autoren sagen ausdrücklich, der Mensch habe keinen freien Wille zum Guten, sondern sei durch und durch sündhaft. Deshalb ist er unfähig, die von Gott geforderten Werke der Gottes- und Nächstenliebe aus sich heraus zu tun. Die sechs Autoren, bei denen dies ganz explizit formuliert wird, sind Spengler, Manuel, Cronberg, von Stauffen, Ziegler und Rychsner.
Das Evangelium – sagt *Spengler* – »Zeygt vns ane, das wir von vns selbs nit vermügen auch einen guten gedanken zůhaben, dann wir on got nichts gutes thun, fürnemen oder würcken kṏnnen«.[68] Er betont, »das wir nit auß vnsern krefften

68. *Lazarus Spengler*, »Verantwortung vnnd auflṏsung etlicher vermeinter Argument ...«, 1523, in: *Otto Clemen* (Hg.), Flugschriften aus den ersten Jahren der Reformation, Bd. 2, Nieuwkoop 1967, S. 341-413, hier: S. 379. Danach wird im folgenden stets zitiert. Der Verfasser ist Spengler, nicht, wie noch Clemen meinte, Schappeler. Vgl. auch den modernen Druck: *Lazarus Spengler*, Verantwortung und Auflösung vermeinter Argumente, die zu Widerstand und Unterdrückung des Wortes Gottes ge-

vnd wercken, sondern vermittelst des glaubens from vnd rechtfertig werden«.[69] Argula von *Stauffen* stimmt ein: »Ich vermag nichts gůts zuthůn auß mir selbs/ dann sůnden«.[70] »Nichts gůts ist in der natur der menschen/ aber die sündt ist in vns«.[71] Noch dezidierter Clemens *Ziegler*: »Aber ich gloub festicklich, Adam hab vnss denselben [freien Willen zu guten Werken] verloren«.[72]

»Darumb sind wir all ewig verloren, wir sind und thůnd nüt anders denn sünd«, folgert *Niklaus Manuel*.[73] Hartmut von *Cronberg* erklärt, diese Unfähigkeit zu guten Werken, komme daher, daß Gott mehr als die äußeren Taten, nämlich die Gesinnung einfordere. Deshalb müssen wir »befinden das wir solliche gebot aus allen vnseren krefften nit halten oder erfullen mogen, dan got will solliche erfulung mit dem hertzen haben, welchs hertz yn vnserem gewalt nit stehet, sunder gott alleyn ist eyn gewalthaber aller menschen hertzen«.[74]

Weil dem so ist, kann nur Gott unser Herz verwandeln. Wir müssen deshalb in den Worten von Utz *Rychsner* »Got on underlaß bitten, das er unns seinen glauben mere in unserem hertzen nach seynem gőtlichen willen und wolgefallen, das sein nam in uns gepreyßt und sein gewalt durch uns erzaygt und erkent werd.«[75]

1.2 Die geschenkte Gnade

Aussagen mit »klassischen« Aussagen zur Erlösung sola gratia und sola fide kommen bei allen neun Autoren in hinreichender Deutlichkeit vor, nämlich »das wir nit auß vnsern krefften vnd wercken, sondern vermittelst des glaubens from vnd

braucht werden, Ende 1523, in: *Ders.*, Schriften, Bd. 1: Schriften der Jahre 1509 bis Juni 1525, hg. v. *Berndt Hamm*, *Wolfgang Huber*, Gütersloh 1995, S. 354-396. Zur Verfasserschaft ebd., S. 354f.

69. *Spengler*, Verantwortung (wie Anm. 68), S. 379.
70. *Argula von Stauffen*, »An den Edlen vnd gestrengen herren Adam von Thering...«, 1523, in: Köhler Fiche 967, Nr. 2427. Vgl. *Dies.*, Eine christliche Schrift, 1523, in: *Adolf Laube*, *Annerose Schneider*, *Sigrid Looß* (Hgg.), Flugschriften der frühen Reformationsbewegung: 1518-1524, Bd. 2, Vaduz 1983, S. 918-926, hier: S. 919: »auß mir selbs vermag ich nicht[s], dann sünden«.
71. *Stauffen*, Adam von Thering (wie Anm. 70).
72. *Clemens Ziegler*, »Von der seligkeit aller menschen seelen«, 24.11.1532, in: *Manfred Krebs*, *Hans Georg Rott* (Hgg.), Quellen zur Geschichte der Täufer, Bd. 7: Elsaß, 1. Teil: Stadt Straßburg 1522-1532, Gütersloh 1959, Nr. 346, S. 563-574, hier: S. 565.
73. *Niklaus Manuel*, Vom Papst und seiner Priesterschaft, 1522/23, in: *Jakob Bächtold* (Hg.), *Niklaus Manuel*, Frauenfeld 1878, S. 29-102, hier: S. 100.
74. *Hartmuth von Cronberg*, Sendbrief an Hadrian VI., 21.1.1523, in: *Eduard Kück* (Hg.), Die Schriften Hartmuths von Cronberg (Flugschriften der Reformationszeit 14), Halle 1890, Nr. XI, S. 117-123, hier: S. 122.
75. *Utz Rychsner*, Ein schöne Unterweisung, daß wir in Christo alle Brüder und Schwestern sind, 1524, in: *Laube*, *Schneider*, *Looß* (Hgg.), Flugschriften (wie Anm. 70), S. 422-442, hier: S. 438.

rechtfertig werden« (*Spengler*)[76], daß wir »on zuthuͦung der werck des gesetz« gerecht werden (*Sachs*).[77] »Die seligkait hat man vorhyn Durch den Glauben in Christum«[78]; »allein, wer an Jesum Christum glaub, der werd rechtuertig« (*Lotzer*).[79] Seligkeit erlangen wir »on allen vnsern verdienst«.[80] »Aber wir glauben das wir durch die gnad gottes saͤlig werden« (von *Stauffen*).[81] »Verfluͦcht ist der mensch/ der da vertrawt in den menschen/ Aber gebenedeyet ist der mensch/ der sein getrawen setz in Gott« (von *Stauffen*).[82]
Bei *Niklaus Manuel* tritt Petrus selbst in einem Fastnachtspiel auf und sagt: »Christus ist darumb für uns gestorben, Dass er uns heil und gnad hat erworben Und dass wir möchtind ewig leben; Darumb hat er sich in tod geben, Uf dass er uns erlösen möcht von nöten.«[83] An anderer Stelle konkretisiert Petrus: »Gott hat mir grosse sünd vergeben Und mich erwelt in ewigs leben Durch das verdienen Jesu Christ, On welches nüt sälig wirt, noch ist«.[84]
Gott hat es gewollt, so Hartmuth von *Cronberg*, daß die »sünd vnd übertretung des apffels« erlöst werde »durch die menschwerdung lyden vnd sterben des hymelischen ewigen koͤnigs vnd gotts. Dwyl aber der guͦtig barmhertzig gott, vß überflüssiger vnvßsprechlicher goͤtlicher gnaden von vns gantz vnuerdient vmb vnser erloͤsung willen mensch worden: vnd vmb vnser sünde so grausamlich gelitten vnd gestorben, vnd vns nit allein von dem tod erloͤset, sonder das vil hoͤher vnd groͤsser ist vns zuͦ mit erben gemacht synes ewigen hymelischen rychs, welches er vns so gantz frey zuͦ vnsern henden gestelt hat«.[85]
Der Glaube macht »volkummen«, weil Christus »genug thon für vnser sünd vnnd das er vns vnser sünd geschenkt hat« (*Ziegler*)[86]; also glaube nur, »das solches alles

76. *Spengler*, Verantwortung (wie Anm. 68), S. 379.
77. Zitiert nach *Arnold*, Handwerker (wie Anm. 51), S. 100. Vgl. S. 101: »Die Werke sind soteriologisch irrelevant geworden.«
78. *Hans Sachs*, »Die Wittenbergisch Nachtigall ...«, 1523, in: *Gerald H. Seufert* (Hg.), Die Wittenbergisch Nachtigall. Spruchgedicht, vier Reformationsdialoge und das Meisterlied Das Walt got. Reclam-Ausgabe Nr. 9737, Stuttgart 1974, S. 9-40, hier: S. 30.
79. *Sebastian Lotzer*, »Ain vast haylsam trostlich ... beschyrmbuͦchlin ...«, 1524, in: Sebastian Lotzers Schriften, hg. v. *Alfred Goetze*, Leipzig 1902, S. 47-75, hier: S. 49.
80. *Sebastian Lotzer*, Heilsame Ermahnung an die Einwohner zu Horb, 1523, in: Lotzers Schriften (wie Anm. 79), S. 27-36, hier: S. 31.
81. *Argula von Stauffen*, »An ain Ersamen Weysen Radt der stat Ingolstat ...«, Nov./Dez. 1523, in: Köhler Fiche 5, Nr. 19.
82. *Stauffen*, Adam von Thering (wie Anm. 70).
83. *Manuel*, Papst (wie Anm. 73), S. 95.
84. Ebd., S. 90f.
85. *Hartmuth von Cronberg*, Sendbrief an Walther von Cronberg, 6.11.1521, in: Schriften Hartmuths von Cronberg (wie Anm. 74), Nr. III, S. 18-31, hier: S. 23f.
86. *Clemens Ziegler*, »Von der waren nyessung beid leibs und bluts Christi ...«, April-August 1524, in: Quellen Täufer (wie Anm. 72), Nr. 8, S. 11-18, hier: S. 16.

ist geschehen dir zu gut, das du auch würst wider aufferston ... ins ewig leben«.[87] Christus hat mit seinem Leiden genuggetan für alle Sünder (*Marschalck*).[88] Er hat gelitten, um die ganze Welt selig zu machen.[89] Als Christus am Kreuz sprach, alles sei vollbracht, meinte er, »das inn der selbigen stunnd alle mennschliche geschöpfft vom teüffel erledigett wordenn seynnd, von allem val Adam unnd Eva« (*Marschalck*).[90] »Wöllicher glaubt in son, der wirdt haben das ewig leben.« (*Rychsner*)[91]

2. Die lex Christi

Der Begriff des Glaubens bezeichnet kein intellektuelles Für-Wahr-Halten. Der Glauben erträgt kein werkeloses Dasein, sondern wirkt Tag und Nacht die Werke des Herrn. Die Kinder Gottes können zwar die Liebe ihres Vaters nicht verdienen, aber weil sie sich geliebt fühlen, gehorchen sie gerne ihrem Vater. Die »biblizistische« Gehorsamsforderung konkretisiert sich inhaltlich in der Nächstenliebe, die sowohl individual-ethisch wie politisch-ethisch verstanden wird. Die Gebote sind aber auch mit Strafen bewehrt. Diese einzelnen Aspekte verdichten sich zu einem juridischen Verständnis des Evangeliums, das auf den ersten Blick mit der sola-gratia-Idee kollidiert. Das mag zum großen Teil die kontroverse Deutung und Interpretation in der Forschung erklären. Kommen wir zu den einzelnen Punkten:

2.1 Das Evangelium als norma normans

Alle neun Autoren formulieren die Verbindlichkeit der Schrift als oberster Norm. Gerade der Jurist *Spengler* fand in der Schrift »als der Urkunde göttlichen Rechts« eine absolute Grundordnung der Gesellschaft.[92] Deutlich spricht Spengler das in seiner »Verantwortung« von 1523 aus: »Gewonheit, gepreuch vnd lenge der zeyt werden ... wider die schrifft vnnd das wort gottes (auf welichs vnser glaub als ein einig vest gezeugnuß on mittel gegründt ist) nichts wircken oder stathaben: ›dann was hundert jar vnrecht gewest ist, würdet (nach gemeinem sprichwort) nye kein

87. *Clemens Ziegler*, »Ein fast schön büchlin ... von dem leib vnd blut Christi ...«, Ende 1524-Anfang 1525, in: Quellen Täufer (wie Anm. 72), Nr. 24, S. 30-36, hier: S. 33f.
88. *Haug Marschalck*, Der Spiegel der Blinden, 1522, in: *Laube, Schneider, Looß* (Hgg.), Flugschriften (wie Anm. 70), Bd. 1, S. 128-155, hier: S. 139.
89. Ebd., S. 140.
90. Ebd.
91. *Rychsner*, Unterweisung (wie Anm. 75), S. 433.
92. *Berndt Hamm*, Lazarus Spengler und Martin Luthers Theologie, in: *Press, Stieverman* (Hgg.), Luther (wie Anm. 43), S. 124-136, hier. S. 132.

stund recht«.[93] Aber auch der Handwerker und Dichter Hans *Sachs* betont den positives Recht prinzipiell in Frage stellenden göttlich-rechtlichen Aspekt: »Christus spricht Joann. am vierzehenden/ Jch byn der weg/ die warheit vnd das leben/ Er spricht aber nit ich byn die gewonheit. Derhalb můß wir der warheyt anhangen/ welliche das wort gotes vnd got selber ist/ das bleibt ewig Mat. xxiiij. Aber gewonheit kompt von menschen her/ welch all lugner sein/ psalm .cxv. darumb ist gewonheit vergencklich.«[94]
Menschensatzungen werden verworfen, selbstverständlich besonders im Bereich der Lehre. »Hilf, dass wir alle menschenler fri verachtind Und fürhin allein din göttlich wort betrachtind« (*Manuel*[95]; so auch bei *Ziegler*[96], *Marschalck*[97]). Nur das muß gehalten werden, war seinen »claren grund ... helger gschrift« hat (*Manuel*).[98] »Allein das wort Gottes soll unnd muß alle ding regieren.« (von *Stauffen*)[99] »Jr werdt vns mit euern Bebstlichen gesatzen lang nit darzu dringen/ Wir haben genug anzaigung der schrifft/ das sie nit on Gottes beuelh macht haben gehabt/ gesatz zůmachen«.[100] »Wo es aber in der Bibel/ welches buch allen beuelh Gottes jnhalt/ gegrůndet ist/ wőllen wirs gern/ vnd frőlich annemen. Wo aber nit/ gilt es vns eben nichtz/ dann souil als ich daran meines schwachen vnuerstendigen bruders schonen můß/ solang/ bisß er auch vnderwisen wirt/ Dann Got sagt Deuter: am 4. Du sőlt nichtz zů meinen wort thun/ noch dauon nemen«. (alles von *Stauffen*)[101]
Letztlich ist aber jeder menschliche Brauch ungültig, wenn er seinen Ursprung nicht in der Heiligen Schrift hat: »Die weil ich aber sőllichs durch das lautter wort Gotes gelert vnd vnderricht wirt, soll mich der menschlich brauch nichts hindern, dann was nit sein vrsprung auß der hailigen gschrift hat, ist nichts dann yrrtung, vinsternus, vnd eytel verderbnus« (*Lotzer*).[102] Das betrifft aber nicht nur die Lehre, sondern auch das Leben: »Biß das himel vnd erd zergeet, wirt nit

93. *Spengler*, Verantwortung (wie Anm. 68), S. 365.
94. *Hans Sachs*, »Disputation zwischen einem Chorherren und Schuchmacher ...«, 1524, in: *Seufert* (Hg.), Wittenbergisch Nachtigall (wie Anm. 78), S. 41-71, hier: S. 58.
95. *Manuel*, Papst (wie Anm. 73), S. 100. Vgl. S. 45f. – Zitat S. 46: »Vergeblich dienend sie mir mit menschen gesetzen«.
96. *Ziegler*, Schön büchlin (wie Anm. 87), S. 30-36, hier: S. 30: Ziegler spricht von »wüsten grewlichen abgöttischen menschengebot«.
97. *Marschalck*, Spiegel der Blinden (wie Anm. 88), S. 130: »der recht brunn der gőtlichen leer«.
98. *Manuel*, Papst (wie Anm. 73), S. 79.
99. *Stauffen*, Eine christliche Schrift (wie Anm. 70), S. 918.
100. *Argula von Stauffen*, »Wie eyn Christliche fraw des adels in Beiern ... die hohenschul zů Ingoldstat ... straffet«, 20.9.1523, in: Köhler Fiche 285, Nr. 819.
101. Ebd.
102. *Sebastian Lotzer*, »Ain außlegung vber dz Euangelium ... Math. am xxij ...«, 1524, in: Lotzers Schriften (wie Anm. 79), S. 75-81, hier: S. 76.

zergeen der klainest bůchstab noch ain tytel vom gesatz, biß es alles geschehe ... Yr solt nit wenen, das ich kummen byn, das gesatz oder die propheten aufftzůlößen, sonder zů erfüllen.«[103] *Cronberg* präzisiert: »Wir finden clerlich ym heiligen Euangelio, was die werck vnd gebot gottis seint, die vns Christus gebeut vnd verbeut, vnd derhalben alle lere vnd gesetze von den menschen erdacht, die sich nicht gantz vest auf Christus weg vnnd lere ziehen, die seint gewisslich widder Christum.«[104] »Was ich dir gebeüt, spricht Moses, das solt du allain thůnn dem herren, nicht zůleg noch minder im kain dinng ... Habent Got lieb, behůttent seyn gebott« (*Rychsner*).[105] Die Schrift ist die Grundlage von Heilslehre *und* Ethik.[106]

2.2 Die Individualethik

Es erfolgt eine klare Ethisierung der guten Werke, die als solche nicht verworfen, sondern für heilsrelevant erachtet werden. Alle neun Autoren verstehen das Evangelium auch als lex. »Ein new gebot gib ich euch/,« zitiert Hans *Sachs* Johannes 23, »das ir euch vnder einander liebet/ wie ich euch gelibt hab«.[107] Denn nur »wer lieb hat/ der ist von got geborn/ vnd kennet got/ wer nit lieb hat kennet got nit/ wan got ist die lieb/ vnd wer in der lieb bleybt/ der bleibt in got/ vnd got in im. Derhalben mag ich wol zu euch sagen/ wie Christus zun Juden. Johannis .viij. Wenn ir Abrahamskinder weret/ so theten ir die wercK Abrahe.«[108] »So ist das new gesetz allenthalten vol lieb, lieb, lieb.«[109] *Ziegler* spricht ebenfalls vom »Gesetz der Liebe«[110]: »dann du solt al menschen lieben als dich selbs; schüß din narung zusamen, bring es den armen«.[111] Für alle gilt die goldene Regel: «Was du wilt, das dir geschehe, thů auch ein andern« (von *Stauffen*).[112]

103. *Lotzer*, Beschyrmbůchlin (wie Anm. 79), S. 66.
104. *Hartmuth von Cronberg*, Sendbrief an Franz von Sickingen, 13.10.1521, in: Schriften Cronberg (wie Anm. 74), Nr. II, S. 9-17, hier: S. 10.
105. *Rychsner*, Unterweisung (wie Anm. 75), S. 425.
106. Ebd., S. 423: »Als ich dann hoff, das er [= der Satz, wir seien alle Brüder und Schwestern] durch dise der hayligen geschrifft sprüch unnd wort Gottes gnůgsam bewert sey.«
107. *Hans Sachs*, »Ain gesprech eins Evangelischen christen/ mit einem Lutherischen ...«, 1524, in: *Seufert* (Hg.), Wittenbergisch Nachtigall (wie Anm. 78), S. 119-141, hier: S. 127.
108. Ebd., S. 139.
109. *Hans Sachs*, »Ein Dialogus ... den Geytz ... betreffend«, 1524, in: *Seufert*, Wittenbergisch Nachtigall (wie Anm. 78), S. 93-117, hier: S. 106, Z. 275f.
110. *Ziegler*, Schön büchlin (wie Anm. 87), S. 30-36, hier: S. 31.
111. *Clemens Ziegler*, »Ein kurtz Register ... was abgötterey sey ...«, 2.-24.6.1524, in: Quellen Täufer (wie Anm. 72), Nr. 6, S. 8-10, hier: S. 8.
112. *Stauffen*, Eine christliche Schrift (wie Anm. 70), S. 922.

Der entscheidende Unterschied zwischen der alten und der neuen Lehre ist für *Cronberg* nicht, daß statt der Werke der Glauben zählt, sondern daß an die Stelle der »äußerlichen Werke«, die von Menschen erdacht worden sind, die Werke der Nachfolge Christi treten.[113] Verworfen werden alle rituellen, monetären und ohne Glauben getanen Werke wie Stiftungen und Wallfahrten[114]; »gott hat keyn gefallen dar ynn, das wir wallfarten suchen vnd die heyligen anrueffen vnßer sund halben«.[115] »Das heilig euangeli vnd die lere Cristi zeügt sich allenthalben vff die süsse brůderliche liebe.«[116] Die Gnade Gottes wird alles wenden und wird »dar durch lichtlich aller eygen nutz gekehrt werden in die brůderliche liebe: dardurch wir bewegt mere vor vnsers nechsten nottorfft zůsorgen, dan vor vns selbst. Dardurch wir werden erlangen die gnad vor gott: das wir durch die liebe gegen got vnd vnserm nechsten werden selig syn, hie zytlich vnd in dem hymelischen Rych ewiglich«.[117] Hier hört man schon den »verdienstlichen Ton«, der häufig anklingt und später thematisiert werden soll: Durch die evangelischen Werke erlangen wir am Jüngsten Tag das ewige Leben.

»Was spricht Osee der heilig prophet [Hos. 6, 6] in der gestalt Gottes?,« fragt *Marschalck,* »Ich wil eür opffer nit haben. Ich wil die barmmhertzigkait zů dem armen«.[118] Er wiederholt: »Ich will die barmmhertzikait zů dem nechsten dem armen und nit daz opfer von eüch haben.«[119] Und noch einmal: »Ich will die barmmhertzigkait und nit daz opfer.«[120] Tue die Werke der Barmherzigkeit, die Elenden beherberge, die Nackten kleide, die Hungrigen und Durstigen speise und tränke! »Das wil er unnd kayn anders von dir haben, darinn wirt er alle welt richtten, da richt dich nach unnd kain anders, dann er sprichtt [Matth. 25, 40]: Was ir dem mynsten inn meynem namen thůnd, das habt ir mir gethon«.[121]

Spengler fährt fort: »Da sehen wyr nu, das der glawb und vertraw zů Got on die lieb gegen dem nehsten nymmer mehr stehen mag. Dann wann ich Gott recht vertraw, ßo hab ich yhne auch von hertzen lieb, die weyl ich keinem vertrawen mag, ich lieb yhne dann zuvor. Lieb ich yhne, so vleyß ich mich seynen willen zu

113. *Cronberg,* Sickingen (wie Anm. 104), S. 10f.
114. Ebd., S. 11.
115. *Hartmuth von Cronberg,* An die Einwohner von Cronberg, 6.3.1522, in: Schriften Cronberg (wie Anm. 74), Nr. IV B, S. 41-51, hier: S. 49.
116. *Cronberg,* Walther von Cronberg (wie Anm. 85), S. 26.
117. Ebd., S. 31. Vgl. Ebd., S. 28: »Aller eigner nutz würt verwandelt werden in die aller süsseste brůderliche liebe ... die cristlich brůderlich liebe mach die vnentlich Zuristerey nit erlyden, in welcher keyn endschafft zůfinden ist«. Die Klage über die Gerichtsbarkeit, die nur ihren eigenen Vorteil suche, auch S. 29 ausführlich weitergeführt.
118. *Marschalck,* Spiegel der Blinden (wie Anm. 88), S. 143.
119. Ebd., S. 146.
120. Ebd. – unmittelbar nach der eben genannten Stelle.
121. Ebd., S. 143.

volbringen. Seyn will aber ist, seyne gepott zu hallten ... unnd dem nehsten umb sonst huͤlfflich zu seyn, wie er uns umb sonst und auß lautter gnad und barmhertzickeyt on alle unßer verdienst ym glawben selig macht. Wo nu diße lieb oder werck gegen dem nehsten nicht sind, do ist der glauwb ... todt und eyn paum on frucht, der nach den worten Christi ym evangelio außgehauwen und ynn das fewer geworffen werden sol. Und welcher christen mensch kan sich on diße frucht eynichs warhafften glawbens beruͤmen?«[122] Das hat – wie bei Cronberg und Marschalck – sogar Heilsrelevanz: »Wollen wy nu selig werden, so ist von noͤtten, yhne und seinem heyligen wortt alleyn zu volgen.«[123]

Die Liebe bewirkt Brüderlichkeit. In den Worten *Lotzers*: »wir seyen all bruͤder vnd schwester ynn der gantzen christenhayt vnd schuldig bey vnser seel hayl für ainnander zebitten vnd alles, so wir guͤts wircken, sol als in die gemainschafft aller christen verordnett werden: das ist die ainig recht bruͤderschafft ... das hoͤret, das wir bruͤder vnder ainander seynn, vnd eynander seyen schuldig guͤts thuͤn«.[124] Lotzer betont, daß die Werke als solche die Seligkeit nicht verdienen.[125] Dennoch sind sie geboten und für die auch haltbar, denen Gott die Kraft verliehen hat.[126]

Aber »Wo ist Christus ler ietz hinkon, Die allzit uf die liebe zeigt, Dass man dem armen sig geneigt, Zů hilf ze kummen in sinen nöten?«[127] »Lond pfaffen reden, was und wie sie wend, Ja wenn wir sunst armen huslüten gend [= Unterstützung geben], Unseren nachpuren, deren vast vil sind Arm, ellend und krank und hand ouch kind: Das gevalt am allerhöchsten gott, Es sind ouch sine gheiss und gebot. Christus, do er uf ertrich was, Do tet und hielt er alles das, Das gott hat geboten nach dem gsatz.« (*Manuel*)[128]

Die Mängel in der gesellschaftlichen Ordnung, besonders die Habgier und der Eigennutz, haben eine Entsolidarisierung bewirkt, die diametral gegen Gottes Gebot der Nächstenliebe steht: »Hab Got lyeb auß gantzem hertzen, auß gantzer seel, auß gantzem gmůt, von all deinen kreften, und den nechsten als dich selbs [Matth. 22, 37-39; (*Marschalck*)]. Er spricht: den nechsten, den nechsten. Merck da eben auff, vergyssz des nechsten nit! ... Hiemit wurd kainer von dem andern betrogen oder gehaßt, weder mit wechßlen, kauffen unnd verkauffen, unnd hulff ainer dem andern, der reich dem armen, der arem dem reichen, und erwůchs ain

122. *Lazarus Spengler*, Die Hauptartikel, durch die gemeine Christenheit bisher verfürt worden ist, 1522, in: *Laube, Schneider, Looß* (Hgg.), Flugschriften (wie Anm. 70), Bd. 1, S. 156-185, hier: S. 169f.
123. Ebd., S. 173.
124. *Lotzer*, Horb (wie Anm. 80), S. 33f.
125. *Lotzer*, Beschyrmbuͤchlin (wie Anm. 79), S. 53.
126. *Lotzer*, Horb (wie Anm. 80), S. 37.
127. *Manuel*, Papst (wie Anm. 73), S. 56.
128. Ebd., S. 78f.

rechte brůderlyche lieb ... Dann an den früchtten erkendt man dem bom. Dann welcher bom nit gůt frücht tregt, der wirt außgereüt und inß feür geworffen«.[129] Wieder taucht die Idee der Vergeltung auf, und zwar in den gleichen Wendungen wie bei Spengler.
Auch *Rychsner* vertritt die Ansicht, daß wir uns an unserer Nächstenliebe messen lassen müssen, denn was wir dem Geringsten tun, tun wir Christus.[130] »Er will, man soll dem armen helffen unnd nit den grossen herren, dye vorhin vol unnd fawl zapffen seynd. Den nackenenden, hungerigen, dürstigen, krancken, gefanngen, bey denen will Christus, das wir unnser saͤligkayt sůchen, unnd nit bey den fawlen bůben.«[131]

2.3 Die Politische Ethik

Konsequenzen für die politische Ordnung ziehen acht Autoren deutlicher (Spengler, Sachs, Lotzer, Manuel, Cronberg, Ziegler, von Stauffen und Marschalck). Zentral für den Argumentationsgang ist dabei das Fehlen einer Zwei-Regimenten-Lehre. Wie der einzelne Mensch Christ und Bürger zugleich ist, so ist auch die Obrigkeit in ihrem Amt zur Durchsetzung der christlichen Gebote verpflichtet.
Spengler bewegt sich in Richtung auf ein reformatorisches »Einheitsmodell der civitas christiana«.[132] Die Ordnung des Diesseits konnte nur tragfähig sein, wenn sie christlich war, denn nur dann konnte sie Gott gefallen und seinen Segen genießen.[133] Spengler betont, daß man der Obrigkeit gehorchen muß, er ruft aber auch den Regierenden ins Gewissen. »Es ist ye offenbar vnd ligt am tag, das bey den heiden nit so ein vnordenlich Regiment erfunden würdt, als bey vns die sich Christen ruͤmen. Dann da bedenkt kein Regent, das er ander zů gut vnd nutz lebe, sondern jme selbs. nyemand wil zůhertzen fuͤren, warumb jne got zů einem obern verordnet habe, vnd das nit land vnd lewt sein sind, sondern das er des lands vnd vnderthanen sey, den er auch sein verwaltung vnd regierung zů nutz vnd gutem fuͤren soll.«[134]
Konkretisiert wird diese Forderung einmal im wirtschaftlichen Bereich, dann in Richtung auf eine strengere Sittenzucht. Besonders die Habgier, die sich im Fürkauf ausdrückt[135], wird von *Sachs* angegriffen. Die im Fürkauf manifeste Haltung des Eigennutzes, so hier die Kritik an einer halbherzigen Reformation aus dem

129. *Marschalck*, Spiegel der Blinden (wie Anm. 88), S. 136.
130. *Rychsner*, Unterweisung (wie Anm. 75), S. 423.
131. Ebd., S. 436.
132. *Hamm*, Lazarus Spengler (wie Anm. 92), S. 135.
133. *Hamm*, Bürgertum (wie Anm. 34), S. 156.
134. *Spengler*, Verantwortung (wie Anm. 68), S. 375.
135. *Sachs*, Geytz (wie Anm. 109), S. 99.f.

Mundes des Romanus, eines altgläubigen Kritikers, widerspricht der Idee der Nächstenliebe.[136] Die gesellschaftlichen Mißstände sind offenbar: »secht wie Pawren/ Hantwerksleüt/ so aygennützig seind/ vnd zeucht yeder in seinen sack/ vnd ist des neyden/ hassen/ rechten/ fechten kain endt bey jn/ wöllen dannocht all gůt Ewangelisch sein/ vnd ist alles vol geytz ... vom minsten biß zum maisten«.[137]

»Die welt ist hart verstrickt in zeitlichem wolust mit übel gewynnung der zeitlichen gůter, ... und ist alles mit beßem geytz überlauffen. Mancher beschwert und verderbt hart seynen eben menschen und chrystlichen brůder, dadurch er groß gůt zů im bringt und auf ain hauffen zeücht, darinn er groß ding wyrckt.« (*Marschalck*)[138] Die Welt ist voller Betrug, Hoffart, Unkeuschheit, Gottlosigkeit, ohne Demut, Gedult, Ehrbarkeit und »brůderliche liebe, da wechßt neid, da haß, da geytz und vil neben flüssender sünd«.[139]

Lotzer fordert mit der Unbedingtheit der lex evangelica, Wucher solle bekämpft werden.[140] Überhaupt müsse alles in christlicher Weise neu geregelt werden. Die Obrigkeit muß die Habgier als das größte Übel gegen die Nächstenliebe strafen.[141] Lotzer vertritt klar den Obrigkeitsgehorsam.[142] Doch muß diese Obrigkeit sich christlich verhalten.[143] »Dann ain ersame gmaine begert nichts anders, dann was götlich vnd recht ist. wa ain ordenliche oberkait, wie sie genennt mag werden, nach dem selben handlet, wyrt man jnen geren vnderthenig vnd gehorsam seyn, wa nit, wirdt der spruch genommen Actuum 5.: man můß got mer gehorsam sein, dann dem menschen.«[144] »Dann ain christliche oberkait fürcht sich nit zů straffen das übel«.[145] Er droht: Gott »hat die gewalttigen von dem stul gestossen vnd die nidrigen erhaben etc. ... alles, was jn der welt ist, nemlich die lust des flaisch vnd lust der augen vnd hochmůt der gütter, ist nicht vom vater sonder von der welt. vnd die welt vergeet mit jrer lust, wer aber den willen Gotes thůt, der bleibt in ewigkait«.[146]

Niklaus *Manuel* betet: »Erlücht uns alle durch dinen geist, Die oberkeiten ouch allermeist, Dass sie die schäfli füerind recht Und sich erkennind dine knecht

136. Ebd., S. 103, 106f.
137. Ebd., S. 110f.
138. *Marschalck*, Spiegel der Blinden (wie Anm. 88), S. 133.
139. Ebd., S. 133f.
140. *Sebastian Lotzer*, »Ain christlicher sendbrief ...«, 1523, in: Lotzers Schriften (wie Anm. 79), S. 36-47, hier: S. 43 – bes. gegen die Juden gewendet.
141. *Sebastian Lotzer*, »Entschuldigung ainer Frummen Christlichen Gemain zů Memmingen ...«, 1525, in: Lotzers Schriften (wie Anm. 79), S. 75-81, hier: S. 84.
142. *Lotzer*, Horb (wie Anm. 80), S. 34f. Vgl. *Ders.*, Beschyrmbůchlin (wie Anm. 79), S. 72. So auch *Ders.*, Memmingen (wie Anm. 141), S. 82.
143. *Lotzer*, Memmingen (wie Anm. 141), S. 83.
144. Ebd.
145. Ebd.
146. Ebd.

Und nit selb weillind herren sin«.[147] Die Obrigkeit ist zu Reformen dringend aufgerufen, weil Verstöße gegen alle Zehn Gebote grassieren.[148] »Wer ist aber schuldig daran? Die oberkeit, es lit inen nüt daran! Sie lůgend nit in das spil, ... Aber was wir förchtend, das wirt uns werden Und darzů ewigklich verderben«.[149] Manuel fordert strenge Zucht und die Verfolgung unchristlichen Verhaltens: daß »das übel gstrafet werd Und abgestellt all schantlich berd. Man soll nit liden alles schweren, Mit ganzem ernst sol man dem weren; Wer schwert, dem sol man zungen rissen, so wurd man sich wol anderst flissen Und us der bösen gwonheit kommen, Die üch sunst nimmer wirt genommen.«[150] Fort und fort häuft Manuel Klagen gegen die innere Verderbtheit und Sittenlosigkeit der Welt[151], fast verzweifelt fordert er ein Eingreifen der Obrigkeit, »Damit gestraft werd gross und klein ... Damit dass gott hab wolgefallen Ab einem ieden und ab allen: so wirt man sehen, dass gott lebt, der allen übel widerstrebt«.[152]

Ziegler verlangt in ähnlicher Weise von der Obrigkeit, christliche Ordnung zu machen, z.B. das Spielen zu verbieten[153]: »Ir öberen nemet der geschrifft wol war, sy weyßt eüch alle ding, Josue 1 [7 f.].«[154] Der Befehl Gottes, besonders zu diesen letzten Zeiten, die nun angebrochen sind, muß in die Tat umgesetzt werden. In der Auslegung des Vaterunsers verdichtet sich die Vorstellung einer Gesellschaftsreform bei der Bitte »Zukum vns dein reich«.[155] Wenn die Obrigkeiten ihre Aufgabe nicht erfüllen, fallen sie aus der christlichen Gemeinschaft. »O ir widerneckigen vnd ir thirannen, die dann solchs thunt [nämlich Luther und damit Christus einen »buntschuher« nennen], meinet ir, das die thirannen ... vmbsunst seind geschriben in der bibel ...? Nein, fürwar sye sind ... ein warnung, das wir erkennen die yetzigen wüterigen ..., die widerstreben dem heyligen geist, welch sünd nit mag vertzigen werden«.[156] Konkretisiert wird die Gesellschaftsreform im Imperativ »Dein will gescheh«.[157] Aber auch die Bitte, uns von dem Übel zu erlösen, ist eine Subnorm der Forderung, Gottes Willen müsse verwirklicht werden: »spilen, brassen, huren vnnd die lüt dratzen [= schädi-

147. *Manuel*, Papst (wie Anm. 73), S. 102.
148. *Niklaus Manuel*, Klagred der armen Götzen, 1528, in: *Bächtold* (Hg.), Manuel, S. 237-253, hier: S. 245f. und 248f.
149. Ebd., S. 248.
150. Ebd., S. 250.
151. Ebd., S. 245-254 ununterbrochen.
152. Ebd., S. 252.
153. Vgl. dazu auch *Ziegler*, Von der seligkeit (wie Anm. 72), S. 571.
154. *Ziegler*, Register (wie Anm. 111), S. 9.
155. *Clemens Ziegler*, »Ein fast schöne vszlegung vnd betrachtung des ... Vatter vnser ...«, Anfang Frühjahr 1525, in: Quellen Täufer (wie Anm. 72), Nr. 25, S. 36-39, hier: S. 36.
156. Ebd., S. 36f.
157. Ebd., S. 37.

gen]« müssen bekämpft werden[158], »denn ein rechter christ trutzt niemant, er spielt nit, er ludert nitt beym wein, er hurt nit, er gibt von im was man nit entberen wil, wie in Christus glert hat«.[159]
Cronberg droht Gottes Strafe über Deutschland an, wenn sich die Obrigkeiten nicht zu Gott bekehren: So »sehe ein yegliche oberkeit zů im selbs, das er der maß gegen seinen vnderthanen handel, domit er das gegen gott dem almechtigen oberen, getrawe zůuerantworten; Welcher oberer sölichs nit wol bedenckt, der würdt finden, das im nützer eines seuhirten ampt gewesen were, die herschung sey wie gůtt sy wöle.«[160] Von *Stauffen* klingt wie ein Refrain: »Gott schiks zů besserung/ damit sy nit in jrer herligkait als Pharao verderben/ vnd die Fürsten in jren radtschlegen/ das wort gottes begreyffen/ nit das jn das wort gottes vnder worffen soll seyn/ sonder sy dem selbigen getrewen vnd gewysen wort Gottes«.[161]

2.4 Die Vergeltungslehre

Der juridische Charakter der evangelischen Gebote verlangt nach einer Pönformel. Und in der Tat begegnet die Vorstellung, Gott strafe und belohne die Menschen nach ihrem Gehorsam seinen Geboten gegenüber, häufig. Acht Autoren gehen ausdrücklich darauf ein (Spengler, Sachs, Lotzer, Manuel, Cronberg, von Stauffen, Marschalck, Rychsner). Ziegler streift das Thema nur.
»Dann wie konndt ich doch glauben, das mir der, den ich so groblich on unnderlaß belaidig und davon auffzuhörn nit willens pin, sollt gnad mittailen und die straff der ubertrettung nachlassen, der ich nit gedenk abzusteen?« (*Spengler*)[162]
Wenn »der todt herzůgeet vnd gottes zorn vnd gericht vor augen erscheint«[163], werden nur diejenigen, die auf Gottes Wortgebaut haben, eine befriedigende Antwort geben können.[164] Z.B. wird derjenige, der sich nicht zu Christus bekehrt, sondern der alten Lehre anhängt, in Gott »gewißlich eynen strengen richter finden.«[165]

158. Ebd.
159. Ebd., S. 38.
160. *Hartmuth von Cronberg*, Treue Vermahnung an alle Stände und Gesandten auf dem Reichstag zu Nürnberg, 26.11.1522, in: Schriften Cronberg (wie Anm. 74), Nr. VIII, S. 95-101, hier: S. 95.
161. *Stauffen*, Adam Thering (wie Anm. 70).
162. *Lazarus Spengler*, Stellungnahme zum rechten Verhalten angesichts der Türkenbedrohung, nach 28.3.1522, in: *Ders.*, Schriften (wie Anm. 68), S. 244-254, hier: S. 248, Z. 18-20.
163. *Spengler*, Verantwortung (wie Anm. 68), S. 357.
164. Ebd., S. 358f.
165. *Spengler*, Hauptartikel (wie Anm. 122), S. 160.

Die Urteilsgrundlage im Jüngsten Gericht sind die Werke der Nächstenliebe. Das allernötigste Werk, »das Christus fodern [sic] wirt am letzten vrtayl/ math. xxv. [sind] nemlich die wercк der barmhertzigkayt/ Jch bin hungerich gewest/ vnd ihr hant mich nicht gespeiset etc.« (*Sachs*).[166] Es ist aber nicht das äußerliche Werk, sondern die Gesinnung, die über Heil oder ewigen Tod entscheidet.[167] »Derhalb vrtailt got nach dem hertzen«[168], nicht nach »eüsserlichen ertichten wercken«.[169] Wer aber keine guten Werke tut, kann nicht erlöst sein. Der Kontext der Vergeltungstheologie wird nicht verlassen. »Die gotlosen aber [weiß Gott] zum tag des Gerichts zů peinigen.«[170]
Auch nach *Lotzer* will Gott »an dem iungsten tag nichts hefftigers erfordern dann dye sechs werck der barmhertzigkayt«.[171] Jeder Mensch wird an diesem Tage »rechnung« für sich geben.[172] Christus wird uns am Maß unserer Barmherzigkeit seine Barmherzigkeit zumessen.[173] Wer die Werke der Barmherzigkeit getan hat, wird auf die Rechte, wer sie unterlassen hat, auf die Linke geordnet werden »in ewyge verdamnus«.[174] Gott richtet nicht die Werke als solche, sondern die Kraft des Glaubens in ihnen.[175] Die Werke aber sind die »Bemessungsgrundlage«. Besonders wichtig wird sein, ob der Mensch der rechten Lehre angehangen hat.[176] »Sodomer vnd Gemorer werd es treglicher ergeen am iungsten gericht, denn solcher stat, da sein wort nit angenommen wirt. O ernstlicher gestrenger rychter! wie wellen wir vor dir beston? wie vil findt man der menschen, die nit allain dein gȍtlich wort nit annehmen, Sonder alle die, so es annemen, auff das hȏchst verschmehen vnd verfolgen?«[177]
In *Manuels* Spiel »Vom Papst und seiner Priesterschaft« greift Petrus höchst persönlich in die Diskussion ein: »Einiger gott und gewaltiger herr, Der gibt den himmel und sunst niemand mer, Der wirt belonen gůts und bös; Gloub nit, dass man's mit gelt ablös!«[178] »Gott wirt nit am jungsten tag erfragen, Wer hab zů sant

166. *Hans Sachs*, »Ein gesprech von den Scheinwercken der Gaystlichen...«, 1524, in: *Seufert* (Hg.), Wittenbergisch Nachtigall (wie Anm. 78), S. 73-92, hier: S. 81.
167. Ebd., S. 87.
168. Ebd., S. 85.
169. Ebd., S. 87.
170. *Sachs*, Geytz (wie Anm. 109), S. 115.
171. *Lotzer*, Horb (wie Anm. 80), S. 34. So auch *Ders.*, Beschyrmbůchlin (wie Anm. 79), S. 52.
172. *Lotzer*, Sendbrief (wie Anm. 140), S. 40.
173. *Lotzer*, Beschyrmbůchlin (wie Anm. 79), S. 51: »Laßt vns ain ander barmhertzigkait beweysen, so wirdt vns Christus auch barmhertzigkait ertzaigen, dann mitt wȏlcher maß wir messen werden, mit der selben wirt vns Christus auch messen etc.«
174. Ebd., S. 53.
175. Ebd., S. 55f.
176. *Lotzer*, Sendbrief (wie Anm. 140), S. 40.
177. Ebd., S. 43.
178. *Manuel*, Papst (wie Anm. 73), S. 90f.

Peters münster tragen; Aber nach den werken der barmherzikeit, Darvon hat uns Cristus selber geseit – Da wirt er fragen, öb man sie hab getan, Den armen nit turst noch mangel gelan, die nackenden bekleit, die gefangnen tröst. In summa brüederlich liebe ist das gröst.«[179]

Cronberg faßt sein Evangeliumsverständnis in das Bild des Solddienstes: Gott hat uns angeworben und das ewige Leben als schönsten Lohn verheißen. Alle, die sich nicht gewinnen lassen, werden der Rache und dem Zorn Gottes anheimfallen: die »sollen wissen, das der allmechtig herr, seynen grausamen zorn vnd gerechtigkeyt vber sie ergehen würdet lassen an dem leyb vnd gut zeytlich vnnd yre Seelen mit der ewigen hellischen strafe verdammen vnnd verurtheylen«.[180] In der »Vermahnung an die Eidgenossen« greift Cronberg das Bild Gottes als »Soldatenkönig« wieder auf[181]: Wer Gottes Ruf zwar annimmt, dann aber »sollichen artickels brief nit hallten würdet, Der mag sich fry versehen, das er von dem obresten hymelischen herrn vnd hauptman außgemustert werden soll.«[182] Gottes Platz bleibt auf dem Richterstuhl. »Vnd ist die ewige belonung vnd die ewige straff meer zuachten dann die zeytliche vergenglich belonung oder straff.«[183] Es bleibt ihm bewußt, »gott achtet nit die vile der vsserlichen werck der gebrenge oder langer gebet, er wil ein gůt hertz haben, das heyßt warhafftig das reich gottes gesůcht«.[184] Es geht also auch ihm um einen Sinnes- und Gesinnungswandel. Das Herz im Vollzug der von Christus gebotenen Werke der Liebe, das ist es, was Gott will und urteilt.

Die Idee, Gottes Heil sei ein Angebot, das man annehmen oder ablehnen könne, begegnet bei *Marschalck*: »Wer sy aber nit annemen, nit erkennen, und verachten wil, wee im, wie dan in Deu. am XXVIII. c. [5. Mose 28, 1-68] von Cristo hart getreet [= gedroht] wirt, welcher seine wort und gebot nit behütet, sonder verachtten thůt, wie er von Got verflůcht wirt mit aller seiner niessung der erden, und mit widerwertigkait alles gelücks himlisch und yrdisch etc. Welcher aber sein gebot halt, liebhat und leert, waz grossen segen er von Got enpfacht, waz gnad und glück im Got verhaißt und zů sagt etc.«[185] Lebst Du in der Liebe, »so wirt dir Got die rechte belonung warlich geben.«[186] Darin wird er nicht die Taten

179. *Niklaus Manuel*, Der Ablaßkrämer, 1525, in: *Bächtold* (Hg.), *Manuel* (wie Anm. 73), S. 112-132, hier: S. 116f.
180. *Hartmuth von Cronberg*, Antwort auf Luthers Missive und die Bestallung, 14.4./29.5.1522, in: Schriften Cronberg (wie Anm. 74), Nr. V, S. 61-73, hier: S. 71.
181. *Hartmuth von Cronberg*, Treue Vermahnung an die Eidgenossen, 9.12.1522, in: Schriften Cronberg (wie Anm. 74), Nr. IX, S. 102-107, hier: S. 102.
182. *Cronberg*, Luthers Missive (wie Anm. 180), S. 71.
183. *Cronberg*, Walther von Cronberg (wie Anm. 85), S. 27.
184. Ebd., S. 22.
185. *Marschalck*, Spiegel der Blinden (wie Anm. 88), S. 129.
186. Ebd., S. 144.

als solche richten, sondern »er wil dein hertz und dein seel haben«.[187] Er richtet also nach der Gesinnung im Tun, nach der »Hitze« der Liebe in ihnen.

Undeutlicher sind die gedruckten Quellen für *Ziegler*, der ja bekanntlich in seinen späten Werken eine Allerlösung vertritt und deshalb möglicherweise schon in den frühen Schriften keinen Vergeltungsgedanken formuliert. Im Zusammenhang seiner Abendmahlsdeutung spricht er aber doch davon, was zum Christen macht und zum Leib Christi vereint, also die »Schafe« von den »Böcken« scheidet: Der Christ »ergibt sich dahin ..., das er mög leben in dem willen gotes nach aller vermüglichkeit seiner blöden krancken natur, wo dann solchs geschicht in des menschen hertz ..., wann solche gedancken in ym erfunden werden ..., so niesset der mensch gewißlich den leib vnd das blut Christi, vnd ob schon kein priester, kein altar, noch kein eüsserlich zeichen nimer da ist«.[188]

Der Verlust des Heils durch Nichtbefolgung der Gebote wird – wie bei Cronberg – auch bei *Rychsner* angesprochen: »Wer übertryt und bleybt nit in unser ler oder leer Christi, der hat kayn Got, wer aber in der ler Christi bleybt, der hat den vatter und den son ... Bleybent ir in meiner red, so werdent ir meine junger, und die warhayt erkennen ... Die weyl sy aber fallent von Gott unnd seynd botten des teuffels, so geb in der teuffel iren lon.«[189]

Den Fürsten droht Gott in den Worten Argulas von *Stauffen*: Gib »rechnung von deiner maierschafft ... was sagt gott Osee am 8. Sy haben regiert/ vnd nitt auß mir/ sy waren Fürsten/ vnd ich erkenn sy nit«.[190] Sie erläutert, Christus werde den vor dem Vater bekennen, also den Weg des Heils gehen lassen, der ihn vor den Menschen bekannt habe.[191] Wer das aber nicht tue, werde auch nicht belohnt werden.[192]

3. *Die Wandlungsidee als Bindeglied*

Die Laien betonen also einerseits die evangelischen Werke als Grundlage des göttlichen Richterspruchs und andererserseits die Rechtfertigung sola gratia. Einen Widerspruch zwischen beiden Positionen empfinden sie nicht. Diese Tatsache ist wichtig, weil sie das »Entweder-Oder«, das die Forschungskontroversen

187. Ebd.
188. *Ziegler*, Schön büchlin (wie Anm. 87), S. 30-36, hier: S. 33f.
189. *Rychsner*, Unterweisung (wie Anm. 75), S. 432.
190. *Stauffen*, Adam von Thering (wie Anm. 70).
191. *Stauffen*, Eine christliche Schrift (wie Anm. 70), S. 919 – ein Zitat aus Matth. 10, 32-33.
192. Das gleiche Motiv auch in der Schrift *Stauffen*, Christliche fraw (wie Anm. 100): »Wer mich bekent vor den menschen/ den bekenn ich auch vor meinem himlischen Vatter. Vnd Luce 9. Wer sich mein schembt vnd meiner wort/ des wird ich mich auch schemen so ich komm in meiner maiestät etc.« Kürzel werden aufgelöst.

über die Reformation prägt, in einem »Sowohl-Als-Auch« aufhebt. Doch ist dieses Ergebnis allein noch nicht befriedigend. Denn es hinterläßt den schalen Geschmack, als stünde hier Unverbundenes und schwer Harmonisierbares nebeneinander.
Es gibt eine Brücke zwischen ethischem Rigorismus und sola-gratia-Idee. Sie gründet bei den Laien-Autoren wie bei Luther in einer nicht nur forensischen, sondern auch sanativen Rechtfertigungslehre. Die »iustificatio« wird bei allen neun Laien und in den Schriften Luthers, die vor 1525 als Rezeptionsgrundlage vorhanden waren, nicht nur als Gerecht*erklärung*, sondern auch als Gerecht*machung* verstanden. Der Mensch wird durch Gottes Gnade ein Gerechter, »iustus«, der nun fähig und verpflichtet ist, rigoros ethisch zu handeln, behindert durch sein verbliebenes Sünder-Sein, doch verwandelt durch die heilende Kraft des göttlichen Zuspruchs.

3.1 Die Wandlungsidee bei den Laien-Autoren

Deutlich ist die Wandlung oder sanative Rechtfertigung bei Hans *Sachs* formuliert: Wer »den worten von hertzen trawt Die jm Christus hat zů gesagt Vnd sich on zweyffel darauff wagt Der selb mensch new geboren hayst Auß dem fewer vnd haylgen gayst Vnd wirt von allen sünden rayn Lebt in dem wort gottes allain ... Wer also ist im gayst verneyt [= erneuert] Der dient gott im gayst vnd warheyt Das ist das er got hertzlich liebt Vnds sich jm gantz vnd gar ergiebt«.[193] Es kommt zu einer »widergeburt/ vnd verneürung des heyligen geists«, der nun in uns wohnt.[194] Der Mensch gewinnt damit einen neue innere Kraft zum Guten. Der Sünder wird fähig, Gottes Gesetz zu erfüllen.[195]
Wer aus der Gnade Gottes glaubt, der ist nach *Rychsner* »auß Got geborn«.[196] *Lotzer* verknüpft diese Idee mit der Liebe: »so wir vns vnder ainander lyeben, so bleibt Gott in uns«.[197] Der Mensch wird durch den Glauben verwandelt, das Wort ist die Kraft Gottes, die in denen wirkt, denen er sie schenkt.[198] Denn das Wort ist der Samen, aus dem die Frucht wächst. Er wurzelt in das Herz der Menschen ein und wirkt so in ihnen ein neues Wesen, nämlich die Fähigkeit zu gutem Tun. Die Vorstellung, durch die Gnade wohne Gott in uns ein, kommt auch bei *Cronberg* zur Sprache: An Papst Hadrian schreibt er 1523 in bezug auf die Feinde des Evangeliums, »das gott in den selbigen menschen nit haußet oder

193. *Hans Sachs*, Die Wittenbergisch Nachtigall (wie Anm. 78), S. 29.
194. *Sachs*, Schuchmacher (wie Anm. 94), S. 53.
195. *Hamm*, Bürgertum (wie Anm. 34), S. 214-218.
196. *Rychsner*, Unterweisung (wie Anm. 75), S. 423.
197. *Lotzer*, Beschyrmbůchlin (wie Anm. 79), S. 50.
198. *Lotzer*, Sendbrief (wie Anm. 140), S. 37.

wonet, wilche mehr forchten den gewalt der welt, dan gott«.[199] Mit denen, die sich bekehren, wird »ein grosse verwandlung geschehen, der eygen nutz würt sich durch die gnad gotts verwandlen in die suͤsse bruͤderliche lieb«[200]; »daruff wurd vns yn dem euangelio weytter angetzeygt, der eynig recht artzt Christus Jesus, welcher sich gegen allen sundern mit der maß erbeut, das eyn igklicher der seyn wort horet, vnd dem glaubt, den will er als bald gesunt vnd selig machen.«[201]
Manuel nennt Christus in ähnlicher Analogie zum Bild des Arztes »Heilmacher der Welt«.[202] Uli Rechenzahn, der Hurer, ruft in dem Spiel »Elsi Tragdenknaben« aus: »Küni Süwtrog, ich bin bekehrt! Du hast mich trüwlich gelert. Die wort die hand mer gwürkt an mir, Den wärend der pfaffen noch vier. Das gottswort dringt durch's herz hinin«.[203] Die Sünder wandeln sich schlagartig in Gotteskinder, geloben einander Treue bis in den Tod, lobpreisen Christus in Worten und – so steht zu erwarten – im Leben durch Besserung, immer dankbar und immer sehnsüchtig rufend: »Send uns, herr, dinen heiligen geist, Dass er uns sterk im glouben hie!«[204] Die Botschaft der Liebe steckt an, so daß alle Feinde am Ende Freunde werden.[205] Das Motiv, durch den Glauben senke sich Gottes Kraft in den Menschen, begegnet häufig, so auch bei von *Stauffen*. Sie ruft den Altgläubigen zu: »Wer auß Got ist/ der hoͤrt das wort Gottes/ daruͦmb hoͤret ir es nit/ ir seyt nit auß Got«.[206] Die heilende Kraft des Wortes macht uns neu.[207] Der Mensch wird nach Clemens *Ziegler* durch das Wort verwandelt: »wo dann der heylig geist ist, da ist frid, glaub, lieb vnnd barmhertzigkeit«.[208] Es ist der Geist, der lebendig macht.[209] Durch die Gnade ist »nuon der inwenig [sic] mensch, die sel, ... mit getlicher kraft bekleydet«.[210] Sie wird zu einem »inwenigen nwen menschen, der noch got geschaffen ist«.[211] An

199. *Cronberg*, Hadrian (wie Anm. 74), S. 117f.
200. *Hartmuth von Cronberg*, Sendbrief an Karl V., vor 2.11.1521, in: Schriften Cronberg (wie Anm. 74), Nr. I, S. 1-8, hier: S. 4.
201. *Cronberg*, Hadrian (wie Anm. 74), S. 122.
202. *Niklaus Manuel*, Von Papsts und Christi Gegensatz, 1522/23, in: *Bächtold* (Hg.), *Manuel* (wie Anm. 73), S. 103-111, hier: S. 105.
203. *Niklaus Manuel*, Elsi Tragdenknaben, 1530, in: *Bächtold* (Hg.), *Manuel* (wie Anm. 73), S. 255-298, hier: S. 288.
204. Ebd., S. 290.
205. Ebd., S. 292f.
206. *Stauffen*, Christliche fraw (wie Anm. 100).
207. Ebd.
208. *Clemens Ziegler*, »Von der vermehlung Marie vnd Josephs ...«, Frühjahr/Sommer 1524, in: Quellen Täufer (wie Anm. 72), Nr. 7, S. 10f., hier: S. 10.
209. *Ziegler*, Nyessung (wie Anm. 86), hier: S. 12.
210. *Ziegler*, Seligkeit aller menschen seelen (wie Anm. 72), S. 570.
211. *Clemens Ziegler*, »Ein mercklichen verstant iber das geschriben buchlin von der sellickkeit aller menschen seelen ...«, 12.12.1532, in: Quellen Täufer (wie Anm. 72), Nr. 350, S. 578-583, hier: S. 582.

anderer Stelle verwendet er – aber warnend vor Überheblichkeit – den Begriff des »vergetdetden [= vergotteten] menschen der fulkumenheit«.[212] Bei *Spengler* gewinnt man ebenfalls den Eindruck, der Glaube sei eine Art Implantat, durch die der Menschen in seiner Struktur verändert wird.[213] Denn wer wahrhaftig glaubt, der »entpfindet die krafft solichs worts durch das wort an jm selbs«.[214]

Marschalck faßt die Erlösung und die Wandlung, die mit ihr einhergeht, in stark brautmystischen Bildern von großer Kraft: »Wann du ain lyebe buͦlschafftt hettest inn disem zergencklichen flaischlichen leben, es weer frawen oder manßbild, du hettest tag noch nacht kein ruͦ, du gedechtest steets daran, wie du zuͦ ir kommen welttest, wie du freintlych mit ir reden weltest, wie du ir fred machen weltest, wie du iren willen behalten weltest und wie du dein leben bey ir verzeren weltest. Sollychs lyeß dich nit ruͦben, du schlieffest, du wachtest, du essest, du trunckest. All dein vertrauen und glauben satztest du darein, dich het zuͦ solchem bewegt, daß dir etwann ain kromet [= Geschenk] oder ain krantz mit andern suͦssen worten worden wer. Gibt dir nun daz dein natur eyn, ach, so nymm dein vernunft deiner seel und schaw und erfar und lyß, was dir Got dein herr geben, gethon und zuͦ gesagt hat, und wie er so von grosser hoͤhe des ewigen lebens zuͦ dir in die finstern unruͦbigen erden unnd jamertal kommen jst, dich verlassents, verderbst, ellends schaͤffly zuͦ suͦchen, dich fraindtlich lieben, dich vaͤterlichen tragen, dich hertzlichen seinen willen zuͦ behalten leeren und seine gesponß und buͦlschafft nennen und dir kaynen edlen krantz unnd kromet schencken, sonder sein schen rosenfarb bluͦt zuͦm krantz, sein edler hailiger leib zuͦ aym kromet, und darzuͦ seine liepliche syesse wort, das du bey im besytzen solt das ewig reich der selygkait. Da wil er dir zuͦ berayten ain rechte hochtzeyt, ayn schoͤns preyttel beth unnd schoͤne kleineter [= Kleinodien, Edelsteine] deiner kamer und zier. Wie gefyel dir der gemahel und der gesponß? Da well wir nach ringen tag und nacht, da ist ewige freüd, ewigs leben, ewige gesuntheit und ewiger wollust, ewiger frid unnd ainigkait«.[215] Marschalck beschreibt so, wie der Geist Gottes den Menschen »anruͤrt« und »enzündt«.[216]

3.2 Die Wandlungsidee bei Luther und die guten Werke

Luther hat die gnadenhafte und geschenkte Gerechtigkeit Gottes persönlich als Befreiung erlebt. Er empfand sich neu geboren: »Hic me prorsus renatum esse sensi.«[217] Diese Einschätzung ist verallgemeinerbar: Der Gerechtfertigte wird in

212. Ebd., S. 579.
213. *Hamm*, Lazarus Spengler (wie Anm. 92), S. 130.
214. *Spengler*, Verantwortung (wie Anm. 68), S. 356.
215. *Marschalck*, Spiegel der Blinden (wie Anm. 88), S. 144f.
216. Ebd., S. 128.
217. *Martin Luther*, Vorrede zum 1. Band der Gesamtausgabe seiner lateinischen Schriften, 1545, in: Sta 5, 637,2 = WA 54, 186,8f.

das Paradies zurückversetzt und neu gemacht: »Tum vivit iustus non ipse, sed Christus in eo, quia per fidem Christus inhabitat et influit gratiam, per quam fit, ut homo non suo sed Christi spiritu regatur.«[218] Er ist ein neuer, innerlich auf Gott gegründeter Mensch. Das Evangelium rechtfertigt nicht nur forensisch, sondern heilt, macht gerecht. In der Vorrede zum Römerbrief von 1522 sagt Luther: »Aber glawb ist eyn gotlich werck ynn uns, das vns wandelt vnd new gepirt aus Gott, Johan. 1 vnd todtet den allten Adam, macht vns gantz ander menschen von hertz, mut, synn, vnd allen krefften, vnnd bringt den heyligen geyst mit sich«.[219] Die Seele wird vom Wort durchdrungen und tritt in die göttliche Gemeinschaft ein. Dadurch, daß Gottes Liebe in ihm Wohnung nimmt, wird der Mensch auch »iustus«. Nun erst ist er »iustus et peccator«, wo er vorher nur »peccator« gewesen ist.

Am anschaulichsten und häufigsten für die Rechtfertigung im fröhlichen Wechsel ist das Bild von der Vermählung. »Denn die seele heysst eyn geystliche iunckfraw und brawt gottis allein von dem glawben, darynn sie gottis wortt empfehet unnd von dem heyligen geyst schwanger wirtt. Unnd der heylige same gotlichs wortts macht sie fruchtpar und eyne mu(o)tter der warheyt, das ist warhafftiger gutter werck und rechtschaffens gottlichen lebenß.«[220] Durch den fröhlichen Wechsel werden wir eins mit Christus, indem wir ihn in uns aufnehmen und von ihm schwanger werden. Vereinzelt faßt Luther den Austausch der Eigenschaften, die im fröhlichen Wechsel geschieht, in extrem anmutenden Formulierungen: »Dann war ist es, das der mensch mit gnaden beholffen mehr ist dann ein mensch, Ja die gnad gottis macht yn gotformig und vergottet yn, das yn auch die schrifft got und gottis sun heist.«[221] In »Von der Freiheit eines Christenmenschen« von 1520 beschreibt Luther die Umwandlung des Menschen als Konversion. Das von außen kommende Wort heilt und konvertiert den an Äußerlichem orientierten Menschen.[222] Die Gerechtigkeit wird in den Menschen eingegossen[223], und der Gerechte lebt aus dem Glauben.[224]

Lange Zeit ist der Aspekt einer sanativen Rechtfertigung bei Luther in der lutherischen Theologie verkannt worden.[225] Erst zu Beginn dieses Jahrhunderts hat

218. *Martin Luther*, In epistolam Pauli et Galatas commentarius, 1519, in: WA 2, 502,12-14.
219. *Martin Luther*, Das neue Testament, 1522: Epistel St. Pauli an die Römer, in: WA DB 7, 10,6-9.
220. *Martin Luther*, Wider den falsch genannten geistlichen Stand des Papsts und der Bischöfe, 1522, in: WA 10/II, 121,4-8.
221. *Martin Luther*, Ein Sermon gepredigt zu Leipzig ... am Tage Petri et Pauli, 1519, in: WA 2, 247,39-248,3.
222. Siehe Anm. 253; *Hohenberger*, Rechtfertigungslehre (wie Anm. 52), S. 116-124.
223. *Martin Luther*, Sermo de dublici Justitia, 1519, in: Sta 1, 221,5f. = WA 2, 145,7.
224. *Hohenberger*, Rechtfertigungslehre (wie Anm. 52), S. 50.
225. *Bernhard Lohse*, Luthers Theologie in ihrer historischen Entwicklung und in ihrem systematischen Zusammenhang, Göttingen 1995, S. 278f.: Weil Melanchthon Recht-

Karl Holl diesen sanativen Aspekt besonders herausgestrichen und gesagt, es gehe Gott nach Luther darum, »den Menschen ... umzuschaffen zu einem wirklich Gerechten.«[226] Trotz sonstiger Differenzen zu Holl hat auch Paul Althaus 1950 den sanativen Aspekt des Rechtfertigungsvorgangs besonders betont: »Indem ich an den ›Christus für mich‹ glaube, wird er zum ›Christus in mir‹, der in mir aufersteht, wirkt, gegen die Sünde in mir zu Felde liegt und siegt ... iustificare [steht] zugleich für das Gerechtsprechen und Gerechtmachen, für Gottes neues Urteil über den Menschen wie für sein Neuschaffen des Menschen, für die neue Geltung wie für das neue Sein des Menschen«.[227] Ole Modalsli folgerte 1963: »Ein Glaube, der den Gläubigen nicht verwandelt, ist darum Wahn und Traum«.[228] »Ja,« schreibt er an anderer Stelle, »Luther kann sagen, der Christ, der durch den Glauben an der göttlichen Liebe teilhat, sei im Herzen ganz und gar durchgottet und demgemäß gegen den Nächsten wohltätig«.[229] Diese stärkere Betonung der Verwandlung und Heilung durch den Glauben als genuin lutherische Position hat sich mittlerweile allgemein durchgesetzt.
Albrecht Peters formuliert 1981 in seiner mit Otto Hermann Pesch zusammen verfaßten »Einführung in die Lehre von Gnade und Rechtfertigung« und fast wörtlich gleich 1990 im »Handbuch Systematischer Theologie«, es ließen sich die forensische und die effektive Rechtfertigung nicht gegeneinander ausspielen.[230] Luther gebrauche den Begriff »Rechtfertigung« einmal für den Vorgang, in dem Gott den Sünder »*für gerecht erklärt*, ihn zugleich aber durch die Neuschöpfermacht des Gottesgeistes in einem eschatologischen Prozeß *gerecht macht*.«[231] Diese Gerechtmachung sei ein lebenslanger Prozeß, in dem stets Gott der wirksame Teil bleibe.[232] Peters betont zwar die Dominanz des forensischen

fertigung und Heiligung auseinandernimmt, wird die Rechtfertigung bei ihm rein forensisch verstanden. Indem die lutherische Theologie ihm folgte, wurde Luthers genuiner Ansatz lange verkannt. Karl Holl hat demgegenüber »mit Nachdruck geltend gemacht, daß für Luther die Rechtfertigung letztlich die gesamte Erneuerung des Menschen bis hin zur Vollendung umfaßt.« – Zitat S. 279.

226. *Karl Holl*, Die Rechtfertigungslehre <erstmals veröffentlicht 1910>, in: *Ders.*, Gesammelte Aufsätze zur Kirchengeschichte, Bd. 1: Luther, Tübingen [6]1932, S. 124, Anm. 2.
227. *Paul Althaus*, Die Gerechtigkeit des Menschen vor Gott, in: Das Menschenbild im Lichte des Evangeliums. Fs. Emil Brunner, Zürich 1950, S. 31-47, hier: S. 35.
228. *Ole Modalsli*, Das Gericht nach den Werken. Ein Beitrag zu Luthers Lehre vom Gesetz, Göttingen 1963, S. 44.
229. Ebd., S. 82.
230. *Otto Hermann Pesch, Albrecht Peters*, Einführung in die Lehre von Gnade und Rechtfertigung, Darmstadt 1981, S. 130.
231. *Albrecht Peters*, Rechtfertigung (Handbuch Systematischer Theologie 12), Gütersloh [2]1990, S. 38f. Identisch mit geringfügigen Abweichungen *Pesch, Peters*, Einführung (wie Anm. 230), S. 130.
232. *Peters*, Rechtfertigung (wie Anm. 231), S. 43.

Aspekts der Freisprechung vom Urteil, gibt der Heiligung, die durch die Wirksamkeit des Heiligen Geistes in uns einsetzt, aber einen wichtigen Platz: »Im Heiligen Geist nimmt der Sohn und mit ihm Gott der Vater selber Wohnung in den Glaubenden. Insofern ist für Luther die Unio cum Christo ein Vereinigtwerden mit dem dreieinigen Gott.«[233] Wer glaubt, eine Gerechterklärung ohne Heiligung, Glauben ohne Liebe haben zu können, der hat den Geist nicht, sondern erliegt einer satanischen Verblendung.[234] »Für den Reformator,« sagt Peters, »läßt sich der Articulus stantis aut cadentis Ecclesiae nicht reduzieren auf eine rein forensische Rechtfertigung ..., vielmehr markiert sie die Struktur des Gotteswirkens an uns sowie die diesem entsprechende Antwort unseres Glaubensgehorsams.«[235]

Bernhard Lohse weist 1995 ebenfalls auf die Verwandlung und Erneuerung durch den geschenkten Glauben hin.[236] Zwar hält er unmißverständich fest, daß der Mensch, solange er lebe, in seinem Sündersein stecke, doch ebenso total sei die Gerechtigkeit, die Gott schenke, die »umfassende Erneuerung«, »die mit dem Glauben an Christus einsetzt und das ganze Leben des Christen umfaßt.«[237] Thomas Hohenberger steht also auf gesichertem Boden, wenn er aus seiner Analyse der frühen Lutherschriften folgert, die Formel vom Wiedereintritt ins Paradies sei mehr als eine Floskel, denn sie bezeichne die allmähliche Neuschaffung des Menschen.[238] Für unseren Zusammenhang wichtig ist an Hohenbergers Analyse, daß damit klar gestellt wird, daß in den wichtigen für die Laien vor 1525 rezipierbaren Schriften Luthers eine Wandlungskonzeption formuliert worden ist, daß hier also wahrscheinlich eine Luther-Rezeption stattgefunden hat.

Besonders stark hat die finnische Forschung den sanativen Aspekt betont und dabei den Begriff der »Vergottung«[239] verwendet, der bei Luther die totale Wand-

233. Ebd.
234. Ebd., S. 45. Vgl. S. 45f. zur Kritik an Holls Position. Auf die hier und bei *Modalsli*, Das Gericht nach den Werken (wie Anm. 228), S. 27-34 diskutierten Differenzen zu Holl muß ihm Rahmen des vorliegenden Aufsatzes nicht eingegangen werden, da es ja nur um die bei den Kontrahenten unbestrittene Wandlung des Menschen geht.
235. Ebd., S. 59. Die Wandlungsvorstellung begegnet auch bei *Rudolf Mau*, Liebe als gelebte Freiheit der Christen. Luthers Auslegung von G 6, 13-24 im Kommentar von 1519, in: LuJ 59 (1992), S. 11-37, hier: S. 17.
236. *Lohse*, Luthers Theologie (wie Anm. 225), S. 276.
237. Ebd., S. 280.
238. *Hohenberger*, Rechtfertigungslehre (wie Anm. 52), S. 42f.
239. Als neueste Veröffentlichung: *Simo Peura*, Die Vergöttlichung des Menschen als Sein in Gott, in: LuJ 60 (1993), S. 39-71; *Antti Raunio*, Summe des christlichen Lebens. Die »Goldene Regel« als Gesetz der Liebe in der Theologie Martin Luthers von 1510 bis 1527, Helsinki 1993, S. 356-362.

lung des Christen bezeichnen kann.[240] Auch sie schreibt die – allmähliche und lebenslang unvollständig bleibende[241] – Vergöttlichung des Menschen Gott zu.[242] Die Vereinigung des Göttlichen mit dem Menschlichen geschehe zudem wie in einem Konglomerat, also ohne die Substanzen an sich zu verändern oder gar auszutreiben.[243] Deshalb sei die Veränderung des Menschen zwar real-ontisch, aber nicht vollständig – man denke an das simul-iustus-et-peccator-Motiv.[244] Dennoch ist von diesem Ansatz aus die Ethik besonders wichtig, in der der Mensch durch seine Nächstenliebe als Christus am Armen, Geknechteten, Schwachen, Nutzlosen, Erbärmlichen handelt: Wie im fröhlichen Wechsel des Rechtfertigungsgeschehens entäußert sich nun auch der vergöttlichte Mensch und gibt seine göttlichen Gaben, die ihn verwandelt haben, weiter »und realisiert den fröhlichen Wechsel mit seinem Nächsten«.[245] »Es ist charakteristisch für die Liebe des gottförmigen Menschen, daß er Gott und seinen Nächsten mit einem frohen, freien Willen liebt.«[246]
Weil wir neu werden, sind wir nun fähig, wie Christus uns geliebt hat und liebt, auch den Nächsten zu lieben, sagen aber auch Thomas Hohenberger[247] oder Rudolf Mau.[248] Der Christ kann – anders als der Nichtchrist – eine besondere, nämlich eine echte und wahre Sittlichkeit praktizieren.[249] Der Gläubige lebt ein neues Leben aus dem Glauben.[250] Seine Gerechtigkeit befähigt ihn nämlich zu wahrhaft, nicht nur scheinbar guten Werken, auch wenn er immer wieder vom alten Adam zurückgezogen wird in die Sünde.[251] Im Sermon von dem unrechten

240. *Simo Peura*, Mehr als ein Mensch? Die Vergöttlichung als Thema der Theologie Martin Luthers von 1513 bis 1519 (Veröffentlichungen des Instituts für Europäische Geschichte Mainz 152), Mainz 1994.
241. *Peura*, Vergöttlichung (wie Anm. 239), S. 61f. *Ders.*, Mehr als ein Mensch (wie Anm. 240), S. 299.
242. *Peura*, Mehr als ein Mensch (wie Anm. 240), S. 270f., 295f. Vgl. *Ders.*, Vergöttlichung (wie Anm. 239), S. 49: »Somit kann der Mensch die Gnade für sich selbst weder schaffen noch fördern, sondern es ist in jedem Fall erforderlich, daß sie von außen her eingegossen wird.«
243. *Peura*, Vergöttlichung (wie Anm. 239), S. 58: »Die Teilhabe an der göttlichen Natur impliziert also weder die Verschmelzung Gottes mit dem Menschen noch die des Menschen mit Gott.« So auch S. 58-63 insgesamt. Vgl. *Ders.*, Mehr als ein Mensch (wie Anm. 240), S. 299.
244. *Peura*, Mehr als ein Mensch (wie Anm. 240), S. 299. So auch *Raunio*, Summe (wie Anm. 239), S. 189-197.
245. *Peura*, Mehr als ein Mensch (wie Anm. 240), S. 290, 300.
246. Ebd., S. 299f. Vgl. *Ders.*, Vergöttlichung (wie Anm. 239), S. 64-66.
247. *Hohenberger*, Rechtfertigungslehre (wie Anm. 52), S. 149.
248. *Mau*, Liebe (wie Anm. 235).
249. *Modalsli*, Gericht nach den Werken (wie Anm. 228), S. 79.
250. *Hohenberger*, Rechtfertigungslehre (wie Anm. 52), S. 53.
251. *Martin Luther*, Sermon von dem heiligen hochwürdigen Sakrament der Taufe, 1519, in: Sta 1, 264,19-25 = WA 2, 732,9-12.

Mammon greift Luther das Bild der Wiedergeburt auf und sagt: Der rechte Glaube sey »eyn mechtig, thettig, unrugig, schefftig ding, der den menschen gleych vernewert, anderweitt gepyrtt und gantz ynn eyn new weyße unnd weßen furet«.[252] Die Werke werden also nicht negiert, sondern erhalten einen neuen Seinsgrund. Adam hat »eytell frey werck .../ vmb keynß dings willen gethan/ denn allein Gott zu gefallen«; »Alßo auch eynis glaubigen menschen werck/ wilcher durch seynen glauben ist widderumb ynß paradiß gesetzt/ vnd von newen geschaffen/ darff keyner werck frum zu werden/ sondern das er nit mu(e)ssig gahe vnd seynen leyb erbeyt und beware/ seyn yhm solche freye werk zu thun alleyn gott zu gefallenn befolhen.«[253]

Die Nächstenliebe[254] konkretisiert sich vor allem im Elternamt und im Amt der Obrigkeit.[255] Die Obrigkeit wird ermahnt, »das sie fleisz habe(n) yhr vnterthanen wol zu regiren/ lieblich mit yhn handeln/ vnd alles thun/ das sie yhn ntuzlich vn(d) hulflich sein/ das ist yhr weg zum hymel/ vnd yhr besten werck die sie mugen thun auf erden/ damit sie angenhemer sein fur got/ dan ob sie sonst eytel wu(n)dertzeichen thete(n)«.[256] Die letzte Formulierung klingt nach einer Belohnung der guten Werke durch Gott. In der Tat hat Luther in ähnlicher Weise wie die Laien-Autoren auch von einem Gericht nach den Werken geschrieben.

Luther gibt den Werken, weil sich in ihnen der Glaube manifestiert, auch eine heilsgeschichtliche Dimension. Er kann sagen, das Gericht über die Werke entscheide über die Seligkeit, weil er stets an den in ihnen wirksamen Glauben als eigentliche Urteilsgrundlage denkt. Der Glauben ist so definiert, daß er gar nicht ohne Werke gedacht werden kann. In der Vorrede zum Römerbrief von 1522 wird der Gedanke einer untrennbaren Einheit von Glauben und Liebe besonders schön ausgedrückt, »das unmuglich ist werck vom glauwben scheyden, als unmuglich, als brennen und leuchten vom fewr mag gescheyden werden.«[257]

Es besteht also kein Widerspruch zwischen der Lehre von der Erlösung aus Gnade und Glauben und einem »Gericht nach den Werken«.[258] Modalsli spricht von einer »Rechtfertigung durch den in den Werken inkarnierten Glauben«.[259] Die

252. *Martin Luther*, Sermon von dem unrechten Mammon, 17.8.1522, in: WA 10/III, 273-282, 283-292, hier: 285,28f.
253. *Martin Luther*, Von der Freiheit eines Christenmenschen, 1520, in: Sta 2, 289,10f., 12-16 = WA 7, 31,28-32.
254. Dazu neuerdings *Raunio*, Summe (wie Anm. 239).
255. Ebd., S. 276f. Zur Theosis als Einwohnung Gottes und des Menschen Teilhabe am Sein Gottes ebd., S. 356-360 zusammenfassend. Vgl. auch S. 172-180.
256. *Martin Luther*, Von den guten Werken, 1520, in: Sta 2, 76,24-28.
257. *Martin Luther*, Das neue Testament, 1522: Epistel St. Pauli an die Römer, in: WA DB 7, 10,21-23.
258. *Modalsli*, Gericht nach den Werken (wie Anm. 228).
259. Ebd., S. 39f. So auch *Peters*, Rechtfertigung (wie Anm. 231), S. 53 (und S. 45f. – gegen Holl mit Althaus): »Wie Christus Gott und Mensch in einer Person ist und

Rechtfertigung durch den Glauben bleibt damit unangetastet und wird als »fides efficax«[260] doch nicht rein forensisch verkürzt. Die Werke sind aber mehr als nur Erkenntnishilfen[261] für den Menschen, nämlich – wie im Bild vom Feuer das Brennen oder das Leuchten – Seinsweisen oder Aspekte des Glaubens. Denn »das Got nach den wercken richtet, ist auch war. Aber dafur soll mans gewisslich halten, wo der glawb nicht ist, das da auch keyn gut werck konde sein, Und widerumb, das da keyn glawb sey, wo nicht gutte werck sind. Darumb schleuß den glawben und die gutte werck zu samen, das also ynn den beyden die summa des gantzen Christlichen lebens stehe. Wie du nu lebst, so wirt es dyr gehen, darnach wirt dich Gott richten. Darumb ob uns Gott wol nach den wercken richtet, so bleybt dennoch das war, das die werck alleyn früchte sind des glawbens, bey wilchen man sihet, wo glawb oder unglawb ist. Darumb wirtt dich Gott auß den wercken urteylen und ubirtzeugen, das du glewbt odder nicht glewbt hast.«[262] Sie sind Tatbeweise einer inneren Einstellung, Urteilsgrundlagen

Seele und Leib nur einen Menschen bilden, so hat der Christ letztlich nur eine einzige Gerechtigkeit aus Glauben und Wirken. Wie hierin jedoch in Christus allein der Gott-Logos das personbildende Element ausmacht und die Seele den Leib durchwaltet, so erwächst auch die personhafte und doch leibliche Gerechtigkeit des Christen allein aus dem Glauben.« Vgl. schon Peters in: *Ders., Pesch*, Einführung (wie Anm. 230), bes. S. 152-156.

260. *Max Weber*, Die protestantische Ethik und der Geist des Kapitalismus, in: *Ders.*, Die protestantische Ethik, Bd. 1, Gütersloh ^{6}1981 S. 27-277, hier: S. 131 zur Rolle der fides efficax im Calvinismus: als Zeichen der von Gott in den Gläubigen inserierten Heiligkeit und Erwählung. Die Ähnlichkeit zu Luthers Konzeption ist frappant. Denn bei Luther heißt es: Werke seien »ein gewisses zaychen und wie ein sigel an einem brieff gedruckt, damit ich sicher sey, das der glaub recht sey. Ursach: findt ich in meinem hertzen, das das werck daherfleüßt auß lieb, so bin ich gewiß das mein glaub rechtgeschaffen sey« – *Martin Luther*, Predigt am 4. Sonnntag nach Trinitatis über Lukas 6, 36ff., in: WA 10/III, 225,35 – 226,3. Vgl. *Modalsli*, Gericht nach den Werken (wie Anm. 228), S. 45, 47: »Ohne selbst in den locus iustificationis zu gehören, leisten die guten Werke so dem rechtfertigenden Glauben eine unentbehrliche Hilfe. Indem sie den Gnadenstand bezeugen, sind sie Grund der Heilsgewißheit – freilich nicht Realgrund, sondern Erkenntnisgrund.«
261. *Peters*, Rechtfertigung (wie Anm. 231), S. 54 zum Syllogismus practicus. Der Glauben ist aber nicht nur in den Werken sichtbar, sondern ohne Werke nicht vorhanden: »Als Zeugnis eines rechten Glaubens wollen die Werke unsere Erwählung und Berufung fest machen. Wenn sie auch nicht das Heil verursachen, weil der Glaube das Leben erlangt, so müsse doch um der Heuchler willen gelehrt werde: Gute Werke sind notwendig zum Heil.« Vgl. auch *Peters* in: *Ders., Pesch*, Einführung (wie Anm. 230), bes. S. 163-166.
262. *Martin Luther*, Auslegung des 1. Petrusbriefes – 1. Petrus 1, 17, 1523; Cruciger-Mitschrift, in: WA 12, 289,28ff. Vgl. *Modalsli*, Gericht nach den Werken (wie Anm. 228), S. 50f.

über das, was eigentlich zu prüfen ist: die Wiedergeburt aus dem Glauben.[263] Thomas Hohenberger betont deshalb, der Luther der massenwirksamen Frühschriften halte »an der Erfüllung der Gebote als einer conditio sine qua non zur Seligkeit fest«.[264]

IV. Zusammenfassung

Zusammenfassend kann man für die untersuchten Laien-Autoren[265] und – wenn sie für das Verständnis von Heilslehre und Ethik typisch sein sollten – für die

263. *Modalsli*, Gericht nach den Werken (wie Anm. 228), S. 50. Vgl. S. 102 zu den Zeichen von Gottes Zorn im Diesseits. Die irdischen Unglücksfälle sind »Realoffenbarungen des göttlichen Richterwillens ... Als existenzielle Erfahrungen und als Vorzeichen des Endgerichts dienen diese Katastrophen zur Warnung vor der Sünde, als Mahnungen zum Gesetzesgehorsam und als Antriebe zur Buße.« Siehe auch weiter dazu S. 106-112. Ebd., S. 148: »In der Rechtfertigung wird die Person geschaffen, die gute Werke tut, weil sie durch den Glauben in Christus ist. Kraft der Glaubensgemeinschaft mit Christus tut der Christ die guten Werke nicht final auf die Rechtfertigung hin, sondern konsekutiv von der Rechtfertigung her.«
264. *Hohenberger*, Rechtfertigungslehre (wie Anm. 52), S. 68.
265. Die hier ermittelten Befunde haben über den geographischen und sozialen Raum, der untersucht wurde, möglicherweise hinausgreifende Relevanz: *Zur bäuerlichen Theologie* vgl. *Franziska Conrad*, Reformation in der bäuerlichen Gesellschaft. Zur Rezeption reformatorischer Theologie im Elsaß (Veröffentlichungen des Instituts für Europäische Geschichte Mainz 116), Stuttgart 1984. In den von Conrad untersuchten Bauernschriften lassen sich sowohl stark gesetzliche Passagen finden wie auch klare Rezeptionen der sola-gratia-Idee. Zur sola-gratia-Idee vgl. S. 96: »Die Ruprechtsauer Supplikation enthält klar und eindeutig die reformatorische Auffassung vom Gotteswort: Die seligmachende Wirkung des Evangeliums«. Nach Conrad überwiegt ein gesetzliches Verständnis – So S. 98. Vgl. S. 99: »Ein eigentlich katholischer, auf evangelisch-biblischen Prinzipien basierender Werkglaube stellte für die meisten Dörfer die Quintessenz der Bekanntschaft mit der reformatorischen Predigt dar.« *Zu Norddeutschland* und der hier vor 1525 formulierten Theologie vgl. etwa die Schrift des Geistlichen *Johann Westermann*, »Eyn christlyke vhtlegynge der teyn gebodde ...«, 1524. Druck: *Hartwig Walberg* (Hg.), Die Schriften Johann Westermanns 1524/1525, Lippstadt 1985, S. 1-169 (Zitate im folgenden aus der hochdeutschen Übertragung). *Sola-gratia-Idee*: Der Glaube allein und nicht der Erfüllung der Gebote macht gerecht. Ebd., S. 7: »daß die Erfüllung [der Gebote] nicht gerecht macht, sondern Glaube und Gebet«. *Gesetzliches Verständnis*: Gute Werke in der Befolgung der Zehn Gebote werden belohnt. Z.B. Ebd., S. 5 und 7: »Aus diesen Worten wird uns klar, daß niemand ohne die Beachtung der göttlichen Gebote Gott gehorsam ist und daß denen, die Gottes Gebote halten, nicht nur das ewige Leben, sondern auch zeitliche Segnung und Wohlfahrt von Gott verheißen ist – und daß wiederum den Übertretern nicht nur mit ewiger Pein, sondern auch mit zeitlicher Strafe gedroht

evangelische Bewegung insgesamt ein Fazit ziehen, das auch für die Reformationsdeutungen eine Brückenfunktion haben kann.

1. Die Laien haben Luther gut verstanden. Sie haben seine Idee, der Mensch werde nicht aus eigener Kraft, sondern durch Gottes Gnade und aus Glauben gerecht, geteilt. Die Interpretation der Motive der frühen evangelischen Bewegung von der Rechtfertigungslehre her versperrt nicht etwa den Zugang zu ihrem ethischen Rigorismus, sondern fundiert ihn. Eine Reformationsdeutung mit dem Zentrum des »sola gratia« gewinnt insgesamt gegenüber rein soziologisierenden Deutungen an Dignität.
2. Die Laien haben den Glauben als Treue interpretiert und daraus die Verpflichtung zur Erfüllung der lex evangelica abgeleitet. Die Interpretation der Motive der frühen Reformation von der Seite der Ethik her versperrt nicht den Zugang zu ihren metaphysischen Quellen und ihren »rein theologischen« Wurzeln. Im Gegenteil: Brüderlichkeit und Gleichheit folgen unmittelbar aus dem theologischen Kern der neuen Lehre. Kommunalismus als verfaßte Form der Brüderlichkeit und der Antiklerikalismus als seine in Blickrichtung auf den Klerus zugespitzte Negativvariante sind legitime Interpretamente der frühen Reformation. Das gleiche gilt für – z.B. marxistische – Deutungen, in denen der Bauernkrieg eine zentrale Rolle spielt: Er teilt die rigorose Orientierung an der lex Christi mit den Reformatoren und den städtischen Laien, deren Schriften dargestellt worden sind.
3. Die Laien haben – wie Luther – eine auch sanative Rechtfertigungsvorstellung vertreten. Deshalb konnten sie eine christliche rigoristische Ethik stringent begründen. Es besteht kein Widerspruch zwischen dem frappanten Ethizismus inklusive der Vorstellung, Gott richte nach den Werken der Nächstenliebe, und

wird.« *Ethisierung*: Gute Werke sind solche der Nächstenliebe und der Brüderlichkeit. Ebd., S. 13. *Wandlung*: Der Glaube ist eine Verwandlung des Menschen: »Und wer keine guten Werke hat, der hat auch keinen Glauben ... Also richtet Gott einen jeden aus seinen Werken«. Ebd., S. 33. Vgl. S. 63: Christliches Denken und Tun »ist aber nur möglich, wenn Gott, der himmlische Vater, des Menschen Herz durch die Gnade des heiligen Geistes erleuchtet ... Durch ihn kommt der Mensch zur rechten Erkenntnis Christi und aller göttlichen Gabe und Gnade ... Durch solche Erkenntnis wird dann das Herz eines Menschen hin zur Liebe Gottes, des Vaters, gezogen«. Vgl. S. 89: »So geschieht denn nun auch die geistliche Feier da, wo ein Mensch frei von allen seinen Werken und ganz still ist (als wäre er bei sich selbst tot) und Gott in sich wirken läßt, wie es der heilige Apostel Paulus sagt: ›Ich lebe; doch nun nicht ich, sondern Christus lebt in mir.‹« Vgl. zu Westermann auch *Ulrike von Fritschen*, Der Lutherschüler Dr. Johann Westermann und seine »Christliche Auslegung der Zehn Gebote«, in: Jahrbuch für Westfälische Kirchengeschichte 87 (1993), S. 37-66. Ich danke *Stephen E. Buckwalter* für den Hinweis auf Westermann und den genannten Aufsatz.

der sola-gratia-Idee. Denn die Laien hatten die Gewißheit gewonnen, für den Gläubigen, in dem Gott wohnt, sei die Erfüllung der christlichen Gebote möglich. Alle Heils- und Seinsfragen konnten nun beantwortet werden. Es stand zu hoffen, daß das Hören und Lesen des Wortes einen starken, verbreiteten, den einzelnen wie die Gesellschaft verchristlichenden Effekt haben würde. Im Evangelium fanden die Laien das Zentrum, um das sich ihr Leben wie die Gesellschaft konzentrieren sollte. Die Deutung der Reformation als normative Zentrierung von Religion und von Gesellschaft in der Religion erhebt die vorgestellten Quellenbefunde auf die Ebene einer Reformationstheorie, die die bisher getrennten Interpretamente zu einem gemeinsamen Zentrum hinführen kann.

Die Reformationsdeutungen, die bislang kontrovers waren, müssen das nicht bleiben. Alle betrachten die Reformation nur von unterschiedlichen Blickwinkeln. Kein einzelner von ihnen kann als »der« legitime bestätigt oder als »illegitim« verworfen werden. Die Deutung der Reformation von Luther her nimmt für die Frühphase der Reformation einen wesentlichen Aspekt wahr, sofern sie sich weitet und die Folgerungen im Sinn der lex evangelica als genuin reformatorisch anerkennt. Der Blick vom ethischen Rigorismus der frühen Reformation aus erfaßt ebenso einen zentralen Aspekt, sofern er auch die soteriologische Verankerung im sola gratia wahrnimmt. Die Ethik der Laien ist so innig mit ihrem Erlösungsverständnis verknüpft, daß erst das Studium beider Faktoren und ihrer Verbindung uns die Einheit und Dynamik der frühen Reformation verständlich macht.

Hartmut Boockmann

Obrigkeitliche Bindungen von Pfründen und Kirchenvermögen im spätmittelalterlichen und reformatorischen Nürnberg

Wenn ein Umbruch, von dem in der Überschrift unseres Symposions die Rede ist, ertragen werden soll, darf nicht alles umbrochen werden, und so geschieht es ja in aller Regel auch, wenngleich die einschlägigen Arbeiten von uns Historikern das nicht hinlänglich erkennen lassen. Historiker sind an Novitäten, an Bewegungen und an Prozessen interessiert. Was von diesen Prozessen nicht erfaßt wird und wer sich ihnen entgegenstellt, gerät in den Schatten oder ins gänzliche Dunkel. Warum das so ist, soll hier nicht erörtert werden, aber man kann doch immerhin Gründe dafür nennen, daß es namentlich die Reformationshistoriker waren, die dieses, sagen wir: Bewegungs-Modell für die Darstellung von Vergangenheit erprobt haben.[1] Die Frage, inwieweit alle europäische und in europäischen Traditionen stehende Geschichtsschreibung insoweit immer auch ein wenig Reformationsgeschichtsschreibung sei, wäre zu erörtern – wenn auch nicht an dieser Stelle. Ebensowenig braucht man, so scheint mir, im Prinzip zu begründen, daß jenes Bewegungs-Modell nur partielle Einsichten in vergangene Verhältnisse und Prozesse bietet. Eine Geschichte der Reformation, die aus dem Auge verliert, was nicht reformiert wurde, wäre ein Trugbild ebenso wie, um auf die jüngste deutsche Gegenwart zu blicken, eine Geschichte der Stadt und der Universität Leipzig seit 1990, die nur von aus den alten Bundesländern gekommenen Politikern und Investoren, Professoren und Studenten handelte. Das gleiche gilt für eine Geschichte der Reformation in Nürnberg, die sich nur für die theologischen Protagonisten der Reformation und für die neuen Institutionen interessierte bzw. interessiert, denn man wird doch wohl sagen können, daß unsere Kenntnis von der Reformation in Nürnberg ganz überwiegend von jenem historiographischen Bewegungsmodell geprägt ist.[2]

1. *Hartmut Boockmann*, Das 15. Jahrhundert und die Reformation, in: *Derselbe* (Hrsg.), Kirche und Gesellschaft im Heiligen Römischen Reich des 15. und 16. Jahrhunderts, Göttingen 1994 S.12ff.
2. *Friedrich Roth*, Die Einführung der Reformation in Nürnberg, Würzburg 1885.; *Adolf Engelhardt*, Die Reformation in Nürnberg, in: Mitteilungen des Vereins für Geschichte der Stadt Nürnberg 33f., 1936ff. und 36. 1939.; *Gerhard Pfeiffer*, Die Einführung der Reformation als kirchenrechtliches und bekenntniskundliches Pro-

Das läßt sich selbstverständlich in ein paar Minuten nicht gründlich ändern, und es bedürfte dafür nicht nur eines längeren Vortrags, sondern auch einer längeren Vorbereitungszeit und überhaupt einer besseren lokalgeschichtlichen Kenntnis als der, über die ich selbst verfüge. Ja ich habe Grund, mich gerade vor diesem Auditorium, in dem ja ausgewiesene Kenner des nürnbergischen 16. Jahrhunderts sitzen, wegen der Diskrepanz zwischen meinem Thema und meiner mangelhaften Vertrautheit mit Nürnberger Dingen zu entschuldigen.
Man könnte auch fragen, ob Nürnberg für das, wonach ich fragen will, nämlich nach Stabilitätsmomenten im reformatorischen Prozeß, nicht ein zu bequemes Beispiel ist. Wie sollte ein typischer Fall von »Ratsreformation« nicht durch solche Stabilitäts-Merkmale gekennzeichnet sein? Gegen diesen Einwand wäre, was den lutherischen Bereich angeht, doch wohl zu sagen, daß auch dort, wo die Dinge stürmischer vonstatten gingen, in Mühlhausen zum Beispiel, die Zeit des Sturms stets sehr kurz gewesen ist, so daß am Ende auch hier die Obrigkeiten und nicht zuletzt die Juristen zu Worte kamen und die Dinge formen konnten. Gegen Nürnberg könnten auch die Dimensionen der Stadt und ihres Kirchenwesens sprechen. Ich weiche den damit gegebenen Schwierigkeiten aus, indem ich mich nicht nur auf den Weltklerus beschränke, die regulierten Geistlichen also beiseite lasse, sondern innerhalb des Weltklerus das Augenmerk auch ganz auf die beiden Pfarrkirchen und die in ihnen tätigen Geistlichen konzentriere.
Das ist, so hoffe ich, nicht nur ein Notbehelf. Denn die städtischen Pfarrkirchen sind ja in sehr viel höherem Maße als alle Kirchen in der Stadt die Stadtkirchen.[3] Jene Einheit von politischer und Kirchengemeinde, die Bernd Moeller beschrieben hat[4], hat ihren Kern darin, daß die städtische Kirche vor allem die Pfarrkirche gewesen ist – vorausgesetzt, sie war eine städtische Kirche.
Damit ist nicht nur gemeint, daß sich der Kirchenbau in den Stadtmauern befinden sollte, was nur selten nicht der Fall war – wie in Ulm bis zum späteren 14. Jahrhundert.[5] Häufiger befand sich der Kirchenbau zwar innerhalb der Stadtmauern, aber er war ein Fremdkörper, weil der Rat nicht nur nicht über den Patronat verfügte, sondern der Pfarrer gar keine Person, sondern eine Institution war, weil, anders gesagt, die städtische Pfarrkirche einer auswärtigen geistlichen Institution inkorporiert war – die Pfarrkirche in Esslingen zum Beispiel

blem. Ebd. jedoch 89,1952 S.112-133.; *Derselbe*, Quellen zur Nürnberger Reformationsgeschichte, Nürnberg 1968; *Gottfried Seebaß*, Stadt und Kirche in Nürnberg im Zeitalter der Reformation, in: *Bernd Moeller* (Hrsg.), Stadt und Kirche im 16. Jahrhundert, Gütersloh 1978, S. 66-86.

3. *Hartmut Boockmann*, Bürgerkirchen im späten Mittelalter. Berlin 1994.
4. *Bernd Moeller*, Reichsstadt und Reformation, bearb. Neuausgabe Berlin 1987.
5. *Hartmut Boockmann*, Kirchlichkeit und Frömmigkeit im spätmittelalterlichen Ulm, in: Meisterwerke massenhaft. Die Bildhauerwerkstatt des Niklaus Weckmann und die Malerei in Ulm um 1500, Stuttgart 1993 S.56ff.

dem Domkapitel von Speyer[6], die Pfarrkirchen von Mühlhausen[7] oder Rothenburg[8] oder auch Bern[9] dem Deutschen Orden und so fort. Schließlich konnte das Nichtvorhandensein einer wirklich städtischen Pfarrkirche seinen Grund auch darin haben, daß die städtische Pfarrkirche keine selbständige Pfarrkirche war, sondern die Filiale einer älteren Pfarrkirche des Umlandes, was umso öfter der Fall war, als Deutschland zur Zeit der Städtegründungen ja längst mit einem Pfarrnetz überzogen war, es also, überspitzt gesagt, keinen Platz gab, wo man eine Stadt gründen konnte, ohne auf schon bestehende ältere Pfarrechte zu stoßen. Diese bestehenden Rechte waren außerordentlich stabil. Die Verselbständigung einer Filialkirche war mühsam und langwierig. Das kann man gerade auch in Nürnberg sehen, und diese Mühsamkeit und Langwierigkeit deutet schon an, daß es im frühen 16. Jahrhundert leichter war, die Gottesdienstordnung zu ändern als die kirchlichen Ämter- und vollends die kirchlichen Vermögensstrukturen einfach umzustoßen.

Die Nürnberger Pfarrkirchen, St. Sebald und St. Lorenz, wurden als Filialen der Landpfarreien Poppenreuth und Fürth gegründet. Die Umkehrung der Rechtsverhältnisse, also die Erhöhung der beiden Nürnberger Kirchen zu selbständigen Pfarrkirchen, war ein mühsamer Prozeß, der sich in seinen Ausläufern bis ins 15. Jahrhundert hinzog.[10] Doch war damit keineswegs erreicht, was eine Pfarrkirche in der Stadt tatsächlich zu einer städtischen Pfarrkirche machte. Die beiden Nürnberger Pfarrkirchen waren zwar nicht einer geistlichen Institution inkorporiert, aber die Befugnis, die Inhaber der beiden Nürnberger Pfarrstellen auszuwählen, das Recht also der Kollatur, besaß der Bischof von Bamberg.

In einer solchen Situation gab es mehrere Möglichkeiten, die Hoheit über die städtische Pfarrkirche jedenfalls teilweise und auf Umwegen zu erreichen. Eine Möglichkeit bestand darin, von den bestehenden Pfarrbezirken neue abzutrennen, über die die städtischen Räte dann verfügen konnten. Das war zum Beispiel das Ziel jahrzehntelanger Bemühungen des Rates der Stadt Frankfurt am Main, der auf diese Weise das Übergewicht des Bartholomäusstifts, des sogenannten Doms,

6. *Karl Müller*, Die Eßlinger Pfarrkirche im Mittelalter, in: Württembergische Vierteljahrshefte. Neue Folge 16, 1907 S.237-326.; *Moritz von Campenhausen*, Stadt und Klerus in Esslingen, unveröffentlichte Diss. phil. Göttingen 1997.
7. *Hartmut Boockmann*, Der Deutsche Orden in Mühlhausen. Erscheint in: Sachsen und Anhalt 1998.
8. *Karl Borchardt*, Die geistlichen Institutionen in der Reichsstadt Rothenburg ob der Tauber und dem zugehörigen Landgebiet von den Anfängen bis zur Reformation, Neustadt/Aisch 1988 S.19ff.
9. *Kathrin Tremp-Utz*, Das Kollegiatsstift St. Vincenz in Bern, Bern 1985.
10. *Siegfried Reicke*, Stadtgemeinde und Stadtpfarrkirche der Reichsstadt Nürnberg im 14. Jahrhundert, in: Mitteilungen des Vereins für Geschichte der Stadt Nürnberg 26, 1926 S.20ff.

einschränken wollte.[11] Auch die Nürnberger haben in den 30er Jahren des 15. Jahrhunderts diesen Weg zu gehen versucht. Sie wollten drei weitere Pfarrkirchen in Nürnberg einrichten lassen, scheiterten jedoch an Papst Eugen IV.[12] Man hat hier übrigens einen ersten Hinweis auf die Stabilität der kirchenrechtlichen Verhältnisse im frühen 16. Jahrhundert. Die pragmatischen Gründe, welche die Nürnberger in den dreißiger Jahren des 15. Jahrhunderts dafür anführten, daß sie drei weitere Pfarrkirchen haben wollten, galten bei einer inzwischen vergrößerten Bevölkerung zur Zeit der Reformation selbstverständlich erst recht. Doch inzwischen verfügte der Rat, wie wir gleich sehen werden, über die Pfarrkirchen, und so war von jener Pragmatik, die zuvor eine Vermehrung der Zahl der Pfarrkirchen empfohlen hatte, nicht mehr die Rede. Es blieb bei den beiden Pfarrkirchen.
Eine andere Möglichkeit der städtischen Räte, die ihnen fehlende Verfügung über die städtischen Pfarrpfründen bis zu einem gewissen Grade auszugleichen, bestand darin, den Pfarrer sozusagen einzumauern, also eine große Zahl von Altären und Altarpfründen in die Pfarrkirche zu stiften, über die gemäß spätmittelalterlichem Stifterrecht nicht der Pfarrer bzw. der Patron zu verfügen hatte, sondern die Stifter, deren Nachkommen und möglichst auch der Rat. So ist es auch in Nürnberg geschehen – wenngleich in deutlich sichtbaren Grenzen. Denn anders als zum Beispiel in Ulm, Lübeck oder Breslau[13] existierten in den beiden großen Nürnberger Pfarrkirchen zum Zeitpunkt der Reformation nicht, wie es zu erwarten gewesen wäre, an die fünfzig Altäre und eine entsprechende Zahl von Altarpriestern, sondern es waren sowohl in St. Sebald wie auch in St. Lorenz keine zwanzig Altäre.[14] Die Gründe dafür lagen in der extrem oligarchischen Stadtverfassung. Fast nur die Ratsfamilien hatten die Möglichkeit, eigene Altarstiftungen in den Pfarrkirchen vorzunehmen.
Die Nürnberger gingen einen anderen Weg. Nachdem die Einrichtung neuer Pfarreien mißlungen war und sich die Stiftung einer Vielzahl von Altären in den Pfarrkirchen verbot, bemühte sich der Rat darum, mit Hilfe des Papstes dem Bischof von Bamberg sein Kollationsrecht über die beiden Nürnberger Pfarrkirchen zu entwinden.

11. *Herbert Natale*, Das Verhältnis des Klerus zur Stadtgemeinde im spätmittelalterlichen Frankfurt [Main], Diss.phil. Frankfurt/Main 1957.
12. *Joseph Kraus*, Die Stadt Nürnberg in ihren Beziehungen zur römischen Kurie während des Mittelalters, in: Mitteilungen des Vereins für Geschichte der Stadt Nürnberg 41, 1950 S.53ff.
13. Zu Ulm siehe Anm.5; zu Lübeck *Max Hasse*, Die Marienkirche in Lübeck, München/Berlin 1983 S.167ff.; zu Breslau Bartel Steins Beschreibung von Schlesien und seiner Hauptstadt 1512/13. Hg. v. *Hermann Markgraf*, Breslau 1902 S.64ff.
14. *Walter Haas*, Die mittelalterliche Altaranordnung in der Nürnberger Lorenzkirche, in: 600 Jahre Hallenchor St. Lorenz zu Nürnberg, Nürnberg 1977; *Franz Machilek*, Dedicationes ecclesie sancti Sebaldi, in: 600 Jahre Ostchor St. Sebald, Nürnberg 1970.

Man möchte meinen, das könne nicht so schwer gewesen sein, da zu den geläufigen Vorstellungen über die spätmittelalterlichen kirchlichen Zustände ja die gehört, daß die Päpste völlig ungeniert und ungehindert über die Pfründen verfügten. Und war denn der Bischof von Bamberg überhaupt ein ernstzunehmender Gegner dieser am Ende des Mittelalters so dynamischen Stadt? Das Bistum war klein, und es war überdies in einer schlechten Verfassung, nämlich mehr oder weniger in der Hand des Domkapitels, welches die Bischofswürde jeweils einem seiner ältesten Mitglieder gab, was zu kurzen Amtszeiten und zusätzlich verringerten Möglichkeiten führte. Überdies konnte der Nürnberger Rat den Kaiser für sich einsetzen – Friedrich III. ebenso wie zuletzt Maximilian I.

Zunächst hat sich der Rat um päpstliche Provisionen im Einzelfall bemüht, wenngleich mit wechselndem Glück, da sich dieses Instruments auch andere versicherten. 1474 kam es zu einer Art partiellen Generallösung, indem der Papst dem Nürnberger Rat, mit den Begriffen des Wiener Konkordats gesprochen, seine Monate abtrat.[15] Der am Ende der Konzilsperiode stehende Vertrag hatte ja bestimmt, daß diejenigen Pfründen, die durch Tod oder Resignation ihres Inhabers in einem ungeraden Monat frei würden, vom Papst vergeben werden könnten, die anderen dagegen von denjenigen, die über das Kollationsrecht verfügten.

Die Resignation im pfründenpolitisch richtigen Monat konnte man erreichen, doch gegen einen unerwarteten Tod im falschen Monat war kein Kraut gewachsen. So starb etwa Peter Knorr, Pfarrer von St. Lorenz und wichtigster juristischer Ratgeber des bedeutendsten politischen Gegners der Stadt Nürnberg, also des Markgrafen Albrecht Achilles, an einem Februartag, und der Nachfolger, den der Rat ungeachtet des Datums zu präsentieren die Kühnheit hatte, starb abermals in einem geraden Monat und noch dazu in Rom, so daß zusätzlich zu den Bestimmungen des Wiener Konkordats noch das Sterben eines Prälaten an der Kurie im Hinblick auf die Verfügung über die Stelle ins Gewicht fiel.[16]

So versuchte der Rat im Jahre 1512, mit dem Bischof selbst ins Geschäft zu kommen, und er hatte Erfolg. Gegen eine Pensionszahlung von 100 Gulden im Jahre für jede der beiden Pfarrkirchen ging der volle Patronat über die beiden Kirchen nun aus der Hand des Bischofs in die des Rates.[17]

In den internen Papieren, die man von den Verhandlungen des ausgehenden 15. Jahrhunderts des Nürnberger Rats mit der päpstlichen Kurie hat, ist gelegentlich von einer Exemtion als dem kirchenpolitischen Ziel die Rede. Doch was sollte das heißen? Schließlich war keiner der beiden Nürnberger Pfarrer Bischof. Josef Kraus, der die Beziehungen der Stadt Nürnberg zur römischen Kurie im späteren Mittel-

15. *Kraus* (wie Anm.12) S.75.; *Adolf Engelhardt*, Der Kirchenpatronat in Nürnberg, seine Entstehung und Gestalt im Wandel der Zeit. Zeitschrift für Bayerische Kirchengeschichte 7, 1932.
16. *Kraus* (wie Anm.15) S.76f.
17. Ebd. S.81ff.

alter in einer vorzüglichen Untersuchung dargestellt hat, meint, den Nürnbergern habe da so etwas wie eine freie Prälatur vorgeschwebt.[18] Faktisch haben sie etwas in dieser Art erreicht. Doch blieben dem Bischof von Bamberg immer noch einige Rechte, und das konnte auch nicht anders sein, da der Papst nicht nach Belieben über die Kirchenverfassung verfügen konnte. Auf der anderen Seite handelte es sich aber bei dem, was der Bamberger Bischof in Nürnberg noch ausrichten konnte, tatsächlich nur um Reste. Und als 1520 und 1521 die beiden Pfarrstellen frei wurden und der Nürnberger Rat in St. Lorenz Hector Pömer einsetzte und in St. Sebald Georg Peßler, da besiegelte dieser nun ganz unstrittige Vorgang nicht nur den erfolgreichen kirchenrechtlichen Triumph des Rates, sondern er verwies auch insofern in die Zukunft, als die beiden vom Wittenberger Studium auf ihre Nürnberger Pfarrstellen kamen.[19] Aus Wittenberg kam nun auch der neue Gottesdienst, und auch die gleich noch näher zu erörternde Umgestaltung der kirchlichen Vermögensverhältnisse folgte dem lutherischen Vorbild. Im Hinblick auf die Verfügung über die städtischen Pfarrstellen konnte der Nürnberger Rat aber durch die Reformation nichts gewinnen – im Gegenteil. Melanchthon und andere sollten bald Kritik an der kirchenpolitischen Präpotenz des Nürnberger Rats üben.[20]

Nach dem Blick auf die beiden Pfarr- bzw. seit 1477 Propst-Stellen nun ein Blick auf jene Geistlichen, die an St. Lorenz und St. Sebald neben und unter den Pfarrern bzw. Pröpsten tätig waren: auf die Kapläne einerseits und die Altaristen auf der anderen Seite.

Die Kapläne, die Herren von dem Hof, wie sie im ausgehenden 15. Jahrhundert auch genannt wurden, waren die Helfer des Pfarrers, der selber in Nürnberg als Seelsorger gar nicht amtierte. Fast alle Pfarrer und Pröpste des 15. Jahrhunderts waren als Juristen tätig – innerhalb und vor allem außerhalb der Stadt.[21] In der Sebaldkirche waren neun Kapläne tätig, an der Lorenzkirche sieben. An beiden Kirchen amtierte auch ein Prediger. Die Kapläne wie teilweise auch die Prediger lebten aus dem Pfarreinkommen, vor allem aus den Stolgebühren[22], was im Hinblick auf die Prediger nicht selbstverständlich ist. In anderen Städten zehrten diese von gut dotierten Pfründen.

Die in den beiden Nürnberger Pfarrkirchen vergleichsweise in geringer Zahl tätigen Inhaber selbständiger Altarpfründen waren im Prinzip so gestellt, daß sie ihr

18. Ebd. S.84.
19. Ebd. S.83.
20. *Wilhelm Maurer*, Erwägungen und Verhandlungen über die geistliche Jurisdiktion der Bischöfe vor und während des Augsburger Reichstags von 1530, in: Zeitschrift der Savigny-Stiftung 86. Kanonistische Abteilung, 1969, S. 392ff. (freundlicher Hinweis von G. Seebaß).
21. *Hartmut Boockmann*, Gelehrte Juristen in Nürnberg. Erscheint 1998 in den Abhandlungen der Göttinger Akademie der Wissenschaften.
22. *J.W. Hilbert*, Geschichte der Entstehung und Fortbildung des protestantischen Kirchen-Vermögens der Stadt Nürnberg, Nürnberg 1848 S.7, 12, 13 und 17.

Pfründvermögen selbständig bewirtschafteten, also gewissermaßen über Kirchen in der Kirche verfügten. Weder der Bischof, der Kollator der beiden Pfarrpfründen, noch auch der Rat verfügte hier über Möglichkeiten des Zugriffs. Wie in vielen anderen Städten hat es aber auch der Nürnberger Rat verstanden, sich hier Kompetenzen zu verschaffen. In der Regel wurden diese Pfründen mit einem erblichen Stifter-Patronat ausgestattet, doch verstand es der Rat, dieses Erbrecht zu seinen eigenen Gunsten einzuschränken. Und auch die Unabhängigkeit des Pfründinhabers vom Patron wurde reduziert, indem die Unabsetzbarkeit eines solchen Pfründinhabers durch die Einrichtung einer *praebenda mobilis* gewissermaßen durchlöchert wurde. Movendel-Pfründen hat man in Nürnberg mit einem schönen deutsch-lateinischen Ausdruck diese Altaristen-Stellen genannt.[23]

Auch möchte man denken, daß die Anlage des Stiftungskapitals nicht in traditionellen grundherrschaftlichen Einnahmetiteln, sondern in städtischen Renten diese Pfründen näher an den Rat gebunden habe. Wenn ein solcher Pfründinhaber sich nicht darum zu bemühen brauchte, seine Geld- und Naturaleinkünfte in den Orten des Nürnberger Umlandes Jahr für Jahr einzusammeln, sondern regelmäßig aus der Stadtkasse besoldet wurde, wo das Stiftungskapitel zu 3 1/2 Prozent angelegt worden war[24], so hatte er es auf der einen Seite bequem, doch war er auf der anderen Seite, wie man meinen möchte, fast schon eine Art städtischer Gehaltsempfänger oder eben evangelischer Geistlicher, der aus einem streng kontrollierten kirchlichen Vermögenskomplex besoldet wurde. Allerdings gibt es Anzeichen dafür, daß diese Vermutung die Dinge nur teilweise trifft. Eine der jüngsten Nürnberger Altaristenpfründen, die Stelle des Priesters am St. Rochus-Altar in der Lorenzkirche, war auf der einen Seite so fundiert, wie eben beschrieben, also mit Hilfe von städtischen Renten.[25] Auf der anderen Seite aber hat man hier ein Beispiel dafür, daß es der Stifterfamilie, die sich der Reformation nicht anschloß, gelang, ihr Stiftungskapital wieder an sich zu ziehen. Damit ist die Frage berührt, was denn nun im einzelnen mit den Pfründvermögen in der Reformation in Nürnberg geschah.

Die Almosenordnung von 1522 stellte den ersten Einschnitt dar – einerseits ein Vorgang, der sich durchaus in die Kontinuität der Ratspolitik einordnet, ande-

23. *Matthias Simon*, Movendelpfründe und landesherrliches Kirchenregiment, in: Zeitschrift für Bayerische Kirchengeschichte 26, 1957 S.1-30.
24. Siehe zur Stiftung der jüngsten Altarpfründe in der Kirche St. Lorenz *Hartmut Boockmann* in: Martin Luther und die Reformation in Deutschland, Frankfurt/Main 1983 S.56ff. Die Stifterin legte das Stiftungskapital von 1.200 Gulden zu 3,5 Prozent in der Stadtkasse an. Nach ihrem Tode sollte die Pfründe in eine Movendelpfründe verwandelt werden und das Nominationsrecht an den Rat fallen. Zu ihren Lebzeiten wollte sie dem Altaristen seine Einkünfte (40 Gulden jährlich) persönlich aushändigen.
25. *Heinrich Dormeier*, St. Rochus, die Pest und die Imhoffs in Nürnberg vor und während der Reformation, in: Anzeiger des Germanischen Nationalmuseums 1985 S.38ff.

rerseits aber doch ein tiefer Bruch.[26] Denn nun wurde die Selbständigkeit der einzelnen Pfründen und Einkommen beseitigt. Alles wurde kollektiviert. Auf der anderen Seite blieb die Struktur der Pfründvermögen aber zum größten Teil bestehen. Was da bisher die einzelnen Jahrtage, musikalischen Gottesdienste oder andere liturgische Leistungen finanziert hatte – jedes Rauchhuhn, jede Kornabgabe, jede Geldrente –, gab es weiterhin, nur daß nun alles zusammengeschlagen wurde[27] und sich in dieser Kollektivität wohl auch etwas leichter verwalten ließ.

Und wozu wurden die kollektivierten oder besser: kommunalisierten Einkünfte verwendet? Zu den alten Zwecken, so könnte man sagen: also zur Gewährleistung des Gottesdienstes, zur Finanzierung der Bildung, zur Unterstützung der Armen. Daß da im einzelnen Änderungen stattfanden, mag beiseite bleiben, zumal diese Änderungen – wie etwa die strengere Behandlung der Armen – nicht nur mit der Reformation zu erklären sind, sondern vielmehr damit, daß man schon im späteren Mittelalter eine zunehmende Kritik an Leistungen für Arme, die solche Leistungen gar nicht verdienten, wie man meinte, kennt.

Was die Inhaber der Pfarrstellen angeht, so markiert den reformatorischen Wandel sehr deutlich, daß die bisher gerade in Nürnberg offensichtlich weniger gut als andernorts bezahlten Prediger, die zunächst besser besoldet worden waren, nach dem Tode der beiden Pfarrstellen-Inhaber an deren Stelle traten. Nun fügte sich die Existenz der beiden Nürnberger Prediger in die Kontinuität mit ihren pfarramtlichen Vorgängern namentlich im Hinblick auf ihre Besoldung ohne weiteres ein.[28] Ebenso wie die beiden Pröpste gut honoriert worden waren, so nun die Prediger, nicht zuletzt der berühmte Andreas Osiander, der mit seinem üppigen Gehalt nicht auskam und nicht unberechtigt von Gegnern wegen seines Lebensstils kritisiert wurde.[29]

Am wenigsten änderte sich anscheinend an den Rechts- und Einkommensverhältnissen der Kapläne. Sie blieben, was sie gewesen waren, nämlich Hilfsgeistliche mit nur teilweise fixierten Einkommen.[30] Doch was sollte mit den Inhabern der Altarpfründen geschehen? Sie praktizierten jene Winkelmessen und jene

26. *Emil Sehling*, Die evangelischen Kirchenordnungen des 16. Jahrhunderts 11,1, Tübingen 1961 S.23-32.
27. *Hans Hubert Hofmann*, Die »Pfaffenpfründen« im Landalmosenamt zu Nürnberg 1540-1550, in: Mitteilungen des Vereins für Geschichte der Stadt Nürnberg 42, 1951 S.145-170; *Johann Winkler*, Der Güterbesitz der Nürnberger Kirchenstiftungen unter der Verwaltung des Landalmosenamtes im 16. Jahrhundert, in: ebd., 47, 1956 S.160-296.
28. *Hilbert* (wie Anm.22) S.46; *Pfeiffer* wie Anm.2 S.113f.
29. *Gottfried Seebaß*, Das reformatorische Werk des Andreas Osiander, Nürnberg 1967 S.212ff.
30. *Hilbert* (wie Anm.22) S.46f.

Werkfrömmigkeit, gegen die sich die reformatorische Polemik zu allererst wendete. 1524 wurden diese Gottesdienste verboten[31], aber dadurch wurde ja in gewisser Weise die Situation der Altaristen verbessert. Ihre Verpflichtungen waren hinfällig geworden, ihr Pfründvermögen war aber ungeachtet der Veränderungen von 1522 immer noch vorhanden, und so einfach, wie die Reformatoren sich die Sache dachten, war diese in den Augen der Politiker und Juristen nicht. Mußte man nicht die Verträge – reformatorische Erneuerung hin oder her – achten? Andreas Osiander fand eine glatte Lösung. Jeder Christ und also auch jede Obrigkeit sei verpflichtet, alle unchristlichen Mißbräuche und falschen Gottesdienste abzustellen. Wenn das richtig war, galten die alten Rechtsverpflichtungen nicht, zumal Osiander weitere Argumente nachschob. Die Stifter der Pfründen hätten, so schrieb er, Gott und den Nächsten dienen wollen. Doch nun habe man erkannt, daß das nicht in der hergebrachten Weise geschehen könne, sondern eben nur in Luthers oder in seinem eigenen Sinne, woraus sich dann ohne weiteres die Berechtigung ergab, zum Beispiel statt einer Jahrzeitmesse ein wenig Schulunterricht zu finanzieren.[32]

Auf eine so radikale Uminterpretation oder deutlicher gesagt: Verleugnung des Rechts wollte sich der Nürnberger Rat jedoch nicht einlassen. Auf der anderen Seite wollte er aber auch seine Kommunalisierungspolitik fortsetzen. So kam es zu einem vorsichtigen Hin und Her, das aber immerhin im Ernstfall und unter der Voraussetzung entsprechend formulierter Urkunden die Rückgabe von Pfründvermögen durchaus möglich machte.[33] Peter Imhof der Ältere zum Beispiel, ein charaktervoller alter Herr von über achtzig Jahren, lehnte es demonstrativ ab, sich »auf einen anderen Weg zu bereiten, das ewig leben zu erlangen«. Obwohl seine Standesgenossen im Nürnberger Rat, die sich fast ohne Ausnahme auf die Wittenberger Seite geschlagen hatten, immer wieder von den deutlichen Äußerungen Imhofs schockiert waren, konnten sie sich doch nicht entschließen, über den klaren Wortlaut der hier vorliegenden Stiftungsverträge, der die Gültigkeit der Stiftung davon abhängig machte, daß die geistlichen Leistungen auch wirklich erbracht wurden, hinwegzugehen. So erhielt Peter Imhof seine Kapitalien, von deren Erträgen ein Salve-regina-Gesang, Jahrtage sowie ein Rochusfest finanziert werden sollten, zurück. Ebenso geschah es mit der Pfründe des Rochus-Altars in der Lorenzkirche, und zwar noch zu Lebzeiten des Geistlichen.[34] Das entscheidende Datum für das künftige Schicksal solcher Pfründen war in Nürnberg wie auch andernorts aber im allgemeinen der Tod des Inhabers. Ebenso wie

31. *Adolf Engelhardt*, Die Reformation in Nürnberg 1 (wie Anm.2) S.163ff.
32. *Seebaß* (wie Anm.29) S.182f.; siehe auch die Edition des wichtigsten einschlägigen Gutachtens: Andreas Osiander d. Ä., Schriften und Briefe 2, Gütersloh 1977 S.176ff.
33. *Dormeier* (wie Anm.25) S.54ff.
34. Ebd., S.54ff. Ein Gutachten Osianders in dieser Sache in der Anm. 32 zitierten Edition S.231ff.

die Mitglieder der geistlichen Konvente wurden auch die Inhaber der Altaristen-Pfründen pfleglich behandelt. Sie sollten bis zum Ende ihres Lebens existieren können.
Doch was sollte danach geschehen? Das Nürnberger Landalmosenamt – neben dem Stadtalmosenamt die andere Hälfte des kommunalisierten Kirchenvermögens[35] – strengte sich an, auch die Rochus-Pfründe in seine Hand zu bekommen. Doch der Rat hielt sich an die Verträge und erstattete das in die Stadtkasse eingelegte Kapital zurück. Und die Stifterfamilie bemühte sich auch in diesem Fall darum, das freigewordene Kapital sachgemäß einzusetzen. In anderen Fällen wurden Meßstiftungen einfach ins Umland verlagert, wo es katholische Kirchen gab. In diesem Falle wurde das Pfründeinkommen in das Stipendium eines Wittenberger Studenten verwandelt, der nach dem Studium in Nürnberg als Geistlicher tätig sein sollte.[36] Ein Zeugnis des Umbruchs? Das würde nur dann gelten, wenn Wittenberg 1538 noch ein Ort des Umbruchs gewesen wäre.

35. *Hilbert* (wie Anm.22) S.33ff.
36. *Dormeier* (wie Anm.25).

Günter Vogler

Erwartung – Enttäuschung – Befriedigung
Reformatorischer Umbruch in der Reichsstadt Nürnberg

I.

Die Frage nach durch die frühe Reformation bewirkten Umbrüchen legt verschiedene Möglichkeiten nahe, sich dem Thema zu nähern: Erstens kann es personalbezogen angegangen werden, indem Entwicklung, Lehre und Handlungen der Reformatoren oder der Reformation anhängender Persönlichkeiten ins Zentrum gerückt werden. Zweitens ist eine Orientierung an Sachthemen möglich, an Glaubensnormen oder Institutionen und sich hier abzeichnenden Wandlungen. Drittens können Rezeption und Umsetzung reformatorischer Ideen und Forderungen als gesellschaftliches Problem im regionalen, territorialen, nationalen oder globalen Rahmen verfolgt werden. Mit dem Exempel Nürnberg bewegen wir uns auf dieser dritten Ebene.

Wer den Weg wählt, sich auf nur eine Stadt zu konzentrieren und dabei eine relativ kurze Phase städtisch-reformatorischer Entwicklung in den Blick nimmt, sieht sich allerdings mit der ernüchternden Warnung Heinz Schillings konfrontiert: »Bei dem für die Frühphase der werdenden Neuzeit so wichtigen religiösen und kirchlichen Wandel ... steht nicht mehr das Interesse an der Reformation als einem zeitlich eng begrenzten Vorgang des Umschlags oder eruptiven Wandels im Vordergrund. Im Zentrum steht vielmehr ›die Zeit der Reformen‹, die vom späten Mittelalter bis in die Konfessionalisierungen des späten 16. und frühen 17. Jahrhunderts währte und in deren Verlauf die societas christiana des Mittelalters Schritt für Schritt umgewandelt wurde in die in sich differenzierte, zunächst multikonfessionelle, später dann pluralistische Gesellschaft der europäischen Neuzeit.«[1]

Wenn hier dennoch nur *eine* Reichsstadt in einer kurzen, für die Ausprägung ihres historischen Profils aber entscheidenden Phase vorgeführt wird, dann ist unbestritten, daß ein singulärer Fall keine generellen Auskünfte über reformato-

1. *Heinz Schilling,* Die Reformation – ein revolutionärer Umbruch oder Hauptetappe eines langfristigen reformierenden Wandels?, in: *Winfried Speitkamp, Hans-Peter Ullmann* (Hgg.), Konflikt und Reform. Festschrift für Helmut Berding, Göttingen 1995, S. 38f.

rische Umbrüche zu vermitteln vermag. Aber Generalisierungen verlangen nach empirischer Vorarbeit, und unter dieser Prämisse interessiert auch der Einzelfall, zumal »die Reichsstädte in einem weit stärkeren Maß als die übrigen Stände des Reichs von der Reformation erfaßt worden sind.«[2] Auf eine detaillierte Darbietung der Fakten zu Personen, Institutionen, Aktionen, Motiven, Argumentationen und Abläufen kann und muß hier verzichtet werden, zumal diese durch zahlreiche neuere Untersuchungen erschlossen wurden und nachlesbar sind.[3]
Wer Nürnbergs Geschichte unter dem Aspekt reformatorischen Umbruchs befragt, sieht sich mit zwei generellen Diskussionslinien konfrontiert: zum einen mit der Debatte über Rats- oder Gemeindereformation[4], zum anderen mit dem Disput über Kontinuität oder Diskontinuität zwischen Spätmittelalter und Früher Neuzeit bzw. der Konfessionalisierung als entscheidender Umbruchphase.[5] Die erste Diskussionslinie soll hier nicht thematisiert werden, die zweite führt zum Kern unseres Themas.
Vorab ist jedoch noch ein erklärendes Wort zu der im Titel dieses Beitrags gebrauchten Terminologie notwendig: Erwartung, Enttäuschung und Befriedigung sind keine Termini des kategorialen Instrumentariums historischer Forschung.

2. *Bernd Moeller,* Reichsstadt und Reformation. Bearbeitete Neuauflage, Berlin 1987, S. 9.
3. Wesentliche dafür stehende Titel sind den nachfolgenden Anmerkungen zu entnehmen. Hier sollen deshalb nur genannt werden: *Gottfried Seebaß,* Die Reformation in Nürnberg, in: Mitteilungen des Vereins für Geschichte der Stadt Nürnberg 55 (1967/68), S. 252-269; *ders.,* Stadt und Kirche in Nürnberg im Zeitalter der Reformation, in: *Bernd Moeller* (Hg.), Stadt und Kirche im 16. Jahrhundert, Gütersloh 1978, S. 66-86; *Günter Vogler,* Nürnberg 1524/25. Studien zur Geschichte der reformatorischen und sozialen Bewegung in der Reichsstadt, Berlin 1982; *ders.,* Imperial City Nuremberg, 1524-1525: The Reform Movement in Transition, in: *Ronnie Po-Chia Hsia* (Ed.), The German People and the Reformation, Ithaca/London 1988, S. 33-49.
4. Vgl. zum Beispiel *Peter Blickle,* Gemeindereformation. Die Menschen des 16. Jahrhunderts auf dem Weg zum Heil, München 1985: *ders.,* Die Reformation im Reich, 2. Aufl., Stuttgart 1992; *ders.,* Eidgenossenschaften in reformatorischer Absicht. Oder: Wie begründet ist die Kritik an der »Gemeindereformation«?, in: ARG, Sonderband: Die Reformation in Deutschland und Europa: Interpretationen und Debatten, Gütersloh 1993, S. 159-173; *Heinz Schilling,* Die deutsche Gemeindereformation. Ein oberdeutsch-zwinglianisches Ereignis vor der »reformatorischen Wende« des Jahres 1525?, in: ZHF 14 (1987), S. 325-332; *ders.,* Die Stadt in der frühen Neuzeit, München 1993, S. 94ff.; *Hans-Jürgen Goertz,* Pfaffenhaß und groß Geschrei. Die reformatorischen Bewegungen in Deutschland 1517-1529, München 1987, S. 240ff.
5. Vgl. zum Beispiel *Hartmut Boockmann,* Das 15. Jahrhundert und die Reformation, in: *ders.* (Hg.), Kirche und Gesellschaft im Heiligen Römischen Reich des 15. und 16. Jahrhunderts, Göttingen 1994, S. 9-25; *Schilling,* Die Reformation (wie Anm. 1), S. 26-40.

Sie werden hier benutzt, um unvoreingenommen einen Zugang zu subjektiven Sichten und objektiven Wirkungen zu gewinnen und die - wiederholt kritisierte[6] - Zuordnung der Ereignisse zu Typen und Phasen der Reformation möglichst zu vermeiden. Die hier gebrauchten Termini beanspruchen keine allgemeine Gültigkeit, aber sie ermöglichen es, die inhaltliche Differenziertheit der reformatorischen Bewegung in der Reichsstadt Nürnberg zu erschließen und sowohl ein Nacheinander im chronologischen Ablauf als auch ein Nebeneinander von Haltungen und Prozessen zu erfassen.
Von »Umbrüchen« - dies eine zweite Bemerkung zur Terminologie - ist zwar bei der Darstellung geistiger oder gesellschaftlicher Phänomene in unterschiedlichen Zusammenhängen immer wieder die Rede, aber eine definitorische Fixierung sucht man nach meiner Kenntnis vergeblich. Ein Blick in Grimms Deutsches Wörterbuch offenbart, daß für das 15. und 16. Jahrhundert Umbruch kein Begriff der Quellensprache war. Drei Möglichkeiten des Wortgebrauchs spielten damals eine Rolle: im agrarischen Alltag das Umpflügen, in der Druckersprache das Umbrechen und im Bergbau das Anlegen eines neuen Stollens.[7] Orientieren wir uns an der zuerst genannten Möglichkeit des zeitgenössischen Wortgebrauchs, dann meint Umbrechen beispielsweise das Umpflügen einer Wiese, um Ackerland zu gewinnen. Sieht man darin eine qualitative Veränderung, dann ist es auch legitim zu fragen, ob die frühe Reformation in diesem Sinne einen Umbruch bewirkte.

II.

Um die Frage nach reformatorischen Umbrüchen für die Reichsstadt Nürnberg beantworten zu können, muß zunächst wenigstens andeutungsweise auf einige Voraussetzungen und Rahmenbedingungen für die Rezeption und Umsetzung reformatorischer Lehren und Forderungen in der Pegnitzstadt hingewiesen werden.[8]

6. Vgl. *Berndt Hamm,* Reformation »von unten« und Reformation »von oben«. Zur Problematik reformationshistorischer Klassifizierungen, in: ARG, Sonderband (wie Anm. 4), S. 256-293.
7. *Jacob und Wilhelm Grimm,* Deutsches Wörterbuch, Bd. 11, Abt. II, Leipzig 1936, Sp. 834.
8. Vgl. allgemein zur Geschichte der Stadt: *Gerhard Pfeiffer* (Hg.), Nürnberg. Geschichte einer europäischen Stadt, München 1971, bes. S. 73-264; *Horst Weigelt,* Nürnberg, in: TRE 24, Berlin, New York 1994, S. 698ff.; *Rudolf Endres,* Verfassung und Verfassungswirklichkeit in Nürnberg im späten Mittelalter und in der frühen Neuzeit, in: *Wilfried Ehbrecht* (Hg.), Verwaltung und Politik in Städten Mitteleuropas, Köln, Weimar 1994, S. 207-219.

1. Der Bischof vom Bamberg, unter dessen kirchlicher Oberhoheit und geistlicher Jurisdiktion Nürnberg stand, klagte in den achtziger Jahren des 15. Jahrhunderts, der Rat beabsichtige, »uns und unserem Stift in geistlichen Sachen nicht mehr unterworfen zu sein«.[9] Der Stadt war bereits seit dem 14. Jahrhundert daran gelegen, die Privilegien des Klerus einzuschränken, Einfluß auf die Besetzung geistlicher Ämter zu erlangen, Klöster und Stiftungen zu kontrollieren, die Lateinschulen zu beaufsichtigen, die geistliche Gerichtsbarkeit einzuschränken und über das Kirchengut zu verfügen. Der Rat weitete im Lauf der Jahre seinen Einfluß auf das Kirchenwesen tatsächlich schrittweise aus, indem er das Patronat über die Stadtkirchen Sankt Sebald und Sankt Lorenz erlangte, der Schutz des Klerus und seiner Güter ihm anvertraut und die Aufsicht über die meisten Klöster und Stiftungen übertragen wurde. Beim Rat lag folglich schon vor der Reformation die Entscheidungshoheit oder Kontrolle über viele die Kleriker, die Kirchen und das religiöse Leben in der Stadt betreffende Belange.[10]
2. Die für das späte Mittelalter charakteristische Frömmigkeit verfolgte die Sicherung des Seelenheils für die Menschen. Die vielfältigen Frömmigkeitsäußerungen schienen von einem intakten religiösen Leben zu zeugen. Das dokumentieren unter anderem das Bemühen um eine Klosterreform und der Klosterhumanismus.[11] Als aber Johann von Staupitz 1516 in seinen Adventspredigten im Nürnberger Augustinerkloster den Ablaß in Frage stellte und auf die Barmherzigkeit Gottes verwies, fielen seine Worte bei dem elitären Kreis seiner Zuhörer auf fruchtbaren Boden. Die bekanntgewordenen Reaktionen zeigen ein Spannungsverhältnis zwischen spätmittelalterlicher Frömmigkeit und Erwartungen an, die zunächst Staupitz, dann aber vor allem Martin Luther und seine reformatorische Theologie erweckten. Das Heilsverlangen auf der einen und der Anspruch des Rats auf das Kirchenregiment auf der anderen Seite weisen darauf hin, daß Bürgerverlangen und Ratsinteresse eng miteinander verwoben, aber nicht unbedingt deckungsgleich waren.
3. Zwischen Luther und einigen Nürnberger Persönlichkeiten bestanden nicht nur persönliche Beziehungen. Der Wittenberger übte schon frühzeitig einen star-

9. Zit. nach *Irmgard Höss,* Das religiöse Leben vor der Reformation, in: *Pfeiffer,* Nürnberg (wie Anm. 8), S. 137.
10. Vgl. *Adolf Engelhardt,* Das Kirchenpatronat zu Nürnberg, seine Entstehung und Gestaltung im Wandel der Zeit, in: Zeitschrift für bayerische Kirchengeschichte 7 (1932), S. 1-16, 65-80; *Joseph Kraus,* Die Stadt Nürnberg in ihren Beziehungen zur Römischen Kurie während des Mittelalters, in: Mitteilungen des Vereins für Geschichte der Stadt Nürnberg 41 (1950), S. 1-154.
11. Vgl. *Johannes Kist,* Klosterreform im spätmittelalterlichen Nürnberg, in: Zeitschrift für bayerische Kirchengeschichte 32 (1963), S. 31-45: *Franz Machilek,* Klosterhumanismus in Nürnberg um 1500, in: Mitteilungen des Vereins für Geschichte der Stadt Nürnberg 64 (1977), S. 10-45; *Karl Schlemmer,* Gottesdienst und Frömmigkeit in der Reichsstadt Nürnberg am Vorabend der Reformation, Würzburg 1980.

ken theologischen Einfluß auf die entstehende reformatorische Bewegung in der Reichsstadt aus.[12] Das Bemühen um religiös-kirchliche Erneuerung wurde von seiner Lehre dominiert. Ein erstes öffentliches Zeugnis dieser Wirkung war nach der Übersetzung der 95 Thesen über die Kraft der päpstlichen Ablässe ins Deutsche durch Kaspar Nützel die von dem einflußreichen Ratsschreiber Lazarus Spengler verfaßte, aber zuerst anonym veröffentlichte »Schutzrede und christliche Antwort eines ehrbaren Liebhabers göttlicher Wahrheit der Heiligen Schrift« von 1519.[13] Mit ihr verteidigte er Luther, weil dessen Lehre die Gewissen befreie und auf Christus und den biblischen Schriften gegründet sei. Wenn der Nürnberger Rat die Verbreitung von Publikationen Luthers, namentlich wenn sie Papst und Kaiser kritisierten, oder die Verbreitung seines Porträts untersagte[14], richteten sich solche Maßnahmen nicht in erster Linie gegen die Person, sondern wollte der Rat seine und der Stadt Loyalität gegen Papst und Kaiser unterstreichen. Die Beschwichtigungspolitik verfolgte hauptsächlich die Absicht, äußere Eingriffe zu vermeiden.

4. In den Jahren, in denen sich in Nürnberg eine reformatorische Bewegung formierte, waren der Rat und die Stadt in besonderem Maße mit dem Reich und den Reichsständen konfrontiert. Seit 1521 hatte das Reichsregiment seinen Sitz in der Stadt, und zwischen 1522 und 1524 traten dreimal Reichstage zusammen. Rat und Stadtgemeinde agierten also unter den kontrollierenden Augen der Reichsstände. Reichspolitische Konstellationen und außenpolitische Rücksichten beeinflußten folglich die Haltung und die Entscheidungen des Rats. Dieser war bemüht, den Gehorsam gegen Gott mit dem gegen Kaiser und Reich zu harmonisieren und zugleich Konflikte in der Stadt zu befrieden.[15] Angesichts der von

12. Vgl. *Gottfried Seebaß,* Luther und Nürnberg, in: Zeitschrift für bayerische Kirchengeschichte 53 (1984), S. 1-18.
13. *Lazarus Spengler,* Schutzrede für Doktor Martin Luthers Lehre, in: *Adolf Laube u. a.,* Flugschriften der frühen Reformationsbewegung (1518-1524), Bd. 1, Berlin 1983, S. 501-516. Über Spengler vgl. *Harold J. Grimm,* Lazarus Spengler, Columbus (Ohio), 1978.
14. Vgl. die zahlreichen Belege bei *Theodor Hampe,* Archivalische Miszellen zur Nürnberger Literaturgeschichte, in: Mitteilungen des Vereins für Geschichte der Stadt Nürnberg 27 (1928), S. 260ff. Noch am 4. Juli 1524 befahl ein Ratsverlaß, »allenthalben die schendelichen gemel und auch Lutters pildnuß, wo die offentlich fail gehapt, ze suchen und aufzeheben«. Vgl. *Gerhard Pfeiffer* (Bearb.), Quellen zur Nürnberger Reformationsgeschichte. Von der Duldung liturgischer Änderungen bis zur Ausübung des Kirchenregiments durch den Rat (Juni 1524 - Juni 1525), Nürnberg 1968, S. 9 (RV 57).
15. Vgl. *Heinrich Richard Schmidt,* Reichsstädte, Reich und Reformation. Korporative Religionspolitik 1521-1529/30, Stuttgart 1986, S. 47: »Die Rücksichtnahme auf das Autoritätsgefüge im Reich und in der Stadt öffnete den Rat dem Druck von außen.«

der reformatorischen Bewegung geweckten Erwartungen übte das Stadtregiment aus außenpolitischen Rücksichten Zurückhaltung, suchte durch vorsichtiges Taktieren aber seine Interessen zu wahren und einen Kurs zu steuern, der zwar keine offene Parteinahme für die Reformation erkennen ließ, aber durch Tolerierung erste Schritte ermöglichte. Wenn der Rat beispielsweise ermahnt wurde, das Wormser Edikt zu vollziehen, berief er sich zu seiner Verteidigung auf den »gemeinen Mann«, der zu Aufruhr ermuntert werden könne, wenn gegen reformatorisch gesinnte Prediger oder Laien vorgegangen werde.[16]

III.

Der Nürnberger Ratsschreiber Lazarus Spengler konstatierte in seiner Schrift »Die Hauptartikel, durch welche die gemeine Christenheit bisher verführt worden ist« vom Herbst 1522, »das unßer selickeyt nit ynn menschen leren, nitt ynn menschlichen nachvolgungen und exempeln, nit ynn anderm das zeyttlich unnd zergengklich ist, ßondern alleyn ynn dem ewigen wort Gottis ruet.«[17] Die christliche Gemeinde sei jedoch bisher von Theologen, Predigern und Seelsorgern »verfurt ... und yn erschrecklichem mißglauben, wahn und fangknussen gehallten worden«.[18] Es sei deshalb unmöglich, »fruchpare, heilßamliche ertzney zu geben, die kranckeyt sey dann zuvor gnugßam erkundigt unnd an Tag bracht.«[19] Spenglers Diagnose benennt Verführung, Unglauben und daraus folgende Gefangenschaft der Seelen als Wurzeln der Mißstände. Um die Krankheit zu heilen, bedurfte es allerdings eines wirksamen Medikaments.

Dominikus Schleupner, der Prediger zu Sankt Sebald, hat rückschauend geurteilt: »So ist nuhn das forderlichste, wo ein rechte, christenliche gemain sein vnd wachsen sol, das vor allen dingen das euangelion lauter, clar und eintrechtig geprediget werde. Vnd in welcher stadt solchs erlanget wirt, da wonet Christus in seinen leuthen, vnd ist das hauptstugk des christenthumbs, behelt frid vnd ainigkait zwuschen dem volgk vnd weret den gotlosen misbreuchen vnd vorechtern des euangelii, das sie sich gegen der obrigkait nit emporen mogen, als wir dann in der negsten pawrnauffrur, Goth hab lob, sein innenworden, mit was ongedult vnnd czorn wider die prediger etzliche auffrurische, dorumb

16. Vgl. ebd., S. 45ff. Die Ratskonsulenten kamen am 3. September 1521 einmütig zu dem Ratschlag, die Lage erlaube es augenblicklich nicht, das Edikt zu veröffentlichen. Sie begründeten ihre Auffassung mit der Stimmung in der Bürgerschaft und den vorauszusehenden Unruhen. Vgl. dazu *Vogler,* Nürnberg (wie Anm. 3), S. 41.
17. *Lazarus Spengler,* Die Hauptartikel, durch welche die gemeine Christenheit bisher verführt worden ist, in: *Laube u. a.,* Flugschriften (wie Anm. 13), S. 160.
18. Ebd., S. 179.
19. Ebd., S. 180.

das sie inen kainen schein des euangelii zur emporung gestatten wolden, gemurmelt haben.«[20]
Das Verlangen nach klarer, lauterer und einträchtiger Verkündigung des Evangeliums reflektiert – wie auch andernorts – ein allgemeines Interesse, das die Erwartungen einer Mehrheit der Bewohner Nürnbergs ebenso wie der des Landgebiets ausdrückte. Es konkretisierte sich allerdings auch in spezifischen Interessen sozialer Gruppen und Schichten, ohne daß übersehen werden soll, daß Erwartungen nicht immer sozialspezisch waren.[21]
1. Die Ratsmitglieder waren bemüht, ihrem religiösen Bekenntnis nachzuleben und ihr Handeln als Funktionsträger der Stadtgemeinde an ihrem Glaubensverständnis zu orientieren. Das hieß hinsichtlich der Stadtpolitik in erster Linie, dem »gemeinen Nutzen« zu dienen, Gerechtigkeit zu üben, Frieden zu wahren, Ordnung zu gewährleisten und weiteren Normen der städtischen Gesellschaft Rechnung zu tragen.[22] Damit werden Inhalte der Ratspolitik angezeigt, aber auch Möglichkeiten und Grenzen abgesteckt, in deren Rahmen reformatorisches Verlangen mit Tolerierung oder Förderung rechnen konnte.
Am 14. Februar 1522 ermahnte der Nürnberger Rat die Prediger und Klosterleute, sie sollten nicht »zwiespältig« predigen und auch nichts vortragen, »das zu auffrur, auch zu verachtung und verklaynung ains rats regiment dien ..., sonder sollen bey dem ewangeli vnd cristenlicher ler pleiben vnd kainerlay parthey erwecken oder ein annder zu widerwillen vrsach geben.«[23] Die Erhaltung des Regiments lag selbstverständlich ebenso im Interesse der Ratsmitglieder wie die Erlangung der Kirchenhoheit. Denn die Stadtpolitik beruhte auf dem »ausgeprägten Herrschaftsverständnis des patrizischen Nürnberger Rates, der die Kirche uneingeschränkt seiner Obrigkeit zu unterstellen bestrebt war und Inseln korporativer kirchlicher Autonomie nicht länger dulden wollte.«[24]

20. *Gottfried Seebaß,* Dominikus Schleupners Gutachten zum Stand der Reformation in Nürnberg 1526, in: Zeitschrift für bayerische Kirchengeschichte 47, (1978), S. 37f.
21. Vgl. *Hamm,* Reformation »von unten« (wie Anm. 6), S. 281.
22. Vgl. *Hans-Christoph Rublack,* Grundwerte in der Reichsstadt im Spätmittelalter und in der Frühen Neuzeit, in: *Horst Brunner* (Hg.), Literatur in der Stadt. Bedingungen und Beispiele städtischer Literatur des 15. bis 17. Jahrhunderts, Göppingen 1982, S. 9-36; *ders.,* Political and Social Norms in Urban Communities in the Holy Roman Empire, in: *Kaspar von Greyerz* (Ed.), Religion, Politics and Social Protest. Three Studies on Early Modern Germany, London 1984, S. 24-60.
23. Zit. nach *Heinrich Richard Schmidt,* Stadtreformation in Bern und Nürnberg - ein Vergleich, in: *Rudolf Endres* (Hg.), Nürnberg und Bern. Zwei Reichsstädte und ihre Landgebiete, Erlangen 1990, S. 92f.
24. *Anton Schindling,* Die Reformation in den Reichsstädten und die Kirchengüter. Straßburg, Nürnberg und Frankfurt im Vergleich, in: *Jürgen Sydow* (Hg.), Bürgerschaft und Kirche, Sigmaringen 1980, S. 78.

Es ist aber fraglich, ob es sich allein um eine Fortsetzung der seit dem späten Mittelalter praktizierten reichsstädtischen Kirchenpolitik handelte. Denn mit der Verbreitung reformatorischer Lehren und Forderungen in der Stadt war es hier wie andernorts eine offene, vieldiskutierte und zu beantwortende Frage, welches die wahre, evangeliumsgemäße Lehre sei und welche Konsequenzen sich daraus für kirchliches Leben und städtische Politik ergeben könnten. Damit erweiterte sich nicht nur das Spektrum der Erwartungen, sondern auch die Verantwortung des Rates. Obwohl die sich entfaltende reformatorische Bewegung auf generelle Lösungen hinarbeitete, hatte der Rat bei seinen Stellungnahmen und Entscheidungen zu respektieren, daß nicht alle seine Mitglieder dem reformatorischen Verständnis des Evangeliums folgten. Heinrich Richard Schmidt hat die Situation für die frühe Phase zutreffend beschrieben: »Gewährung evangelischer Predigt, Drängen auf innerkirchliche Reform sowie die Verweigerung gravierender eigener Eingriffe in die kirchliche Ordnung kennzeichnen die Nürnberger Ratspolitik.«[25]

2. Nürnberg beherbergte eine einflußreiche, breit gefächerte, humanistisch geprägte Bildungsschicht.[26] Viele von denen, die ihr zuzurechnen sind, öffneten sich frühzeitig lutherischen Gedanken. »Aus diesem Bereich der gebildeten Vornehmen heraus, die auf den ›Gemeinen Mann‹ herabschauten, wurde die Reformation in Nürnberg seit 1518 auf den Weg gebracht.«[27] An erster Stelle gilt das für Prediger, Prädikanten und Pröpste, soweit sie mit Luther und der Reformation sympathisierten. Ihr Ort war die Kanzel, von hier vermittelten sie die evangelische Botschaft vor der und für die Gemeinde der Gläubigen und weckten bei diesen Erwartungen. Der Auffallendste unter ihnen war gewiß Andreas Osiander, Prediger von Sankt Lorenz, ein Mann mit humanistischer Herkunft und von unerschütterlichem Engagement für die Reformation.[28]

In der Verantwortung der Pröpste »Grund und Ursach aus der Heiligen Schrift« von 1524 werden Erfahrungen der ersten Jahre summiert, wenn es heißt, es sei eine einfache Sache, äußerliche Bräuche und Gewohnheiten abzutun. »Aber das hertz inwendig mit gewissem, bestendigem gotteswort recht und christlich zu

25. *Schmidt,* Stadtreformation (wie Anm. 23), S. 94.
26. Vgl. *Hamm,* Reformation »von unten« (wie Anm. 6), S. 263ff.; *ders.,* Humanistische Ethik und reichsstädtische Ehrbarkeit in Nürnberg, in: Mitteilungen des Vereins für Geschichte der Stadt Nürnberg 76 (1989), S. 65-147; *ders.,* Reichsstädtischer Humanismus in Nürnberg, in: *Andreas Mehl, Wolfgang Christian Schneider* (Hgg.), Reformatio et Reformationes. Festschrift für Lothar Graf zu Dohna zum 65. Geburtstag, Darmstadt 1989, S. 131-193.
27. *Hamm,* Reformation »von unten« (wie Anm. 6), S. 264.
28. Vgl. *Gottfried Seebaß,* Das reformatorische Werk des Andreas Osiander, Nürnberg 1967; *ders.,* Andreas Osiander d.Ä., in: TRE 25, 1995, S. 507-515; *Andreas Osiander d. Ä.,* Gesamtausgabe. Hg. *Gerhard Müller,* Bd. 1ff., Gütersloh 1975ff.

unterrichten und von alter, böser gewonhayt abzureissen, das ist ain recht, gut und löblich werck, darin sich ain recht, gutter christ bemühen und anzaygen soll. Darumb auch wir das heylig euangelion lenger dann zway gantze jar bey uns predigen, darbey die mißpreuch eröffnen und also das volck, uns umb derselbigen abstellung zu ersuchen, hungerig und begyrig haben werden lassen, e(h)e dann solche endrung geschehen ist.«[29]

Schon vor dem Wirken reformatorisch gesinnter Prediger wurde die geistige Elite Nürnbergs durch Schriften Luthers stark beeinflußt[30], und auch Ratsmitglieder öffneten sich dem reformatorischen Denken. Mit den Predigern gleichgesinnt waren mehrheitlich die städtischen Juristen, die Ratskonsulenten, allen voran der Ratsschreiber Lazarus Spengler.[31] Sie konnten dank ihrer Funktion dem Rat reformatorische Vorstellungen und Lösungen mittels der von ihnen verlangten Ratschläge vortragen, wenn Entscheidungen und verbindliche Regelungen herbeigeführt werden sollten. Da den Predigern erst gegen Jahresende 1524 eingeräumt wurde, zur Ratschlagung herangezogen zu werden[32], waren es zuerst die Juristen, die sich auf Anfrage des Rates zu relevanten Themen äußerten und auf diesem Wege Entscheidungen beeinflussen konnten.[33]

Da die als Ratskonsulenten im Dienst der Stadt stehenden Juristen sich ganz offensichtlich mehrheitlich reformatorischen Ideen zugewandt hatten, war eine Basis für ein überwiegend einvernehmliches Votieren von Predigern und Juristen in dem Rat zugeleiteten Stellungnahmen gegeben. Spannungsvoll war ihre Si-

29. *Osiander,* Gesamtausgabe (wie Anm. 28), Bd. 1: Schriften und Briefe 1522 bis März 1525, S. 199f.
30. Eine von Albrecht Dürer 1520 oder 1521 angefertigte Liste der von ihm vermutlich zwischen 1518 und 1520 erworbenen Lutherschriften verzeichnet 16 Titel (13 deutschsprachige und drei lateinische Schriften). Er hatte folglich etwa ein Drittel der bis dahin in deutscher Sprache publizierten Texte Luthers gesammelt. Vgl. *Albrecht Dürer,* Schriftlicher Nachlaß. Hg. *Hans Rupprich,* Bd. 1, Berlin 1956, S. 221 u. 222 Anm. 2; *Vogler,* Nürnberg (wie Anm. 3), S. 68ff.
31. Vgl. *Berndt Hamm,* Stadt und Kirche unter dem Wort Gottes. Das reformatorische Einheitsmodell des Nürnberger Ratsschreibers Lazarus Spengler (1479-1534), in: *Ludger Grenzmann, Karl Stackmann* (Hgg.), Literatur und Laienbildung im Spätmittelalter und in der Reformationszeit, Stuttgart 1984, S. 710-731; *ders.,* Lazarus Spengler und Martin Luthers Theologie, in: *Volker Press, Dieter Stievermann* (Hgg.), Martin Luther. Probleme seiner Zeit, Stuttgart 1986, S. 124-136; *ders.,* Bürgertum und Glaube. Konturen der städtischen Reformation, Göttingen 1996, S. 141-178.
32. Erst ein Ratschlag der »Gelehrten« nach dem 4. August 1524 beschäftigte sich mit der Frage, »bey waß persohnen in deß euangelij sachen man raht suchen möge« (*Pfeiffer,* Quellen [wie Anm. 14], S. 163).
33. Es waren zuerst allein die »Gelehrten«, die auf Anfragen des Rats sich über den Zehnt, das Erbgut, die Jahrtage, die Zeremonien und andere Themen äußersten. Vgl. *Pfeiffer,* Quellen, S. 153ff.

tuation insofern, als sie einerseits die Erwartungen der Gemeinde kannten, andererseits die Interessen des Rats zu respektieren hatten und zudem ihre eigene Überzeugung im Spiel war.

3. Zu den aktiven Kräften im reformatorischen Prozeß der Reichsstadt gehörten in großer Zahl Handwerker und Gesellen, die zahlenmäßig umfangreichsten Schichten der Stadtbevölkerung.[34] Von ihnen - darunter auch Frauen - gingen immer wieder antiklerikale Aktionen aus.[35] Wenn die Quellen wiederholt berichten, den »gemeinen Mann« dürste nach dem Evangelium und der Bibel[36], dann war dieses Verlangen von öffentlicher Kritik an Papst und Kardinälen, an altgläubigen Predigern und kritisch beobachteten Mönchen begleitet. Sie wurde während der Messe, bei Spottprozessionen, in öffentlich angeschlagenen »Schmähschriften« und in kursierenden »Schmähgemälden« artikuliert. Auch wurden Fastengebote übertreten und wird von ersten Klosteraustritten berichtet. Die Kritik und die Protestaktionen richteten sich im besonderen gegen Predigt und Lebensweise von Klerikern und Mönchen und deren tatsächlichen oder vermeintlichen Versäumnissen bei der Wegweisung zum Seelenheil. Sie wurden als Verfälscher des Evangeliums und Verführer der Gläubigen angeprangert. Davon zeugt nicht zuletzt die Stimmung unter der Bevölkerung während der in Nürnberg abgehaltenen Reichstage und dann während des Religionsgesprächs im März 1525, als die das Rathaus verlassenden Ordensleute bedroht und bedrängt wurden.[37]

Der Nürnberger Rat sah durch die öffentlichen Äußerungen auch sich selbst bedroht. In einem Brief vom 20. Juni 1524 wird beispielsweise darauf verwiesen, »waß poser zetteln und brief, die zu grosser aufrur und verachtung der obrigkeit dienen, ... alhie in den kirchen und auf den platzen angeschlagen worden«.[38] Solche Aussagen lassen sich zwar nicht im Detail konkretisieren, aber sie lassen vermuten, wie aktiv vor allem Handwerker und Gesellen die neue Bewegung voranzutreiben bemüht waren. Sie wurden von der evangelischen Predigt, von Flugschriften und Bildpropaganda angeregt.[39] Sie identifizierten sich mit dem

34. Vgl. *Rudolf Endres,* Zur Lage der Nürnberger Handwerkerschaft zur Zeit von Hans Sachs, in: Jahrbuch für fränkische Landesforschung 37 (1977), S. 107-123; *ders.,* Das Handwerk in Nürnberg im ausgehenden Mittelalter, in: *ders.,* Bern und Nürnberg (wie Anm. 23), S. 49-79.
35. »Auch in Nürnberg wurde die antiklerikale Phantasie beflügelt ... Wo antiklerikale Aktionen Ruhe und Ordnung störten, griff der Rat zwar ein, er vergaß dabei aber nie, gleichzeitig auch die Altgläubigen zur evangelischen Verkündigung des göttlichen Wortes zu ermahnen« (*Goertz,* Pfaffenhaß [wie Anm. 4], S. 130).
36. Vgl. z. B. *Pfeiffer,* Quellen (wie Anm. 14), S. 263, 272.
37. Vgl. ebd., S. 355.
38. Ebd., S. 261.
39. In Nürnberg sind die auffallenden Exempel die Flugschriften von Hans Greiffenberger und die Dichtungen und Dialoge von Hans Sachs sowie das graphische Werk von Sebald und Barthel Beham. Vgl. *Vogler,* Nürnberg (wie Anm. 3), S. 74-82,

Rekurs auf die evangelische Botschaft, der antiklerikalen Argumentation und dem Plädoyer für eine Lebensweise nach christlichen Normen, vor allem der Nächstenliebe.

Die Angehörigen der Mittelschichten (oder der »gemeine Mann« generell) leiteten aus der reformatorisch orientierten Verkündigung aber auch soziale Forderungen ab. Erwartet wurde eine materielle Entlastung, nicht nur durch die Abschaffung geldfordernder Zeremonien, sondern auch mancher vom Rat auferlegter finanzieller Leistungen. Aus der Handwerkerschaft kam die Forderung nach Aufhebung des Ungelds, die Kritik an Fürkauf, Geiz, Wucher, Losung, Marktgeld und anderen Leistungen. Im Sommer 1524 wurde die Forderung laut, in der Stadt wieder Zünfte einzurichten.[40] Das genuin scheinbar nur religiöse Anliegen, das die Reformation beförderte, führte angesichts der sozialen Situation eines großen Teils der Bevölkerung auch zur Artikulierung sozialer und politischer Ansprüche.

Der reformatorische Prozeß förderte bei einem großen Teil der Mittelschichten folglich das Verlangen nach evangelischer Predigt und zugleich nach der Lösung sozialer Probleme sowie der Respektierung ihrer politischen Forderungen. Hans Sachs hatte in der Allegorie »Die Wittenbergisch Nachtigall« viele soziale Aspekte thematisiert, so wenn er anprangerte, für jede kirchliche Zeremonie sei Geld zu zahlen: »Also sy uns die woll außrauffen«.[41] Andere zogen daraus weitergehende Schlüsse und plädierten für sozial-politische Neuordnungen.

4. Noch vor der Zuspitzung der Situation in der Reichsstadt angesichts der ins Soziale und Politische führenden Forderungen der Opposition verwiesen Bauernversammlungen und Zehntverweigerungen im Nürnberger Landgebiet seit Mai 1524 auf die Verwobenheit von reformatorischer und sozialer Bewegung. An diesen Aktionen waren mehr als 60 Gemeinden beteiligt.[42] Es verdient hervorgehoben zu werden, daß außerhalb der Stadtmauern im Landgebiet schätzungsweise 22000 Menschen lebten.[43] Auch sie waren mit der reformatorischen Lehre konfrontiert, wenngleich Auskünfte fehlen, wie sie damit vertraut wurden und darauf reagierten.

151-194, 250-263; *Hamm,* Bürgertum und Glaube (wie Anm. 31), S. 181-231; *Herbert Zschelletzschky,* Die »drei gottlosen Maler« von Nürnberg. Sebald Beham, Barthel Beham und Georg Pencz. Historische Grundlagen und ikonologische Probleme ihrer Graphik zu Reformations- und Bauernkriegszeit, Leipzig 1975.

40. Vgl. *Vogler,* Nürnberg (wie Anm. 3), S. 95ff., 106ff.
41. *Laube u. a.,* Flugschriften (wie Anm. 13), Bd. 1, S. 596.
42. Vgl. *Vogler,* Nürnberg (wie Anm. 3), S. 83ff.
43. Zum Landgebiet vgl. *Wolfgang Wüllner,* Das Landgebiet der Reichsstadt Nürnberg, Nürnberg 1970; *Wolfgang Leiser,* Kommunalverfassung im Landgebiet der Reichsstadt Nürnberg, in: Mitteilungen des Vereins für Geschichte der Stadt Nürnberg 60 (1973), S. 206-221; *ders.,* Das Landgebiet der Reichsstadt Nürnberg, in: *Endres,* Nürnberg und Bern (wie Anm. 23), S. 227-260.

Folge der reformatorischen Einflüsse und der Versammlungen war die Verweigerung der Zehntleistung an geistliche Personen und Institutionen und schließlich die Verbrennung von Zehntgetreide auf dem Feld. Neben dem Zehnt scheint die Nutzung der Fischwasser und Wälder sowie der Wildbann eine Rolle gespielt zu haben. Wenn der Nürnberger Rat berichtete, die Bauern in den Dörfern wollten Rent, Zins und Gült nicht mehr geben, so wird das zwar durch keine Quelle von bäuerlicher Seite bestätigt, es kann aber auch nicht ausgeschlossen werden, daß diese Leistungen in Frage gestellt wurden.
Hier wurden schon manche Probleme angesprochen, die im nächsten Jahr im Bauernkrieg eine Rolle spielten und in den Zwölf Artikeln aus Oberschwaben ebenfalls auftauchten. Es schien sich abzuzeichnen, daß die Bewegung im Nürnberger Landgebiet Anschluß an die Bauernbewegungen benachbarter Gebiete finden werde, was die Quellenaussagen durchaus nahelegen.[44] Eine Eskalation wurde allerdings durch militärische Vorkehrungen einerseits, durch einige Zugeständnisse andererseits verhindert.[45] Darüber hinaus mißbilligte der Rat bereits 1524, die Untertanen rechtfertigten ihr Tun mit dem Evangelium und beriefen sich auf Prediger in der Stadt.[46]
Dieser - unvollständige - Überblick zeigt an, daß die reformatorische Lehre alle Schichten und Gruppen erreichte und Erwartungen weckte: das Verlangen nach unverfälschter Predigt des Evangeliums und die Respektierung seiner Normen in einer gemäßen Lebensweise, aber auch – mit schichtenspezifischen Unterschieden – die Forderung nach Entlastung von materiellen Bürden bis hin zu sozialen und im Ansatz politischen Neuordnungen. Manches Anliegen schloß an die spätmittelalterliche Kirchenkritik und die laut werdenden Reformforderungen an, andere wurden durch die Reformation aktuell und mit deren Theologie motiviert, womit sie eine übergreifende Legitimation und ein stabiles Fundament erhielten. Manche öffentlichen Reaktionen wiesen zudem darauf hin, daß rasche Veränderungen erwartet wurden.[47]

44. Vgl. dazu *Pfeiffer,* Quellen, S. 55ff. (RV 376ff.), 371ff. (Br. 157ff.), *Lawrence P. Buck,* The Containment of Civil Insurrection: Nürnberg and the Peasant's Revolt, 1524-1525, Diss. Ohio State University 1971, S. 88ff.
45. Vgl. das Ratsmandat vom 2. Juni 1525: *Pfeiffer,* Quellen (wie Anm. 14), S. 419ff.
46. Vgl. *Vogler,* Nürnberg (wie Anm. 3), S. 131f. Zum Zehntproblem generell vgl. *Gunter Zimmermann,* Die Antwort der Reformatoren auf die Zehntenfrage. Eine Analyse des Zusammenhangs von Reformation und Bauernkrieg, Frankfurt/Main, Bern 1982. Generell trifft zu: »Die evangelische und die soziale Bewegung des gemeinen Mannes waren zusammengewachsen, das Evangelium gab dem Kampf um soziale Verbesserungen und die Abstellung als unerträglich empfundener Lasten die Rechtfertigung. Es bot die Handhabe, gegen die *bestehende,* nicht eine verschärfte Ordnung des täglichen Lebens vorzugehen« (*Schmidt,* Reichsstädte [wie Anm. 15], S. 154).
47. Hier sei nur ein scheinbar peripheres Beispiel genannt. Als 1524 Laien über die Predigten des Franziskanerpaters Jeremias Mülich befragt wurden, die sie kritisch

IV.

Entscheidend wurde, mit welchen Schritten und mit welcher Konsequenz den Erwartungen entsprochen wurde. Drei Phasen zeichnen sich unter diesem Gesichtspunkt ab:
Ein erster Schritt war die Berufung reformwilliger evangelischer Pröpste und Prediger zwischen 1520 und 1522: als Pröpste Hektor Pömer (Sankt Lorenz) und Georg Pesler (Sankt Sebald), als Prediger Andreas Osiander (Sankt Lorenz), Dominikus Schleupner (Sankt Sebald), Thomas Venatorius (Heilig-Geist-Spital) und Wolfgang Volprecht (Augustinerkloster). Erste Veränderungen galten der Abstellung einiger Zeremonien, die als »äußeres Gepränge« abgelehnt wurden. Als während des Reichstags im Januar 1523 der kaiserliche Statthalter Erzherzog Ferdinand und der päpstliche Nuntius Francesco Chieregati beim Nürnberger Rat vorstellig wurden und verlangten, gegen evangelische Prediger einzuschreiten und die Verbreitung lutherischer Schriften zu unterbinden, suchte der Rat sich entschuldigend herauszuhalten. Obwohl der auf eine Erneuerung des Kirchenwesens hinwirkende Druck aus der Gemeinde zunahm, gab die städtische Obrigkeit ihm jetzt noch nicht nach. Der Rat erließ zwar 1522 eine neue Almosenordnung, erlaubte aber das Abendmahl in beider Gestalt nicht, so daß es Ostern 1523 nur im Augustinerkloster praktiziert werden konnte.
Einen zweiten Schritt signalisieren die Neuerungen, die im Juni 1524 die Pröpste beider Stadtkirchen hinsichtlich Meßliturgie und Seelsorge initiierten.[48] Im Mittelpunkt stand die Neuordnung des Gottesdienstes mit Folgen (Abschaffung von Seelmessen und Jahrtagen, des Salve regina, des geweihten Salzes und Wassers). Die Artikel der Pröpste können »zusammen mit der dazugehörenden Gottesdienstordnung als die erste Form evangelischer Kirchenordnung in Nürnberg gelten. Und sie bedeuteten praktisch bereits die Trennung von der alten Kirche, da mit Artikel 14 und ... Artikel 19 die Anerkennung der Jurisdiktion des Bamberger Bischofs aufgekündigt wurde.«[49] Die Pröpste handelten angeblich ohne

beurteilten, äußerte der Messerer Michel Ketzmann: »Soliche predig mit mererem inhalt hab er auffgeschriben. Und ein gross verwundern, das ein erberer rath, ire underthon dermass verfuren zu lassen, disem mench so lang zusehen mogen« (*Gunter Zimmermann,* Die Rezeption der reformatorischen Botschaft: Laienaussagen zu Predigten des Franziskanerpaters Jeremias Mülich in der Fastenzeit 1524, in: Zeitschrift für bayerische Kirchengeschichte 58 [1989], S. 68).

48. *Osiander,* Gesamtausgabe (wie Anm. 28), Bd. 1, S. 169-174.
49. Ebd., S. 167. Artikel 14 lautet: »sollen die mandat von Bamberg den partheien unter augen außerhalb der cantzel verkundet werden« (S. 173). Artikel 19 besagt: »Ob auß denselben (d. h. den Dienern der Kirche - G. V.) einer oder mehr dieser ordnung halben von dem bischoff furgenommen wirdt, weil er in unserm dienst were, soll er dieseshalben von uns verthaidigt werden« (S. 174).

Wissen des Rates und provozierten die Reaktion des Bischofs, wodurch ein anhaltender Konflikt ausgelöst wurde.[50] Der Rat reagierte zunächst auf die Änderungen nicht, ließ aber am 11. Juni 1524 die Pröpste beschicken, um ihnen sagen zu lassen, »das dise verenderung, so doch dergleichen an andern orten ausserhalben Wittemperg noch nicht seyen furgenomen, gemainer stat, zuvorderst bey k. mt., auch sunst bey vil churfursten, fursten und andern stenden des reichs zu grosser beswerung, nachred und den iren zu verderplichem schaden mög raichen und zum ergsten außgelegt werden«.[51] Doch die Reformen wurden nicht zurückgenommen. »Der Hinweis auf einen Aufstand der Bürgerschaft erwies sich als überzeugendstes Argument gegen die Zumutung, mit Gewalt den alten Zustand wiederherzustellen.«[52]

Ein dritter Schritt war das vom Rat veranlaßte Religionsgespräch im März 1525.[53] Es war ein Reflex auf das Ausbleiben reichsweiter Regelungen, auf die Haltung der altgläubigen Prediger und der Klosterinsassen sowie auf die sich komplizierende Situation angesichts der sozialen Bewegung und des anwachsenden Drucks eines großen Teils der Bevölkerung. »Der Nürnberger Rat wurde in seiner Hoffnung auf eine Selbstreformation der Kirche oder eine Reichskirchenreform enttäuscht.«[54] Während des Religionsgesprächs sollten altgläubige und reformatorisch gesinnte Geistliche ihre Lehre darstellen und prüfen lassen. Im Ergebnis galten die altgläubigen Prediger und Ordensleute als überführt, eine falsche Lehre zu vertreten. Der Rat sah sich daraufhin legitimiert, weitere Entscheidungen zu treffen, mit denen die Reformation in Nürnberg im Prinzip vollendet wurde. Dazu gehörten unter anderem die Aufnahme von Geistlichen in das Bürgerrecht und die Übernahme der meisten Klöster durch den Rat. Schließlich visitierte eine Kommission von Theologen und Ratsherren in Zusammenarbeit mit der Markgrafschaft Brandenburg-Ansbach im Sep-

50. Vgl. ebd., S. 180ff.
51. *Pfeiffer,* Quellen (wie Anm. 14), S. 5 (RV 22).
52. *Friedrich Wilhelm Kantzenbach,* Gottes Ehre und der Gemeine Nutzen. Die Einführung der Reformation in Nürnberg, in: Zeitschrift für bayerische Kirchengeschichte 47 (1978), S. 11.
53. Vgl. *Pfeiffer,* Quellen (wie Anm. 14), S. 37ff. (RV 263ff.), 105-150; *Osiander,* Gesamtausgabe (wie Anm. 28), Bd. 1, S. 454ff., 501ff.; *Gottfried Seebaß,* Der Nürnberger Rat und das Religionsgespräch vom März 1525 (mit den Akten Christoph Scheurls und anderen unbekannten Quellen, in: Jahrbuch für fränkische Landesforschung 34/35 (1974/75), S. 467-499; *Gunter Zimmermann,* Das Nürnberger Religionsgespräch von 1525, in: Mitteilungen des Vereins für Geschichte der Stadt Nürnberg 71 (1984), S. 129-148; *Bernd Moeller,* Zwinglis Disputationen. Studien zu den Anfängen der Kirchenbildung und des Synodalwesens im Protestantismus, 2. Teil, in: Zeitschrift für Rechtsgeschichte, Kanon. Abt. 60 (1974), S. 258f.
54. *Schmidt,* Stadtreformation (wie Anm. 23), S. 101.

tember/Oktober 1528 die Landpfarreien und im Mai 1529 die Stadt.[55] Am 1. Januar 1533 wurde die von einer Theologenkommission unter Federführung Osianders seit 1529 vorbereitete Kirchenordnung in der Stadt und am 9. Februar im Landgebiet in Kraft gesetzt.[56]

Dieser grob skizzierte Ablauf zeigt an, daß einschneidende Neuerungen nicht sofort erfolgten, sondern anfangs erst Voraussetzungen geschaffen werden mußten, um solche Veränderungen vornehmen zu können. Als die Erneuerung des Kirchenwesens eingeleitet wurde, aber ein Durchbruch in Hinsicht auf die Erfüllung von Erwartungen noch nicht erfolgte, entstand eine kritische Situation. Einerseits wurden Stimmen laut, die der Enttäuschung über den bisherigen Gang der Reformation Ausdruck gaben[57], andererseits war ein Unruhepotential entstanden, von dem ein Aufruhr ausgehen konnte.

In der Instruktion des Rats für eine Gesandtschaft an Erzherzog Ferdinand vom Juni 1524 hieß es: »Aus disen predigen ist erwachsen, das die gemein zue Nurmberg zue dem wort Gottes gantz begirig worden ist, also das in eines erberen raths macht diser zeit nit steet, auch inen keins wegs muglich ist, diese furgenomene neuerung mit eynichem gewalt und zuvor on erkantnus eins cristlichen Conciliums irer gemein zu benemen und mit eynem ernst abzuschaffen.«[58]

Der Nürnberger Rat war zwar überwiegend mit Männern besetzt, die sich für die Reformation engagierten, mit ihr sympathisierten oder sich zurückhaltend-tolerant verhielten. Aber es gab offensichtlich auch eine Gruppe, die sich reformatorischen Neuerungen widersetzte.[59] Der Rat hatte aber auch Rücksicht auf die reichspolitische Interessenlage zu nehmen. Doch da Entscheidungen im Rahmen des Reiches ausblieben bzw. durch die Absage Karls V., ein nationales Konzil zu erlauben, blockiert wurden, war zu entscheiden, welcher Weg eingeschlagen

55. Vgl. *Matthias Simon,* Zur Visitation der Nürnberger Landpfarreien im Jahre 1528, in: Zeitschrift für bayerische Kirchengeschichte 35 (1966), S. 7-41.
56. Vgl. *Gottfried Seebaß,* Evangelische Kirchenordnung im Spannungsfeld von Theologie, Recht und Politik: Die Gutachten der Nürnberger Juristen zum Entwurf der Brandenburgisch-nürnbergischen Kirchenordnung von 1533 und ihre Bedeutung für deren endgültige Gestalt, in: *Christine Noll* (Hg.), Recht und Reich im Zeitalter der Reformation. Festschrift für Horst Rabe, Frankfurt/Main 1996, S. 231-273.
57. Ein Beispiel bietet Hans Sachs mit seinen Prosadialogen »Ein Dialogus des inhalt ein argument der Römischen wider das Christlich heüflein; den Geytz, auch ander offentlich laster etc. betreffend« und »Ain gesprech eins Ewangelischen christen mit einem Lutherischen. Darinn der ergerlich wandel etzlicher, die sich Lutherisch nennen, angezaigt vnd bruderlich gestrafft wirdt« (*Ingeborg Spriewald* [Hg.], Die Prosadialoge von Hans Sachs, Leipzig 1970, S. 123-173).
58. *Pfeiffer,* Quellen (wie Anm. 14), S. 263.
59. Vgl. ebd., S. 352: *Gottfried Seebaß,* Apologia Reformationis. Eine bisher unbekannte Verteidigungsschrift Nürnbergs aus dem Jahre 1528, in: Zeitschrift für bayerische Kirchengeschichte 39 (1970), S. 31.

werden sollte. Der Ausweg waren das Religionsgespräch und die ihm folgenden Neuordnungen.
Erwartungen waren bis dahin insoweit erfüllt worden, als die Berufung evangelischer Prediger und die Veränderungen im Gottesdienst eine Verbesserung von Verkündigung und Seelsorge bedeuteten und auch eine Entlastung von manchen materiellen Leistungen zur Folge hatten. Wo Forderungen laut wurden, die darüber hinauswiesen – Ungeld- und Zunftproblem zum Beispiel -, reagierte der Rat repressiv: mit Vorkehrungen gegen Aufruhr, mit Gefangensetzung einiger Opponenten und mit zwei Hinrichtungen.[60] Bauern bzw. Dorfgemeinden zeigten sich enttäuscht, weil nicht nur weitere Bauernversammlungen untersagt und die Teilnahme von Handwerkern der Stadt an den Zusammenkünften unterbunden, sondern per Mandat auch der Zehnt weiterhin verlangt wurde. Erst im Zusammenhang mit dem Bauernkrieg wurde die Zehntleistung im Nürnberger Landgebiet zeitweilig aufgehoben.[61]
Die evangelische Predigt und Flugschriften hatten einem sozialen Verständnis der christlichen Botschaft vorgearbeitet. Angesichts der dadurch stimulierten Erwartungen, bisher aber limitierten Veränderungen stellte sich für einen beträchtlichen Teil der Einwohner in der Stadt und im Landgebiet die Bilanz reformatorischer und sozialer Reformen überwiegend negativ dar. Deshalb fragte wohl auch Hans Sachs in seinem vierten Prosadialog vom Herbst 1524 prononciert: »Was ist vns vnser freyhait nutz, wenn wir ir nicht brauchen durffen?«[62] Er verwarf die schädlichen und schimpflichen Praktiken des »römischen Haufens«, sah ein Hindernis aber auch im Verhalten derer, die sich lutherisch nennen, aber nicht danach leben. Deshalb richtete sich seine Kritik jetzt nicht mehr allein gegen die Altgläubigen, sondern auch gegen manche »neuen Evangelischen«.
Es gab jedenfalls in der Stadt den »Kreis derer, die über das Ausbleiben wahrer Christlichkeit in der reformatorischen Bewegung enttäuscht waren«.[63] Vielleicht ist dies ein Hinweis, warum in dieser krisenhaften Situation stärker nonkonforme - das heißt mit der lutherischen Reformation nicht konforme - Strömungen in Erscheinung traten. Diese Tendenz wird mit den Einflüssen dokumentiert, die von Andreas Karlstadt, Martin Reinhart, Thomas Müntzer und schließlich Huldrych Zwingli ausgingen, auch mit den Auffassungen von Hans Denck, der »gottlosen Maler« und einiger weiterer Personen sowie später der Täuferbewegung.[64]

60. Vgl. *Vogler,* Nürnberg (wie Anm. 3), S. 112ff.
61. Vgl. Anm. 45.
62. *Spriewald,* Die Prosadialoge (wie Anm. 57), S. 154.
63. *Gottfried Seebaß,* Zur Geschichte der reformatorischen und sozialen Bewegung in der Reichsstadt Nürnberg 1524/25, in: Mitteilungen des Vereins für Geschichte der Stadt Nürnberg 71 (1984), S. 269.
64. Vgl. *Vogler,* Nürnberg (wie Anm. 3), S. 194ff.; *Schmidt,* Reichsstädte (wie Anm. 15), S. 177ff.; *Hans-Dieter Schmid,* Täufertum und Obrigkeit in Nürnberg, Nürnberg 1972.

Der Phase eines fast ausschließlich an Luther orientierten Aufbruchs folgte eine solche, in der angesichts nicht erfüllter Erwartungen unterschiedlicher Prägung die Pluralisierung reformatorischer Standpunkte gefördert wurde, wenngleich die lutherische Bewegung dominant blieb.
Für den Rat war die Divergenz von evangelischer und altgläubiger Lehre ein kardinales Problem, weil daraus »zwiespältige Predigt« erwachse. Diese Auffassung dürfte die Haltung des Rats generell angesichts der Pluralisierung reformatorischen Denkens bestimmt haben. Er sah sich deshalb veranlaßt, nicht nur den »Zwiespalt« zwischen altgläubiger und evangelischer Lehre zu überwinden, sondern die pluralistischen Tendenzen überhaupt zu eliminieren. »Um die Monopolisierung des Luthertums in der Stadt zu erreichen, mußten alle Heterodoxien ausgeschaltet werden.«[65] Diesen Zweck verfolgten unter anderem die Ausweisung verschiedener Personen aus der Stadt, die Warnungen vor »Schwärmern«[66] sowie der Prozeß gegen Denck und die »gottlosen Maler«.[67]
Der Rat motivierte sein Vorgehen mehr als einmal mit der Gefahr drohenden Aufruhrs durch den »gemeinen Mann«. Als es zu einem heftigen Konflikt zwischen den Kartäusermönchen und ihrem Prior kam, schlugen die Pröpste, Prediger und Juristen in einem Ratschlag vom Januar 1525 vor, der Rat möge in das Kloster schreiben, »das diser zeit widerwillen, wie die leuft gestalt, im closter zu gedulden, eynem rat nit thunlich«, und eines ihrer Argumente war, »wue die oberkeit nit hant wolt anlegen, müß [man] besorgen, das Contz rotschmid und messerer hinder sand Jacob aufstuend und reformacion mechte, darumb vil we[ni]ger ein cleyns zu wagen, dan einen grossern nachteil zu verursachen und dem raum zu geben.«[68]
Der Rat war angesichts der nach wie vor Unruhen nicht ausschließenden Situation herausgefordert, definitive Entscheidungen zu anstehenden Problemen herbeizuführen. Das geschah prinzipiell mit dem Religionsgespräch vom März 1525. Nachfolgende Schritte galten der Umsetzung dieser Entscheidung zugunsten der Reformation, der Ausgestaltung und Absicherung der neuen Ordnung - nach innen und außen.

V.

In der Verteidigungsschrift der Pröpste »Grund und Ursach« von 1524 hieß es: »Man frag nun weytter, woher dyse schwäre und sorgliche leuffte, so yetzund vor augen, uber uns khommen. Dyse gotteslesterung alleyn wer gnug, daß Got die

65. *Schmidt,* Reichsstädte (wie Anm. 15), S. 177.
66. »Alle Abweichler faßte man unter dem simplifizierenden Etikett ›schwurmer‹ (Schwärmer) zusammen« (*Kantzenbach,* Gottes Ehre [wie Anm. 52], S. 14).
67. Vgl. *Vogler,* Nürnberg (wie Anm. 3), S. 270-310.
68. *Pfeiffer,* Quellen (wie Anm. 14), S. 199.

gantz welt darumb umbkeret.«[69] Die kritikwürdigen Zustände werden in den Quellen überwiegend mit den Termini Irrtum, Mißbrauch, Greuel oder Gotteslästerung bedacht. Ihre Beseitigung konnte als »Umkehrung« verstanden werden. Die zeitgenössische Terminologie beschreibt die Sachverhalte allerdings meist mit »Änderung«, »Veränderung« oder »Neuerung«.[70]

In der Instruktion des Rats für die Nürnberger Gesandtschaft an Erzherzog Ferdinand vor dem 23. Juni 1524 hieß es hinsichtlich der Anfang Juni von den Pröpsten initiierten Änderungen, man habe ihn informiert, daß kürzlich in Nürnberg »in den pfarkirchen etliche neuerung mit abstellung des vor geubten gotsdiensts und der ceremonien weren furgenomen«.[71] Zu seiner Verteidigung setzte der Rat indes hinzu: »Sunsten und ausserhalb beder pfarrkirchen und den Augustinern ist ungeferlich in gantz Nurmberg, dise sachen belangend, nichtzit sonderlichs geendert oder furgenomen«.[72] Einige Tage später - am 29. Juni - berichtete Christoph Scheurl über sein Gespräch mit dem päpstlichen Legaten Lorenzo Campeggio, er habe dargelegt: »Main herrn begerten den gaistlichen nichts abzubrechen, sondern si zu schuzen, wi bishere beschehen were.«[73]

Wenn der Rat den Vorwurf zurückwies, es seien »Neuerungen« vorgenommen worden, dann handelte es sich in erster Linie um eine Schutzbehauptung. Auffällig ist zudem, daß die Termini »Neuerung« und »Veränderung« zuerst von der Gegenseite gebraucht wurden und der Rat darauf abwiegelnd reagierte. Doch selbst wenn es ihm nicht um einen »Umbruch« gegangen sein sollte, ist die Frage legitim, ob die von ihm unter dem Druck der Gemeinde und angesichts der inneren und äußeren Situation getroffenen Entscheidungen einen solchen anzeigen.

69. *Osiander,* Gesamtausgabe (wie Anm. 28), Bd. 1, S. 212. Vgl. auch S. 319 (»ferliche zeiten«). Zur Interpretation von »leuffte« vgl. *Rainer Postel,* Geschwinde Zeiten. Zum Krisenproblem im 16. Jahrhundert, in: *Monika Hagenmeier, Sabine Holtz* (Hgg.), Krisenbewußtsein und Krisenbewältigung in der Frühen Neuzeit. Festschrift für Hans-Christoph Rublack, Frankfurt/Main 1992, S. 13-21.
70. Am 7. März 1525 schrieb Bischof Weigand an den Nürnberger Rat: Dem Rat sei bekannt, »welcher gestalt die probst sant Sebalds und sant Laurentzen pfarrkirchen und der prior des Augustinerklosters bey euch zu Nurmberg verschiner zeit sich mit neuer lere etlich christlich gut ordnung, satzung und ceremonien, so etwa lange zeit here gehalten worden, zum teyl gar abzuthun, der eins teyls wider die satzung der kirchen zu endern und fur sich selbst ires gefallens neu ordnung furzunemen, die zu halten und zu uben unterfangen« (*Pfeiffer,* Quellen [wie Anm. 14], S. 353). In den Quellen finden sich zahlreiche Belege für die Kennzeichnung der Maßnahmen als »Änderung« und »Neuerung«, zum Beispiel ebd., S. 5 (RV 22), 13 (RV 96), 256, 262, 263, 271, 273, 274, 276, 288, 377: *Osiander,* Gesamtausgabe (wie Anm. 28), Bd. 1, S. 196, 200, 245, 247, 253, 539.
71. *Pfeiffer,* Quellen (wie Anm. 14), S. 262.
72. Ebd., S. 263.
73. Ebd., S. 266.

Folgt man dem Gutachten Dominikus Schleupners zum Stand der Reformation in Nürnberg von 1526, so wurden die drei größten Mißbräuche abgestellt: »Zum ersten die widerwertige predig vnd leren, welch in der hailigen schrifft nit gegrundt noch mag erhalten werden, vnd was von glaublosen segen vnd kirchengebärd und -prenng ... dorauß kommen warenn; zum andern das gotslesterlich oppher des canonis, den messkrom vnd hantirung mit den lebendigen vnd mit den todtenn selen vnd anndere misbreuch der messenn; zum dritten der onchristliche, schendliche bettel, vrsach der laster vnd furderung der sunden, so die betler getriben vnd ire kynder dorzu gezogen haben.«[74] Damit seien drei notwendige Hauptstücke wiederhergestellt worden: »Erstlich das lauther, clare vnd einhellig wort Gots ze predigen vnd ze leren, aus dem der glaub vnd der rechte gotsdienst fleust. Zum ander die rechte messe ... Zum dritten sein die christenlichen wergk der liebe ... widerauffgericht«.[75] Predigt des Gotteswortes, aus dem Glaube und Nächstenliebe fließen – das war Gemeingut reformatorischer Überzeugung, und daraus ergaben sich auch in Nürnberg Schritte zur Neuordnung. Ohne alle »Veränderungen« und »Neuerungen« hier aufzulisten, sollen wenigstens einige gravierende Entscheidungen herausgehoben werden, in denen sich die Folgen des Reformationsprozesses in der Reichsstadt widerspiegeln.

1. Nürnberg war eine »lutherische Stadt« geworden, und sie blieb es. Das war nicht nur für die Kommune selbst folgenreich, sondern ermöglichte auch, daß von ihr eine Vorbildwirkung ausging. Dominikus Schleupner unterstrich es auf seine Weise in seinem Gutachten: »Nurmberg ist nit ein gering oder vorborgen pawrenmargkth, an dem nichts gelegen wer, wie es dorynn zugyhng, sunder ein wolgeachte reichsstat vnd handelstat, da sich on verletzung viler leut nit czymeth, die helle, clare, erkante warhait zu verlassen oder furder in yergent ainem thuen leichtfertiglich cze wangken. Abir nymands gedengk im, das wir vns dem babstlichen hauffen hierynn vorsunen welden, wann es ist nuhn alles vorschutt vnd mag mit Goth nit gesein.«[76] Der Bruch war vollzogen, der eingeschlagene Weg unumkehrbar.

2. In Lazarus Spenglers Verteidigungsschrift von 1528 wird hervorgehoben, »daß einer jeden christlichen obrigkeit schuldiges und fürnehmstes amt ist, die höchste fürsehung zu thun, nicht allein in dem, so zur gemeinen bürgerlichen policey, handhabung gemeines friedens und leiblicher ordentlicher unterhaltung, sondern vielmehr und höher was den befohlenen unterthanen zu dem heil ihrer seelen, einem rechten gottseligen leben und brüderlicher, freundlicher einträchtigkeit von nöthen ist, dieweil nach anzeigung göttlicher schrift der allmächtig das blut der unterthanen von denen händen ihrer obern will erfordern.«[77] Die Verknüpfung

74. *Seebaß,* Schleupners Gutachten (wie Anm. 20), S. 40f.
75. Ebd., S. 41, 43.
76. Ebd., S. 37.
77. *Seebaß,* Apologia (wie Anm. 59), S. 51f.

von »gemeinem Nutzen« und Seelenheil der Bürger war ansatzweise bereits in »vorreformatorischer« Zeit angestrebt worden, aber die so motivierte Politik galt nun der Konstituierung eines Gemeinwesens auf reformatorischer Grundlage.
3. Da die »zwiespältige Predigt« als primäre Ursache der unruhigen Situation, ja der Aufstandsgefahr angesehen wurde, galt das Interesse des Rats hauptsächlich der Frage, wie »einhellige Predigt« gewährleistet werden könne. Deshalb heißt es auch in einem Bedenken Lazarus Spenglers von Anfang März 1525: »Nun ist aber meinen herrn das haubtstuckh in dieser sachen zu bedencken am notigsten, nemlich wie ainhellige christenliche predig in dieser stadt mogen verursacht werden.«[78] Christoph Scheurl wies in einem Ratschlag vom 16. März 1525 darauf hin: »Nuhn sey die sach dahin auß den ungleichen predigen gelangt, das man alhie unter dem gemeinen mann sey gespalten undt parteyt«[79], und er beschwor den Rat geradezu, »meine herren sollten auch darbey fleißig erwegen die jetzig empöhrung der landtschafft, wie leichtlich es auch uber die ringkmaur hupfen möge, dafur kein anders remedium zu gebrauchen sey, dann die einmütig predig«.[80] Ein erster Schritt des Rats nach dem Religionsgespräch war deshalb am 17. März 1525 die Entscheidung, den Orden der Barfüßer, Prediger und Karmeliter Predigt und Beichthören zu untersagen.[81] Die Konsequenz war zudem, daß der Rat sich künftig veranlaßt sah, evangelische Prediger für die Stadt und das Landgebiet zu berufen. »Einhellige Predigt« galt als Garantie für die Sicherung des Gemeinwohls und bürgerlichen Friedens und als Mittel der Integration aller Bewohner in das reformatorisch fundierte Gemeinwesen.
4. Mit der Aufnahme von Geistlichen in das Bürgerrecht und der Übernahme bürgerlicher Verpflichtungen wurde deren privilegierte Stellung beseitigt.[82] »Die rechtliche Sonderstellung der geistlichen Personen und Güter war eine Quelle permanenter Spannungen zu der bürgerlichen Stadtgemeinde, vor allem zu deren politischem Leitungsorgan, dem Stadtmagistrat.«[83] Vor der Reformation waren

78. *Pfeiffer,* Quellen (wie Anm. 14), S. 214.
79. Ebd., S. 221.
80. Ebd., S. 222f.
81. Vgl. ebd., S. 57 (RV 395).
82. Vgl. generell *Bernd Moeller,* Kleriker als Bürger, in: Festschrift für Hermann Heimpel. Hgg. von den Mitarbeitern des Max-Planck-Instituts für Geschichte, Bd. 2, Göttingen 1972, S. 195-224.
83. Vgl. *Schindling,* Die Reformation (wie Anm. 24), S. 68. Weiter heißt es dort: »Die Exemption des Klerus vom Stadtgericht, vom Bürgerrecht, von den bürgerlichen Lasten und Pflichten, dazu oft Patronatsrechte, oder gar die Inkorporation von Pfarreien in ein bürgerschaftsfernes, manchmal auswärtiges geistliches Institut, und das hieß dessen alleinige Besetzungs- und Besitzrechte an der Pfarrkirche, sodann auch Kompetenzerweiterungen des geistlichen Gerichts - all das erregte immer wieder von neuem Mißfallen und Unmut. Die privilegierte Korporation der Bürger rieb sich an dem noch anspruchsvoller privilegierten corpus der Klerikerkirche.«

in Nürnberg keine Priester Bürger geworden. Nun konstatierte ein Ratschlag der Pröpste, Prediger und Juristen vom 8. Mai 1525, bisher sei »dem gemeynen burgersman nit ein cleine ungleicheyt entstanden ... auß dem, das die gemeinen vicarier in allen kirchen bysher nit in burgerlichen gemeinen beschwerungen als losung, ungelt und andern verpflicht, sonder des vor andern gemeinen burgern gefreyt gewesen seind«. Dies habe beim »gemeinen Mann«, der solche Lasten zu tragen habe »und sich dannoch im schways seins angesichts mit seiner hand arbayt ernern muß, nit ein wenig nachrede und ungedult verursacht«. Der Rat habe die Macht, die Geistlichen dazu anzuhalten, denn die Schrift unterwerfe alle Menschen der Obrigkeit. »Darumb [sollen] auch dise vicarier und andere gemeine priesterschaft billich alle gemeine purden und beschwerungen gemeß andern burgern tragen.«[84] Am 10. Mai legte der Rat fest, mit allen Vikaren zu beraten, »bürger ze werden oder sich von hynnen ze thun mit maß, wie in dem verzaichenten ratslag verleybt ist«.[85] Am 2. Juni legte der Rat fest, die Priester, die Bürger werden wollten, sollten vor den Viertelmeistern den Eid leisten.[86] Im Laufe des Jahres 1525 legten 73 Priester den Bürgereid ab.[87]

5. In der Stadt und deren Landgebiet laut gewordene Forderungen nach finanziell-materieller Entlastung (zum Beispiel Losung, Ungeld, Zehnt) wurden zwar nicht generell respektiert, aber der Wegfall von Geldzahlungen für manche kirchlichen Handlungen bedeutete durchaus eine Entlastung für die Bewohner der Stadt und der Dorfgemeinden, namentlich für deren schwächere Glieder. Dominikus Schleupner konnte deshalb zurecht in seinem Gutachten von 1526 schreiben: »Was nuhn dorneben der gantzen gemain, arm vnd reich, nachgelassen vnd erspart, ist vnczelich«.[88] Gottfried Seebaß weist in diesem Zusammenhang be-

84. *Pfeiffer,* Quellen (wie Anm. 14), S. 233f. Lazarus Spengler hat im Rückblick geurteilt: Es sei dem bürgerlichen Frieden und der Einträchtigkeit nicht förderlich, »daß die, so nichts bei gemeinem nutz arbeiten, rathen oder helfen, die auch von dem schweis und blut des gemeinen manns ihr nahrung und unterhaltung nehmen, vor denen, so tag und nacht andern zu nutz sorgen, sich im schweiß ihres angesichts ernähren und ihr brod mit groser muhe, fahrlichkeit der straßen und wagniß ihres leibes und lebens gewinnen und also die burde des tages und der hitze tragen mußen, ganz frey seyn, allein mußiggehen und einig mitleiden in der christlichen gemein gar nicht tragen sollen« (*Seebaß,* Apologia [wie Anm. 59], S. 63f.).
85. *Pfeiffer,* Quellen (wie Anm. 14), S. 82f. (RV 615).
86. Ebd., S. 97 (RV 732).
87. Vgl. *Moeller,* Kleriker (wie Anm. 82), S. 231 Anm. 156.
88. *Seebaß,* Schleupners Gutachten (wie Anm. 20), S. 45. Es heißt dort weiter: »Wie offt haben wir das clagen der armen gehort, mit was onkostung vnd beswernis sie ire todten begraben vnd die sacrament mit gelth haben beczalen mussen, dennoch ausgenommen die besondern votiuen vnd die teglichen oppherphennig vnd aintzlichen heller, vergeblichen kertzenbrennen vnd czundelwergk, welchs in den pharhn, clostern vnd capeln zu Nurmberg ein treffliche summa vbir vierthausent gulden jerlich gestanden hat«.

sonders auf Schleupners Argumentation hin, »welch erhebliche finanzielle Entlastung die Reformation für die ärmeren Schichten gebracht habe, die nicht in der Lage waren, ihr Seelenheil durch Stiftungen zusätzlich zu sichern - ein Aspekt, der für die Erklärung der schnellen Durchsetzung der Reformation bei dem ›gemeinen Mann‹ nicht hoch genug veranschlagt werden kann.«[89] Neben der materiellen Seite ist zu berücksichtigen, daß den Gläubigen vermittelt wurde, Seelenheil und Vergebung von Sünden seien nicht eine Sache finanzieller Leistungen, sondern abhängig vom Glauben an die Erlösung durch Christus.

6. Andreas Osiander hatte in seiner Schlußrede während des Religionsgesprächs ausgeführt: »Dhweil die genannten gaistlichen sich umb ires nutz willen amm mainsten wider Gottes wort setzen und sich nun ansehen lesst, alls wöll ir standt in kainen weg bestandt haben, sollt ain weltliche oberkait ire gutter zu iren handen nemen und ine dagegen solche gewisse fursehung thun, das sie kainen mangel hetten, bis sie abstürben, aber inen dagegen auch kain andern zufall lassen.«[90] Nach der Verabschiedung der Almosenordnung von 1522 wurde nunmehr ein gemeiner Kasten eingerichtet, »aus welchem alle dürftige, nothleidende und kranke personen unserer stadt auf vorgehende fleißige erfahrung eines jeden derselben personen ehrlichen oder unehrlichen wesens und dürftigkeit mit leiblicher nothdurft unterhalten werden.«[91] Die Konvente, die zur Übergabe ihrer Klöster an den Rat bereit waren, waren gewillt, ihre Güter dem gemeinen Kasten zu übertragen.[92] Als die Augustiner entsprechend handelten, ist in dem Übergabedokument zu lesen, es sei bekannt, »das der merer tail des, so wir haben, von den burgern und inwonern diser stat herkummen und auf unser vorfarn und uns gewendt ist und darumb aus gottlichem bevelh widerum erstattet zu rechtem gotsdienst und gemainem nutz gebraucht werden« solle.[93] Klostergebäude, Einkünfte und Kleinodien fielen dem gemeinen Kasten zu, um sie »zu enthaltung der dienstperkait gottlichs worts, auch zu nutz und underhaltung der armen durftigen diser stat in den gemainen verordenten casten zu geprauchen«.[94] Nach dem Wegfall des Stiftungswesens wurde mit der Einrichtung des gemeinen Kastens und dessen materieller Sicherung wie andernorts auch eine Neuordnung sozialer Fürsorge vorgenommen.

7. Die Nürnberger entzogen sich der Jurisdiktion des Bamberger Bischofs, und allmählich nahm der Rat die Rechtsprechung in geistlichen Angelegenheiten in

89. Ebd., S. 32.
90. *Osiander,* Gesamtausgabe (wie Anm. 28), Bd. 1, S. 576.
91. *Seebaß,* Apologie (wie Anm. 59), S. 60.
92. *Pfeiffer,* Quellen (wie Anm. 14), S. 311.
93. Ebd., S. 366.
94. Ebd. Andreas Osiander plädierte auch dafür, Stiftungen möglichst für das städtische Almosen zu sichern. Vgl. *Osiander,* Gesamtausgabe (wie Anm. 28), Bd. 2, S. 176ff., bes. S. 186f.

seine Obhut. Die Lösung von der bischöflichen Jurisdiktion wurde hauptsächlich durch das Handeln der beiden Pröpste im Juni 1524 und das folgende Vorgehen des Bischofs ausgelöst. Als die Pröpste und der Augustinerprior am 12. September 1524 vor den Bischof zitiert und unter anderem gefragt wurden, »ob sie sich erkennen unter des bischofs iurisdiction zu seyn«, da antworteten sie: »Wir haben keyn herrn dann Got alleyn, aber umb des willen seyn wir aller creatur unterworfen, also demnach das uns auch entgegen dem wort Gottes wirt oder wider unser gewissen.«[95] Mit der bischöflichen Sentenz vom 15. September 1524 wurden sie mit der excommunicatio maior belegt, weil sie von der Kirche abgefallen seien und gegen die kirchlichen Satzungen gehandelt hätten.[96] Als Bischof Weigand schließlich mehrere Städte - darunter Nürnberg - beim Schwäbischen Bund verklagte, weil sie ihm die geistliche Jurisdiktion ohne Recht entzögen, da lautete ein Nürnberger Ratschlag vom August 1525: »Dieweyl aber dargethan möcht werden, das dise jurisdiction in vil stücken der heiligen schrift und göttlichem wort stracks entgegen und vil sündtlicher unzimlicher handlung daraus geflossen wern und demnach kain verjerung ainicher gewere daryn mit grundt kont angezogen werden, könnten sy, die stett, in irem gewissen nit finden, westens auch gegen Got nit zu verantworten, gegen irn underthanen solicher jurisdiction ferner zu gestatten.«[97] Die altkirchliche Rechtsprechung wurde zunächst mehr unterlaufen und ausgehöhlt, damit aber faktisch außer Kraft gesetzt[98], allerdings immer unter Rücksichtsnahme auf den Kaiser und das Reichsrecht.

8. Mental bedeuteten die »Neuerungen« eine Befreiung von seelischen Belastungen, die »Gebrechen«, »Mißglaube« und »falsche Predigt« verursacht hatten. Bewirkt wurde das durch die Annahme evangelischer Prediger, die Abschaffung der »papistischen Messe« und die Neugestaltung des Gottesdienstes. An die Stelle von Unsicherheit trat eine neue Glaubensgewißheit. Am 7. April 1525 artikulierte der Nürnberger Rat seinen Standpunkt gegenüber dem Bischof selbstbewußt-emphatisch: »Dann in dießen sachen, die nit zeitlich reichtumber, eer oder gutere, sonder die eer Gottes, handhabung seines heiligen wortß, wolfart der seelen und erledigung der menschlichen gewissen betreffen, füren wir nit unpillich die wunderbarlichen sichtigen wurckung göttlichs willens und das grosslich zu hertzen, das die nacht und vinsternis menschlicher irrungen vergangen und

95. *Pfeiffer,* Quellen (wie Anm. 14), S. 287.
96. Vgl. ebd., S. 288.
97. Ebd., S. 252.
98. Vgl. exemplarisch zur Ehegerichtsbarkeit *Osiander,* Gesamtausgabe (wie Anm. 28), Bd. 2, S. 195ff. Zur Verheiratung von Geistlichen in Nürnberg vgl. *Angelika Nowikki-Pastuschka,* Frauen in der Reformation. Untersuchungen zum Verhalten von Frauen in den Reichsstädten Augsburg und Nürnberg zur reformatorischen Bewegung zwischen 1517 und 1537, Pfaffenweiler 1990, S. 37ff.

der tag göttlicher erleuchtung vor augen ist«.[99] Offensichtlich erlebten viele Menschen eine seelische Entlastung, selbst wenn die neugewonnene Freiheit interpretationsbedürftig war. Der Rat machte deutlich, wo die Grenzen lagen: »Und wiewol ein yeder cristenmensch durch das blut und sterben seins seligmachers in seinem gewissen gefreyt ist, zeucht sich doch dieselb freyhait dahin garnicht, von eusserlichen schuldigen purden frey zu sten.«[100] Die verlangte Praktizierung der Nächstenliebe[101] blieb dem einzelnen überlassen.

9. Politisch-sozial wurde der Nürnberger Rat gestärkt, indem Exemtionen beseitigt (Bürgerrecht der Geistlichen, Aufhebung der meisten Köster, Aushöhlung der geistlichen Gerichtsbarkeit), die Unterstützung Bedürftiger geregelt (gemeiner Kasten), die Mittelschichten durch die Eingriffe beruhigt und mit der »einhelligen Predigt« die bekenntnismäßige Einheit für die Mehrheit der städtischen und ländlichen Einwohner herbeigeführt wurden.[102] Insofern ging von der Entscheidung für die Reformation eine integrative Wirkung aus (wobei Andersdenkende ausgegrenzt blieben). Nürnbergs reformatorischer Weg, die Konfrontation mit dem Reichsregiment, dem kaiserlichen Statthalter und päpstlichen Nuntius, dem Bischof von Bamberg, dem Schwäbischen Bund und mit manchen Reichsständen, zwang den Rat aber auch, seine Entscheidungen nach außen abzusichern. Das hauptsächliche Mittel war die Bündnispolitik, um den Handlungsspielraum zu bewahren und Gefährdungen abzuwenden. Das ist letztlich gelungen.[103]

VI.

Kann man angesichts der vorgetragenen Beobachtungen von einem durch die frühe Reformation bewirkten Umbruch in Nürnberg sprechen? Berndt Hamm konstatiert generell, die Reformation führe die bereits vorhandene Dynamik »auf

99. *Pfeiffer,* Quellen (wie Anm. 14), S. 386.
100. Ebd., S. 259.
101. Als Gegenstück und Hindernis hebt Hans Sachs in seinem dritten Prosadialog anschaulich den »Geiz« in seinen verschiedenen Erscheinungsformen hervor. Vgl. *Spriewald,* Die Prosadialoge (wie Anm. 57), S. 123-149.
102. Ausgenommen selbstverständlich die Altgläubigen, die weiterhin Widerstand gegen die lutherische Reformation leisteten, allen voran die in ihren Klöstern verbliebenen Nonnen, für die exemplarisch Caritas Pirckheimer steht. Vgl. *Caritas Pirckheimer,* Eine Ausstellung der katholischen Stadtkirche Nürnberg, München 1982; *Nowicki-Pastuschka,* Frauen (wie Anm. 98), S. 68ff., 79ff.
103. Vgl. *Schmidt,* Reichsstädte (wie Anm. 15), S. 75ff.; *Georg Schmidt,* Der Städtetag in der Reichsverfassung. Eine Untersuchung zur korporativen Politik der freien und Reichsstädte in der ersten Hälfte des 16. Jahrhunderts, Stuttgart 1984, S. 476ff.; *ders.,* Die Haltung des Städtecorpus zur Reformation und die Nürnberger Bündnispolitik, in: ARG 75 (1984), S. 194-233.

neuer Ebene« weiter.[104] Nach Gottfried Seebaß handelte es sich hinsichtlich der Reformationsphase in Nürnberg um eine »auf neuer Basis fortgesetzte und ausgeweitete Kommunalisierung der Kirche«.[105] Die damit angesprochene Kontinuität steht außer Zweifel, aber Fortsetzung und Ausweitung der Kommunalisierung auf »neuer Ebene« zeigten wohl nicht nur das Fortschreiben einer anhaltenden Entwicklung, einen linear fortschreitenden Wandel an. Was mit der zeitgenössischen Terminologie als »Veränderung« oder »Neuerung«, manchmal auch als »neue Ordnung« charakterisiert wurde, mag im einzelnen Reformschritte beinhalten, die das Ganze nicht umstürzten. Aber in ihrer Gesamtheit zeigten die Veränderungen im religiösen, sozialen, rechtlichen und politischen Bereich einen Umbruch an.

Dieser Umbruch war vom Nürnberger Rat nicht von vornherein gewollt und bewußt herbeigeführt worden. Aber angesichts der Erwartungen in der Stadt und im Landgebiet, der kirchenpolitischen Interessen des Rats, der eskalierenden Spannungen und der Pluralisierung der reformatorischen Bewegung wurde er unumgänglich. Angesichts des Ausbleibens reichspolitischer Entscheidungen zugunsten der Reformation, des Drucks aus der Stadtgemeinde und den Dorfgemeinden und der Reaktionen des Bischofs mußten definitive Entscheidungen fallen. Wenn sie zugunsten der Reformation ausfielen, ermöglichte das für die Stadt, angestaute diffizile Probleme einer Lösung zuzuführen.

Für die Charakterisierung der vollzogenen Neuerungen als Umbruch sprechen erstens die Reichweite der Entscheidungen, denn betroffen waren Kirche und Gesellschaft, Rat und Gemeinde, religiöses Leben, soziale Verhältnisse und rechtliche Situation; zweitens die Tiefendimension der Veränderungen mit ihren Wirkungen, denn es ging um das Heil und die Wohlfahrt jedes einzelnen wie der Bürgergemeinde insgesamt, um die Lösung existentieller Fragen auf der Grundlage einer neuen, der reformatorischen Theologie; drittens der temporale Aspekt, denn die den Umbruch bewirkenden Vorgänge sind auf einen relativ kurzen Zeitraum konzentriert (1520 bis 1533), wobei die Umbruchphase im engeren Sinne in die Jahre 1524/25 fällt.

Zur Frage des Drängens nach Entscheidungen bietet im übrigen die Argumentation der Pröpste und des Augustinerpriors in einem Schreiben an den Rat vom März 1525 eine schlüssige Antwort: Wenn sie entsprechend dem Begehren des Bischofs von Bamberg angewiesen werden sollten, »von unserm christenlichen,

104. Vgl. *Berndt Hamm*, Von der spätmittelalterlichen reformatio zur Reformation: der Prozeß normativer Zentrierung von Religion und Gesellschaft in Deutschland, in: ARG 84 (1993), S. 11.

105. *Seebaß*, Zur Geschichte (wie Anm. 63), S. 275. Vgl. auch *Olaf Mörke*, Integration und Desintegration. Kirche und Stadtentwicklung in Deutschland vom 14. bis ins 17. Jahrhundert, in: La ville, la bourgeoisie et la genèse de l'etat moderne, Paris 1988, S. 311f.

im wort Gottes gegrundtem fürnemen tzu weichen und darin eines kunftigen conciliums tzu warten, das ist unsers achtens nicht pillich und nicht allain unserm gewissen, sünder auch der grossen mennig halben unsers pfarrvolcks gantz ferlich, ja dem göttlichen bevelch on mittel entgegen. Dann welcher wirdet uns aines furderlichen christenlichen und freyen concilii mögen vertrösten? Welcher wirdet unß auch versichern, das wir oder unser pfarrvolck die tzeit solches conciliums erleben?«[106] Zu untersuchen wäre indes erst noch, inwieweit auch die endzeitliche Perspektive eine Rolle spielte.[107]

Berndt Hamm hat »Reformation« definiert als »jenen Vorgang in der ersten Hälfte des 16. Jahrhunderts, der bei aller Vielfalt unterschiedlicher Strömungen darin seine Eigenart und Kohärenz hat, daß er einen Bruch mit dem mittelalterlichen System von Kirche, Theologie und Frömmigkeit bedeutet. Dieser Systembruch ist zugleich Destruktion und Neugestaltung.«[108] Dies hatte aber nicht nur Folgen für das Kirchenwesen. Von den Resultaten dieses Prozesses zeigt sich in Nürnberg trotz sozialer Defizite eine Mehrheit der Stadt- und Landbevölkerung zufriedengestellt. Die »Ehre Gottes« und der »gemeine Nutzen« waren harmonisiert. Das vermittelte ein Gefühl der Befriedigung, was nicht heißt, daß alle Anliegen berücksichtigt worden waren und Konfliktstoff vollständig eliminiert worden wäre.

Nun sollen von diesem einen Exempel nicht voreilig Schlüsse für ein generelles Bild abgeleitet werden. Aber soviel zeichnet sich ab: Im Fall Nürnbergs wurde in der frühen Reformationsphase mehr als ein Durchbruch bewirkt. Die Reformation erwies sich bereits 1525 als unumkehrbar.[109] Erinnern wir zum Schluß noch einmal an das Bild vom »Umbrechen«, so könnte die Bilanz lauten: Der Acker war gepflügt und bestellt, aber die Früchte mußten selbstverständlich noch ausreifen.

106. *Pfeiffer,* Quellen (wie Anm. 14), S. 357.
107. Vgl. z. B. *Osiander,* Gesamtausgabe (wie Anm. 28), S. 194, 250.
108. *Hamm,* Bürgertum und Glaube (wie Anm. 31), S. 15. Vgl. auch *Bernd Moeller,* Die Rezeption Luthers in der frühen Reformation, in: LuJ 57 (1990), S. 66ff. Er betont, daß der »Hauptvorgang, um den es historisch ging, die Sprengung jenes mittelalterlichen Systems war, der Ausbruch aus dem Syndrom - jener fundamentale Schritt, mit dem Luther alle radikalen Reformatoren späterer Zeit an Radikalität überbot« (S. 69). Weiter zu bedenken sind die methodologischen Überlegungen von *Heiko A. Oberman,* Die Reformation als theologische Revolution, in: *Peter Blickle, Andreas Lindt, Alfred Schindler* (Hgg.), Zwingli und Europa, Zürich 1985, S. 14f.
109. Vgl. allgemein *Bernd Moeller,* Die frühe Reformation als Kommunikationsprozeß, in: *Boockmann,* Kirche und Gesellschaft (wie Anm. 5), S. 162.

Eike Wolgast

Die deutschen Territorialfürsten und die frühe Reformation

Über das Schicksal der Reformation in Deutschland entschieden die Territorialfürsten.[1] Das Heilige Römische Reich des 16. Jahrhunderts war im Gegensatz zu seinen westeuropäischen Nachbarn kein Einheitsstaat mit ausgebildeten Zentralorganen, die sich auf ein funktionierendes System von Befehl und Gehorsam hätten stützen können. Stattdessen mußte jede wichtige Entscheidung, die das Reichsganze betraf, auf den Reichstagen konsensuell in Verhandlungen zwischen Kaiser und Reichsständen (Kurfürsten, Fürsten, Städte) getroffen werden. Da das Reich über keine eigenständige Exekutive verfügte, lag es fast immer im Belieben der Territorialfürsten, ob sie Reichsentscheidungen in ihrem Herrschaftsbereich vollstrecken wollten oder nicht.[2]

I. Die Fürstengeneration von 1517

Die Generation der deutschen Reichsfürsten, die zwischen 1517 und 1530 regierte – die beiden Daten zwischen Auslösung der reformatorischen Bewegung durch die 95 Thesen Luthers und Formulierung spezifischer Bekenntnisse sollen

1. Die Reformation in Reichs- und Landstädten wird im Folgenden nicht berücksichtigt. Zur landesfürstlichen Reformation vgl. *Hans Wolter* S.J., Die Haltung deutscher Laienfürsten zur frühen Reformation, in: Archiv für Mittelrheinische Kirchengeschichte Bd. 24 (1972), S. 83-105; *Volker Press*, Die Territorialstruktur des Reiches und die Reformation, in: *Rainer Postel*, *Franklin Kopitzsch* (Hgg.), Reformation und Revolution (Stuttgart 1989), S. 239-268; *Walter Ziegler*, Territorium und Reformation. Überlegungen und Fragen, in: Historisches Jahrbuch Bd. 110 (1990), S. 52-75; *Eike Wolgast*, Formen landesfürstlicher Reformation in Deutschland, in: *Leif Grane*, *Kai Horby* (Hgg.), Die dänische Reformation vor ihrem internationalen Hintergrund (Göttingen 1990), S. 57-90; *ders.*, Einführung der Reformation als politische Entscheidung, in: ARG, Sonderband, Die Reformation in Deutschland und Europa: Interpretationen und Debatten (Gütersloh 1993), S. 465-486.
2. Zu Reichstag und Reichsverfassung im 16. Jahrhundert vgl. zusammenfassend *Hermann Conrad*, Deutsche Rechtsgeschichte Bd. 2 (Karlsruhe 1966), S. 66-101; *Rosemarie Aulinger*, Das Bild des Reichstages im 16. Jahrhundert (Göttingen 1980).

den zeitlichen Rahmen der folgenden Erörterungen abstecken –, war vom individuellen Persönlichkeitszuschnitt, von Alter, Bildung und Rang her außerordentlich different. Dennoch lassen sich Merkmale einer Kollektivpersönlichkeit »Reichsfürsten« festlegen. Das Selbstverständnis der deutschen Fürsten beruhte auf dem Grundfaktum: Ausübung von Herrschaft, die zudem in der Praxis meist nur marginal durch Landstände beschränkt war. Ihre Amtsauffassung war geprägt vom Willen zur Machtbehauptung und möglichst Machterweiterung sowie durch die Aufgabe, Ordnung und Frieden in ihrem Herrschaftsbereich zu sichern. Trotz eines dominanten Eigeninteresses wußten sich die Fürsten zusammen mit dem Kaiser für das Reichsganze verantwortlich, mindestens soweit es für die interterritoriale Ordnung und die Abwehr gemeinsamer Feinde nutzbar gemacht werden konnte. Innerhalb der Gruppe der Fürsten bestanden traditionell zahlreiche verwandtschaftliche Beziehungen, die sich gelegentlich zu formellen Erbeinungen verdichteten.

Eine besondere Stellung nahmen unter den deutschen Territorialfürsten die Bischöfe ein.[3] Wie in der ganzen Christenheit standen sie in einer geistlichen Verantwortung für ihre Diözese, seit der Etablierung des ottonisch-salischen Reichskirchensystems waren sie daneben aber auch Inhaber eines Hochstifts als weltlichen Herrschaftsbereichs, wenn auch nur die Bischöfe von Würzburg und von Straßburg zusätzlich zu ihrer Episkopalbezeichnung einen weltlichen Titel führten: Herzog in Franken bzw. Landgraf zu Elsaß. Von ihren Laienkollegen unterschieden sich die Bischöfe in ihrer weltlichen Eigenschaft durch das Fehlen eines Erbrechts und das Fehlen der Möglichkeit zur Territorialteilung, verfügten aber sonst über alle Hoheitsrechte, wenn auch zumeist in Kooperation oder Konkurrenz mit dem Hochstiftskapitel. Der Feudalisierungsprozeß des Hochklerus war weit fortgeschritten – in der Generation der zur Zeit von Luthers Auftreten amtierenden Bischöfe waren die fürstlichen Dynastien zahlreich vertreten.

In vier bedeutenden Familien des Fürstenadels waren nach 1500 nachgeborene Söhne auf die geistliche Laufbahn verwiesen worden, um die Primogenitur durchzusetzen oder wenigstens die Zahl der Erbanwärter zu verkleinern. Albrecht von Mainz und Magdeburg-Halberstadt sollte seinem Bruder, dem brandenburgischen Kurfürsten Joachim I., die Alleinherrschaft ermöglichen; die geistliche Würde Ernsts als Bischof von Passau, später Erzbischof von Salzburg, sollte die Dyarchie Wilhelms IV. und Ludwigs X. von Bayern garantieren. Die Pfälzer Wittelsbacher hielten vier Bischofsstühle gleichzeitig besetzt, wobei planvoll das eigene Machtinteresse kalkuliert worden war, um die alten Satelliten Worms und Speyer fester an das Territorium zu binden; außerdem waren Freising-Naumburg und Regensburg – das Diözesanbistum für die Oberpfalz – in der Hand von Brüdern Ludwigs V. In

3. Zum Folgenden vgl. zusammenfassend *Eike Wolgast*, Hochstift und Reformation. Studien zur Geschichte der Reichskirche zwischen 1517 und 1648 (Stuttgart 1995), S. 15-27.

ebenso großem Stil hatte der Ansbacher Markgraf Friedrich V. seine Söhne mit hohen geistlichen Würden versorgt: Hochmeister des Deutschen Ordens, Erzbischof von Riga, Koadjutor und Erzbischof von Magdeburg, Dompropst in Würzburg. Auch die Welfenfamilie war beim Erwerb kirchenleitender Positionen erfolgreich gewesen; 1517 stammten der Erzbischof von Bremen-Verden und der Bischof von Osnabrück und Paderborn aus dem Haus Braunschweig.

Wegen der Wahleigenschaft der kirchlichen Ämter konnten solche Verbindungen allerdings nur selten auf längere Frist für die Dynastie nutzbar gemacht werden; das mußten die Wettiner erfahren, die im letzten Viertel des 15. Jahrhunderts Magdeburg-Halberstadt und Mainz (Ernestiner) sowie das Hochmeisteramt (Albertiner) in die Hand von Verwandten gebracht hatten, diese Erwerbungen aber nach der zumeist kurzen Amtszeit der Hierarchen nicht verstetigen konnten. Dennoch gilt es, die verwandtschaftliche Verflechtung zwischen Laien- und Kirchenfürsten im Blick zu behalten, wenn die Stellung der deutschen Territorialfürsten zur frühen Reformation untersucht wird.

Die reformatorische Bewegung konfrontierte die deutschen Fürsten mit einem Phänomen, für dessen Erfassung und Behandlung keine Erfahrungswerte vorhanden waren. Theologische Dissidenz hatte es in der letzten Generation vor 1517, wenn überhaupt, dann nur ganz vereinzelt gegeben – mit religiösen Massenbewegungen hatte kein Fürst zu tun gehabt, wenn man von dem ephemeren Ereignis des Pfeifers von Niklashausen im Herrschaftsbereich des Würzburger Bischofs im Jahre 1476 absieht. Von einer religiösen oder gar einer gesamtgesellschaftlichen Krise war um die Jahrhundertwende wenig zu spüren trotz der immer wiederholten, fast stereotypen und für alle möglichen Zwecke instrumentalisierbaren und auch instrumentalisierten Hinweise auf die Unruhe des gemeinen Mannes.

Im Zuge des Ausbaus der Landesherrschaft und der Konzentration von Herrschaftsrechten hatten die Fürsten seit der Mitte des 15. Jahrhunderts damit begonnen, die Diözesankompetenzen der Bischöfe einzuschränken und die Kirche in ihrem Machtbereich teilweise ihrer Gewalt zu unterwerfen. Das vielberufene vorreformatorische landesherrliche Kirchenregiment[4], das in päpstlichen Privilegien unterschiedlicher Art und verschiedenen Umfangs seine Grundlage besaß, konzentrierte sich auf:

- den disziplinarisch-moralischen Bereich, indem die Verfügungs- und Anordnungsautorität der weltlichen Obrigkeit auf die Visitation der Klöster, sehr viel seltener auf den Weltklerus, erstreckt wurde,

4. Vgl. dazu zuletzt *Dietmar Willoweit*, in: *Kurt G. A. Jeserich* (u.a. Hgg.), Deutsche Verwaltungsgeschichte Bd. 1 (Stuttgart 1983), S. 361f.; *Michael Borgolte*, Die mittelalterliche Kirche (München 1992), S. 136 (Literatur); *Manfred Schulze*, Fürsten und Reformation. Geistliche Reformpolitik weltlicher Fürsten vor der Reformation (Tübingen 1991).

– den rechtlichen Bereich durch Einschränkung des privilegium fori und der geistlichen Gerichtsbarkeit,
– den ökonomischen Bereich durch die möglichste Zurückdrängung des kirchlichen Fiskalismus (Pfründenbesetzungen, regelmäßige oder einmalige Zahlungen an die Kurie u.ä.); die Verwaltung des Kirchenguts übernahmen weltliche Instanzen vor 1517 nur in Einzelfällen.

Unberührt vom vorreformatorischen landesfürstlichen Kirchenregiment blieben dagegen die Essentialien der Kirche: In dogmatische Setzungen und in Zeremonialordnungen wurde nirgends eingegriffen, die kirchliche Hierarchie wurde ebensowenig angetastet wie die Sakralgewalt des Klerus bestritten; auch eine Lösung des territorialen Kirchenwesens aus dem Zusammenhang der Weltkirche wurde nicht erstrebt. Daher verfehlt die These einer Kontinuität von dieser vorreformatorischen Teilhabe der Laiengewalten an der Kirchenhoheit zu dem fast uneingeschränkten Zugriff der evangelischen Fürsten auf ihre Landeskirchen im Gefolge der Reformation das Wesentliche: Es ging bis 1517 weder um eine andere Ausformung von Religion und Dogma noch um die Schaffung territorialer Kirchen, sondern um die Schmälerung der diözesanen Befugnisse der Bischöfe und – sofern ein Hochstift inmitten eines weltlichen Territoriums lag – um dessen möglichste Herabdrückung auf einen mediaten Status. Auch die Entscheidung von Territorialfürsten für oder gegen die Reformation hing nicht von dem Grad der vorherigen Herausbildung eines landesherrlichen Kirchenregiments ab. Das Streben der Fürsten nach Weisungs-, Kontroll- und Aufsichtsrechten über bestimmte Bereiche des Kirchenwesens wurde begründet mit der Amtsvernachlässigung und Indolenz der Bischöfe, die ihren geistlichen Aufgaben in der Tat vielfach nur unzureichend nachkamen. Außerdem war bei Durchführung kirchlicher Reformen eine leitende Zentralinstanz schon deswegen erforderlich, weil sich Territorial- und Diözesangrenzen nur sehr selten deckten; fast immer hatten mehrere Bischöfe Diözesananteile an einem Territorium – in Kursachsen waren es nicht weniger als zehn. Einheitliches disziplinarisches Handeln ließ sich daher nicht durch Koordination, sondern nur durch Übernahme entsprechender Rechte gewährleisten.

Die Quellen- und Literaturlage ist für die erste Generation der deutschen Fürsten nach dem Beginn der reformatorischen Bewegung wenig günstig, und das trotz vieler Jahrzehnte intensiver reformationsgeschichtlicher Forschung. Zahlreiche wichtige Informationen sind neuerdings in den sechs Bänden zusammengetragen, die Anton Schindling und Walter Ziegler unter dem Titel »Die Territorien des Reichs im Zeitalter der Reformation und Konfessionalisierung. Land und Konfession 1500-1650« herausgegeben haben.[5] Für die wichtigsten Fürsten mangelt es an zuverlässigen Biographien ohne das Pathos der Hagiographie oder der Denunziation. Bei den meisten fürstlichen Akteuren der

5. 6 Bde. (Münster 1989-96).

Jahre 1517-1530 lassen sich Gesinnung und Verhaltensmotive nur – in mehr oder weniger plausibler Vermutung – aus ihrem Handeln bzw. Nichthandeln erschließen. Eine umfassende Quellendokumentation liegt nur für einen Fürsten der ersten Generation vor, die »Akten und Briefe zur Kirchenpolitik Herzog Georgs von Sachsen«, herausgegeben von Felician Geß schon vor dem Ersten Weltkrieg und bei 1527 steckengeblieben.[6]

II. Die Wahrnehmung des Phänomens »Frühe Reformation«.

Öffentlichkeit und Fürsten wurden mit dem reformatorischen Gedankengut Luthers bekanntgemacht durch mündliche und schriftliche Vermittlung. Die Flugschrifteninhalte und ihre Verbreitung sind in den letzten Jahrzehnten vermehrter Aufmerksamkeit gewürdigt worden[7]; welche theologischen Vorstellungen durch Predigten propagiert wurden, läßt sich im Einzelnen naturgemäß nicht rekonstruieren. Für Predigten in der Stadt sind bei weitem mehr und vielfältigere Quellenzeugnisse vorhanden als für die Dörfer. Dies darf aber keineswegs zu dem Schluß führen, daß auf dem flachen Land die reformatorische Bewegung keinen Rückhalt gehabt habe – nur fehlte es in diesem Bereich an interessierten oder fähigen Traditoren. Die Chronisten lebten in der Regel in der Stadt, nicht im Dorf.
Als äußere Kennzeichen der neuen Frömmigkeit galten die deutsche Predigt und Liturgie, die Spendung des Kelches, die Priesterehe und der Bruch der Klostergelübde. Inhaltlich ging es um Gnade und Glaube, Heiligenverehrung, Gerichtsvorstellung, Laienmündigkeit.[8] In der ersten Hälfte der zwanziger Jahre vollzog sich die Reformation in den Territorien als Gemeindereformation, bei der die Gläubigen als Körperschaft die Kompetenz in Kirchenfragen übernahmen. Konzentrierten Ausdruck fand dieser Kompetenzanspruch im ersten der Zwölf Artikel von 1525, in dem gefordert wurde, »das wir nun fürohin Gewalt und Macht wöllen haben, ain ganze Gemain sol ain Pfarer selbs erwöhlen und kiesen,

6. 2 Bde. (Leipzig 1905-17).
7. Vgl. *Bernd Moeller*, Das Berühmtwerden Luthers, in: ZHF 15 (1988), S. 65-92; *ders.*, Die Rezeption Luthers in der frühen Reformation, in: LuJ 57 (1990), S. 57-71; *ders.*, Die frühe Reformation als Kommunikationsprozeß, in: *Hartmut Boockmann* (Hg.), Kirche und Gesellschaft im Heiligen Römischen Reich des 15. und 16. Jahrhunderts (Göttingen 1994), S. 148-164. Vgl. auch *Harry Oelke*, Die Konfessionsbildung des 16. Jahrhunderts im Spiegel illustrierter Flugblätter (Berlin 1992); *Franz-Heinrich Beyer*, Eigenart und Wirkung des reformatorisch-polemischen Flugblatts im Zusammenhang der Publizistik der Neuzeit (Frankfurt a.M. 1994). Vgl. jetzt *Bernd Moeller, Karl Stackmann,* Städtische Predigt in der Frühzeit der Reformation. Eine Untersuchung deutscher Flugschriften der Jahre 1522 bis 1529 (Göttingen 1996).
8. Vgl. dazu zuletzt *Thomas Hohenberger*, Lutherische Rechtfertigungslehre in den reformatorischen Flugschriften der Jahre 1521-22 (Tübingen 1996).

auch Gewalt haben, den selbigen wider zu entsetzen, wann er sich ungepürlich hielt.« Als Urteilsnorm wurde formuliert: »Derselbig erwölte Pfarrer soll uns das hailig Evangeli lauter und klar predigen one allen menschlichen Zusatz, Leer und Gebot.«[9] Gemeindebildung erfolgte in keinem der Territorien flächendeckend, sondern blieb jeweils vereinzelt und zumeist zentriert auf einen Prediger. Dieser Sammlung von Gläubigen um einen Prediger entsprach die gelegentlich sehr unterschiedliche Ausformulierung der reformatorischen Theologie – bei einem fraglosen, wenn auch mitunter nur im Negativen faßbaren Konsensbestand an dogmatisch-disziplinarisch-liturgischen Vorstellungen.
Wieweit autonome kirchliche Neuordnungsmodelle auf Gemeindebasis in der Frühzeit gehen konnten, zeigte der Ulmer Franziskanerprediger Johann Eberlin von Günzburg im 10. (und teilweise 11.) »Bundesgenossen« seiner Utopie Wolfaria 1521.[10] Eine Pfarrei sollte nach diesen Vorstellungen mindestens 500 Seelen haben, für die ein Pfarrer mit einem Kaplan (für die Kinderlehre) zuständig war. Die Stellen wurden durch Gemeindewahl besetzt, die Installierung geschah durch geistliche und weltliche Obrigkeit (Bischof und Vogt) gemeinsam. Die Geistlichen durften sich verheiraten und unterlagen dem bürgerlichen Recht. Von je 20 Pfarrern sollte einer als Bischof mit Kompetenz für die geistlichen Belange amtieren. Er hatte mit seinen Pfarrern monatlich einmal zusammenzukommen, während die Bischöfe einmal jährlich über das geistliche Regiment berieten.
Eine Erleichterung der kirchlichen Pflichten der Gläubigen war in der Utopie Eberlins nicht vorgesehen. Vielmehr herrschte strenger Kirchenzwang, an jedem Feiertag war dreimaliger Gottesdienstbesuch verbindlich. Eberlin hielt auch an bestimmten tradierten Frömmigkeitsformen fest: Fastenzeiten und Wallfahrten, wobei für die letzteren allerdings eine Lizenz vom Pfarrer gegen eine Gebühr von zehn Gulden oder ein Zehntagewerk zu erwerben war. Als Gebete galten nur Vaterunser und Glaubensbekenntnis, es gab drei Sakramente, der Kelch war dem Kommunikanten freigestellt. Orgel und anderer als einstimmiger Gemeindegesang waren nicht gestattet. Ein gemäßigtes Bilderverbot erlaubte nur Gemälde biblisch bezeugter Heiliger, aber keine Skulpturen. Almosengeben an Bettelmönche sollte ebenso bestraft werden wie Forderung von Geld für die Verrichtung von Kasualien.
Die populare Resonanz auf die reformatorischen Inhalte, wie sie durch Predigten und Druckschriften verbreitet wurden, kann hier nicht untersucht werden. Für viele Zeitgenossen muß sie – positiv oder negativ – überwältigend gewesen sein und forderte zunächst Stellungnahme heraus, erzwang bald auch Entschei-

9. Zitiert nach *Günther Franz* (Hg.), Quellen zur Geschichte des Bauernkrieges (Darmstadt 1963), S. 175.
10. Vgl. *Adolf Laube* (u.a. Hgg.), Flugschriften der frühen Reformationsbewegung (Berlin 1983) Bd. 1, S. 75-84; Bd. 2, S. 721-729.

dung. Im Zusammenhang mit der Verkündung der Bannandrohungsbulle »Exsurge Domine« im Herbst 1520 und im Vorfeld des Wormser Reichstags 1521 nannten die Berichte kurialer Vertreter und ausländischer Diplomaten als Rezeptionsgrund vor allem die Abneigung gegen Rom. Dies wird deutlich in der bekannten Klage Aleanders: »Al presente che tutta la Germania è involta et delle dieci parti di essa le nove cridano ›Luther‹ et la decima, se non se cura de ditti di Luther, saltem crida la morte alla Corte di Roma et ognuno demanda et strida ›Concilio‹, ›Concilio‹ et lo voleno in Germania.«[11] Der englische Gesandte Tunstall berichtete im Januar 1521 Kardinal Wolsey, daß nach Auffassung vieler Fürsten das Volk in allen Teilen Deutschlands so gegen Luther gesinnt sei, daß, »ehe er von der Autorität des Papstes unterdrückt und nicht (auf dem Reichstag) zu seiner Verteidigung zugelassen werde, ..., das Volk lieber hundertausend Leben daransetzen wolle.«[12] In großer Dramatik ließ Aleander im Dezember 1520 seine Auftraggeber wissen, daß »quasi tutto il Clero, excetti li Retthori di chiese parochiali«, von der Ketzerei angesteckt sei.[13] Zu den allgemeinen Impressionen über die Stimmung im Reich kam im Frühjahr 1521 der streckenweise triumphale Verlauf der Reise des gebannten Ketzers nach Worms, der offenbar tiefen Eindruck hinterließ und für Beunruhigung sorgte.[14] Das einzige Mittel, den Abfall von Rom zu verhindern, sahen päpstlicher Legat wie englischer Diplomat in einer Initiative der Kurie, die ihre Kirchenpolitik und kirchliche Praxis gegenüber dem Reich und seinen Gliedern ändern, die Mißstände abstellen und den Deutschen durch Berücksichtigung ihrer Gravamina entgegenkommen mußte.[15]

III. Der Reichstag und die Anfänge der Reformation

Kein deutscher Territorialfürst ergriff von sich aus bis zum Bekanntwerden der Bannandrohungsbulle im Herbst 1520 Maßnahmen zur Eindämmung der neuen Bewegung; offensichtlich ordneten sie zu jenem Zeitpunkt Luthers Traktate

11. Aleander an den Vizekanzler Medici (8. Febr. 1521); *Theodor Brieger* (Hg.), Aleander und Luther 1521. Die vervollständigten Aleander-Depeschen nebst Untersuchungen über den Wormser Reichstag 1. Abt. (Gotha 1884), S. 48,10-14. Die immer wieder zitierte Übersetzung bei *Paul Kalkoff* (Hg.), Die Depeschen des Nuntius Aleander vom Wormser Reichstage 1521 (Halle 1897), S. 69 ist dramatischer stilisiert als das Original.
12. *Paul Kalkoff* (Hg.), Briefe, Depeschen und Berichte über Luther vom Wormser Reichstage 1521 (Halle 1898), S. 31.
13. *Brieger* (wie Anm. 11), S. 30,6f. (übersetzt bei *Kalkoff* – wie Anm. 11 –, S. 47).
14. Vgl. *Martin Brecht*, Martin Luther Bd. 1. Sein Weg zur Reformation 1483-1521 (2. Aufl. Stuttgart 1983), S. 427-431.
15. Vgl. *Kalkoff*, Briefe (wie Anm. 12), S. 31f.; *ders.*, (wie Anm. 11), S. 48. 63. 97. 132f.

noch in den Kontext der allgemeinen Kirchen- und Kleruskritik ein, ohne den prinzipiellen Neuansatz zu würdigen. Grundstürzende dogmatische Unterschiede zwischen Luther und der bisherigen Kirchenlehre erkannten anscheinend weder sie noch ihre Berater. Nur Herzog Georg von Sachsen ist sich früh der Tiefe des Gegensatzes bewußt gewesen, wenn er schon im Dezember 1519 nach Erscheinen des »Sermons von dem hochwürdigen Sakrament des heiligen wahren Leichnams Christi und von den Bruderschaften« Kurfürst Friedrich vor hussitischem Gedankengut bei Luther warnte und die Anmaßung beklagte, mit der dieser meine, er verstehe die Sache als erster und habe als einziger die Gnade, die Wahrheit zu sagen. »Und wan a.l. meint, a.l. het awern doctor zcu Witenberg, so wer her bischoff ader heresyarcha zcu Prage.«[16]

Nachdem Publikation und Vollziehung der Bannandrohungsbulle vom 15. Juni 1520 in Deutschland vielfach großen Schwierigkeiten begegnet waren, sollte nach dem Willen von Kurie und Kaiser das Wormser Edikt vom 8./26. Mai 1521 zu einer eindeutigen Klärung der Fronten führen.[17] Allerdings wurde – wie auch schon in der Bulle – im Edikt, wenn auch verklausuliert, zugestanden, daß Luthers Äußerungen nicht in allen Punkten zu verwerfen seien. Bei der Schilderung der Reichstagsverhandlungen hieß es nämlich, der Kaiser habe Luther in Worms anbieten lassen, er wolle den Papst ersuchen, nach der Unterwerfung seine Bücher durch eine Kommission, zusammengesetzt aus zwei Gelehrten aus jeder christlichen Nation, prüfen zu lassen, »das böss daraus thun und was guet were, dasselb solte die bebstliche Hailigkeit approbiern.«[18]

Die neue Bewegung war in Worms vom Reich zur Kenntnis genommen und verurteilt worden – reichsrechtlich war mithin seit Mai 1521 die Reformation eine Sache der Durchsetzung des kaiserlichen Achtedikts, dessen Exekution den Fürsten oblag. Die Stimmung unter diesen hatte Aleander allerdings schon Mitte April 1521 wenig zuversichtlich beurteilt: »Li principe secolari, come li Saxoni et Palatini Bavari, ci sono contrarii; l'Elettor Joachim è forte et animoso per noi, sed solus. ... Non sii nessuno, o Prelati, o Principe, che non sii o del tutto contra noi, o se pur è per noi, imo per se stessi, tamen ausit detegere sese, adeo veternosus stupor omnes invasit.«[19]

16. *Felician Geß* (Hg.), Akten und Briefe zur Kirchenpolitik Herzog Georgs von Sachsen Bd. 1 (Leipzig 1905), S. 111,18-20.
17. Vgl. zum Folgenden *Wilhelm Borth*, Die Luthersache (Causa Lutheri) 1517-1524. Die Anfänge der Reformation als Frage von Politik und Recht (Lübeck-Hamburg 1970). Zu dem Komplex der Durchsetzung des Wormser Edikts zwischen 1521 und 1532 bereitet Dr. *Armin Kohnle* – Heidelberg eine umfassende Studie vor.
18. RTA Jg. R. Bd. 2, S. 650,22f.
19. *Brieger* (wie Anm. 11), S. 134,18-20; 137,3-6 (übersetzt bei *Kalkoff* – wie Anm. 11 –, S. 159. 161). Eine Bewertung des Verhaltens der deutschen Fürsten durch Aleander von Mitte Dez. 1520 vgl. bei *Brieger*, S. 25,12-27,25 (*Kalkoff*, S. 39-44).

Nach dem Wormser Urteil herrschte unter den Fürsten eine Haltung des Attentismus vor. Die Durchführung des Edikts, das im Herbst 1521 offiziell verschickt wurde – wobei Friedrich von Sachsen bekanntlich auf seine Bitte hin ausgespart wurde –, sahen die meisten von ihnen offensichtlich noch nicht als Beweis der eigenen Rechtgläubigkeit an. Dementsprechend wurde das Edikt in vielen Territorien nur zögernd verkündet[20], noch weniger ergingen Durchführungsmandate. Als Entschuldigung diente vielfach wie schon bisher der gemeine Mann, der nicht provoziert werden dürfe. Ohne gleichzeitige oder sogar vorherige Abstellung der Gravamina und ohne Klerusreform könne eine Unterdrückung der lutherischen Predigt nicht vorgenommen werden. Während Aleander sich bemühte, zwischen Luthers Ungehorsam gegenüber der Kirche und dem drohenden Aufruhr eine Ursache-Folge-Beziehung zu konstruieren[21], lag für die Fürsten die Priorität 1521/22 noch ganz bei der Beseitigung der Gravamina, um dadurch Luther beim Volk den Boden zu entziehen und die Ursachen eines möglichen Aufruhrs zu beseitigen.

Vor dem Hintergrund der sogenannten Wittenberger Unruhen im Winter 1521/22 erging auf Drängen Georgs von Sachsen am 20. Januar 1522 ein Mandat des Reichsregiments »gegen allen verkehrten Gebrauch des heiligen Glaubens«.[22] Dieses Mandat, das offenbar nur an Kursachsen und die benachbarten Fürsten (Herzogtum Sachsen, Kurbrandenburg, Bischöfe von Meißen, Merseburg und Naumburg) offiziell verschickt wurde, gab erstmals in amtlicher Form konkrete Informationen über die Ausprägungen der reformatorischen Bewegung: Änderungen bei der Messe durch Gebrauch der deutschen Sprache und durch Kommunion ohne vorherige Beichte, Bruch der Ordensgelübde und des Zölibats. Die Fürsten sollten die Neuerungen bei hoher Strafe verbieten. Trotz dieser entschiedenen Formulierungen gab das Mandat die Stringenz der Wormser Entscheidung von 1521 auf, indem es die Prediger aufforderte, das Volk zu ermahnen, am traditionellen »christlichen Gebrauch der Kirche« festzuhalten, bis ein Reichstag, eine christliche Versammlung oder ein Konzil »Erklärung, Erörterung und Determination« vornehme. Damit wurde das Endurteil über die neue Lehre ausdrücklich wieder für noch offen erklärt.

Waren im Wormser Edikt die Aussagen eindeutig und im Regimentsmandat vorläufig, so setzte mit dem Abschied des zweiten Nürnberger Reichstags vom 9. Februar 1523 die Politik des »Dissimulierens« (M. Heckel) ein, insofern jetzt Begriffe und Formeln verwendet wurden, die eindeutig schienen, es aber nicht waren. Der Abschied legte als Norm fest, »allein das heilig evangelium nach aus-

20. Vgl. die Daten in RTA Jg. R. Bd. 2, S. 659f.
21. Vgl. RTA Jg. R. Bd. 2, S. 494-507 (Rede Aleanders vor den Reichsständen, 13. Febr. 1521).
22. Vgl. RTA Jg. R. Bd. 3, S. 21f.; zur Reaktion Friedrichs von Sachsen vgl. ebd., S. 22 Anm. 2.

legung der schriften, von der heiligen cristlichen kirchen approbirt und angenommen«, zu predigen, ohne daß dies genauer definiert worden wäre.[23] Zum erstenmal forderte ein Reichsdokument ein freies christliches Konzil, und zwar an einem deutschen Tagungsort binnen Jahresfrist. Bis zu dessen Beginn sollten Luther und seine Anhänger nichts Neues schreiben – von der Verbreitung des Bisherigen war keine Rede. Priesterehe und Klosteraustritt blieben dagegen ausdrücklich untersagt.

Am weitesten vom Wormser Edikt entfernten sich die deutschen Reichsstände auf dem dritten Nürnberger Reichstag (Reichsabschied vom 18. April 1524). Zwar wurde erneut der Vollzug des Wormser Edikts vorgeschrieben, diese Forderung aber mit der Hinzufügung, »sovil inen (sc. den Reichsständen) muglich«, entscheidend relativiert. Außerdem wurde, da die Konzilsberufung nicht so schnell zu erwarten war, für November 1524 ein Partikularkonzil bzw. eine Nationalsynode in Speyer angesetzt.[24] Das Wormser Edikt wurde allen Ständen erneut, und diesmal auch Kursachsen, zugeschickt.

Die Planungen wurden durch den Kaiser durchkreuzt. Sein Edikt von Burgos vom 15. Juli 1524 untersagte die Speyerer Tagung und hob auch die Formel »soweit ihnen möglich« auf, indem es strikten Gehorsam gegenüber dem Wormser Edikt befahl.[25] Nach dieser unmittelbaren Intervention der Reichsspitze standen die deutschen Fürsten erneut vor der Situation von Mai 1521, nur hatten sich vielfach die Bedingungen in ihren Territorien während der vergangenen drei Jahre entscheidend verändert.

IV. Die unterschiedlichen Reaktionen der deutschen Fürsten: Gegner – Prolutheraner – Neutrale

Trotz der auf Konsens abzielenden Reichsbeschlüsse zwischen 1522 und 1524 bildeten sich in dieser Zeit bei den weltlichen Reichsfürsten drei unterschiedliche Verhaltensweisen heraus: Streng altkirchlich, proreformatorisch, neutral. Der evangelische Prädikant Heinrich von Kettenbach gruppierte die Fürsten in einer Flugschrift 1522 folgendermaßen: Der Trierer Kurfürst verfolgt Sickingen und Hartmut von Kronberg; der Mainzer Erzbischof wäre gern ein guter Christ, fürchtet sich aber vor Papst und Kaiser; der Pfalzgraf hinkt nach beiden Seiten, da er Rücksicht auf seine bischöflichen Brüder nimmt; der bayerische Herzog Wilhelm »handeltt auch also kluglich«; die Herzöge von Sachsen sind »langmütig«; Joachim I. von Brandenburg, Kasimir von Ansbach und Heinrich von Braun-

23. Vgl. RTA Jg. R. Bd. 3, S. 747,18-748,1.
24. Vgl. RTA Jg. R. Bd. 4, S. 603-605 (Zitat S. 603,26).
25. Vgl. *Carl Eduard Förstemann*, Neues Urkundenbuch zur Geschichte der evangelischen Kirchen-Reformation Bd. 1 (Hamburg 1842), S. 204-206.

schweig-Wolfenbüttel haben »acht auff das glück rad«, d.h. verhalten sich opportunistisch.[26] Ein Jahr später stufte Johannes Eck in einer für Rom bestimmten Denkschrift[27] als »zelosi contra Ludderanos« ein: Erzherzog Ferdinand, »tamen instigandus est«; Ludwig V. von der Pfalz, »tamen adhuc monendus est«; Joachim I. von Brandenburg »totus purus«; Wilhelm IV. von Bayern »totus bonus«; Philipp von Baden »bonus«; Philipp von Hessen »tamen monendus«. Die beste Note erhielt Georg von Sachsen: »Totus bonus, ardet in hoc negotio.« Die »mali« nannte Eck nicht, ebensowenig die »neutrales, qui, si non promovent, nihil impediunt.«

Den geistlichen Fürsten bescheinigte er durchweg Eifer gegen die neue Sekte, tadelte aber an mehreren ihren Kleinmut (»pusillanimes«). In der Tat gehörte seit 1523 kein Bischof mehr zu den Neutralen, sondern alle versuchten, die lutherische Bewegung wenigstens von ihren Hochstiften fernzuhalten. Eine etwaige Phase versteckter oder offener humanistischer Sympathie mit Luther als Romkritiker oder der Einfluß reformationsfreundlicher Räte – besonders deutlich Wolfgang Fabricius Capito bei Albrecht von Mainz – war 1523 offensichtlich überwunden. Für den weltlichen Bereich ihrer Herrschaftsrechte hätte ein Erfolg der Reformation in ihren Augen die Existenzvernichtung zur Folge gehabt – das Beispiel des Hochmeisters des Deutschen Ordens ließ sich im Reich nicht wiederholen, obwohl Luther dies 1525 Kardinal Albrecht ausdrücklich nahelegte.[28]

In der Konzentration auf ihr eigenes Territorium resignierten die Bischöfe allerdings fast durchweg bei der Behauptung ihrer Diözesanrechte; das Eingeständnis des Bankrotts der eigenen Autorität und die daraus folgende tiefe Resignation formulierten der Salzburger Erzbischof und seine Suffragane von Freising, Regensburg und Passau im Februar 1523: »So auch leider yetz der lutterisch handel (denselben abzustellen und auszureutten) vasst [=sehr] an der weltlichen oberkeit gelegen ist und nach gestalt der leuff darinn durch der geistlichen oberkeit vermugen oder verbot allein nichts fruchtbers gehandelt sein will noch mag.«[29]

Nur teilweise in Übereinstimmung mit der Beurteilung Ecks bestand die Gruppe der dezidierten Gegner der Reformation unter den weltlichen Fürsten neben dem Kaiser und seinem Bruder 1524 aus Georg von Sachsen, Wilhelm IV. von Bayern, Joachim I. von Brandenburg und Heinrich d.J. von Braunschweig-Wolfenbüttel. In der konkreten Politik gegenüber der reformatorischen Bewe-

26. *Laube* (wie Anm. 10) Bd. 1, S. 207,4-12.
27. *Georg Pfeilschifter* (Hg.), Acta Reformationis Catholicae Bd. 1 (Regensburg 1959), S. 137f.; vgl. auch den früheren Abdruck bei *Walter Friedensburg*, in: Beiträge zur bayerischen Kirchengeschichte Bd. 2 (1896), S. 182.
28. Vgl. WA 18, 408-411; dazu zuletzt *Eike Wolgast*, Luther und die Reichsbischöfe, in: Wartburg-Jahrbuch Sonderband 1996 (Eisenach 1996), S. 193f.
29. *Pfeilschifter* (wie Anm. 27) Bd. 1, S. 88,39-42.

gung gab es jedoch unter den fürstlichen Luthergegnern große Unterschiede. Während der brandenburgische Kurfürst und Herzog Heinrich sich im wesentlichen auf Verbot und Repression beschränkten, verbanden Wilhelm von Bayern und Georg von Sachsen Repression mit Reform. Beide beauftragten auch gezielt Kontroverstheologen und Schriftsteller mit der Abfassung von Traktaten zur Widerlegung der reformatorischen Lehren, der sächsische Herzog griff sogar mit eigenen Schriften in die literarischen Auseinandersetzungen ein.[30]

Der Kurfürst von Brandenburg[31], der sich auf dem Wormser Reichstag in der Lutherfrage besonders engagierte, erneuerte im Frühjahr 1524 ein bereits früher ergangenes Verbot der Schriften Luthers, das jetzt auch auf die Bibelübersetzung erstreckt wurde. Im August desselben Jahres publizierte er das Wormser Edikt zum zweitenmal, »da die Lutterische und andere Lehre und Predigt etwas rasch und höchlich zugenommen.«[32] Lokale Predigtbewegungen wurden jeweils schnell unterdrückt, was ohne größere Schwierigkeiten möglich war, da die kurbrandenburgischen Städte – anders als im Herzogtum Braunschweig, Mecklenburg oder Pommern – nicht stark genug waren, um gegenüber ihrem Landesfürsten eine gewisse Eigenständigkeit zu behaupten. Nur unter dem Schutz einzelner Adliger gelang es lutherischen Prädikanten gelegentlich und zeitweise, eine Wirksamkeit zu entfalten.

Ähnlich wie Joachim I. verhielt sich Heinrich d.J. von Wolfenbüttel rein repressiv.[33] Er war auch nicht ernsthaft an der religiösen Kontroverse oder überhaupt an theologischen Fragen interessiert; dies bezeugt eine von ihm überlieferte Äußerung: »Wegen der Nießung des Sakraments unter beiderlei oder unter einer Gestalt, wegen der Privatmessen oder der Pfaffenweiber oder dergleichen Sachen halben, die sich in die Gewissen zögen, darum wolle er ungern sein Pferd sat-

30. Vgl. *Hans Becker*, Herzog Georg von Sachsen als kirchlicher und theologischer Schriftsteller, in: ARG 24 (1927), S. 161-269.
31. Zu Kurbrandenburg vgl. *Manfred Rudersdorf, Anton Schindling*, in: *Anton Schindling, Walter Ziegler* (Hgg.), Die Territorien des Reichs im Zeitalter der Reformation und Konfessionalisierung. Land und Konfession 1500-1650 Bd. 2 (Münster 1990), S. 34-66; *Rudersdorf, Schindling*, Die Reformation in Kurbrandenburg, in: Wichmann-Jahrbuch des Diözesangeschichtsvereins Berlin Jg. 34-35 (1994-95), S. 141-157; *Wilhelm Ernst Winterhager*, Kurbrandenburg als Zentrum des frühen Kampfes gegen Luther, in: Ebd., S. 113-140. Zu Joachim I. vgl. *Gerd Heinrich*, in: *Fritz Reuter* (Hg.), Der Reichstag zu Worms von 1521. Reichspolitik und Luthersache (2. Aufl. Köln-Wien 1981), S. 336-351.
32. Zit. nach *Julius Heidemann*, Die Reformation in der Mark Brandenburg (Berlin 1889), S. 105.
33. Vgl. *Walter Ziegler*, in: *Schindling* (wie Anm. 31) Bd. 3 (Münster 1991), S. 8-43; *Hans-Walter Krumwiede*, in: *Hans Patze* (Hg.), Geschichte Niedersachsens Bd. 2 Teil 2 (Hildesheim 1983), S. 37f.

teln.«[34] Seine Entscheidung gegen Luther war daher vermutlich weit weniger religiös begründet als vielmehr in seinem Sinn für Ordnung und Autorität und in seiner Loyalität gegenüber dem Kaiser, die er als welfische Familientradition pflegte, um die Wiederholung des Schicksals Heinrichs des Löwen zu vermeiden.[35] Schon am 12. Januar 1522 erließ er ein Mandat, in dem er seinen Untertanen befahl, sich durch Luthers Lehren und Schriften nicht von den Wegen der christlichen Voreltern abbringen zu lassen. Verboten wurde, Verbindungen einzugehen, deren Zweck gegen Glauben und Satzungen der Kirche gerichtet seien.[36] Anders als Kurbrandenburg mußte Herzog Heinrich allerdings hinnehmen, daß Städte innerhalb seines Territoriums evangelisch wurden, so die Reichsstadt Goslar und die dem welfischen Gesamthaus gehörige Stadt Braunschweig.[37]

Aus der Gesinnung eines entschiedenen Reformwillens heraus hatte Herzog Georg von Sachsen Luthers erste Schritte nicht ohne Sympathie verfolgt.[38] Noch Ende 1525 ließ er jenen wissen: »Do wollen wir dir nicht bergen, das wir deyner schrift erstlich, do sie ausgangen, zum teyl gut gefallen gehapt, wir haben auch nicht ungern gehort, das die disputacion zu Leiptzigk gescheen, den wir haben gehofft wes besserung der mißbrauch unter den Cristen.«[39] In dem Augenblick jedoch, in dem Georg erkannte, daß Luthers Ziel eine Überwindung, nicht eine Festigung der gegebenen Ordnung war, wurde er zu dessen schärfstem und konsequentestem Kritiker und Gegner unter den deutschen Fürsten. Mit großem Einsatz hatte Georg bereits vor 1517 Maßnahmen zur Kirchenreform in seinem Territorium durchgeführt. Schon auf dem Augsburger Reichstag von 1518 hatte er in einem Entwurf für die Ständeantwort auf die Türkenhilfsbitte des Kardinals Cajetan eine »gmein vorsammelung der kristlichen kirchen«, also ein Konzil, und eine durchgreifende Reform des geistlichen und weltlichen Standes gefordert.[40] Für den Reichstag 1521 formulierte er eine umfangreiche Gravaminaliste.[41] Wie vermutlich kaum ein anderer seiner Amtsgenossen reflektierte er

34. Zit. nach *Otto von Heinemann*, Geschichte von Braunschweig und Hannover Bd. 2 (Gotha 1886), S. 334.
35. Vgl. *Horst Reller*, Vorreformatorische und reformatorische Kirchenverfassung im Fürstentum Braunschweig-Wolfenbüttel (Göttingen 1959), S. 14.
36. Vgl. *Paul Kalkoff*, Das Wormser Edikt und die Erlasse des Reichsregiments und einzelner Reichsfürsten (München-Berlin 1917), S. 87f. 90.
37. Vgl. *Krumwiede* (wie Anm. 33), S. 9-13.
38. Zum albertinischen Sachsen vgl. *Heribert Smolinski*, in: *Schindling* (wie Anm. 31) Bd. 2, S. 8-32. Zu Georg von Sachsen vgl. an neuerer Literatur *Helmar Junghans*, Georg von Sachsen, in: TRE 12 (1984), S. 385-389; *Siegfried Hoyer*, Georg von Sachsen – Reformer und Bewahrer des alten Glaubens, in: *Günter Vogler* (Hg.), Europäische Herrscher (Weimar 1988), S. 95-105.
39. WA Br 3, Nr. 956,83-87.
40. Vgl. *Geß* (wie Anm. 16) Bd. 1, S. 41f. (Zitat S. 42,22).
41. Vgl. RTA Jg. R. Bd. 2, S. 662-666.

seine Herrschaftsaufgaben und zog für sein Verhalten gegenüber der reformatorischen Bewegung 1521 den Schluß: »Bsorg, unsser her got wert von den, dy es billich weren solten und nicht thun, groß rach fordern. Diß vororsacht mich, das ich disser sach so fleisig noch tracht.«[42]

Nicht zuletzt veranlaßt durch die unmittelbare Nachbarschaft zum Sitz der Häresie, erließ Herzog Georg seit Februar 1522 in großer Zahl Verbotsmandate. Die bei den Fürsten übliche Selbstexkulpation für Passivität, nämlich die Rücksichtnahme auf den drohenden Aufruhr des gemeinen Mannes, fehlte bei Georg – im Gegenteil beklagte er die Feigheit der Fürsten und des Reichsregiments: »Man must aber alleyn got und die gerechtigkeit vor augen haben und nicht die Martinischen furchten.«[43] Andererseits setzte er seinem Glaubenseifer auf der Reichsebene durchaus Prestigeschranken – nach 1521 beteiligte sich Sachsen wegen des Sessionsstreites mit Bayern an mehreren Reichstagen überhaupt nicht.[44] Auch im eigenen Lande reagierte Herzog Georg relativ spät auf die päpstlichen und kaiserlichen Urteile. Zwar forderte er bereits im August 1521 Kardinal Albrecht von Mainz auf, die Mißbräuche zu beseitigen (leichtfertige Verhängung des Banns, geistlicher Gerichtszwang, weltliche Geschäfte des Klerus), erklärte sich zur Mithilfe bereit und versprach, die Geistlichen zu schützen[45], aber erst im Februar 1522 erging ein Ausschreiben an alle herzoglichen Amtsträger mit dem Befehl, Luther und seine Anhänger, wenn sie im albertinischen Territorium angetroffen würden, ebenso gefangen zu setzen wie entlaufene Mönche. Festzunehmen war auch, wer sub utraque specie kommunizierte. Universitäten, an denen Irrlehren verbreitet wurden, durften nicht mehr besucht werden.[46] Auf neue Sachverhalte reagierte der Herzog in der Folgezeit rasch. So verbot er schon im November 1522 die Übersetzung des Neuen Testaments, die erst zwei Monate zuvor auf den Markt gekommen war.[47]

Als wichtigste und wirkungsvollste Maßnahme gegen das Vordringen der reformatorischen Bewegung sah Georg von Sachsen jedoch nicht die Repression an, sondern die Beseitigung der Gravamina, eine entschiedene Reform des Klerus, die Unterweisung des Volkes durch »verstendig prediger und beichtveter, die eins guten lebens seind«, sowie die schnelle Abhaltung eines Generalkonzils.[48]

An Energie des Vorgehens gegen die neue Frömmigkeitsbewegung ließen sich unter den weltlichen Territorialfürsten nur die bayerischen Herzöge Wilhelm IV.

42. *Geß* (wie Anm. 16) Bd. 1, S. 207,18-20 (an Friedrich den Weisen, Nov. 1521).
43. Ebd., S. 327-329 (an Pfalzgraf Friedrich, 4. Juni 1522) (Zitat S. 328,19f.).
44. Freundlicher Hinweis von Herrn Dr. *Armin Kohnle.*
45. Vgl. *Geß* (wie Anm. 16) Bd. 1, S. 183f.
46. Vgl. ebd., S. 269-271.
47. Vgl. ebd., S. 386f.
48. Vgl. ebd., S. 299f. (Zitat S. 300,13f.) (Instruktionen für sächsischen Vertreter beim Reichsregiment, Ende März 1522).

und Ludwig X., geleitet von ihrem Kanzler Leonhard von Eck, dem sächsischen Herzog an die Seite stellen.[49] Über ihre Beweggründe liegt allerdings nicht annähernd so viel Quellenmaterial vor wie für Georg von Sachsen. Offenbar hatten sie und ihr Kanzler kein besonders ausgeprägtes Interesse an religiösen Fragen; Wilhelm IV. erklärte 1543 offen, er sei ein Waidmann »und peger, die zeit meins lebens im frid und meinem lust zu verzeren, das wais got.«[50] In ihrer kritischen Loyalität gegenüber dem päpstlichen Stuhl waren sich Bayern und Sachsen sehr ähnlich; von der Kaiserloyalität, die die antilutherische Fürstengruppe durchweg kennzeichnete, war Bayern allerdings weit entfernt. Glaubenstreue war für Eck und die bayerischen Herzöge nicht identisch mit Habsburgtreue. Wie Georg von Sachsen verbanden Wilhelm IV. und Eck Repression mit Reform, wobei sie die Gelegenheit nutzten, um durch kuriale Konzessionen ihre Befugnisse über die kirchlichen Institute in ihrem Herrschaftsbereich zu erweitern. So erhielten die bayerischen Herzöge 1523/24 ein Fünftel aller geistlichen Abgaben für die Bekämpfung der Lutheraner – Vorbild war die Türkenterz König Ferdinands –, das Recht zur Klostervisitation durch eine von ihnen gebildete Kommission hoher Geistlicher sowie das Recht zur Absetzung ungeeigneter Prälaten, ferner Nominationsrechte für eine große Anzahl von Pfründen und das Privileg, schuldig gewordene Geistliche durch ein einheimisches Prälatengericht aburteilen zu lassen, das die Degradation auszusprechen und die Delinquenten dann dem weltlichen Gericht zu überstellen hatte.[51]

Nachdem die Herzöge sich zunächst zurückhaltend gezeigt und den zuständigen Diözesanbischöfen noch im März 1521 empfohlen hatten, mit der Vollstreckung der Bulle »Exsurge Domine« und der Bücherverbrennung bis zum Ausgang der Reichstagsverhandlungen zu warten, ließen sie das Wormser Edikt sofort drukken und verteilen. Das erste bayerische Religionsmandat erging im März 1522 – damit war die offene Gewaltanwendung gegen Anhänger der neuen Lehre eingeleitet. Unter Strafandrohung wurde verboten, »des Luthers irthungen ... an(zu)hangen noch dieselben bedachtlich oder beharrlich (zu) disputiern, beschützen und verfechten.« Als solche Irrtümer waren genannt: Utraque species, Ab-

49. Zu Bayern vgl. *Walter Ziegler*, in: *Schindling* (wie Anm. 31) Bd. 1 (Münster 1989), S. 56-70; *August von Druffel*, Die Bairische Politik im Beginne der Reformationszeit 1519-1524 (München 1885); *Heinrich Lutz, Walter Ziegler*, in: *Max Spindler, Andreas Kraus* (Hgg.), Handbuch der bayerischen Geschichte Bd. 2 (2. Aufl. München 1988), S. 324-360; *Dieter Albrecht*, in: Ebd., S. 702-707; *Edelgard Metzger*, Leonhard von Eck (1480-1550) (München-Wien 1980); *Horst Jesse*, Die Religionsmandate der bayerischen Herzöge und die Kelchbewegung während der Reformation 1522-1580. In: Jahrbuch des Vereins für Augsburger Bistumsgeschichte e.V. Bd. 28 (1994), S. 252-273.
50. Zit. nach *Metzger* (wie Anm. 49), S. 18.
51. Vgl. *Lutz* (wie Anm. 49), S. 346f.; *Albrecht* (wie Anm. 49), S. 704; *Pfeilschifter* (wie Anm. 27), S. 159f.

schaffung der Messe, Priesterehe, Klosteraustritt, Verwerfung der Beichte, freier Wille, Verachtung der Mutter Gottes und der Heiligen.[52]
Das zweite bayerische Religionsmandat vom 2. Oktober 1524 ordnete eine Examination der Prediger an, verhängte strenge Strafen für Übertretung der Fastengebote, schärfte die Bücherzensur ein und verbot das Studium in Wittenberg.[53] Mehrfach ergingen in konkreten Fällen Anweisungen, Lutheraner zu verhaften; die Ketzerverfolgungen führten schon 1523 zu Hinrichtungen – ein Mittel, zu dem außer Karl V. in den Niederlanden in diesem Zeitraum kein anderer altkirchlicher Fürst griff.
Neben die Unterdrückung setzten die bayerischen Herzöge wie Georg von Sachsen die Klerus- und Kirchenreform. Schon im Februar 1522 drängten sie den Erzbischof von Salzburg, eine Reformsynode einzuberufen, die im Mai in Mühldorf zusammentrat, Verhaltensnormen für den Klerus vorschrieb sowie eine Generalvisitation innerhalb von drei Monaten ankündigte.[54] Teilnehmer waren außer Matthäus Lang von Salzburg allerdings nur die Wittelsbacher Bischöfe Philipp von Freising und Ernst von Passau sowie Bischof Berchtold von Chiemsee, ferner Gesandte des Bischofs von Brixen und der Domkapitel der beteiligten Bischöfe. Verwirklicht wurde von den Mühldorfer Beschlüssen nichts. Um das vom 3. Nürnberger Reichstag vorgesehene Nationalkonzil wenigstens regional überflüssig zu machen, wurde auf Initiative des Legaten Campeggio unter lebhafter Beteiligung Bayerns ein Reform- und Repressivprogramm ausgearbeitet, das die Region vor den Auswirkungen der reformatorischen Bewegung schützen sollte. Die Regensburger Versammlung mit Vertretern Österreichs und Bayerns sowie Salzburgs und von elf Bischöfen (Bamberg, Straßburg, Augsburg, Konstanz, Basel, Brixen, Trient, Speyer, Freising, Regensburg und Passau) konnte als eine Art süddeutsches Partikularkonzil nach dem Muster der für Speyer vorgesehenen Versammlung gelten.[55] Die Beteiligten schlossen sich in der Regensburger Einung vom 6. Juli 1524 zusammen, mit der sie sich auf die Befolgung des Wormser Edikts und zu gemeinsamer Bekämpfung der Ketzerei verpflichteten. Eine Reformnotel sollte die Geistlichen zwingen, »ut vivant vitam, quam professio exigit et Christus requirit«[56] – sie galt aber nur für den niederen Klerus. Klosterflucht, Zölibatsbruch, Veränderungen bei Messe, Sakramentsspendung und anderen christlichen Ordnungen wie den Fastengeboten wurden unter Strafe gestellt, die

52. *Druffel* (wie Anm. 49), S. 95-100 (Mandatsentwurf) (Zitat S. 99); vgl. auch *Kalkoff*, Wormser Edikt (wie Anm. 36), S. 52-78.
53. Vgl. ebd., S. 79-85.
54. Vgl. *Pfeilschifter* (wie Anm. 27), S. 6-101.
55. Vgl. ebd., S. 294-393; *Walter Friedensburg*, Der Regensburger Convent von 1524, in: Historische Aufsätze, dem Andenken an Georg Waitz gewidmet (Hannover 1886), S. 502-539; *Borth* (wie Anm. 17), S. 161-168.
56. *Pfeilschifter* (wie Anm. 27), S. 337,36f.

Universität Wittenberg durfte nicht mehr besucht werden. Wichtig war das Versprechen gegenseitiger Hilfe bei Widerstand gegen die Exekution des Wormser Edikts.
Um die Absprache zur koordinierten Bekämpfung der Reformation und zur Reform der Mißstände über Süddeutschland hinaus zu verbreitern, sollten weitere Mitglieder für die Einung gewonnen werden. Gedacht war neben den Bischöfen von Eichstätt und Würzburg an den Erzbischof von Mainz, die Kurpfalz, Brandenburg-Ansbach, Baden, das albertinische Sachsen und Hessen.[57] Allerdings trat in der Folgezeit nur Kardinal Albrecht für seine beiden Erzstifte und Diözesen dem Regensburger Bündnis bei, ferner der Erzbischof von Bremen. Dennoch war mit der Regensburger Einung erstmals – drei Jahre nach Erlaß des Wormser Edikts – für einen größeren territorialen Bereich die Beliebigkeit der individuellen fürstlichen Entscheidung beim Umgang mit Papstbulle und Kaiseredikt überwunden worden.
Ein ähnliches Abkommen schlossen in bescheideneren Dimensionen der Graf von Montfort und die Truchsessen von Waldburg mit den Bischöfen von Augsburg und Konstanz, dem Abt von Kempten, Georg von Frundsberg und den Reichsstädten Wangen und Isny am 5. Juli 1524 in Leutkirch ab.[58] Vertreter der drei geistlichen Kurfürsten trafen im gleichen Jahr in Oberwesel Absprachen, um durch Befolgung des Abschieds des dritten Nürnberger Reichstags gemeinsam die »Lutherische und andere verführerischen Lehren, so sich jetzt allenthalben je länger, je mehr ausbreiten«, abzuwehren.[59] In Norddeutschland hatte schon im Oktober 1523 in Helmstedt eine Zusammenkunft stattgefunden, bei der die Räte der hohenzollernschen Brüder Joachim I. von Brandenburg und Albrecht von Magdeburg-Mainz sowie der welfischen Brüder Heinrich von Wolfenbüttel und Christoph von Bremen-Verden verabredeten, die reformatorische Bewegung zu unterdrücken, den Befehlen von Papst und Kaiser nachzukommen, in ihren Territorien entsprechende Mandate zu erlassen und sie auch durchzuführen. Verdächtige sollten abschwören oder außer Landes gewiesen werden.[60] Zu einem koordinierten Vorgehen war es jedoch nicht gekommen. Erst im Zusammenhang mit dem Bauernkrieg konstituierte sich in dieser Region ein Block altkirchlicher Fürsten, als am 19. Juli 1525 Georg von Sachsen, Albrecht von Magdeburg und

57. Vgl. ebd., S. 322 Anm. 23; 333,28-32; *Friedensburg* (wie Anm. 55), S. 535f.
58. Vgl. RTA Jg. R. Bd. 4, S. 620f.; *Pfeilschifter* (wie Anm. 27), S. 322 Anm. 22.
59. Vgl. *August Franzen*, Bischof und Reformation. Erzbischof Hermann von Wied in Köln vor der Entscheidung zwischen Reform und Reformation (Münster 1971), S. 30. Den Hinweis auf den genauen Wortlaut des Beschlusses verdanke ich Herrn Dr. *Armin Kohnle*.
60. Vgl. den Helmstedter Ratschlag vom 20. Okt. 1523 bei *J.K. Seidemann*, Das dessauer Bündnis vom 26. Juni 1525, in: Zeitschrift für die historische Theologie Jg. 1847, S. 653-655.

Mainz, Joachim I. von Brandenburg, Heinrich d.J. von Wolfenbüttel und Erich von Braunschweig-Calenberg das Dessauer Bündnis eingingen, um gemeinsam die lutherische Sekte als Ursache der Unruhen auszurotten und den »brauch kristlicher kirchen ... mit allen cerimonien« bis zu einer etwaigen Änderung durch das Konzil aufrechtzuerhalten.[61]
Gegenüber den Bemühungen der altkirchlichen Fürsten, ihre Vereinzelung im Kampf gegen die Reformation zu durchbrechen, war die Zahl derjenigen Fürsten, die bereits vor 1525 eine eindeutig prolutherische Haltung einnahmen, sehr klein. Neben dem sächsischen Mitregenten Herzog Johann und seinem Sohn Johann Friedrich sowie Kleinfürsten aus dem Hause Anhalt und Mansfeld gehörten lediglich Landgraf Philipp von Hessen und Herzog Ernst von Braunschweig-Lüneburg zu ihr.[62] Alle hatten evangelische Hofprediger und reformationsfreundliche Räte. Aber auch sie griffen bis zum Speyerer Reichstag von 1526 nicht regulierend in die kirchlichen Verhältnisse ihrer Länder ein, außer daß vielfach 1525 das Klostergut inventarisiert wurde.
Sehr viel größer war eine Gruppe von Fürsten, die in den religiösen Auseinandersetzungen der zwanziger Jahre und darüber hinaus nicht eindeutig Stellung bezog. Diese Fürsten blieben zwar persönlich beim hergebrachten Glauben, legten aber auch der reformatorischen Predigt keine besonderen Hindernisse in den Weg, solange Ordnung und Frieden ihres Landes nicht beeinträchtigt wurden. Die Frömmigkeitshaltung der Neutralen war uneinheitlich. Der sächsische Kurfürst Friedrich der Weise war wie der mecklenburgische Herzog Heinrich V.[63] ein frommer Mann; beide scheuten sich offenkundig, in die individuelle Gewissensentscheidung reglementierend einzugreifen, während der Pfälzer Kurfürst Ludwig V. der Religion eher kühl-distanziert gegenüberstand und die Herzöge Johann III. und Wilhelm IV. von Jülich-Kleve-Berg erasmianisch gesinnt waren. Wenig bekannt ist über die persönliche Frömmigkeit der Markgrafen Philipp I. von Baden und Kasimir von Brandenburg-Ansbach, die gleichfalls zu dieser Gruppe gehörten. Zumeist handelte es sich bei den Neutralen um ältere und regierungserfahrene Fürsten, deren Räte häufig evangelisch oder reformkatholisch gesinnt waren. Bei prinzipieller Reichsloyalität nahmen sie bis zu ihrem Tode (mit Ausnahme Heinrichs V. von Mecklenburg) keine Option für eine der beiden sich herausbildenden Religionsparteien vor und hielten wie Pfalz, Mecklenburg, Baden und Jülich-Kleve-Berg ihr Territorium dadurch jahr-

61. *Geß* (wie Anm. 16) Bd. 2, S. 352f. (Zitat S. 353,14f.).
62. Zu Anhalt vgl. *Franz Schrader*, in: *Schindling* (wie Anm. 31) Bd. 2, S. 88-101; zu Mansfeld vgl. *Günther Wartenberg*, in: Ebd., Bd. 6 (Münster 1996), S. 78-91. Zu Kursachsen vgl. unten Anm. 86, zu Hessen vgl. Anm. 81, zu Braunschweig-Lüneburg vgl. Anm. 84.
63. Vgl. zuletzt *Eike Wolgast*, Die Reformation in Mecklenburg (Rostock 1995), S. 7-10; vgl. auch unten Anm. 75.

zehntelang in einem konfessionellen Übergangszustand, ohne selbst besondere kirchenreformerische Initiativen zu entfalten.

Die Ausprägungen der Konnivenzpolitik und des Temporisierens waren sehr unterschiedlich. Friedrich von Sachsen war als Landesherr Luthers immer wieder zu aktiver Politik gezwungen, gerade um seine Passivität gegenüber den Reichsverordnungen behaupten zu können.[64] Bei der innerterritorialen Kirchenpolitik achtete er vor allem darauf, daß keine tumultuösen oder anstößigen Änderungen vorgenommen wurden und daß die außenpolitischen Beziehungen keinen Schaden litten. Bezeichnend für die kursächsische Politik war die Entscheidung der kurfürstlichen Räte im Februar 1522 zur Eindämmung der sogenannten Wittenberger Unruhen: »Das sie (sc. die Wittenberger) kein Newerung solten furnemen, sonndern davon disputirn, schreiben und predigen, bis so lanng anndere euch auch anhengig weren worden;« das Abendmahl durfte allerdings auf Verlangen sub utraque specie ausgeteilt werden.[65] Die Aufforderung der Ritterschaft auf dem Altenburger Landtag 1523, die Reformation offiziell einzuführen, indem über alle Geistlichen, die von der reinen Lehre abwichen, ein Predigtverbot verhängt sowie Städte und Dörfer mit christlichen Predigern versorgt würden, ließen der Kurfürst und sein Bruder durch ausweichende Antworten ins Leere laufen.[66]

Ludwig V. von der Pfalz[67] verbot zwar im April 1522 die Erörterung der neuen Lehre, wobei ausdrücklich die Bilderfrage genannt wurde, aber das Verbot wurde

64. Vgl. *Thomas Klein*, in: *Schindling* (wie Anm. 31) Bd. 4 (Münster 1992), S. 8-39; *Helmar Junghans*, in: *Ders.* (Hg.), Das Jahrhundert der Reformation in Sachsen (Berlin 1989), S. 33-48. Über Friedrich den Weisen vgl. an neuerer Literatur *Ingetraut Ludolphy*, Friedrich der Weise, Kurfürst von Sachsen 1463-1525 (Göttingen 1984); *dies.*, in: TRE 11 (1983), S. 666-669; *Karlheinz Blaschke*, in: *Reuter* (wie Anm. 31), S. 316-335. Die ältere Literatur zum Glaubensstand des Kurfürsten ist diskutiert bei *Anni Koch*, Die Kontroverse über die Stellung Friedrichs des Weisen zur Reformation, in: ARG 23 (1926), S. 213-260.

65. *Nikolaus Müller*, Die Wittenberger Bewegung 1521 und 1522 (2. Aufl. Leipzig 1911), S. 190 (Instruktion für die Verhandlungen der kurfürstlichen Räte mit den Vertretern von Universität und Stiftskapitel); vgl. auch ebd., S. 124. Zum Ganzen vgl. jetzt auch *Stefan Oehmig*, Die Wittenberger Bewegung 1521/22 und ihre Folgen im Lichte alter und neuer Fragestellungen. In: *Ders.* (Hg.), 700 Jahre Wittenberg: Stadt – Universität – Reformation (Weimar 1995), S. 97-130.

66. Vgl. *Ernst Müller*, Zur Neuordnung des Kirchenwesens im Kurfürstentum Sachsen um 1525, in: Jahrbuch für Regionalgeschichte Bd. 11 (1984), S. 175-178; *C.A.H. Burkhardt* (Hg.), Ernestinische Landtagsakten Bd. 1 (Jena 1902), S. 154f. 160-163.

67. Zur Pfalz vgl. *Anton Schindling, Walter Ziegler*, in: *Schindling* (wie Anm. 31) Bd. 5 (Münster 1993), S. 8-49; *Walter Müller*, Die Stellung der Kurpfalz zur lutherischen Bewegung von 1517 bis 1525 (Heidelberg 1937); *Meinrad Schaab*, Geschichte der Kurpfalz Bd. 2 (Stuttgart-Berlin-Köln 1992), S. 23-34. Zu Ludwig V. vgl. *Volker Press*, Calvinismus und Territorialstaat. Regierung und Zentralbehörden der Kurpfalz 1559-1619 (Stuttgart 1970), S. 168-180; *Wolfgang Eger*, in: *Reuter* (wie Anm. 31), S. 352-368.

nicht mit Häresie begründet, sondern damit, daß eine derartige Disputation nicht vor den gemeinen Mann gehöre. Das Volk sollte mit dem Evangelium unterwiesen werden, niemand sich mit Wort oder Werk gegen die Sakramente und die christliche Ordnung vergehen.[68] Die Stellung des Kurfürsten blieb ambivalent, zumal vier seiner Brüder Bischofsstühle innehatten und Pfalzgraf Friedrich am kaiserlichen Hof eine Vertrauensstellung einnahm, was die Pflege guter Beziehungen zur Kurie wie zu den Habsburgern ratsam erscheinen ließ. Der kursächsische Diplomat Hans von der Planitz vermittelte im Sommer 1524 den Eindruck: »Szo wyrtt das ewangelium zw Heydelbergk lauter und clar gepredigett, wollen aber denochst nicht Lutherisch seyn.« Luther sah es im gleichen Jahr weniger positiv: »Palatinus sinit ire omnia sedens et opibus insidians pontificum.«[69]
Wie der pfälzische Kurfürst verbot auch Philipp I. von Baden[70] in seinem Religionsmandat vom 30. August 1522, das weder Wormser Edikt noch Mandat des Reichsregiments erwähnte, jedes theologische Streitgespräch, ferner aber überhaupt alle Neuerungen, darunter ausdrücklich die Priesterehe. Der Markgraf gab durchaus zu erkennen, daß er sich bewußt war, in einen Bereich einzugreifen, der eigentlich nicht seiner Kompetenz unterlag: »Wiewol nu wir als weltlicher furst uns ungern underwinden wolten der ding, so geistlicher oberheit zustend, so befinden wir doch in erfarung nach gestalt gegenwertiger leuf«, daß die weltliche Obrigkeit zum Handeln aufgerufen war.[71]
Die Kirchenpolitik Johanns III. von Jülich-Kleve-Berg stand ganz unter dem Einfluß reformkatholisch gesinnter Räte (Konrad von Heresbach, Johann von Vlatten).[72] Trotz der Nähe zu den habsburgischen Niederlanden hielten der Herzog wie

68. Vgl. RTA Jg. R. Bd. 3, S. 781.
69. *Förstemann* (wie Anm. 25), S. 198; WA Br 3, Nr. 772,18f. (an Heinrich von Zütphen, 1. Sept. 1524).
70. Zu Baden vgl. *Volker Press*, in: *Schindling* (wie Anm. 31) Bd. 5, S. 124-166; *Hansmartin Schwarzmaier*, in: *Meinrad Schaab, Hansmartin Schwarzmaier* (Hgg.), Handbuch der baden-württembergischen Geschichte Bd. 2 (Stuttgart 1995), S. 216-222; *Richard Fester*, Die Religionsmandate des Markgrafen Philipp von Baden 1522-1533. In: ZKG 11 (1890), S. 307-329; *Horst Bartmann*, Die badische Kirchenpolitik unter den Markgrafen Philipp I., Ernst und Bernhard III. von 1515 bis 1536, in: Zeitschrift für die Geschichte des Oberrheins Bd. 108 (1960), S. 1-48; *Gerhard Kattermann*, Die Kirchenpolitik Markgraf Philipps I. von Baden (1515-1533) (Lahr 1936).
71. *Fester* (wie Anm. 70), S. 311-314 (Zitat S. 312); *Bartmann* (wie Anm. 70), S. 9.
72. Zu Jülich-Kleve-Berg und seinen Herzögen vgl. *Heribert Smolinsky*, in: *Schindling* (wie Anm. 31) Bd. 3, S. 86-106; *Oswald R. Redlich*, Staat und Kirche am Niederrhein zur Reformationszeit (Leipzig 1938); *Christian Schulte*, Versuchte konfessionelle Neutralität im Reformationszeitalter. Die Herzogtümer Jülich-Kleve-Berg unter Johann III. und Wilhelm V. und das Fürstentum Münster unter Wilhelm von Ketteler (Münster 1995). Zu Konrad von Heresbach vgl. jetzt Ausstellungskatalog: Humanismus als Reform am Niederrhein. Konrad Heresbach 1496-1576 (Bielefeld 1996).

sein Nachfolger bis zum Ende des 16. Jahrhunderts an ihrer konfessionsneutralen Position fest und bemühten sich wie Ludwig V. von der Pfalz im Reichszusammenhang um Vermittlung zwischen den sich herausbildenden Religionsparteien.[73] Dem Markgrafen Kasimir von Brandenburg-Ansbach war es ausschließlich um die Beseitigung der Diözesanrechte, insbesondere der geistlichen Gerichtsbarkeit, in seinem Territorium zu tun; der Einfluß evangelischer Beamter (Georg Vogler, Johann von Schwarzenberg) blieb beschränkt.[74] Die Herzöge von Mecklenburg und Pommern (Heinrich V. und Barnim IX.), jeder mit einem strikt altkirchlich gesinnten Bruder als Mitregenten (Albrecht VII. und Georg I.), duldeten die reformatorische Predigt, ohne sie wesentlich zu unterstützen oder zu behindern.[75]

Der Bauernkrieg bestätigte nicht nur die altkirchlichen Fürsten in ihrer Überzeugung, daß die neue Lehre Aufruhrpredigt sei, sondern veranlaßte auch neutrale Fürsten wie Ludwig V. von der Pfalz, sich vorübergehend stärker als bisher am alten Kirchenwesen zu orientieren und lutherische Prediger zu entlassen. Aber schon 1526 war in der Pfalz der vorherige Zustand fürstlicher Konnivenz im wesentlichen wiederhergestellt. Dagegen schloß sich Markgraf Kasimir jetzt ganz der altkirchlichen Richtung an, ließ aber auf dem Landtag 1526 einen Kompromiß zu: Beibehaltung der lateinischen Messe, des Zölibats und der bisherigen Zeremonien, aber Predigt des reinen Evangeliums sowie Freigabe der beiden Gestalten des Abendmahls und der deutschen Taufe. Die Fastengebote blieben in Kraft, Schwache durften jedoch zu Hause Fleisch essen. Die Verwaltung des Kirchenvermögens sollte den Amtleuten übertragen werden, der Klerus die Steuerfreiheit aufgeben.[76] Die kirchlichen Verhältnisse in der Markgrafschaft blieben damit letztlich in der Schwebe.

73. Vgl. *Albrecht Pius Luttenberger*, Glaubenseinheit und Reichsfriede. Konzeptionen und Wege konfessionsneutraler Reichspolitik (1530-1552) (Kurpfalz, Jülich, Kurbrandenburg) (Göttingen 1982).
74. Zur Markgrafschaft Brandenburg-Ansbach-Kulmbach vgl. *Manfred Rudersdorf*, in: *Schindling* (wie Anm. 31) Bd. 1, S. 10-30; *Karl Schornbaum*, Die Stellung des Markgrafen Kasimir von Ansbach zur reformatorischen Bewegung in den Jahren 1524-1527 (Erlangen 1900); *Reinhard Seyboth*, Die Reichspolitik Markgraf Kasimirs von Ansbach-Kulmbach von 1498 bis 1527, in: Zeitschrift für bayerische Landesgeschichte Bd. 50 (1987), S. 63-108; *Walter Brandmüller*, »Herrn Johannsen Ruerer Pfarhern zu Onolzbach antwurt uff Doctor Weinharts clage«. Eine Verteidigungsschrift des Ansbacher Reformators Johann Rurer aus dem Jahre 1525, in: *Ders.* (u.a. Hgg.), Ecclesia Militans. Festschrift Remigius Bäumer (Paderborn 1988) Bd. 2, S. 235-279.
75. Zu Mecklenburg vgl. *Wolgast*, Reformation (wie Anm. 63); *Franz Schrader*, in: *Schindling* (wie Anm. 31) Bd. 2, S. 166-180; zu Pommern vgl. *Roderich Schmidt*, in: Ebd., S. 182-205.
76. Vgl. *Emil Sehling*, Die evangelischen Kirchenordnungen des XVI. Jahrhunderts Bd. 11, bearbeitet von *Matthias Simon* (Tübingen 1961), S. 88-97.

V. Die Entwicklung zwischen 1526 und 1530

Für die evangelisch gesinnten Fürsten brachte der erste Speyerer Reichstag 1526 den Durchbruch. Da der Abschied vom 27. August die Reichsstände für die Zeit bis zum Konzil auf die Ausführung des Wormser Edikts verpflichtete, »wie ein jeder solches gegen Gott und Kayserliche Majestät hoffet und vertraut zu verantworten«[77], konnte diese Formel ebenso legitimatorischen Zwecken nutzbar gemacht werden wie die Formel von der Predigt des lauteren Evangeliums oder vom Konzil, obwohl mit Speyer I keineswegs eine Territorialisierung des ius reformandi beabsichtigt war. Von den altkirchlichen Fürsten milderte niemand unter Berufung auf die Speyerer Formel seine Repressionspolitik, auch die bisher unentschiedenen blieben im allgemeinen bei ihrer Haltung. Lediglich Philipp von Baden machte gewisse Zugeständnisse an seine evangelischen Untertanen.[78] So schrieb ein Abendmahlsmandat von 1527 zwar die jährliche Osterkommunion sub una vor, ließ aber auf Verlangen in Krankheits- und Sterbenöten den Kelchempfang zu, da aus der Bibel keine eindeutige Weisung zu entnehmen sei. Den Klöstern wurde die Aufnahme von Novizen untersagt, die Pfarrstellen verlieh der Markgraf, und zwar ausdrücklich nicht mehr auf Lebenszeit, sondern solange ihr Inhaber »se bene et decenter agat.«[79] Der Pflichtzölibat war in Baden unter gleichzeitigem Verbot des Konkubinats schon 1525 aufgegeben worden.[80] Der Markgraf verstand sich selbst aber nach wie vor als Glied der alten Kirche und starb – nach einer konservativen Wende Ende der zwanziger Jahre – 1533 im bisherigen Glauben. Dagegen hielt Ludwig V. von der Pfalz bis zu seinem Tode 1544 an seinem konfessionsneutralen Kurs fest; ebenso nahm Wilhelm V. von Jülich-Kleve-Berg an der Kirchenpolitik seines 1539 gestorbenen Vaters keine Änderungen vor. Die äußere Kirchenorganisation blieb in diesen neutralen Territorien intakt und geriet nicht in schleichende Auflösung wie anderwärts bereits in den zwanziger Jahren, auch wenn die Klosterkonvente vielfach durch Austritte geschwächt wurden.

Die evangelische Gruppe verstärkte sich seit der Mitte der zwanziger Jahre durch zwei Herrscherwechsel. Herzog Johann wurde nach dem Tode seines Bruders Friedrich im Mai 1525 sächsischer Kurfürst, in Ansbach folgte Markgraf Georg 1527 seinem Bruder Kasimir. Der Speyerer Reichsabschied wurde von den evangelischen

77. Vgl. Neue und vollständigere Sammlung der Reichs-Abschiede Bd. 2 (Frankfurt 1747), S. 274; *Walter Friedensburg*, Der Reichstag zu Speier in Zusammenhang der politischen und kirchlichen Entwicklung Deutschlands im Reformationszeitalter (Berlin 1887).
78. Vgl. *Kattermann* (wie Anm. 70), S. 22-81.
79. Vgl. *Fester* (wie Anm. 70), S. 317f.; *Kattermann* (wie Anm. 70), S. 37f. 77 (Mandat, 26. März 1527).
80. Vgl. *Fester* (wie Anm. 70), S. 314-316. 319f.; *Kattermann* (wie Anm. 70), S. 23f. (Mandat 29. April 1525, wiederholt 10. Aug. 1525 und 20. Okt. 1528).

Fürsten als Handhabe genutzt, um die bisherige ungeregelte Gemeindereformation in ihren Territorien umzuformen und sie in ein zentral geleitetes, einheitliches Landeskirchentum zu überführen. Zwei Gründe ließen sich dafür angeben:
1. Die kirchliche Gemeindeautonomie war theologisch und politisch kompromittiert durch Abweichungen von der Wittenberger Norm, wie sie in den Lehren einzelner Prediger, etwa Jakob Strauß in Eisenach, Wolfgang Stein in Weimar, Andreas Karlstadt in Orlamünde und Thomas Müntzer in Allstedt, zum Ausdruck gekommen war; auch die tumultuarisch und gelegentlich in »Pfaffenstürmen« vollzogenen Änderungen hatten ebenso wie die Kontagion mit den Sozialunruhen von 1525 die Gemeindereformation verdächtig gemacht.
2. Hinzu kam gewichtiger Handlungsbedarf auf dem finanziellen Sektor, da das kirchliche Abgabenwesen vielfach völlig zusammengebrochen war, die Geistlichen nach ihrer Verheiratung aber dringender als bisher ein geregeltes und ausreichendes Einkommen benötigten.

Als Mittel zur Errichtung eines organisatorisch zentralisierten und dogmatisch einheitlichen territorialen Kirchenwesens diente vor allem die Visitation. Bei ihr wurde üblicherweise die Qualifikation der Geistlichen geprüft – Untaugliche, d.h. für die evangelische Predigt nicht Geeignete, mußten ihr Amt aufgeben; außerdem inventarisierten die Visitatoren, sofern dies nicht früher bereits geschehen war, das Kirchengut und bemühten sich um Klärung der Gefälle und Abgaben sowie der Unterhaltspflicht für die kirchlichen Gebäude. Der Visitation folgten verbindliche Regelungen mittels Kirchenordnungen und Zeremonialvorschriften. Bei späteren Territorialreformationen war das Verfahren umgekehrt: Als erster Schritt wurden Kirchenordnungen erlassen, die dann als Grundlage und Norm für Visitationen dienten. Die Einführung des neuen Kirchenwesens wurde in der frühen Reformation offensichtlich nirgendwo gegen einen artikulierten Willen der Mehrheit der Untertanen vollzogen; gleichwohl gab es bei der Aufhebung der Klöster häufig erbitterten Widerstand.

Die Ablösung der Phase der Gemeindereformation durch die Fürstenreformation erfolgte trotz der Ermächtigung durch Speyer I nur allmählich. Lediglich für Hessen[81] entwarf Franz Lambert von Avignon bereits Ende 1526 die »Reformatio ecclesiarum Hassiae«[82], nachdem der Landgraf vor der Homberger Synode,

81. Zu Hessen vgl. *Manfred Rudersdorf*, in: *Schindling* (wie Anm. 31) Bd. 4, S. 254-288; *Walter Heinemeyer*, in: *Ders.*, Das Werden Hessens (Marburg 1986), S. 225-266; *Walter Sohm*, Territorium und Reformation in der hessischen Geschichte 1526-1555 (Marburg 1915); *Volker Press*, Landgraf Philipp der Großmütige von Hessen, in: *Klaus Scholder, Dieter Kleinmann* (Hgg.), Protestantische Profile (Königstein/Ts. 1983), S. 60-77.
82. Vgl. *Sehling* (wie Anm. 76) Bd. 8, bearbeitet von *Hannelore Jahr* (Tübingen 1965), S. 43-65. Zu Franz Lambert vgl. *Gerhard Müller*, in: TRE 20 (1990), S. 415-418; *ders.*, Franz Lambert von Avignon und die Reformation in Hessen (Marburg 1958).

einer Art hessischen Nationalkonzils, die wenige Wochen nach dem Speyerer Reichstag einberufen worden war (Oktober 1526), seinen Entschluß verkündet hatte, die neue Lehre einzuführen. Lamberts Kirchenordnung, formuliert als von der Synode, nicht vom Fürsten ausgegangen, sah einen Kirchenaufbau von unten vor; jährlich sollte eine Synode abgehalten werden, an der außer den Pfarrern, als »episcopi« bezeichnet, aus jeder Kirchengemeinde Laienvertreter teilnehmen sollten. Die Gemeinde durfte nach einer Übergangszeit ihren Pfarrer selbst wählen, hatte aber auch für seinen Unterhalt aufzukommen. Die Klöster sollten durch das Verbot, Novizen aufzunehmen, zum Aussterben verurteilt werden, freiwerdende Klöster als Schulen Verwendung finden. Die Verwirklichung der hessischen »Reformatio« scheiterte an Luthers Urteil, es sei noch zu früh, »so ein hauffen gesetze mit so mechtigen worten bey uns furzunemen«; außerdem mißtraute er nach den Erfahrungen von 1524/25 einer zu ausgedehnten Gemeindekompetenz.[83] Damit war Hessen auf den für die evangelischen Territorien üblich werdenden Weg der Neuordnung durch die weltliche Obrigkeit als kirchenleitendes Organ verwiesen, die Reformation wurde 1527 über eine landesfürstliche Visitation durchgeführt, bei der auch die Klöster, teilweise gewaltsam, beseitigt wurden. Neue Pfarrer setzte der Landesherr ohne Rücksicht auf Patrone ein, sofern es sich um kirchliche oder außerhessische Patronate handelte.
Ernst von Lüneburg, der spätestens seit 1524 evangelische Prediger förderte, konnte sich nur allmählich gegen den Widerspruch seiner Stände durchsetzen.[84] Dieser Widerspruch war freilich weniger religiös als politisch-fiskalisch bedingt und richtete sich gegen die Stärkung der Landesherrschaft durch die Verfügungsgewalt über die Kirche. So lehnte der Landtag von 1525 den herzoglichen Vorschlag ab, das Klostergut zu inventarisieren und das bewegliche Vermögen sicherzustellen. Als Ende 1526 die evangelischen Prediger darum ersuchten, die Messe abzuschaffen, und auf Anordnung Herzog Ernsts die Prädikanten von Celle 1527 ein sogenanntes Artikelbuch zusammenstellten, das die Mißstände in den Pfarreien des Herzogtums verzeichnete und Vorschläge zur Abhilfe machte, verstand sich der Landtag im August 1527 zu nicht mehr als der üblich gewordenen Formel, das Evangelium »rein, klar und ohne menschlichen Zusatz« predigen zu lassen. Zeremonialänderungen wurden dagegen abgelehnt, ent-

83. WA Br 4, Nr. 1071 (an Philipp von Hessen, 7. Jan. 1527) (Zitat S. 157,13f.).
84. Vgl. *Adolf Wrede*, Die Einführung der Reformation im Lüneburgischen durch Herzog Ernst den Bekenner (Göttingen 1887; eine gekürzte Fassung erschien in Halle 1888: Ernst der Bekenner, Herzog von Braunschweig und Lüneburg); *Hans-Walter Krumwiede*, Die Reformation in Niedersachsen. Politische, soziale und kirchlich-theologische Aspekte. In: Jahrbuch der Gesellschaft für niedersächsische Kirchengeschichte Bd. 65 (1967), S. 7-26; *ders.*, in *Patze* (wie Anm. 33), S. 29-33. Vgl. auch die weitere in Anm. 33 angegebene Literatur. Das Artikelbuch von 1527 vgl. bei *Sehling* (wie Anm. 76) Bd. 6/I, bearbeitet von *A. Sprengler*, S. 492-521.

sprechende Vorstellungen des Artikelbuches fanden keine Mehrheit. Die Reformation konnte daher erst 1529 in solchen Pfarreien eingeführt werden, die entweder vom Herzog oder von außerlüneburgischen Patronen abhingen; auch in den Klöstern wurden evangelische Prediger eingesetzt.[85] Eine Kirchenordnung erhielt das Herzogtum erst 1564.

Überraschend langsam vollzog sich die Umgestaltung des Kirchenwesens in Kursachsen, obwohl mit Johann im Mai 1525 ein überzeugter Lutheraner die Regierung übernommen hatte.[86] Der Gedanke an eine kirchliche Neuordnung durch Visitation war schon 1524 aufgetaucht, als Herzog Johann Friedrich, der von Luther gebeten worden war, dafür zu sorgen, daß Thomas Müntzer sich in Wittenberg zum Verhör stelle, stattdessen vorschlug, Luther solle die Städte des Kurfürstentums bereisen und mit Hilfe der weltlichen Obrigkeit geeignete Prediger einsetzen.[87] Auch in einer Aufzeichnung der Kanzlei aus dem Mai 1525 über die vordringlichen Regierungsaufgaben war als erster Punkt die kirchliche Neuordnung genannt, um die Theologie Luthers im ganzen Lande durchzusetzen.[88] Aber nur in wenigen Ämtern fanden damals Visitationen statt bzw. wurde den Geistlichen wie in Weimar im August 1525 befohlen, »das heylige evangelion und Gottes wort lauter, rain und klar und was dem gemäß ist, on alle menschlich zusatzung und einmischung zu leren und zu predigen.«[89] Diese Formel bedeutete in Kursachsen eindeutig: Übereinstimmung mit der Wittenberger Lehrnorm. Zuwiderhandelnde sollten ihre Stelle verlieren. Das Ergebnis dieser Zusammenkunft der Geistlichen von Stadt und Amt Weimar wurde durch den Druck verbreitet[90], so daß der gesamte Landesklerus wußte, was auf ihn zukam. Dennoch blieb das Ganze stecken. Die angekündigte »Reformation oder Ordnung« zur Vereinheitlichung der gottesdienstlichen Zeremonien erging nicht, nur Luthers »Deutsche Messe« wurde Anfang 1526 für die landesherrlichen Patronatspfarrer verbindlich gemacht. Luther erbat erstmals im Herbst 1525 eine landesweite Visitation zur Sicherung der materiellen Existenz der

85. Die herzogliche Instruktion für die Prediger von 1529 vgl. ebd., S. 522-527.
86. Vgl. *Junghans* (wie Anm. 64), S. 49-56; *ders.*, in: TRE 17 (1988), S. 103-106; *Günther Wartenberg*, Luthers Beziehungen zu den sächsischen Fürsten. In: *Helmar Junghans* (Hg.), Leben und Werk Martin Luthers von 1526 bis 1546 (Berlin 1983) Bd. 1, S. 549-554. Vgl. auch die weitere in Anm. 64 angegebene Literatur.
87. Vgl. WA Br 3, Nr. 754,44-52.
88. Vgl. *Müller* (wie Anm. 66), S. 179f.
89. Vgl. *Ernst Müller*, Martin Luther und Weimar (Weimar 1983), S. 42.
90. Vgl. ebd., S. 42-44: »Das man das lauter rain Euangelion on menschliche zusatzunge predigen sol, Fürstlicher bevelh zu Weymar beschehen«, verfaßt vom Erfurter Pfarrer Wolfgang Kiesewetter; vgl. dazu auch *Georg Berbig*, Der Anbruch der Reformation im Kreise Weimar. Ein priesterlicher Sendbrief vom Jahre 1525, in: Zeitschrift für wissenschaftliche Theologie Bd. 49 (1906), S. 387-398.

evangelischen Geistlichen, während er vorschnelle organisatorische Regelungen auch für Kursachsen ablehnte.[91] Offensichtlich wegen der Kosten, die als Ergebnis einer Visitation auf die Landesherrschaft zukommen konnten, zögerte der Kurfürst bis 1527. Die in diesem Jahr erlassene Visitationsinstruktion begründete das landesherrliche Vorgehen polizeilich, nicht theologisch: Niemandem sollte der Glaubensstand obrigkeitlich vorgeschrieben werden, aber »zuvorhutung schedlicher aufrur und ander unrichtigkait (sind) kein secten nach trenung« im Lande zu dulden. Eine ausgearbeitete Lehrnorm zur Beurteilung der Geistlichen wurde den Visitatoren nicht an die Hand gegeben; es hieß lediglich vage: »Das sich ir (sc. der Geistlichen) keiner nit understehe, anderst zuleren, predigen ader der sacrament und ceremonien halben zuhandeln dan nach vormugen gotlichen worts und in der einfalt, wie das von uns (sc. Kurfürst Johann) und den unsern in dieser zeit, dar inne got sein gnade gethan und gegeben hat, angenomen ist.«[92]
In der Praxis stellten die ersten sächsischen Visitatoren den Abendmahlsempfang sub una oder sub utraque in das Belieben der Kommunikanten, ebenso gaben sie die Sprache der Messe frei. Erst 1528 wurde auf der Grundlage eines Entwurfs von Melanchthon der »Unterricht der Visitatoren« veröffentlicht.[93] Luther, der den Text durch ein Vorwort sanktionierte, sah in der kirchlichen Neuordnung Sachsens ein Vorbild: »Gott gebe, das es ein selig exempel sey und werde, allen anderen Deudschen fürsten fruchtbarlich nach zuthun.«[94] Das Tätigwerden der Fürsten in diesem Bereich sah Luther bekanntlich als christlichen Liebesdienst, nicht als Ausfluß obrigkeitlicher Kompetenz.
Ein wichtiger Schritt zur legalen Übernahme der vollen Kirchenhoheit durch die evangelischen Territorialfürsten war der Vertrag von Hitzkirchen vom 11. Juni 1528, mit dem der Erzbischof von Mainz im Zusammenhang mit der Beilegung der Packschen Händel den kirchlichen Status quo in Kursachsen und Hessen unter Berufung auf Speyer I akzeptierte und damit auf seine Diözesanrechte, insbesondere die geistliche Gerichtsbarkeit, verzichtete.[95] Gefälle an altkirchliche Institutionen außerhalb der beiden Fürstentümer sollten aber weiterhin entrichtet werden. Vermittler dieses für die rechtliche Zukunft der entstehenden Landeskirchen wichtigen Vertrags waren Beauftragte König Ferdinands und der Kurfürsten von Pfalz und Trier.

91. Vgl. zusammenfassend *Martin Brecht*, Martin Luther Bd. 2 (Stuttgart 1986), S. 253-266.
92. *Sehling* (wie Anm. 76) Bd. 1, S. 142-149 (Zitate S. 144. 143).
93. Vgl. WA 26, 195-240; Martin Luther, Studienausgabe Bd. 3, S. 406-462 (S. 402-405 Einleitung von *Günther Wartenberg*).
94. WA 26, 198,5-199,2.
95. Vgl. *Günther Franz* (Hg.), Urkundliche Quellen zur hessischen Reformationsgeschichte Bd. 2 (Marburg 1954), S. 69f.

In Brandenburg-Ansbach beendete Markgraf Georg[96] 1528 den Übergangszustand, indem er mit den Landständen die bisherigen Religionsverordnungen in lutherischem Sinne interpretierte und den Klerus auf die evangelische Predigt verpflichtete.[97] Die Priesterehe wurde freigestellt, gemeinsam mit Nürnberg eine Kirchenvisitation durchgeführt. Gleichwohl dauerte die Durchsetzung der Reformation noch mehrere Jahre und fand ihren Abschluß erst 1533 mit der einflußreich gewordenen Brandenburg-Nürnberger Kirchenordnung.[98]
Trotz der Möglichkeiten, die der Speyerer Abschied von 1526 bot, blieb die Gruppe der evangelischen Fürsten klein. Zu dem erhofften – oder gefürchteten – Dammbruch kam es keineswegs. An der Protestation von 1529 beteiligten sich zwar 14 süddeutsche Reichsstädte, von Territorien jedoch nur Kursachsen, Hessen, Brandenburg-Ansbach und Braunschweig-Lüneburg sowie Anhalt-Bernburg. Ein Jahr später bei der Übergabe der Confessio Augustana hatte sich die Gruppe um keinen einzigen Fürsten vergrößert; bei der Gründung des Schmalkaldischen Bundes Ende 1530 reduzierte sie sich sogar um Brandenburg-Ansbach, das sich dem Bündnis verweigerte. Diese Situation sollte sich, nachdem schon 1534 mit Württemberg ein wichtiger Flächenstaat Südwestdeutschlands sich der Reformation zugewandt hatte[99], erst 1539 grundlegend ändern, als durch Herrschaftswechsel zwei Bollwerke des alten Glaubens in Nord- und Mitteldeutschland, Kurbrandenburg und das Herzogtum Sachsen, auf die evangelische Seite übergingen.

VI. Schlußfolgerungen

In allen evangelisch werdenden Territorien war das Ergebnis der inhaltlichen und organisatorischen Neugestaltung des Kirchenwesens ein Bruch mit dem bisherigen Zustand. Durch die Reformation entstanden in Deutschland partikulare Landeskirchen, die – ohne den moralischen oder materiellen Schutz durch eine transterritoriale Autorität – vollständig vom jeweiligen Landesfürsten und seiner Verwaltung abhängig waren. Dogmatische Grundlagen (Rechtfertigungslehre, Sakramente, Abendmahlsverständnis u.a.), Zeremonien (etwa das Verbot des Meßkanons und der Stillmesse, neue Liturgien und Kirchenlieder) und Frömmigkeitsverhalten (Unterdrückung von Heiligenverehrung und Reliquienkult sowie

96. *Karl Schornbaum*, Zur Politik des Markgrafen Georg von Brandenburg vom Beginne seiner selbständigen Regierung bis zum Nürnberger Anstand 1528-1532 (München 1906); *Reinhard Seyboth*, Markgraf Georg von Ansbach-Kulmbach und die Reichspolitik, in: Jahrbuch für fränkische Landesforschung Bd. 47 (1987), S. 35-81. Vgl. auch die in Anm. 74 angegebene Literatur.
97. Vgl. *Sehling* (wie Anm. 76) Bd. 11, S. 102-105.
98. Vgl. ebd., S. 140-205.
99. Vgl. *Hermann Ehmer*, in: *Schindling* (wie Anm. 31) Bd. 5, S. 168-192.

Formen traditioneller Volksfrömmigkeit) wurden jetzt neu und obrigkeitlich definiert. Und das Ganze vollzog sich nicht in einem längeren evolutionären Prozeß sich verstärkender Reformen, sondern wurde in bewußtem Willen zum Bruch mit überlieferten Formen von Glauben und Frömmigkeit in relativ kurzer Zeitspanne durchgesetzt.

Luise Schorn-Schütte

Die Drei-Stände-Lehre im reformatorischen Umbruch

Einleitung

»Es ist ein Paradox des Historischen, daß in Zeiten großer Umbrüche das Neue in den Kategorien des Alten vorgestellt wird. Befürchtungen, Hoffnungen und Erwartungen werden in einem begrifflichen Koordinatensystem formuliert, dessen Entstehen nicht selten Jahrzehnte, wenn nicht Jahrhunderte zurückliegt.«[1] Diese Beobachtung gilt auch für die Drei-Stände-Lehre im reformatorischen Umbruch! Die funktionale Dreiteilung der ständischen Gesellschaft war ein Deutungsschema, das im frühen Mittelalter in Anknüpfung an antike Traditionen wiederbelebt wurde, seine Blütezeit im Hochmittelalter erlebte, im ausgehenden Mittelalter u. a. durch die Armutsbewegung in Frage gestellt und durch den sogenannten Nominalismus des 15. Jahrhunderts zudem in seiner erkenntnistheoretischen Grundlage erschüttert wurde und dennoch sowohl durch Luther als auch durch die katholische Reform für die Charakterisierung der »rechten Ordnung« der Gesellschaft wieder aufgenommen und erneuert worden ist.[2] Angesichts der Tatsache, daß durch Luthers Verneinung des sakramentalen Charakters des Priesteramtes die funktionale Dreigliederung eher angegriffen als bestätigt wurde, ist diese Beobachtung durchaus erstaunlich und führt zu der berechtigten Frage, ob das Deutungsmuster sozialer Wirklichkeit in Gestalt der Drei-Stände-Lehre für den entstehenden Protestantismus überhaupt noch Aussagewert haben konnte. Die Frage führt zum Kern der hier geführten Diskussionen: markiert die Reformation einen im Wesen neuen Abschnitt historischen Wandels oder ist sie lediglich ein, wenn auch besonders stark verdichteter, Teil einer langfristigen Reformbewegung?

1. *M. Jeismann*: Bodensatz der Vergangenheit, in: Frankfurter Allgemeine Zeitung vom 23.6.1993.
2. Siehe dazu ausführlich *O.G. Oexle*: Deutungsschemata der sozialen Wirklichkeit im frühen und hohen Mittelalter. Ein Beitrag zur Geschichte des Wissens, in: *F. Graus* (Hg.), Mentalitäten im Mittelalter. Methodische und inhaltliche Probleme, Sigmaringen 1987, 65-117. Ders.: Die Entstehung politischer Stände im Spätmittelalter – Wirklichkeit und Wissen, in: *B. Jussen/ R. Blänkner* (Hgg.), Institutionen und Ereignis, Baden-Baden 1998 (im Druck).

Nun ist die Verwendung von Deutungsmustern des späten Mittelalters kein Beweis dafür, daß die in diesen symbolisierte Realität ungebrochen weiter existierte; das einleitende Zitat verweist ja gerade auf die Möglichkeit des Wandels sozusagen in den »alten Kleidern«. Zu klären ist daher dreierlei, womit die folgenden Ausführungen gegliedert sind. **Erstens:** In welcher Form war die Dreiständelehre in den frühen Schriften Luthers präsent? Dies ist die Frage nach den spätmittelalterlichen Traditionsbeständen als den Voraussetzungen, an die angeknüpft werden konnte. **Zweitens:** In welchen konkreten Situationen begegnet die Dreiständelehre oder ein ihr entsprechendes Deutungsmuster in den ersten vier Jahrzehnten des 16. Jahrhunderts? **Drittens:** Welche Inhalte wurden mit diesem Funktionsschema verbunden bzw. welche Deutungsaufgabe wurde ihm zugemessen? Ist dies beantwortet, so kann, und damit sind wir beim **Schlußteil**, abgemessen werden, ob der Einsatz des Deutungsmusters als bewußte Fortführung des Vorhandenen gelten muß oder ob er als Versuch zu bewerten ist, die bekannten Metaphern mit neuen Inhalten zu füllen und damit das Neue in seiner Norm verändernden Kraft erträglicher zu gestalten. Schon diese Alternative verdeutlicht, daß der Rückgriff auf die vertrauten Deutungsmuster sozialer Wirklichkeit in der frühen Reformation und deren Charakterisierung als Umbruch auch ein begriffsgeschichtliches Definitionsproblem ist.
Die Bezeichnung der Drei-Stände-Lehre als Deutungsmuster sozialer Wirklichkeit wurde in der jüngeren Forschung zur Charakterisierung der ambivalenten Bedeutung der funktionalen Dreiteilung im Spätmittelalter eingeführt.[3] An das damit vorgeschlagene methodische Verfahren knüpfen die folgenden Ausführungen in variierter Form an, insofern die Drei-Stände-Lehre im Sinne der jüngeren angloamerikanischen Forschungen als politische Theorie verstanden wird, die als Antwort und als Eingriff in gesellschaftlich-operative Paradigmen charakterisierbar ist, mit deren Hilfe die Autoritäts- und Wertstruktur sozialer Ordnungen beschrieben, in Frage gestellt oder legitimiert werden kann.[4] In diesem Sinne kann sie auch als politisches Vokabular der zeitgenössischen Gesellschaft aufgefaßt werden. Das Schema gilt deshalb weder als Abbild einer wie auch immer zu definierenden »Realität«[5] noch als Verbrämung sozialer Interessen im Sinne

3. *Oexle*, Deutungsschemata (wie Anm. 2), 65 f.
4. Die angloamerikanischen Forschungen, auf die hier Bezug genommen wird, sind diejenigen von *Q. Skinner*: Some Problems in the analysis of political thought, in: Political Theory 2, 1974, 277-303 und *J. Pocock*: Political ideas as historical events, in: *M. Richter* (Hg.), Political theory, Princeton 1980; vgl. dazu den informativen Aufsatz von *H. Rosa*: Ideengeschichte und Gesellschaftstheorie, in: Politische Vierteljahresschrift 35, 1994, 197f.; dort auch die neuere Literatur.
5. Zum Problem der Konstituierung historischer Realität wird eine lebhafte Debatte geführt, die innerhalb der deutschen Geschichtswissenschaft auf Traditionen des 19./20. Jahrhunderts zurückgreifen kann, in der Gegenwart zudem durch die sozialphilosophischen Diskussionen angeregt wurde, wie sie u. a. in den Arbeiten von P. Ber-

der Ideologiekritik. Die Analyse seiner Verwendung geht aus von der Annahme, daß die soziale Wirklichkeit des beginnenden 16. Jahrhunderts (und nicht nur dieser Zeit) von der Spannung zwischen dem normierenden Anspruch des Deutungsschemas und dessen unübersehbar gewordenem Verlust an Verbindlichkeit geprägt war. Die Wechselwirkung von Deutungsmuster und sozialer Wirklichkeit führt zur Veränderung historischer Realität, um deren Charakterisierung es im folgenden geht.

I. Die Tradition: Die Drei-Stände-Lehre am Anfang des 16. Jahrhunderts

Die Verwendung der Drei-Stände-Lehre durch Martin Luther (erstmals in seinem Taufsermon von 1519, sodann 1520 im Sermon von den guten Werken im Zusammenhang mit der Auslegung des vierten Gebots und hieran anschließend 1522 in den Dekalogpredigten bei der Neubestimmung des Wortes Beruf)[6] wird auch in der bisherigen, nicht sehr dichten Forschung zum Thema als Versuch gedeutet, eine ethisch fundierte Soziallehre zu formulieren, die in Zusammenhang mit seiner »Lehre« von den Zwei Reichen oder Regimenten zu setzen und in ihren sehr konkreten Entstehungsbedingungen zu verstehen ist. Denn von der durch Karl Barth in den zwanziger Jahren erstmals verwendeten Begrifflichkeit, die von Johannes Heckel in ein als geschlossen verstandenes System gebracht wurde, auf die Existenz einer tatsächlich als Einheit existierenden Soziallehre bei Luther zu schließen, ist aufgrund des heutigen Forschungsstandes nicht mehr möglich.[7]
»Reflexion über Stände, über die richtige Ordnung der Gesellschaft ist Reflexion über Ordnung insgesamt, über die Welt im ganzen«[8], darüber, wie das Unter-

ger und Th. Luckmann formuliert wurden.Vgl. dazu *P. Berger/ Th. Luckmann*: Die gesellschaftliche Konstruktion der Wirklichkeit, Frankfurt/M. 1969. Wichtig zudem *K. Acham:* Geschichte und Sozialtheorie. Zur Komplementarität kulturwissenschaftlicher Erkenntnisorientierungen, Freiburg/ München 1996.

6. Vgl. die Nachweise bei *W. Elert:* Soziallehren und Sozialwirkungen des Luthertums (= Bd. 2: Morphologie des Luthertums), München 1932, 52 f.; *W. Maurer*: Luthers Lehre von den drei Hierarchien und ihr mittelalterlicher Hintergrund, München 1970 und *P. Manns*: Luthers Zwei-Reiche-Lehre und Drei-Stände-Lehre, in: *E. Iserloh/ G. Müller* (Hgg.), Luther und die politische Welt, Stuttgart 1984, 3-26.
7. Dazu *B. Lohse*: Luthers Theologie in ihrer historischen Entwicklung und in ihrem systematischen Zusammenhang, Göttingen 1996, 335 f.; sowie *R. Schwarz*: Ecclesia, oeconomia, politia. Sozialgeschichtliche und fundamentalethische Aspekte der protestantischen Drei-Stände-Theorie, in: *H. Renz/ F.W. Graf* (Hgg.), Protestantismus und Neuzeit (= Troeltsch Studien, Bd. 3), Gütersloh 1984, 78-88, hier 78 f.; zur wissenschaftsgeschichtlichen Einordnung der Debatte um die Drei-Stände-Lehre vgl. auch *Oexle*, Deutungsschemata (wie Anm. 2), 66.
8. Ebd., 79.

schiedliche, das existiert, zu einer geschlossenen Einheit gefügt ist. Das Nachdenken über die Drei-Stände-Lehre beruhte in Antike und Mittelalter und weiterhin bei Luther auf Metaphysik, denn es »geht aus von der Annahme, daß die Welt ein von Gott in glücklicher Weise geordnetes Ganzes ist«[9], die Schöpfungsordnung nämlich, deren einzelne Teile sich zwar in ihren Aufgaben unterscheiden, aber in dieser Ungleichheit zur Einheit zusammenstehen. Das Prinzip sozialer und natürlicher Ordnung ist das »der Harmonie durch Ungleichheit«. Diese beim Kirchenvater Augustin formulierten Anschauungen blieben maßgeblich für die Ständereflexion bis in die beginnende Neuzeit; in dieser Tradition steht auch Luther. Er hat die Drei-Stände-Lehre, so wie sie in der katechetischen Unterweisung des Mittelalters entstanden war, aufgenommen und mit den zeitgenössischen Erfahrungen sozialer Differenzierung verbunden, sie allerdings dann in seinen theologischen Reflexionen eigenständig weiterentwickelt.[10] In dieser Bewertung treffen sich ältere und jüngere, kirchenhistorische und profanhistorische Forschung: »Luther completed a transfer which had been underway since the twelfth century.«[11]

I. 1. B. Lohse hat in dem kurz vor seinem Tod vorgelegten Buch über Luthers Theologie noch einmal betont, daß die »traditionsgeschichtliche Verankerung« der Drei-Stände-Lehre bei Luther anders als diejenige der Zwei Reiche- oder Regimenten-»Lehre« erst in Ansätzen erforscht ist. Fassen wir den Kenntnisstand noch einmal kurz zusammen, so ergibt sich folgendes[12]: Nach den oben bereits erwähnten erstmaligen Bezugnahmen zwischen 1519 und 1522 erscheint das

9. Ebd.
10. Siehe dazu die Nachweise bei *Maurer* (wie Anm. 6), 17 f.; *Lohse* (wie Anm. 7), 343; *R. Schwarz*: Luthers Lehre von den drei Ständen und die drei Dimensionen der Ethik, in: LuJ 45, 1978, 15-34, hier 19 f.
11. *Th. Brady*: Luther and Society. Two Kingdoms or Three Estates? Tradition and Experience in Luther›s Social Teaching, in: LuJ 52, 1985, 197-212, hier 203. In dem genannten Jahrgang des Lutherjahrbuches sind die Diskussionen um Luthers Drei-Reiche- und Zwei-Regimenten-Lehre aus Anlaß des Luthergedenkens der DDR zum 450. Geburtstag 1983 in Erfurt wiedergegeben. Neben dem Beitrag von Brady finden sich zum gleichen Thema Koreferate von G.R. Elton, M. Edwards, G. Vogler und B. Moeller. In diesen sind die kontroversen Deutungen auf dem Stande der ausgehenden achtziger Jahre unseres Jahrhunderts zusammengefaßt. Ebenfalls aus Anlaß des Luthergedenkens äußerte *H. A. Oberman* in seinen «Thesen zur Zwei-Reiche-Lehre«, in: *Iserloh/ Müller* (Hgg.), Luther (wie Anm. 6), 27-34 die Auffassung, daß die Drei-Stände-Lehre nur eine der zeitgenössischen Ausformungen der Zwei-Reiche-Lehre sei. Die für die Eigenständigkeit der Drei-Stände-Lehre sprechenden Argumente sind unter Verarbeitung der älteren Literatur eindrücklich zusammengefaßt bei *Schwarz*, Ecclesia (wie Anm. 7); siehe zusammenfassend auch *H.J. Prien*: Luthers Wirtschaftsethik, Göttingen 1992, 162-170.
12. Die Nachweise bei *Maurer* (wie Anm. 6), 18 ff.

Deutungsmuster der drei Stände erneut in Luthers Obrigkeitsschrift (»Von weltlicher Obrigkeit, wie weit man ihr Gehorsam zu leisten schuldig sei«) aus dem Jahre 1523, in der er das Schwert dem ehelichen Stand, dem Ackerwerk oder einem anderen Handwerk gleichstellt. In allen Zusammenhängen geht es um die Charakterisierung der drei Stände als den Wirkstätten Gottes. Eltern, geistliche und weltliche Herren sind die drei Formen der Obrigkeit, mit denen bzw. als deren Teil jeder Christ leben und handeln muß. Diese Interpretation des vierten Gebotes als des Ursprunges aller obrigkeitlicher als elterlicher Gewalt ist für Luthers Verständnis der Drei-Stände-Lehre von zentraler Bedeutung. So wie die Eltern aus Liebe Gehorsam erwarten, kann weltliche und geistliche Obrigkeit Gehorsam erwarten. Alle drei handeln in Gottes Stellvertretung; wer das Regiment der Eltern (oeconomia) abschafft, stürzt alle Herrschaft auf Erden.[13]
Nach der Erfahrung des Bauernkrieges erfuhr die Drei-Stände-Lehre auch eine theologische Vertiefung. In der 1528 erschienenen Schrift: »Vom Abendmahl Christi, Bekenntnis«, präzisiert Luther die Begriffe, indem er schreibt: *»Aber die heiligen orden und rechte stiffte von Gott eingesetzt, sind diese drey: Das priester ampt, der Ehestand, die weltliche oberkeit.«* Und dann erläutert er im einzelnen, wer zu den bezeichneten »heiligen orden« gehört. Sie alle sind in einem Gott angenehmen Stand, wenn sie ihre ihnen dort übertragenen Aufgaben wohl erfüllen, denn damit bewahren sie die Schöpfungsordnung. Diese Begründung richtet sich nachdrücklich gegen die Auffassung, durch Ordenszugehörigkeit zur Seligkeit gelangen zu können. Als Bildungsinstitution würde Luther sie aufrechterhalten wollen, nicht aber als Institution zur Erlangung der Seligkeit. Die Zurückweisung des Mönchtums und seines selbstgewählten Weges zum Heil entspricht Luthers Rechtfertigungslehre; die Nahtstelle zwischen Theologie und Deutung der Weltwirklichkeit zeichnet sich ab.[14] Die hier sichtbar werdende Stoßrichtung der Drei-Stände-Lehre gegen den von Luther behaupteten Mißbrauch der Lehre durch die römische Kirche, die sich in scharfer Papstkritik äußerte, wiederholte sich in der 1539 veröffentlichten »Zirkulardisputation über das Recht des Widerstandes gegen den Kaiser«. Das Papsttum findet in keinem der drei ordines Platz, der Widerstand gegen dieses ist deshalb geboten.
Die letzte Phase in der Formulierung der Drei-Stände-Lehre kann für die zweite Hälfte der dreißiger Jahre angesetzt werden. In der Genesis-Vorlesung (1535-1545)[15] führt Luther den Nachweis der Einsetzung der drei Stände im Schöpfungsakt und

13. Vgl. *Maurer* (wie Anm. 6), 21 f. Die damit von Luther formulierte Zuordnung der drei Stände als Herrschaftsträger findet in den beiden Katechismen von 1529 ihren Abschluß.
14. *Manns* (wie Anm. 6). Zum folgenden vgl. außerdem *Lohse* (wie Anm. 7), 343 f.
15. Mit diesem Nachweis korrigiert Lohse Schwarz, der in seinem Aufsatz von 1978 eine biblische Verankerung bei Luther nicht sah. Zum folgenden mit den Nachweisen der Ständelehre in Luthers Schriften vgl. *Manns*, (wie Anm. 6), 20-23 sowie *Lohse* (wie Anm. 7), 343-345.

unterstreicht damit deren Verankerung im göttlichen Recht. Zuerst sei die Kirche (ecclesia) als die Gemeinschaft der Menschen im Paradies geschaffen worden; mit der Erschaffung der Gefährtin des Mannes wurde die Ehe (oeconomia) begründet. Die politia schließlich wurde als äußeres Zuchtmittel gegen die Folgen des Sündenfalls geschaffen; im Paradies, dem herrschaftsfreien Raum, war sie nicht nötig.
Der knappe Überblick über die Stellen, an denen Luther die Drei-Stände-Lehre einsetzte und begründete, macht deutlich, daß ihre Relevanz mit der Etablierung der reformatorischen Bewegung zunahm. Ihre sprachliche Prägnanz allerdings wuchs im Laufe des abgeschrittenen Zeitraumes nicht, denn Luther benutzte stets den im Deutschen unscharfen Begriff der Stifte und Orden, der lateinische Begriff des ordo, der gleichfalls Verwendung fand, ist etwas präziser.

I. 2. Die Traditionslinien, in denen Luthers Formulierungen standen, lassen sich im Anschluß an die vorliegenden Forschungen deutlicher formulieren.
Die frühe Einbindung der Drei-Stände-Lehre in die Deutung der elterlichen Gewalt des vierten Gebotes war Ausdruck der zeitgenössischen Dominanz der aristotelischen Philosophie auf dem Gebiet der Staatslehre. Es war Aristoteles, der das Verhältnis zwischen öffentlicher Herrschaft und sozialer Ordnung als Weiterentwicklung der Familienordnung charakterisierte. Dessen Exeget, Thomas v. Aquin, leitete die Pflicht der Untertanen zum Gehorsam gegenüber der Obrigkeit aus dem Wesen der Elternschaft ab. Fürsten und Könige treten neben Apostel und Heilige, beide sind Abbilder des göttlichen Vaters.[16]
Luther war diese Gliederung, die in der zeitgenössischen Ethik unter Berufung auf die aristotelischen Traditionen Gültigkeit besaß, wohl vertraut. Das galt für all diejenigen, die zu Beginn des 16. Jahrhunderts eine Universität besucht hatten; denn in den artistischen Fakultäten wurde die aristotelische Naturphilosophie und in deren Fortsetzung Metaphysik und Moralphilosophie gelehrt, letztere gegliedert in: die eigentliche Ethik, die Ökonomik und die Politik. Diese Vermittlung geschah intensiv u. a. in Erfurt, der Universität also, an der Luther selbst studiert hatte. Von daher stammte die für Luthers Drei-Stände-Lehre wichtige Begrifflichkeit der politia und oeconomia.[17]
Neben dieser staatstheoretisch-philosophischen Tradition wirkte offensichtlich auch die von W. Maurer herausgearbeitete katechetische Tradition des Spätmittelalters auf Luthers Verständnis der funktionalen Dreiteilung. Zum Ende des 15. Jahrhunderts erreichte die Verbreitung des Drei-Stände-Schemas unter allen Gruppen der Bevölkerung einen Höhepunkt. In die trotz aller Konflikte zwischen weltlicher und geistlicher Gewalt als Einheit aufgefaßte Welt hinein wurde die Dreiteilung der Schöpfungsordnung verkündet. Die neubegründete Hierarchienlehre des Dionysios Areopagita verband sich mit der Dreiteilung des plato-

16. Dazu mit Einzelnachweisen *Maurer* (wie Anm. 6), 14 ff.
17. Siehe dazu ausführlich *Schwarz* (wie Anm. 10), 20 f.

nischen Staatswesens in der Hochscholastik. Der Gedanke der Vaterschaft Gottes, der als Hausvater regierte, stellte die entscheidende Verknüpfung mit der sozialen Wirklichkeit des 15. Jahrhunderts dar.[18] Bei Bonaventura wurde die Hierarchienlehre an die heilstheologische Konzeption des Augustin angebunden; die Hierarchien wurden Teil der Schöpfungsordnung.[19] Aus der dreifachen Art menschlichen Wirkens entstand eine dreifache Beziehung zur Öffentlichkeit, ein dreifaches Amt: das des Handarbeiters, das politische des Regenten oder des Schutz gewährenden Ritters, das priesterliche mit Predigt und Sakramentsverwaltung. Bonaventura verstand mit Augustin die Kirche »als Liebesgemeinschaft, in der ein Glied dem anderen dient«.[20]

Die aristotelische Tradition hat im Europa des ausgehenden Mittelalters gegenüber derjenigen, die an die Hierarchienlehre anknüpfte, zwar die Oberhand gewonnen, aber letztere ging nicht völlig verloren. Wie Maurer und vor ihm bereits Elert betonte, war sie v. a. bei John Wiclif anzutreffen.[21] Im »Tractatus de potestate pape« bezog er sich zur Kennzeichnung der Dreigliederung des sozialen Lebens auf die Hierarchienlehre, wobei das Verhältnis zwischen König und Geistlichkeit neue Akzente erfuhr. Neben den geistlichen existierten für Wiclif weltliche Glieder der Kirche; letztere teilten sich in Regierende und Regierte. Unter diesen drei Gruppen nahm die Geistlichkeit die erste Stufe ein, sie war das Dach der Kirche. Der zweiten Gruppe, den weltlichen Herren, vornehmlich dem König, kommt die weltliche Herrschaft zu. Aber der König bleibt ein Diener Gottes, er unterwirft sich dem göttlichem Gesetz; die Diener der Kirche unterstützt er mit allen Mitteln. Von der dritten Hierarchie, den laboratores, wird kaum etwas gesagt. Die gleichordnende Charakterisierung der beiden ersten Hierarchien bei gleichzeitiger Unterordnung unter den Willen Gottes nahm Luther offensichtlich wieder auf; möglicherweise hat er die Schriften des Frühreformators gekannt. Eine starke Traditionslinie, die sich auch durch andere Schriften noch verstärkte (v. a. Gerson), ist nicht zu verkennen.[22]

II. Die Konkretion: Die Drei-Stände-Lehre als Argumentationsmuster in Konflikten der frühen Reformation

Die Präsenz der Drei-Stände-Lehre als Deutungsmuster sozialer Wirklichkeit ist für das beginnende 16. Jahrhundert signifikant. Es war deshalb auch nicht ihre Verwendung durch Luther allein, die deren Relevanz für die Formulierung und

18. Vgl. *Maurer* (wie Anm. 6), 65 f.
19. Ebd., 76 f.
20. Ebd., 78.
21. Ebd., 102 ff. und *Elert* (wie Anm. 6), 55 f.
22. Ebd., 104 f.

Bewältigung des zeitgenössischen Umbruchs ausmachte. Die Zeitgenossen bewegten sich in einem allen durchaus vertrauten sozialethischen und politiktheoretischen Argumentationszusammenhang. »Es verhält sich so, daß Veränderungen in der Sozialstruktur, die mit der Reformation einhergingen, theoretisch am besten erfaßt werden konnten, indem man auf Elemente der überlieferten ethischen Tradition zurückgriff.«[23] Eben deshalb ist es von aufschließender Bedeutung, den einzelnen, aktuellen Anlässen nachzugehen, die den Grund zum Einsatz des Deutungsmusters der Drei-Stände-Lehre gaben.

R. Schwarz hat sehr zu Recht darauf verwiesen, daß die neue Verwendung des tradierten Drei-Stände-Schemas mit Wirkung nach außen in der Zeit der ersten kursächsischen Visitation (1528) einsetzte und sich in dieser praktischen Absicht in Luthers 1528 verfaßtem Vorwort für die kleine Schrift des kursächsisch-thüringischen Reformators, späteren Pfarrers in Erfurt und Gotha, Justus Menius (1499-1558), niederschlug.[24] Unter dem Titel: »Oeconomia Christiana, das ist von christlicher Haushaltung«[25] erhielt sie weitreichende Bedeutung für die Entfaltung einer protestantischen Soziallehre. Die Verwendung des tradierten Schemas läßt sich zum zweiten immer wieder im Zusammenhang mit der Zurückweisung der Mönchsorden bzw. der Kritik am Papsttum beobachten. Daraus wird die Einbindung des Schemas in die zeitgenössische Diskussion um den Charakter des geistlichen Amtes einerseits, dessen Rolle als Wächter gegenüber den anderen Ständen andererseits sichtbar. Beides, die Klärung dessen, was ein christlicher Hausstand zu sein habe und die Klärung dessen, was das geistliche Amt im Protestantismus ausmache, bewegte bereits in den frühen Jahren der Reformation die Geister; nicht nur Luther hat sich dazu geäußert. Weil beides zum dritten immer auch die Beziehung zu weltlicher Obrigkeit thematisierte, konnte in der Frühzeit der Reformation sehr wohl mit Hilfe der Drei-Stände-Lehre argumentiert werden, ohne daß sogleich ein geschlossenes »System« damit verbunden worden ist, auch noch gar nicht verbunden sein konnte.

II. 1. Die Einleitung Luthers zu Menius' »Oeconomia Christiana« faßt seine Vorstellung zusammen: ohne die gute Erfüllung der Pflichten aller drei Stände, bricht die Ordnung in der Welt auseinander. Es bedarf der sorgsamen Pfarrer ebenso wie der sorgsamen Amtleute und der sorgsamen Eltern: »*Was wolt das fur eine wüste, grewliche welt werden? Da müßte ia beide geistlich, weltlich, ehelich, heuslich stand zu boden geen und ein lauter sewstall aus der Welt werden.*«[26] Menius selbst ging von der Teilung der Schöpfungsordnung in zunächst zwei Teile, zwei

23. *Schwarz*, Ecclesia (wie Anm. 7), 78.
24. Ebd., 78 mit Anm. 3. Biographische Hinweise zu Menius bei *M. Hein*, J. Menius, in: TRE 22, 1992, 439-442.
25. *Lohse* (wie Anm. 7).
26. *J. Menius:* Oeconomia christiana, fol. A III r.

Reiche aus: einen geistlichen und einen leiblichen Teil. Im geistlichen Teil herrscht Gott allein; in Gestalt der Predigt des Wortes wird er durch die Geistlichkeit unterstützt. Das weltliche, leibliche Reich besteht aus der oeconomia und der politia: »*Oeconomia/ das ist haushaltung und Politia/ das ist landregirung/ Inn der Oeconomia odder haushaltung ist verfasset/ wie ein jegliches haus Christlich und recht wol sol regieret werden/ ... Denn daran ist kein zweiffel/ aus der oeconomia odder haushaltung mus die politia odder landregirung als aus einem brunequell/ entspringen und herkomen.*«[27] Der Kernpunkt aller menschlicher Ordnung ist für Menius wie für Luther die Haushaltung als Ordnung und Praxis des einzelnen Hauses; aus dieser geht die Ordnung aller Häuser als politia hervor. Damit bewegen sich beide in der spätmittelalterlichen philosophischen Tradition, die in Anlehnung an zahlreiche Aristoteleskommentare auch zeitgenössisch noch die Hausstandsethik vor die politische Ethik stellte, »weil der Hausstand einen Teil der größeren Gemeinschaft der civitas bildete.«[28] Dennoch wird der politischen Ethik, der politia, der höhere Rang eingeräumt, weil das Ganze gegenüber seinen Teilen (also den Haushaltungen) als das übergeordnete gilt.
Menius erläutert die Inhalte der politia nur sehr knapp, der größere Teil ist der Ordnung der Haushaltung gewidmet. Die Realität der politia stellt sich für ihn in den Stadtregimenten und in der jeweiligen Landesherrschaft dar; deren Verankerung geschieht wie diejenige des Hauses über den Dekalog, d. h. das vierte Gebot. Das Gesamt des weltlichen und leiblichen Reiches ist auch für Menius identisch mit der Schöpfungsordnung: »*So sind sie auch ynn der schepffung der naturen also eingewircket.*«[29]
Menius hatte das Büchlein zum Zeitpunkt seiner Pfarrtätigkeit in Erfurt verfaßt, mußte aber wenige Wochen später die Stadt verlassen, weil an der Rechtmäßigkeit seiner Vokation gezweifelt wurde. Im Frühjahr 1529 wurde er Diakon und sodann Superintendent in Eisenach, nahm also innerhalb der thüringischen Reformation durchaus wichtige Positionen ein. Mit der großen Verbreitung des Büchleins in 12 Auflagen war eine Breitenwirkung der Ordnungsvorstellungen erreicht, die angesichts der zeitgenössischen starken Diskussionen um die Priesterehe einerseits, die Reform des Eherechtes aufgrund der überhandnehmenden heimlichen Verlöbnisse andererseits als Orientierung im Umbruch der Normen dringend erwünscht war. Menius ging auf diese Mißstände im Verhältnis zwischen Eltern und Kindern explizit ein. In einem umfänglicheren Kapitel unter der Überschrift: »Wie man Kinder ziehen soll« betonte er die Fürsorgepflicht der Eltern, die sich insbesondere bei der Wahl der zukünftigen Ehepartner nicht so sehr an äußerem Wohlstand als vielmehr an der Gottgewolltheit der Ehe orientieren sollten. Wo dies nicht geschieht, gera-

27. Ebd., fol. A III v.
28. *Schwarz* (wie Anm. 10), 24.
29. *Menius*, Oeconomia (wie Anm. 26), fol. A III v.

ten die Kinder auf unrechte Wege, sichtbar z. B. an der Vielzahl der heimlichen Verlöbnisse, die die Ordnung zwischen Eltern und Kindern als Teil der Schöpfungsordnung zerstöre.
Die Schrift des Menius eröffnete eine neue Gruppe protestantischer Gebrauchsliteratur, die das 16. und 17. Jahrhundert unter der Bezeichnung »Hausväterliteratur« geprägt hat. Auch sie knüpfte an spätmittelalterliche Traditionen an, in denen die »Ordnung« des Hauses als Kern der Schöpfungsordnung galt.[30] Bemerkenswert für die protestantische Hausväterliteratur ist die konsequente Betonung der Dreigliederung der christlichen Schöpfungsordnung; eine parallele Entwicklung findet sich im Katholizismus erst zu Beginn des 17. Jahrhunderts. Ein frühes Zeugnis dieser Gattung ist neben der »oeconomia« des Menius die Ehe- und Hauslehre des Zürcher Reformators und Antistes Heinrich Bullinger (1504-1575), die erstmals 1528 gedruckt wurde.[31] In dieser Schrift wird die Ehe als ein von Gott begründeter und geheiligter Stand beschrieben, innerhalb dessen den Eheleuten Ebenbürtigkeit zukommt unter Anerkennung eines jeweils eigenen Amtes, das sie zu führen verpflichtet sind. Das Verhältnis zu den beiden anderen Ständen hat Bullinger in seiner Hauslehre nicht ausdrücklich angesprochen. In den seit 1531 geführten Auseinandersetzungen zwischen ihm als dem Antistes der Zürcher Kirche und dem Rat der Stadt wird aber deutlich, wie stark die Vorstellung von der Existenz dreier Stände seine Argumentationen prägte.[32] Gegen die im Kappeler Brief formulierte Einschränkung der Predigtfreiheit für die Geistlichkeit hielt Bullinger im Dezember 1531 eine Verteidigungsrede vor dem Rat[33], in der er die Pflicht der Prediger, die Wahrheit zu verkündigen und die Widerwärtigen zu schelten aus der Bibel begründete und damit zugleich den Anspruch des Rates zurückwies, diese Aufgabe zu begrenzen. Die weltliche Obrigkeit greife in das Amt der Geistlichkeit ein, wenn sie sich das Zensorenamt über Umfang und Inhalt der Verkündigung anmaße. Der für Bullingers Theologie seit den beginnenden dreißiger Jahren immer wichtiger

30. Vgl. dazu *I. Richarz*: Oikos, Haus und Haushalt, Göttingen 1991, 91 ff., bes. 105 f.
31. Zur Biographie Bullingers knapp, aber umfassend mit einem Nachweis der Druckschriften *F. Büsser:* H. Bullinger, in: TRE 7, 1981, 375-387. Zur Stellung Bullingers im politischen Geschehen in der Stadt Zürich seit 1531: *H.U. Bächthold*: Bullinger vor dem Rat. Zur Gestaltung und Verwaltung des Zürcher Staatswesens in den Jahren 1531 bis 1575, Bern 1982; zum Verhältnis zwischen Rat und Geistlichkeit als dem status politicus und status ecclesiasticus vgl. *P. Biel*: Doorkeepers at the House of Righteousness. Heinrich Bullinger and the Zurich Clergy 1535-1575, Bern/ Frankfurt/M. 1991.
32. Zum folgenden vgl. *H.U. Bächtold* (wie Anm. 31), 16-61.
33. *H. Bullinger*: Fürtrag vor dem Großen Rat [Abdruck in: *Heinrich Bullinger*, Reformationsgeschichte III, hg. v. *J. J. Hottinger und H. H. Vögeli*, Frauenfeld 1840 (Neudruck Zürich 1984), 293-295].

werdende »Bundesbegriff«[34] beinhaltet die wechselseitige Verzahnung von Kirche und Welt, auf der auch die Auffassung von der dreifachen Gliederung der einen Schöpfungsordnung beruhte. Zur Erläuterung benutzte Bullinger in dem 1558 erschienenen »Haußbuch«, jener immer wieder aufgelegten Sammlung von 50 Lehrpredigten, die »Körpermetapher«, um die Einheit beider Sphären zu beschreiben: »*Zudem/ werden alle glieder des leibs der Kirchen/ durch den dienst der Kirchen wunderbarlich zusamen verbunden und vereiniget. Dann eintrechtigkeit zu pflantzen und einigkeit zu erhalten/ ist sonderlich das nutz und fürderlich/ daß einer von dem anderen underrichtet werde/ unnd daß einer jeden Kirchen ein sonderlicher Hirt vorstehe/ gleich wie ein treuwer haußvatter/ der das gantze hausgesind regiert und erhaltet ... Gott hat diener verordnet/ damit die heiligen all zusamen gefügt würden/ durch gemeinen dienst zu erbauen den leib Christi.*«[35]

Die für alle Stände Vorbild gebende Funktion des Hausvaters blieb in der anwachsenden Hausväterliteratur unbeschadet der Tatsache präsent, daß die Wege der reformierten und der lutherischen Theologie sich nach der Jahrhundertmitte voneinander trennten. In der Anfangsphase der reformatorischen Bewegung gab es in der Vorstellung von der »Schöpfungsordnung«, innerhalb derer weltliche und geistliche Sphäre zusammengebunden waren, offensichtlich noch so klare Gemeinsamkeiten, daß von einer einheitlichen Soziallehre in Gestalt der Drei-Stände-Lehre gesprochen werden darf. Im nordwestdeutschen Luthertum entfaltete sich diese Variante vermutlich als Folge der Krise um das Augsburger Interim seit 1548 mit beeindruckender Intensität. Davon zeugt zum einen das in seiner Bedeutung kaum zu überschätzende Magdeburger Bekenntnis von 1550, für das die Drei-Stände-Lehre gleichfalls eine Legitimationsbasis darstellte[36]; und zum anderen die stark anwachsende Zahl sogenannter »Haußbücher« »Haustafeln« oder »oeconomiae«, die vornehmlich von Pfarrern, aber auch von gelehrten Juristen verfaßt worden sind.[37]

34. Vgl. dazu *J. W. Baker*: Covenant and society. The Respublica Christiana in the Thought of H. Bullinger, Diss. Univ. of Iowa 1970; *J. Staedtke*: Bullingers Theologie eine Fortsetzung der zwinglischen?, in: *U. Gäbler/ E. Zsindely* (Hgg.), Bullinger-Tagung 1975, Zürich 1977, 87-98; *Biel* (wie Anm. 31), bes. 12-43.
35. Haußbuch = Decades 1568, zitiert nach *Biel* (wie Anm. 31), 22, Anm. 26.
36. Vgl. dazu ausführlich *L. Schorn-Schütte:* Evangelische Geistlichkeit in der Frühneuzeit. Deren Anteil an der Entfaltung frühmoderner Staatlichkeit und Gesellschaft. Dargestellt am Beispiel des Fürstentums Braunschweig-Wolfenbüttel, der Landgrafschaft Hessen-Kassel und der Stadt Braunschweig, Gütersloh 1996, 394-399.
37. Im Zuge meiner Untersuchungen zur sogenannten politica christiana des 16. und 17. Jahrhunderts (Arbeiten, die u.a. im Rahmen des Schwerpunktprogrammes der DFG »Ideen als gesellschaftliche Gestaltungskräfte« gefördert werden) konnten bislang rund 100 Titel unter dieser oder ähnlicher Bezeichnung für den deutschen Sprachraum nachgewiesen werden; für sie alle ist die Gliederung der Schöpfungsordnung in drei Stände eine Grundtatsache. Als bislang frühest nachweisbarer Text ist nach

II. 2. Die Vorbildfunktion des Hausvaters galt für alle drei Stände. In diesem Sinne wurde der status oeconomicus zum Kern der seit den zwanziger Jahren des 16. Jahrhunderts verwendeten Drei-Stände-Lehre; zugleich wurde der verheiratete Priester zum selbstverständlichen Teil dieser Ordnung. Das geschah vor dem Hintergrund und in Zusammenhang mit der äußerst polemisch geführten Diskussion um die Legitimität der Priesterehe, die zeitgleich einsetzte und in der sich die Veränderungen innerhalb der Drei-Stände-Lehre deutlich artikulierten. Einer der ersten Konfliktfälle war offensichtlich der Fall des Bartholomäus Bernhardi, der eingebunden war in die Wittenberger Stadtreformation der Jahre 1521/22. Seitdem verstummten die Diskussionen über die Priesterehe nicht mehr.[38]
Bernhardi war seit Anfang 1519 Propst der dem Wittenberger Allerheiligenstift inkorporierten Propstei Kemberg; zuvor hatte er in Wittenberg studiert und war 1518/19 Rektor der Universität gewesen. Vermutlich hatte er 1521 geheiratet; aber nicht eine etwaige Konkubine, sondern eine bis dahin ledige junge Frau. Zwei Dinge sind an dieser frühen Priesterheirat wichtig: einerseits die Tatsache, daß der Propst die Ehe in aller Öffentlichkeit schloß, andererseits, daß er zu diesem Schritt die Zustimmung seiner Gemeinde einholte! Der Titel der nachweislich von Karlstadt verfaßten Apologie für Bernhardi, die in der Auseinandersetzung mit dem Erzbischof entstanden war und in verschiedenen Varianten und zahlreichen Auflagen in lateinischer und deutscher Sprache seit 1521/22 gedruckt wurde, lautete: »Contra Papisticas leges sacerdotibus prohibentes matrimonium, apologia pastoris Cembergensis, qui nuper, suae Ecclesiae consensu, uxorem duxit.«[39] Die Schrift war eine Apologie der Priesterehe schlechthin; mit dem bisher geltenden Kirchenrecht wurde kompromißlos gebrochen, das kanonische Recht als legale Basis nicht mehr anerkannt. Statt dessen wurde die Auffassung eines göttlichen Rechtes vertreten, d. h. eines Rechtes, das in den Aussagen der Bibel wurzelt. Im Verlauf der Auseinandersetzung erhob der Erzbischof den Vorwurf des Ungehorsams nicht nur gegenüber dem Papst, sondern auch gegenüber dem Kaiser, denn das Zölibatsgebot sei auch Bestandteil des Reichsrechtes, dessen Bruch strafrechtliche Folgen habe. In einer knappen Schutzschrift, die der Kemberger Propst 1521 als Brief an den

Menius und Bullinger bekannt: *H. Weller:* Haußtafel. Ein Christlich Büchlein/ Von Geistlichem/ Weltlichem unnd Haußregiment ... In der Christlichen Gemeyne zu Denstadt gepredigt ... Sampt einer Vorrede des Ehrwürdigen Herrn Doctoris Iusti Ionae, Nürnberg 1557 [Es liegt vor in einer Ausgabe der HAB Wolfenbüttel Sign.: 1164.54 Th (1).]

38. Zum folgenden vgl. ausführlich *U. Bubenheimer:* Streit um das Bischofsamt in der Wittenberger Reformation 1521/22, in: Zs. der Savigny-Stiftung f. Rechtsgesch. (KA) 104, 1987, 155-209, hier 170 ff.; zur Priesterehe als Gegenstand der reformatorischen Flugschriften vgl. umfassend *St. Buckwalter:* Die Priesterehe in Flugschriften der frühen Reformation, Gütersloh 1998.

39. Die Angaben nach *Bubenheimer* (wie Anm. 38), 171, Anm. 66.

Erzbischof verfaßte, griff er auch die Vorwürfe des Ungehorsams gegen Papst und Kaiser auf. Ein solcher Ungehorsam sei von ihm nicht beabsichtigt, im Konfliktfalle aber müßten die Gesetze der Menschen dem göttlichen Recht weichen: »*Servet qui potest, sed de lege hominum secundum Evangelium dispenso, idque quatenus debeo. Debeo enim maiorem salutis meae rationem habere, quam omnium, quae sunt ab illis hominibus posita.*«[40]

Bernhardis Argumentationen in dieser Schrift und in anderen Zusammenhängen sind deshalb aufschlußreich, weil sie ein durchaus fortexistierendes, aber sich in den veränderten Verhältnissen neu legitimierendes geistliches Selbstverständnis dokumentieren! Zwar ist der sakramentale Charakter des geistlichen Amtes mit der Ablehnung des kanonischen Rechts und dem Verweis auf die Bibel als Referenzgröße beseitigt worden, aber weiterhin hat der Geistliche gegenüber der Gemeinde eine herausgehobene Stellung, die sich bei Bernhardi auch in der fortgesetzten sprachlichen Unterscheidung zwischen Geistlichen und Laien erweist.[41] Herausgehoben ist der Geistliche auch und gerade durch seine Ehe, die er als vorbildliche zu führen hat. Bernd Moeller hat diese Auffassung in der etwa zeitgleichen Brautwerbung des Martin Bucer für Wolfgang Capito gleichfalls zeigen können.[42] Gewiß hat Bernardi die Zustimmung der Gemeinde auch aufgrund der aktuellen Situation eingeholt, da er sie, wie es in der Apologie formuliert ist, nicht täuschen wollte.[43] Die Lösung der Spannung durch Herstellung von Öffentlichkeit und das Ernstnehmen der Gemeinde zeigt aber über den aktuellen Anlaß hinaus, daß hier ein neues Bild des Geistlichen gegen das alte gesetzt wird, das aber zugleich dessen Integration in den status oeconomicus verhinderte.

Selbst wenn in diesem frühen Beispiel nicht mehr als die Absicht festzustellen ist, so versandete diese keineswegs! Dafür gibt es deutliche Spuren aus der bildenden Kunst, die sich bereits für die Jahrzehnte zwischen 1520 und 1540 zeigen lassen.[44] Im Vergleich des Gemäldes des Bartholomäus Bruyn d. Ä.: »Die Drei Stände der Christenheit« aus dem frühen 16. Jahrhundert mit der Darstellung der Johannespredigt durch Lucas Cranach d. J. aus dem Jahr 1548 kann gezeigt werden, wie sich die beiden Vorstellungen vom status ecclesiasticus im Laufe von gut

40. Das Zitat und die Argumentation nach ebd., 180/181, Anm. 116.
41. Vgl. ebd., 186, Anm. 142.
42. *B. Moeller:* Die Brautwerbung M. Bucers für W. Capito. Zur Sozialgeschichte des evangelischen Pfarrerstandes, in: Philologie als Kulturwissenschaft. Festschrift für K. Stackmann zum 65. Geburtstag, Göttingen 1987, 306-325.
43. Vgl. *Bubenheimer,* (wie Anm. 38).
44. Zum folgenden stütze ich mich auf den Aufsatz von *T. und R. Wohlfeil*: Stände und Konfessionen. Lucas Cranach d. J. »Die Predigt Johannes des Täufers«. Bartholomäus Bruyn d. Ä. »Die drei Stände der Christenheit« im Vergleich, in: *H. Timmermann* (Hg.): Die Ausbildung des frühmodernen Staates – Stände und Konfessionen, Saarbrücken 1989, 263-290.

zwei Jahrzehnten differenzierten, ohne daß der Anspruch eines besonderen Charakters des Amtes aufgegeben worden wäre.[45]
In der Johannespredigt Cranachs erscheint Johannes der Täufer als Verkörperung des neuen geistlichen Amtes, als lutherischer Prediger. Er tritt dem Landesherrn gegenüber, dem mit der Reformation die evangelische Kirchengewalt zugewachsen ist, nicht als Dauer- sondern als Notlösung.[46] Mit dieser Gegenüberstellung nahm Cranach auf aktuelle Mißstände unter Kurfürst Moritz v. Sachsen Bezug, die für die Zeitgenossen sehr wohl nachvollziehbar waren und mit deren Hilfe er das Recht und den Anspruch der evangelischen Geistlichkeit dokumentierte, das Fehlverhalten weltlicher Obrigkeit zu tadeln, auch und gerade in der Öffentlichkeit. Insofern bleibt der Unterschied zwischen geistlichem und weltlichem Stand auch im Protestantismus gewahrt, verbunden allerdings mit einer (nicht sakral begründeten) Stärkung der Stellung der Geistlichkeit, die den legitimen Anspruch erhebt, der weltlichen Obrigkeit frei entgegentreten zu dürfen. Denn der status ecclesiasticus hatte sein Amt ebenso wahrzunehmen wie der status politicus!
Demgegenüber ging es Bruyn stellvertretend für seine altgläubigen Auftraggeber darum, in einer Situation äußerster Bedrohung der vorhandenen Ordnung diese als von Gott gewollte zu beschwören.[47] Dadurch, daß den beiden Hauptständen, dem Lehr- und dem Wehrstand, der Spiegel der rechten Tradition in Gestalt der Drei-Stände-Ordnung vorgehalten wurde, sollten diese an ihre Verpflichtungen erinnert werden. »Die Tradition hielt als Grundlage geforderten Handelns auch das Konzept bereit.«[48] Hatte Cranach d. J. in der Gestalt des Täufers die Tradition gefunden und benannt, an die der status ecclesiasticus seine besondere Aufgabe auch ohne sakramentale Weihe knüpfen konnte, so wurde bei Bruyn die funktionale Dreiteilung beschworen, um der aus den Fugen geratenen Realität das Ordnungsmuster einer gewissermaßen »gedachten Ordnung« leitend ins Bewußtsein zu rufen. Dort begründete das Deutungsmuster, hier beschwor es Tradition; beide begannen sich inhaltlich durchaus voneinander zu unterscheiden.
Die Existenz eines protestantischen geistlichen Selbstverständnisses prägte die innerstädtische Realität in der Frühphase der Reformation maßgeblich; die Fortexistenz des Deutungsmusters der funktionalen Dreiteilung ist sehr real faßbar. Das Beispiel der Reichsstadt Straßburg ist dafür anschaulich. Nicht nur hier, aber eben auch hier geschah die Einführung der Reformation seit 1522 im Spannungsfeld des Kräftedreiecks: Rat, Prediger und restliche Bürgergemeinde.[49] Die

45. Vgl. ebd., 277-280.
46. Das folgende ebd., 270 f.
47. Vgl. ebd., 275 f.
48. Ebd., 276.
49. Zum folgenden vgl. den sehr instruktiven Aufsatz von *B. Emich*: »Als ob es ein new bapstum were ....« Straßburg auf dem Weg zur Konfessionalisierung, in: Freiburger Diözesanarchiv 113, 45. Bd. 1993, 129-176.

Geistlichkeit war weder in der frühen Reformation noch in den folgenden Jahren eine »weisungsgebundene Angestelltenschaft« des Rates, selbst wenn sie zunächst aufgrund der Annahme des Bürgerrechts und des Austritts aus dem Kloster einen Frontenwechsel zu vollziehen schien. In Straßburg wie in anderen Städten gab es wechselnde Koalitionen zwischen den beteiligten Gruppen, also auch Koalitionen zwischen Geistlichkeit und Gemeinde gegen den Rat. In der Stadt verband sich damit trotz der »formalen Selbstentmachtung« der Pfarrer ein stets betonter »Mitgestaltungswille in der offiziellen Politik«, der von »deren Vordenker und Sprecher Martin Bucer« immer deutlicher formuliert wurde.[50] Seine Begründung war der theologische Sachverstand, der nur bei der Geistlichkeit versammelt sei und der sowohl von der Gemeinde als auch vom Rat zur Rechtfertigung reformationspolitischer Maßnahmen benötigt wurde. Martin Bucer (1491 – 1551) hatte seine Auffassung bereits 1523 in einer kurzen Predigt über das Recht der weltlichen Obrigkeit geäußert[51]; darin knüpfte er ausdrücklich an das Deutungsschema der Drei-Stände-Ordnung an. Der Weg war also gewiesen zum geistlichen Amtsverständnis, das zwar mit einer sakralen Legitimation nichts mehr zu tun hatte, aber für die allgemeine Diskussion über Vorbildlichkeit und Sonderstatus zusätzliches Gewicht erhielt.
Auch in Straßburg verschärfte die skizzierte Kräftekonstellation den Konflikt um die Gestalt der Kirche im Innern. Der Rat war unumschränkte Obrigkeit in der Stadt, die Rivalin Kirche war endgültig ausgeschaltet. Damit hatte sich zugleich seine Kompetenz erheblich ausgeweitet, der Rat war nunmehr auch »für das Seelenheil« der Bürgergemeinde zuständig![52] Die Prediger um Bucer unterstützten diese Kompetenzerweiterung des Rates als einer christlichen Obrigkeit nachdrücklich. Damit verbunden war in ihrer Auffassung aber auch die »Leitung der Kirche in Lehre und Zeremonie« und die Sorge »um wahren Glauben und christliche Lebensweise« der Bürgergemeinde. Diese Verbindung von geistlichem und weltlichem Herrschaftsbereich bedurfte, so Bucer, der Hilfe durch eine »zentrale(n) exegetische(n) Instanz, ... deren Auslegung des göttlichen Wortes zur Richtschnur der Politik einer christlichen Obrigkeit werden sollte.«[53] Weder in Straßburg noch in Braunschweig, weder in Augsburg noch in Jena oder Magdeburg, um nur einige Städte zu nennen, in denen in der Frühphase der Reformation vergleichbare Auseinandersetzungen ausgetragen wurden[54], stieß diese Vorstellung bei der

50. Ebd., 133.
51. *M. Bucer:* »Daß sich selbst niemand, sondern anderen leben soll«, in: *A. Laube* (Hg.) Flugschriften der frühen Reformationsbewegung, Bd. 2, Vaduz 1983, 912-917 (mit Angaben zu Druckort und Druckgeschichte).
52. *Emich* (wie Anm. 49), 135.
53. Ebd., 136.
54. Zu Braunschweig vgl. *O. Mörke:* Rat und Bürger in der Reformation. Soziale Gruppen und kirchlicher Wandel in den welfischen Hansestädten Lüneburg, Braunschweig

weltlichen Obrigkeit auf uneingeschränkte Zustimmung. In den Konflikten, die sich deshalb zwischen reformatorischer Geistlichkeit und städtischer Obrigkeit bereits in den zwanziger und dreißiger Jahren des 16. Jahrhunderts entwickelten, stand das Recht eines nicht mehr sakral legitimierten status ecclesiasticus gegen dasjenige des reformatorischen status politicus zur Diskussion! Die Aufgabe der Geistlichkeit, für die sie auch über ein eigenes Instrument, den Bann, verfügte, sollte darin bestehen, den status politicus bei Bedarf an seine Aufgaben zu erinnern und zwar öffentlich und deutlich. Es ist kein Zufall, daß sich aus dieser Konstellation eine Diskussion um das Recht zur Obrigkeitskritik bis hin zum Recht, den Gehorsam zu verweigern, entwickelte.
Der Zuwachs an Ordnungskompetenz veranlaßte die städtischen Obrigkeiten in der Regel aber sehr bald, das Verhältnis zwischen Kirche und Welt in geordnete Bahnen zu lenken. Eine der wichtigen Aufgaben dabei war die Einbindung der neuen Geistlichkeit in die städtische Ordnung. Die Entfaltung eines eigenständigen geistlichen Amtsbewußtseins vollzog sich parallel zur institutionellen Einbindung des Amtes und seiner Aufgabenbeschreibung. Es ist deshalb bemerkenswert, daß sich in den frühen Kirchenordnungen weiterhin Spuren des Deutungsmusters funktionaler Dreiteilung finden, mit dessen Hilfe das Verhältnis zwischen weltlicher Obrigkeit, Geistlichkeit und Gemeinde u.a. beim Pfarrerwahlrecht und bei der Zuordnung der wechselseitigen Aufgabenkreise bestimmt wird.[55]

und Göttingen, Hildesheim 1983; zu Augsburg vgl. ders.: Gesellschaftliche Führungsgruppen, in: Geschichte der Stadt Augsburg von der Römerzeit bis zur Gegenwart, Stuttgart 1984; sowie *J. Kirmeier* u.a. (Hgg.), »wider laster und Sünde«. Augsburgs Weg in der Reformation. Katalog zur Ausstellung, Augsburg 1997; zu Jena und Magdeburg liegen keine neueren Darstellungen zur Durchsetzung der Reformation vor, vgl. aber zu den Konflikten in den dreißiger und vierziger Jahren (auch als Folge der Durchsetzung des Interims) *M. Kruse*: Speners Kritik am landesherrlichen Kirchenregiment und ihre Vorgeschichte, Witten 1977.

55. Vgl. meine entsprechende Untersuchung, die sich auf die kirchenordnende Tätigkeit des Reformators Bugenhagen konzentrierte: *L. Schorn-Schütte*: Papocaesarismus der Theologen? Vom Amt des evangelischen Pfarrers in der frühneuzeitlichen Stadtgesellschaft bei Bugenhagen, in: ARG 79, 1988, 230-261. Die folgenden Ausführungen stützen sich auf eine systematische Auswertung der Kirchenordnungen des 16. Jahrhunderts, soweit sie publiziert vorliegen in der Ausgabe von *E. Sehling* (Hg.): Die evangelischen Kirchenordnungen des 16. Jahrhunderts, Bd. I-XV. Sie wurde vorgenommen von meinen Potsdamer Mitarbeitern Dr. F. Göse und Frau A. Moritz auf der Grundlage eines Fragerasters, mit dessen Hilfe alle Aussagen zu Lebenswandel, Ausbildung, materieller Versorgung, Aufgaben, kirchenverfassungsmäßiger Einbindung der Geistlichkeit erfaßt werden konnten und zwar für die Ordnungen, die bis zum Jahr 1540 publiziert vorlagen. Ein kleiner Ausschnitt der Informationen ist in der Anlage 1 beigefügt. Als eine immer noch nützliche Zusammenstellung einzelner kirchenordnender Regelungen vgl. *K. Köhler*: Die altprotestantische Lehre von den drei kirchlichen Ständen, in: Zeitschrift für Kirchenrecht 21, 1886, 99-150.

Die zeitlich frühesten Festschreibungen zum Pfarrerwahlrecht betonen die Autonomie der Gemeinde gegenüber dem Pfarrer. So heißt es z.B. 1524 in der Ordnung der fränkischen Gemeinde Wendelstein, deren Prägung durch Luthers Schrift von 1523 offensichtlich ist: *»Erstlich so werden wir dich für kain herren, sundern allain für ein knecht und diener der gemaind erkennen. Das du nit uns, sunder wir dir zu gebieten haben.«*[56] Weltliche Obrigkeit und Gemeinde treten in gemeinsamer Interessenvertretung gegenüber der Geistlichkeit auf. Der im gleichen Jahr durch die Prediger der Stadt Reval publizierte Entwurf einer städtischen Kirchenordnung betonte das Gleichgewicht zwischen den drei Kräften der christlichen Gemeinde, Rat, Gemeinde und Geistlichkeit, bereits viel deutlicher: *»Int erste und baven alle dink vor angeropen den almechtigen ewigen godt, he geve sinen geis, men erwele und kesze enen evangelischen pastor, als to Righe und andern steden gescheen, und desulvige so irwelet moge ungeweigert mi enem christlicken herten unvorschracken de kercklicken dinge na der hiligen schrift anheven und ordineren, dar eme denne ein ersam rat und ganze gemeinte vormiddelst alle tidt erer guden meninge bistand don und bohulplick sin willen.«*[57] Rat und Gilden der Stadt nahmen die Ordnung vorbehaltlos an, nicht zuletzt aufgrund der Betonung der wechselseitigen Verpflichtung zu Rat und Hilfe: »*...alle dink in der kerken schall ansetten und afbringen mit rade und medewetendt des ers. rades und ganzen gemeinten.*«[58] Der erste Prediger wurde wenige Monate danach dem Wortlaut entsprechend gewählt.

Anders als in Reval ging in der Stadt Braunschweig die Initiative von der Gemeinde allein aus. Vertreter von Gilden und Gemeinden forderten den noch zögerlichen Rat im Frühjahr 1528 auf, die Reformation anzunehmen. Im Mittelpunkt der intensiv geführten Diskussionen standen die gegensätzlichen Vorstellungen darüber, wer das Recht der Pfarrerwahl ausüben solle. In einem Antrag, den die beiden Stadtgemeinden Hagen und Altewiek dem Rat noch vor der Ankunft des als Berater vorgesehenen Wittenberger Stadtpredigers Johannes Bugenhagen (1485 – 1558), dessen kirchenordnende Tätigkeit in den folgenden Jahrzehnten für den nordostdeutschen Raum prägend wurde[59], vorlegten, bildete die Stellung und Aufgabe der evangelischen Prediger einen Hauptpunkt. *»Item daß man keine Prediger, weder jetzt noch später, annehme, es geschehe denn mit Wissen und voller Zustimmung zum ersten eines E. Rates und der ganzen Gemeinde oder der geschickten, wie die Schrift darüber Weisung gibt. Auch wenn sie gegen das*

56. *E. Sehling* (Hg.), Die evangelischen Kirchenordnungen des 16. Jahrhunderts, Bd. XI: Bayern, 1.Teil: Franken, Tübingen 1961, 77; Luthers Schrift, »daß eine christliche Gemeine...«, in: WA 11, 401-416.
57. Entwurf der Prediger 1524, in: *E. Sehling* (Hg.), Die evangelischen Kirchenordnungen des 16. Jahrhunderts, Bd. V: Liv-,Est- und Kurland, Leipzig 1913, 39.
58. Ebd., 37-39.
59. Vgl. dazu *Schorn-Schütte* (wie Anm. 55).

Evangelium öffentlich predigen oder nicht gleichförmig, sollen sie nach zwei- oder dreimaliger Vermahnung vom Rat und der Gemeinde entsetzt werden, sie seien wer sie wollen.«[60] Die hier sichtbar werdende Forderung nach gemeindlicher Teilhabe an der Pfarrerwahl stieß beim Stadtrat auf Vorbehalte. Eine direkte Beteiligung der Stadtgemeinden wurde mit dem Hinweis zurückgewiesen, daß der Rat »von der ganzen Gemeinde zu dem Regiment erwählt« sei, so daß er als ihr Vertreter ihre Interessen auch bei der Pfarrerwahl wahrnehmen könne.[61] Diese keineswegs nur für Braunschweig relevanten Polarisierungen in der frühen (Stadt-) Reformation begünstigten die Institutionalisierung des geistlichen Amtes als dritter Kraft und dessen Einbindung in die reale Stadtverfassung. In den von Bugenhagen maßgeblich geprägten Kirchenordnungen der großen norddeutschen Hansestädte Braunschweig, Lübeck und Hamburg aus den Jahren 1528 – 1532 geschah dies durch die ausdrückliche Beteiligung von Rat und Vertretern der Gemeinde an der Pfarrerwahl.[62]

II. 3. Die Präsenz der Drei-Stände-Lehre bestätigte sich in der häufig heftig geführten Diskussion um die Grenze zwischen weltlichem und geistlichem Amt, die in dem Maße zunahm, in dem die Institutionalisierung des Pfarramtes als dritte Kraft gelang. Diese Auseinandersetzungen erhielten, wie am Beispiel Straßburg sichtbar geworden, einen hohen Stellenwert, weil sich mit dem dort artikulierten Anspruch der Geistlichkeit, ein Wächteramt gegenüber weltlicher Obrigkeit zu führen, politische Ansprüche verbanden, die die Legitimation politischer Ordnung im frühen 16. Jahrhundert berührten. Der Anspruch auf Obrigkeitskritik, der für das politische Denken des Spätmittelalters sehr präsent war[63], wurde durch die reformatorische Bewegung insbesondere in den Städten verstärkt und mit neuer Legitimation versehen, die aber an die vertrauten Institutionen und Herrschaftssymbolisierungen anknüpfte. Damit begegnen wir, so ist die These, den Anfängen der sogenannten »politica christiana«, die sich als eigenständige politiktheoretische Kraft allerdings erst nach der Mitte des 16. Jahrhunderts zu etablieren vermochte.[64]

60. Zitat nach *K. Jürgens:* Die Reformation in der Stadt Braunschweig von den Anfängen bis zur Annahme der Kirchenordnung, in: Die Reformation in der Stadt Braunschweig. Festschrift 1528-1978, hg. v. Stadtkirchenverband Braunschweig, Braunschweig 1978, 25-70, hier 50.
61. Vgl. auch mit Nachweis des Zitats *Schorn-Schütte* (wie Anm. 55), 245 f.
62. Vgl. die tabellarische Übersicht, ebd., 253.
63. Vgl. dazu grundlegend *K. Schreiner:* »Correctio principis«. Gedankliche Begründung und geschichtliche Praxis spätmittelalterlicher Herrscherkritik , in: *F. Graus* (Hg.), Mentalitäten im Mittelalter. Methodische und inhaltliche Probleme, Sigmaringen 1987, 203-256.
64. Zur breiten Entfaltung der politica christiana im ausgehenden 16. und im 17. Jahrhundert vgl. *L. Schorn-Schütte*, Obrigkeitskritik im Luthertum?, in: *M. Erbe* u.a.

Unabdingbare Voraussetzung für die Entfaltung institutionalisierter Formen der Herrscher- bzw. Obrigkeitskritik war – und dies gilt nicht nur für das Mittelalter – die Trennung von weltlicher und geistlicher Gewalt. Mit der Verchristlichung des Herrschertums seit dem 9./10. Jahrhundert wurde weltliche Obrigkeit mit den strengen Normen christlicher Herrscherethik konfrontiert. Den Anspruch, diese Kritik zu äußern, formulierte die Kirche. »Dem Amtscharakter des Königtums entsprach ein Mahn- und Aufsichtsrecht der geistlichen Gewalt über die weltliche.«[65] Die Vorstellungen über die zur politischen Kritik berufenen Gremien differenzierten sich allerdings im Laufe der Zeit. So wies Marsilius v. Padua zu Beginn des 14. Jahrhunderts das Recht zur Herrscherkritik weltlichen Amtsträgern zu, denjenigen, die zur Gesetzgebung bestellt seien. Der Kreis derer, die im Ausgang des Mittelalters zur politischen Kritik berechtigt und verpflichtet waren, wurde nirgendwo präzis festgelegt, aber es ist davon auszugehen, daß es »gelehrte Räte« waren, »Land- und Reichsstände, in denen sich im Idealfall Wissen und Macht miteinander verbanden«.[66]

Das Anliegen der Reformation scheint dieser Rechtfertigung von Herrscherkritik vollständig zu widersprechen, ging es doch gerade um die Ablösung politischer Gewalt der Kirche. In den frühen, vor allem stadtreformatorischen Bewegungen nahmen denn auch zunächst die beteiligten Gemeinden Bezug auf diese Tradition, galt doch die Wahrnehmung von Herrscher- und Herrschaftskritik als Ausdruck der ständisch-korporativen Teilhabe[67]; ihre Übung durch die Gemeinde war die Umsetzung der Kritik auch an der politischen Gewalt der Geistlichkeit. Bemerkenswerterweise waren es vielfach die frühreformatorischen Prediger, die an dieses »Verfassungswissen«[68] anknüpften; dies ist als typisches Phänomen der frühen reformatorischen Bewegungen für viele Städte bekannt. Das Beispiel der Stadt Augsburg zeigt sehr anschaulich, wie sich solch Predigerwirken als Katalysator auf die Reflexion des Verhältnisses zwischen Rat und Gemeinde auswirkte und dadurch der »neuen« Geistlichkeit eine wichtige Rolle im Wandel der politischen Ordnung zukam.

In seinen seit dem Frühjahr 1524 dokumentierten Predigten legte der Franziskanermönch Johann Schilling das Lukas-Evangelium aus und »reaktivierte« dabei

(Hgg.), Querdenken. Dissens und Toleranz im Wandel der Geschichte, Festschrift zum 65. Geburtstag v. H.R. Guggisberg, Mannheim 1996, 253-270; dies. (wie Anm. 36), 416-452.

65. *Schreiner* (wie Anm. 63), 208.
66. Ebd., 212 f.
67. Ausdrücklich betont dies Schreiner für die spätmittelalterlichen Stadtgemeinden, ebd., 252-255.
68. An dieser Stelle wirkte die Kenntnis von Herrschaftsrechten, die nicht niedergeschrieben waren, in der Tat als Symbolisierung von Ordnung im Sinne der Institutionentheorie; dies bezeichne ich als Verfassungswissen.

»die Vorstellung von der Gemeinde als politischer Institution gegenüber dem Rat«.[69] Diese wirkte offensichtlich nicht nur unter den Mitgliedern der Gemeinde, wie z. B. den Angehörigen der Weberzunft[70], sondern auch unter den Mitgliedern des Rates. Im Rahmen der zum Teil heftigen Auseinandersetzungen um die vom Rat gewünschte Abberufung des Schilling legte sich dieser in Gestalt seines Bürgermeisters Georg Vetter schließlich doch auf eine politische Linie fest, die die patriarchalische Fürsorgepflicht weltlicher Obrigkeit einschließlich der damit verbundenen Wechselseitigkeit der Rechte auch der Gemeinde anerkannte. Auf dieser Grundlage sah sich der Rat verpflichtet, für »gute Prediger« zu sorgen. »*Liebe Bürger, liebe söne, wir wollen euch mit gueten predicanten ob Gott will wol versehen und in disem fal keinen mangel lassen.*«[71] Die hier vollzogene Verwendung der Vater-Sohn- bzw. Eltern-Kind-Metapher belegt, daß zumindest die Gruppe um den genannten Bürgermeister das traditionale Herrschaftsverständnis der Stadtgemeinde teilte, das seine politiktheoretische Verankerung in den mittelalterlichen Aristoteleskommentaren hatte und das, wie eingangs gezeigt, Basis auch der spätmittelalterlichen Drei-Stände-Lehre war. In den reformatorischen Predigten, und das galt auch für Augsburg, wurde an dieses Herrschaftsverständnis unter Verweis auf die Relevanz des vierten Gebots angeknüpft. Denn die Erscheinungsformen elterlicher Gewalt und der mit ihr verbundenen Zuschreibung von Herrschaftsrechten und -pflichten war den Stadtbürgern sehr präsent.[72] Wenn es denn aber zur Fürsorgepflicht des »elterlichen« Rats gehörte, für reformatorische Prediger zu sorgen, so wurde deren Einbindung in die Gemeinde sehr schnell zur »Verfassungsfrage«, denn nunmehr galt es drei Kräfte in die Ordnung des städtischen corpus christianum zu integrieren.

Da es eine »Theorie des Amtes« in der lutherischen Theologie nicht gab[73], waren es vor allem die Theologen der ersten Generation, die sich mit den kirchenordnenden Fragen in den zwanziger und dreißiger Jahren des 16. Jahrhunderts befaßten, die hier normsetzend wirkten. Für den nordostdeutschen Raum war dies Johannes Bugenhagen, für den südwestdeutschen Raum u.a. Martin Bucer. Sowohl im Psalmenkommentar von 1524 als auch im Sendbrief »Von dem christlichen Glauben«

69. *J. Rogge:* Für den gemeinen Nutzen. Politisches Handeln und Politikverständnis von Rat und Bürgerschaft in Augsburg im Spätmittelalter, Tübingen 1996, 250. Vgl. diese Arbeit auch zum folgenden.
70. Vgl. ebd., 251-253.
71. Ebd., 254.
72. Vgl. dazu *P. Münch*: »Die Obrigkeit im Vaterstand«. Zu Definition und Kritik des »Landesvaters« während der Frühneuzeit, in: Daphnis. Zeitschrift für mittlere deutsche Literatur 11, 1982, 15-40, sowie *J.M. Blythe*: Family, Government and medieval Aristotelians, in: History of Political Thought 10, 1989, 1-16.
73. Vgl. dazu mit weiterer Literatur den anregenden Aufsatz von *J. Baur*: Das kirchliche Amt im Protestantismus, in: Ders. (Hg.), Das Amt im ökumenischen Kontext, Stuttgart 1980, 103-138, hier bes. 105 f.

aus dem Jahre 1526[74] hat der Wittenberger Stadtpfarrer bewußt an die Traditionen angeknüpft, die dem Bürgertum solcher Städte wie Lübeck, Hamburg und Braunschweig vertraut waren[75]: die Institution der (auch geistlichen) Herrscherkritik einerseits, die Drei-Stände-Lehre als Teil der patriarchalischen Charakterisierung von Herrschaft andererseits. Schon in der Schrift von 1524 betonte Bugenhagen die Notwendigkeit, für die »christliche Gemeinde«, als der Gemeinschaft der Gläubigen[76], Seelsorger einzusetzen, die ihr vorgesetzt sind: »*Und so die priester/ die wol der göttlichen weiche halb gleich sind/ aber doch des ampts halb die sind/ so dem volck zu bischoffen und seelsorgern für gesetzt sind/ es mit dem Wort Gottes zu weyden.*«[77] Die Gemeinschaft der Gläubigen charakterisiert Bugenhagen, die Hauseltern-Metapher benutzend, als »*hauszzierd*«, als eine »*haußmutter, die das hauß Christi zieret.*«[78] Wer aber setzt Prediger und Seelsorger ein? »... *nachdem der allmechtige wie hier im 13. verß stat/ künnig/ das ist rechte prediger und fürer über seine gemeyne und taube setzet. Merck aber/ er muß sy setzen/ dann welche selb kommen/ sind morder und dieb/ suchen sich selb und nit Christum.*«[79] Diese Sendung der Prediger und Könige blieb Bugenhagens Anliegen auch im Sendbrief von 1526. Dem Mißbrauch des Priestertums aller Gläubigen, das sich in seinen Augen bei Widertäufern und Schwärmern zeigte, sollte durch die Betonung des Ineinandergreifens von »Sendung« und »Erwählung« durch die Gemeinde begegnet werden. Beide Faktoren sind konstitutiv für das Verhältnis zwischen Amt und Gemeinde: »*Etlich sendet Gott von sich selbs on mittel/ wie mose/ vil Propheten/ die Apostel und junger ... Etliche sendet Gott auch/ aber durch die erwelung der menschen/ den solliches im namen der gemeyne befohlen ist/ doch nit on wille der gemeyn die Gottes wort begeret. Also sind erwelet die von den Aposteln wurden außgesant/ oder in den stetten Bischoff/ das ist/ pfarrherr gemacht.*«[80] Die Wahl der Pfarrer geschieht nicht durch die Ge-

74. Joannes Pomerani Bugenhagii in librum psalmorum interpretatio, Nürnberg 1524; zitiert wird nach der deutschen Übersetzung: Psalter wol verdeutscht auß der heyligen sprach ... durch Joh. Bugenhagen auß Pomern, Basel 1526 (= *G. Geisenhof*, Bibliotheca Bugenhagiana, Leipzig 1908, Nr. 6); benutzt wurde das Exemplar der HAB Wolfenbüttel, Sign. C 142 Helmst. 2. – Von dem christlichen Glauben und rechten guten Werken ... an die ehrenreiche Stadt Hamburg durch Johannes Bugenhagen Pommern, Wittenberg 1526 (= *Geisenhof*, Nr. 207); benutzt wurden die Exemplare der UB Marburg Sign. XIX cC 875 br und der HAB Sign.: G 24 Helmst. 8.
75. Zu den historischen und biographischen Hintergründen der Tätigkeit des J. Bugenhagen vgl. mit dem Nachweis weiterer Literatur *Schorn-Schütte* (wie Anm. 55).
76. Die »Christliche gemeinde« wird von der »Gemeinde Gottes« unterschieden; letztere ist die Gesamtheit der Menschen, erstere die Gemeinschaft der Gläubigen, vgl. *Schorn-Schütte* (wie Anm. 55), 238 Anm. 35.
77. Ebd., Anm. 38.
78. Ebd., Anm. 36.
79. Ebd., Anm. 39.
80. Ebd., Anm. 42.

samtheit der Gemeinde; stets ist dies Aufgabe derjenigen, denen das Wahlrecht »im Namen der Gemeinde« (wie z. B. dem Rat) zusteht; aber die Einwilligung der ganzen Gemeinde bleibt erforderlich.

Die Doppelung von Erwählung und Sendung zeigt, daß in Bugenhagens Verständnis das geistliche Amt sowohl in einer besonderen Position gegenüber der Gemeinde steht als auch in einem eigentümlichen Verhältnis zur weltlichen Obrigkeit. Aufgrund ihrer jeweiligen Sendung durch Gott sind Prediger und Könige gleichgeordnet. Dies belegt nicht nur die Schrift von 1524, sondern auch das Gutachten, das Bugenhagen für den sächsischen Kurfürsten 1529 zum Recht auf Widerstand gegen den Kaiser anfertigte.[81] Anders als Luther gestand Bugenhagen dem »magistratus inferior« gegenüber dem »magistratus superior« eine ordentliche von Gott befohlene Gewalt zu, da Römer 13 unmittelbare Geltung für alle Obrigkeit besitze.[82] Die Aufgabe der Prediger, sündige Obrigkeit zu strafen, stehe der Pflicht auf Widerstand gegen eine sündige Obrigkeit von seiten der niederen Magistrate gleich.[83] Im Gutachten von 1529 heißt es: »*Ich habe Gottes Wort, der* (das ist die weltliche Obrigkeit – L. S.) *hat Gottes schwerd, beydes weret dem bösen nach gotts befehle und ordenung.*«[84] Diese Parallelisierung des Predigtamtes mit dem Amt der niederen Obrigkeit, zu der in der Konkretion die Angehörigen des Rates der größeren Städte gehörten, hatte Bugenhagen bereits im Sendbrief von 1526 formuliert. Indem die Prediger die Gemeinde durch die Macht des Wortes zu christlicher Lebensführung anhalten, arbeiten sie »*der gmeyne zu nutz*« ebenso wie alle anderen Amtsinhaber in Stadt und Land.[85] Die Predi-

81. Das Gutachten ist abgedruckt bei *H. Scheible* (Hg.), Das Widerstandsrecht als Problem der deutschen Protestanten 1523-1546, 2. Aufl., Gütersloh 1982, 25-29. Vgl. dazu die Einordnung in die zeitgenössische Diskussion unter den Reformatoren *E. Wolgast*, Die Wittenberger Theologie und die Politik der evangelischen Stände, Gütersloh 1977, 101-108, zu Bugenhagen 107.
82. *Scheible* (wie Anm. 81), 28. Die Forschungen zum Recht auf Widerstand in der ersten Hälfte des 16. Jahrhunderts sind überaus zahlreich. Eine Zusammenfassung der neueren Urteile, die sich von der älteren Forschung gerade auch im Blick auf die europäische Wirkung der deutschen Diskussionen um 1530 unterscheidet, gibt *W. Schulze:* Zwingli, lutherisches Widerstandsdenken, monarchomachischer Widerstand, in: *P. Blickle* (Hg.), Zwingli und Europa, Zürich 1985, 199-216; dort 204 der Hinweis auf Bugenhagens Position. *Q. Skinner*: The foundations of modern political thought, Bd. 2: The Age of Reformation, Cambridge 1978 folgend wird Bugenhagens Auffassung eingeordnet in die große Linie der Widerstandslegitimation als Notwehrrecht.
83. Vgl. dazu entsprechend *E. Wolgast:* Bugenhagen in den politischen Krisen seiner Zeit, in: *H.G. Leder* (Hg.), Johannes Bugenhagen. Gestalt und Wirkung, Berlin-Ost 1984, 100-117, hier 106.
84. *Scheible* (wie Anm. 81), 29.
85. *Schorn-Schütte* (wie Anm. 55), Anm. 53.

gertätigkeit ist wie das weltliche Amt als ein von Gott eingesetztes geistliches Amt zu verstehen. Damit ist es einerseits wie die weltliche Stadtobrigkeit eingebunden in die Bürgergemeinde; andererseits erhält es durch die Parallelisierung mit dem Amt weltlicher Obrigkeit Züge geistlicher Obrigkeit und darin seine Legitimation als Wächteramt. Bugenhagen hat in den frühen Kirchenordnungen für die drei Hansestädte Braunschweig, Hamburg und Lübeck einander ähnliche Umsetzungen dieser theologisch fundierten Dreigliederung geschaffen.

III. Interpretationen

Martin Heckel hat in seiner Studie über Staat und Kirche aus dem Jahre 1968 sehr zu Recht darauf hingewiesen, daß die Drei-Stände-Lehre zunächst von Theologen formuliert wurde und erst zu Beginn des 17. Jahrhunderts durch die Juristen rezipiert worden sei.[86] In den von uns skizzierten, keineswegs Vollständigkeit anstrebenden, Beispielen zur Aktualität der Drei-Stände-Lehre in den frühen Jahren der Reformation bestätigt sich die Heckelsche Beobachtung: diejenigen, die sich an ihrer Formulierung oder ihrer Verwendung beteiligten, waren Theologen! Das ist nicht so sehr erstaunlich, wenn man bedenkt, daß die Personengruppe der Geistlichkeit von den Wandlungen der ersten reformatorischen Jahre am unmittelbarsten betroffen war. Und sie war es auch, die, wenn überhaupt, über eine ausreichende Kenntnis der spätmittelalterlichen Traditionen verfügte, mit deren Hilfe der Umbruch symbolisiert und damit nachvollziehbar gemacht werden konnte, bis er sich nach Jahren in neuen Formen kirchlicher Ordnung institutionalisierte. Aber bis dahin bedurfte es der Orientierungshilfen in Gestalt vertrauter Deutungsmuster sozialer Wirklichkeit, die die Veränderungen durch »Einkleidung« vorläufig strukturierten. Für diese Aufgabe schien die Drei-Stände-Lehre auch deshalb geeignet, weil sie der Realität des städtischen »Mächtedreiecks« entsprach. Ihre Kompatibilität mit Strukturprinzipien des Modells städtischer Ordnung als »corpus christianum im Kleinen« wird durch die ihr zugrundeliegende »gedachte Ordnung« der »Harmonie durch Ungleichheit« offenkundig.[87] Jeder Stand oder ordo hat seinen eigenen Wirkungskreis, das Eingreifen in den jeweilig anderen ist nicht zulässig, aber die gegenseitige Stützung auch durch Ermahnung und Kritik ist im Interesse des Ganzen geradezu geboten. Dies war auch die Vorstellung vom Mitwirkungsrecht der Gemeinde an den politischen Entscheidungen des städtischen Gemeinwesens: »Was alle

86. *M. Heckel*, Staat und Kirche nach den Lehren der evangelischen Juristen Deutschlands in der 1. Hälfte des 17. Jahrhunderts, München 1968, 139-141.
87. So lautete bereits die Argumentation im Spätmittelalter, vgl. dazu *Oexle* (wie Anm. 2), 66, 67 u.ö.

angeht, dem muß von allen zugestimmt werden.«[88] Diese Übereinstimmung trug zur fortdauernden Wirksamkeit der Drei-Stände-Lehre insbesondere im städtischen Raum erheblich bei.

Daß weder die eine noch die andere Vorstellung der Realität entsprach, ist für den Historiker so klar, daß es fast zu banal ist, um es zu sagen. Die funktionale Dreiteilung der Gesellschaft war ein Deutungsmuster sozialer Wirklichkeit, ein Konstrukt, das die Wirklichkeit interpretieren sollte. Daß ein solches Konstrukt seinerseits die Wirklichkeit mitzugestalten vermag, ist allerdings auch eine Tatsache, die der Historiker zu beachten hat und die in der frühen Reformation nicht unterschätzt werden darf. Denn das Wissen von der Wirklichkeit kann sich logischer Weise nur in den Kategorien ihrer jeweils zeitgenössischen Deutung vollziehen und deshalb wirkt das Wissen über die Wirklichkeit in deren Gestaltung stets mit hinein und umgekehrt.[89]

Wenn wir denn in der hier zu bedenkenden Zeitphase an den jeweils kritischen und kritisierten Punkten religiöser und zugleich sozialer bzw. politischer Praxis (Eheverständnis, Priesteramt, Aufgabenkreis weltlicher Obrigkeit) den Versuch beobachten, Problemlösungen durch den Einsatz vorhandener Deutungsmuster zu finden, so sind diese in dem Augenblick ihrer Verwendung schon nicht mehr die bekannten Entwürfe. In welchem Veränderungsgrad sie sich gerade befinden, ist für den Historiker eine immer nur in Annäherung zu beantwortende Frage, da sie ihrerseits an die Deutungskompetenz des Analysierenden gebunden ist, der seine Zeitbindung nicht abzulegen vermag. In den hier dargestellten Konflikten stand das bisher Gültige, selbst wenn es obsolet geworden war, stets noch im Licht des Legitimen. Dagegen oder auch daneben wurden andere Lösungen gesetzt, die ihre Legitimität aus dem Rückgriff auf die biblische Ordnung als dem Anspruch auf »renovatio«, auf Wiederherstellung des alten, inzwischen verzerrten Zustandes geordneter Wirklichkeit ableiteten. Das gilt für die Ordnung der Ehe als nucleus der oeconomia, das gilt für das geistliche Amt, das gilt für den Aufgabenkreis weltlicher Obrigkeit, die politia. Deren Zuordnung im Bild der wechselseitig verzahnten, aber gestuften Dreiheit paßte sowohl für das Vorhandene als auch für das, was die Zeitgenossen »renovatio« nannten. Das Bild von der funktionalen Gliederung der Gesellschaft beinhaltete, so ist die zur Erklärung taugliche Annahme, in den ersten Jahrzehnten des

88. Diese Argumentation beruht auf mittelalterlichen Vorstellungen zur ständischen Herrschaftsbeteiligung. Sie findet sich bemerkenswerterweise auch in den Auseinandersetzungen um die Drei-Stände-Lehre während des ganzen 16. und beginnenden 17. Jahrhunderts; vgl. z.B. *Kruse* (wie Anm. 54), 76, der dort auf einen Druck (Jena 1598) verweist.

89. Das hier angesprochene Problem wurde theoretisch reflektiert in der sogenannten Wissenssoziologie. Dazu wichtig *Berger/ Luckmann*: Die gesellschaftliche Konstruktion (wie Anm. 5). In Umsetzung für die Mediävistik anschaulich *Oexle* (wie Anm. 2).

16. Jahrhunderts zwei nicht miteinander vermittelte Vorstellungen von der Ordnung der Welt: eine, die die vorhandenen ständischen Stufungen begründete und eine, die die vorhandenen Stufungen als mit der biblischen Grundlage aller menschlicher Ordnung nicht zu vereinbarende aufheben wollte, um sie durch solche zu ersetzen, die der als richtig bezeichneten biblischen Ordnung entsprachen. Weil dies so war, waren auch die Begriffe von der Wirklichkeit undeutlich geworden.

IV. Zusammenfassung

Akzeptiert man die Annahme vom Nebeneinander zweier gedachter Ordnungen, die im gleichen »Kleid« der Drei-Stände-Lehre daher kamen, so stellt sich die Frage nach deren Stellenwert erneut, wenn auch differenzierter.

1. Luther selbst benutzte die Referenz auf die Drei-Stände-Lehre polemisch, mit Stoßrichtung auf die römische Kirche. Es war aber gerade die Polemik, die ihn zum Votum für die Wiederherstellung der rechten Ordnung in drei Ständen kommen ließ. Als Umbruch kann diese Vorstellung aber schwerlich charakterisiert werden; vielmehr war sie »renovatio«, Wiederherstellung des verzerrten richtigen Zustandes.

2. In der Praxis allerdings wirkte diese »renovatio« als Umbruch! Das Wissen von der anzustrebenden Wirklichkeit veränderte auch diese. In erster Linie galt das für die oeconomia, die als Aufwertung der Ehe greifbar wird. Umbruchcharakter hatte dies aufgrund der sozialen Konsequenz, die sich in Gestalt der Aufhebung von Orden und Klöstern vollzog.

Auch die »renovatio« der ecclesia als Beseitigung des sakramentalen Charakters des geistlichen Amtes war Umbruch in Gestalt der Entstehung des Pfarrhauses und der legitimen Ehefrau. Daß an dieser Stelle zeitgleich eine neue Vorstellung vom geistlichen Amt im Protestantismus entsteht, die die Drei-Stände-Lehre mit verändertem Inhalt zwar, aber doch weiterführt, ist kein Widerspruch, sondern der Beleg für die doppelte Realität, von der oben gesprochen wurde.

3. Das dritte Element der Drei-Stände-Lehre, die politia, blieb, so ist die These, in ihrer Charakterisierung unverändert bestehen! Von Umbruch kann gerade für diesen Teil des Deutungsmusters historischer Realität am wenigsten gesprochen werden. Denn die Forderung nach einer christlichen Obrigkeit, die in die Wechselseitigkeit der Machtkorrektur eingebunden ist, war Inhalt der Drei-Stände-Lehre eigentlich immer, auch und gerade in den städtischen Gesellschaften des Spätmittelalters.

4. Der Einsatz der Drei-Stände-Lehre hatte Orientierungsfunktion in Umbruchzeiten. Dadurch, daß das Neue in den vertrauten Begriffen benannt wurde, veränderten sich aber die Begriffe! Das gilt für die oeconomia und die ecclesia weitaus stärker als für die politia. Nicht der Umbruch als Radikalwandel also wurde

mit der fortdauernden Verwendung der Drei-Stände-Lehre benannt; vielmehr war es der Versuch, das Andere und Neue durch die Einbindung in das Vertraute verstehbar zu machen. Die Aufgabe für den Historiker besteht darin, diese Gleichzeitigkeit des Ungleichzeitigen auch und gerade in den Deutungsmustern der Reformationsjahrzehnte zu erkennen.

Anhang:

	Franken	Preußen	Estland
Verhältnis zur Obrigkeit	»Und dieweil das leben ditz ampts oder pfarr alhie an unsern gnedigen herren den marggrafen zu diser letzten und geferlichen zeit auch kummen ist und sein gnad solchs ampt verleihen wil, getrauen wir, das sein fürstlich gnad nit allein werden ansehen die weltlichen herligkait, besunder vil mer fleiß haben, das wir mit einem getreuen und ewangelischen diener versehen werden ... und wir des sein fürstlich gnad ... erinnert und gebeten haben, als wir uns dann zu seinen fürstlichen gnaden als einem christenlichen fürsten-undertenigIich und genzlich versehen und getrösten wöllen.« Bd. 11.1, S. 77 (1524) »Es sollen auch alle unsere ambtleut, burgermeister und ret ein fleißig aufsehen haben, das obgemeltermaßen und anderst nit geprediget ... werd, und wo sie ein anders höreten ..., das sollen sie uns jedesmals bei iren pflichten und gutem grund ... anzeigen.« Bd. 11.1, S. 89 (1526)		»Duse gemelte pastor si to sunte Olaf edder Nicolaues gift nicht to schaffen na willen und schickinge des ers. rades und ganzer gemente, also dat he allene de overste si in allem kercklicken regimente, ock over den andern pastor« Bd. 5, S. 39 (1524)

	Franken	Preußen	Estland
Beteiligung der Gemeinde an der Pfarrerwahl		»... umb ainen tuchtigen geschikten des worts gots erfarnen man umbsehen soll und denselbigen alsdann den pfarrkindern anzaigen, und wan sie sich also samentlich mit annemung des pfarrers vortragen und vereiniget den bischoven ... nach Gelegenheit eines iden bistumbs zu fertigen, die inen als dan weiter examiniren sollen« Bd. 4, S. 38 (1525)	»... men erwele und kesze enen evangelischen pastor, als to Righe und itlicken andern steden gescheen, und desulvige so irwelet moge ungeweigert mit enem christlikken herten unvorschrakken de kercklicken dinge na der hiligen schrift anheven und ordiniren ...« Bd. 5, S. 39 (1524) »De gemene edder volmechtige, edder lehnherrn schölen mit rade und willen der verordneten visitatoren, eschen den, der da hefft ein gudt getuchenisse eines guden levenders, und de dar gelehret und geschicket is in der schrifft und de siner lehre gewisse iss ...« Bd. 5, S. 473 (1526)

Gottfried Seebaß

Historie und Historisierung des Rechts im Dienste evangelischer Freiheit

Zu Kritik und Aufnahme des kanonischen Rechtes in den frühen Flugschriften der frühen Reformationszeit

Mit der Reformation haben sich Umbrüche vollzogen, die sich bis heute immer noch als Defizite in der Forschung bemerkbar machen. Daß wir die Bibel normalerweise und zunächst als Luthers deutsche Bibel kennen und nicht als lateinische, gehört ebenso dazu wie der Verlust des selbstverständlichen Zugangs zur allegorischen Bibelauslegung oder die Tatsache, daß wir die grundlegenden Schriften des spätmittelalterlichen artes Studiums nicht derart präsent haben, wie das bei den gebildeten Zeitgenossen ganz selbstverständlich der Fall war. In diesen Zusammenhang gehört aber auch die genaue Kenntnis des Corpus Iuris Canonici, die uns – zumal als evangelischen Kirchenhistorikern vor dem Hintergrund einer oft erschreckenden Rechtsferne evangelischer Theologie – normalerweise abgeht.

Wohl auch deswegen gibt es bisher keine wirklich große und zusammenfassende Studie über den Umgang der Reformatoren und der nachfolgenden Generationen mit dem Kanonischen Recht oder dem römischen-kaiserlichen Recht. Wilhelm Maurer hat sich mit seiner schönen und immer noch lesenswerten Studie zu den »Reste[n] des kanonischen Rechts im Frühprotestantismus«[1] im wesentlichen auf den humanistischen Hintergrund bei Erasmus und auf die Schriften Luthers, Melanchthons sowie den ›Kurzen Auszug‹ Lazarus Spenglers beschränkt. Dort liegen auch zweifellos die grundlegenden Ansätze. Im übrigen finden sich außer der Studie Schmidt-Clausings zu Zwingli[2], der Stupperichs zu Martin Bucer[3] und der großen Dokumentation von Frau Sprengler-Ruppenthal zu den evangelischen Kirchenordnungen des 16.

1. *Wilhelm Maurer*, Reste des kanonischen Rechts im Frühprotestantismus, in: derselbe, Die Kirche und ihr Recht, hg. v. *Gerhard Müller* und *Gottfried Seebaß*, Tübingen 1976, 145-207.
2. *Fritz Schmidt-Clausing*, Das Corpus Iuris Canonici als reformatorisches Mittel Zwinglis, in: ZKG 80 (1969), 14-21.
3. *Robert Stupperich*, Martin Bucers Gebrauch des Kanonischen Rechts, in: Horizons européens de la Réforme en Alsace. Das Elsaß und die Reformation in Europa des XVI. Jahrhunderts. Mélange offerts à Jean Rott, hg. v. *Marijn de Kroon* und *Marc Lienhard*, Strasbourg 1980, 241-252.

Jahrhunderts[4] kaum Arbeiten zum Gebrauch des Corpus Iuris Canonici bei einzelnen Reformatoren. Doch ist damit das reiche Material, das in den zahlreichen Gutachten der Reformatoren, aber auch in den Flugschriften vorliegt, auch nicht annähernd erschlossen. Darauf möchte ich im folgenden aufmerksam machen, wobei ich mich für das Material – im wesentlichen Flugschriften bis zum Jahr 1530 – vor allem auf eine ungedruckte Heidelberger Dissertation aus dem Jahr 1992 stützen kann, die im Gespräch mit mir erarbeitet wurde.[5] Die Beschränkung auf diese Zeit läßt sich doppelt begründen. Einmal nämlich ist die Mehrzahl der einschlägigen Flugschriften bis zu diesem Zeitpunkt erschienen. Zum andern erscheinen damals und wenig später drei zusammenfassende Arbeiten zum Verhältnis der Reformation zum Kirchenrecht, die schon Wilhelm Gußmann in seinen fast unerschöpflichen und deswegen längst des Reprints würdigen »Quellen und Forschungen zur Geschichte des Augsburgischen Glaubensbekenntnisses« erwähnt hat: Nämlich Symphorianus Pollios (Altbiessers) ›Göttlicher und päpstlicher Recht Vergleichung in vieler Mißbräuch Ablehnung‹, Robert Barnes' ›Vornehmliche Artikel der christlichen Kirche, wie die bei den Alten im Brauch gewesen sind, aber jetzt unbillig von den Papisten wider die Heilige Schrift, ihre eigenen Dekrete, Concilia und Schriften der Lehrer verdammt werden‹ – beide im Jahr 1529 erschienen – und der bereits erwähnte Spenglersche ›Kurze Auszug aus dem päpstlichen Recht der Dekret und dekretalen in den Artikeln, die ungefähr Gottes Wort und [dem] Evangelium gemäß sind oder zum wenigsten nicht widerstreben‹ aus dem Jahr 1530. Schon in den drei Titeln zeigen sich drei grundlegende Formen des Umgangs evangelischer Flugschriften mit dem kanonischen Recht in der ersten Dekade der Reformation, und sie bilden in umfassend negativer Abweisung und positiver Anknüpfung in gewissermaßen eine Summe dessen, was sich bis dahin an Auseinandersetzung damit vollzogen hatte:
Zum einen konnte man versuchen, die pauschale Ablehnung des gesamten kirchlichen Rechtes zu begründen, wobei ein positiver Bezug auf dieses Recht keinen Sinn hatte. Zum andern konnte man die Kritik an der überkommenen Kirche und ihren Institutionen auf das Kirchenrecht selbst stützen, indem man den Nachweis führte, daß das kirchliche Recht in sich widersprüchlich sei oder aber die Kirche ihr eigenes älteres Recht nicht beachte. Schließlich konnte man angesichts des Vorwurfs, mit den reformatorischen Änderungen am überlieferten Kirchenwesen unzulässige Neuerungen vorzunehmen, apologe-

4. *Anneliese Sprengler-Ruppenthal*, Das kanonische Recht in Kirchenordnungen des 16. Jahrhunderts. Eine Dokumentation, in: *Richard H. Helmholz* (Hg.), Canon Law in Protestant Lands, Berlin 1992, 49-121.
5. *Heidrun Dierk*, Das Kanonische Recht in reformatorischen Flugschriften. Eine Untersuchung zur Beurteilung des Kirchenrechts in der Frühphase der Reformation (1518-1530), Diss. theol. Heidelberg 1992.

tisch auf das Corpus Iuris Canonici zurückgreifen. Ich will diese Möglichkeit kurz vorführen und danach abschließend ein zusammenfassendes Ergebnis formulieren.

I.

Daß es einen Grundwiderspruch der Reformation gegen das Kirchliche Recht gab, war durch die aufsehenerregende und von Luther dann ausführlich begründete Verbrennung eines Exemplars des Corpus Iuris Canonici im Herbst 1520 offenkundig deutlich geworden. Und tatsächlich wird dementsprechend nicht selten das gesamte geistliche Recht aufgrund des Schriftprinzips verworfen. Denn seine Satzungen stehen gegen Schrift und Evangelium. Sie können deswegen auch im Gegensatz zur Heiligen Schrift, die selbstverständlich spiritualis ist, als carnalis bezeichnet werden. Vor allem der unbedingt verpflichtende Charakter dieses Rechts als eines göttlichen wird angegriffen, wenn man es pauschal als ›Menschensatzung‹, als unnötige Beschwerung der Menschen, bezeichnet. Eben deswegen ist es nicht nur in einem eminenten Sinn menschlichen Ursprungs: Die Polemik kann gelegentlich sogar den teuflischen Ursprung behaupten, wofür sicher auch Luthers Identifizierung von Papsttum und Antichrist in Anschlag zu bringen ist. Solche Polemik konnte dann auch in der Bezeichnung der Dekretalen als ›Dreckctalen‹ oder der canones als ›canes‹, der Extravaganten als ›ausschweifender Satzung‹ oder der palea als ›Spreu‹ ihren Ausdruck finden und wurde gern weiterverbreitet.[6]

Dieser grundsätzliche Widerspruch wurde besonders in der Ablehnung des päpstlichen Primats herausgearbeitet. Nachdem durch Luthers Gegner schon sehr bald der Gegensatz in der Ablaß- und Bußfrage zu einer Konfrontation über die Frage der päpstlichen Vollmacht ausgeweitet worden war, hatte sich Luther intensiv mit der Begründung päpstlicher Machtansprüche im Kirchenrecht befaßt. So wurde dann seit den ›Resolutionen zu den Ablaßthemen‹ und vor allem seit Luthers Verteidigung der Verbrennung der Bannbulle zu den Ablaßthesen der päpstliche Hoheitsanspruch im geistlichen wie im weltlichen Bereich zum Hauptkritikpunkt am Kirchenrecht überhaupt. Daß der Papst sich über die Bischöfe und das Konzil erhebe, daß er einerseits das Recht beanspruche, immer neue bindenden Gesetze zu erlassen, um andererseits wiederum die Dispensationsgewalt in Anspruch zu nehmen, verdichtete sich in dem Vorwurf, er gebärde sich als legibus solutus und wolle, selbst wenn er die Seelen in die Hölle führe, nicht dafür belangt oder bestraft werden. Das alles ließ sich gut in den verschiedensten Gegenüberstellungen des demütigen, fehlbaren biblischen Petrus und des Papstes, in petrinischer Fußwaschung und päpstlichem

6. *Dierk*, Kanonisches Recht, 25, 39 und 54f.

Fußkuß – auch der mit Beleg aus dem Corpus[7] – vor Augen führen. Und ebenso hart kritisierte man die weltlichen Herrschaftsansprüche des Papstes, die Donatio Constantini, die Zwei-Schwerter-Theorie, das Gleichnis von Sonne und Mond, den Anspruch einerseits auf den Gehorsamseid des Kaisers und andererseits auf Lösung der Untertanen von deren Gehorsamseiden sowie auf den Anspruch auf das Reichsvikariat. In einer eigenen Flugschrift ›Verdeutschte Texte‹, deren direkter Zusammenhang mit Luthers Apologie der Verbrennung der Bannandrohungsbulle erstmals in der erwähnten Heidelberger Dissertation festgestellt wurde[8], hat man die von Luther gesammelten Belege für die abzuweisenden päpstlichen Primatansprüche in deutschen Übersetzungen zusammengestellt und mit einer Ablehnung der Donatio Constantini verbunden. So hatte jedermann die klassischen Stellen, gegen die man sich wandte – für den geistlichen Bereich vor allem c 6 D XL, für den weltlichen Bereich vor allem X,1,33,6 und Clem 2,11,2 – schnell zur Hand. Und die Auseinandersetzung mit den Ansprüchen des Papsttums blieb – so auch in Heinrich Kettenbachs ›Vergleichung des allerheiligsten Herrn Vater, des Papsts, gegen den seltsam fremden Gast in der Christenheit, genannt Jesus‹ (1523) – der Hauptgrund für die pauschale Verwerfung des Corpus Iuris Canonici. Zwar hatte schon Luther versucht, mit Hilfe anderer Bestimmungen des kanonischen Rechts diese Ansprüche zurückzuweisen, aber in geordneter und gesammelter Form geschah das doch erst durch Pollio, Spengler und in dem ›Sermon von der Kirchen‹ durch den Erfurter Aegidius Mecheler[9] 1531. Die geistlichen und weltlichen Herrschaftsansprüche des Papstes aus dem kanonischen Recht selbst zurückzuweisen, unternahm umfassend noch einmal Martin Bucer im sechsten seiner ›Dialogi‹ von 1535.[10]

Damit war selbstverständlich implizit auch der altgläubige Kirchenbegriff abgewiesen. Doch ist es charakteristisch, daß der Versuch, den eigenen, reformatorischen Kirchenbegriff mit Hilfe des geistlichen Rechts zu belegen, dennoch erst Ende der zwanziger Jahre in den genannten drei zusammenfassenden Schriften auftaucht. Mit Hilfe von Belegen aus dem Decretum wird nun der Anspruch zurückgewiesen, die Kleriker repräsentierten die Kirche. Vielmehr wird die Kirche bestimmt als Versammlung der Gläubigen, wobei alle Orts- und Regionalkirchen selbstverständlich gleichgeordnet sind. Und obwohl zu dieser Zeit bereits von seiten der Täufer Vorwürfe gegen ihre Verfolgung in reformatorischen Gebieten erhoben wurden, wagte man es im Blick auf die Verfolgung der Evan-

7. *Dierk*, Kanonisches Recht, 49f.
8. *Dierk*, Kanonisches Recht, 12f.
9. Zu Mecheler [= Mechler] s. a. in diesem Band S. 171f. und 174.
10. Vgl. Martin Bucers Deutsche Schriften 6,2 hg. v. *R. Stupperich*, Gütersloh 1984, 78-112.

gelischen in altgläubigen Gebieten, die eigene, nämlich vorfolgte Kirche mit Hilfe von C 23 q 4 c 42 als die wahre Kirche darzustellen.
Nicht nur bei der Ablehnung des Papsttums, sondern auch bei der Verwerfung des Mönchtums war es für die reformatorische Seite allerdings nur schwer möglich, sich zur Begründung auf das Kirchenrecht zu berufen. In beiden Punkten boten nämlich auch die in das Corpus Iuris Canonici aufgenommenen altkirchlichen Traditionen wenig Unterstützung. Denn mit dem Hinweis, daß nach D 30 c 5 nach C 33 q 5 c 4 und X,3,1,1 eine Absonderung durch spezielle Kleidung dem geistlichen Recht widerspreche, war nicht viel auszurichten.[11]
In diesen Zusammenhang gehört schließlich auch noch die Kritik an den vielfältig zu leistenden Eiden, die ja keineswegs nur von den Täufern abgelehnt wurden, sondern auch bei den Reformatoren kritisiert wurden und deren Einschränkung auch sie wünschten. Daß man die durch die Bischöfe dem Papst zu leistenden Eide ablehnte, versteht sich von selbst. Darüber hinaus aber findet sich in einigen wenigen frühen, nichttäuferischen Flugschriften auch eine grundsätzliche Ablehnung aller Eide. Dafür berief man sich selbstverständlich auf die Worte Jesu in der Bergpredigt, setzte sich aber gleichzeitig mit jenen Stellen des geistlichen Rechtes auseinander (C 22q 1 c 1; X,5,39,4; X,2,24,26), in denen der Eid erlaubt wurde. Sie galten als Beispiel dafür, daß die Päpste sich über die Schrift hinwegsetzten. Wir finden hier eine biblizistische Position, wie sie so von den Reformatoren üblicherweise nicht vertreten wurde.[12] Aufgrund der darüber geführten Auseinandersetzungen mit den Täufern kann Spengler später gerade das Corpus Iuris Canonici für die reformatorische Position der grundsätzlichen Zulässigkeit des Eides heranziehen, was er mit eben der Dekretale belegt, die in der früheren Flugschrift als widerbiblisch gebrandmarkt wurde, obwohl auch er dagegen ist, jemanden zum Eid zu drängen und im Grunde die Glaubwürdigkeit der Aussage eines Christen dem Eid gleichstellen möchte (C 22q 5 c 5 und 12).

II.

Neben dieser pauschalen Ablehnung des Kirchenrechts gab es aber auch die Kritik an ihm aufgrund innerer Widersprüchlichkeit oder aufgrund eines Widerspruchs zwischen rechtlicher Norm und kirchlicher Praxis.
Wie beim Zölibat – worauf noch einzugehen sein wird – konnte auch die Kritik am Fiskalismus der römischen Kurie direkt in die reformatorische Kritik an der zeitgenössischen Kirche übernommen werden. Da es sich auch in diesem Fall um einen ausschließlich zu kritisierenden Tatbestand handelte, findet sich dieses

11. *Dierk*, Kanonisches Recht, 76.
12. Vgl. dazu *Dierk*, Kanonisches Recht, 96-99, wo allerdings auch diese Position unbesehen als reformatorisch bezeichnet wird.

Thema vor allem in den Flugschriften aus den frühen Jahren der Reformation, viel seltener aber in den weniger polemischen als apologetisch zusammenfassenden Schriften aus dem Ende der zwanziger Jahre. Wenn Spengler alle möglichen Formen von unerlaubten Geldzahlungen im Zusammenhang mit Ämtervergabe aufführt, so nur, weil er die auch in der evangelischen Kirche nicht dulden will. Wichtiger war, daß man an diesem Punkt – ähnlich wie bei Zölibat – auf Widersprüchlichkeit des geistlichen Rechtes hinweisen konnte, weil sich vor allem in pars II des Decretum Gratiani und auch noch im Liber extra eine Fülle von älteren Bestimmungen fand, die man gegen das verdorbene spätere Recht der Päpste im Liber sextus und den Extravaganten ins Feld führen konnte. Der kuriale Handel mit Benefizien, mit Kommenden und Expektanzen, den schon Luther in der Adelsschrift angegriffen hatte, konnte als deutlicher Vorstoß gegen das eigene Recht gewertet werden (C 1 q1). Gleiches gilt für die Ausstattung ohnehin wohlhabender Personen mit kirchlichem Einkommen (C 5 q c 2, C 12 q 1) und die seit dem 15. Jahrhundert häufige, auch bischöfliche Pfründenhäufung (C 6 q 17). Den altkirchlichen Canones konnte man entnehmen, daß das kirchliche Gut letzten Endes den Armen gehöre (C1 q3 c 13; C 16 q 1 c 40) und die Geistlichen lediglich bei Erfüllung der ihnen obliegenden Pflichten Anspruch auf eine angemessene, niemals aber üppige Versorgung hätten (C 12 q 2).[13]
Neben dem römischen Fiskalismus stand schon sehr früh auch der Umgang mit dem kirchlichen Zehnten zur Diskussion. Dabei ging es – wenn man einmal von der grundsätzlichen Ablehnung des kleinen Zehnten in der Bauernkriegszeit absieht – im allgemeinen nicht darum, den Zehnten insgesamt zu verwerfen, sondern lediglich um die Beseitigung von Mißbräuchen. Daß das Kirchenrecht die Eintreibung der Abgaben bei Strafe der Exkommunikation erlaubte (VI, 3,13,1; Clem 5,8,3), erschien als ungerechtfertigte und unerträgliche Gewissensbelastung. Im übrigen aber konnte man nachweisen, daß der jetzige Umgang mit dem Zehnten – sowohl die vielfältigen Formen seiner Veränderungen und Entfremdungen wie seiner mißbräuchlichen Verwendung – den im Decretum enthaltenen altkirchlichen Bestimmungen widerspreche.[14]
Eine der sehr frühen reformatorischen Neuerungen bestand in der Unterlassung von Weihehandlungen, der eine scharfe Polemik gegen solche Zeremonien vorangegangen war. Kritik wie faktische Unterlassung ließen sich allerdings mit dem kirchlichen Recht kaum begründen. Tatsächlich hat sich auch nur Oekolampad in seiner Schrift ›Was Mißbräuch im weihbischöflichen Amt‹ 1527 damit auseinandergesetzt und den Nachweis zu führen versucht, daß sie unnötig seien und man sich auf altgläubiger Seite dabei auch nicht an das gültige Recht halte. Das gelang freilich nur etwas mühsam, da er für die Unwirksamkeit der Weihen nur

13. Zu Kritik am falschen Umgang mit den Pfründen und der Berufung auf entgegenstehendes Recht vgl. *Dierk*, Kanonisches Recht, 80-89.
14. Vgl. *Dierk*, Kanonisches Recht, 90-93

D 40 c 12, die Aussage also, daß nicht die geweihte Erde den Menschen, sondern dieser den Ort heilige, ins Feld führen konnte, und im übrigen darauf verwies, daß Altäre ohne Reliquien (de consecr. D 1 c 24 und 26) ebensowenig wie Bilder geweiht werden dürften. Denn dort, wo die Bilder zur frommen Erbauung der Gläubigen im Kirchenrecht genannt seien (de consecr. D 3 c 27), werde die Weihe nicht erwähnt. Spengler hat dann später das Kirchenrecht nur noch gegen den mit den Weihehandlungen verbundenen Fiskalismus ins Feld geführt (de consecr. D 1 c 10 und C 1 q 1 c 100 bis 103 und 106).[15] Von Interesse ist freilich, daß bei diesem Gebrauch des kanonischen Rechtes Zwingli häufig von ›ihren Rechten‹ sprach: Man wolle den Gegner mit seinen eigenen Waffen schlagen.[16]

III.

Die dritte Strategie der Auseinandersetzung, der apologetische Bezug auf das Kirchenrecht, ging durchaus auf Luther selbst zurück. Schon bei seiner Verteidigung in Worms hatte er sich wieder – unausdrücklich, aber deutlich – auf das kurz zuvor verbrannte Corpus Iuris Canonici bezogen, wenn er behauptete, daß Schrift und Vernunft allem anderen, vor allem aber der falschen Gewohnheit vorgingen. Die dafür heranzuziehenden Stellen aus dem Dekret (D 8 c 3 bis 7 und 9; D 9 c 3, 5 und 8-11 sowie C 25 q 1) werden dann auch häufig von Zwingli und später von Spengler und Barnes benutzt. Vor allem in den Jahren nach dem Bauernkrieg, in der Zeit der Visitationen und der sich neu bildenden evangelischen Kirchen, war man bemüht, die reformatoischen Änderungen nicht nur mit der Schrift, sondern – wo möglich – auch mit dem Kirchenrecht, und zwar besonders mit dessen altkirchlichen Traditionen zu begründen. Und es ist sicher kein Zufall, sondern spricht für den Umblick Melanchthons, daß dabei eben jene Themenkomplexe auftauchen, die auch in den Artikeln des zweiten Teils der Confessio Augustana behandelt werden.
Da Luther schon in der Adelsschrift und in ›De captivitate‹ den Zölibat als nicht schriftgemäß angegriffen und, wenn erzwungen, als teuflisches Unrecht bezeichnet hatte, schlossen, noch bevor es zur eigenmächtigen Anstellung reformatorischer Geistlicher kam, verschiedene Kleriker öffentlich die Ehe[17] – eine klare Verletzung des geistlichen Rechts. Aber eben wegen des Eheverbots wurde dieses Recht als total blind und der Schrift widersprechend beziehungsweise ihren Sinn völlig verdrehend gebrandmarkt. Jedoch steht neben dem Rekurs auf bestimmte biblische Traditionen auch schon sehr früh die apologetische Nutzung des Corpus Iuris Canonici in diesem Zusammenhang. Dabei konnte man angesichts der

15. Vgl. *Dierk*, Kanonisches Recht, 143-146.
16. Vgl. *Schmidt-Clausing* (Anm. 2), S. 18f.
17. Vgl. hierzu den Beitrag von *Stephen E. Buckwalter* in diesem Band, S. 167-180.

schon vor der Reformation vielfältig geäußerten Kritik am unsittlichen Leben der Geistlichen auf breite Zustimmung rechnen[18], wenn man den faktisch vielfach geduldeten Konkubinat der Kleriker wie schon Wyclif und Hus als eine im Kirchenrecht (D 32 c 5 und D 83 c 1) verbotene Hurerei bezeichnete, wobei die durchaus üblichen Bußzahlungen an die Bischöfe das Klischee der geldgierigen Kirche unterstützten.[19] Vor allem aber war man gerade an dieser Stelle nicht bereit, den umgekehrt gegen die Eheschließung der Kleriker gerichteten Vorwurf der unzulässigen Neuerung zu akzeptieren. Denn gerade an diesem Punkt konnte man sich besonders gut – und unter ausdrücklicher Abweisung der harmonisierenden Tendenzen der Glossatoren – den Widerspruch der Canones zu Nutze machen und die früheren Zustände ins Feld führen, was vor allem Zwingli und Johann von Schwarzenberg schon sehr bald taten. Man berief sich nicht nur auf die noch bekannten Widerstände gegen die Durchsetzung des Zölibats, sondern vor allem auf eine ganze Reihe von Canones. Diese belegten direkt – zum Beispiel in den Bestimmungen des 6. Ökumenischen Konzils, aber auch durch das Scheidungsverbot, das Eheverbot für die höheren Weihegrade oder die Drohungen gegen Zölibatäre, die den verheirateten Priestern das Leben schwer machen (D 28 c 14 und 15) – oder indirekt – etwa durch die Bestimmungen über Klerikerkinder und unzüchtige Frauen von Klerikern[20] –, daß die in den Pastoralbriefen bezeugte Ehe der Geistlichen noch lange in der Kirche anerkannt gewesen war. Auch in diesem Fall bieten die zusammenfassenden Schriften der Jahre 1529/30 die meisten Belege, größtenteils aus D 27 bis 34.[21] Das alles konnte durch Hinweise auf die Historia tripartita noch untermauert werden.

Selbstverständlich wurden all die Bestimmungen abgelehnt, die mit dem privilegium fori und dem privilegium immunitatis den exemten Status des Klerikers begründeten. Vor allem der Stadtschreiber Spengler ist an dem Nachweis interessiert, daß die Geistlichen der Abgabepflicht unterliegen und daß sie der weltlichen Obrigkeit in allen weltlichen Dingen unterstehen und Gehorsam zu leisten haben. Stets werden dabei ältere Canones gegen jüngere ausgespielt. Da man auf

18. Man kann eine solche Feststellung treffen, ohne damit gleichzeitig die weitgehenden Thesen von Goertz zur Bedeutung des Antiklerikalismus für die Reformation insgesamt zu teilen, vgl. dazu die Beiträge in Anticlericalism in Late Medieval and Early Modern Europe, hg. v. *Peter A. Dykema und Heiko A. Oberman*, Leiden, New York, Köln 1993 sowie *James M. Stayer*, Anticlericalism: A Model for a Coherent Interpretation of the Reformation, in: Die Reformation in Deutschland und Europa: Interpretationen und Debatten. Beiträge zur gemeinsamen Konferenz der Society for Reformation Research und des Vereins für Reformationsgeschichte 25.-30. September 1990 im Deutschen Hist. Institut in Washinton DC, hg. v. *Hans R. Guggisberg* und *Gottfried G. Krodel*, Gütersloh 1993 (= ARG-Sonderband), 39-47.
19. Vgl. *Dierk*, Kanonisches Recht, 103-105.
20. Vgl. die Belege bei *Dierk*, Kanonisches Recht, 109.
21. Vgl. *Dierk*, Kanonisches Recht, 108.

reformatorischer Seite den Pfarrer vom Bischofsamt her definierte – und nicht etwa umgekehrt, wie man selbst in evangelischen Äußerungen oft lesen kann –, konnte man sich nun auch für die Reform des geistlichen Standes und das eigene Pfarrerbild nachdrücklich auf die altkirchlich-kanonischen Bestimmungen über das Bischofsamt und seine Pflichten berufen. Das hieß zunächst einmal, daß man sich gegen die weltliche Herrschaft und alle Ansprüche der Geistlichen darauf wandte.[22] Im Blick auf die schon früh beginnenden Anstellungen reformatorischer Prediger und Pfarrer fühlte man sich zunächst noch durch die Bestimmungen des Kanonischen Rechts, daß nur vom Bischof oder dem Papst bestallte Personen das kirchliche Amt ausüben könnten, gehemmt, so daß man sich dagegen wandte.[23] Später aber berief man sich apologetisch auf das in verschiedenen Canones – D 23 und D 24 c 6, D 61 c 13-18, D 63 c 9-29 und D 67 – festgehaltene Mitwirkungs-, mindestens aber das Zustimmungsrecht der Gemeindeglieder bei Bischofswahl und -einsetzung. Und in diesen Schriften bis hin zu Bucers berühmten Ausführungen in ›Von der wahren Seelsorge‹ im Jahr 1537 begründete man all das, was man von einem rechten Prediger und Seelsorger, von einem wahren ›episcopus‹ erwartete, auch mit Hilfe des kanonischen Rechts. Man konnte die Forderung nach reinem Lebenswandel der Geistlichen ebenso aus dem kanonischen Recht belegen wie die nach seiner guten Ausbildung. Aus dem Verbot der Pfründenhäufung erschloß man die Residenzpflicht, und unter Hinweis wiederum vor allem auf altkirchliche Bestimmungen erinnerte man die Geistlichen an ihre Pflicht zur cura animarum, zur Predigt (D 36 c 3; D 43 c 1-3) und zur Visitation (C 10 q 1 c 12).

Am Bußsakrament hatte sich der öffentliche Widerspruch Luthers im Ablaßstreit entzündet. Und dementsprechend wird vor allem in den frühen Flugschriften am Bußsakrament Kritik geübt. Die Ablehnung des Verständnisses der Buße als eines Sakraments statt als des lebenslangen Standes des Christen steht hinter der Kritik an dem dreiteiligen Bußschema, für das sich de pen. D 3 c 8 auf Chrysostomus beruft. Vor allem aber lehnte man bei diesem Sakrament den Zwang ab, nicht nur den der jährlich einmal vorgeschriebenen Beichte (nach X,5,38,12), sondern ebenso den zur vollständigen Sündenaufzählung, den man mit der Glosse des Panormitanus zu de pen D 5 c 1 bestritt, um gleichzeitig darauf hinzuweisen, daß in de pen D 1 weithin an eine allgemeine Beichte gedacht sei. Und bei den Satisfaktionen konnte man anführen, daß in X,5,37,3 die Geldbuße ausdrücklich verboten worden sei. In den späteren Zusammenfassungen wird dann unter Hinweis auf das Kirchenrecht hervorgehoben, daß zur Buße ein reuiges Herz völlig ausreichend sei (de pen D 1 c 1, 2, 5 und 36).[24]

22. Vgl. *Dierk*, Kanonisches Recht, S. 65f.
23. Vgl. den entsprechenden Beleg bei *Dierk*, Kanonisches Recht, 63f.
24. Vgl. die Belege bei *Dierk*, Kanonisches Recht, 115-123.

Zum Bußsakrament gehört aber auch die Kritik der Flugschriften am Umgang der Kirche mit dem Bann. Schon früh polcmisierte man in der Nachfolge Luthers dagegen, daß der Bann – wie bereits erwähnt – den finanziellen Interessen der Kirche nutzbar gemacht worden war, indem man gegen C 14 q 7 c 5 darauf verwies, daß er auch nach dem alten Recht nur bei schweren öffentlichen Sünden gerechtfertigt sei (C 11 q 3 c 31 und 41). Daß der Bann nicht über den Tod hinausreiche (C 24 q 1 c 27 und X,3,13,6), versuchte man aus seelsorgerlichem Interesse ebenso aus dem Kirchenrecht abzuleiten wie die Behauptung, daß ein fälschlicher Bann niemals von Christus trenne (C 10 q 3 c 10 und VI,2,14,1). Daß ein derartiger Bann dem ihn Ansprechenden mehr als dem Gebannten schade, fand man wie schon Wyclif und Hus ebenfalls im Corpus Iuris Canonici belegt (C 24 q 3 c 1). Und daß nach dem gleichen Recht der Bann ebenso wie nach reformatorischer Auffassung ausschließlich seelsorgerlich und als ›Arznei‹ gebraucht werden solle, hatte schon Luther VI,5,11,1 entnommen.[25]
Wie bei der Buße, so konnte man auch bei der Messe die altkirchliche Tradition mit Hilfe des Corpus Iuris Canonici gegen das abgelehnte ›neue‹ päpstliche Recht wenden. Dabei ging es natürlich in erster Linie um den Empfang des Abendmahls sub utraque. Vor allem mit Hilfe der in D 2 de consecr. gesammelten Canones konnte man gegen das ja nicht mehr ins Corpus eingegangene Kelchverbot von 1415 nachweisen, daß die Laien in der alten Kirche noch lange den Kelch empfangen hatten. Luther hat diesen Nachweis in seiner ›Tröstung an die Christen zu Halle‹ 1527 sehr ausführlich geführt. Mit einer Polemik gegen den unabdingbaren Vollzug der Beichte vor der Kommunion konnte man sogar behaupten, nicht der Empfang ohne vorhergehende Beichte, sondern der sub una sei unwürdig, selbst wenn man unter Hinweis auf de consecr. D 2 c 68 eine (Selbst-)prüfung vor der Kommunion weiterhin für richtig hielt. Gegen den päpstlichen Zwang zur jährlich einmaligen Kommunion, den man auch bei der Beichte kritisierte, betonte man nun unter Hinweis auf Augustin und das Kirchenrecht in de consecr. D 2 c 13, daß eigentlich nur die wirklich ›hungrige‹ und verlangende Seele das Sakrament des Altars empfangen solle.[26]
Sehr viel schwieriger war die Argumentation in bezug auf die reformatorische Kritik an der Messe als Opfer und Werk. Sie ließ sich wohl biblisch, mit dem Kirchenrecht aber kaum begründen. Zwar konnte man relativ schnell beweisen, daß die Behauptung, die Messe stamme vom Herrenbruder Jakobus, historisch nicht stimme (gegen den Beleg de consecr. D 1 c 47) und daß gerade der Canon missae im Unterschied zu den Einsetzungsworten nach X,3,4,6 erst später hinzugefügt worden sei, aber im übrigen gab das Kirchenrecht eben nur her, daß der ordo missae langsam und historisch gewachsen war, so daß man die Forderung, die Messe dürfe nur in der damals erreichten Endform und nicht anders gehalten

25. Vgl. *Dierk*, Kanonisches Recht, 123-130.
26. Vgl. die Belege bei *Dierk*, Kanonisches Recht, 131-136.

werden, abweisen konnte. Und die Empfehlung regelmäßigen Besuchs der Messe (de consecr. D1 c 64 bis 66) konterte man mit dem Hinweis, da man die in der Meßfeier gesprochenen und gesungenen Worte nicht verstehe, bleibe der notwendige Trost aus.[27]

Interessanterweise konnte man sich aber auch im Abendmahlsstreit auf schweizerischer wie lutherischer Seite auf das Kirchenrecht beziehen. Dabei ging es allerdings offensichtlich hauptsächlich um den Versuch, die eigene Position als altkirchlich legitimiert darzustellen. Zwingli versuchte das vor allem mit Hinweis auf augustinische Traditionen, die in das Decretum Eingang gefunden hatten, mußte dafür freilich eine sehr erzwungene Interpretation des Bekenntnisses Berengars bieten. Eben dieses Bekenntnis konnte wiederum auf lutherischer Seite für die eigene Position ins Feld geführt werden. Und 1530 hat dann Spengler im Kontext der scharfen Zurückweisung aller ›Sakramentirer‹ in seinem ›Kurzen Auszug‹ eine Fülle von Canones nicht nur für die Präsenz von Leib und Blut Christi im Abendmahl, sondern auch für die manducatio impiorum ins Feld geführt.[28]

Charakteristisch unterschiedlich ist die Behandlung der Fastenfrage in den frühen Flugschriften gegenüber der in den öfter erwähnten zusammenfassenden drei Schriften vom Ende der 20er Jahre. Anfangs nämlich – so in Luthers Begründung der Verbrennung der Bannandrohungsbulle (Artikel 17) – gelten die Fastengebote insgesamt als Beispiel päpstlich widerchristlicher Gebote, wobei man besonders angriff, daß der Bruch der Fastengebote als Sakrileg mit dem Bann geahndet werden dürfe, so etwa Kettenbach in seiner ›Nützlichen Predigt‹ mit Interpretation von de consecr. D 5 und D 3 c 16. Zwingli wendet sich mit Hilfe altkirchlicher Traditionen im kirchlichen Recht vor allem gegen das Fleischverbot, das erst spät zum Sakrileg erklärt worden sei. In den späteren Schriften wird dann das Fasten nicht mehr prinzipiell abgelehnt, sondern mit Hinweisen auf D 41 c 1 (Augustin) und de consecr. D 5 c 5 auf seinen alten Sinn zurückgeführt, wobei vor allem D 30 c 17 das generelle Verbot bestimmter Speisen und Getränke verworfen wird.

IV.

Versucht man eine kurze Summe aus diesen Darlegungen zu ziehen, so erscheint Maurers Rede von den ›Resten‹ des kanonischen Rechts im frühen Protestantismus ebenso fraglich wie etwa die Ernst Walter Zeedens von den ›Resten‹ katholischer Glaubensübung und altkirchlicher Traditionen im konfessionellen Luthertum.[29] Reste sind immer zufällig überdauernde oder bewußt beibehaltene ›Restbe-

27. Vgl. *Dierk*, Kanonisches Recht, 137-139.
28. Vgl. den Exkurs bei *Dierk*, Kanonisches Recht, 135f. und 155-160.
29. Vgl. *Ernst Walter Zeeden*, Die Entstehung der Konfessionen, München, Wien 1965, 81ff.

stände‹. Um solche aber handelt es sich im frühen Protestantismus eben nicht. Vielmehr setzt man sich aufgrund und unter Anwendung des Schriftprinzips kritisch mit dem Kanonischen Recht auseinander und zieht es zur Verteidigung heran, wo immer das möglich ist. Das Ziel war deswegen aber auch keinesweg eine »Reinigung des kanonischen Rechtes von solchen Bestandteilen, die mit dem Glaubens- und Rechtsbegriff der Wittenberger Reformatoren unvereinbar waren«.[30] Ein solches Vorhaben hat es nie gegeben. Vielmehr stellt das, was wir beobachtet haben, nur einen Sonderfall der Auseinandersetzung der Reformation mit der kirchlichen Tradition dar, wie man ihn in gleicher Weise auch an anderen Beständen dieser Tradition beobachten kann. Man spricht aber wegen des apologetisch-positiven Bezugs etwa auf die Kirchenväter oder mittelalterlichen Theologen auch nicht von patristischen oder mittelalterlichen ›Resten‹ im Protestantismus.
Deutlich ist zum andern, daß die Reformation gewisse Ansätze im Umgang mit dem kanonischen Recht, die sich schon im erasmischen Humanismus finden, aufgreift, aber auch prinzipiell verschärft. Sieht man einmal davon ab, daß es dem Rückgang des Humanismus auf die Quellen entspricht, wenn die Reformatoren und die reformatorischen Flugschriften im allgemeinen die Glosse, die ja in allen damaligen Ausgaben des Corpus Iuris Canonici selbstverständlich abgedruckt war, ihrer harmonisierenden Tendenzen wegen nicht herangezogen und nicht heranziehen konnten, so zeigt sich dies vor allem im bewußten Ausspielen des älteren gegen das jüngere Recht. Das bedeutete den völligen Bruch mit der vorausgesetzten und gesuchten concordantia discordantium canonum, insofern nun gerade die discordantia canonum in der Historie und durch die Historisierung des Rechts maßgeblich wurde. Daraus erklärt sich dann auch, warum das Decretum Gratiani, das ja eine Fülle von patristischem Material enthält, nicht selten positiver bewertet wird als die späteren Teile des Corpus Iuris Canonici mit den päpstlichen Dekretalen. Man konnte mit ihm der zeitgenössischen Kirche nicht nur wie Erasmus den Spiegel vorhalten, sondern es direkt gegen die mittelalterlich-päpstliche Kirche ins Feld führen. So wurde der Vorwurf erhärtet, daß die Gegner die eigentlichen ›Neuerer‹ seien und mit ihrem ›neuen‹ Kirchenrecht die Einheit der Kirche zerissen hätten. Sehr viel seltener dagegen ist eine eigentlich historische Kritik am Corpus Iuris Canonici selbst aufgrund von dessen Umgang mit seinen Quellen, sei es der Bibel[31], sei es der kirchlichen Tradition oder aufgrund der Tatsache, daß Palae und Glossen in das eigentliche Recht eingedrungen seien. Derartiges findet sich nur gelegentlich bei Luther, Oeko-

30. Gegen *Johannes Heckel*, Das Decretum Gratiani und das deutsche evangelische Kirchenrecht, in: *derselbe*, Das blinde undeutliche Wort ›Kirche‹, Gesammelte Aufsätze, hg. v. *Siegried Grundmann*, Köln, Graz 1964, S.1-48, bes. S. 30.
31. Vor allem bei der Auseinandersetzung mit der Begründung des Keuschheitsgelübdes für Kleriker wird die Heranziehung bestimmter Schriftstellen kritisiert, vgl. *Dierk*, Kanonisches Recht, 113.

lampad und Barnes.[32] Im übrigen gibt es erzwungene Auslegungen auch auf reformatorischer Seite, wenn man die gleichen Stellen aus dem Corpus einmal als Beleg für die abgelehnten päpstlichen Machtansprüche und dann wieder als Zeugnis gegen sie ins Feld führen konnte.
Interessant ist drittens, daß sich bei dem Umgang mit dem Kanonischen Recht ein deutlicher Wandel feststellen ließ: Sowohl bei den großen Reformatoren wie Luther als auch in den Flugschriften überwiegt in einer ersten Phase der Reformation, solange sich diese in erster Linie als neue Theologie innerhalb der einen Kirche artikuliert, die Abweisung des Kanonischen Rechts und die Polemik gegen seine Bestimmungen, obwohl man sich gelegentlich zur Verteidigung auch positiv auf das Kirchenrecht bezieht.
In dem Maße aber, in dem diese neue Theologie – deutlich seit 1523/24 – Änderungen im institutionellen Gefüge und der institutionellen Gestalt der Kirche nach sich zog, ergab sich auch die Notwendigkeit, die damit vollzogenen Änderungen apologetisch gegen den Vorwurf der unberechtigten ›Neuerungen‹ zu verteidigen und zu schützen und, wenn möglich, nachzuweisen, daß man das christliche Altertum auf seiner Seite hatte. Eben dem dient dann neben dem Bezug auf die ›Väter‹ auch der positive Bezug auf das Kirchenrecht. Und aus der apologetischen Tendenz der späteren systematisch-zusammenfassenden Schriften erklärt sich denn auch, daß trotz der in den frühen Jahren oft wiederholten pauschalen Ablehung des geistlichen Rechtes die positiven Bezugnahmen letzten Endes zahlenmäßig die kritische Wendung dagegen durchaus überwiegen. Allerdings scheint diese apologetische Phase nicht sehr lange gedauert zu haben. In dem Maße, in dem sich nach dem Nürnberger Anstand in den dreißiger Jahren die Reformation in weiteren Gebieten konsolidiert, tritt die Argumentation mit dem Kirchenrecht deutlich zurück und beschränkt sich auf drei weiterhin problematische Punkte, das Eherecht sowie vor allem die Frage nach dem Verhältnis von geistlicher und weltlicher Gewalt sowie die nach den Kirchengütern. Insofern handelt es sich bei dem apologetischen Umgang mit dem Corpus Iuris Canonici um eine relativ kurze Phase.
Von diesem apologetischen Gebrauch müßte dann m. E. noch eine dritte Phase unterschieden werden, in der das Kanonische Recht nicht mehr nur polemisch abgewiesen, auch nicht apologetisch ins Feld geführt, sondern tatsächlich inhaltlich zum Auf- und Ausbau eines eigenen Kirchenrechtes oder sogar zur Erweiterung des weltlichen Rechtes herangezogen wird. Das scheint aber, wenn man die dazu bisher vorliegenden Studien betrachtet, keineswegs in der Breite, sondern aus naheliegenden Gründen hauptsächlich im Bereich des Eherechtes und einigen anderen Bereichen der Fall gewesen zu sein.[33]

32. Vgl. *Dierk*, Kanonisches Recht, S. 29f., 39, 113, 138.
33. Vgl. dazu: *Udo Wolter*, Die Fortgeltung des kanonischen Rechts und die Haltung der protestantischen Juristen zum kanonischen Recht in Deutschland bis in die Mitte des 18. Jahrhunderts, in: Canon Law in Protestant Land (vgl. Anm. 4), S. 13-47.

Der ›Bruch‹ mit dem herkömmlichen Kirchenrecht war also keineswegs total. Das kanonische Recht verschwand nicht gleich, es blieb freilich nur sporadisch und subsidiär von Bedeutung. Das aber kann den grundlegenden Wandel nicht verdecken: Für die Reformatoren durfte das Kirchenrecht niemals der Heiligen Schrift widersprechen, und es durfte auch als menschliches Recht niemals den Anspruch erheben, göttlichen Rechtes zu sein. Göttlichen Rechtes war allein das Evangelium und deswegen blieb dieses auch das entscheidende Kriterium im Umgang mit dem Kanonischen Recht. Eben aus diesem Grund blieb aber letzten Endes auch seine pauschale Ablehnung während der ersten Jahre der Reformation weithin bestimmend.

Bernd Moeller

Diskussionsbericht

Wie bereits im Vorwort bemerkt, bot die Reinhäuser Tagung Gelegenheit zu ausgedehnten Diskussionen, die lebhaft genutzt wurde. Im allgemeinen folgten die Diskussionen den Referaten, so daß an den einzelnen Tagen unterschiedliche thematische Schwerpunkte zur Geltung kamen. Das Generalthema »Kontinuität und Umbruch« blieb dabei ständig präsent.

I.

Am ersten Tag überwogen, den ersten Referaten entsprechend, grundsätzliche Fragen der Reformations-Historiographie.

Besonders lebhaft umstritten war sogleich der Vortrag von *H. Schilling* mit seinem engagierten Plädoyer für eine »Langzeitperspektive des Wandels« zwischen Spätmittelalter und Frühneuzeit und eine entsprechende »Neubewertung« der Reformation. Ihm wurden vor allem zwei Argumente entgegengehalten – Zweifel an der Tragfähigkeit seiner historiographischen Grundannahmen und Einwände gegen die konkrete Beschreibung der Reformation und ihrer Folgen.

Wendebourg wies auf das subjektive Moment hin, das Kategorien wie »Umbruch« und »Kontinuität« innewohnt, da ja in jedem epochalen Ereignis beides enthalten ist und es letzten Endes dem historischen Betrachter überlassen bleibt, welchem er den Vorzug gibt. *Blickle* wandte sich in ähnlichem Sinn gegen die »Allgewalt von Modernisierungskonzepten«, während *Postel* das von *Schilling* entworfene Bild der gegenwärtigen Situation der Geschichtsschreibung als »Stilisierung« bezeichnete.

Von da aus wurde der Begriff »Mythos Reformation« diskutiert. *Postel* bemerkte, es sei verfehlt, die Wahrnehmung und Hervorhebung dieses Epocheneinschnitts erst dem 18. und 19. Jahrhundert zuzuschreiben. Daß die Reformation zum »Mythos« wurde, sei von dem Ereignis selbst schwer zu trennen, die Reformation sei in sich selbst »mythenfähig« gewesen, und bereits die Zeitgenossen hätten den Umbruch aufs deutlichste empfunden – und zwar Freunde und Gegner gleichermaßen (*Kaufmann*). Auf einen »Gegenmythos« im katholischen Geschichtsbild der Neuzeit wies *Elm* hin, die Vorstellung nämlich, es sei eine intakte und

homogene Papstkirche gewesen, die durch die Reformation zerstört wurde; der Umbruch sei gewissermaßen von beiden Seiten her verschärft wahrgenommen worden. In Wahrheit jedoch habe man mit einer »Vielfalt der Kirchen« im Spätmittelalter zu rechnen. Dies bestätigte *Ganzer* mit Hinweis auf das Unvermögen des Trienter Konzils, den päpstlichen Primat zu definieren.
Daß in *Schillings* Konzeption kaum Platz sei, um die Spaltung der Kirchen, diese elementare und dauerhafte Folge der Reformation für die Neuzeit, ausreichend zu würdigen, hob *Wendebourg* als einen empfindlichen Mangel hervor. »In der Reformation entstand jene Kirche, in der es einen Papst nicht gibt« und in der Rom kein »Zentralort Europas« mehr ist, konstatierte *Moeller,* mit Hinweis auch auf das Wort von Hermann Heimpel, Luther habe das Mittelalter, nämlich das auf Rom hin orientierte Gesellschaftsgebilde, »unmöglich« gemacht.
Dem hielt *Schilling* in seiner abschließenden Antwort, in der er »Zuspitzungen« einräumte, entgegen, das Papsttum habe bereits im ausgehenden Mittelalter die Richtung zum »Einheitsmodell«, zur »Formierung« hin eingeschlagen, in der es sich seither fortentwickelte; das ausgehende Mittelalter sei durch Prozesse sowohl der »Differenzierung« als auch der »Formierung« bestimmt, die dann freilich im Gefolge der Reformation »einen neuen Nachdruck« erfahren hätten.

Die Diskussion über das folgende Referat, von *Blickle*, war nicht im selben Maß kontrovers. Freilich wurde in Zweifel gezogen, daß sich von den Auseinandersetzungen um die Leibeigenschaft und das Freiheitsverständnis im Zusammenhang des Bauernkriegs oder allgemein vom personalen Freiheitsverständnis der Reformation aus eine kontinuierliche Linie bis zu Rousseau ziehen lasse. Nach *H. R. Schmidt* wurde dieser Freiheitsbegriff 1525 »als Totgeburt abgetrieben«, es entstand »ein großes Loch in der frühen Neuzeit«, nach *Selge* soll man nicht »eine Tür aufstoßen und dann gleich ins übernächste Zimmer stürzen«. Allenfalls von »Kongenialität« zwischen Reformation und neuzeitlichem Republikanismus könne die Rede sein (*H. R. Schmidt*). Daß die neuzeitliche Staatsbildung in Deutschland sich auf dem Weg über die Gesetzgebungshoheit über Leibeigene entwikkelt habe und von daher definieren lasse, bezeichnete *Gg. Schmidt* als eine »völlig neue Sicht der Dinge« - ein Einwand, den *Blickle* abschließend in gewissem Maß gelten ließ. Daß der moderne Staat sozusagen auf der Leibeigenschaft fußt, wäre gewiß zuviel gesagt; doch werde in der historiographischen Tradition wie auch gegenwärtig der Zusammenhang von Gesetz und Freiheit, wenn die politische Entwicklung Deutschlands in der Neuzeit, die wesentlich über die Territorien lief, beschrieben wird, häufig unterschätzt. Auch die Debatte über die Sozialdisziplinierung habe hierzu beigetragen.
Die Einbeziehung der nationalen Komponente in die Beschreibung der frühen Reformationsbewegung, wie sie in dem Referat von *Gg. Schmidt* enthalten ist, fand, soweit es die Diskussion erkennen ließ, weitgehende Zustimmung. Allerdings wurde hervorgehoben, daß man von Nation nicht im Sinn des 19. Jahrhun-

derts reden, sondern nur den »reduzierten Begriff« der »Ständenation« verwenden solle (*Schorn-Schütte,* ähnlich *Wunder*). Auch wurde auf die Tatsache hingewiesen, daß die Reformationsbewegung selbst keineswegs geradlinig auf nationalkirchliche Lösungen zustrebte: 1521 ließ sich Luther auf solche Pläne, als sie in Worms aussichtsreich waren, durchaus nicht ein (*Winterhager*), und auch das Nationalkonzil galt den Reformatoren allenfalls als eine Notlösung (*Schwarz*). Im übrigen war, wie *Helmrath* bemerkte, auch im Aufblühen der nationalen Stimmungen in Deutschland um 1520 mancher »Mythos« enthalten. Daß Frankreich in dieser Zeit viel größere Summen nach Rom zahlte und die Kontakte der Kurie zu Deutschland kontinuierlich zurückgingen, wurde hier nicht wahrgenommen.

Auch das Referat von *Moeller,* in dem auf die monastischen Motive in der Reformationsbewegung und auf deren Umformung hingewiesen worden war, wurde in der Diskussion weniger bestritten als vielmehr ergänzt und weitergeführt. Freilich stellten *Strohm* und *Kaufmann* fest, daß der Anteil ehemaliger Mönche an den Protagonisten der Reformation nicht überall signifikant gewesen sei, z. B. nicht in Genf oder im Herzogtum Mecklenburg. Daß die Reformation nicht darin aufging, »eine entschieden gelebte Form von Christlichkeit« zu sein (*Kaufmann*), und daß Luther jedenfalls in der Schrift De votis monasticis keinen Spielraum für eine reformatorische Fortführung des Mönchtums ließ (*Brecht*), wurde gleichfalls gegen eine universale und ungebrochene Deutung der Reformation aus der Geschichte des Mönchtums heraus eingewendet, die *Moeller* auch nicht beabsichtigte, der jedoch auf dem »Fortleben monastischer Elemente« in Luthers reformatorischem Denken beharrte. *Seebaß* nahm Impulse des Referenten auf mit einer Erwägung über die langfristigen Folgen, die das Fehlen des Mönchtums im Protestantismus hatte: »Die reformatorischen Kirchen werden seit ihrer Entstehung begleitet von immer neuen Ausbrüchen eines radikaleren Willens zur Nachfolge«. Auch wies *Seebaß* darauf hin, daß der Widerspruch gegen die monastische Lebensform und die Aufhebung der Klöster zum »Mythos Reformation« beigetragen hat - obgleich ja, wie *Elm* bemerkte, das Mönchtum in dieser Krise keineswegs untergegangen, kein Orden im Gefolge der Reformation aufgehoben, ja sogar mancher neugegründet worden ist. Jedoch fand in der Geschichte des Mönchtums zwischen der monastischen Reform des späten Mittelalters und der Reformation ein »Paradigmenwechsel« statt (*Elm*) - eine Beobachtung, die in anderer Weise auch in der Diskussion zu dem Referat von *Ganzer* anklang, in der *Zschoch* darauf hinwies, daß in der Person Caraffas der seelsorgerische Reformer mit dem autoritären und antihäretischen Zeloten sich vereinigt habe.
Die Darlegungen von *Moeller* zur vorreformatorischen Mönchskritik wurden durch Bemerkungen *Blickles* über gemeindlichen Widerstand gegen die Inkorporationspraxis von Klöstern erweitert; die Aufruhrbewegungen des 15. Jahrhunderts hätten sich unter den kirchlichen Institutionen am ehesten gegen Klö-

ster gerichtet. Jedoch ging erst Luthers Argumentation mit der Rechtfertigungslehre an die Wurzel der monastischen Existenz (*Moeller*), und erst sie führte, im Unterschied zu jeder früheren Kritik, zu einer Austrittsbewegung aus den Klöstern und zu deren partieller Beseitigung (*Seebaß*).

II.

Am zweiten Tag des Symposions stand wie in den Referaten so auch in den Diskussionen die Frage nach den spezifischen Konturen und der Tiefendimension des reformatorischen Umbruchs im Vordergrund: Worin bestand bei Luther selbst der wesentliche gedankliche und religiöse Neuansatz, und inwieweit wurde er rezipiert, inwieweit folgte aus ihm »die Reformation«?
Die profilierte Antwort, die der erste Teil der Frage in den beiden einander ergänzenden und in allem wesentlichen übereinstimmenden Grundsatzreferaten von *Hamm* und *Schwarz* gefunden hatte, wurde in der Diskussion nach verschiedenen Richtungen hin aufgenommen und weitergeführt. *Wendebourg* stellte heraus, daß das neue Verständnis von Glaube bei Luther - *Hamm*: »passives Ergriffensein durch die wärmende Liebe Gottes« - im Licht der theologischen Tradition betrachtet auf eine beträchtliche Umformung hinauslief; die bis dahin für untergeordnet und vorläufig gehaltene »fides ex auditu« rückte nun ins Zentrum, die im scholastischen Sinn die Gottesbeziehung vollendende und krönende »fides caritate formata« dagegen wurde bestritten; daß der Mensch selbst »eine Wärmequelle« im Herzen haben oder erlangen könne (*Hamm*), galt als verfehlte Vorstellung. Auf eine Frage von *H. R. Schmidt* hin stellte *Schwarz* fest, daß in Luthers Verständnis der Rechtfertigung aus dem Glauben in dieser frühen Zeit sowohl das forensische als auch das sanative Moment enthalten gewesen sei - Freispruch und Erneuerung des Menschen wurden noch nicht auseinandergehalten. Als merkwürdig registrierte *Wendebourg*, daß die lutherischen Bekenntnisschriften, nicht zuletzt die Confessio Augustana, die Zuordnung von Glaube und Liebe, wie sie Luther vertrat, nicht zutreffend wiedergeben; sie lassen »die Tiefendimension dieses religiösen Umbruchs nicht deutlich erkennen« (*Schwarz*).
Damit war die Frage der Rezeption dieser zentralen Erkenntnisse Luthers gestellt - inwiefern hatten gerade diese uns so subtil erscheinenden Unterscheidungen revolutionäre Folgen, waren sie an der Wende zur Reformation überhaupt beteiligt, wurden sie überhaupt verstanden (*Schorn-Schütte*, ähnlich *H. Schilling*)? Mehrere Diskussionsteilnehmer wiesen darauf hin, daß in bestimmten Sektoren der frühen Reformationsbewegung, insbesondere bei Karlstadt und in dessen Gefolge, das neue Verständnis von fides und caritas nicht voll übernommen worden ist (*Schwarz*). Ein Großteil der Überlieferung freilich zeigt ein anderes Bild: In jenen Flugschriften etwa, in denen frühreformatorische Predigten ihren Niederschlag gefunden haben, begegnet die Lehre Karlstadts und der Confessio

Augustana, die Werke der Liebe *müßten* aus dem Glauben folgen, kaum; vielmehr heißt es überall, im Sinn Luthers: Sie gehen aus ihm hervor, so wie die guten Früchte aus dem guten Baum; der Glaubende tut das Gute spontan. Diese Texte erwecken, ebenso wie die von *Schwarz* im Referat herangezogene Nürnberger Armenordnung von 1522, den Eindruck, als wäre für die sich hier äußernden Zeitgenossen Luthers Erkenntnis, daß der Glaube nur Gottvertrauen ist und nichts anderes, zur größten Selbstverständlichkeit geworden (*Moeller*).
Daß man, um diese Sachverhalte zu erläutern, die neue Lehre nicht als »Religion des Hörsaals« mißverstehen darf, war breiter Konsens; die Theologen der Reformation und zumal Luther fanden früh den Zugang zur kirchlichen Unterweisung (*Zschoch*). Damit aber hatten sie, wie es scheint, deshalb Erfolg, weil sie »den Nerv der damaligen Religiosität« trafen (*Schwarz*). Offenbar wurde das neue Verständnis des Glaubens als ein »umbrechender Entlastungsvorgang« empfunden (*Hamm*); die Aussage, daß Glaube und Vertrauen ausreichen und damit das ganze, inzwischen hoch aufgetürmte Gebäude der religiösen Leistungen sich erübrigt, der »Liebesleistungsdruck« entfällt, hatte anscheinend eine ähnlich befreiende Wirkung wie die »neue Erfahrung von Nächstenliebe«, in der die Eigenliebe gänzlich ihren religiösen Wert verlor und nur die Hingabe an den einzelnen Nächsten und die Gemeinschaft der Mitmenschen galt (*Seebaß*). Bei solcher Deutung der frühreformatorischen Rezeptionsvorgänge bleibt »als ernsteste Frage«, weshalb es der katholischen Kirche nicht gelang, diese Impulse zu integrieren, wie so vieles andere in früheren Zeiten; »die Spaltung ist das Entscheidende« (*Hamm*).

In der Diskussion um die Referate von *Selge* und *Benrath* wurden vor allem die Versuche der Reformatoren erörtert, ihre Sache geschichtlich zu legitimieren.
Im Anschluß an eine Anfrage von *Zschoch* unterschied *Selge* noch einmal Luthers Auffassung von der Autorität der Bibel, das »Evangeliumsprinzip«, von einem »Schriftprinzip«: »Das Evangeliums-Prinzip ist nicht ein formaler Wort-Gottes-Begriff der Vollständigkeit, sondern ein inhaltlicher der rettenden Schlüssigkeit«.
Das Gespräch mit *Benrath* entwickelte sich zu einem lebhaften Austausch über die Geschichtskonzeption, die mit der Figur der sog. »Vorreformatoren« verknüpft ist. *Burger* und *Hamm* wandten ein, diese Konzeption sei für die historische Erkenntnis ganz unbrauchbar, da sie viel wichtigere Kontinuitäten, die die Reformation mit dem ausgehenden Mittelalter verbanden, verdecke - die Namen Gerson und Staupitz wurden genannt. Daß Luther sich mit Wyclif regelrecht auseinandergesetzt hat, hob *Kaufmann*, daß er unter »Evangelica veritas« etwas ganz anderes verstanden hat als jener, hob *Benrath* hervor. Was die sieben »Vorreformatoren« in Luthers Augen vereinte und heraushob, war ihre Verwerfung durch die kirchliche Hierarchie (*Wendebourg*), sie wurden ja alle »mehr oder weniger am Ende hingerichtet« (*Moeller*). Nach *Dingel* wurde die

Theorie von Luther entwickelt, um das »Autoritätenvakuum« nach dem Wegfall des Papsttums und vor der Formulierung der reformatorischen Bekenntnisse auszufüllen. Auf den Anteil Melanchthons wies *Hasse*, auf den des Flacius *Postel* hin. Daß auch die Idee der »Vorreformatoren« ein Mythos sei, stellte *H. Schilling* heraus; die Vorläufertheorie korrespondierte mit der Verfallstheorie (*Benrath*), und es hätte der »Mythos Reformation«, wenn die Vorläufertheorie sich hätte durchhalten lassen, in der Folge eine ganz andere Gestalt erlangt.
Noch auf zwei weitere Facetten der Sache wurde im Lauf dieser Diskussion hingewiesen. *Winterhager* hob hervor, für uns seien die Jahrzehnte und Jahre unmittelbar vor 1517, die er nach dem Biographen Maximilians I. die »Wiesflecker-Periode« nannte, eine weithin ganz unerforschte Zeit, obgleich sich in ihnen doch eingreifende Veränderungen und eine Stimmungswende vollzogen haben müssen. *Moeller* brachte die Selbstbezeichnung »Evangelisch« ins Spiel, die Luther wahrscheinlich auf der Leipziger Disputation, also im Zusammenhang mit Hus, erstmals gebraucht hat und die sich sofort außerordentlich weit verbreitete, als Parteiname der Kirchenrebellen und als Selbstdeutung mit eschatologischem Gehalt. In diesem Terminus wurde die Selbstwahrnehmung des Umbruchs zusammengefaßt – »das Evangelium als die nunmehr gemeinsame Basis, die diese Aufbruchsgesellschaft trägt«.

In den Diskussionen über die drei mit reformatorischen Flugschriften befaßten Referate (*Buckwalter, Grane, Kaufmann*) kamen in je unterschiedlicher Weise weitere Probleme im Zusammenhang der Lutherrezeption zur Sprache.
Inwieweit handelte es sich, so wurde *Buckwalter* gefragt, bei dem von ihm dargestellten Zusammenhang um einen Umbruch? Hatte das Konkubinat im Spätmittelalter bereits eine eindeutig negative Konnotation (*H. Schilling*)? Nach *H. R. Schmidt* akzeptierte »der Gemeine Mann« das Priesterkonkubinat, wenn es die Form der »Einehe« annahm, hingegen nicht wechselnde Partnerschaften. Kirchenrechtlich war der Zölibatsbruch in der katholischen Kirche leichter zu ertragen als andere Verstöße, wie sich im späteren 16. Jahrhundert zeigte, als die Priesterehe neben dem Laienkelch zeitweise zugelassen wurde (*Winterhager*). *Buckwalter* wies auf die Vielfalt des Phänomens hin; auch Autoren, die das Priesterkonkubinat bekämpften, hätten gegen die Pfarrerehe gleichfalls agitiert.
Was die reformatorischen Neuerungen im Zusammenhang des Zölibats jedoch bedeutungsvoll machte, war der Einbruch in den Raum des Sakralen, der sich hier ereignete (*Hamm*). Auch wenn im Flugschriftenstreit kaum mit dem Priestertum aller Glaubenden und der Qualifizierung des evangelischen Pastors als »neuer Laie« argumentiert wurde (*Buckwalter*), dürfte doch Luthers Deutung der Ehe als »weltlich Ding« durchaus in diese Neuerungen hineinspielen (*Wunder*). Der Umbruch im Verständnis von »Heiligkeit«, den die Reformation herbeiführte, läßt sich an dieser Stelle exemplarisch und in seiner ganzen Komplexität wahrnehmen; denn mit der »Entsakralisierung« ging zugleich eine »intensi-

vierte Sakralisierung« einher (*Hamm*) - eine Erwägung, der *Buckwalter* zustimmte: Daß die Ehe zur wahren Keuschheit führt, war ein Hauptargument der Flugschriften zu ihren Gunsten; die evangelischen Pfarrer sind in Hinsicht auf das sittliche Leben ihren altgläubigen Vorgängern weit überlegen, so war die Meinung. Insofern nahm der reformatorische Umbruch in diesem Bereich die Gestalt einer radikalen »Umwertung« an (*Mörke*). Nach *Kaufmann* war im späteren Luthertum der Pastor geradezu verpflichtet zu heiraten; in Visitationsakten konnte dies wichtiger genommen werden als die Kenntnis des Katechismus.
Mit dem Referat von *Grane* war die früheste Phase der Luther-Rezeption, noch vor dem Ketzerurteil über den Reformator und dessen Anhängerschaft, ins Blickfeld genommen. Daß hier Übergangsphänomene zwischen Humanismus und Reformation in Erscheinung treten, wurde hervorgehoben; die behandelten Flugschriften zeigen Kontinuität und Umbruch in einem, »Umbruch in der Kontinuität« (*H. R. Schmidt*). Erasmus hat manche reformatorischen Positionen formuliert oder mitformuliert, z. B. in der Zölibats- und Abendmahlsfrage (*Moeller*) oder in der Kritik an der Scholastik (*Grane*). Dennoch wies der Referent den Vorschlag von *Winterhager*, von zwei Phasen des Umbruchs zur Reformation hin zu sprechen, zurück; vor dem Auftreten Luthers sei die kirchenkritische Gesinnung der Humanisten noch wenig entwickelt – »der Ansporn zum Handeln kam von einer einzigen Quelle«.
Kaufmanns Beschreibung und neue Deutung der anonymen Flugschriften brachte einen sich geschichtlich anschließenden Sachverhalt zur Sprache. Allerdings fand seine These, die Autoren hätten die Anonymität weniger, wie bisher angenommen, aus Angst vor Verfolgungen gewählt als vielmehr, weil sie allgemeingültige, transpersonale Positionen zu verbreiten beanspruchten, mancherlei Widerspruch. *Hamm* machte geltend, daß viele Flugschriften mit allgemeinem Anspruch unter dem Namen ihres Autors erschienen seien und andererseits auch Schriften mit individuellen Zügen anonym blieben – z. B. Spenglers Schutzschrift von 1519, in der der Autor auf seine berufliche Position als Stadtschreiber Rücksicht nehmen mußte. Weiterhin wurden die beinahe regelmäßig anonymen illustrierten Flugblätter (*Oelke*) sowie die vielen Drucker, die ihren Namen nicht zu nennen wagten (*Winterhager*), gegen die These des Referenten aufgeboten, die dieser dann auch einschränkte: »eine Totalinterpretation« habe er nicht liefern wollen. Jedoch hielt er daran fest, daß viele Autoren im Umgang mit dem Publikationsmittel der Anonymität »einen höchst produktiven agitatorischen, publikationsstrategischen Impuls« entwickelt hätten. Tatsächlich erscheint es als ein Fortschritt der Flugschriftenforschung, daß *Kaufmann* einen eigenen Typus der anonymen Flugschrift heraushebt, der durch Fiktionalität und literarische Kunstfertigkeit gekennzeichnet ist und vor allem in der Frühzeit auftritt. Er unterscheidet sich deutlich von den einer etwas späteren Phase zugehörigen Schriften, in denen Autoren unter ihrem Namen ihre eigenen Schicksale vor dem lesenden Publikum ausbreiten (*Moeller*).

III.

Am dritten Tag des Symposions kamen zwei unterschiedliche Themenbereiche zur Sprache und Diskussion - die Geschichte der Frömmigkeit und die politische Geschichte Deutschlands im Übergang vom Mittelalter zur Reformation. Um Gebet und Gottesdienst, Heilsglauben und fromme Lebenspraxis ging es im Anschluß an die Referate von *Brecht, Wendebourg, Wunder* und *H. R. Schmidt.* Daß die von *Brecht* dargestellte Gebetsauffassung Luthers gegenüber dem ausgehenden Mittelalter etwas wirklich Neues enthalten habe, wurde von verschiedenen Seiten in Zweifel gezogen. Die Aufnahme des Ave Maria in Luthers Betbüchlein wurde herausgestellt – nach *Boockmann* »Zeugnis einer völlig ungebrochenen Kontinuität«. Allgemeiner argumentierte *Hamm*: In bestimmten Reformkreisen sei im 15. Jahrhundert bereits alles vorweggenommen, was Luther zum Gebet gelehrt habe, die Kritik an Äußerlichkeiten, »die Konzentration auf eine geistliche Lebenshaltung«. Der Zug zur Massenhaftigkeit sei nur *eine* Seite in der Frömmigkeitsgeschichte des vorreformatorischen Zeitalters.
Seebaß ergänzte das Referat mit Hinweisen auf den Realismus von Luthers Gebetspraxis. Lebenslang habe er sich am Psalter orientiert, und zwar an dessen Inhalten. Das biblische Buch bot ihm Gebetstexte für alle Notstände des Lebens, selbst die Teilnahme des Beters am Kampf Gottes gegen den Satan um diese Welt und das Gebet *gegen* Feinde fanden dort ihren Anhalt. Daß Luther die Erhörung des Gebets gleichermaßen konkret erwartet wie der Freiheit Gottes anheimgestellt habe, hob *Brecht* hervor.
Wie weit dies alles neu war, wurde letztlich nicht geklärt. Wohl aber konnte *Brecht* darauf hinweisen, daß Luther es als neu ansah, und daß er von den ähnlich ausgerichteten Bestrebungen im 15. Jahrhundert, etwa in der Devotio moderna, kaum Kenntnis besaß. Seine Theologie des Betens war jedenfalls neu gedacht.
Auch in der Diskussion um das Referat von *Wendebourg* stand die Frage nach dem innovativen Charakter der Reformation, die die Verfasserin selbst differenziert beantwortet hatte, im Mittelpunkt. *Brady* konstatierte es als eine Merkwürdigkeit, daß der reformatorische Umbruch an jener Stelle, die dem normalen Volk am nächsten war, der Liturgie, besonders wenig in Erscheinung trat. Allerdings wies *Kaufmann* auf die im Referat nicht berührten, jedoch für die populäre Wahrnehmung besonders markanten Neuerungen, die Volkssprachlichkeit des Gottesdienstes und zumal der Einsetzungsworte des Abendmahls – »man hörte sie überhaupt zum ersten Mal, und dann noch in der eigenen Sprache!« (*Wendebourg*) - sowie die Kommunion unter beiderlei Gestalt, hin, und *Seebaß* kontrastierte die gottesdienstliche Praxis noch deutlicher: »An die Stelle eines Gott täglich darzubringenden Opfers tritt ein Gemeindegottesdienst, in dem Gott nun zum Menschen kommt und dem Menschen dient«. Nach *Wendebourg* dürfte die Beteiligung an der Kommunion - entgegen den Klagen in zeitgenössischen Quellen

- größer gewesen sein als im ausgehenden Mittelalter, wie überhaupt die Rede von der Passivität der Gemeinde im lutherischen Gottesdienst ein Fehlurteil einer »wild gewordenen Liturgiewissenschaft« sei; »durch das In-die-Mitte-Stellen der Kommunion im lutherischen Abendmahlsverständnis geht tatsächlich die Beteiligung der Gemeinde ins Wesen des Abendmahls selbst hinein«. In dieser Hinsicht finde sich bei Luther auch keine signifikante Entwicklung der Auffassungen, wie die Verfasserin auf eine Frage von *H. R. Schmidt* hin betonte.
Der Versuch von *Wunder*, anhand des Bedeutungswandels von »frumkeyt« den reformatorischen Umbruch zu erfassen, fand bei den meisten Diskussionsteilnehmern Zustimmung, die zu grundsätzlichen Reflexionen Anlaß gab: »Ist etwas, das in alten Kleidern auftritt, im Inhalt dadurch alt, daß es die alten Kleider anbehält, oder wird es dadurch, daß etwas Neues gemeint wird, nicht trotz der alten Kleider etwas Neues?« (*Schorn-Schütte*). Zweifel daran, daß der Begriff im 15. Jahrhundert wirklich als »speziell bürgerliche Kardinaltugend« gebräuchlich gewesen sei, meldete *Blickle* an. *H. R. Schmidt* dagegen bezeichnete die neue Verbindung der geistlichen und weltlichen Dimension, die an dieser Stelle gefunden wurde - das »Geistlichsein in der Welt« (*Wunder*) - als »qualitativen Neuansatz«, ja als »Quantensprung«. Daß »frumkeyt« nun auch dem geistlichen Stand zugemutet wurde, sei nicht weniger neu gewesen (*Wunder*). *Schindling* erläuterte den Wandel nochmals am unterschiedlichen Bild der »frommen Frau« in den Konfessionen, das im Mittelalter auf die Ordensschwester, in der Reformation aber auf die Ehe- und Hausfrau bezogen wurde, wodurch sich im Protestantismus nach dem Verlust des Klosters ein neuer geistlicher Lebensraum im »frommen Haus« bildete (*Wunder*).
Allerdings erhoben in der sachlich an diese Erörterung anschließenden Diskussion über das Referat von *H. R. Schmidt* einige Theologen eine Warnung vor einer allzu harmonischen Sicht des reformatorischen Menschenbildes. *Kaufmann* bestritt, daß es bei Luther ein »Modell der Perfektibilität des Christen« gebe, wie der von *H. R. Schmidt* zitierte finnische Lutherforscher Peura es annimmt; vielmehr bilde die abgründige Heillosigkeit des Menschen den Hintergrund des reformatorischen Heilsverständnisses – »Luther hat gewußt, daß auch der gerechtfertigte Mensch Sünder bleibt« (*Brecht*). *Strohm* bezweifelte, daß man die auf die Laien des Reformationszeitalters einwirkenden ethischen Maximen auf die Einflüsse Luthers reduzieren könne, während *Moeller*, ohne eklektische Sachverhalte zu leugnen, doch eher, wie der Referent, die prinzipielle Übereinstimmung der laikalen und der theologischen Äußerungen in der frühreformatorischen Publizistik annahm. In seiner abschließenden Antwort beharrte auch *H. R. Schmidt* auf der Einheit von Rechtfertigung und Heiligung in dieser Literatur, wobei allerdings auf Perfektibilitätsvorstellungen kein Gewicht liege.

Im übrigen trat am Nachmittag des dritten Tages die politische Geschichte der Reformation in den Vordergrund. Die beiden Referate über die Reichsstadt Nürn-

berg von *Boockmann* und *Vogler* mit ihrer unterschiedlichen Akzentsetzung in der Umbruchs-Frage wurden in der Diskussion eher etwas näher aneinandergerückt. *Vogler* hob die Bedeutung der Endzeitspekulationen hervor, die die Nürnberger Reformation trotz der in sehr verschiedene Richtungen gehenden »Enttäuschungen« der Akteure begleiteten, während *Boockmann* nach einem Hinweis auf die Fortdauer der Pfarreiorganisation sowie die Weiterbeschäftigung von Altaristen für die Kasualien in der reformatorischen Reichsstadt (*Seebaß*) konstatierte: »Irgendwo stoßen wir immer an den Punkt, daß man schließlich an den Knöpfen abzählen kann, ob da noch Kontinuität ist, oder ob das Moment des Wandels überwiegt, oder wo der Umschlag von der Quantität in die Qualität stattfindet«.
Zum Hauptthema dieser Nachmittagsdiskussion wurde das »Landesherrliche Kirchenregiment«; die Frage, wie diese politische Folgeerscheinung der Reformation zu beschreiben und einzuschätzen sei, nachdem *Wolgast* sie in seinem Vortrag als eine wesentliche Neuerung dargestellt hatte, führte zu einem lebhaften Meinungsstreit.
Zu dem von *Wolgast* gezeichneten Bild wurden einige zusätzliche Farben und Konturen beigetragen. So wies *Gg. Schmidt* auf das erstaunliche Phänomen der Reichstreue bei den Reichsständen des 16. Jahrhunderts hin, *H. Schilling* auf die Verbindungen zwischen städtischem und territorialem Regiment in den Reichsgrafschaften. *Winterhager* schlug vor, die zwischen den Konfessionen verbleibenden Stände nicht als »neutrale«, sondern als »Vermittlungspartei« zu bezeichnen. Nach *Wolgast* sind in den 1520er Jahren auf evangelischer Seite noch keine dominanten politischen Strukturen wahrzunehmen; jeder Fürst handelte weitgehend für sich, während sich nach *Gg. Schmidt* bei den Altgläubigen die politische Potenz der Habsburger von Anfang an geltend machte - nicht ein einziger unmittelbarer Nachbar eines habsburgischen Territoriums ist der Reformation beigetreten.
Die Frage, ob das landesherrliche und städtische Kirchenregiment bereits vor der Reformation maßgeblich vorbereitet worden oder im wesentlichen erst mit der Reformation zum Zuge gekommen sei, bezeichnete *H. Schilling* als einen für das Thema der Tagung »zentralen« Punkt. In der Beantwortung dieser Frage bildeten sich unter den Diskussionsteilnehmern zwei deutlich unterschiedene Gruppen.
Wolgast hob nochmals hervor, das Kirchenregiment der Landesherren sei vor der Reformation stark eingeschränkt und durchlöchert gewesen. Eine Verfügung wie die des Kurfürsten von der Pfalz von 1559/60, die den Geistlichen den Gebrauch der Abendmahlsformeln »in pane« und »sub pane« untersagte, oder der Erlaß einer kirchlichen Zeremonialordnung durch den Landesherrn seien vor der Reformation »völlig unmöglich« gewesen, hier sei »eine neue Qualität« und »ein wirklicher Bruch« gegeben. *Schindling* pflichtete dem bei mit der Bemerkung, den Obrigkeiten seien nunmehr die Episkopalrechte zugefallen, deren Ausübung vor der Reformation nur der Papst genehmigen konnte. *Moeller* faßte den Zuwachs an Rechten, den die Landesherren im Gefolge der Reformation erlangten, als die Inbesitznahme der Kultur- und Kirchenhoheit zusammen. Am nachdrücklich-

sten argumentierte *Gg. Schmidt* in dieser Richtung. Während im Spätmittelalter die Versuche weltlicher Herrscher, sich von kirchlicher Bevormundung freizumachen, in der Regel mißglückt seien, hätten die der Reformation zufallenden Obrigkeiten sofort beansprucht, in der Kirche für Gesetz und Ordnung sorgen zu müssen und zu dürfen. »Wir werden nie mehr etwas vernünftig verorten können, wenn das kein Bruch ist ... Es gibt, glaube ich, gar keine schärferen Einschnitte«. Der frühneuzeitliche Territorialstaat sei »völlig undenkbar« ohne die Reformation.

Andere Gesprächsteilnehmer brachten differenzierende Erwägungen ein. *Seebaß* wies auf die Vorsicht hin, mit der der Nürnberger Rat seine kirchlichen Eingriffe dem Reich gegenüber legitimiert habe. *Postel* meinte, man habe, was die juristische und ideelle Begründung angeht, zu unterscheiden zwischen den städtischen und den territorialen Maßnahmen, was *Schorn-Schütte* mit der Bemerkung unterstrich, auch die reformatorischen Prediger und Theologen hätten sich zu der beanspruchten Kirchenhoheit der Obrigkeit unterschiedlich verhalten – in Straßburg etwa ermunterten sie den Rat, in der Kurpfalz dagegen beschwerten sie sich.

In einigen Voten wurde die von *Wolgast* vorgetragene Einschätzung regelrecht bestritten und mehr oder weniger deutlich zurückgewiesen. So erinnerte *Kaufmann* an die Motivverwandtschaft, die zwischen den obrigkeitlichen Maßnahmen zur Förderung der Klosterreform im 15. und zur Förderung der Reformation im 16. Jahrhundert bestand - jeweils wurde die Verantwortung der Herrscher für das Seelenheil der Untertanen angeführt. *Dingel* stellte fest, im Protestantismus Westeuropas gebe es weder ein landesherrliches Kirchenregiment noch nationalkirchliche Impulse, es gebe in dieser Hinsicht also keinen notwendigen Zusammenhang und kein einheitliches Bild. Nach *Winterhager* übte der Nürnberger Rat unmittelbar vor der Reformation, nach dem Erwerb des Patronats über die Stadtkirchen, sogar mehr Kontrolle über den Klerus aus als in der frühen Reformation.

Den schärfsten Widerspruch gegen die These von *Wolgast* erhob *Boockmann*. Keineswegs sei das landesherrliche Kirchenregiment im Spätmittelalter nur eine »Vorform« des Kommenden gewesen. »Dies wäre in meinen Augen eine ganz gewaltige Verkennung der Möglichkeiten, die die Obrigkeiten vorher gehabt haben«. Der Nürnberger Rat beispielsweise habe die gesamte Personal- und Finanzhoheit über den Klerus ausgeübt. Zwar habe er sich in dogmatische Fragen nicht eingemischt, doch sei da ja auch nichts zu entscheiden gewesen. Eine neue Qualität jedoch sei seiner Herrschaftsübung mit der Lehrhoheit nicht zugewachsen. Eine Figur wie Friedrich der Weise wäre, wenn die Vertreter der Umbruch-These recht hätten, undenkbar; auf den Gedanken, sich für Luther verantwortlich zu fühlen, hätte er nicht kommen können, und die vielen Mißhelligkeiten, die er hierfür auf sich genommen hat, hätte er sich erspart.

IV.

Am vierten und letzten Tag des Symposions wurde zunächst über die Referate von *Schorn-Schütte* und *Seebaß* gesprochen, in denen die Normen der Gesellschaftsordnung und des Rechts im frühen Protestantismus behandelt worden waren.
Hier wurde gegenüber *Schorn-Schütte* vor allem die Einheitlichkeit und Allgemeingültigkeit des Drei-Stände-Schemas in Zweifel gezogen. Nach *Vogler* variiert bei Luther die Zahl der status stark, der Begriff ist durchaus offen. Andererseits lassen sich, wie *Blickle* hervorhob, die Stände in der Person des Hausvaters zusammenführen und integrieren, eine freilich eher theoretische Konstruktion (*Schorn-Schütte*). Einigkeit bestand darin, daß Luthers eigentliche Intention bei dieser Lehre in der Warnung zutage trat, aus dem zugewiesenen Stand herauszutreten und in das Amt des anderen hinüberzugreifen.
In der Diskussion des Referats von *Seebaß* wurde das Ineinander von Kritik und Aufnahme des kanonischen Rechts im frühen Protestantismus, das er dargestellt hatte, noch in verschiedene Richtungen hin weiterverfolgt. *Postel* hob anhand dieses Beispiels noch einmal den »Drang der Reformation nach der scheinbaren Herstellung einer Harmonie« mit dem Herkommen hervor, hinter dem sich in Wahrheit tiefgreifende Neuerungen verbargen. Nach *Strohm* war die Grundansicht im evangelischen Lager, jede Art von Recht stehe im Widerspruch zur Hl. Schrift, wobei man allerdings nach *Schindling* zwischen evangelischen Theologen und evangelischen Juristen wohl einen Unterschied zu machen hätte. Daß im Eherecht die »verbotenen Grade« von Lev. 18 und 20 ungebrochen als göttliches Recht behandelt worden sind, hob *Kaufmann*, daß die Texte Augustins im Kirchenrecht für Luther Geltung bewahrten, hob *Fuchs* hervor. Abschließend bemerkte *Seebaß*: »Interessanterweise ist, was gewissermaßen als Warenname hängenbleibt, die kurze, frühe Phase der Reformation, in der man sagt, das geistliche Recht widerspricht der Schrift«.

Die *Schlußdiskussion*, die hierauf folgte, wurde mit einer vorbereiteten Einleitung von *Moeller* eröffnet, die folgenden Wortlaut hatte:
»Bei dem Versuch, ein Fazit zu ziehen aus den Bemühungen dieser Tage, die Tragweite und Reichweite des reformatorischen Umbruchs zu bestimmen, fällt zunächst auf, daß es unter uns Bruch-Freunde und Kontinuitäts-Freunde gibt, und daß beide Parteien sowohl unter den Theologen als auch unter den Historikern vertreten sind. Im Lauf der Tagung sind freilich auch allerlei allgemeine Feststellungen getroffen worden, die die schroffen Gegenüberstellungen relativieren können: An jedem Ereignis der Geschichte sind Kontinuität und Bruch wahrnehmbar, und der Betrachter entscheidet, welche Perspektive er wählt (*Wendebourg*); Umbrüche können nicht alles umbrechen; Historiker haben eine natürliche Neigung, den Innovationen ihr Interesse zuzuwenden (*Boockmann*); es ist ein Paradox der Geschichte, daß im Zeitalter großer Umbrüche das Neue in den Kategorien des Alten vorgestellt wird (*Schorn-Schütte*).

Solche allgemeinen Einsichten vorausgesetzt, wiederhole ich die Frage: Inwiefern war die frühe Reformation in Deutschland ein Umbruch? Wie mir scheint, besteht in der Beantwortung dieser Frage in vier Punkten ein hohes Maß an Einigkeit unter uns:
1. Die Zeitgenossen der Reformation sahen den Umbruch. »Ein verenderung fast alles Dings auf erden«, lese ich in einer anonymen Flugschrift von 1524. In beiden konfessionellen Lagern, in die die Spaltung der Kirche ausmündete, fand das Geschehen eschatologische Deutungen, das heißt es wurde ihm ein unüberbietbarer Rang zugeschrieben.
2. Als Maß des Christlichen wurde von den Vertretern der neuen Lehre das »reine Evangelium« hingestellt, und das bedeutete recht verstanden eine wesentliche Veränderung der Koordinaten des Christlichen. Die Erkenntnis, daß der christliche Glaube demnach auf religiöse Entlastung, auf Trost hinausläuft, konnte einen »emphatischen Begriff von Freiheit« (*Blickle*) hervorbringen. Manche von uns sehen hierin jenes Moment, das der Sache Luthers ihre enorme Attraktivität gab, jene zündende Idee, die die Leute »elektrisierte« (*Oberman*). Diese Hypothese wurde bei der Tagung nicht erkennbar bestritten.
3. Im Zeichen der Reformation wurde die Dichotomie von Klerus und Laien beseitigt. Dies war ein Vorgang des Abbaus, der »Desakralisierung« (*Hamm*); das Mönchtum verschwand, das Papsttum wurde aus einer Universal- zu einer Partikulargewalt, usw. Damit war aber auch ein Aufbau verbunden – Gelübde wurden nun gewissermaßen von allen geleistet (*Wunder*). Diese Wandlungen waren dauerhaft, wie etwa *Vogler* für Nürnberg hervorgehoben hat, sie erwiesen sich als unumkehrbar.
4. Alle diese Wandlungen gingen vom Bereich des Religiös-Kirchlichen aus und betrafen zunächst und hauptsächlich diesen Bereich, und man könnte vielleicht sagen: Ob damit ein säkularer Umbruch verbunden war, hängt davon ab, welchen Anteil man dem Religiös-Kirchlichen im Gesamtbild der Gesellschaft oder der Kultur zumißt. Einigkeit herrscht wohl darin, daß ein Rankesches Bild der deutschen Geschichte unbrauchbar ist, auch wenn hinsichtlich der Auswirkung der Reformation auf die Politik die Meinungen sehr geteilt waren. Die Reformation ist doch wohl zu entlasten von der geschichtlichen Funktion, Dreh- und Angelpunkt der gesamten Neuzeit zu sein (*Wunder*); vielleicht ist das Bild, das von *Gg. Schmidt* gebraucht wurde, ältere und eher diffuse Motivlinien seien durch die Reformation »gebündelt« und erst dadurch dann zur Wirksamkeit geführt worden, für eine abgewogenere Deutung von Nutzen.«
Die folgende Diskussion stand unter der noch einmal von *Boockmann* hervorgehobenen Erkenntnis-Maxime, nicht objektive Gegebenheiten, sondern Aspekte und Perspektiven seien zu erörtern. Mehrere Redner bezeichneten die Alternative von Umbruch und Kontinuität als zu simpel. *Mörke* wiederholte seine zusätzliche Kategorie »Umwertung«, *Postel* betonte, wie bei allen anderen Zäsuren der Geschichte – Vergleichsbeispiel etwa die Französische Revolution – sei ja »nicht

grundsätzlich alles angetastet worden«, vielmehr gehe es immer nur um »sektorale Wirkungsfelder«. Hieran schloß *Seebaß* die Erwägung an, möglicherweise habe der gesellschaftliche Bedeutungsverlust der Kirche im 19. und 20. Jahrhundert unsere »Sensibilität für die Globalisierung des Umbruchs durch die Zeitgenossen« geschwächt. Mehrfach wurde das Modernisierungs-Paradigma, das die Debatte überlagert, als für die historische Wahrnehmung eher störend bezeichnet; »die Dinge aus ihrer Zeit heraus zu rekonstruieren«, werde dadurch erschwert – »man wird der Reformation gerechter, wenn man nicht nur das verrechnet, was in die Zukunft führt« (*Blickle*). Auch *H. Schilling* nannte die Kategorie der Modernisierung ein »Patentmodell«, das nicht mehr ohne weiteres tauglich sei; eine »Pluralisierung der Ansätze« sei gefordert. Die Markierung des »Radikalkontinuisten«, die ihm während der Debatte zuteil geworden war, wies er von sich; »heute ist keiner mehr ganz radikal auf der einen Seite oder auf der anderen Seite.« Freilich sei die ältere Theorie der Reformation, »daß sich hiermit und allein hiermit die Neuzeit konstituiert« habe, heute nicht mehr fortführbar; von solchen Vorstellungen müsse die Reformation im Sinne von *Wunder* »entlastet« werden. Um die Geschehnisse sachgemäßer zu erfassen, wurde – wie schon mehrfach in den vorausgegangenen Diskussionen – das Bild der »Verflüssigung« gebraucht; *Brady* sprach von »acceleration« und »quickening«. Insbesondere räumte *Gg. Schmidt* ein, bei dem Disput des Vortags über das Landesherrliche Kirchenregiment seien die politischen Folgen der Reformation möglicherweise mit »zu grobschlächtigen Kategorien« beschrieben worden; auch wenn man den offenkundigen Sachverhalt, daß die politischen Zustände in Deutschland nach 1530 beträchtlich anders aussahen als vor 1517, festhalte, handele es sich um eine »beschleunigte Entwicklung in einer relativ kurzen Zeit«, für die Luther und die Reformation Katalysator und Brennpunkt gewesen seien, jedoch möglicherweise nicht um eine Veränderung, die nicht auch unter anderen Umständen eingetreten wäre.
Die Schlußdebatte war stark von dem Bemühen der Teilnehmer um Konsens geprägt und widerlegte die skeptische Frage, die *Selge* zu einem früheren Zeitpunkt gestellt hatte: »Ist das Problem Umbruch oder Kontinuität zwischen Historikern und Theologen überhaupt diskutierbar?« Allerdings bot sie, da nahezu nur auf das Politische konzentriert, keinen ganz adäquaten Abschluß der Tagung. Ob die »sinnorientierten Handlungszusammenhänge« (*Mörke*), um die es in der Reformation ging, in dem selben Maß austauschbar und verrechenbar waren wie die politischen Folgen, und welches Gewicht diesen Orientierungsfragen innerhalb des geschichtlichen Prozesses zukam, wurde nicht noch einmal erörtert.

Dr. Joachim Bauer, Historisches Institut der Universität, Humboldtstr. 11, D-07743 Jena
Prof. Dr. Gustav Adolf Benrath, Weidmannstraße 32, D-55131 Mainz
Prof. Dr. Peter Blickle, Heimstraße 26, CH-3000 Bern 18
Susan R. Boettcher, M. A. Graduiertenkolleg »Kirche und Gesellschaft im 15. und 16. Jahrhundert«, Papendiek 14, D-37073 Göttingen
Prof. Dr. Hartmut Boockmann, Calsowstraße 33, D-37085 Göttingen
Prof. Ruth B. Bottigheimer, Department of Comparative Studies, State University of New York, Stony Brook, NY 11794-3355, USA
Prof. Thomas A. Brady, Jr., History Department, University of California, Berkeley, Calif. 94720, USA
Prof. Dr. Martin Brecht, Schreiberstraße 22, D-48149 Münster
Dr. Stephen E. Buckwalter, Vereinigte Theologische Seminare der Georg-August-Universität, Platz der Göttinger Sieben 2, D-37073 Göttingen
Prof. Dr. Christoph Burger, Sonderholm 67, NL-2133 JB Hoofddorp
Prof. Dr. Irene Dingel, Albert-Schweitzer-Str. 46, D-60437 Frankfurt/Main
Prof. Dr. Kaspar Elm, Hittorfstraße 10, D-14195 Berlin
Dr. Thomas Fuchs, Historisches Seminar der Universität, Otto-Behaghel-Straße 10, D-35394 Gießen
Prof. Dr. Klaus Ganzer, Institut für Kirchengeschichte der Kath.-Theol. Fakultät der Universität, Sanderring 2, D-97070 Würzburg
Prof. Dr. Leif Grane, Regensen, St. Kannikestraede 2, DK-1169 Kobenhavn/K.
Prof. Dr. Berndt Hamm, Drosselweg 12, D-91080 Uttenreuth
Dr. Hans-Peter Hasse, Kurt-Frölich-Str. 5, D-01219 Dresden
Prof. Dr. Johannes Helmrath, Institut für Geschichtswissenschaften der Humboldt-Universität, Unter den Linden 6, D-10099 Berlin
Henning Jürgens, M. A. Graduiertenkolleg »Kirche und Gesellschaft im 15. und 16. Jahrhundert«, Papendiek 14, D-37073 Göttingen
Dr. Bernhard Jussen, Max-Planck-Institut für Geschichte, Hermann-Föge-Weg 11, D-37073 Göttingen
Prof. Dr. Thomas Kaufmann, Evangelisch-Theologisches Seminar der Universität, Schellingstraße 3, D-80799 München

Dr. Volker Leppin, Wiesmoorer Straße 16, D-55257 Budenheim
Ute Lotz-Heumann, Institut für Geschichtswissenschaften der Humboldt-Universität, Unter den Linden 6, D-10099 Berlin
Prof. Dr. Bernd Moeller, Herzberger Landstraße 26, D-37085 Göttingen
Prof. Dr. Olaf Mörke, Historisches Institut der Christian-Albrecht-Universität, Olshausenstraße 40, D-24098 Kiel
Dr. Harry Oelke, Schillerstraße 8, D-24116 Kiel
PD Dr. Christian Peters, Breul 41 E, D-48143 Münster/W
Prof. Dr. Rainer Postel, Husumer Straße 19, D-20251 Hamburg
Anke Retter, Stettiner Straße 46, D-37083 Göttingen
Dr. Andreas Rüther, Obere Masch 14, D-37073 Göttingen
Antje Rüttgardt, Graduiertenkolleg »Kirche und Gesellschaft im 15. und 16. Jahrhundert«, Auf dem Hagen 23, D-37079 Göttingen
Prof. Dr. Heinz Schilling, Institut für Geschichtswissenschaften der Humboldt-Universität, Unter den Linden 6, D-10099 Berlin
Prof. Dr. Dr. Johannes Schilling, Esmarchstraße 64, D-24105 Kiel
Prof. Dr. Anton Schindling, Historisches Institut der Universität, Wilhelmstraße 36, D-72074 Tübingen
Prof. Dr. Georg Schmidt, Historisches Institut der Universität, Humboldtstraße 10, D-07743 Jena
PD Dr. Heinrich R. Schmidt, Lindhaldenstraße 8, CH-3076 Worb
Prof. Dr. Luise Schorn-Schütte, Historisches Institut der Universität, Am Neuen Palais 10, D-14469 Potsdam
Prof. Dr. Reinhard Schwarz, Salzstraße 43, D-82110 Germering
Prof. Dr. Gottfried Seebaß, Langgewann 53/1, D-69121 Heidelberg
Dr. Petra Seegets, Institut für Historische Theologie der Universität, Kochstraße 6, D-91054 Erlangen
Prof. Dr. Kurt-Victor Selge, Höhmannstraße 6, D-14193 Berlin
Prof. Dr. Martin Staehelin, Schlözerweg 4, D-37085 Göttingen
Prof. Dr. Christoph Strohm, Evangelisch-Theologisches Seminar der Ruhr-Universität, Universitätsstraße 150, D-44801 Bochum
Prof. Dr. Günter Vogler, Am Schützenwäldchen 141, D-15537 Erkner
Prof. Dr. Dorothea Wendebourg, Evangelisch-Theologisches Seminar der Universität, Liebermeisterstraße 12, D-72076 Tübingen
Prof. Dr. Wilhelm Ernst Winterhager, Limonenstraße 15, D-12203 Berlin
Prof. Dr. Eike Wolgast, Historisches Seminar der Universität, Grabengasse 3-5, D-69117 Heidelberg
Prof. Dr. Heide Wunder, Franz-Groedel-Straße 5, D-61231 Bad Nauheim
Prof. Dr. Hellmut Zschoch, Kirchliche Hochschule, Missionsstraße 9 b, D-42285 Wuppertal

Register der Personennamen

Vorbemerkung:

Erwähnungen Luthers werden nicht registriert, da sie sich in manchen Passagen des Buches auf jeder Seite finden. Ebenso sind biblische Personen sowie Figuren der antiken Mythologie nicht aufgenommen. Moderne Autoren werden dann genannt, wenn an der betreffenden Stelle Näheres über sie zu finden ist.